健康法治蓝皮书
BLUE BOOK OF HEALTH NOMOCRACY

中国健康法治发展报告
（2023）

ANNUAL REPORT ON CHINA HEALTH NOMOCRACY
(2023)

主　编◎冯　果　武亦文
执行主编◎周　围

中国社会科学出版社

图书在版编目（CIP）数据

中国健康法治发展报告. 2023 / 冯果，武亦文主编.
北京：中国社会科学出版社，2024. 12. -- ISBN 978-7-5227-4617-3

Ⅰ . D922.164

中国国家版本馆 CIP 数据核字第 2024Q8K586 号

出 版 人	赵剑英
责任编辑	梁剑琴
责任校对	赵雪姣
责任印制	郝美娜

出　　版	中国社会科学出版社
社　　址	北京鼓楼西大街甲 158 号
邮　　编	100720
网　　址	http://www.csspw.cn
发 行 部	010-84083685
门 市 部	010-84029450
经　　销	新华书店及其他书店
印　　刷	北京君升印刷有限公司
装　　订	廊坊市广阳区广增装订厂
版　　次	2024 年 12 月第 1 版
印　　次	2024 年 12 月第 1 次印刷
开　　本	710×1000　1/16
印　　张	35.25
插　　页	2
字　　数	524 千字
定　　价	198.00 元

凡购买中国社会科学出版社图书，如有质量问题请与本社营销中心联系调换
电话：010-84083683
版权所有　侵权必究

"健康法治蓝皮书" 编委会

编委会主任 冯果 靳毅

编委会成员（以姓氏笔画为序）
马微 王源 史玲玲 宁立志 张善斌
张荣芳 何荣功 武亦文 周围 祝捷
秦天宝 郭明磊 黄元 魏华林

主　　编 冯果 武亦文

执行主编 周围

主编简介

冯　果　武汉大学人文社会科学研究院院长，长江学者特聘教授、二级教授、博士生导师，兼任中国法学会经济法学研究会副会长、中国法学会证券法学研究会副会长、中国法学会商法学研究会常务理事、湖北省法学会商法研究会会长，荣获第七届全国十大杰出青年法学家称号，入选中央宣传部文化名家暨"四个一批"人才名单和国家"万人计划"哲学社会科学领军人才名单，享受国务院政府特殊津贴。主持国家社科基金重大项目、教育部哲学社会科学重大攻关项目等国家及省部级项目十余项，参加"马工程"重点教材《经济法学》《商法学》等重点教材的编写，出版《社会变迁视野下的金融法理论与实践》等多部学术著作，在《中国社会科学》《中国法学》《法学研究》等国内外学术期刊发表学术论文百余篇，获湖北省社会科学优秀成果、钱端升优秀法学成果、司法部等多项成果奖励。

武亦文　武汉大学法学院副院长，教授、博士生导师，武汉大学"珞珈特聘教授"，武汉大学"人文社科优秀青年学者"，湖北省人文社科重点研究基地"武汉大学大健康法制研究中心"执行主任。兼任中华预防医学会公共卫生管理与法治分会常委、中国保险法学研究会常务理事、最高人民检察院民事行政案件咨询专家、中国保险学会智库专家。主要研究方向为卫生健康法和商事法学。出版有《保险法约定行为义务制度构造论》《保险代位的制度构造研究》《责任的世纪——美国保险法和侵权法的协同》《伯茨现代保险法》等学术著作和译作，先后在《法学研究》《中外法学》

《清华法学》《法商研究》等权威和核心刊物上发表学术论文三十余篇，主持国家社科基金项目、教育部人文社会科学研究青年基金项目、中国法学会部级法学研究课题、中国保监会部级研究课题和其他研究项目十余项，荣获第五届"佟柔民商法学优秀博士论文奖"。

执行主编简介

周　围　武汉大学法学院副教授、硕士生导师，法学博士，社会学系博士后，兼任武汉大学大健康法制研究中心副主任，湖北省法学会竞争法学研究会秘书长，《知识产权与市场竞争研究》执行主编。在《法商研究》《法学》《法律科学》《现代法学》《法学评论》、Journal of Antitrust Enforcement 等国内外权威学术期刊发表竞争法方面的学术论文二十余篇，多篇论文被人大复印报刊资料转载，并先后获中国青年竞争法优秀论文一等奖、中国科技金融法律研究会优秀论文二等奖、亚洲竞争法论坛优秀论文二等奖等多个重要学术奖励。主持国家社科基金、教育部、司法部、中国法学会等国家级、省部级课题十余项，并多次参与"国家知识产权强国战略"、《反垄断法》《反不正当竞争法》的起草和修订。

目 录

总报告

2022年中国健康法治的发展现状与未来趋势 ……… 周 围 赵 丰 / 001

法治指数

2022年中国健康领域法治指数
报告 ………………………… 武汉大学"健康法治指数"课题组 / 061

专题报告

风险理念转变下老年健康风险治理模式的法治塑造及其
评价 …………………………………………………………… 王三秀 / 187
中国式全面无烟立法工作的现代化逻辑 …………………… 袁廿一 / 207
生前预嘱入法的现状、困境与对策 ……… 申 晨 赵睿哲 赵 强 / 226
原料药产销集中背景下的垄断预防与规制研究 …………… 黄业雄 / 250

实证研究

政策工具视角下我国残疾退役军人医疗保障政策内容
分析与优化策略 ………………………………… 汤子健 李 青 / 277

公安机关应对老年人被诈骗案的困境及原因
　　分析 ………………………………… 周俊山　俞叶霄　白苗苗 / 289
我国罕见病同情用药制度的实施障碍与化解路径 …………… 汪焱梁 / 305

年度健康法治案例研究报告

非法行医罪的认定与适用 …………………………………… 耿如昀 / 327
大众滑雪伤害事故中责任的认定与损失的分担 …………… 陈涵林 / 353
胎儿在分娩中死亡医疗损害责任纠纷的司法分析 ………… 邓程耀 / 379
代购管制药品的犯罪行为认定 ……………………………… 丁润楠 / 398
涉药品犯罪司法分析 ………………………………………… 何江雪 / 421
医疗美容服务合同违约精神损害赔偿的司法分析 ………… 李一萌 / 444
生存机会丧失的医疗损害责任承担 ………………………… 李育聪 / 461
冷冻胚胎处置纠纷的司法分析 ……………………………… 刘　灿 / 485
保健品诈骗罪的司法分析 …………………………………… 罗贯琛 / 510
违反告知说明义务的医疗损害责任认定 …………………… 周玉洁 / 535

总 报 告

2022年中国健康法治的发展现状与未来趋势

周围 赵丰*

摘 要： 健康法治作为健康中国战略进程中的基础保障和重要组成部分，其实施路径贯穿立法、行政与司法的各个环节。本报告将在总结和检视我国2022年所取得健康法治成果的基础上，对健康法治的未来发展趋势进行合理预测和建言献策。2022年，在立法治理上，《"十四五"国民健康规划》等法律法规的出台为重点群体的健康权益保障与质量安全的健康水平促进提供了充分的法律制度供给；在行政治理上，政府实施积极应对人口老龄化国家战略，加快实施健康中国行动，深化医药卫生体制改革，持续推动发展方式从以治病为中心转变为以人民健康为中心，为群众提供了全方位全周期的健康服务，同时加强了重点健康领域的行政执法工作；而在司法

---

* 周围，武汉大学法学院副教授；赵丰，重庆大学法学院讲师。
项目信息：本文系国家社科基金西部项目"数字医疗时代健康数据开放共享与利用的规制研究"（23XFX017）的阶段性研究成果。

治理上，我国健康领域的司法政策规范与制度建设也为扎牢民生安全司法保障网、促进人与自然和谐共生、强化对特殊群体扶助的热点纠纷解决提供重要支撑。期待未来我国在推进健康领域立法体系建设、强化重点健康领域综合监管工作、完善健康领域司法服务以及构建卫生健康法学本土自主知识体系等方面进一步巩固、完善和落实。

关键词： 健康法治 立法治理 行政治理 司法治理 "十四五"国民健康规划

习近平总书记指出："要把人民健康放在优先发展战略地位，努力全方位全周期保障人民健康，加快建立完善制度体系，保障公共卫生安全，加快形成有利于健康的生活方式、生产方式、经济社会发展模式和治理模式，实现健康和经济社会良性协调发展。"[①] 2022年党的二十大报告也对守护人民生命健康进行了系统总结和部署，从全面依法治国的战略高度，践行人民至上、生命至上的治理理念，提出在立法、执法、司法、守法各个环节，筑起确保人民群众生命安全和身体健康的坚实保障。[②] 本报告也将全面总结我国在2022年所取得的健康法治成果，并在此基础之上进一步检视2022年中国健康法治的发展现状、实施水平，进而对我国健康法治的未来发展趋势进行合理预测和建言献策。

一 立法治理：顶层设计与法制保障

（一）《"十四五"国民健康规划》与配套法制建设

《"十四五"国民健康规划》提出："要完善卫生健康法治体系。贯彻落

---

① 白剑峰：《把人民健康放在优先发展战略地位》，《人民日报》2022年6月20日第1版。
② 参见张佳星《守护人民生命健康的"中国方案"》，《科技日报》2022年10月19日第1版。

实基本医疗卫生与健康促进法,加快相关法律法规的制修订工作,构建系统完备的卫生健康法律体系。加快完善医疗卫生技术标准体系,针对'互联网+医疗健康'等新业态加快标准制修订,以及加强普法宣传等。"其中,"全周期保障人群健康"以及"维护环境健康与食品药品安全"是新时期规划的工作重点,也在2022年健康领域立法的推进中成果丰硕。基于重点群体这一主体视角的健康权益保障与食品药品这一客体维度的健康水平促进,共同型构了我国国民健康规划和目标中最基本、最核心的法制诉求。

1. 重点群体的健康权益保障

加强对重点群体的健康权益保障是社会发展和人类文明进步的基础之一,也是国家、社会责任与公平正义的具体体现。[①] 2022年我国健康领域立法尤其展现了对妇女、儿童和老人等群体健康权益保障的关注和重视。

(1) 妇女群体的健康权益保障

《妇女权益保障法》在2022年迎来了"大修",新法由过去的9章61条增至10章86条,并针对当前结婚生育、人身权利等侵害妇女合法健康权益的问题做出积极回应。

第一,建立健全妇女生育保障制度。新修订的《妇女权益保障法》第21条明确规定妇女的生命权、身体权、健康权不受侵犯。新法还鼓励为妇女生育创造家庭友好型社会的氛围和环境,譬如规定国家实行婚前、孕前、孕产期和产后保健制度,逐步建立妇女全生育周期系统保健制度;国家实行生育保险制度及健全职工生育休假制度等。除此之外,新法第48条明确指出,用人单位不得因结婚、怀孕、产假、哺乳等情形,降低女职工的工资和福利待遇,限制女职工晋职、晋级、评聘专业技术职称和职务,辞退女职工,单方解除劳动(聘用)合同或者服务协议。

第二,人身安全保护令再"升级"。重点体现在三个方面:一是,新修订的《妇女权益保障法》对"性骚扰"概念进行了周延界定,并完善了预防和处置性骚扰、性侵害制度机制,如其对性骚扰的方式作出列举式规定,

---

① 参见李俊、吴永江《系统论视域下新时代健康中国治理:逻辑结构与伦理向度》,《西南民族大学学报》(人文社会科学版)2022年第5期。

这意味着将其区分为若干种类型，包括言语性骚扰、文字性骚扰、图像性骚扰、肢体性骚扰和其他性骚扰，并且对妇女维权的途径作出了较为细致的规定。除此之外，新法第 25 条详列指导用人单位预防和制止性骚扰的措施，并在第 26 条中首次明确住宿经营者的安全保障义务。二是，新法第 28 条明确规定："妇女的姓名权、肖像权、名誉权、荣誉权、隐私权和个人信息等人格权益受法律保护……禁止通过大众传播媒介或者其他方式贬低损害妇女人格。"三是，新法明确加强了婚恋交友关系中的妇女权益保障、扩大人身安全保护令的适用范围，如其第 29 条提出，禁止以恋爱、交友为由或者在终止恋爱关系、离婚之后，纠缠、骚扰妇女，泄露、传播妇女隐私和个人信息。[①]

第三，加强对困难妇女的关爱帮扶。新修订的《妇女权益保障法》第 52 条规定："各级人民政府和有关部门应当采取必要措施，加强贫困妇女、老龄妇女、残疾妇女等困难妇女的权益保障，按照有关规定为其提供生活帮扶、就业创业支持等关爱服务。"第 65 条禁止对妇女实施家庭暴力，并要求相关组织应当在各自的职责范围内预防和制止家庭暴力，依法为受害妇女提供救助。

(2) 未成年群体的健康权益保障

第一，强化儿童健康促进法制建设。习近平总书记指出，儿童健康事关家庭幸福和民族未来，在全国卫生与健康工作大会上强调要重视少年儿童健康。[②] 2022 年公布的《国务院关于儿童健康促进工作情况的报告》提出将进一步完善儿童健康法律法规体系，持续推动儿童健康促进相关法规政策落实，以法制保障儿童健康，并将进一步推动各级政府和各有关部门落实儿童健康促进主体责任，将儿童优先发展放在重要位置，包括在制定经济社会发展规划中优先考虑，在公共资源配置上优先满足，建立稳定的

---

① 参见陆海娜《妇女权益保障法修订——中国妇女人权事业的新起点》，中国法院网：https://www.chinacourt.org/article/detail/2022/06/id/6718166.shtml，2022 年 6 月 1 日。

② 参见汪洋《呵护儿童健康 守护民族未来》，中国人大网：http://www.npc.gov.cn/npc/c2/kgfb/202208/t20220822_318943.html，2022 年 8 月 22 日。

与经济社会发展相协调的儿童健康投入保障制度。

第二,保障未成年人的饮食健康。为深入贯彻落实《未成年人保护法》和《国务院未成年人保护工作领导小组关于加强未成年人保护工作的意见》有关要求,保护未成年人身心健康,全面治理校园及周边、网络平台等面向未成年人无底线营销色情低俗食品现象,2022年国家市场监管总局、教育部、公安部共同发布《关于开展面向未成年人无底线营销食品专项治理工作的通知》,要求压实食品生产经营者食品安全主体责任,严禁采购、贮存和销售包装或标签标识具有色情、暴力、不良诱导形式或内容危害未成年人身心健康的食品。同时,市场监管部门和公安部门也将积极配合教育部门做好学生教育引导,持续加大对学生食品安全与营养健康知识的宣传力度。

第三,积极营造未成年人健康成长的良好网络环境。2022年由中央文明办、文化和旅游部、国家广播电视总局、国家互联网信息办公室共同发布的《关于规范网络直播打赏加强未成年人保护的意见》明确提出,针对网络直播新业态迅速兴起所引发的未成年人沉溺直播而严重损害其身心健康的问题,将建立长效监管工作机制,切实规范直播秩序,通过禁止未成年人参与直播打赏、严控未成年人从事主播行业、优化升级"青少年模式"等措施,来保障未成年人在网络环境中的健康成长。

(3)老年人群体的健康权益保障

第一,实施积极应对人口老龄化国家战略。2022年8月30日,全国人民代表大会常务委员会专题调研组发布《关于实施积极应对人口老龄化国家战略、推动老龄事业高质量发展情况的调研报告》,提出将统筹政府、市场和社会,完善社会保障制度体系,以及统筹立法和监督工作,提供坚强有力的法治保障。[①] 该报告也明确未来将全面完善家庭赡养与扶养以及社会保障等内容;完善配套法规以健全养老、医疗、长期护理等保险制度。

---

① 全国人民代表大会常务委员会专题调研组:《关于实施积极应对人口老龄化国家战略、推动老龄事业高质量发展情况的调研报告》,中国人大网:http://www.npc.gov.cn/npc/c2/c30834/202209/t20220902_319168.html,2022年9月2日。

第二，进一步加强老龄法制建设，建立健全相关政策体系和制度框架。2022 年《国务院关于加强和推进老龄工作进展情况的报告》指出，将认真贯彻落实老年人权益保障法和民法典等相关法律，加强老年人权益保障法配套法规建设，落实法律援助法，加大老年人法律援助工作力度。[1] 围绕涉及老年人的具体领域加强立法工作，尤其是对侵害老年人健康权益的犯罪行为予以坚决打击。与此同时，加强老年人健康权益保障宣传和监护工作，适时构建满足老年人需求的诉讼服务保障机制。

2. 质量安全的健康水平促进

健康水平的评估通常考虑到个体的生活方式、生活环境、遗传因素以及社会经济因素等多个方面，以综合评价个体或群体的整体健康状态。[2] 而药品、食品与产品等的质量安全问题则系直接影响公民健康水平的因素，并显著影响公民健康权益的实现。

（1）药品质量安全促进

第一，落实药品质量安全主体责任。2022 年年底国家药监局发布了《药品上市许可持有人落实药品质量安全主体责任监督管理规定》，明确药品上市许可持有人应当遵守《药品管理法》等相关法律法规，按照相关规范要求，建立健全药品质量管理体系，依法对药品研制、生产、经营、使用全过程中药品的安全性、有效性、质量可控性负责。该规定还指出，持有人应当建立年度报告制度，企业负责人应当指定专门机构或者人员负责年度报告工作，确保药品年度报告的信息真实、准确、完整和可追溯，符合法律、法规及有关规定要求；持有人应当定期进行自检或者内审，监控药品生产质量管理规范、药品经营质量管理规范、药物警戒质量管理规范等实施情况；持有人应当建立培训管理制度，制订培训方案或者计划，对从事药品研发管理、生产管理、质量管理、销售管理、药物警戒、上市后

---

[1] 马晓伟：《国务院关于加强和推进老龄工作进展情况的报告——2022 年 8 月 30 日在第十三届全国人民代表大会常务委员会第三十六次会议上》，中国人大网：http://www.npc.gov.cn/npc/c2/c30834/202208/t20220831_319086.html，2022 年 8 月 31 日。

[2] 参见李姣姣《全力推进健康水平提升行动》，《人口与健康》2022 年第 11 期。

研究的所有人员开展上岗前培训和继续培训。

第二，强化药品网络销售监督管理。2022年8月国家市场监督管理总局发布了《药品网络销售监督管理办法》，要求从事药品网络销售、提供药品网络交易平台服务的，应当遵守药品法律、法规、规章、标准和规范，依法诚信经营，保障药品质量安全，并应当采取有效措施保证交易全过程信息真实、准确、完整和可追溯及遵守国家个人信息保护的有关规定。[①] 除此之外，对药品网络销售活动建立检查监控制度，发现入驻的药品网络销售企业有违法行为的，应当及时制止并立即向所在地县级药品监督管理部门报告；出现突发公共卫生事件或者其他严重威胁公众健康的紧急事件时，第三方平台、药品网络销售企业应当遵守国家有关应急处置规定，依法采取相应的控制和处置措施；药品监督管理部门开展监督检查、案件查办、事件处置等工作时，第三方平台应当予以配合，鼓励第三方平台与药品监督管理部门建立开放数据接口等形式的自动化信息报送机制。

（2）食品质量安全促进

第一，推进食品相关产品质量安全监管工作。2022年国家市场监管总局出台《食品相关产品质量安全监督管理暂行办法》，提出食品相关产品质量安全工作实行预防为主、风险管理、全程控制、社会共治，建立科学、严格的监督管理制度；发布《食品安全抽样检验管理办法》，要求加强食品安全监督管理，保障公众身体健康和生命安全，开展食品安全抽样检验工作应当遵守食品安全抽样检验指导规范；出台《企业落实食品安全主体责任监督管理规定》，督促企业落实食品安全主体责任，强化企业主要负责人食品安全责任，规范食品安全管理人员行为；修订《绿色食品标志管理办法》，加强绿色食品标志使用管理，确保绿色食品信誉，促进绿色食品事业健康发展，维护生产经营者和消费者合法权益等；发布《食品生产许可审查通则》（2022年版），以加强食品、食品添加剂生产许可管理，规范食品生产许可审查工作。

---

① 参见嘉怿《药品网络销售新规监管要点》，《上海质量》2022年第9期。

第二，将食品安全融入经济发展需求和信用体系建设。[①] 2022 年中共中央、国务院先后印发的《扩大内需战略规划纲要（2022—2035 年）》，提出倡导健康饮食结构，增加健康、营养农产品和食品供给，促进餐饮业健康发展；《关于推进社会信用体系建设高质量发展促进形成新发展格局的意见》指出，将在食品药品、安全生产等重点领域推进信用分级分类监管，以提升监管精准性和有效性；《关于加快建设全国统一大市场的意见》明确对食品药品安全等直接关系群众健康和生命安全的重点领域，落实最严谨标准、最严格监管、最严厉处罚、最严肃问责。中央全面依法治国委员会印发的《关于进一步加强市县法治建设的意见》还提出将加强安全生产、食品药品安全、未成年人保护等领域关系群众切身利益的案件办理工作，依法实施惩罚性赔偿制度，加大重点领域执法力度，让严重违法者付出应有代价。

第三，将食品安全嵌入其他相关法律法规的制度设计之中。2022 年修订的《野生动物保护法》明确禁止食用国家重点保护野生动物；修订的《体育法》要求在体育活动中做好卫生健康与食品安全保障措施；修订的《进出口商品检验法实施条例》规定对不符合安全标准或者未经检验及经检验不合格的食品不准装运；制定的《促进个体工商户发展条例》要求个体工商户自觉履行安全生产、食品安全、职业卫生等方面的法定义务，对涉及公共安全和人民群众生命健康等重点领域有关行政部门应当加强监督管理。

(3) 产品质量安全促进

第一，强化对农产品质量安全的监管和促进。如在 2022 年，我国修订了《农产品质量安全法》。为全面体现"四个最严"的要求，新修订的《农产品质量安全法》在关于农产品质量安全的定义中增加生产经营的农产品达到农产品质量安全标准的内容；在农产品质量安全标准中增加"储存、运输"农产品过程中的质量安全管理要求。新法还规定，食品生产者采购农产品等食品原料，确保农产品从生产到消费各环节的质量安全；要求规

[①] 参见伏创宇《信用惩戒适用行为人责任的法理及其限度》，《法学研究》2023 年第 6 期。

范有关部门的履职行为、加强"双随机"抽查监管、提高执法效能等作出规定，明确建立健全随机抽查机制。同时，2022年，农业农村部及其办公厅还发布了《农产品质量安全监测管理办法》《关于开展2022年国家农产品质量安全监督抽查的通知》《关于印发〈"十四五"全国农产品质量安全提升规划〉的通知》等，以强化对农产品质量安全的监管力度。

第二，完善对工业制造产品质量安全的监管和促进。在2022年，市场监管总局、国务院国资委、国家能源局发布《关于全面加强电力设备产品质量安全治理工作的指导意见》，提出在电力能源生产领域落实企业质量安全主体责任、强化质量安全监管等重点举措；住房和城乡建设部发布的《建设工程质量检测管理办法》，要求加强对建设工程质量检测的管理。除此之外，2022年修订的《反垄断法》、发布的《全国人民代表大会常务委员会专题调研组关于实施积极应对人口老龄化国家战略、推动老龄事业高质量发展情况的调研报告》等规范性文件，还从产业经营和领域监管等多维视角对相关工业制造产品质量安全的保障问题提供规范指导。

（二）健康法治的立法建设和总体实施概况

在2022年，我国健康领域的立法成果仍亮点频现。其中，全国人大及其常委会审议通过的就有《野生动物保护法（2022年修订）》《畜牧法（2022年修订）》《黄河保护法》《妇女权益保障法（2022年修订）》《农产品质量安全法（2022年修订）》《黑土地保护法》《体育法（2022年修订）》7部相关法律。在党内法规层面，有涉及网络暴力治理、乡村振兴行动、全面健身公共服务建设、科技伦理治理、未成年人保护等内容的9项规范；除此之外，在行政法规方面，则涵盖《旅馆业治安管理办法（2022年修订）》《保安服务管理条例（2022年修订）》《进出口商品检验法实施条例（2022年修订）》《母婴保健法实施办法（2022年修订）》《放射性药品管理办法（2022年修订）》《医疗机构管理条例（2022年修订）》《农药管理条例（2022年修订）》《道路运输条例（2022年修订）》8项审议修订通过的规范；在国务院规范性文件方面则达到32项、部门规章92项、部门规范性文件475项，省级地方法规329项等（如图1所示）。其所涉领域涵盖健康的方方面面，切实践行了以人为本的"大卫生、大健康"理念。

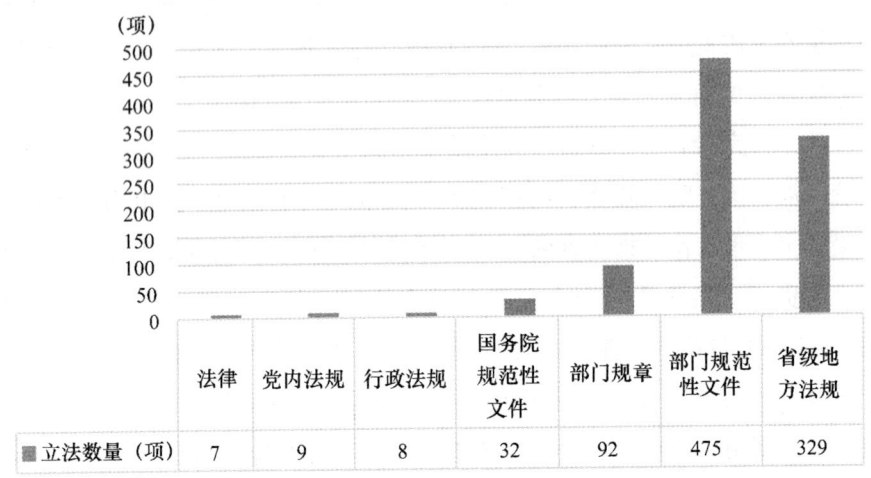

图1　2022年我国健康领域立法概况

从健康领域立法的分布情况来看（如图2所示），以《妇女权益保障法》《国务院办公厅关于印发"十四五"国民健康规划的通知》《国务院办公厅关于同意建立国务院优化生育政策工作部际联席会议制度的函》等为代表的综合性健康立法有49项，主要侧重于对特定群体的健康权益保障以及健康基础设施建设、计划生育政策优化等工作；以《中共中央、国务院关于构建数据基础制度更好发挥数据要素作用的意见》《数据出境安全评估办法》等与健康数据安全的立法共有7项，进一步筑牢了我国公民健康数据的治理体系；以《体育法》等为代表的体育健康立法有29项，其为推进着我国体育强国建设提供立法支持；以《国务院办公厅关于印发全国自建房安全专项整治工作方案的通知》《煤矿安全规程》等为代表的生产安全立法共31项，集中对基础设施建设的安全生产及运营问题进行了规范化治理；以《医疗机构管理条例》《国务院办公厅关于成立集中打击整治危害药品安全违法犯罪工作领导小组的通知》《药品网络销售监督管理办法》等为代表的医药医疗领域的立法则有大约67项，为我国医疗机构管理、医药产品设

2022年中国健康法治的发展现状与未来趋势

备等安全监管工作提供了专门的指导依据；以《农产品质量安全法》《食品安全抽样检验管理办法》《企业落实食品安全主体责任监督管理规定》《食品相关产品质量安全监督管理暂行办法》等为代表的食品安全监管与保障立法则有68项，致力于规范我国的食品生产环节的安全监管工作；以《国务院关于儿童健康促进工作情况的报告》《国务院办公厅关于印发国家防汛抗旱应急预案的通知》《应急管理部、中央文明办、民政部、共青团中央关于进一步推进社会应急力量健康发展的意见》等为代表的其他社会保障立法共计103项，为完善包括社会救助、养老服务、灾难救治等方面的工作提供了指导规范；以《动物检疫管理办法》《外来入侵物种管理办法》《病死畜禽和病害畜禽产品无害化处理管理办法》等为代表的卫生防疫立法则有189项，为提升我国卫生法治水平奠定法制基础；以《通用航空安全保卫规则》《船舶安全监督规则》等交通安全立法共计202项，时刻为交通安全工作敲响警钟；以《黄河保护法》《黑土地保护法》《国务院办公厅关于加强入河入海排污口监督管理工作的实施意见》《中央企业节约能源与生态环境保护监督管理办法》等为代表的环境保护立法有207项，这些立法涉及低碳节能减排实施、不可再生能源保护、各类污染预防治理等。总体上，这些健康细分领域的立法反映了我国在健康治理上的年度政策取向和关注重点。

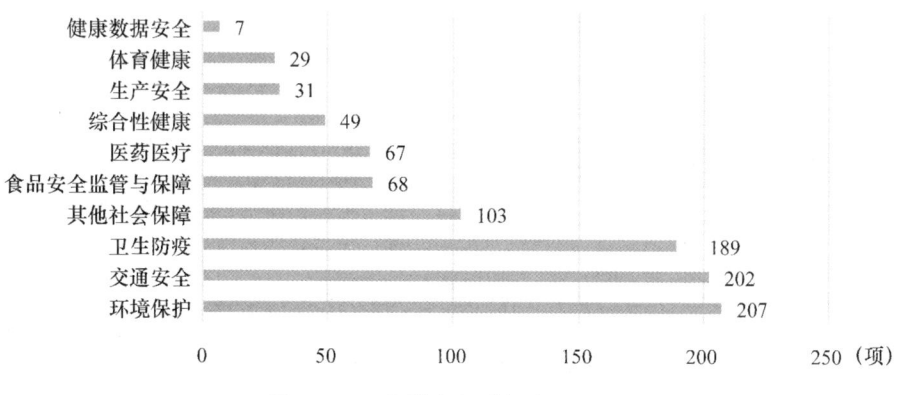

图2 2022年健康领域相关立法数量

中国健康法治发展报告（2023）

最后，从健康领域立法数量的地域分布来看，囿于各地的法制基础和发展态势存在显著差异，因此全国各省在健康领域立法（省级地方性法规）的数量上也呈现出明显分布不均的情形。譬如，从全国31个省份在2022年的健康领域立法数量分布图中可以发现（如图3所示），湖北省以22项省级地方性法规立法而位居榜首，该省在立法内容上则主要侧重于环境保护与社会保障。其他省份相较于湖北省，则在立法数量上呈现逐级递减的趋势，如内蒙古自治区以略超过20部的立法数量分列至第2名，随后，如安徽省、甘肃省、上海市、山西省、广东省等13个省份的健康领域立法数量则处于10—20部，剩余16个省份的健康领域立法数量为个位数，未来仍有待于进一步加强健康领域的立法工作。另外，如果将31个省份按传统的地域区块划分来看（如图4所示），首先，经济活跃度较高的华东（沪、浙、苏、皖、鲁）地区在健康领域的立法总数上处于领先地位，占比高达25%；其次，华北（京、津、冀、蒙、晋）、西南（川、渝、滇、贵、藏）与华中（豫、鄂、湘、赣）地区的立法总数占比为14%—18%，处于中间偏上的位置；再次，西北（陕、宁、青、甘、新）地区与华南（粤、福、桂、琼）

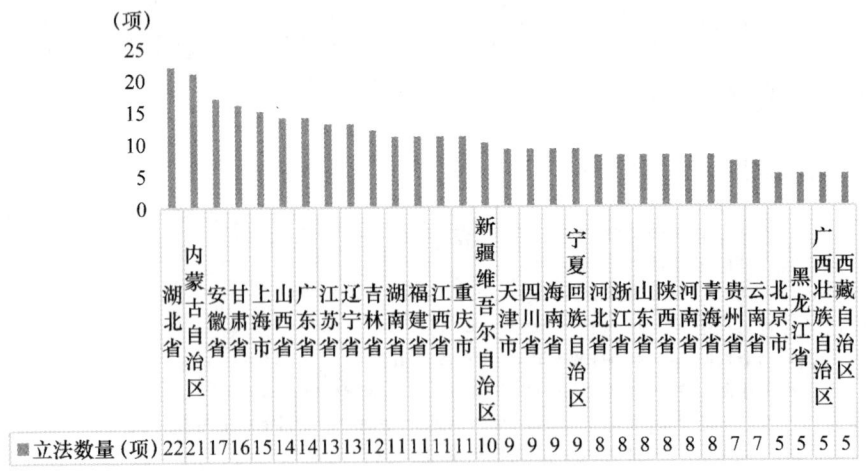

图3 2022年全国各省份健康领域立法数量

的立法总数占比分别为11%和10%而处于中间偏下的位置；最后，东北（辽、吉、黑）地区的立法总数则相对较少，占比仅为8%。值得注意的是，如果按照健康领域划分来统计的话（如图5所示），尤以环境保护领域的立法数量最多，为92项，凸显出各地方均在积极通过立法方式落实节能减排政策及强化环境保护力度；其次是社会保障领域立法58项；之后依次类推为交通安全领域立法42项、卫生防疫领域立法35项、食品安全领域立法30项、综合领域立法25项、医药医疗领域立法21项、生产安全领域立法15项、体育健康领域立法8项以及数据安全领域立法3项。

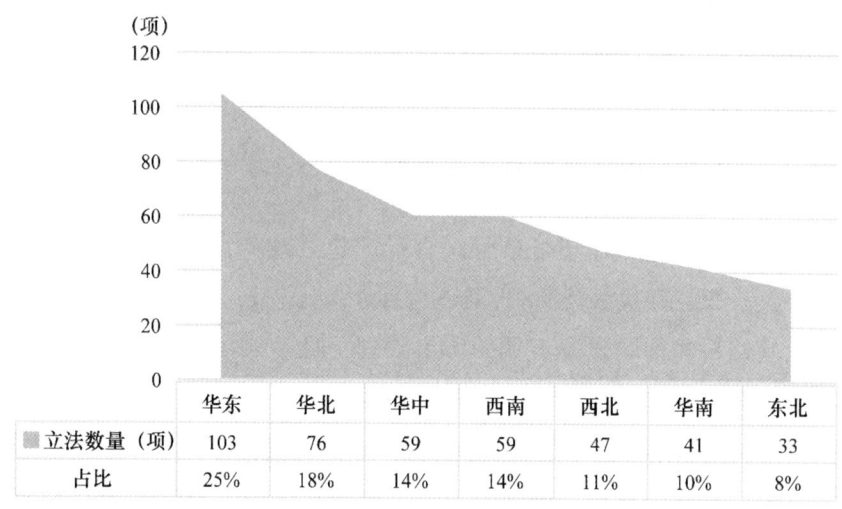

图4 2022年全国各区域健康领域立法数量及比重

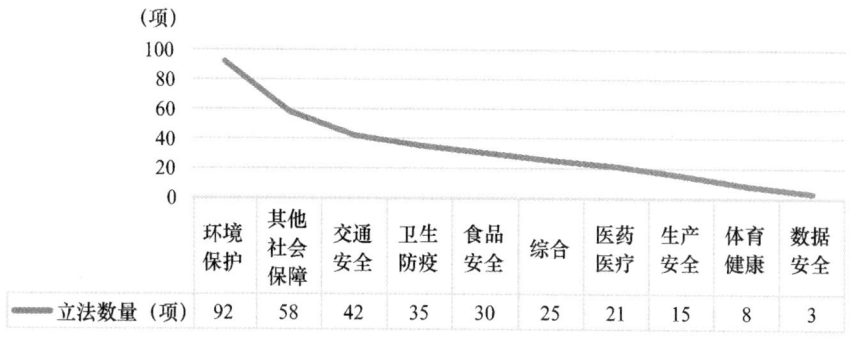

图5 2022年全国各省份相关健康领域立法数量

二 行政治理：体制改革与市场规范

2022年是我国踏上全面建设社会主义现代化国家、向第二个百年奋斗目标进军新征程的重要一年。根据党的二十大精神与"十四五"国民健康规划的要求，我国政府始终把保障人民健康放在优先发展的战略位置，全面推进健康中国建设，实施积极应对人口老龄化国家战略，加快实施健康中国行动，深化医药卫生体制改革，持续推动发展方式从以治病为中心转变为以人民健康为中心，为群众提供全方位全周期健康服务，不断提高人民健康水平。[①] 这些目标的具体落实也成为2022年我国行政治理的核心关切与重点内容。

（一）完善健康法治行政治理保障

（1）扎实推进健康市场监管综合行政执法改革，统筹配置健康领域的行政执法职能和执法资源。[②] 具体包括：第一，切实加强卫生市场监管领域行政处罚和行政强制事项的源头治理，稳定市场预期，激发市场主体活力，对没有法律法规规章依据的行政执法事项一律取消，对需要保留或新增的行政执法事项，依法逐条审查其合法性、合理性和必要性；第二，坚持有权必有责、有责要担当、失责必追究，逐一厘清与行政执法权相对应的责任事项，明确责任主体、问责依据、追责情形和免责事由，健全问责机制，严禁以属地管理为名将执法责任转嫁给基层，对不按要求履职尽责的单位和个人，依纪依法追究责任；第三，按照公开透明高效原则和履职需要，制定统一的健康市场监管综合行政执法程序规定，明确行政执法事项的工作程序、履职要求、办理时限、行为规范等，

---

① 参见国务院办公厅《关于印发"十四五"国民健康规划的通知》，中国政府网：https:// www.gov.cn/zhengce/content/2022-05-20/content_5691424.htm，2022年5月20日。
② 参见国务院办公厅《关于市场监督管理综合行政执法有关事项的通知》，中国政府网：https:// www.gov.cn/zhengce/content/2022-11-16/content_5727228.htm，2022年11月16日。

消除行政执法中的模糊条款，压减自由裁量权，促进同一事项相同情形同基准裁量、同标准处罚，强化对行政执法权运行的监督；第四，按照突出重点、务求实效原则，聚焦健康市场监管领域与健康市场主体、群众关系最密切的行政执法事项，着力解决反映强烈的突出问题，让市场主体、群众切实感受到改革成果，制定简明易懂的行政执法履职要求和相应的问责办法，加强宣传，让健康市场主体、群众能够看得懂、用得上，方便查询、使用和监督。

（2）加强新污染物治理监管行动，切实保障生态环境安全和人民健康。[1] 在完善法规制度，建立健全新污染物治理体系的基础上，开展调查监测，评估新污染物环境风险状况。与此同时，为强化全链条管控与防范新污染物产生，全面落实了新化学物质环境管理登记制度，严格实施淘汰或限用措施，加强产品中重点管控新污染物含量控制，加强清洁生产和绿色制造，开展新污染物治理试点工程，加强法律法规政策宣传解读，开展新污染物治理科普宣传教育，引导公众科学认识新污染物环境风险，树立绿色消费理念，鼓励公众通过多种渠道举报涉新污染物环境违法犯罪行为，充分发挥社会舆论监督作用。

（3）强化食品安全标准与风险监测评估，充分保障药品质量安全。《国务院办公厅关于印发〈"十四五"国民健康规划〉的通知》提出，完善食品安全风险监测与评估工作体系和食品安全技术支持体系，提高食品安全标准和风险监测评估能力；实施风险评估和标准制定专项行动，加快制修订食品安全国家标准，基本建成涵盖从农田到餐桌全过程的最严谨食品安全标准体系，提高食品污染物风险识别能力；全面提升食源性疾病调查溯源能力；完善国家药品标准体系，推进仿制药质量和疗效一致性评价；建立符合中药特点的质量和疗效评价体系。构建药品和疫苗全生命周期质量管理机制，推动信息化追溯体系建设，实现重点类别来源可溯、去向可追；稳步实施医疗器械唯一标识制度等。

---

[1] 参见国务院办公厅《关于印发新污染物治理行动方案的通知》，中国政府网：https://www.gov.cn/zhengce/content/2022-05/24/content_5692059.htm，2022年5月24日。

(4) 推进健康领域政务信息的公开与透明。① 深化健康领域行政法规和规章的集中公开。完善中国政府法制信息网行政法规库，2022年年底前已完成现行有效行政法规历史文本收录工作，规范网络文本格式，优化数据下载功能。巩固规章集中公开工作成果，建立健全健康领域规章动态更新工作机制，高质量发布现行有效规章正式版本，稳步推进规章历史文本收录工作，探索构建含健康领域在内的统一国家规章库。同时，各政府信息公开工作主管部门加强统筹，更好地发挥了健康领域政策集中公开成果的积极作用，以完整准确、动态更新的现行有效制度体系，为行政机关办理健康领域政务服务事项、编制各类权责清单提供基本依据，以及加强了健康领域政策集中公开成果的推广使用，方便社会公众全面了解健康领域各项制度规定，保障和监督行政机关有效实施行政管理等。

（二）进一步深化医药卫生体制改革

2022年，国务院持续推动深化医药卫生体制改革，全面推进健康中国建设，深入推广三明医改经验，促进优质医疗资源扩容和均衡布局，深化医疗、医保、医药联动改革，持续推动从以治病为中心转变为以人民健康为中心，持续推进解决看病难、看病贵问题。②

在综合监管治理方面，相关责任机构进一步推进医疗卫生行业综合监管制度建设，严格落实行业主管部门监管职责和相关部门职责范围内的监管责任，推动地方政府全面落实属地监管责任，实现事前事中事后全链条监管，堵塞监管漏洞；督促指导地方规范医疗机构收费和服务，把合理用药、规范诊疗情况作为医疗机构信息公开的重要内容，定期向社会公布；

---

① 参见国务院办公厅《关于印发2022年政务公开工作要点的通知》，中国政府网：https://www.gov.cn/zhengce/content/2022-04/22/content_5686677.htm，2022年4月22日。
② 参见国务院办公厅《关于印发深化医药卫生体制改革2022年重点工作任务的通知》，中国政府网：https://www.gov.cn/zhengce/content/2022-05/25/content_5692209.htm，2022年5月25日。

制定医疗保障基金智能监控知识库、规则库管理办法，推动各地医保部门加强智能监控应用，严厉打击欺诈骗取医保基金行为，加强医药领域价格监管，制定药品经营和使用质量监督管理办法、药品网络销售监督管理办法；推进药品使用监测信息网络建设和药品编码应用，2022年已覆盖所有二级及以上公立医疗机构和80%的政府办社区卫生服务中心、乡镇卫生院，且扎实推进全国统一医保信息业务编码动态维护和深化应用；建立健全机构自治、行业自律、政府监管、社会监督相结合的医疗卫生综合监督管理体系，加强对服务要素准入、质量安全、公共卫生、机构运行、医疗保障基金、健康养老、托育服务和健康产业等的监管；积极培育医疗卫生行业组织，在制定行业管理规范和技术标准、规范执业行为、维护行业信誉、调解处理服务纠纷等方面可以更好发挥作用；提升卫生健康监督执法能力，构建更为严密的医疗卫生机构安全生产责任体系，加强医疗卫生机构危险化学品使用管理，落实医疗卫生机构消防安全管理责任，深入开展从业人员消防安全教育培训。

（三）加强重点健康领域行政执法工作

完善依法行政制度体系是加快建设法治政府的必然要求，而加强重点领域行政执法则是完善依法行政制度体系的重要环节。在具体实施方面，重点领域行政执法在2022年主要集中于推动社会主义市场经济秩序监管，保障公民权利和改善民生，保护生态环境和加强食药医疗、社会安全、体育健康、农林牧渔等领域的执法工作。综观2022年，[1] 相关执法单位在市场秩序监管方面共计执法565677件，其中食药医疗保障执法90165件，疫情防控执法87943件，社会安全监管执法51644件，生态环境保护执法49536件，农林牧渔执法23727件，民政与劳动社会保障执法11265件以及体育健康执法98件（如图6所示）。

---

[1] 统计说明：本报告执法成果统计数据来源主要为国内官方网站及北大法宝等数据库，且统计时间的截止日期为2023年12月31日。

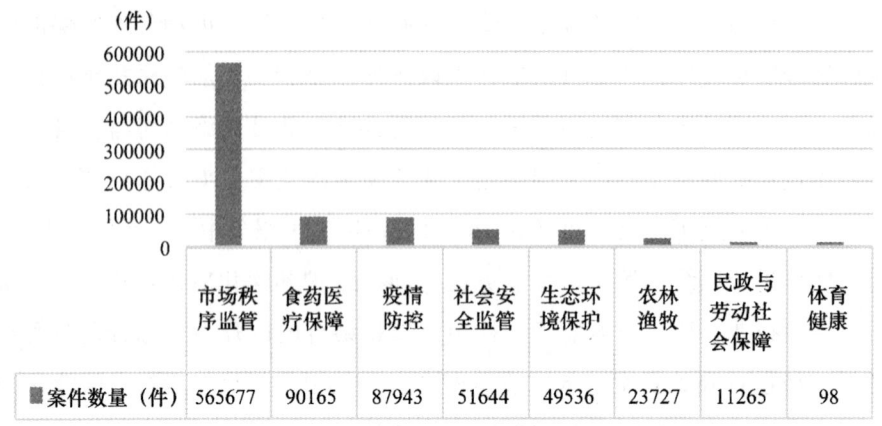

图6　2022年重点健康领域行政执法数量

1. 市场秩序监管执法

2022年市场秩序监管执法案件共计565677件，其中从执法级别来看，中央执法41件、省级执法9509件、市级执法118700件、区/县级执法437257件；从处罚对象分类来看，涉及机构的509891件，涉及个人的55786件；从处罚种类来看，处罚内容含警告、通报批评的57561件，含罚款、没收违法所得、没收非法财物的292979件，含限制开展生产经营活动、责令停产停业、责令关闭、限制从业的195721件，含暂扣许可证件、降低资质等级、吊销许可证件的330123件，含行政拘留的145件，含法律、行政法规规定的其他行政处罚的有11731件；从处罚机关来看，市场监督管理总局/局执法数量最多有557711件，其次是烟草专卖局执法7492件、发展和改革委员会/局执法337件、商务部/委/厅/局执法117件、质量技术监督局执法20件（如表1所示）；从执法地域来看，中央及全国31个省级行政区均有执法案例，其中广东省执法案件数量最多，有100163件，其次是上海市（68014件）、浙江省（67860件）、江苏省（58579件）、河北省（56451件）、四川省（48590件）等（如图7所示）。

2022年中国健康法治的发展现状与未来趋势

表1 2022年市场秩序监管执法案件数量统计　　　　　　　　　　单位：件

统计类别	具体分类	执法数量
执法级别	中央	41
	省级	9509
	市级	118700
	区/县级	437257
执法对象	机构	509891
	个人	55786
处罚种类	警告、通报批评	57561
	罚款、没收违法所得、没收非法财物	292979
	限制开展生产经营活动、责令停产停业、责令关闭、限制从业	195721
	暂扣许可证件、降低资质等级、吊销许可证件	330123
	行政拘留	145
	法律、行政法规规定的其他行政处罚	11731
执法机关	市场监督管理总局/局	557711
	烟草专卖局	7492
	发展和改革委员会/局	337
	商务部/委/厅/局	117
	质量技术监督局	20

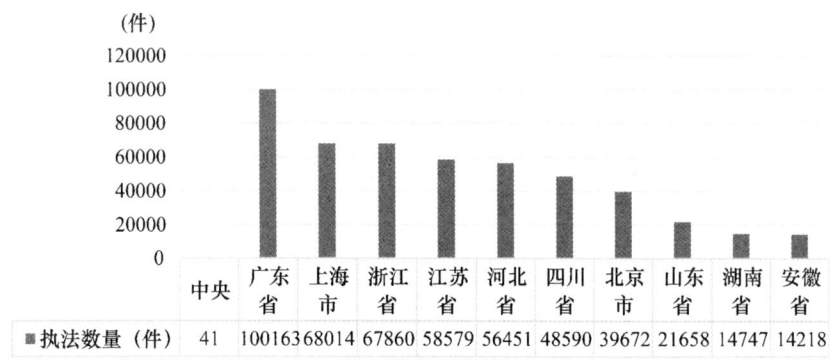

图7 2022年排名前十省份市场监管执法案件数量统计

019

2. 食药医疗保障执法

2022年食药医疗保障执法案件共计90165件，其中从执法级别来看，省级执法3105件、市级执法18871件、区/县级执法68189件；从处罚对象分类来看，涉及机构的82126件，涉及个人的8039件；从处罚种类来看，处罚内容含警告、通报批评的63667件，含罚款、没收违法所得、没收非法财物的69278件，含限制开展生产经营活动、责令停产停业、责令关闭、限制从业的552件，含暂扣许可证件、降低资质等级、吊销许可证件的11210件，含行政拘留的53件，含法律、行政法规规定的其他行政处罚的有1759件；从处罚机关来看，卫生健康委员会/局执法数量最多有85043件，其次是医疗保障局执法3974件、药品监督管理局执法645件（如表2所示）；从执法地域来看，全国31个省级行政区均有执法案例，其中浙江省执法案件数量最多，有27687件，其次是广东省（14072件）、云南省（9587件）、山东省（4738件）、上海市（3758件）、湖南省（3420件）等（如图8所示）。

表2 2022年食药医疗保障执法案件数量统计 单位：件

统计类别	具体分类	执法数量
执法级别	省级	3105
	市级	18871
	区/县级	68189
执法对象	机构	82126
	个人	8039
处罚种类	警告、通报批评	63667
	罚款、没收违法所得、没收非法财物	69278
	限制开展生产经营活动、责令停产停业、责令关闭、限制从业	552
	暂扣许可证件、降低资质等级、吊销许可证件	11210
	行政拘留	53
	法律、行政法规规定的其他行政处罚	1759
执法机关	卫生健康委员会/局	85043
	医疗保障局	3974
	药品监督管理局	645

2022年中国健康法治的发展现状与未来趋势

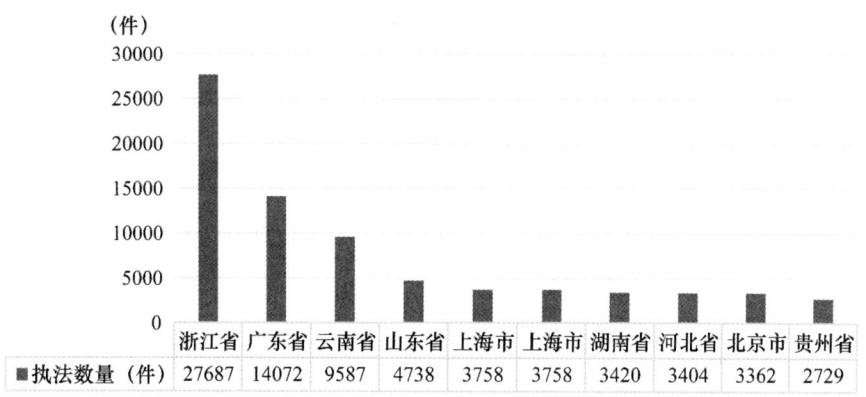

图8　2022年排名前十省份食药医疗保障执法案件数量统计

3. 疫情防控执法

2022年疫情防控执法案件共计87943件，其中从执法级别来看，中央执法4件、省级执法2169件、市级执法23946件、区/县级执法61824件；从处罚对象分类来看，涉及机构的45615件，涉及个人的42328件；从处罚种类来看，处罚内容含警告、通报批评的38440件，含罚款、没收违法所得、没收非法财物的58535件，含限制开展生产经营活动、责令停产停业、责令关闭、限制从业的3280件，含暂扣许可证件、降低资质等级、吊销许可证件的9010件，含行政拘留的12671件，含法律、行政法规规定的其他行政处罚的有1285件；从处罚机关来看，涉及约60个各类别的执法单位，其中，公安部/厅/局/分局执法数量最多有37086件，其次是卫生健康委员会/局执法31090件、市场监督管理总局/局执法11300件、农业农村部/厅/局执法1842件、综合行政执法局执法1239件（如表3所示）；从执法地域来看，浙江省执法案件数量最多，有22480件，其次是山东省（22434件）、广东省（7986件）、河北省（5071件）、江苏省（4629件）、湖南省（4233件）、云南省（3083件）等（如图9所示）。

021

表3 2022年疫情防控执法案件数量统计　　　　　　　　　单位：件

统计类别	具体分类	执法数量
执法级别	中央	4
	省级	2169
	市级	23946
	区/县级	61824
执法对象	机构	45615
	个人	42328
处罚种类	警告、通报批评	38440
	罚款、没收违法所得、没收非法财物	58535
	限制开展生产经营活动、责令停产停业、责令关闭、限制从业	3280
	暂扣许可证件、降低资质等级、吊销许可证件	9010
	行政拘留	12671
	法律、行政法规规定的其他行政处罚	1285
执法机关	公安部/厅/局/分局	37086
	卫生健康委员会/局	31090
	市场监督管理总局/局	11300
	农业农村部/厅/局	1842
	综合行政执法局	1239

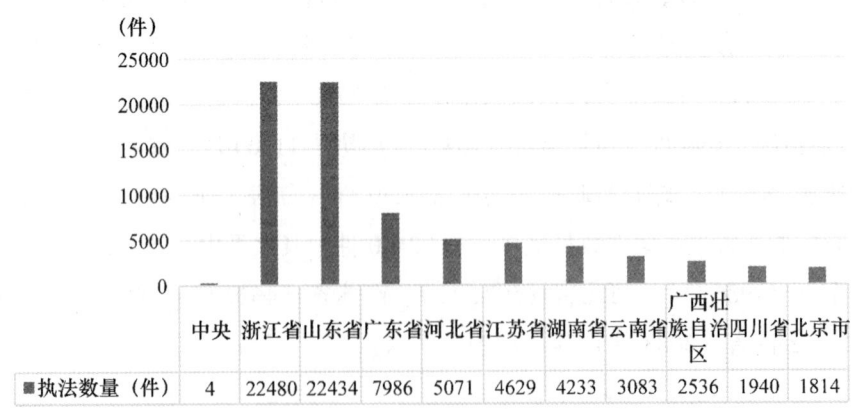

图9 2022年排名前十省份疫情防控执法案件数量统计

4. 社会安全监管执法

2022年社会安全监管执法案件共计51644件，其中从执法级别来看，中央执法1件、省级执法1866件、市级执法11636件、区/县级执法38141件；从处罚对象分类来看，涉及机构的47426件，涉及个人的4218件；从处罚种类来看，处罚内容含警告、通报批评的4042件，含罚款、没收违法所得、没收非法财物的48669件，含限制开展生产经营活动、责令停产停业、责令关闭、限制从业的2183件，含暂扣许可证件、降低资质等级、吊销许可证件的8892件，含行政拘留的4件，含法律、行政法规规定的其他行政处罚的有2730件；从处罚机关来看，应急管理部执法数量最多有50116件，其次是国家矿山安全监察局执法1019件、安全生产监督管理局执法194件、国家互联网信息办公室执法9件（如表4所示）；从执法地域来看，广东省执法案件数量最多，有16579件，其次是浙江省（5790件）、江苏省（5083件）、山东省（4237件）、河北省（3088件）、湖南省（2800件）等（如图10所示）。

表4 2022年社会安全监管执法案件数量统计　　　　　　　　　单位：件

统计类别	具体分类	执法数量
执法级别	中央	1
	省级	1866
	市级	11636
	区/县级	38141
执法对象	机构	47426
	个人	4218
处罚种类	警告、通报批评	4042
	罚款、没收违法所得、没收非法财物	48669
	限制开展生产经营活动、责令停产停业、责令关闭、限制从业	2183
	暂扣许可证件、降低资质等级、吊销许可证件	8892
	行政拘留	4
	法律、行政法规规定的其他行政处罚	2730

续表

统计类别	具体分类	执法数量
执法机关	应急管理部	50116
	国家矿山安全监察局	1019
	安全生产监督管理局	194
	国家互联网信息办公室	9

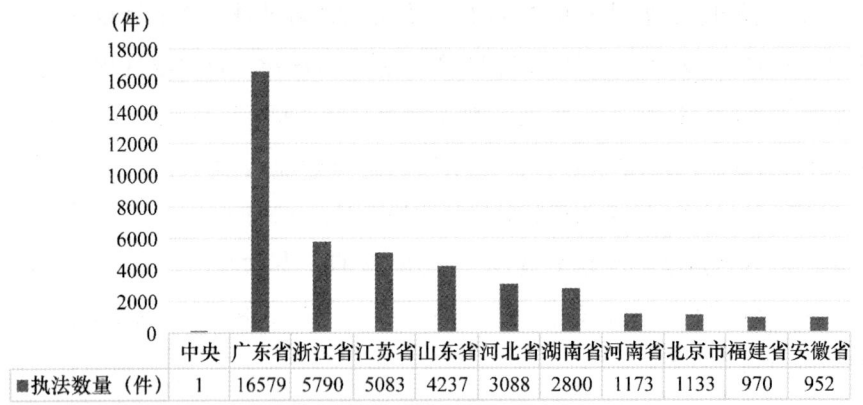

图10 2022 年排名前十省份社会安全监管执法案件数量统计

5. 生态环境保护执法

2022 年生态环境保护执法案件共计49536 件，其中从执法级别来看，中央执法4 件、省级执法1108 件、市级执法35639 件、区/县级执法12785 件；从处罚对象分类来看，涉及机构的47717 件，涉及个人的1819 件；从处罚种类来看，处罚内容含警告、通报批评的429 件，含罚款、没收违法所得、没收非法财物45709 件，含限制开展生产经营活动、责令停产停业、责令关闭、限制从业的6430 件，含暂扣许可证件、降低资质等级、吊销许可证件的10799 件，含行政拘留的156 件，含法律、行政法规规定的其他行政处罚的有3569 件；从处罚机关来看，生态环境部/厅/局执法数量最多有48622 件，其次是气象局执法12 件（如表5 所示）；从执法地域来看，江苏省执法案件数量最多，有9052 件，其次是广东省（5875 件）、浙江省（5718 件）、河北省（4581 件）、山东省（2674 件）、山西省（2401 件）等（如图11 所示）。

表5 2022年生态环境保护执法案件数量统计　　　单位：件

统计类别	具体分类	执法数量
执法级别	中央	4
	省级	1108
	市级	35639
	区/县级	12785
执法对象	机构	47717
	个人	1819
处罚种类	警告、通报批评	429
	罚款、没收违法所得、没收非法财物	45709
	限制开展生产经营活动、责令停产停业、责令关闭、限制从业	6430
	暂扣许可证件、降低资质等级、吊销许可证件	10799
	行政拘留	156
	法律、行政法规规定的其他行政处罚	3569
执法机关	生态环境部/厅/局	48622
	气象局	12

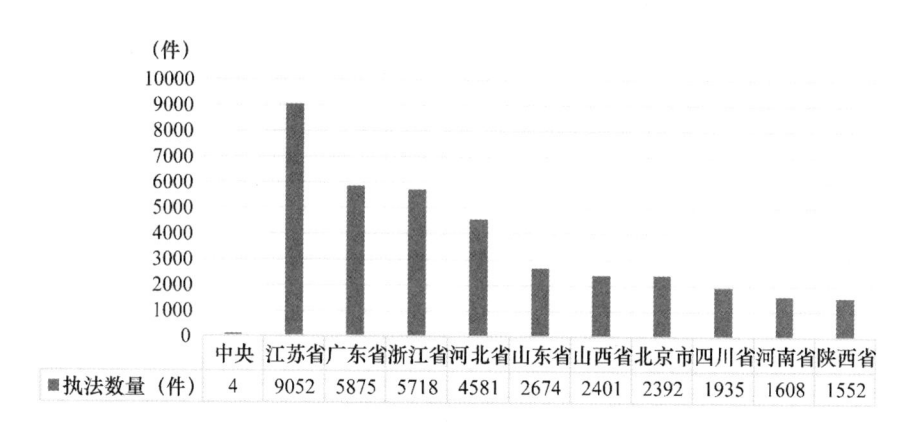

	中央	江苏省	广东省	浙江省	河北省	山东省	山西省	北京市	四川省	河南省	陕西省
执法数量（件）	4	9052	5875	5718	4581	2674	2401	2392	1935	1608	1552

图11 2022年排名前十省份生态环境保护执法案件数量统计

6. 农、林、牧、渔执法

2022年农、林、牧、渔执法案件共计23727件，其中从执法级别来看，省级执法2241件、市级执法5007件，区/县级执法16479件；从处罚对象分类来看，涉及机构的11361件，涉及个人的12366件；从处罚种类来看，处罚内容含警告、通报批评的 1722 件，含罚款、没收违法所得、没收非法财物的 22595 件，含限制开展生产经营活动、责令停产停业、责令关闭、限制从业的 381 件，含暂扣许可证件、降低资质等级、吊销许可证件的 5873 件，含行政拘留的 6 件，含法律、行政法规规定的其他行政处罚的有 992 件；从处罚机关来看，农业农村部/厅/局执法数量最多有 15405 件，其次是林业和草原局执法 4945 件、海洋局执法 2015 件、畜牧兽医局执法 71 件、粮食局执法 24 件、水产局执法 7 件（如表 6 所示）；从执法地域来看，除了西藏自治区，全国 30 个省级行政区均有执法案例，其中浙江省执法案件数量最多，有 5145 件，其次是广东省（4871 件）、湖南省（2454 件）、江苏省（1513 件）、河北省（1320 件）、福建省（1171 件）等（如图 12 所示）。

表 6 2022 年农、林、牧、渔执法案件数量统计　　　　单位：件

统计类别	具体分类	执法数量
执法级别	省级	2241
	市级	5007
	区/县级	16479
执法对象	机构	11361
	个人	12366
处罚种类	警告、通报批评	1722
	罚款、没收违法所得、没收非法财物	22595
	限制开展生产经营活动、责令停产停业、责令关闭、限制从业	381
	暂扣许可证件、降低资质等级、吊销许可证件	5873
	行政拘留	6
	法律、行政法规规定的其他行政处罚	992
执法机关	农业农村部/厅/局	15405
	林业和草原局	4945
	海洋局	2015
	畜牧兽医局	71
	粮食局	24
	水产局	7

2022年中国健康法治的发展现状与未来趋势

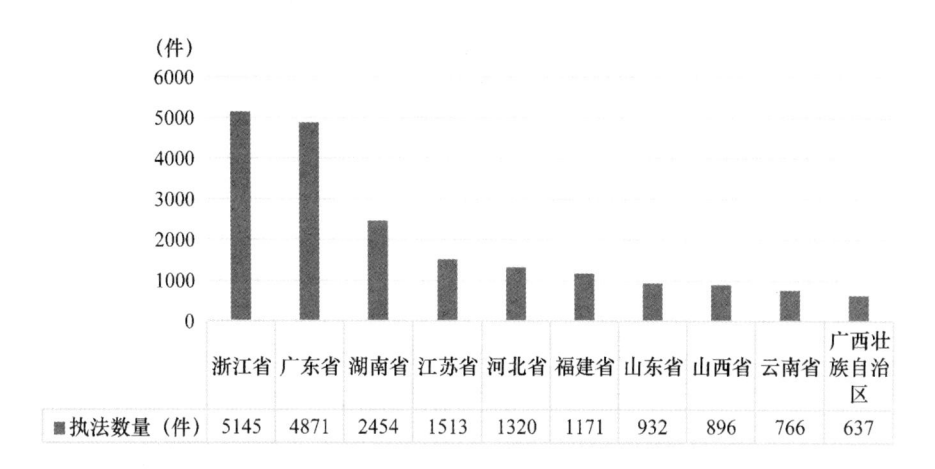

	浙江省	广东省	湖南省	江苏省	河北省	福建省	山东省	山西省	云南省	广西壮族自治区
执法数量（件）	5145	4871	2454	1513	1320	1171	932	896	766	637

图12　2022年排名前十省份农、林、牧、渔执法案件数量统计

7. 民政与劳动社会保障执法

2022年民政与劳动社会保障执法案件共计11265件，其中从执法级别来看，中央执法9件、省级执法705件、市级执法3480件、区/县级执法7071件；从处罚对象分类来看，涉及机构的11168件，涉及个人的97件；从处罚种类来看，处罚内容含警告、通报批评的1937件，含罚款、没收违法所得、没收非法财物的5976件，含限制开展生产经营活动、责令停产停业、责令关闭、限制从业的98件，含暂扣许可证件、降低资质等级、吊销许可证件的2342件，含行政拘留的0件，含法律、行政法规规定的其他行政处罚的有3313件；从处罚机关来看，人力资源和社会保障部/厅/局执法数量最多有5676件，其次是民政部/厅/局执法5589件（如表7所示）；从执法地域来看，全国31个省级行政区均有执法案例，其中广东省执法案件数量最多，有2037件，其次是山东省（973件）、浙江省（768件）、北京市（729件）、湖南省（637件）、河北省（629件）等（如图13所示）。

表7　2022年民政与劳动社会保障执法案件数量统计　　　单位：件

统计类别	具体分类	执法数量
执法级别	中央	9
	省级	705
	市级	3480
	区/县级	7071
执法对象	机构	11168
	个人	97
处罚种类	警告、通报批评	1937
	罚款、没收违法所得、没收非法财物	5976
	限制开展生产经营活动、责令停产停业、责令关闭、限制从业	98
	暂扣许可证件、降低资质等级、吊销许可证件	2342
	行政拘留	0
	法律、行政法规规定的其他行政处罚	3313
执法机关	人力资源和社会保障部/厅/局	5676
	民政部/厅/局	5589

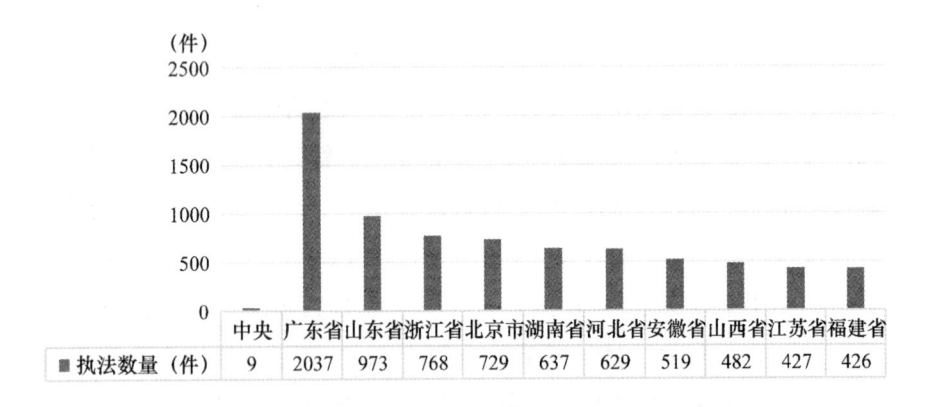

地区	中央	广东省	山东省	浙江省	北京市	湖南省	河北省	安徽省	山西省	江苏省	福建省
执法数量（件）	9	2037	973	768	729	637	629	519	482	427	426

图13　2022年排名前十省份民政与劳动社会保障执法案件数量统计

8. 体育健康执法

2022年体育健康执法案件共计98件，其中从执法级别来看，省级执法0件、市级执法45件、区/县级执法53件；从处罚对象分类来看，涉及机构的98件，涉及个人的0件；从处罚种类来看，处罚内容含警告、通报批评的18件，含罚款、没收违法所得、没收非法财物的81件，含限制开展生产经营活动、责令停产停业、责令关闭、限制从业的6件，含暂扣许可证件、降低资质等级、吊销许可证件的26件，含行政拘留的0件，含法律、行政法规规定的其他行政处罚的有12件；从处罚机关来看，体育总局/局执法了全部98个案件（如表8所示）；从执法地域来看，全国共有10个省级行政区有执法案例，其中广东省执法案件数量最多，有35件，其次是江苏省（28件）、北京市（18件）、广西壮族自治区（7件）、辽宁省（4件）等（如图14所示）。

表8 2022年体育健康执法案件数量统计　　　　　　　　　　单位：件

统计类别	具体分类	执法数量
执法级别	省级	0
	市级	45
	区/县级	53
执法对象	机构	98
	个人	0
处罚种类	警告、通报批评	18
	罚款、没收违法所得、没收非法财物	81
	限制开展生产经营活动、责令停产停业、责令关闭、限制从业	6
	暂扣许可证件、降低资质等级、吊销许可证件	26
	行政拘留	0
	法律、行政法规规定的其他行政处罚	12
执法机关	体育总局/局	98

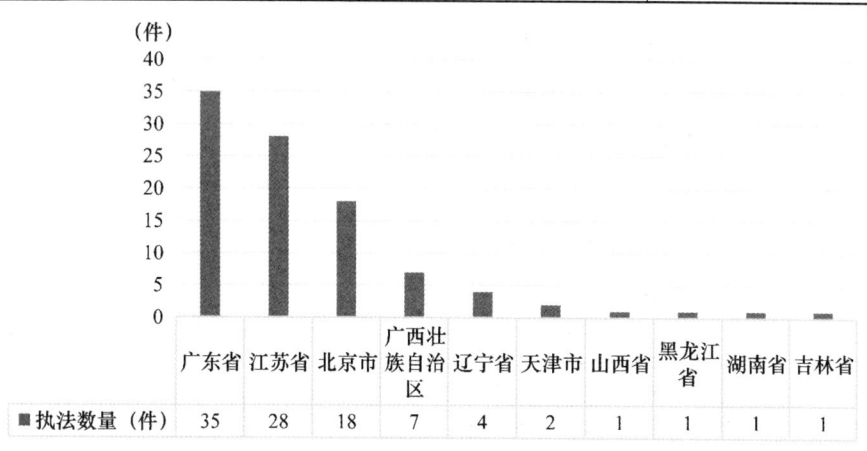

省份	广东省	江苏省	北京市	广西壮族自治区	辽宁省	天津市	山西省	黑龙江省	湖南省	吉林省
执法数量（件）	35	28	18	7	4	2	1	1	1	1

图14 2022年排名前十省份体育健康执法案件数量统计

三 司法治理：政策规范与纠纷热点

2022年健康领域的司法治理工作主要聚焦于相关司法规范的完善与实践纠纷的解决，这为维护社会健康管理秩序、保障公民健康权益和促进健康法治发展起着重要的推动作用。

（一）健康领域的司法政策规范与制度建设

2022年，最高人民法院、最高人民检察院、公安部和司法部等积极落实和推进健康领域的政策规范和制度建设，并在扎牢民生安全司法保障网、促进人与自然和谐共生、强化对特殊群体的扶助等方面耕耘有成，这为推动建设更高水平的平安中国，为全面建设社会主义现代化国家提供了有力司法服务。①

1. 与民同行：扎牢民生安全司法保障网

扎牢民生安全司法保障网是维护社会稳定、促进公平正义、保障人民安全、提高公民的安全感和幸福感的必然选择，也是法治建设和社会进步的重要保障。如2022年最高人民检察院发布《"检察为民办实事"——行政检察与民同行系列典型案例》共计六批次（第五批到第十批），②全面彰显司法人文关怀，推动民生安全领域的争议的实质性化解，减轻当事人经济负担和诉累，让其感受到司法温度，从而实现案结事了政和。除此之外，在具体的民生安全领域，如人身生命安全、食品药品安全、健康信

---

① 参见周强《最高人民法院工作报告——2023年3月7日在第十四届全国人民代表大会第一次会议上》，最高人民法院网：https://www.court.gov.cn/zixun/xiangqing/391381.html，2023年3月8日；张军《最高人民检察院工作报告——2023年3月7日在第十四届全国人民代表大会第一次会议上》，最高人民检察院网：https://www.spp.gov.cn/spp/gzbg/202303/t20230317_608767.shtml，2023年3月17日。

② 参见最高人民检察院《发布"检察为民办实事"——行政检察与民同行系列典型案例》（第五批至第十次），北大法宝：https://pkulaw.com/chl/bbc7dbb07931c097bdfb.html?keyword=%E4%B8%8E%E6%B0%91%E5%90%8C%E8%A1%8C&way=listView，2022年12月9日。

息安全、生产建设安全和疫情防控秩序维护等方面的司法治理也成果颇丰。

(1) 完善人身安全损害赔偿标准

在《最高人民法院关于修改〈最高人民法院关于审理人身损害赔偿案件适用法律若干问题的解释〉的决定（2022）》[1] 中，最高人民法院全面落实"改革人身损害赔偿制度，统一城乡居民赔偿标准"的要求，统一采用城镇居民标准计算残疾赔偿金、死亡赔偿金和被扶养人生活费，使农村居民能够更好地分享到改革的红利，促进城乡融合发展，不断增强人民群众尤其是农村居民的安全感和获得感，居住在农村的居民也按照城镇居民指标计算，最高可获得死亡赔偿金（被扶养人生活费计入死亡赔偿金）约234万元，这样可以更充分地保护受害人尤其是农村居民受害人的利益。城乡居民赔偿标准统一后，极大降低了当事人的举证难度，减轻了当事人的诉累，并优化了司法资源配置。[2] 《最高人民法院关于办理人身安全保护令案件适用法律若干问题的规定》[3] 的出台为反家庭暴力的受害者提供了更强有力的司法支持，重点对家庭暴力的发现机制、证据收集机制以及执行联动机制等作了进一步细化和完善，也为统一法律适用标准，明晰裁判规则提供宝贵司法意见。

(2) 加强食药安全司法保障工作

在《最高人民检察院发布12件"3·15"检察机关食品药品安全公益诉讼典型案例》《最高人民法院发布10起消费者权益保护典型案例》和《最高人民检察院发布九件检察机关依法惩治制售假冒伪劣商品犯罪典

---

[1] 最高人民法院：《关于修改〈最高人民法院关于审理人身损害赔偿案件适用法律若干问题的解释〉的决定（2022）》，北大法宝网：https://pkulaw.com/chl/67fd051979238cd1bdfb.html?way=listView，2022年4月24日。

[2] 最高人民法院：《最高法民一庭负责人就最高人民法院关于修改〈最高人民法院关于审理人身损害赔偿案件适用法律若干问题的解释〉的决定答记者问》，北大法宝网：https://pkulaw.com/lawexplanation/d0beb25c2b4618207ed06050433c9683bdfb.html?way=textRightFblx，2022年4月。

[3] 最高人民法院：《关于办理人身安全保护令案件适用法律若干问题的规定》，北大法宝网：https://pkulaw.com/chl/6d7a37fffae5558ebdfb.html?way=listView，2022年7月14日。

型案例》中，① 司法机关充分发挥公益诉讼职能作用，依法督促行政机关依法履职，在销售环节进行监管的基础上推动溯源治理，依法查处违法生产企业，并通过专项整治发现监管漏洞，助推建立长效监管机制，切实保护消费者食品安全，有力维护了消费者的健康安全和合法权益。《最高人民检察院发布4件检察机关依法惩治危害农资安全犯罪典型案例》也彰显了检察机关深入贯彻落实习近平总书记关于保障粮食安全和农产品安全等重要指示精神和党中央决策部署，严惩制售伪劣农药犯罪，切实保障粮食安全和农民权益。②

在药品安全司法保障方面，最高人民法院发布《十个药品安全典型案例》③ 并指出，药品安全涉及人民群众的生命安全和身体健康，必须实施严格监管，防范杜绝假药、劣药对人民群众生命健康造成损害。对危害人民群众生命健康的食药案件，食品药品监督管理部门依法查处且从严把握，人民法院对此依法予以支持，二者联合共治能切实保护人民群众生命健康安全。与此同时，最高人民法院、最高人民检察院也发布了《关于办理危害药品安全刑事案件适用法律若干问题的解释》④，并提出，药品安全责任重大，事关人民群众生命健康，事关健康中国建设。在起草过程中，着重注意把握了以下几点：第一，依法严惩危害药品安全犯罪，保障公众用药安全；第二，结合司法实践情况，对危害药品安全犯罪的定罪量刑标准等问题作出了全面系统的规定；第三，坚持问题导向，对司法实践反映的疑

---

① 最高人民检察院：《发布12件"3·15"检察机关食品药品安全公益诉讼典型案例》，北大法宝网：https://pkulaw.com/chl/5a163d08f1c98d1cbdfb.html? way = listView，2022年3月15日；最高人民法院：《发布10起消费者权益保护典型案例》，北大法宝网：https://pkulaw.com/chl/196115696d88a6d7bdfb.html? way = listView，2022年3月15日；最高人民检察院：《发布九件检察机关依法惩治制售假冒伪劣商品犯罪典型案例》，北大法宝网：https://pkulaw.com/chl/4725177143b488afbdfb.html? way = listView，2022年3月14日。

② 最高人民检察院：《发布4件检察机关依法惩治危害农资安全犯罪典型案例》，北大法宝网：https://pkulaw.com/chl/ea6a6cf1eb813f80bdfb.html? way = listView，2022年3月21日。

③ 最高人民法院：《发布10个药品安全典型案例》，北大法宝网：https://pkulaw.com/chl/ffdc8ef1d82ad199bdfb.html? way = listView，2022年4月28日。

④ 最高人民法院、最高人民检察院：《关于办理危害药品安全刑事案件适用法律若干问题的解释（2022）》，北大法宝网：https://pkulaw.com/chl/4945b8a81ed604b6bdfb.html? way = listView，2022年3月3日。

难问题予以充分回应,为依法公正处理危害药品安全犯罪案件奠定了扎实基础。①

(3) 积极保障公民健康信息安全

最高人民检察院发布《检察机关依法惩治侵犯公民个人信息犯罪典型案例的通知》,积极回应社会关切,结合打击治理电信网络诈骗犯罪等深挖关联犯罪,加强对上游信息采集、提供、倒卖等环节犯罪行为全链条打击,加强对公民个人信息"信息类型"和刑事处罚标准的研究,充分发挥检察监督职能优势,协同推进个人信息保护刑事检察和公益诉讼检察一体化办案,促进平台、行业完善内部管控,推动形成个人健康信息保护多元共治新格局。②《最高人民法院、最高人民检察院、公安部关于办理信息网络犯罪案件适用刑事诉讼程序若干问题的意见》还就涉及健康领域信息网络犯罪中的地域管辖、调查核实、证据使用、责任追究等提出重要意见。③ 最高人民法院发布的《九起民法典颁布后人格权司法保护典型民事案例》中也呈现了民法典实施后首例个人信息保护民事公益诉讼案件,聚焦维护不特定社会主体的个人健康信息安全,明确大规模侵害个人信息行为构成对公共信息安全领域社会公共利益的侵害,进而彰显司法保障个人信息权益、社会公共利益的决心和力度。④

(4) 依法惩治危害生产安全犯罪

为依法惩治危害生产安全犯罪,维护公共安全,保护人民群众生命安全和公私财产安全,最高人民法院、最高人民检察院出台《关于办理危害生产安全刑事案件适用法律若干问题的解释(二)》,确保运用刑事手段有

---

① 参见周加海、喻海松、李静《〈关于办理危害药品安全刑事案件适用法律若干问题的解释〉的理解与适用》,《人民司法》2022年第10期。
② 最高人民检察院:《关于印发检察机关依法惩治侵犯公民个人信息犯罪典型案例的通知》,北大法宝网:https://pkulaw.com/chl/5a9760dcfb65dc56bdfb.html?way=listView,2022年12月2日。
③ 最高人民法院、最高人民检察院、公安部:《关于办理信息网络犯罪案件适用刑事诉讼程序若干问题的意见》,北大法宝网:https://pkulaw.com/chl/56be1af79787e058bdfb.html?way=listView,2022年8月26日。
④ 最高人民法院:《发布9起民法典颁布后人格权司法保护典型民事案例》,北大法宝网:https://pkulaw.com/chl/12d07e8af46554fcbdfb.html?way=listView,2022年4月11日。

效惩治尚未造成重大事故后果的非法违法生产经营行为,达到及时消除安全风险隐患、从源头上防范生产安全事故的积极效果。① 最高人民法院、最高人民检察院发布的典型案例中也指出,未来将综合运用检察建议、提起诉讼、专题报告等方式,持续跟进督促行政机关全面依法履职,为彻底消除同类安全生产隐患贡献检察力量,坚持依法能动履职,通过深入调研提出社会治理建议,助力推动开展行业专项整治,促进域内同类问题系统治理、根源治理,为区域安全生产发展和人身安全损害赔偿提供有力法治保障。②

(5) 严厉打击涉毒犯罪行为

《最高人民法院发布2022年十大毒品(涉毒)犯罪典型案例》,该文件指出,制造毒品属于源头性毒品犯罪,历来是我国禁毒斗争的打击重点。近年来,制毒活动的规模化犯罪得到有效控制,但零星案件时有发生且较为隐秘,与此同时,部分毒品犯罪分子暴力抗检、抗捕问题也影响了社会治安,并对群众生命财产安全构成威胁。未成年人滥用成瘾性药物,严重损害其身心健康,易引发违法犯罪。而"微商""博主带货"等较隐蔽的网络销售新业态容易成为成瘾性药物交易的温床,由此带来严重安全隐患,损害社会公共利益。在一些典型案例中,人民法院在通过刑罚手段阻断毒品危害殃及未成年人的同时,也呼吁广大青少年深刻认识毒品危害,守住心理防线,慎重交友,远离易染毒环境和人群。③

(6) 依法维护疫情防控秩序

在2022年,最高人民法院、最高人民检察院单独或会同公安部等部门,

---

① 最高人民法院、最高人民检察院:《关于办理危害生产安全刑事案件适用法律若干问题的解释(二)》,北大法宝网:https://pkulaw.com/chl/f6b2e1631d91a96abdfb.html? way = listView,2022年12月15日。

② 最高人民法院、最高人民检察院:《发布六件人民法院、检察机关依法惩治危害生产安全犯罪典型案例》,北大法宝网:https://pkulaw.com/chl/213396fed66bd971bdfb.html? way = listView,2022年12月15日;高人民检察院:《发布11件安全生产领域检察公益诉讼典型案例》,北大法宝网:https://pkulaw.com/chl/0aec4137cf67b446bdfb.html? way = listView,2022年12月16日。

③ 最高人民法院:《发布2022年十大毒品(涉毒)犯罪典型案例》,北大法宝网:https://pkulaw.com/chl/524103ae2938d7dcbdfb.html? way = listView,2022年6月25日。

先后发布了多批典型案例，有力地打击、震慑了扰乱疫情防控秩序的违法犯罪。如2022年3月31日，最高人民检察院发布《第十六批全国检察机关依法办理涉新冠肺炎疫情典型案例》；2022年4月29日，最高人民检察院、公安部发布《六起依法惩治妨害疫情防控秩序违法犯罪典型案例》；同日，最高人民法院发布《五个依法惩处妨害疫情防控犯罪典型案例》；2022年6月5日，最高人民检察院与公安部再次发布《四起依法惩治妨害疫情防控保障犯罪典型案例》。① 这为进一步引导人民群众自觉遵守疫情防控有关法律法规，做好人民群众基本生活保障和生活物资供应，筑牢疫情防控屏障等提供了保障。

（7）依法惩治涉网络黑恶犯罪

网络涉黑犯罪愈加猖狂，且延伸的利益链条不断向其他产业扩张，新型犯罪行为也层出不穷，尤其是实施"裸聊诈骗""套路贷"等行为严重侵犯了当事人的身心健康，也给相关家庭带来了巨大伤害和沉重灾难。因此，对涉网络黑恶犯罪行为的打击已经刻不容缓，不仅需要规范指引，还需要执法联动，如此才能对案件进行高效治理，从而避免悲剧发生。司法机关对此也提出，对于有组织的软暴力犯罪行为，应该结合个案具体情形，考察犯罪次数、时间长短、影响范围、对象属性、侵害程度以及周围群众安全感等因素，对犯罪人员进行依法严惩。②

2. 和谐共生：维护健康生活的生态环境

在生态环境保护领域，2022年的司法治理重点在于公益诉讼工作的推进和环境污染行为的惩处。

---

① 最高人民检察院：《发布第十六批全国检察机关依法办理涉新冠肺炎疫情典型案例》，北大法宝网：https://pkulaw.com/chl/8ec46ace52230fd9bdfb.html? way = listView，2022年3月31日；最高人民检察院、公安部：《发布6起依法惩治妨害疫情防控秩序违法犯罪典型案例》，北大法宝网：https://pkulaw.com/chl/3df5a1e4af4ab07abdfb.html? way = listView，2022年4月29日；最高人民检察院、公安部：《发布4起依法惩治妨害疫情防控保障犯罪典型案例》，北大法宝网：https://pkulaw.com/chl/3372dd27e4affe79bdfb.html? way = listView，2022年6月5日。

② 最高人民检察院：《发布4件依法惩治涉网络黑恶犯罪典型案例》，北大法宝网：https://pkulaw.com/chl/70f5138038558edbbdfb.html? way = listView，2022年12月30日。

（1）推动环境公益诉讼工作的创新发展

为构建新时代生态文明制度体系，有效落实环境公益诉讼制度，最高人民检察院在2022年发布了《十二个湿地保护公益诉讼典型案例》《八件检察机关督促整治非法采矿公益诉讼典型案例》《十起涉水领域检察公益诉讼典型案例》《关于建立健全水行政执法与检察公益诉讼协作机制的意见》《六件人民监督员参与和监督检察公益诉讼办案活动典型案例》等[1]，以检察公益诉讼推动行政共管，体现"环境领域行政执法＋检察公益诉讼"的协同作用，为解决执法难题提供检察助力，实现诉前公益保护的最佳司法状态。综合运用民事公益诉讼、行政公益诉讼，促成多个职能部门共同治理企业长期占用环境资源保护区、危害环境安全等多因素违法行为，强调兼顾发展与保护，注重释法说理和风险提示，是双赢多赢共赢司法理念的生动体现。

（2）打击严重危害健康的环境污染行为

在《最高人民法院发布十起人民法院依法审理固体废物污染环境典型例》中[2]，对于因非法处置医疗废物污染环境引发的刑事案件，司法机关展现了对非法处置医疗废物污染环境犯罪行为决不姑息、严厉打击的态度，有助于警示上下游相关的医疗机构、企业及从业人员依法依规处置医疗废物，避免因不当处置引发公共健康风险；对于因非法处置新能源汽车锂电池材料生产过程中产生的毒性工业固体危险废物引发的刑事案件，人民法院在判断被告人是否具有污染环境的主观故意时，参考被告人的职业经历

---

[1] 最高人民检察院：《发布12个湿地保护公益诉讼典型案例》，北大法宝网：https://pkulaw.com/chl/e661b448bf52e704bdfb.html？way＝listView，2022年11月5日；最高人民检察院：《发布8件检察机关督促整治非法采矿公益诉讼典型案例》，北大法宝网：https://pkulaw.com/chl/fde67436134dd5f9bdfb.html？way＝listView，2022年9月14日；最高人民检察院、水利部：《联合发布十起涉水领域检察公益诉讼典型案例》，北大法宝网：https://pkulaw.com/chl/ec83a311fd2da0b6bdfb.html？way＝listView，2022年6月9日；最高人民检察院、水利部：《关于印发〈关于建立健全水行政执法与检察公益诉讼协作机制的意见〉的通知》，北大法宝网：https://pkulaw.com/chl/77ebd120d53dba45bdfb.html？way＝listView，2022年5月17日；最高人民检察院：《发布6件人民监督员参与和监督检察公益诉讼办案活动典型案例》，北大法宝网：https://pkulaw.com/chl/6b2503a47cccbe62bdfb.html？way＝listView，2022年12月20日。

[2] 最高人民法院：《发布十起人民法院依法审理固体废物污染环境典型案例》，北大法宝网：https://pkulaw.com/chl/0db7e6411fdb326fbdfb.html？way＝listView，2022年3月1日。

所体现的正常认知水平，认为作为运输行业经营者，对企业生产过程中产生的固体废物具有危害性及随意倾倒会污染环境，应有一定的认知，并负有核实了解的义务；对于因焚烧电子垃圾引发的刑事案件，人民法院对非法收购、处置、冶炼等各犯罪环节实施全链条打击，彻底斩断非法冶炼电子垃圾的利益链条，有力打击了污染环境的犯罪行为等。

3. 扶危济困：强化对特殊群体的扶助工作

在2022年，针对未成年人、老年人、残疾人、妇女、军人等特殊群体，司法机关和相关部门通过司法制度的救济功能的有效发挥，为他们的健康权益保障提供强大助力。

在未成年人权益保护方面，最高人民法院发布的《九起未成年人权益司法保护典型案例》①，彰显人民法院依法维护未成年人合法权益的鲜明立场和坚定决心，进而推动全社会营造未成年人安全、健康成长的良好环境。最高人民检察院则先后发布的《八起"检爱同行 共护未来"未成年人保护法律监督专项行动典型案例》《六起侵害未成年人案件强制报告追责典型案例》《关于人民检察院开展未成年人检察工作情况的报告》②，认真落实未成年人保护法规定的"最有利于未成年人"原则，倾情守护未成年人安全健康成长。最高人民法院、最高人民检察院、公安部、司法部还联合印发了《关于未成年人犯罪记录封存的实施办法》③，全面贯彻教育、感化、挽救违法犯罪未成年人的方针，加强对未成年人的特殊保护和重点保护。

---

① 最高人民法院：《发布九起未成年人权益司法保护典型案例》，北大法宝网：https://pkulaw.com/chl/8f75c7b5879fa6dbbdfb.html？way＝listView，2022年3月1日。
② 最高人民检察院：《发布八起"检爱同行 共护未来"未成年人保护法律监督专项行动典型案例》，北大法宝网：https://pkulaw.com/chl/459be08da5406a72bdfb.html？way＝listView，2022年5月25日；最高人民检察院：《发布6起侵害未成年人案件强制报告追责典型案例》，北大法宝网：https://pkulaw.com/chl/a5cd3f75ac3c24ddbdfb.html？way＝listView，2022年5月27日；最高人民检察院：《关于人民检察院开展未成年人检察工作情况的报告》，北大法宝网：https://pkulaw.com/chl/2f3e0be5b56a45cabdfb.html？way＝listView，2022年10月28日。
③ 最高人民法院、最高人民检察院、公安部、司法部：《关于印发〈关于未成年人犯罪记录封存的实施办法〉的通知》，北大法宝网：https://pkulaw.com/chl/3f31b710 9f2fd4a8bdfb.html？way＝listView，2022年5月30日。

在老年人权益保护方面,《最高人民法院关于为实施积极应对人口老龄化国家战略提供司法服务和保障的意见》指出,要充分发挥审判职能作用,加强老年人权益保障,包括依法妥善审理涉老年人婚姻家庭纠纷和财产继承案件、贯彻实施反家庭暴力法保护老年家庭成员人身安全、完善老年人监护制度、推动农村养老保障服务发展、加强老年人劳动权益保护和案件执行力度等。[1] 除此之外,最高人民法院先后发布了《老年人权益保护第二批典型案例》《六件养老诈骗犯罪典型案例》,最高人民检察院也发布了《关于印发检察机关打击整治养老诈骗犯罪典型案例的通知》和《惩治养老诈骗违法犯罪典型案例(第二批)》[2],这有助于积极发挥典型案例作用,更好维护老年人合法权益。

在残疾人权益保护方面,《最高人民法院、最高人民检察院、公安部等关于深入学习贯彻习近平法治思想切实加强残疾人司法保护的意见》指出,以习近平同志为核心的党中央高度重视残疾人事业发展,对残疾人格外关心、格外关注。加强对残疾人的司法保护是学习贯彻习近平法治思想的必然要求,是落实全面依法治国部署的重要标志,是新时代残疾人事业高质量发展的基本内容,是回应广大残疾人殷切期盼的务实举措。在司法实践中,应深入学习贯彻习近平法治思想,大力宣传落实保障残疾人权益的法律法规;加快推进公共法律服务体系建设,保障残疾人平等享受公共法律服务;依法严惩侵害残疾人权益的违法犯罪行为,切实保护残疾人的

---

[1] 最高人民法院:《关于为实施积极应对人口老龄化国家战略提供司法服务和保障的意见》,北大法宝网:https://pkulaw.com/chl/e453df8dad54a801bdfb.html?keyword=%E8%80%81&way=listView,2022年3月29日。

[2] 最高人民法院:《发布老年人权益保护第二批典型案例》,北大法宝网:https://pkulaw.com/chl/2066d0df7bae2757bdfb.html?way=listView,2022年4月8日;最高人民法院:《发布6件养老诈骗犯罪典型案例》,北大法宝网:https://pkulaw.com/chl/b1999fc9b1307c8abdfb.html?keyword=%E8%80%81&way=listView,2022年8月24日;最高人民检察院:《关于印发检察机关打击整治养老诈骗犯罪典型案例的通知》,北大法宝网:https://pkulaw.com/chl/82c0a4bd867074a7bdfb.html?keyword=%E8%80%81&way=listView,2022年6月8日;最高人民检察院:《发布检察机关惩治养老诈骗违法犯罪典型案例(第二批)》,北大法宝网:https://pkulaw.com/chl/642ba4c47b41585cbdfb.html?keyword=%E8%80%81&way=listView,2022年11月9日。

人身财产安全；切实加强无障碍诉讼服务，努力让残疾人在每一个司法案件中感受到公平正义。① 最高人民检察院、中国残疾人联合会也联合发布了《10件残疾人权益保障检察公益诉讼典型案例》。② 在相关案件中，为向听力障碍、言语障碍等特定群体提供医疗急救等应急保障，检察机关运用"公开听证＋检察建议＋评估验收"等方式，督促协同有关职能部门推动医疗急救调度系统完善文字报警功能，立足个案开展类案监督，推动全市120急救调度系统实现文字报警功能全覆盖，取得"办理一案，治理一片"的社会实效。同时，检察机关主动履行公益诉讼检察职能，督促相关行政部门积极履职，推动严重精神障碍患者监护人补助按程序及时拨付到位，促进国家惠民政策的落实落地，有利于防止严重精神障碍患者及其家庭因病致贫、因病返贫，鼓励和督促监护人认真履行监护责任，推动从源头上预防和减少严重精神障碍患者肇事肇祸事件发生，消除影响社会安全稳定的潜在风险，营造理解、关爱严重精神障碍患者的社会氛围，促进扶残助残社会支持体系建设。

在妇女权益保护方面，最高人民检察院、中华全国妇女联合会先后发布了《关于开展"关注困难妇女群体，加强专项司法救助"活动的通知》和《妇女权益保障检察公益诉讼典型案例》，③ 充分发挥检察机关和妇联组织的职能优势，加大司法过程中对困难妇女的救助帮扶力度。最高人民法院、最高人民检察院、公安部发布的《关于敦促拐卖妇女儿童相关犯罪嫌

---

① 最高人民法院、最高人民检察院、公安部、司法部、中国残疾人联合会：《关于深入学习贯彻习近平法治思想 切实加强残疾人司法保护的意见》，北大法宝网：https://pku-law.com/chl/3e4c9a5c90e6fb03bdfb.html? way = listView，2022年2月11日。
② 最高人民检察院、中国残疾人联合会：《联合发布10件残疾人权益保障检察公益诉讼典型案例》，北大法宝网：https://pkulaw.com/chl/513fed708dc2c11cbdfb.html? way = listView，2022年5月13日。
③ 最高人民检察院、中华全国妇女联合会：《关于开展"关注困难妇女群体，加强专项司法救助"活动的通知》，北大法宝网：https://pkulaw.com/chl/841604fc5ff46432bdfb.html? keyword = % E5% A6% 87% E5% A5% B3&way = listView，2022年3月25日；最高人民检察院、中华全国妇女联合会：《关于印发〈妇女权益保障检察公益诉讼典型案例〉的通知》，北大法宝网：https://pkulaw.com/chl/220a092383277b2abdfb.html? keyword = % E5% A6% 87% E5% A5% B3&way = listView，2022年11月23日。

疑人投案自首的通告》①，为切实维护广大妇女儿童合法权益，维护社会和谐稳定，依法严厉打击拐卖妇女、儿童犯罪活动，敦促相关犯罪嫌疑人主动投案自首、争取从宽处理提供规范依据。

在退役军人和军属权益保护方面，最高人民检察院、退役军人事务部联合印发《检察机关与退役军人事务部门加强司法救助协作典型案例》，在相关案件中，检察机关落实退役军人优抚政策，有效维护退役军人合法权益，让退役军人及其家属切实感受到司法温暖，彰显了检察机关和退役军人事务部门关心关爱困难退役军人的责任担当。② 最高人民检察院还发布了《六起全国检察机关依法惩治侵犯军人军属合法权益犯罪典型案例》，凸显出检察机关一直在加强与退役军人事务局、教育、宣传、社会救助团体等部门的沟通联络，汇聚各方面力量，采取多元化帮扶措施，全力帮助因案受困的退役军人及其家庭渡过难关、走出困境，把党和国家对困难退役军人的关心关爱落到实处，实现政治效果、法律效果和社会效果的有机统一。③

（二）健康领域的司法纠纷热点与数据分析

基于法益的分类，可将司法案件的类型划分为刑事、行政和民事纠纷，而健康作为一个领域法的范畴，其内容横跨三个不同的法律部门，因此，在案件类型上也三者兼而有之，但各有侧重。④

---

① 最高人民法院、最高人民检察院、公安部：《关于敦促拐卖妇女儿童相关犯罪嫌疑人投案自首的通告》，北大法宝网：https://pkulaw.com/chl/84e3c2b4dde072b2bdfb.html? keyword=%E5%A6%87%E5%A5%B3&way=listView，2022年4月24日。
② 最高人民检察院、退役军人事务部：《联合印发检察机关与退役军人事务部门加强司法救助协作典型案例》，北大法宝网：https://pkulaw.com/chl/ff7811ed68abf837bdfb.html? way=listView，2022年8月1日。
③ 最高人民检察院：《发布六起全国检察机关依法惩治侵犯军人军属合法权益犯罪典型案例》，北大法宝网：https://pkulaw.com/chl/a5fe9067c9cab663bdfb.html? way=listView，2022年7月29日。
④ 第一，以下关于案件数量的统计均来源于北大法宝数据库；第二，统计截止时间为2023年12月31日；第三，案件数量统计时选取的案件审理程序包括一审、二审以及再审；第四，2022年的年份指代的是案件在2022年审结；第五，统计时是将每一个罪名或案由单独进行的统计，因此会有两个甚至多个罪名或案由集中于一个案件的情况（即一案数罪并罚），但为考虑分析结果的科学性，案件数的统计将根据案由数量进行计算，在此予以特别说明。

1. 健康领域的刑事纠纷

从现行刑法规范来看，与健康领域（食药安全、公共卫生与环境保护）直接相关的大类罪行包括生产、销售伪劣商品犯罪，危害公共卫生犯罪，破坏环境资源犯罪，走私、贩卖、运输、制造毒品罪，组织、强迫、引诱、容留、介绍卖淫罪，危害公共安全罪，侵害公民人身权利罪等，本报告也主要对以上罪名在2022年的刑事纠纷进行统计和分析。①

（1）生产、销售伪劣商品犯罪

综观2022年，生产、销售伪劣商品犯罪在审结案件数量上共计1032件，其中生产、销售伪劣产品罪的案件数量最多，达444件，占比也高达43.02%。其次分别为生产、销售有毒、有害食品罪案件361件，生产、销售不符合安全标准的食品罪案件97件，生产、销售假药罪案件88件。其他罪名的案件则数量比较少，均低于50件，甚至如生产、销售不符合标准的医用器材罪，生产、销售不符合卫生标准的化妆品罪，生产、销售、提供劣药罪的案件统计数量均为0件（如表9所示）。

表9　2022年生产、销售伪劣商品犯罪案件数量统计

罪名	数量（件）	占比（%）
生产、销售伪劣产品罪	444	43.02
生产、销售有毒、有害食品罪	361	34.98
生产、销售不符合安全标准的食品罪	97	9.40
生产、销售假药罪（已取消）	88	8.53
生产、销售伪劣农药、兽药、化肥、种子罪	21	2.03
妨害药品管理罪（新增）	9	0.87
生产、销售不符合安全标准的产品罪	7	0.68

---

① 囿于2021年2月27日《最高人民法院、最高人民检察院关于执行〈中华人民共和国刑法〉确定罪名的补充规定（七）》发布并已于2021年3月1日起正式施行，因此，根据其新增、调整、取消罪名的具体情况，本节相关罪名及其数据的统计将因此调整而进行编写，即，针对新增的罪名（含调整后的），统计时如2021年有案件数据则将予以统计至表格内；针对取消的罪名（含调整前的），如2021年仍有案件数据，亦会在表格中予以统计。存在上述情况的罪名也均会加以标注，后文不再赘解，在此予以特别说明。

续表

罪名	数量（件）	占比（％）
生产、销售、提供假药罪（新增）	5	0.48
生产、销售不符合标准的医用器材罪	0	0
生产、销售不符合卫生标准的化妆品罪	0	0
生产、销售、提供劣药罪	0	0
共计	1032	100.00

（2）危害公共卫生犯罪

2022年审结的危害公共卫生犯罪案件数量共计121件，其中非法行医罪的案件数量最多，达93件，占比也高达76.86%。其次分别为妨害传染病防治罪案件16件，医疗事故罪与妨害动植物防疫、检疫罪各4件。其他罪名的案件则数量相对较少，均不高于4件，这里值得注意的是，妨害国境卫生检疫罪、强迫卖血罪，传染病菌种、毒种扩散罪，非法采集、供应血液、制作、供应血液制品罪，采集、供应血液、制作、供应血液制品事故罪，非法采集人类遗传资源、走私人类遗传资源材料罪，非法植入基因编辑、克隆胚胎罪等罪名的案件统计数量均为0件（如表10所示）。

表10 2022年危害公共卫生犯罪案件数量统计

罪名	数量（件）	占比（％）
非法行医罪	93	76.86
妨害传染病防治罪	16	13.22
医疗事故罪	4	3.31
妨害动植物防疫、检疫罪（新增）	4	3.31
非法进行节育手术罪	3	2.48
非法组织卖血罪	1	0.83
妨害国境卫生检疫罪	0	0
强迫卖血罪	0	0
传染病菌种、毒种扩散罪	0	0
非法采集、供应血液、制作、供应血液制品罪	0	0

续表

罪名	数量（件）	占比（%）
采集、供应血液、制作、供应血液制品事故罪	0	0
非法采集人类遗传资源、走私人类遗传资源材料罪（新增）	0	0
非法植入基因编辑、克隆胚胎罪（新增）	0	0
共计	121	100.00

（3）破坏环境资源保护犯罪

2022年审结的破坏环境资源保护犯罪案件数量共计为2998件，其中滥伐林木罪的案件数量最多，达651件，占比为21.71%。其次分别为非法捕捞水产品罪425件，非法采矿罪案件412件，非法占用农用地罪345件，非法狩猎罪案件336件，污染环境罪及盗伐林木罪案件各208件，其他罪名的案件则数量分布不均，但数量均少于200件，尤其是非法处置进口的固体废物罪、擅自进口固体废物罪、破坏性采矿罪、破坏自然保护地罪以及非法引进、释放、丢弃外来入侵物种罪案件均为0件（如表11所示）。

表11　2022年破坏环境资源保护犯罪案件数量统计

罪名	数量（件）	占比（%）
滥伐林木罪	651	21.71
非法捕捞水产品罪	425	14.18
非法采矿罪	412	13.74
非法占用农用地罪（已取消）	345	11.51
非法狩猎罪	336	11.21
污染环境罪（新增）	208	6.94
盗伐林木罪	208	6.94
非法收购、运输、出售珍贵、濒危野生动物、珍贵、濒危野生动物制品罪（已取消）	175	5.84
非法猎捕、杀害珍贵、濒危野生动物罪（已取消）	69	2.30
危害国家重点保护植物罪（新增）	59	1.97
危害珍贵、濒危野生动物罪（新增）	56	1.87

续表

罪名	数量（件）	占比（%）
非法收购、运输盗伐、滥伐的林木罪（新增）	30	1.00
非法猎捕、收购、运输、出售陆生野生动物罪（新增）	13	0.43
非法收购、运输、加工、出售国家重点保护植物、国家重点保护植物制品罪（已取消）	11	0.37
非法处置进口的固体废物罪	0	0
擅自进口固体废物罪	0	0
破坏性采矿罪	0	0
破坏自然保护地罪	0	0
非法引进、释放、丢弃外来入侵物种罪（新增）	0	0
共计	2998	100.00

（4）走私、贩卖、运输、制造毒品罪

2022年，走私、贩卖、运输、制造毒品类犯罪在审结案件数量上共计28769件，其中走私、贩卖、运输、制造毒品罪的案件数量最多，达25179件，占比为87.52%。其次分别为非法持有毒品罪案件1594件、容留他人吸毒罪案件1531件，非法生产、买卖、运输制毒物品、走私制毒物品罪案件218件，非法种植毒品原植物罪案件108件，非法买卖、运输、携带、持有毒品原植物种子、幼苗罪案件76件，窝藏、转移、隐瞒毒品、毒赃罪案件24件，非法买卖制毒物品罪23件。其他罪名的案件则数量均少于10件，尤其是新增的妨害兴奋剂管理罪等案件均为0件（如表12所示）。

表12　2022年走私、贩卖、运输、制造毒品犯罪案件数量统计

罪名	数量（件）	占比（%）
走私、贩卖、运输、制造毒品罪	25179	87.52
非法持有毒品罪	1594	5.54
容留他人吸毒罪	1531	5.32
非法生产、买卖、运输制毒物品、走私制毒物品罪	218	0.76
非法种植毒品原植物罪	108	0.38
非法买卖、运输、携带、持有毒品原植物种子、幼苗罪	76	0.26

续表

罪名	数量（件）	占比（%）
窝藏、转移、隐瞒毒品、毒赃罪	24	0.08
非法买卖制毒物品罪（已取消）	23	0.08
包庇毒品犯罪分子罪	7	0.02
强迫他人吸毒罪	5	0.02
引诱、教唆、欺骗他人吸毒罪	2	0.01
非法提供麻醉药品、精神药品罪	2	0.01
妨害兴奋剂管理罪（新增）	0	0
共计	28769	100.00

（5）组织、强迫、引诱、容留、介绍卖淫罪

2022年，组织、强迫、引诱、容留、介绍卖淫类犯罪在案审结件数量上共计2571件，其中组织卖淫罪的案件数量最多，达1398件，占比为54.38%。其次分别为引诱、容留、介绍卖淫罪案件605件，强迫卖淫罪案件283件，协助组织卖淫罪案件273件，传播性病罪案件10件以及引诱幼女卖淫罪案件为2件（如表13所示）。

表13 2022年组织、强迫、引诱、容留、介绍卖淫罪犯罪案件数量统计

罪名	数量（件）	占比（%）
组织卖淫罪	1398	54.38
引诱、容留、介绍卖淫罪	605	23.53
强迫卖淫罪	283	11.01
协助组织卖淫罪	273	10.62
传播性病罪	10	0.39
引诱幼女卖淫罪	2	0.08
共计	2571	100.00

(6) 危害公共安全罪

2022年，危害公共安全罪类犯罪在案件数量上共计44499件，其中危险驾驶罪的案件数量最多，达34019件，占比为76.45%。其次分别为交通肇事罪案件5835件，非法制造、买卖、运输、邮寄、储存枪支、弹药、爆炸物罪案件1873件，非法持有、私藏枪支、弹药罪案件916件，放火罪案件500件，以危险方法危害公共安全罪案件243件，抢劫枪支、弹药、爆炸物、危险物质罪案件217件。其他罪名的案件则数量分布不均，但数量均少于200件，尤其是帮助恐怖活动罪、重大飞行事故罪、利用极端主义破坏法律实施罪、铁路运营安全事故罪以及大型群众性活动重大安全事故罪等案件均为0件（如表14所示）。

表14　2022年危害公共安全犯罪案件数量统计

罪名	数量（件）	占比（%）
危险驾驶罪	34019	76.45
交通肇事罪	5835	13.11
非法制造、买卖、运输、邮寄、储存枪支、弹药、爆炸物罪	1873	4.21
非法持有、私藏枪支、弹药罪	916	2.06
放火罪	500	1.12
以危险方法危害公共安全罪	243	0.55
抢劫枪支、弹药、爆炸物、危险物质罪	217	0.49
重大责任事故罪	187	0.42
破坏电力设备罪	182	0.41
失火罪	145	0.33
危险作业罪（新增）	103	0.23
破坏易燃易爆设备罪	74	0.17
盗窃、抢夺枪支、弹药、爆炸物、危险物质罪	41	0.09
投放危险物质罪	35	0.08
破坏广播电视设施、公用电信设施罪	30	0.07
爆炸罪	25	0.06
非法制造、买卖、运输、储存危险物质罪	20	0.04

续表

罪名	数量（件）	占比（%）
破坏交通设施罪	18	0.04
重大劳动安全事故罪	10	0.02
过失以危险方法危害公共安全罪	7	0.02
妨害安全驾驶罪（新增）	6	0.01
劫持船只、汽车罪	4	0.01
危险物品肇事罪	3	0.01
过失损坏广播电视设施、公用电信设施罪	1	0
过失爆炸罪	1	0
过失投放危险物质罪	1	0
教育设施重大安全事故罪	1	0
不报、谎报安全事故罪（新增）	1	0
强令、组织他人违章冒险作业罪（新增）	1	0
违规制造、销售枪支罪	0	0
破坏交通工具罪	0	0
宣扬恐怖主义、极端主义、煽动实施恐怖活动罪	0	0
工程重大安全事故罪	0	0
非法持有宣扬恐怖主义、极端主义物品罪	0	0
过失损坏电力设备罪	0	0
组织、领导、参加恐怖组织罪	0	0
消防责任事故罪	0	0
过失决水罪	0	0
过失损坏交通设施罪	0	0
过失损坏易燃易爆设备罪	0	0
非法出租、出借枪支罪	0	0
帮助恐怖活动罪	0	0
准备实施恐怖活动罪	0	0
利用极端主义破坏法律实施罪	0	0
强制穿戴宣扬恐怖主义、极端主义服饰、标志罪	0	0
劫持航空器罪	0	0
暴力危及飞行安全罪	0	0

续表

罪名	数量（件）	占比（%）
丢失枪支不报罪	0	0
非法携带枪支、弹药、管制刀具、危险物品危及公共安全罪	0	0
重大飞行事故罪	0	0
铁路运营安全事故罪	0	0
大型群众性活动重大安全事故罪	0	0
共计	44499	100.00

（7）侵犯公民人身权利犯罪

2022年，侵犯公民人身权利类犯罪在审结案件数量上共计25455件，其中故意伤害罪的案件数量最多，达12206件，占比为47.95%。其次分别为强奸罪案件5434件，故意杀人罪案件4150件，侵犯公民个人信息罪案件719件，绑架罪案件679件，非法拘禁罪案件619件。其他罪名的案件则数量分布不均，但数量均少于500件且占比不超过2%，另外，值得注意的是，诽谤罪、暴力干涉婚姻自由罪、报复陷害罪、负有照护职责人员性侵罪、雇佣童工从事危重劳动罪以及煽动民族仇恨、民族歧视罪等案件均为0件（如表15所示）。

表15 2022年侵犯公民人身权利犯罪案件数量统计

罪名	数量（件）	占比（%）
故意伤害罪	12206	47.95
强奸罪	5434	21.35
故意杀人罪	4150	16.30
侵犯公民个人信息罪	719	2.82
绑架罪	679	2.67
非法拘禁罪	619	2.43
猥亵儿童罪	485	1.91
拐卖妇女、儿童罪	315	1.24

续表

罪名	数量（件）	占比（%）
过失致人死亡罪	294	1.15
重婚罪	164	0.64
非法侵入住宅罪	113	0.44
强制猥亵、侮辱罪	49	0.19
过失致人重伤罪	39	0.15
刑讯逼供罪	39	0.15
诬告陷害罪	29	0.11
虐待罪	28	0.11
遗弃罪	22	0.09
强迫劳动罪	14	0.05
拐骗儿童罪	11	0.04
收买被拐卖的妇女、儿童罪	10	0.04
组织未成年人进行违反治安管理活动罪	8	0.03
虐待被监护人、看护人罪	5	0.02
虐待被监管人罪	4	0.02
奸淫幼女罪（已取消）	4	0.02
组织出卖人体器官罪	3	0.01
暴力取证罪	3	0.01
侮辱罪	2	0.01
破坏军婚罪	2	0.01
破坏选举罪	2	0.01
侵犯通信自由罪	1	0
组织残疾人、儿童乞讨罪	1	0
非法搜查罪	1	0
诽谤罪	0	0
暴力干涉婚姻自由罪	0	0
报复陷害罪	0	0
私自开拆、隐匿、毁弃邮件、电报罪	0	0
负有照护职责人员性侵罪（新增）	0	0
雇佣童工从事危重劳动罪	0	0
煽动民族仇恨、民族歧视罪	0	0
共计	25455	100.00

2. 健康领域的行政纠纷

在行政司法视野下，与健康领域直接相关的行政纠纷包括劳动和社会保障、治安、卫生、食药安全、环境保护、质量监督检验检疫、消防、体育等行政作为和行政不作为纠纷。综观 2022 年，健康领域行政纠纷共计 216 件，其中以劳动和社会保障为案由的行政纠纷最多，为 136 件，占比为 62.96%。除此之外，卫生管理、道路管理（公路与铁路）、环境保护、治安管理、质量监督检验检疫、食品药品安全、其他交通运输管理、消防管理、体育行政管理等纠纷的数量呈明显递减趋势（如表 16 所示）。

表 16　2022 年健康领域行政案件数量统计

行政案由	数量（件）	占比（%）
劳动和社会保障	136	62.96
卫生管理	24	11.11
道路管理（公路和铁路）	20	9.26
环境保护	15	6.94
治安管理	5	2.31
质量监督检验检疫	5	2.31
食品药品安全	5	2.31
其他交通运输管理	3	1.39
消防管理	2	0.93
体育行政管理	1	0.46
总计	216	100.00

3. 健康领域的民事纠纷

在民事规范中，与健康领域（食药安全、公共卫生与环境保护等）直接相关的案由为生命权、健康权、身体权纠纷，而在侵权责任纠纷领域方面则包括医疗损害责任纠纷、产品责任纠纷、交通事故纠纷、环境污染纠纷、违反安全保障义务责任纠纷、见义勇为人受害责任纠纷等。2022 年，上述案由的案件在数量上共计 255363 件，其中机动车交通事故责任纠纷的案件数量最多，共有 165638 件，占比也高达 64.86%。其次分别为涉生命权、健康权、身体权纠纷31916件,提供劳务者受害责任纠纷28853件,产品责任纠纷8129件,医疗损害责任纠纷6911件,网络侵权责任纠纷3722件,非机动车交通事故责任纠纷2165件,违反安全保障义务责任纠纷2152件等。其他纠纷的数量相对较少,且均低于1000件,占比也不足0.4%,甚至如水上或航空运输损害责任纠纷以及人身自由权纠纷仅各3件,而性骚扰损害纠纷1件等(如表17所示)。

表17　2022年健康领域民事纠纷数量统计

民事案由	数量(件)	占比(%)
机动车交通事故责任纠纷	165638	64.86
生命权、健康权、身体权纠纷	31916	12.50
提供劳务者受害责任纠纷	28853	11.30
产品责任纠纷	8129	3.18
医疗损害责任纠纷	6911	2.71
网络侵权责任纠纷	3722	1.46
非机动车交通事故责任纠纷	2165	0.85
违反安全保障义务责任纠纷	2152	0.84
饲养动物损害责任纠纷	920	0.36
建筑物和物件损害责任纠纷	912	0.36
教育机构责任纠纷	855	0.33
提供劳务者致害责任纠纷	832	0.33
义务帮工人受害责任纠纷	587	0.23
其他侵权责任纠纷	401	0.16
隐私权、个人信息保护权纠纷	327	0.13
环境污染责任纠纷	310	0.12
触电人身损害责任纠纷	258	0.10
用人单位责任纠纷	257	0.10
高度危险责任纠纷	72	0.03
监护人责任纠纷	52	0.02
铁路运输损害责任纠纷	31	0.01
见义勇为人受害责任纠纷	17	0.01

续表

民事案由	数量（件）	占比（%）
劳务派遣工作人员侵权责任纠纷	12	0
生态破坏责任纠纷	11	0
婚姻自主权纠纷	7	0
紧急避险损害责任纠纷	6	0
水上运输损害责任纠纷	3	0
航空运输损害责任纠纷	3	0
人身自由权纠纷	3	0
性骚扰损害纠纷	1	0
共计	255363	100.00

四 中国健康法治的未来发展趋势

总体上，我国2022年的健康法治成果颇为丰硕，并在健康领域充分发挥了法治的引领、规范和保障作用。《新时代新征程推进法治中国建设的纲领性文件》指出，在社会建设领域，必须以习近平法治思想科学为指引，依法保障民生发展、推进共同富裕，用法治来保障人民安居乐业、社会安定有序。[①] 本报告也将以此为背景，从法制发展、执法水平、司法服务、学科建设等几个方面对我国健康法治进行相关解读、预测和建言。

（一）夯实健康法治基础，推进健康领域立法体系建设

2023年《全国人民代表大会常务委员会工作报告》明确完善中国特色社会主义法律体系，以良法促进发展、保障善治。[②] 在其中，与公民健康息息相关的民生社会领域、安全保障领域和环境保护领域的立法规划，将为

---

① 参见周佑勇《新时代新征程推进法治中国建设的纲领性文件》，《红旗文稿》2023年第2期。
② 全国人大常委会：《全国人民代表大会常务委员会工作报告——2023年3月7日在第十四届全国人民代表大会第一次会议上》，新华网：http://www.news.cn/politics/2023lh/2023-03/16/c_1129437364.htm，2023年3月16日。

我国健康领域立法体系的建设与完善指明方向。

1. 加快完善民生社会领域的法律建设

第一，全面加快《养老服务法》与《托育服务法》的制定与实施。目前，养老与托育服务正在成为社会急缺的民生健康保障内容，而在我国健康领域立法体系中，却缺失关于这两类服务的基本法，因此，在《十四届全国人大常委会立法规划》中，立法者也将《养老服务法》与《托育服务法》均纳入其立法规划。[①] 关于《养老服务法》，随着社会的发展，人口老龄化成为一个日益突出的问题。《养老服务法》的出台将有助于明确老年人的权益和福利，确保他们在社会中得到尊重、关爱和公正对待，未来相关法律框架的设立应帮助其建立起相应的制度和机制，从而保障老年人的基本健康权益。关于《托育服务法》，托育服务牵涉到儿童的安全和福祉，制定《托育服务法》是社会对儿童权益的一种保障措施，体现了社会对家庭和儿童的责任感，在此过程中需要有法规对服务进行监管，以提升服务提供者的素质和服务质量，进而确保每个儿童都能够在安全、健康、良好的环境中成长。在上述两法立法起草和制定中，除设置适用范围、服务内容、权利义务、监管机制、法律责任等基本章节外，还应一并规定配套政策与社会宣传等内容，以促进托育服务的发展和壮大，包括财政支持、人才培训、技术支持等，以及提升公众对托育服务的认知和信任。

第二，高质量推进《医疗保障法》与《社会救助法》的立法工作。虽然《医疗保障法》与《社会救助法》的立法计划早已制订，但截至2023年12月31日上述法律仍处于紧锣密鼓的制定过程之中。通过制定《医疗保障法》可以确保每个人都能够获得基本的医疗保障，消除医疗资源的不均衡现象，实现医疗服务的公平分配[②]；规范医疗机构和从业人员的行为，防止

---

① 全国人大常委会：《十四届全国人大常委会立法规划》，新华网：http://www.news.cn/politics/2023-09/07/c_1129851114.htm，2023年9月7日。

② 参见朱宁宁《全国人大社会委：建议加快医疗保障法立法步伐》，中国人大网：http://www.npc.gov.cn/npc/c2/c30834/202212/t20221206_320633.html，2022年12月6日。

医疗乱象和医疗事故的发生，保障患者的合法权益；加强对医疗机构的监管，提高医疗服务的质量和安全水平，保障患者的生命健康；促进医疗技术和服务的不断提升和创新，推动医疗行业的健康发展，满足人民群众日益增长的医疗需求。立法过程中，应特别注意鼓励医疗机构和医护人员加强信息公开，向患者提供医疗服务的相关信息，提高医疗服务的透明度，增强患者对医疗服务的信任度。而现行社会救助制度"重实体、轻程序"，且面临资源分散、服务缺位的难题。因此，未来在《社会救助法》制定过程中，应明确的社会救助对象范围，包括贫困人口、残疾人、失业人员、老年人等群体，以确保社会救助的覆盖面和针对性；设立多种救助方式和渠道，包括直接救助、特殊救助、临时救助等，以及通过政府部门、社会组织等渠道提供救助，以提高救助的有效性和便捷性；配套制定相关政策和措施，包括就业扶贫、教育援助、医疗保障等方面的政策，以全面提升受助群体的生活水平和自我发展能力；建立健全的监督和评估机制，加强对救助资金使用情况和救助效果的监督，确保救助资源的合理利用和救助工作的效果评估。

2. 加快完善安全保障领域的法律建设

第一，加快修改《传染病防治法》。传染病防治法于1989年公布施行，分别于2004年、2013年进行了全面修订和部分修改。《传染病防治法》的实施，对有效防治传染病、保障人民群众生命健康发挥了重要作用。同时，新冠疫情也暴露出现行法律制度在疫情监测预警、重大疫情防控救治、应急物资保障等方面存在短板和不足，需要有针对性地补短板、堵漏洞、强弱项，将疫情防控中行之有效的做法上升为法律规范，进一步强化公共卫生法治保障。[1] 因此，未来修法应坚持问题导向，围绕疫情防控暴露出的短板和社会关切，有针对性地完善制度体系。

第二，加快落实《粮食安全保障法》。我国粮食需求刚性增长，粮食安全问题仍面临多元困境，包括耕地总量少、增产难度加大、流通体系仍存

---

[1] 参见王萍《传染病防治法修订草案初审：保障人民群众生命健康》，《中国人大》2023年第22期。

难题、储备体制机制有待健全等。① 因此，制定粮食安全保障法，应以保障粮食供给为基本落脚点，强化粮食安全基本盘，逐步提高抗风险能力。在立法过程中应坚持问题导向，聚焦关键环节和突出问题，全方位夯实粮食安全根基。2023年12月29日《粮食安全保障法》正式公布，重点内容包括：明确规定国家粮食安全工作坚持党的领导，贯彻总体国家安全观，统筹发展和安全；加强耕地保护；加强粮食生产能力建设；完善粮食储备体制机制；加强粮食流通管理；保障粮食加工能力；强化粮食应急保障能力建设；全链条规范粮食节约减损；健全粮食安全保障责任机制，包括建构监测预警、质量安全管理、责任考核、信用记录等制度措施。

3. 加快完善环境保护领域的法律建设

第一，筹备编纂生态环境法典。我国目前虽然有《环境保护法》这一环保领域的基础性法律，并配有《污染防治法》《自然资源法》等主干法律，但仍然存在交叉重叠、互斥抵触等立法结构性问题，需要通过生态环境法典化过程来优化生态环境法律制度体系。同时，制定《环境法典》可以提供更加完善的法律保障和制度机制，加强对环境违法行为的惩治，促进全社会形成共同保护环境的意识和行动。《生态环境法典草案专家建议稿及说明》已于2022年年初发布，② 但有关其立法安排仍处于协调之中，需要在维护法典稳定性和安定性的前提下，遵循特定的规律发展和完善法典，③ 如此才能切实推动现代化中国的生态法治建设。

第二，加快修改《矿产资源法》《可再生能源法》《海洋环境保护法》等专门性生态环境保护法。我国矿产资源、可再生资源以及海洋环境领域已出现不少新情况新问题，特别是保障国家矿产资源安全、可再生能源开

---

① 参见贺荣《关于〈中华人民共和国粮食安全保障法（草案）〉的说明》，中国人大网：http://www.npc.gov.cn/npc/c2/c30834/202312/t20231229_434004.html，2023年12月29日。

② 转引自《〈生态环境法典草案专家建议稿及说明〉发布》，法治网：http://www.legaldaily.com.cn/government/content/2022-01/04/content_8652190.htm，2022年1月4日。

③ 参见曹炜《环境法"适度法典化"的理论反思与方案建构》，《法制与社会发展》2023年第6期。

发及海洋环境保护等问题日益凸显，现行立法已不能完全适应实际需要，亟须修改完善：一是助力战略性矿产资源国内勘探开发、可再生能源发展与海洋环境治理的相关制度亟待健全；二是加强矿产资源勘查开采管理，促进矿产资源、可再生能源合理开发利用的相关制度有待完善；三是生态文明建设对完善矿区生态修复制度、可再生资源管理制度、海洋生态保护制度等提出了更高要求；四是矿产和可再生资源储备和应急相关制度需要在法律层面确立。在总结实施经验的基础上对现行立法进行修改完善，是新时代推动矿业、可再生能源产业与海洋环境保护高质量发展、推进生态文明建设的客观要求。

（二）提升健康执法水平，强化重点领域综合监管工作

1. 深入推进健康领域的跨部门综合监管工作

深入推进跨部门综合监管，是加快转变政府职能、提高政府监管效能的重要举措。然而，在健康治理领域仍然存在监管责任不明确、协同机制不完善、风险防范能力不强以及重复检查、多头执法等问题。《国务院办公厅关于深入推进跨部门综合监管的指导意见》出台，明确要求：第一，坚持系统观念、统筹推进，加强整体设计，一体推进监管体制机制建设，统筹各类监管资源，加快建立全方位、多层次、立体化监管体系，实现事前事中事后全链条全领域监管；第二，坚持协同联动、务实高效，聚焦具体监管事项，逐项厘清责任链条，明确责任分工，加强跨部门、跨区域、跨层级业务协同，切实增强监管合力，提高综合监管效能；第三，坚持问题导向、突出重点，聚焦监管薄弱环节，加快完善风险隐患突出的重点领域、新兴领域跨部门综合监管制度，补齐监管短板、堵塞监管漏洞，切实把该管的管好、管到位；第四，坚持创新驱动、数字赋能，创新监管理念和方法，结合跨部门综合监管事项风险特点，加强信息技术运用，统筹推进业务融合、数据融合、技术融合，实施精准有效监管。①

---

① 国务院办公厅：《关于深入推进跨部门综合监管的指导意见》，中国政府网：https://www.gov.cn/zhengce/content/2023-02/17/content_5741898.htm，2023年2月17日。

2. 积极执法防范健康领域的重特大安全事故

一段时间以来，各地连续发生一些重大公共安全事故，特别是火灾、公众聚集场所人员死亡、危险化学品泄漏、爆炸、道路交通等事故，以及食品药品、假冒伪劣商品损害人民群众生命健康的案件，给人民群众生命财产安全造成了重大损失，影响了社会稳定。为完善行政执法工作机制，国务院办公厅印发了《提升行政执法质量三年行动计划（2023—2025年）》，① 根据行动计划，未来将严格行政执法程序，全面落实行政执法公示制度、执法全过程记录制度、重大执法决定法制审核制度；依法健全以信用为基础的新型执法机制，规范涉企行政检查，推动监管信息共享互认，避免多头执法、重复检查；对直接涉及公共安全和人民群众生命健康等的特殊行业、重点领域，依法依规实行全覆盖的重点监管；综合运用多种方式督促引导受处罚企业加强合规管理、及时整改违法问题，防止以罚代管；建立健全行政执法协作机制并拓宽监督渠道等。

3. 强化生态保护监管切实防范生态环境风险

结合《国务院关于2022年度环境状况和环境保护目标完成情况的报告》来看，② 下一年度我国需要在以下方面持续发力：第一，深入打好污染防治攻坚战，加强源头防控和协同减排，推动污染防治在重点区域、重点领域、关键指标上实现新突破，强化土壤污染源头防控，加强地下水污染防治，提高农村生活污水和生活垃圾处理水平，推进农村黑臭水体治理试点工作，深入推进中央生态环境保护督察，持续打击破坏环境资源违法犯罪活动等；第二，持续强化生态保护修复，加强生态保护红线和自然保护地生态环境监管，选择重点区域组织开展生态状况调查评估；第三，强化重点领域环境安全隐患排查和风险防控，构建与时代技术特征相适应的现代化安全监管体系，并逐步提升对各类突发环境事件的处置能力；第四，

---

① 国务院办公厅：《关于印发〈提升行政执法质量三年行动计划（2023—2025年）〉的通知》，中国政府网：https://www.gov.cn/zhengce/content/202309/content_6902222.htm，2023年9月5日。

② 国务院：《关于2022年度环境状况和环境保护目标完成情况的报告》，中国人大网：http://www.npc.gov.cn/npc//c2/c30834/202304/t20230426_429045.html，2023年4月26日。

加强生态环境法律宣传普及，不断深化生态保护补偿制度，以及深入推进生态环境损害赔偿工作等。

(三) 完善健康司法服务，促进健康领域热点纠纷解决

1. 加强健康领域的司法服务保障

根据《最高人民法院关于为促进消费提供司法服务和保障的意见》，① 其提出以最严的举措保护食品、药品安全。严格贯彻落实"四个最严"要求，充分发挥审判职能，对食品和药品生产、运输、仓储、销售全链条所涉制假售假行为进行严厉打击，确保人民群众"舌尖上的安全"和"针尖上的安全"；充分发挥惩罚性赔偿责任对制假售假行为的遏制作用；妥善处理医疗健康服务和医疗损害责任纠纷案件，切实保护患者等相关当事人的合法权益，构建和谐医患关系，积极引导医疗机构等主体增加高质量的医疗、养生保健、康复、健康旅游等服务，助力推进健康中国建设；准确适用自甘风险等民事法律制度，妥善处理体育消费中产生的各类纠纷，促进群众体育消费，助力实施全民健身战略。

2. 关注重点群体的健康权益保障

首先，加强未成年消费者权益保护。针对学校、托幼机构的食堂食物供应安全问题加强监管，要求其严格遵守法律法规中的食品安全标准，并符合食品经营资质，确保加工食品的供应符合查验标准，就其中所涉及的食品安全纠纷，人民法院将依法处理，强化司法救济和保障力度。在处理危害食品安全刑事案件中，特别是对涉及婴幼儿的食品安全作为其中的加重处罚情节予以考量，提升对未成年人的食品安全监管力度和范围。除此之外，针对网络色情、网络游戏欺诈可能损害未成年人身心健康的纠纷或犯罪案件，人民法院也将从罪行判定、请求权返还等方面依法提供支持，并不断通过司法努力为整治网络环境，营造有利于未成年人健康成长的网

---

① 参见最高人民法院《关于为促进消费提供司法服务和保障的意见》，最高人民法院公报网：http://gongbao.court.gov.cn/Details/30ab81a83dedc4d4734bbef3221f64.html，2022 年 12 月 26 日。

络生态持续发力。

其次，加强老年消费者权益保护。针对通过引人误解的夸大宣传来向老年人推销质次价高的商品或服务的行为，人民法院应依法认定其构成商业欺诈或不正当竞争行为，并可追加生产经营者的惩罚性赔偿责任。尤其是在诱导消费中，应根据是否符合合同显示公平的标准来支持合同是否可以撤销，从而保障老年人的经济性权益。如果构成诈骗行为的，应依法追究涉案人员的刑事责任，并综合考虑是否同时构成生产、销售伪劣产品罪等竞合情形来予以依法处置，并按照择一从重处罚的原则进行处理。老年人在追逐健康状态的过程中容易受到不良诱导，而营造良好法治环境，充分考量老年群体的健康和经济权益，为养老产业的健康发展提供法制保障，才能真正实现老有所依和老有所养的社会治理目标。

（四）加强卫生健康法学建设，形成本土自主知识体系

《研究生教育学科专业简介及其学位基本要求》（试行版）在法学一级学科下首次纳入了"卫生健康法学"专业，这一变化充分体现了我国法治对于新兴领域的敏感性和应对能力。[①] 近年来，随着公众对健康安全风险的关切逐渐提高，我国卫生健康法研究进展迅速，学界对基本范畴已形成共识，认为卫生健康法的核心是保障健康权，内容分为医事法、公共卫生法、健康产品法、健康保障法、健康伦理法等。目前学界正寻找新方向，开拓新领域，提出新理念。关于如何加强卫生健康法学建设，形成中国特色的自主知识体系，至少可以从以下五个方面入手：第一，在学科设置与体系构建方面，建立完整的卫生健康法学学科体系，包括本科、硕士研究生和博士研究生等不同层次的专业设置。同时，将卫生健康法学纳入法学、医学、公共卫生等相关学科的交叉研究领域，形成多学科协同发展的格局。第二，在研究教育与培养方面，建立健全卫生健康法学研究机构和学科体系，鼓励相关领域的学术交流与合作，加强卫生健康法学人才培养，培养

[①] 参见张译心《积极推动卫生健康法学发展》，《中国社会科学报》2024年2月20日第A02版。

具备法学、医学和公共卫生知识背景的复合型人才，注重培养学术研究和实践能力，提高学生的法学素养和专业技能，加强对卫生健康法学的教育培训，提高从业人员的整体素质。第三，在法律体系建设和创新发展方面，完善卫生健康领域相关的法律法规，明确卫生健康法学学科的研究重点和创新方向，围绕卫生健康领域的法律问题展开深入研究，包括卫生法、医疗法、医保法等，确保法律体系的科学性和完备性，为卫生健康事业的发展提供法律依据和保障。第四，在推动政策研究与实践方面，积极参与卫生健康政策的研究制定和实践推广，为政府和相关机构提供专业建议和法律支持，出版国际期刊和蓝皮书，拓宽学术视野，提高学科的国际影响力，将学科研究成果转化为政策和实践的指导，推动卫生健康事业的发展。第五，在国际交流与合作方面，加强国内外学术交流与合作，吸收国际先进理念和经验，借鉴国际成熟的卫生健康法学理论和实践，推动我国卫生健康法学的发展与创新。

法治指数

2022年中国健康领域法治指数报告

武汉大学"健康法治指数"课题组*

摘　要：为了定量评价健康领域法治建设情况及其跟踪进展，本报告借鉴和引入文本挖掘PMC指数模型方法，参考法律规范文本、党和国家的政策文件最新动态、相关理论研究成果，从9个维度构建健康领域法治建设评价体系；构建二级和三级指标体系，应用评价指标体系对2022年各省份健康法治和医保法治建设情况进行了综合评估，两个指数报告分别都从总体性分析、分典型省份分析、分健康法治维度分析三个方面进行了结果剖析，并提出七个方面的政策建议。

关键词：　健康法治　医保法治　文本挖掘　PMC指数

---

* 武汉大学"健康法治指数"课题组负责人：张园，三峡大学法学与公共管理学院党委委员、系主任、教授，武汉大学大健康法制研究中心研究员。课题组成员（排名不分先后）：王明，三峡大学法学与公共管理学院、武汉大学大健康法制研究中心助理研究员；徐凤娇，三峡大学法学与公共管理学院、武汉大学大健康法制研究中心助理研究员；胡亚琼，三峡大学法学与公共管理学院、武汉大学大健康法制研究中心助理研究员；杜媛媛，三峡大学法学与公共管理学院、武汉大学大健康法制研究中心助理研究员；涂嘉文，三峡大学法学与公共管理学院、武汉大学大健康法制研究中心助理研究员。
本报告受国家自然科学基金面上项目"医养结合机构服务模式对老年人健康绩效的影响、机制与引导政策：基于准自然实验的追踪研究"（72374125）的资助。

一 指数模型及评价过程

(一) 评价模型

1. PMC 指数模型及其优势

2008年,Ruiz Estrada 最早提出了政策一致性评价模型(PMC 指数模型,Policy Modeling Consistency Index),[1] PMC 指数模型是目前政策评价领域中较为先进的评价方法,[2] 其属于综合判断评估法。PMC 指数模型是由 Ruiz Estrada 等学者根据 Omnia Mobilis 的假说所建立,而与研究单独变量累积效应的其他条件相同假说(Ceteris paribus Assumption)有所区别的是,PMC 指数模型借鉴 Omnia Mobilis 假说中关于万物存在相关性的理论,认为世间万物均以动态形式存在,并且以某种显性或隐性形式相互联系,因而任何政策均会受到一系列未知因素的干扰,所以对政策对象进行建模评估时,不能缺失任何一个相关性变量。可见,在政策从制定到执行的过程中,存在大量不可预知的因素会对政策行为产生影响,因此既要保证影响因素选择的多样性,还需要兼顾政策权重的一致性,从而分析各个维度政策的一致性以及优缺点。

在政策文本评估的应用中,PMC 指数模型的优势体现为:第一,能够通过文本挖掘获取原始资料和数据,能够最大限度避免评价的主观性,提高评价的准确性。第二,运用数值和 PMC 曲面实现对政策效力的单指标分析和多维度评价,且 PMC 曲面能够以图像形式直观呈现政策各维度评价情况。第三,PMC 指数模型能够考虑多维度因素对政策的影响,研究者可结合政策特征和评估需求,在模型中灵活设置多种变量,结合具体政策特性构建有针对性的量化模型,并对各类政策的优劣

---

[1] Ruiz Estrada, "Policy Modeling, Definition, Classification and Evaluation", *Journal of Policy Modeling*, 2011, 33 (4): 523-536.

[2] 张永安、周怡园:《新能源汽车补贴政策工具挖掘及量化评价》,《中国人口·资源与环境》2017年第10期。

构建直观的评判标准。第四，PMC指数模型能够兼顾传统文本挖掘、统计分析与计算机数学工具的各自优势，有效克服传统定性分析方法主观性强、神经网络方法要求数据样本量过高等缺陷。由于各省健康法治的政策文本难以形成大数据体量，并且对数据结构化要求较高，因此PMC指数模型适用于政策文本的评价。本报告在采用文本挖掘的基础上，借鉴PMC指数模型的分析思路和构建方法，对各省健康法治建设进行政策文本量化评价，从而对各省健康法治情况尽可能作出客观、准确的综合评价。

2. PMC指数模型的设置和步骤

在PMC模型及其设置中，首先，Ruiz Estrada等将政策变量用一级指标衡量，包括研究类型、研究方向、数据来源、研究领域、理论框架、论文引用等10个一级指标。其次，将上述一级指标进一步细化为50个二级指标，二级指标的权重按照一致性原则设定。再次，对二级指标进行二元系统赋值，即按照"满足条件为1，否则为0"的原则对所有的二级指标进行赋值，从而计算得出一级指标分数的均值，并将一级指标分数加总即得到政策的PMC指数分值。最后，根据PMC指数测算结果，将政策进行评估等级划分，具体包括优秀、良好、合格和差4个等级，并通过PMC曲面图进行直观展示。PMC指数模型建立主要包括四个步骤：一是构建变量体系并设定具体参数，二是建立多输入输出表格，三是计算PMC指数具体分值，四是绘制PMC曲面图。

（二）评价体系与框架

1. 评价体系构建依据

在政策运行和实施的过程，政策评估主要划分为三种类型：（1）政策体系评估，一般包含政策主体、政策客体、政策对象、政策工具、政策环境等评估标准，对诸如合法性、合理性、正当性、适用性、充分性、有效性等要素进行考量。（2）政策过程评估，一般包含政策制定、政策实施过程、政策监管、政策调整、政策终止等评估标准，对执行能力、程序公正性、适当性、可行性、公众参与、政策影响、社会可持续发展等要素进行考量。（3）政策结果评估，一般包含政策反馈、政策调节、结果改进等评估标准，对效率、公平性、有效性、响应性、绩效、适用性等要素进行考量。[1]

学者们在参考借鉴 Ruiz Estrada 等关于政策评价研究基础上，结合各自研究领域特征，运用 PMC 指数进行了政策评价，构建政策评价的指标主要包括：政策性质、政策时效、政策级别、作用领域、政策内容、激励约束、政策工具、政策受众、政策视角、调控范围、政策评价、政策作用、政策公开等。[2][3][4][5][6]

2. 评价体系构建

（1）评价体系构建原则及层次结构

法治评估要素既要具备普适性，还需要考虑不同地区的当地特色，才能发挥法治指数的作用、评估各地区实际公民权利保护水平、提升法治建设水平。[7] 本报告将普适性和特殊性原则相结合，首先设计符合我国健康领域法治目标和实践的一级指标，再依据各地区健康领域法治自身发展水平和建设需求，对一级指标进行分解和细化。在一般情况下，PMC 模型中的评价指标体系只分解到二级指标，由于本报告中健康领域法治建设涉及的领域较多、内容较复杂、专业性较强，若只分解到二级指标，容易导致指标之间的逻辑关系不清晰、指标的代表性不强，并且容易造成评估的标准

---

[1] 陈振明编著：《公共政策分析导论》，中国人民大学出版社 2015 年版，第 110—111 页。
[2] 张永安、耿喆：《我国区域科技创新政策的量化评价——基于 PMC 指数模型》，《科技管理研究》2015 年第 14 期。
[3] 张永安、周怡园：《新能源汽车补贴政策工具挖掘及量化评价》，《中国人口·资源与环境》2017 年第 10 期。
[4] 张永安、郄海拓：《金融政策组合对企业技术创新影响的量化评价——基于 PMC 指数模型》，《科技进步与对策》2017 年第 2 期。
[5] 赵杨、陈雨涵、陈亚文：《基于 PMC 指数模型的跨境电子商务政策评价研究》，《国际商务》（对外经济贸易大学学报）2018 年第 6 期。
[6] 胡峰、戚晓妮、汪晓燕：《基于 PMC 指数模型的机器人产业政策量化评价——以 8 项机器人产业政策情报为例》，《情报杂志》2020 年第 1 期。
[7] 巢陈思：《构建地方法治评估权利指数应遵循的原则》，《人民论坛·学术前沿》2020 年第 1 期。

和尺度过于宽泛，从而失去了评估的意义。

本报告在后文各指数报告的指标体系构建中进一步将一级指标分解为二级和三级指标。借鉴法治指数评价的相关研究设计三级指标结构：一级指标即评价维度，重点关注实现评价目标内容的全面性与战略性；二级指标是对一级指标的内涵分解，侧重评价结构性目标实现；三级指标即具体指标，对应于可测量关键任务的完成程度。[1]

本报告参照的政策评估过程、健康领域法治建设报告以及 PMC 模型指标，是健康领域法治评估指标体系构建的理论、现实和方法基础。在借鉴上述指标构建依据的基础上，结合各省健康领域法治建设报告的政策文本扫描，整理政策文本内容及其特征，进一步凝练本研究的评价体系。

（2）评价体系解析与基本框架

①从法治指数的基本要素和指标体系解析，世界正义工程所创建的《世界法治指数》提出了法治指数应遵循的基本原则，即政府及公务人员应依法行政；法律的制定应审慎、具体、公正；法律的执行应当公开、公正、透明执法；司法职业者必须德才兼备、具有法律思维。[2] 学者一般认为，法治评价的一级指标体系一般包括科学立法、政府依法行政、司法公平正义、公民权利保障等要素，涵盖依法治理的过程和结果。[3]

②从法治建设相关报告的内涵、指导要求和基本原则看，政府是法治建设、法律实施的重要主体，推进法治政府是法治建设的关键所在。《中国法治建设年度报告（2022）》提出：2022 年，党的二十大对坚持全面依法治国、推进法治中国建设作出重要部署，全面开启法治中国建设新征程。深入贯彻落实《法治政府建设实施纲要（2021—2025 年）》。同时《中国法治建设年度报告（2022）》提出，重点领域立法进一步加强，并在依法行政、"放管服"改革、行政权力监督、突发事件依法处置、社会矛盾纠纷等方面

---

[1] 谭玮、郑方辉：《法治社会指数：评价主体与指标体系》，《理论探索》2017 年第 5 期。
[2] 孟涛：《法治的测量：世界正义工程法治指数研究》，《政治与法律》2015 年第 5 期。
[3] 巢陈思、丁颂：《法治反腐考核评价指数构建初探》，《人民论坛》2019 年第 23 期。

也提出了新要求。结合上述分析可知，健康领域法治指数的设计应该涵盖法治政府建设、"放管服"改革、科学立法、政府依法行政、行政执法与监管、行政权力约束与监督、化解社会矛盾纠纷机制、法治宣传等要素，同时结合 PMC 指数的一级指标设定，本研究构建的评价基本框架和体系包括：机构建设与政务服务、"放管服"改革与职能转变、健康法规体系、行政决策法治化、行政执法与监管、行政权力监督与矛盾化解、法治宣传与培训、报告评价、报告公开。

（三）评价过程

1. 多投入产出表建立

多投入产出表建立，是后面计算 PMC 指数的基础，多投入产出表构建出可选择的数据分析框架，其可以存储大量数据并计算某个具体变量，每个主变量下面又涵盖若干个二级变量，并且无数量限制，但变量的权重都是相同的，为了能够对变量赋相同的权重，一般进行二进制处理。

2. PMC 指数计算过程

PMC 指数的具体计算可分成 4 个部分：第一，通过文献和理论分析、文本挖掘等方法确定各三级指标变量，并将三级变量放到多输入输出表格中，确定指标的层次关系和数据结构。第二，如公式（1）所示，各三级变量服从 [0，1] 分布，即三级变量的值可以取 0 或 1，评分标准可按照是否满足指标评价体系，分别赋分 1 或 0。第三，依据公式（2）计算二级指标值，二级指标数值为三级变量得分之和与三级变量个数之比，即算数平均值。同理，进一步可求得一级指标值。第四，依据公式（3），将待评价政策各一级指标值加总计算出 PMC 指数。

本研究通过各省健康法治建设的政策文本分析，在指标构建基础上对三级指标进行赋值，从而得到二级指标的得分结果。

$$X \sim N[0,1]; X = \{XR:[0 \sim 1]\} \tag{1}$$

$$X_t = \sum_{i=1}^{N}\left(\frac{X_{t:i}}{N}\right) = \sum_{i=1}^{N}\frac{1}{N}\left[\sum_{j=1}^{n}\left(\frac{X_{t:i:j}}{n}\right)\right] t = 1,2,3,\cdots,9 \tag{2}$$

$$PMC = \sum_{t=1}^{9} X_t = \begin{pmatrix} \sum_{i=1}^{2} \frac{1}{2} \left[\sum_{j=1}^{n} \frac{X_{1:i:j}}{n} \right] + \sum_{i=1}^{2} \frac{1}{2} \left[\sum_{j=1}^{n} \frac{X_{2:i:j}}{n} \right] + \sum_{i=1}^{3} \frac{1}{3} \left[\sum_{j=1}^{n} \frac{X_{3:i:j}}{n} \right] + \\ \sum_{i=1}^{2} \frac{1}{2} \left[\sum_{j=1}^{n} \frac{X_{4:i:j}}{n} \right] + \sum_{i=1}^{3} \frac{1}{3} \left[\sum_{j=1}^{n} \frac{X_{5:i:j}}{n} \right] + \sum_{i=1}^{2} \frac{1}{2} \left[\sum_{j=1}^{n} \frac{X_{6:i:j}}{n} \right] + \\ \sum_{i=1}^{2} \frac{1}{2} \left[\sum_{j=1}^{n} \frac{X_{7:i:j}}{n} \right] + \sum_{i=1}^{2} \frac{1}{2} \left[\sum_{j=1}^{n} \frac{X_{8:i:j}}{n} \right] + \sum_{j=1}^{n} \frac{X_{9:i:j}}{n} \end{pmatrix}$$

(3)

3. PMC 指数评价等级标准

由于学者构建的 PMC 指数的政策评价等级，都是在文献研究基础上结合计算的 PMC 指数结果进行划分，因此 PMC 指数的政策评价等级划分并没有完全统一的标准，但学者提出的评价等级标准基本趋于一致且差别不大。本报告借鉴 Ruiz Estrada、张永安、赵立祥、赵杨等学者提出的政策评级标准，结合各省健康领域法治建设的政策文本评估指标设置，在《中国健康法治发展报告（2022）》的基础上，考虑到指数评分标准不同年度的延续性、新年度评分动态变化、评分区间调整优化合理性、PMC 指数分布等诸多复杂因素，将各省健康领域法治建设评分划分成八个档次：第一档次，PMC 指数介于 8.64—9 分，可定性为优秀档次；第二档次，PMC 指数值介于 8.26—8.63 分，可定性为优良档次；第三档次，PMC 指数值介于 7.88—8.25 分，可定性为很好档次；第四档次，PMC 指数值介于 7.5—7.87 分，可定性为好档次；第五档次，PMC 指数值介于 6.75—7.49 分，可定性为较好档次；第六档次，PMC 指数值介于 6—6.74 分，可定性为良好档次；第七档次，PMC 指数值介于 4—5.99 分，可定性为一般档次；第八档次，PMC 指数值小于 3.99 分，可定性为差档次。具体分级标准如表 1 所示：

表 1 政策 PMC 指数等级评价标准

PMC 指数	8.64—9	8.26—8.63	7.88—8.25	7.5—7.87	6.75—7.49	6—6.74	4—5.99	0—3.99
评价等级	优秀	优良	很好	好	较好	良好	一般	差

4. PMC 曲面构建

本报告采用 PMC 曲面图像形式对各省、直辖市健康法治建设的政策文本指标结果进行详细展示。PMC 曲面图是 PMC 指数方法体系中的重要部分，其能够直观展现 PMC 指数的评价情况。PMC 曲面图由一级指标构成的 3×3 矩阵生成，要求 PMC 指数模型中需至少含有 9 个主变量作为一级指标，其中具体原因在于行列数均为 3 的矩阵能够形成对称结构；对于单政策样本而言，由于不同的一级指标得出的 PMC 指数分值存在差异性，若 PMC 指数模型中行数和列数相同，则能够表现出一种对称的曲面形式。本报告将每个政策样本分为 9 个主变量 X_1—X_9，并将其构造成 3×3 的 3 阶矩阵形式，从而得到目标政策样本的 PMC 曲面图，具体构造形式如公式（4）所示。

$$PMC\ 曲面 = \begin{bmatrix} X_1 & X_2 & X_3 \\ X_4 & X_5 & X_6 \\ X_7 & X_8 & X_9 \end{bmatrix} \tag{4}$$

二 中国健康法治指数评价报告

（一）指标体系构建

1. 二级指标解析及构建

在二级指标构建上，本报告充分借鉴政策评估过程、法治建设报告文本和 PMC 模型中的指标设定，在一级指标基础上构建 19 个二级指标：

（1）从政策主体和政策功能的标准出发，健康法治建设必须以组织体系建设、法治政务等为重点，[①] 以解决政府"谁来做事""如何做事"等问题。依据《国务院关于加快推进全国一体化在线政务服务平台建设的指导意见》（国发〔2018〕27 号）、《国务院关于在线政务服务的若干规定》等

---

① 参见李强《打造法治政务环境》，《人民日报》2015 年 2 月 9 日第 7 版。

文件精神，健康政务服务及其公开必须在法治框架内、以法治方式推进。因此，将机构建设与政务服务划分为组织机构建设、政务服务。

（2）从政策主客体关系和政策性质的标准出发，健康法治建设应重点建设政府职责体系，以解决政府"做什么事"等问题。因此，必须从健康法治轨道上厘清政府和市场、社会的边界，实现有效限权、放权和分权，真正形成职能科学、权责法定的健康治理体系。依据《国务院关于取消和下放一批行政许可事项的决定》（国发〔2019〕6号）等文件精神，健康法治建设应积极落实国务院关于"放管服"改革的重要精神，加快行政权力下放，并将行政审批服务延伸到办事服务和医疗卫生健康服务，不断提升居民就医和办事的获得感、幸福感、安全感。因此，将"放管服"改革与职能转变划分为行政权力及其下放、行政审批服务。

（3）从政策内容和政策工具的标准出发，健康法治建设应以科学化、规范化、系统化、制度化的健康法规体系为依据，以提升健康法治建设合法性、合规性的治理根基。一方面，推动健康卫生领域立法制规，能够落实宪法关于发展医疗卫生事业、保障人民基本医疗卫生服务权利、提高居民健康水平的精神和规定；[1] 另一方面，依据《国务院办公厅关于加强行政规范性文件制定和监督管理工作的通知》（国办发〔2018〕37号）等文件精神，健康法治建设应加强健康卫生领域行政规范性文件的合法性审核，以及有关限制排除竞争的政策措施。此外，在依靠法律法规体系之外，德国法学家托马斯·莱塞尔（Thomas Raiser）从社会交往和行为模式的视角又提出了社会规则或者规范[2]，在法治建设中应凸显坚持制度化和标准体系导向。因此，将健康法规体系划分为立法制规、规范性文件管理、制度与标准体系。

（4）从政策决策和政策合法性的标准出发，健康法治建设应将依法行政、健全科学民主决策机制等作为健康法治建设和管理体制改革的主要目

---

[1] 许安标：《〈基本医疗卫生与健康促进法〉最新解读》，法治政府网：http://fzzfyjycupl.edu.cn/info/1022/11933.htm？urltype，2020年6月16日。
[2] 参见刘作翔《当代中国的规范体系：理论与制度结构》，《中国社会科学》2019年第7期。

标。党的十八届四中全会提出，健全依法决策机制，把公众参与、专家论证、风险评估、合法性审查、集体讨论决定确定为重大行政决策法定程序。依据《重大行政决策程序暂行条例》（国令第713号），县级以上地方人民政府重大行政决策活动应全面纳入法治化轨道。同时，建立法律顾问制度是依法执政的一项重要举措。① 因此，将行政决策法治化划分为重大行政决策过程法治化、法律顾问建设。

（5）从政策执行过程和政策监管的标准出发，规范的行政执法行为、健全的行政执法监管体制，是依法行政、执法为民的必要前提条件，是健康法治建设不可或缺的屏障②，可从行政执法的全过程、全周期视角，以及制度、体制和机制等视角进行内涵划分。首先，《关于改革完善医疗卫生行业综合监管制度的指导意见》（国办发〔2018〕63号）提出，建立职责明确、分工协作、科学有效的综合监管制度，形成机构自治、行业自律、政府监管、社会监督的综合监管体系。其次，国家卫生健康委等部门不断加强对卫生全行业监管力度，印发《关于优化医疗机构和医护人员准入服务的通知》（国卫办医发〔2018〕29号），建立了区域内医疗机构规范化的监管模式和抽查机制。最后，针对抽查和监管结果，还需要进行动态化的结果公示、分析、处理、反馈和评价等环节。因此，可将行政执法与监管划分为监管制度与平台建设、监管模式与执法过程、监管结果与评价。

（6）从政策约束和政策作用的标准出发，对行政行为进行有效监督是健康法治的重要组成部分，是健康法治依法行政的重要保障。同时，健全的多元纠纷解决机制对社会控制系统整体效能发挥具有较强的调节效应，并能对社会整体内外部进行有效协调。在《关于加强法治政府建设的意见》（国发〔2010〕33号）以及各地法治政府指标建设体系中③，均设立了行政监督制度和化解社会矛盾纠纷机制等指标。因此，可将行政权力监督与矛

---

① 参见张晓燕《依法执政的一项重要举措》，《学习时报》2015年1月5日第A5版。
② 戢浩飞：《法治政府指标评估体系研究》，《行政法学研究》2012年第1期。
③ 刘艺：《论我国法治政府评估指标体系的建构》，《现代法学》2016年第4期。

盾化解划分为行政权力监督、矛盾纠纷化解。

（7）从政策教育和政策扩散的标准出发，健康法治的社会氛围形成、培育和巩固，有赖于良好的社会普法、法治培训、责任考核、法治宣传等活动的大力开展。在各地卫生健康宣传方面的理论总结和实践经验中，卫生健康领域先后开展以宪法为核心的学习培训、"八五"普法工作开展、普法责任制落实、普法责任清单与考核、多样性的普法宣传教育等内容。因此，可将法治宣传与培训内涵解析为健康法治培训与考核、健康法治宣传。

（8）从调控范围和政策评价的标准出发，本报告借鉴 PMC 指数研究文献中的指标设定，将报告评价划分为作用领域、工作开展。

（9）从政策公开的标准出发，本报告 PMC 指数研究文献中的指标设定，将报告公开内涵解析为报告公开情况。

2. 三级指标解析及构建

（1）从指标内涵解析看，借鉴 PMC 模型中学者已有设定的指标，参考法律规范文本、党和国家的政策文件、理论研究，依据《法治蓝皮书：中国法治发展报告 No. 20（2022）》《法治政府蓝皮书：中国法治政府发展报告（2022）》《国家卫生健康委关于 2022 年度法治政府建设工作情况的报告》等内容，以及行政实践中"法治政府"报告等指标内涵[1]，从内涵、过程、要素等维度对二级指标进行解析和分解：组织机构建设主要涵盖组织责权、工作安排、机构改革、舆情引导、责任压实等方面；政务服务主要涵盖平台建设、信息公开、服务事项、督察整治、数据安全、满意调查等方面；行政权力及其下放主要涵盖权责动态运行、简政放权等方面；行政审批服务主要涵盖审批材料、审批办理、审批改革、"互联网＋监督"、跨省通办、集成服务等方面；立法制规主要涵盖地方性法规制定、立法制规参与等方面；规范性文件管理主要涵盖规范性文件清理、规范性文件审查等方面；制度与标准体系主要涵盖激励、约束、预警等常态化制度安排，

---

[1] 肖军、张亮、叶必丰：《法治政府的司法指数研究》，《行政法学研究》2019 年第 1 期。

以及信用体系、卫生健康标准、突发公共卫生事件应急体系等方面；重大行政决策过程法治化主要涵盖程序规定、管理章程、审核评估、调查论证等方面；法律顾问建设主要涵盖法律顾问制度、公职律师等方面；监管制度与平台建设主要涵盖裁量基准制度、监管体系、监管平台等方面；监管模式与执法过程主要涵盖多元化监管模式、执法科学化、行政执法"三项制度"、专项执法、执法人员专业能力建设等方面；监管结果与评价主要涵盖案例评查、监督综合评价等方面；行政权力监督主要涵盖人大监督、民主监督、司法监督、审计监督、社会监督等方面；矛盾纠纷化解主要涵盖行政复议、信访处理、其他调节机制等方面；健康法治培训与考核主要涵盖学习培训与普法、考试考核等方面；健康法治宣传主要涵盖普法规划与评估、法治宣传体系、普法责任制等方面；作用领域、工作开展、报告公开情况主要借鉴PMC模型的指标设定。

（2）从指标具体构建和选取看，由于针对一些从样本属性中难以直接获取的三级变量指标，本报告需要结合健康法治建设报告的政策文本实际情况等进行文本挖掘和分析，对指标进行逐项分解和准确选取。文本数据挖掘（Test Data Mining，TDM）是一种从大量文本数据中选取关键信息的数据分析方法，文本数据挖掘的方法较多，当文本数据较少时，可采用直接人工阅读筛选的方法选取有用信息，而当研究对象涉及大量文本数据时，则需要借助计算机分析工具进行关键信息挖掘。由于各省健康法治建设的文本信息量较大，通过直接人工阅读很难对有效信息进行选择，并且容易出现关键信息疏漏以及主观性过强等问题。

本报告选取的三级指标在《中国健康法治报告（2022）》相关研究基础上，借助Python工具进行文档集的分词处理进行动态调整。先将各省健康法治建设报告的政策文本导入文本挖掘数据库，通过筛选关键词、提取高频特征词，在剔除部分干扰性高频词汇的基础上，提取出频次较高、体现健康法治建设的重点词汇。为了展现更多研究内容、为指标选取提供充分依据，本报告列举前100个词汇，通过政策文本挖掘选取和调整部分三级指标，体现健康法治建设的最新动态、最新要求。最终在

PMC 模型基础上确定出 69 个三级指标。将所有变量进行编码，并将全部三级变量参数值设定为二进制的 0 和 1，具体各个指标编码和取值说明如表 2 所示。

表 2　健康法治建设评价指标及标准

一级指标	二级指标	三级指标	评价标准
机构建设与政务服务 X_1	组织机构建设 $X_{1:1}$	组织领导责权 $X_{1:1:1}$	判断组织领导责权是否清晰，是为1，否为0
		法治政府建设重点工作 $X_{1:1:2}$	判断法治政府建设是否有重点工作，是为1，否为0
		健康领域回应与解读 $X_{1:1:3}$	判断健康领域是否有回应与解读，是为1，否为0
		健全法制机构 $X_{1:1:4}$	判断法制机构是否健全，是为1，否为0
		开展组织机构改革 $X_{1:1:5}$	判断是否开展组织机构改革，是为1，否为0
		法治政府建设第一责任人职责 $X_{1:1:6}$	判断是否提出第一责任制度，是为1，否为0
	政务服务 $X_{1:2}$	互联网政务服务平台 $X_{1:2:1}$	判断是否有互联网政务服务平台，是为1，否为0
		政务服务事项标准化建设 $X_{1:2:2}$	判断政务服务事项是否进行标准化建设，是为1，否为0
		政府信息主动公开制度 $X_{1:2:3}$	判断是否有政府信息主动公开制度，是为1，否为0
		政府信息依申请公开工作制度 $X_{1:2:4}$	判断是否有政府信息依申请公开制度，是为1，否为0
		健康管理信息平台 $X_{1:2:5}$	判断是否有健康管理信息平台，是为1，否为0
		"蓝盾"行动督查 $X_{1:2:6}$	判断是否有开展"蓝盾行动"，是为1，否为0
		数据安全管理与个人隐私保护制度 $X_{1:2:7}$	判断是否有数据安全管理与个人隐私保护制度，是为1，否为0
		政务服务满意度调查制度 $X_{1:2:8}$	判断居民是否满意，是为1，否为0

续表

一级指标	二级指标	三级指标	评价标准
"放管服"改革与职能转变 X_2	行政权力及其下放 $X_{2:1}$	权力清单编制和调整 $X_{2:1:1}$	判断是否有权力清单编制并调整，是为1，否为0
		简政放权改革 $X_{2:1:2}$	判断是否进行简政放权改革，是为1，否为0
	行政审批服务 $X_{2:2}$	审批服务办理时间 $X_{2:2:1}$	判断审批服务办理时间是否减少，是为1，否为0
		"一网通办" $X_{2:2:2}$	判断是否进行"一网通办"，是为1，否为0
		社会力量参与健康领域 $X_{2:2:3}$	判断是否有社会力量参与健康领域的准入制度，是为1，否为0
		"证照分离"改革 $X_{2:2:4}$	判断是否开展"证照分离"改革，是为1，否为0
		制定"互联网+监督"管理方案 $X_{2:2:5}$	判断是否制定"互联网+监督"管理方案，是为1，否为0
		政务服务事项"跨省通办" $X_{2:2:6}$	判断政务服务事项是否实现"跨省通办"，是为1，否为0
		政务服务事项集成式服务 $X_{2:2:7}$	判断政务服务事项是否实现"集成式"服务，是为1，否为0
健康法规体系 X_3	立法制规 $X_{3:1}$	地方卫生健康立法制规 $X_{3:1:1}$	判断是否开展地方卫生健康立法制规，是为1，否为0
		国家和省卫生健康立法参与 $X_{3:1:2}$	判断是否参与国家和省卫生健康立法，是为1，否为0
		地方性法规实施情况报告制度 $X_{3:1:3}$	判断是否有地方性法规实施情况报告制度，是为1，否为0
	规范性文件管理 $X_{3:2}$	法规规章规范性文件 $X_{3:2:1}$	判断是否对法规规章规范性文件进行清理，是为1，否为0
		规范性文件合法性审查和公平竞争审查制度 $X_{3:2:2}$	判断是否有规范性文件合法性审查和公平竞争审查制度，是为1，否为0
	制度与标准体系 $X_{3:3}$	卫生健康领域风险预测预警预防和应急处置预案 $X_{3:3:1}$	判断是否有卫生健康领域风险预测预警预防和应急处置预案，是为1，否为0
		卫生健康领域信用体系建设 $X_{3:3:2}$	判断是否建立卫生健康领域信用体系，是为1，否为0
		健康卫生标准 $X_{3:3:3}$	判断是否制定健康卫生标准，是为1，否为0
		突发公共卫生事件应急体系完善 $X_{3:3:4}$	判断是否完善突发事件应急体系，是为1，否为0

续表

一级指标	二级指标	三级指标	评价标准
行政决策法治化 X_4	重大行政决策过程法治化 $X_{4:1}$	重大行政决策制度规范 $X_{4:1:1}$	判断是否有重大行政决策相关制度规范，是为1，否为0
		重大行政决策社会稳定法制审核、专家论证与风险评估等程序 $X_{4:1:2}$	判断是否有重大行政决策社会稳定法制审核、专家论证与风险评估等程序，是为1，否为0
		重大行政决策事项目录与管理规章 $X_{4:1:3}$	判断是否有重大行政决策事项目录与管理规章，是为1，否为0
		卫生健康法治决策调查与课题研究 $X_{4:1:4}$	判断是否开展卫生健康法治决策调查与课题研究，是为1，否为0
	法律顾问建设 $X_{4:2}$	法律顾问制度 $X_{4:2:1}$	判断是否有法律顾问制度，是为1，否为0
		公职律师和外聘法律顾问 $X_{4:2:2}$	判断是否有公职律师和外聘法律顾问，是为1，否为0
行政执法与监管 X_5	监管制度与平台建设 $X_{5:1}$	行业综合监管制度和体系 $X_{5:1:1}$	判断是否有行业综合监管制度和体系，是为1，否为0
		卫生监督行政处罚裁量基准制度 $X_{5:1:2}$	判断是否有卫生监督行政处罚裁量基准制度，是为1，否为0
		行政执法监管服务系统和平台 $X_{5:1:3}$	判断是否有行政执法监管服务系统和平台，是为1，否为0
	监管模式与执法过程 $X_{5:2}$	多元化综合监管模式 $X_{5:2:1}$	判断是否有多元化综合监管模式，是为1，否为0
		行政执法"三项制度" $X_{5:2:2}$	判断是否执行行政执法"三项制度"，是为1，否为0
		医疗健康监督执法专项检查 $X_{5:2:3}$	判断是否开展医疗健康监督执法专项检查，是为1，否为0
		"双随机、一公开"监督抽查 $X_{5:2:4}$	判断是否开展"双随机、一公开"监督抽查，是为1，否为0
		执法人员专业能力建设 $X_{5:2:5}$	判断执法人员是否加强了专业能力建设，是为1，否为0
	监管结果与评价 $X_{5:3}$	行政执法案例评查 $X_{5:3:1}$	判断是否开展行政执法案例评查，是为1，否为0
		公共卫生领域分类监督综合评价 $X_{5:3:2}$	判断是否开展公共卫生领域分类监督综合评价，是为1，否为0

续表

一级指标	二级指标	三级指标	评价标准
行政权力监督与矛盾化解 X_6	行政权力监督 $X_{6:1}$	人大建议与政协提案答复 $X_{6:1:1}$	判断是否进行人大建议与政协提案答复,是为1,否为0
		司法协助与衔接机制 $X_{6:1:2}$	判断是否有司法协助与衔接机制,是为1,否为0
		内部审计监督 $X_{6:1:3}$	判断是否开展内部审计监督,是为1,否为0
		社会监督和舆论督查 $X_{6:1:4}$	判断是否建立社会监督和舆论督查机制,是为1,否为0
	矛盾纠纷化解 $X_{6:2}$	行政复议及应诉制度 $X_{6:2:1}$	判断是否建立完善了行政复议及应诉制度,是为1,否为0
		信访处理与办结 $X_{6:2:2}$	判断信访处理与办结是否有效,是为1,否为0
		预防与化解医疗纠纷调节机制 $X_{6:2:3}$	判断是否建立预防与化解医疗纠纷调节机制,是为1,否为0
法治宣传与培训 X_7	健康法治培训与考核 $X_{7:1}$	多样化法治学习培训与普法教育 $X_{7:1:1}$	判断是否开展多样化法治学习培训与普法教育,是为1,否为0
		法律知识考试考核 $X_{7:1:2}$	判断是否开展法律知识考试考核,是为1,否为0
	健康法治宣传 $X_{7:2}$	"八五"普法规划与法制建设评估 $X_{7:2:1}$	判断是否开展"八五"普法规划与法制建设评估,是为1,否为0
		多元化健康法治宣传 $X_{7:2:2}$	判断是否开展多元化健康法治宣传,是为1,否为0
		健全落实普法责任制 $X_{7:2:3}$	判断是否落实普法责任制,是为1,否为0
报告评价 X_8	作用领域 $X_{8:1}$	个人生活与行为 $X_{8:1:1}$	判断是否涉及个人生活与行为,是为1,否为0
		医疗卫生 $X_{8:1:2}$	判断是否涉及医疗卫生,是为1,否为0
		生产与生活环境 $X_{8:1:3}$	判断是否涉及生产与生活环境,是为1,否为0
		其他 $X_{8:1:4}$	判断是否涉及其他,是为1,否为0
	工作开展 $X_{8:2}$	实施依据 $X_{8:2:1}$	判断实施依据是否充分,是为1,否为0
		工作目标 $X_{8:2:2}$	判断工作目标是否明确,是为1,否为0
		工作成效 $X_{8:2:3}$	判断工作成效是否显著,是为1,否为0
		来年工作规划 $X_{8:2:4}$	判断是否有来年工作计划,是为1,否为0
报告公开 X_9	报告公开情况 $X_{9:1}$	主动公开或依申请公开 $X_{9:1:1}$	判断报告是否公开,是为1,否为0

（二）评价对象及其过程

1. 评价对象选取

PMC 指数模型对评价对象选取没有特殊要求，可对任何政策文本进行全面评估。为了准确评估各省健康法治建设情况，本报告通过信息主动公开或者依申请公开的形式，搜集了 2022 年 27 个省份卫生健康委关于 2022 年度法治政府建设情况的报告进行分年度评价并进行比较，其理由是：（1）从文本内容看，各省份卫健委法治政府建设报告是按照依法治省工作部署要求以及卫生计生依法行政工作要点，围绕法治政府建设实施纲要和计划实施方案展开，报告内容覆盖面较为全面，囊括了健康法治建设的立法、执法、司法、普法等多个维度，涵盖了健康法治建设的核心和关键。（2）从文本主体看，各省份卫生健康委是健康法治建设的主要推动者和责任部门，因而各省卫生健康委法治政府建设报告具有权威性，其能够体现和代表该省健康法治建设的主要内容和成效。（3）从文本一致性看，各省份卫健委法治政府建设报告的基本逻辑一致、法治要点相通，同时具有共性特征和个性差异，因而具有政策文本评价上的一致性、可比性。

本报告对搜集的 2022 年度卫生健康委员会年度法治政府建设情况报告中的健康法治层面进行了文本政策扫描，以及各省份卫生健康委网站关于健康法治建设的相关公文、新闻、报告等资料，并将扫描结果与 PMC 指数模型相结合。各省份具体的报告发布情况如表 3 所示。

表 3　各省份卫生健康委法治政府建设报告情况

序号	省份	政策名称	发文机构	发布时间
1	安徽	安徽省卫生健康委员会关于 2022 年法治政府建设情况的报告	安徽省卫生健康委员会	2023/3/7
2	北京	北京市卫生健康委员会 2022 年法治政府建设年度情况报告	北京市卫生健康委员会	2023/3/31
3	福建	福建省卫生健康委员会关于报送 2022 年法治政府建设情况的函	福建省卫生健康委员会	2022/12/30

续表

序号	省份	政策名称	发文机构	发布时间
4	甘肃	甘肃省卫生健康委员会2022年度法治政府建设工作总结	甘肃省卫生健康委员会	2023/3/31
5	广东	广东省卫生健康委2022年法治政府建设年度报告	广东省卫生健康委员会	2023/1/17
6	广西	广西壮族自治区卫生健康委2022年法治政府建设情况	广西壮族自治区卫生健康委员会	2023/2/8
7	贵州	贵州省卫生健康委2022年度法治政府建设工作情况报告	贵州省卫生健康委员会	2023/3/16
8	海南	海南省卫生健康委员官方网站信息+官方媒体相关报道	海南省卫生健康委员会	—
9	河北	河北省卫生健康委2022年度法治政府建设情况报告	河北省卫生健康委员会	2023/2/23
10	河南	河南省卫生健康委关于2022年法治政府建设情况的报告	河南省卫生健康委员会	2023/2/21
11	黑龙江	黑龙江省卫生健康委员会2022年度法治政府建设情况报告	黑龙江省卫生健康委员会	2023/1/29
12	湖北	湖北省卫生健康委2022年法治政府建设年度报告	湖北省卫生健康委员会	2023/3/29
13	湖南	湖南省卫生健康委关于2022年度法治政府建设情况的报告	湖南省卫生健康委员会	2023/2/27
14	吉林	吉林省卫生健康委2022年法治政府建设情况报告	吉林省卫生健康委员会	2022/11/28
15	江苏	江苏省卫生健康委关于2022年法治政府建设年度情况的报告	江苏省卫生健康委员会	2023/3/29
16	江西	以法治建设引领卫健事业高质量发展	江西省卫生健康委员会	2023/1/13
17	辽宁	辽宁省卫生健康委2022年度推进法治政府建设情况报告	辽宁省卫生健康委员会	2023/2/21
18	内蒙古	内蒙古自治区卫生健康委2022年法治政府建设工作报告	内蒙古自治区卫生健康委员会	2023/2/20
19	青海	青海省卫生健康委2022年法治政府建设工作报告	青海省卫生健康委员会	2023/1/25
20	山东	山东省卫生健康委员会2022年法治政府建设情况报告	山东省卫生健康委员会	2023/3/22
21	山西	山西省卫生健康委员会2022年法治政府建设报告	山西省卫生健康委员会	2023/2/24
22	上海	上海市卫生健康委员会2022年法治政府建设报告	上海市卫生健康委员会	2023/3/6

续表

序号	省份	政策名称	发文机构	发布时间
23	四川	四川省卫生健康委员会关于2022年度法治政府建设工作情况的报告	四川省卫生健康委员会	2023/3/3
24	天津	天津市卫生健康委2022年法治政府建设情况报告	天津市卫生健康委员会	2023/2/21
25	新疆	2022年新疆维吾尔自治区卫生健康委法治政府建设工作总结	新疆维吾尔自治区卫生健康委员会	2023/3/30
26	云南	云南省卫生健康委关于2022年度法治政府建设工作情况的报告	云南省卫生健康委员会	2023/2/17
27	浙江	浙江省卫生健康委2022年度法治政府建设情况报告	浙江省卫生健康委员会	2023/2/28

2. 评价过程的多投入产出表建立

本报告参照学者的处理方法，对所有变量进行二进制处理。依据前文指标构建部分，本报告建立的多投入产出表及其结构如表4所示。

表4 多投入产出表

X_1		X_2	
$X_{1:1}$	$X_{1:2}$	$X_{2:1}$	$X_{2:2}$
$X_{1:1:1}$ $X_{1:1:2}$ $X_{1:1:3}$ $X_{1:1:4}$ $X_{1:1:5}$ $X_{1:1:6}$	$X_{1:2:1}$ $X_{1:2:2}$ $X_{1:2:3}$ $X_{1:2:4}$ $X_{1:2:5}$ $X_{1:2:6}$ $X_{1:2:7}$ $X_{1:2:8}$	$X_{2:1:1}$ $X_{2:1:2}$	$X_{2:2:1}$ $X_{2:2:2}$ $X_{2:2:3}$ $X_{2:2:4}$ $X_{2:2:5}$ $X_{2:2:6}$ $X_{2:2:7}$

X_3		
$X_{3:1}$	$X_{3:2}$	$X_{3:3}$
$X_{3:1:1}$ $X_{3:1:2}$ $X_{3:1:3}$	$X_{3:2:1}$ $X_{3:2:2}$	$X_{3:3:1}$ $X_{3:3:2}$ $X_{3:3:3}$ $X_{3:3:4}$

X_4	
$X_{4:1}$	$X_{4:2}$
$X_{4:1:1}$ $X_{4:1:2}$ $X_{4:1:3}$ $X_{4:1:4}$	$X_{4:2:1}$ $X_{4:2:2}$

X_5		
$X_{5:1}$	$X_{5:2}$	$X_{5:3}$
$X_{5:1:1}$ $X_{5:1:2}$ $X_{5:1:3}$	$X_{5:2:1}$ $X_{5:2:2}$ $X_{5:2:3}$ $X_{5:2:4}$ $X_{5:2:5}$	$X_{5:3:1}$ $X_{5:3:2}$

续表

X_6		X_7	
$X_{6:1}$	$X_{6:2}$	$X_{7:1}$	$X_{7:2}$
$X_{6:1:1}$ $X_{6:1:2}$ $X_{6:1:3}$ $X_{6:1:4}$	$X_{6:2:1}$ $X_{6:2:2}$ $X_{6:2:3}$	$X_{7:1:1}$ $X_{7:1:2}$	$X_{7:2:1}$ $X_{7:2:2}$ $X_{7:2:3}$
X_8		X_9	
$X_{8:1}$	$X_{8:2}$	$X_{9:1}$	
$X_{8:1:1}$ $X_{8:1:2}$ $X_{8:1:3}$ $X_{8:1:4}$	$X_{8:2:1}$ $X_{8:2:2}$ $X_{8:2:3}$ $X_{8:2:4}$	$X_{9:1:1}$	

（三） 评价总体结果

1. 评价结果的依据

本报告以上文构建的政策评价标准等级为2022年度各省份健康法治建设得分的依据。健康法治PMC指数得分为8.64—9分，即可评定某省份健康法治建设为优秀档次；健康法治PMC指数得分为8.26—8.63分，即可评定某省份健康法治建设为优良档次；健康法治PMC指数得分为7.88—8.25分，即可评定某省份健康法治建设为很好档次；健康法治PMC指数得分为7.5—7.87分，即可评定某省份健康法治建设为好档次；健康法治PMC指数得分为6.75—7.49分，即可评定某省份健康法治建设为较好档次；健康法治PMC指数得分为6—6.74分，即可评定某省份健康法治建设为良好档次，健康法治PMC指数得分为4—5.99分，即可评定某省份健康法治建设为一般档次；健康法治PMC指数得分为0—3.99分，即可评定某省份健康法治建设为差档次。

按照评价标准等级划分，可对2022年度各省份计算得出的PMC指数得分进行等级判定，并依据各年度各省份健康法治PMC指数得分进行排序和横纵向比较，展示各省份健康法治建设的主要成绩以及进步之处。

2. 基本结果展示

根据PMC指数模型建立步骤，对三级指标进行0，1赋值后，通过上述公式，计算得到二级指标得分情况，从而将其转换为多输入输出表，如表5所示。

表5　2022年政策样本多输入表

指标 省份	X₁		X₂		X₃			X₄	
	X₁:₁	X₁:₂	X₂:₁	X₂:₂	X₃:₁	X₃:₂	X₃:₃	X₄:₁	X₄:₂
广东	0.83	1.00	1.00	1.00	1.00	1.00	1.00	1.00	1.00
浙江	0.83	1.00	1.00	1.00	1.00	1.00	1.00	0.75	1.00
北京	1.00	1.00	1.00	1.00	1.00	1.00	1.00	1.00	1.00
山东	0.83	0.88	1.00	0.86	0.67	0.50	0.75	0.75	1.00
江苏	0.83	1.00	1.00	1.00	1.00	1.00	1.00	1.00	1.00
上海	0.67	1.00	1.00	1.00	1.00	1.00	1.00	1.00	1.00
福建	1.00	0.88	1.00	1.00	1.00	1.00	1.00	1.00	1.00
安徽	0.67	0.75	1.00	0.86	0.67	1.00	0.75	0.75	1.00
广西	0.83	0.88	0.50	0.86	0.67	1.00	0.75	0.75	1.00
贵州	0.83	0.75	1.00	0.86	0.67	0.50	0.50	1.00	1.00
海南	0.83	0.88	1.00	1.00	1.00	1.00	1.00	1.00	1.00
河北	0.83	0.88	1.00	0.86	0.67	1.00	0.75	0.75	1.00
河南	0.67	0.75	0.50	1.00	0.67	1.00	1.00	0.75	0.50
黑龙江	0.83	0.88	1.00	1.00	1.00	1.00	1.00	1.00	1.00
湖北	0.83	1.00	1.00	1.00	0.67	1.00	0.75	0.75	1.00
吉林	0.67	1.00	1.00	1.00	0.67	1.00	1.00	0.50	0.50
江西	1.00	1.00	1.00	1.00	0.67	0.50	1.00	1.00	1.00
辽宁	0.67	0.88	1.00	1.00	0.67	1.00	1.00	0.75	1.00
青海	0.67	0.88	1.00	0.86	0.67	1.00	1.00	0.75	1.00
山西	0.50	0.88	0.50	1.00	0.67	1.00	1.00	0.50	0.50
天津	0.83	0.75	1.00	1.00	0.67	1.00	1.00	0.75	1.00
云南	1.00	1.00	0.50	1.00	1.00	1.00	1.00	0.50	1.00
甘肃	1.00	1.00	1.00	1.00	0.67	1.00	1.00	0.50	0.50
四川	0.67	1.00	1.00	1.00	1.00	1.00	0.75	0.75	0.50
湖南	0.83	0.88	0.50	0.57	0.67	0	1.00	0.50	1.00
新疆	0.67	1.00	0.50	0.86	0.67	1.00	0.75	0.75	1.00
内蒙古	0.67	0.88	1.00	1.00	1.00	1.00	0.75	0.75	1.00

续表

指标\省份	X_5			X_6		X_7		X_8		X_9
	$X_{5:1}$	$X_{5:2}$	$X_{5:3}$	$X_{6:1}$	$X_{6:2}$	$X_{7:1}$	$X_{7:2}$	$X_{8:1}$	$X_{8:2}$	X_9
广东	1.00	1.00	0.50	1.00	1.00	1.00	1.00	0.75	1.00	1.00
浙江	1.00	1.00	1.00	0.75	1.00	1.00	1.00	0.75	1.00	1.00
北京	1.00	1.00	1.00	0.75	1.00	0.50	1.00	0.75	0.75	1.00
山东	1.00	0.80	1.00	0.75	1.00	1.00	1.00	0.75	1.00	1.00
江苏	1.00	1.00	1.00	0.75	1.00	1.00	1.00	0.75	0.75	1.00
上海	1.00	1.00	1.00	1.00	1.00	1.00	1.00	0.75	1.00	1.00
福建	1.00	1.00	1.00	0.75	1.00	1.00	1.00	0.75	1.00	1.00
安徽	1.00	1.00	0.50	0.75	1.00	1.00	1.00	0.75	1.00	1.00
广西	1.00	0.80	0.50	1.00	1.00	1.00	0.67	0.75	1.00	1.00
贵州	0.67	1.00	0.50	0.50	1.00	1.00	1.00	0.75	0.75	1.00
海南	1.00	1.00	0.50	0.75	1.00	1.00	1.00	0.75	1.00	0
河北	1.00	1.00	0.50	0.75	1.00	1.00	0.67	0.75	1.00	1.00
河南	0.67	1.00	0.50	0.75	1.00	0.50	0.67	0.75	0.75	1.00
黑龙江	1.00	0.80	0.50	1.00	1.00	1.00	1.00	0.75	0.75	1.00
湖北	1.00	1.00	1.00	1.00	1.00	1.00	1.00	0.75	1.00	1.00
吉林	1.00	0.80	0.50	0.50	0.67	1.00	1.00	0.75	0.75	1.00
江西	1.00	1.00	1.00	0.75	1.00	1.00	1.00	0.75	0.75	1.00
辽宁	1.00	1.00	0	0.75	1.00	1.00	1.00	0.75	1.00	1.00
青海	0.67	0.80	0.50	1.00	0.67	1.00	1.00	0.75	1.00	1.00
山西	1.00	1.00	1.00	0.75	0.33	1.00	0.67	0.75	0.75	1.00
天津	1.00	1.00	1.00	1.00	1.00	1.00	1.00	0.75	1.00	1.00
云南	0.67	1.00	0.50	0.50	1.00	1.00	1.00	0.75	0.75	1.00
甘肃	1.00	1.00	0	0.50	0.33	1.00	0.67	0.75	1.00	1.00
四川	1.00	1.00	0	0.50	1.00	0.50	1.00	0.75	1.00	1.00
湖南	1.00	0.80	0.50	0.75	1.00	1.00	1.00	0.75	1.00	1.00
新疆	1.00	1.00	1.00	1.00	1.00	1.00	0.50	0.75	0.75	1.00
内蒙古	1.00	1.00	0.50	1.00	1.00	1.00	1.00	0.75	0.75	1.00

根据上述公式计算各政策样本一级变量数值，然后根据PMC指数的计算方法可得出政策样本PMC指数最终值，结果如表6所示。

表6 2022年27个省份健康法治建设政策样本PMC指数

指标 省份	X_1	X_2	X_3	X_4	X_5	X_6	X_7	X_8	X_9	PMC
广东	0.92	1.00	1.00	1.00	0.83	1.00	1.00	0.88	1.00	8.63
浙江	0.92	1.00	1.00	0.88	1.00	0.88	1.00	0.88	1.00	8.54
北京	1.00	1.00	1.00	1.00	1.00	1.00	0.88	0.75	1.00	8.63
山东	0.85	0.93	0.64	0.88	0.93	0.88	1.00	0.88	1.00	7.98
江苏	0.92	1.00	1.00	1.00	1.00	0.88	1.00	0.75	1.00	8.54
上海	0.83	1.00	1.00	1.00	1.00	1.00	1.00	0.88	1.00	8.71
福建	0.94	1.00	1.00	1.00	1.00	0.88	1.00	0.75	1.00	8.56
安徽	0.71	0.93	0.81	0.88	0.83	0.88	1.00	0.88	1.00	7.90
广西	0.85	0.68	0.81	0.88	0.77	1.00	0.83	0.88	1.00	7.69
贵州	0.79	0.93	0.56	1.00	0.72	0.75	1.00	0.75	1.00	7.50
海南	0.85	1.00	1.00	1.00	0.83	0.88	1.00	0.88	0	7.44
河北	0.85	0.93	0.81	0.88	0.83	0.88	0.83	0.88	1.00	7.88
河南	0.71	0.75	0.89	0.63	0.72	0.88	0.58	0.75	1.00	6.90
黑龙江	0.85	1.00	1.00	1.00	0.77	1.00	1.00	0.88	1.00	8.37
湖北	0.92	1.00	0.81	0.88	1.00	1.00	1.00	0.88	1.00	8.47
吉林	0.83	1.00	0.89	0.50	0.77	0.58	1.00	0.75	1.00	7.32
江西	1.00	1.00	0.72	1.00	1.00	0.88	1.00	0.75	1.00	8.35
辽宁	0.77	1.00	0.89	0.88	0.67	0.88	1.00	0.88	1.00	7.95
青海	0.77	0.93	0.89	0.88	0.66	0.83	1.00	0.88	1.00	7.83
山西	0.69	0.75	0.89	0.50	1.00	0.54	0.83	0.75	1.00	6.95
天津	0.79	1.00	0.89	0.88	1.00	1.00	1.00	0.88	1.00	8.43
云南	1.00	0.75	0.89	0.75	0.72	0.75	1.00	0.75	1.00	7.61
甘肃	1.00	1.00	0.89	0.50	0.67	0.42	0.83	0.88	1.00	7.18
四川	0.83	1.00	0.92	0.63	0.67	0.75	0.75	0.88	1.00	7.42
湖南	0.85	0.54	0.56	0.75	0.77	0.88	1.00	0.75	1.00	7.09
内蒙古	0.77	1.00	0.92	0.88	0.83	1.00	1.00	0.75	1.00	8.15
新疆	0.83	0.68	0.81	0.88	1.00	1.00	1.00	0.75	1.00	7.94
均值	0.85	0.92	0.87	0.85	0.85	0.86	0.95	0.83	0.95	7.96

依据上述得分和前文评价标准，可得出各地区 PMC 指数值、评价等级和排名，如表 7 所示。

表 7　2022 年 27 个省份健康法治建设政策样本 PMC 指数、等级及排名

省份	PMC 指数	等级	排名	省份	PMC 指数	等级	排名
上海	8.71	优秀	1	安徽	7.90	很好	13
广东	8.63	优良	2	河北	7.88	很好	14
北京	8.63	优良	2	青海	7.83	好	15
福建	8.56	优良	3	广西	7.69	好	16
江苏	8.54	优良	4	云南	7.61	好	17
浙江	8.54	优良	4	贵州	7.50	好	18
湖北	8.47	优良	5	海南	7.44	较好	19
天津	8.43	优良	6	四川	7.42	较好	20
黑龙江	8.37	优良	7	吉林	7.32	较好	21
江西	8.35	优良	8	甘肃	7.18	较好	22
内蒙古	8.15	很好	9	湖南	7.09	较好	23
山东	7.98	很好	10	山西	6.95	较好	24
辽宁	7.95	很好	11	河南	6.90	较好	25
新疆	7.94	很好	12				

3. 结果总体性分析

从表 7 可知，总体看，2022 年所评估省份 PMC 指数评价总体较好。2022 年评级等级为"优良"的省份最多，评价等级为"较好"的次之，评价等级为"很好"和"好"的也占一定比例，没有出现评价等级为"良好""一般"和"差"的省份。

从分省份评价结果看，2022 年，健康法治建设政策文本的 PMC 指数评价结果为"优秀"的是上海，其为经济发达地区；健康法治建设政策文本的 PMC 指数评价结果为"优良"的是广东、北京、福建、江苏、浙江、湖北、天津、黑龙江、江西，其涵盖区域较广泛。健康法治建设政策文本的 PMC 指数评价结果为"很好"的是内蒙古、山东、辽宁、新疆、安徽、河北，其涵盖范围幅度较大；健康法治建设政策文本的 PMC 指数评价结果为"好"的是青海、广西、云南、贵州，其涵盖范围多为中西部地区；健康法治建设政策文本的 PMC 指数评价结果为"较好"的是海南、四川、吉林、甘肃、湖南、山西、河南，其涵盖范围多为中部地区以及其他地区。

从分指标评价结果看，2022 年，"放管服"改革与职能转变 X_2、法治宣传与培训 X_7、报告公开 X_9 三个指标的 PMC 指数评分分别为 0.92、0.95、0.95，表明多数省份在推进健康法治建设的上述维度取得了较大成效；机构建设与政务服务 X_1、健康法规体系 X_3、行政权力监督与矛盾化解 X_6 三个指标的 PMC 指数评分分别为 0.85、0.87、0.86，表明多数省份在推进健康法治建设的上述维度进展良好，但还存在改进空间；行政决策法治化 X_4、行政执法与监管 X_5、报告评价 X_8 三个指标的 PMC 指数评分分别为 0.85、0.85、0.83，表明多数省份在健康法规体系和法治宣传培训层面还有拓展空间。

（四）分省份健康法治建设结果分析

由于本报告中政策文本较多，因此选择典型地区的 PMC 曲面图进行展示。第一，由于经过多年法治政府建设，各省健康法治指数取得了显著成效，2022 年度各省健康法治指数分布跨越多个评价区间，因此本报告分析多个评估等级结果，以体现样本在各评价结果分布的代表性原则。第二，由于各省份健康法治 PMC 指数在不同等级存在分布不均衡性，为了考察不同省份健康法治 PMC 指数得分的总体情况和相对位置关系，按照各省份健康法治 PMC 指数得分情况进行政策样本选取，在 PMC 指数得分排名靠前、中等、偏后的三个得分段各选择 3 个政策样本，相同排名位置段内的选取标准按照 PMC 指数分值基本按照高、中、低的排列，以体现分布的均衡化原则。第三，考虑到要对2018—2021年度没有纳入典型省份分析范畴但2022年度健康发展建设卓有成效的省份，考虑选择相关省份进行分析。第四，还需要考虑选取省份在东北地区、东部、中部、西部地区的分布，在经济发达省份之外，尽量选取表现突出、具有发展潜力的中西部和东北部地区省份进行分析，以体现评价省份多元化原则。

按照上述计算原则，在排名靠前的等级内选取北京市、湖北省、黑龙江省，在排名中等的等级内选取江西省、山东省、河北省，在排名靠后的等级内选取云南省、甘肃省、河南省，本报告对上述9个地区分别进行PMC曲线分析。

1. 排名靠前等级省份的分析

（1）北京市的分析

从图1北京市健康法治建设的政策文本PMC曲面图可知以下情况。①2022年北京市健康法治建设PMC指数得分为8.63，评估等级均属于"优良"，在所有评估省份中排名第2，在PMC指数"优良"的等级中排名靠前。北京市卫健委以习近平新时代中国特色社会主义思想为指导，深入推进法治政府建设，其在机构建设、"放管服"改革、健康法规体系等方面发挥了引领示范作用。②2022年，指标X_1机构建设与政务服务、指标X_2"放管服"改革与职能转变、指标X_3健康法规体系、指标X_4行政决策法治化、指标X_5行政执法与监管、指标X_6行政权力监督与矛盾化解、指标X_7法治宣传与培训等方面均高于所评估省份的平均水平。北京市卫健委启动超市（便利店）、书店和门诊部3个现实场景"证照联办"试点改革，不断简化行政审批流程；制定出台卫生健康相关课题管理制度和内部审计工作规则，加强卫生健康课题经费统筹和动态管理，加强内部审计监督力度；积极开展卫生健康领域"法律讲堂"和"医案说法"法律沙龙，并将其纳入继续教育系统平台，提升卫生健康系统干部队伍依法行政能力。③相较于其他评估指标，指标X_8报告评价指标得分偏低，指标得分为0.75，低于所评估省份的评估水平。北京市卫健委还需提升法治思维、法治方式在卫生健康事业高质量发展中的深度应用能力，部分卫生健康法规配套措施还需要提高精准性，卫生健康综合监管机制仍需健全。④由上述分析，北京市健康法治建设参考性改进的可能路径是：加强多样化法治宣传教育，持续增强卫生健康干部队伍法治意识和法治思维，提升基层执法人员法治能力；加强卫生健康领域立法制规研究，不断完善卫生健康法规配套措施；健全卫生健康综合监管机制，有效提升综合监管能力。

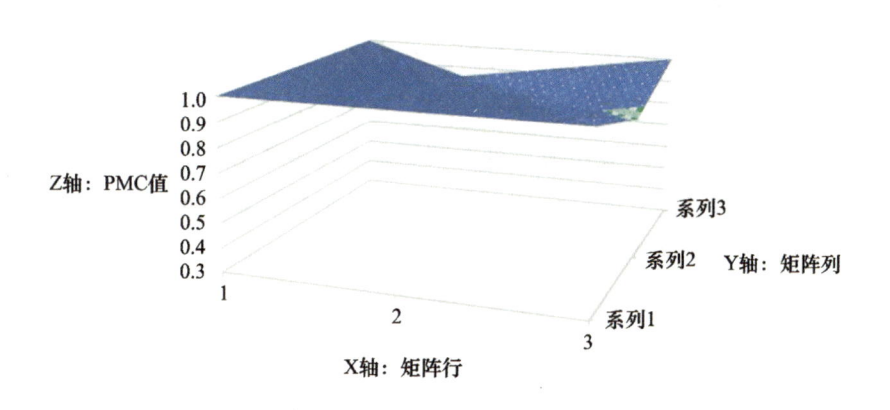

图1 北京市2022年PMC曲面图

（2）湖北省的分析

从图2湖北省健康法治建设的政策文本PMC曲面图可知以下情况。①2022年湖北省健康法治建设PMC指数得分为8.47，评估等级属于"优良"，在所有评估省份中排名第5，在PMC指数"优良"的等级中排名居中。湖北省卫健委贯彻落实《法治政府建设实施纲要（2021—2025年）》《湖北省法治政府建设实施方案（2021—2025年）》，明确法治政府建设重点工作，深入推进卫生健康法治政府建设。②2022年，指标X_1机构建设与政务服务、指标X_2"放管服"改革与职能转变、指标X_4行政决策法治化、指标X_5行政执法与监管、指标X_6行政权力监督与矛盾化解、指标X_7法治宣传与培训、指标X_8报告评价等方面均高于所评估省份的平均水平。湖北省卫健委推动"独生子女父母光荣证补办"线上办、"出生医学证明"全程网办、"公民婚育一件事"一事联办，提升了卫生健康政务服务办事效率。此外，湖北省卫健委开展医疗乱象专项治理、医疗机构设置与执业登记合规性审查、医疗卫生领域不正之风整治三个专项整治行动，推进严格公正文明执法。湖北省卫健委组织编印《以案释法》普法宣传资料，选送的《某公司非法采集血液案》获得全国首届行政执法指导案例优秀奖。③相较于其他评估指标，指标 X_3 健康法规体系指标得分偏低，指标得分为0.81，低于所评估省份的平均水平。湖北省卫健委还存在地方性法规实施情况报告制度落实不到位、卫生健康领域信用体系建设有待加强、卫生健康法治决策调查与课题研究开展还需深度等问题。④由上述分析，湖北省健康法治建设参考性改进的可能路径是：推动地方性法规实施情况报告制度落实落细，并及时向省人大报送工作实施情况；深化"互联网+卫生健康"改革，推进卫生健康信用体系数据化、智能化建设；积极开展健康法治决策调查和课题研究。

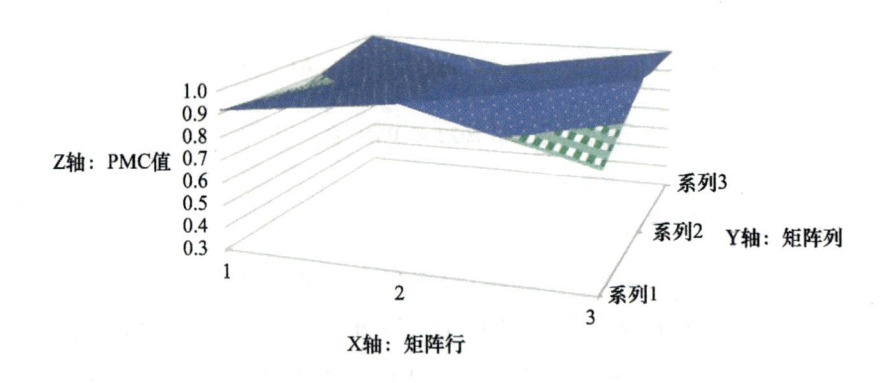

图2　湖北省2022年PMC曲面图

(3) 黑龙江省的分析

从图3黑龙江省健康法治建设的政策文本PMC曲面图可知以下情况。①2022年黑龙江省健康法治建设PMC指数得分为8.37，评估等级均属于

"优良",在所有评估省份中排名第7,在 PMC 指数"优良"的等级中排名靠后。黑龙江省卫健委认真贯彻落实《省卫生健康委法治政府建设(2021—2025年)重要举措分工方案》,推动健康法治各项工作取得新进展新成效。②2022年,指标 X_1 机构建设与政务服务、指标 X_2 "放管服"改革与职能转变、指标 X_3 健康法规体系、指标 X_4 行政决策法治化、指标 X_6 行政权力监督与矛盾化解、指标 X_7 法治宣传与培训等方面均高于所评估省份的平均水平。黑龙江省卫健委在省政务服务一体化平台上设置"防疫服务专区""省卫生健康政务服务旗舰店"等功能模块,为群众提供便捷服务;省卫健委与省中医局联合开展全省"百案评比推精品"案例评查活动、卫生健康行政处罚十大典型案例评选等工作,不断提升卫生健康执法工作人员法治意识和执法能力;省卫健委以"互联网+"筑牢普法阵地,组织全省各地开展"民法典""基本医疗卫生与健康促进法"等法律网络答题,答题人数突破15.4万人次,普法工作成效显著。③2022年,指标 X_5 行政执法与监管、指标 X_8 报告评价得分分别为0.77、0.75,均低于所评估省份的平均水平。黑龙江省卫健委还存在健康数据隐私保护制度还不完善、行政执法"三项制度"执行力度有待加强、普法宣传形式创新性不足等问题。

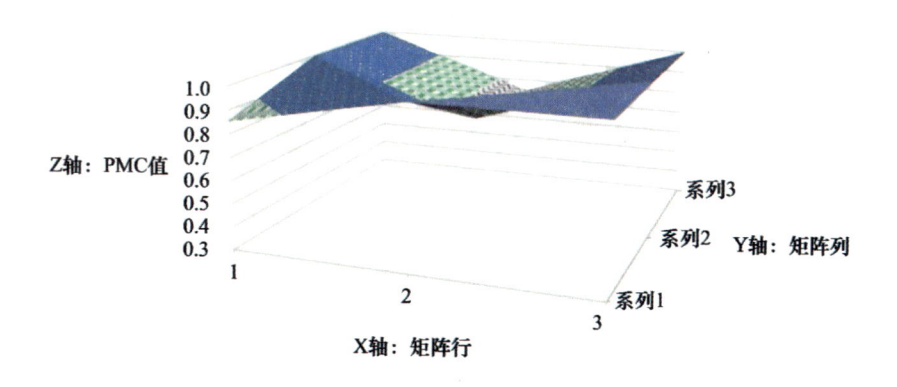

图3 黑龙江省2022年 PMC 曲面图

④由上述分析，黑龙江省健康法治建设参考性改进的可能路径是：健全完善健康数据隐私保护制度，提高对数据隐私和数据安全的重视程度，切实保障人民群众合法利益；不断强化依法行政观念，严格贯彻落实行政执法"三项制度"，加强卫生健康领域执法监督力度；创新卫生健康普法宣传方式，推进法治宣传方式多样化，加强执法人员法治培训，提升执法人员法治工作能力。

2. 排名中间等级省份的分析

（1）江西省的分析

从图4江西省健康法治建设的政策文本PMC曲面图可知以下情况。①2022年江西省健康法治建设PMC指数得分为8.35，评估等级属于"优良"，在所有评估省份中位居第8，在PMC指数"优良"的等级中排名最后。江西省深入推进卫生健康创新发展，规范依法行政，其在机构建设与政务服务、"放管服"改革与职能转变、行政决策法治化、行政执法与监管等方面发挥了既有优势和引领示范效应，全面推进健康江西建设。②2022年，指标X_1机构建设与政务服务、X_2"放管服"改革与职能转变、指标X_4行政决策法治化、指标X_5行政执法与监督、指标X_7法治宣传与培训与指标X_9报告公开等方面均达到满分。2022年，江西省卫健委严格落实党政主要负责人履行法治建设第一责任人职责要求，将法治建设工作列为党委年度工作重点，紧抓关键少数，形成全面依法治卫的组织合力，并将政务服务建设成效纳入领导班子政绩考核指标。不断完善"赣服通"卫生健康专区建设，推动省级三级医疗机构分批入驻和提供线上医疗服务，实现卫生健康政务服务的移动化智能化办理，并采取延时错时预约服务，政务服务365天"不打烊"。③相较于其他评估指标，江西省在指标X_3健康法规体系PMC指数评价得分偏低，指标得分为0.72，低于所评估省份的平均水平。江西省卫生健康立法制规进度还需加快，地方性法规实施情况报告工作还需进一步落实，卫生健康规范性文件制定与清理工作还需深入，卫生健康法治决策调查与研究工作还需加强，以进一步推动卫生健康形成决策科学化水平。④由上述分析，江西省健康法治建设参考性改进的可能路径是：在借鉴其他地区经验的基础上，加快卫生健康地方性法规起草、制定、论证工作进展，深入基层研究卫生健康领域实践中的难点和需求所在，大力推动卫生健康法治决策专题研究工作常态化，积极引入第三方专业机构参与调查论证工作。加强规范性文件精细化管理，健全合法性审查工作机制。

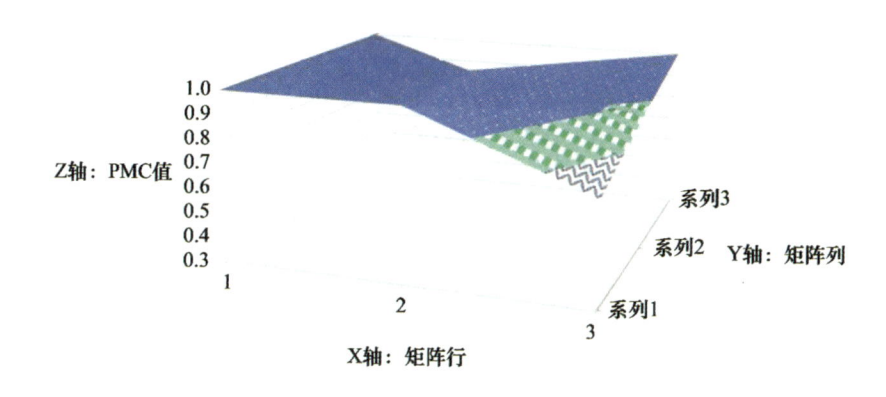

图4 江西省2022年PMC曲面图

（2）山东省的分析

从图5山东省健康法治建设的政策文本PMC曲面图可知以下情况。①2022年山东省健康法治建设PMC指数得分为7.98，评估等级属于"很好"，在所有评估省份中位居第10，在PMC指数"很好"的等级中排名中间。山东省卫健委深入推进法治政府建设重点工作，认真贯彻落实《中共山东省委全面依法治省委员会2022年工作要点》《山东省2022年法治政府建设工作计划》等，为促进卫生健康事业高质量发展提供了强有力的法治保障。②2022年，指标X_2"放管服"改革与职能转变、指标X_4行政决策法治化、指标X_5行政执法与监管、指标X_7法治宣传与培训等方面指数得分均超过所评估省份的平均水平，并且指标X_7法治宣传与培训为满分。2022年，山东省卫健委加强"放管服"改革力度，推动完成"出生一件事"主题集成服务项目；省卫健委深入贯彻落实"八五"普法规划，组织《民法典》《宪法》宣传月、法律测试等学习与培训活动，加强行政执法人员培训考核。③相较于其他评估指标，山东省在指标 X_3 健康法规体系评价得分偏低，指标得分仅为 0.64，低于所评估省份的平均水平。山东省在卫生健康地方性法规实施情况报告制度、规范性文件合法性审查、卫生健康标准制定等多方面还需不断加强。④由上述分析，山东省健康法治建设参考性改进的可能路径是：严格落实地方性法规性法规实施情况报告制度，积极开展卫生健康规范性文件年度清理工作，推动卫生健康重点领域立法制规，优化完善卫生健康标准体系，推进卫生健康治理的规范化、科学化。

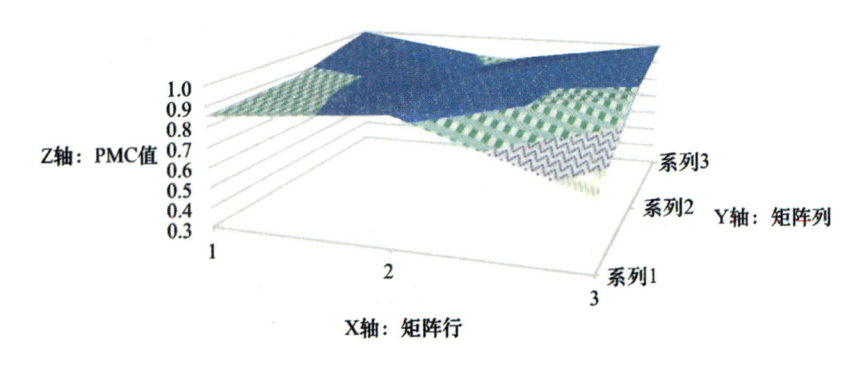

图 5　山东省 2022 年 PMC 曲面图

（3）河北省的分析

从图 6 河北省健康法治建设的政策文本 PMC 曲面图可知以下情况。①2022 年河北省健康法治建设 PMC 指数得分为 7.88，评估等级属于"很好"，在所有评估省份中位居第 14，在 PMC 指数"很好"的等级中排名靠后，河北省卫健委紧紧围绕全面依法治省的目标，按照《推进法治政府建设 2022 年度工作要点》部署要求，深入推进法治政府建设，逐步提升卫生健康依法行政能力和法治化水平。②2022 年，指标 X_2 "放管服"改革与职能转变、指标 X_4 行政决策法治化、指标 X_6 行政权力监督与矛盾化解、指

标 X_8 报告评价、指标 X_9 报告公开等方面指数得分均超过所评估省份的平均水平。2022 年，河北省卫健委坚持依法治访，有效预防化解卫生健康领域矛盾纠纷，所有信访事项已全部办结；行政复议和诉讼均无超期办理问题存在，无诿拖延缓办和拒不执行生效判决、裁定等情形；严格执行落实《河北省医疗纠纷预防和处理条例》，充分发挥人民调解工作预防和化解矛盾纠纷功能，推进治理体系和治理能力现代化。③相较于其他评估指标，河北省在指标 X_7 法治宣传与培训得分偏低，指标得分为 0.83，低于所评估省份的平均水平。河北省还存在卫生健康"八五"普法规划还需加强宣传力度，卫生健康法治宣传与培训效果还需加强评估等问题。④由上述分析，河北省健康法治建设参考性改进的可能路径是：加强对卫生健康"八五"普法规划的多样化宣传，提升全系统工作人员的法治思维和依法办事能力；在卫生健康法治建设过程中展开持续性效果评估，提升卫生健康法治工作行政效率。

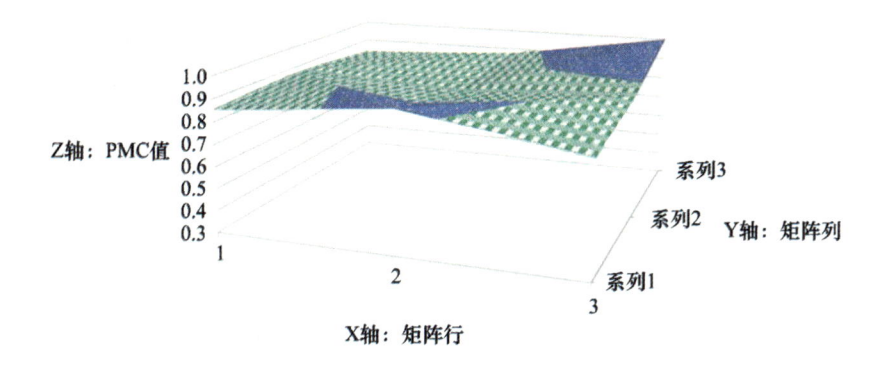

图 6　河北省 2022 年 PMC 曲面图

3. 排名靠后等级省份的分析

（1）云南省的分析

从图 7 云南省健康法治建设的政策文本 PMC 曲面图可知以下情况。①2022 年云南省健康法治建设 PMC 指数得分为 7.61，评估等级均属于

"好",在所有评估省份中排名第 17,在 PMC 指数"好"的等级中排名居中。云南省卫健委按照《云南省卫生健康委关于贯彻落实〈法治云南建设规划(2021—2025)〉实施意见的通知》要求,积极开展法治政府建设工作并取得良好成效。②2022 年,指标 X_1 机构建设与政务服务、指标 X_3 健康法规体系、指标 X_7 法治宣传与培训等方面均高于所评估省份的平均水平。云南省卫健委认真贯彻落实重大行政决策机制,卫生健康领域"三重一大"事项坚持"事前研究、集体讨论和末位表态"制度,曾召开委主任办公会集体研究各类重大事项 19 次;省卫健委组织开展"4·15 全民国家安全教育日""民法典宣传月""12·4"国家宪法日暨宪法宣传周等普法宣传活动,实现普法宣传形式多样化。③2022 年,指标 X_2"放管服"改革与职能转变、指标 X_4 行政决策法治化、指标 X_5 行政执法与监管、指标 X_6 行政权力监督与矛盾化解、指标 X_8 报告评价得分分别为 0.75、0.75、0.72、0.75、0.75,均低于所评估省份的平均水平。云南省卫健委还存在卫生健康领域权力清单编制和调整不精准、地方性法规实施情况报告制度不完善、重大行政决策事项目录与管理规章还需健全、卫生监督行政处罚裁量基准制度执行还需加强规范等问题。④由上述分析,云南省健康法治建设参考性改进的可能路径是:优化完善权力清单编制,明确执法工作人员的职权范围;

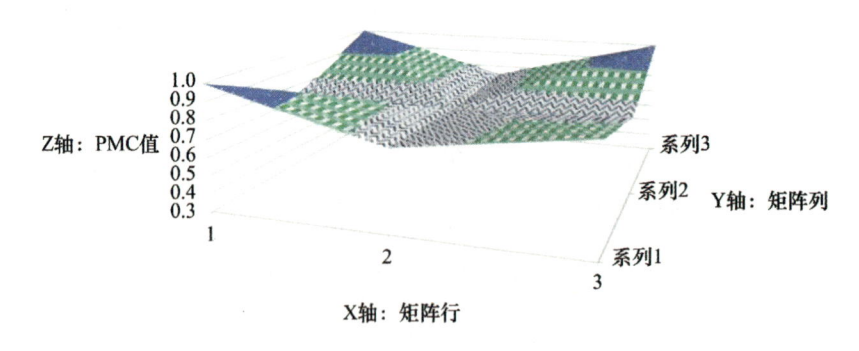

图 7 云南省 2022 年 PMC 曲面图

完善地方性法规实施情况报告制度；健全重大行政决策事项目录与管理规章，完善行政决策体系；促进卫生监督行政处罚裁量基准制度规范化建设，不断加强卫生健康行政监督水平。

(2) 甘肃省的分析

从图8甘肃省健康法治建设的政策文本PMC曲面图可知以下情况。①2022年甘肃省健康法治建设PMC指数得分为7.18，评估等级属于"较好"，在所有评估省份中排名第22，在PMC指数"较好"的等级中排名中间。甘肃省卫健委按照省法治建设"一规划两方案"、省依法治省工作要点等要求，认真落实卫生健康法治建设各项规定，完成法治政府建设目标任务。②2022年，指标X_1机构建设与政务服务、指标X_2"放管服"改革与职能转变、指标X_9报告公开等方面均为满分。2022年，甘肃省卫健委在网站和新媒体平台积极主动公开各项政务服务事项，积极回应重点领域群众关心问题和诉求，全年做到政务服务"零差评"；加大卫生健康领域"放管服"改革力度，不断健全法制机构；省卫健委党政主要负责人履行切实履行法治建设第一责任人制度，认真研究部署法治政府建设工作，并定期听取相关进展。③相较于其他评估指标，甘肃省在指标X_6行政权力监督与矛盾化解得分偏低，仅为0.42，低于所评估省份的平均水平。甘肃省卫健委还需加强行政执法与司法部门的有机衔接，深化内部审计监督工作，矛盾纠纷化解中的信访处理与办结效率还需提升，行政复议应诉制度功能发挥还有待加强。④由上述分析，甘肃省健康法治建设参考性改进的可能路径是：加强卫生健康行政执法与司法紧密衔接机制，成立联合小组对卫生健康领域展开专项治理；健全卫生健康课题管理制度和内部审计工作规则，加强课题管理和经费统筹，不断强化内部审计监督力度；畅通卫生健康领域信访渠道、不断规范信访机制，充分发挥法律顾问作用，充分发挥行政复议应诉化解行政争议中的法治引导作用和制度功能。

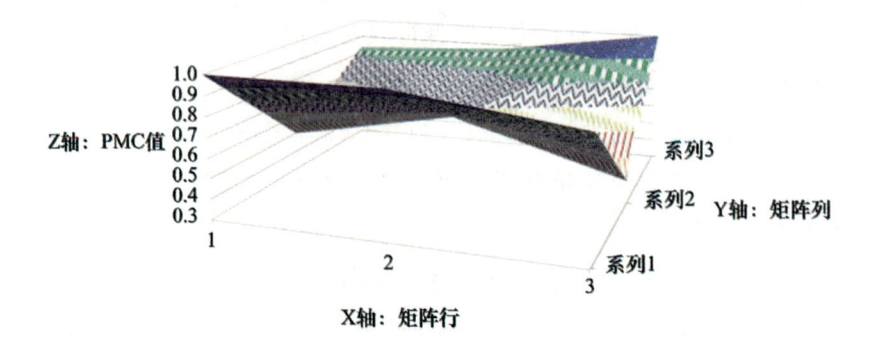

■ 0.3—0.4　 0.4—0.5　 ■0.5—0.6　 0.6—0.7　 ⊿0.7—0.8　 ■ 0.8—0.9　 ■ 0.9—1.0

图 8　甘肃省 2022 年 PMC 曲面图

（3）河南省的分析

从图 9 河南省健康法治建设的政策文本 PMC 曲面图可知以下情况。①2022年河南省健康法治建设 PMC 指数得分为 6.90，评估等级属于"较好"，在所有评估省份中排名第 25，在 PMC 指数"较好"的等级中排名靠后。河南省卫健委严格遵照法治政府建设部署要求，深入推进法治政府建设，在健康法治政府建设工作中取得了一定成效，连续 2 次获评省级依法行政先进单位。②2022 年，指标 X_3 健康法规体系、指标 X_6 行政权力监督与矛盾化解的得分均高于所评估省份的平均水平。河南省完成制修订《河南省中医药条例》《河南省新冠肺炎疫情常态化防控办法（试行）》《河南省基本医疗卫生与健康促进条例》等相关工作，开展《基本医疗卫生与健康促进法》执行情况自查，并开展立法调查研究；加强卫生健康规范性文件管理，合法性审查率、备案率均为 100%；加强对关键部门、关键岗位的监督管理，建立医疗纠纷人民调解和首席人民调解员制度。信访工作群众满意度 95% 以上。③相较于其他评估指标，河南省在指标 X_1 机构建设与政务服务、指标 X_2 "放管服"改革与职能转变、指标 X_4 行政决策法治化、指标 X_5 行政执法与监督、指标 X_7 法制宣传与培训、指标 X_8 报告评价的 PMC 指数评价得分分别为 0.71、0.75、0.63、0.72、0.58、0.75，低于所评估省份的平均水平。河南省卫生健康法治建设还面临组织机构还不健全、简政放权改革还不彻底、重大行政决策过程法治化还需加强、行政执法人员的专业性和职业化程度还不高、普法宣传与教育机制不完善等问题。④由上述分析，河南省健康法治建设参考性改进的可能路径是：不断健全卫生健康法制机构，加快组织机构改革；深入推进卫生健康"放管服"改革，提升卫生健康政务服务能力；将法治建设贯穿重大行政决策全周期和全过程，并有效提升卫生健康行政执法人员法治能力和法治素养；严格落实普法责任制，构建多元化卫生健康法治宣传模式，不断提升卫生健康法治宣传教育水平。

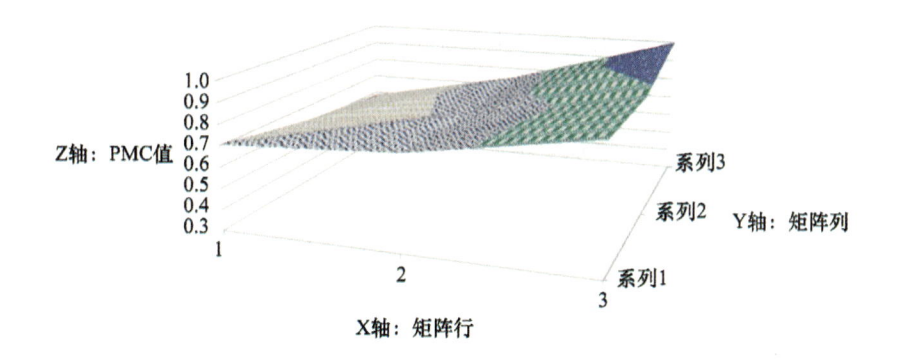

图9 河南省2022年PMC曲面图

（五）分维度健康法治建设结果分析

1. 机构建设与政务服务

2022年，机构建设与政务服务一级指标的PMC指数得分均值为0.85，其中最高为1.00，最低为0.71。机构建设与政务服务一级指标包括组织机构建设和政务服务2个二级指标，其中组织机构建设涵盖6个三级指标，政务服务涵盖8个三级指标。本报告从二级指标展开进一步具体分析。

在机构建设与政务服务建设方面有以下两方面成效。

（1）组织机构建设方面

2022年，24个省份在健康法治建设上组织领导有力、责任明确，恪守法治政府建设第一责任人职责,占所研究省份的88.89%。2022年,各省份卫健委有效落实党政主要负责人履行推进法治建设第一责任人职责,确保健康法治建设落到实处。黑龙江、天津、吉林、湖北、上海、江苏等多地卫生健康主管部门主要负责人严格落实"述法"要求,将"述法"列入领导干部年终述职内容,层层压紧压实法治政府建设责任。黑龙江省卫生健康主管部门通过述法总结工作、接受监督、发现问题、督促整改,督促卫生健康系统主要负责人带头尊法学法守法用法,依法履职尽责。此外,河南、浙江等地还将卫生健康系统党政主要负责人履行推进法治建设第一责任人职责落实情况纳入年终考核范围。其中,河南省卫健委针对考核过程中发现的问题,坚决贯彻落实卫生健康系统主要领导亲自批示、亲自部署的要求,切实做好有关方面整改工作。

2022年,27个省份健康法治建设重点工作清晰部署,占所研究省份的100%。2022年,各省份卫健委深入贯彻落实习近平法治思想,明确健康法治政府建设的重点工作、主要任务和布局安排,进一步围绕健全卫生健康法治体系、优化法治化营商环境、筑牢疫情防控健康法治防线、落实普法责任制和卫生健康综合监管等方面重点工作,不断优化卫健委职能,推动重点工作顺利完成。青海省卫健委按照省委、省政府统一部署安排,深入实施优化卫生健康领域营商环境三年行动计划,全面构建"1+N+M"营商政策体系,更好服务和保障卫生健康法治社会发展大局。广东省卫健委聚焦疫情防控重点工作,贯彻落实"外防输入、内防反弹"总策略,统筹依法推进疫情防控和卫生健康事业高质量发展。河北省卫健委明确普法责任清单重点工作安排,开展一系列卫生健康主题活动,进一步完善卫生健康法治和综合监管体系。

2022年,26个省份对卫生健康领域相关政策能够及时回应、积极解读,占所研究省份的96.30%。2022年,各省份卫健委围绕群众关切的健康需求和重点问题,研究制定重大卫生健康政策、发布政策解读文件,促进政策信息及时、有效向公众传播。同时,各省份卫健委通过媒体沟通会、新闻发布会等多元形式,积极做好卫生健康政策解读和成效宣传。上海市卫健委加大疫情防控信息公开力度，利用新媒体和门户网站等渠道，主动公布解读疫情防控政策、开展新闻发布会，及时采取各类精准有力措施，保障卫生健康领域政策信息传播和宣传的及时性、有效性。

2022年，9个省份进一步健全卫生健康法治机构，占所研究省份的33.33%。2022年，各省份卫健委建立健全卫生健康机构法治建设评估方案，不断完善卫生健康法治机构。山东省卫健委全力打造医疗机构法治建设齐鲁品牌，坚持科学设计、严评实估、宣传引领，发挥机构示范效应，不断提升卫生健康法治机构建设工作水平。

2022年，16个省份卫健委开展组织机构改革，占所研究省份的59.26%。2022年，各省份卫健委根据机构改革要求和职能调整情况，全面梳理本地区卫生健康权责事项，逐项提出取消、调整、保留等多项建议，积极开展卫生健康组织机构改革。山西省卫健委总结第一批改革试点经验，安排部署第二批改革试点工作，不断深化机构改革试点成效、反馈不足和存在问题，确保卫生健康机构重组整合、职能转变落实到位。西藏自治区卫健委以机构改革职能调整为契机，全面推进公立医院综合改革、疾控机构改革、医药卫生体制改革，完善现代化卫生健康机构体系格局。

（2）政务服务方面

2022年，27个省份建立了卫生健康互联网政务服务平台，占所研究省份的100%。2022年，各省份不断优化卫生健康互联网政务服务平台，通过省卫健委官网及其他线上平台，公布卫生健康政策与解读、公示行政审批事项、发布疫情防控信息、宣传法律知识等，实现卫生健康政务服务"全程网办"。贵州省卫健委依托"健康贵州"互联网健康服务平台，设立"新冠服务专区"功能板块，提供线上健康咨询、预约挂号、健康宣教等多种服务。江西省卫健委上线运行包括电子处方、电子病历、诊疗服务等"互联网医院"政务服务平台，以提高卫生健康领域政务服务效率、透明度和便利性。

2022年，26个省份继续加强卫生健康政务服务事项标准化建设，占所研究省份的96.30%。2022年，各省份切实加强卫生健康政务服务标准化建设，不断优化政务信息系统功能，规范行政许可事项清单管理，推进政务服务事项标准化、规范化、便利化发展。海南省卫健委按照省委、省政府要求，针对卫生健康领域高频政务服务事项，集中开展系统性"四减两免"梳理，构建省级、市县级卫生健康政务服务事项标准化体系。吉林省卫健委动态调整行政许可事项清单，积极开展卫生健康领域政务服务事项梳理工作，统一全省卫生健康政务服务标准，提升政务服务事项标准化和规范化水平，确保政务服务事项办理的有序性、高效性。

2022年，27个省份进一步建立了政府信息主动公开和依申请公开工作制度，占所研究省份的100%。2022年，各省份卫健委不断健全卫生健康政务公开领导体制、工作机制和配套制度，加大卫生健康重点领域公开力度，确保主动公开和依申请公开内容落实落细。甘肃省卫健委全面落实卫生健康领域政务公开，在委网站和政务新媒体上公开发布重大卫生健康政策及其解读文件，推进卫生健康信息主动公开，提升卫生健康领域政府信息透明度和公开度。上海市卫健委创新卫生健康领域政务公开渠道，加强卫生健康系统门户网站建设管理，加强政务公开标准目录、信息查询、网民留言等功能建设，推进政务公开提质增效。

2022年，27个省份继续加强健康管理信息平台建设，占所研究省份的100%。2022年，各省份卫健委主动运用互联网、微博微信平台、App新媒体等平台，聚焦医疗服务、健康码、疫情防控等多项服务功能和应用需求，通过健康管理信息平台实现数字化、便民化健康服务。广东省卫健委利用"一码通系统""新冠病毒检测系统"等健康管理信息平台，推出健康码、新冠肺炎疫苗接种信息查询等便民服务，以及时有效应对公共卫生突发情况。云南省卫健委全力开展"一部手机办事通"App建设，并开通智能导诊功能，通过数字化健康管理信息平台推动医疗服务便捷化发展，营造"全程服务有保障"的政务服务新环境。

2022年，21个省份组织开展卫生健康"蓝盾"行动专项监督，占所研究省份的77.78%。2022年，各省份卫健委严格落实卫生健康监督机构工作责任，积极开展蓝盾行动专项整治工作，促进卫生法律法规有效实施，切实维护和保障人民群众健康权益。青海省卫健委印发《2022年"健康青海蓝盾护航"系列行动工作方案》，与国家卫生健康领域随机监督抽查同步实施，组织开展公共卫生监督、学校卫生监督、医疗卫生监督、职业卫生监督等专项整治工作，严格落实相关检查规定和监督标准，进一步规范全省卫生健康监督工作，保障消费者身体健康。

2022年，16个省份在强化数字政府建设的同时，更加注重卫生健康领域数据安全管理与个人隐私保护制度，占所研究省份的59.26%。2022年，各省份卫健委强化网站与卫生健康政务新媒体数据安全和个人信息保护，做好健康数据安全治理工作，确保卫生健康政务服务数据安全可控和时效性。同时，不断健全常态化健康数据监管机制，注重公众个人信息采集的隐私保护，推动健康法治政府建设规范化。北京市卫健委在公布新型冠状病毒肺炎疫情新增病例时，隐去患者的年龄、性别等个人数据，强化医疗健康数据和个人隐私保护。浙江省卫健委在保护个人卫生健康隐私方面时，做到"人"防、"物"防和"技"防三管齐下，推广第三方及平台用户身份验证机制，强化医疗信息安全监管，建立了比较完整的卫生健康数据安全防护体系。

2022年，26个省份贯彻落实政务服务满意度调查制度，占所研究省份的96.30%。2022年，各省份卫健委在全省和典型市县组织开展卫生健康领域政务服务满意度调查，广泛听取群众意见建议，准确把握、梳理群众反映的卫生健康政务服务存在的突出问题，公开整改措施和完善方案，并加强跟踪监督检查，进一步提高卫生健康领域政务服务的社会满意度。内蒙古自治区卫健委建立由企业和群众评判的政务服务绩效"好差评"制度，及时接受企业和群众监督评价，完整资料采集工作机制、实时报送评价数据，推动各级政府部门提供全面规范、公开公平、便捷高效的卫生健康政务服务。江西省卫健委紧紧围绕"让群众满意"的工作目标，调查群众对卫生健康政务服务满意率，增强群众健康法治满意度和获得感。

同时，评估也发现了一些不足：少数省份卫健委还未将党政主要负责人履行法治建设第一责任人职责落实情况纳入年终考核范围，健康法治机构尚未健全，组织机构改革还不彻底，卫生健康数据安全管理与个人隐私保护制度还有待进一步深化和推广，部分省份卫生健康"蓝盾"行动还需要加强监督检查。

2. "放管服"改革与职能转变

2022年，"放管服"改革与职能转变一级指标的PMC指数得分均值为0.92，其中最高为1.00，最低为0.54。"放管服"改革与职能转变一级指标包括行政权力及其下放、行政审批服务2个二级指标，其中行政权力及其下放涵盖2个三级指标，行政审批服务涵盖7个三级指标。本报告从二级指标展开进一步具体分析。

在"放管服"改革与职能转变建设方面有以下三个成效。

（1）行政权力及其下放方面

2022年，24个省份卫健委编制了卫生健康领域权力清单并适度进行动态调整，占所研究省份的88.89%。2022年，各省份卫健委依据相关法律法规和机构改革要求，梳理和优化了卫生健康领域行政权力权责清单，，结合卫生健康行政权力运行实际情况，对卫生健康权力事项进行取消、重心下移、整合等动态性调整。江西省卫健委及时组织编制和完善行政权力清单，认真衔接落实好国务院决定取消和下放的相关行政许可事项，并主动接受社会监督。天津市卫健委完善权责清单动态调整内部工作机制，结合法律法规和相关规章制度的修订、废止情况，以及机构改革和职能调整进度，及时开展自查自纠，对有关权责清单事项进行调整完善。

2022年，24个省份卫健委推动卫生健康领域简政放权改革，占所研究省份的88.89%。2022年，各省份卫健委持续推进卫生健康领域简政放权改革，通过进一步精简审批事项、优化服务流程、推进"一网通办"，创新卫生健康领域权力下放模式，提高卫生健康行政机构业务办理效率。浙江省卫健委聚焦"简政放权"改革，在认领的国家卫生健康行政许可事项中，除去省本级审批事项外，已全部或部分下放行政审批权限。安徽省卫健委精简政务服务事项清单，优化行政审批服务流程，提升卫生健康系统行政效率。

（2）行政审批服务方面

2022年，27个省份卫生健康领域审批服务办理时间得到明显缩减，占所研究省份的100%。2022年，各省份卫健委按照"最大限度减少行政审批、最大限度提供公共服务"的要求，在卫生健康领域采取压缩审批时限、优化审批流程、减少申报材料、推行即时办理制度等综合性措施，最大化缩减行政审批服务时间，提高审批效率和服务质量，为企业和群众提供更加便捷、高效的政务服务。海南省卫健委持续深化卫生健康领域极简审批改革，审批用时减少率、审批环节精简率得到极大提升。内蒙古自治区卫健委优化卫生健康系统53项审批流程，精简44个办理环节、取消23类办事要件，总体压缩办理时限1539天，实现卫生健康领域审批服务的便利化、高效化。

2022年，26个省份在卫生健康领域审批服务实现了"一网通办"，占所研究省份的96.30%。2022年，各省份卫健委通过一体化在线政务服务平台，推动卫生健康领域政务服务事项的"网上办理""一窗通办""容缺受理""告知承诺"等工作制度，使政务服务更加便捷、高效、透明。甘肃省卫健委依托全国一体化政务服务平台，所有行政审批事项基本实现"全程网办"，进一步简化卫生健康领域行政审批流程。天津市卫健委落实容缺受理制和告知承诺制，持续提升"一网通办"窗口服务水平。

2022年，21个省份加强社会力量参与卫生健康领域的准入管理，占所研究省份的77.78%。2022年，各省份卫健委按照"非禁即入"的理念大力推动社会办医，制定社会资本、民营资本等社会办医疗机构跨部门审批方案，规范医疗机构行政许可审批事项，简化审批材料、优化办理流程。打造市场化、法制化和便捷化的营商环境，不断降低社会力量进入健康领域的制度性成本，促进不同所有制卫生健康机构相互合作和有序竞争，加快形成多元化卫生健康服务格局。上海市卫健委鼓励社会资本举办康复医疗机构，简化医疗机构审批材料和办理流程，不断优化医疗资源配置水平，提高卫生健康领域资源配置效率。

2022年，26个省份开展了卫生健康领域"证照分离"改革，占所研究省份的96.30%。2022年，各省份卫健委推行"证照分离"改革试点全覆盖，持续优化卫生健康领域"证照分离"改革事项，采用直接取消审批、审批改为备案、实行告知承诺、优化审批服务四种方式开展分类改革，切实提高卫生健康领域行政审批效能。云南省卫健委加大卫生健康涉企经营许可事项"证照分离"改革全覆盖和证明事项告知承诺制实施力度，推动卫生健康服务的便捷化、高效化。甘肃省卫健委不断优化"证照分离"改革措施，涉及卫生健康领域的事项按多种模式分类改革，提升卫生健康领域行政效率和服务质量。

2022年，26个省份卫健委采取"互联网＋监督"的监管方式，占所研究省份的96.30%。2022年，多省份卫健委优化"互联网＋监督"管理方式，提高卫生健康监管效能。青海省卫健委加快"互联网＋监管"系统建设进程，格尔木市建成的"智慧平台助力法治化城市管理"项目，入选中央依法治国办第二批全国法治政府建设示范项目，这将极大助力卫生健康领域监管模式创新。四川省卫健委不断创新"互联网＋监管"模式，实现基层医疗机构、采供血机构、疾控机构等机构医疗废物的在线监管。在线监管系统共接入29899家医疗卫生机构，二级及以上医疗机构接入率达到100%。同时，推动实现卫生健康领域依法执业在线自查，截至2022年年底，在"四川智慧卫监"平台共有2.2万户次医疗机构、260余户次采供血机构完成了在线自查。

2022年，26个省份实现了卫生健康领域政务服务事项"跨省通办"，占所研究省份的96.30%。2022年，多省份卫健委运用信息化、智能化手段推动政务服务数字化改革，制定跨省通办事项清单、统一数据规则标准、优化业务模式，在医疗卫生领域实现数据共通共享。河南省卫健委从"全程网办""异地代收代办""多地联办""自助通办"等多方面探索拓展"跨省通办"的模式类型，将"跨省通办"各事项逐步纳入"全豫通办"范围。辽宁省卫健委推进异地就医等政务服务"跨省通办"，其与黑龙江、吉林、内蒙古自治区等地共同建设东北三省一区"区域通办"服务专区，其中涉及多项卫生健康高频政务服务事项。

2022年，27个省份加强卫生健康领域政务服务事项集成式建设，占所研究省份的100%。各省份卫健委提倡"一件事一次办"，尽量减少审批环节、缩短审批时限，加快推进卫生健康重点民生领域集成式政务服务建设。上海市、福建省、内蒙古自治区等地卫健委积极采取多种举措，保障"出生一件事"集成套餐服务推广运用，实现卫生健康领域政务服务事项的统一、精简化管理。其中内蒙古自治区卫健委有关出生事项的审批环节由22个精简为2个。河北省卫健委推进"新生儿出生""公民身后"一件事，制定集成式事项相关规范、优化事项办理流程。

同时，评估也发现了一些不足之处，在卫生健康领域还需继续深化"放管服"改革，引导鼓励更多社会力量参与进卫生健康领域。部分省份还需进一步推动简政放权和权力清单编制调整，加快政府向数字型、服务型政府转变的步伐。

3. 健康法规体系

2022年，健康法规体系一级指标的PMC指数得分均值为0.87，其中最高为1.00，最低为0.56。健康法规体系一级指标包括立法制规、规范性文件管理、制度与标准体系3个二级指标。其中立法制规涵盖3个三级指标，规范性文件管理涵盖2个三级指标，制度与标准体系涵盖4个三级指标。本报告从二级指标展开进一步具体分析。

在健康法规体系方面有以下三个成效。

（1）立法制规

2022年，27个省份开展了地方卫生健康立法制规，所占研究省份的100%。2022年，各省份重视卫生健康领域立法工作，通过补齐立法领域短板，推进卫生健康治理法治化、规范化。贵州省卫健委于2022年7月与贵州医科大学公共卫生学院签署合作协议，由贵州医科大学公共卫生学院负责制订调研计划和方案，以《传染病防治法》当前研究进展等作为调研背景，通过明确和细化调研对象、调研方法、资料收集整理、调研报告撰写等，针对《传染病防治法》的应用、影响因素、特点、存在问题等进行专题调研。海南省采用"小切口""小快灵"立法等灵活高效的形式，制定出台《海南自由贸易港药品进口便利化若干规定》等法规规章，其条款不超过20条。天津市卫健委也相应探索"小切口"立法解决实际问题，出台全国首个规范家庭医生签约服务的地方性法规《天津市家庭医生签约服务若干规定》，经市十七届人民代表大会常务委员会第三十八次会议审议通过并于2023年1月1日起施行，深入推进公共卫生领域地方立法工作。福建省卫健委修订《福建省公民献血条例》，一方面保障医疗用血需要和安全，另一方面保障献血者和用血者的身体健康。同时，定期废除与上位法不一致、相抵触的"老旧"卫生健康领域立法。

2022年，27个省份参与了国家和省卫生健康立法，所占研究省份的100%。2022年，各省份卫健委按照省委、省政府工作安排，认真制定卫生健康法治政府建设工作实施方案。山西省卫健委制定《山西省中医药条例》，将国家和省政府关于传承创新发展中医药的各项方针政策通过法规的形式予以制度化，进一步规范中医药服务发展。山东省卫健委按照省委、省政府关于推进"山东标准"建设的部署要求，履行全省卫生健康标准委员会职能，通过广泛征集、严格把关，征集并报送卫生健康标准31项。青海省卫健委秉承政策连续性和立法跟进原则，加强与省人大、省司法厅等配合沟通，加快推进卫生健康领域立法工作。

2022年，10个省份建立了地方性法规实施情况报告制度，占所研究省份的37.04%。2022年，各省份卫健委积极制定卫生健康领域法律法规并向省人大报送工作实施情况。四川省卫健委配合省人大、司法厅开展《四川省突发公共卫生事件应对条例》立法相关工作，推动《四川省精神卫生条例》立法调研。内蒙古自治区卫健委向区人大常委会提交《人口与计划生育条例》《实施母婴保健法办法》《中医药条例》并被审议通过，完善了母婴保健和中医药事业发展制度。2022年11月30日，广东省卫健委推动省人大常委会审议通过《广东省艾滋病防治条例》，完善了艾滋病预防体系。

（2）规范性文件管理

2022年，23个省份对卫生健康领域的法规规章规范性文件进行了清理，占所研究省份的85.19%。2022年，各省份卫健委严格按照程序定期清理卫生健康领域规范性文件，及时清理与现有法规相抵触、不匹配的文件，确保规范性文件的时效性、有效性。北京市卫健委以合法性审核、公平竞争审查作为规范性文件领导审议的前置条件，按照流程审查卫生健康行政规范性文件30件次，完成备案6件，提请市司法局合法性审核6件。福建省卫健委依照"谁制定、谁清理，谁实施、谁清理"的原则，组织开展卫生健康规范性文件清理工作，及时公布继续有效、废止（失效）的行政规范性文件。内蒙古自治区卫健委推动落实卫生健康地方性法规规章和规范性文件评估清理制度，代替自治区政府、政府办公厅起草规范性文件，宣布失效1件、废止3件。

2022年，26个省份完善了规范性文件合法性审查和公平竞争审查制度，占所研究省份的96.30%。2022年，各省份卫健委对卫生健康领域的规范性文件开展合法性和公平性审查，不断优化卫生健康领域文件管理工作，强化审查力度、落实审查责任。广东省卫健委全面落实卫生健康领域的审查制度，全年共审核卫生健康地方性法规1件、政府规章1件、规范性文件7件、省委省政府文件代拟稿1件，备案审查基层党组织党内规范性文件80余件。广西壮族自治区卫健委梳理以自治区人民政府或自治区政府办公厅名义印发的现行有效行政规范性文件30余份，确认保留13份。同时，对制定依据已失效、不适应经济社会发展需要的文件开展专项清理，2022年度宣布已实施的行政规范性文件97份失效，公开历年来行政规范性文件154份。江苏省卫健委按照省政府部署要求，及时清理省政府规章、行政规范性文件等，主动开展卫生健康立法和规范性文件后评估。

（3）制度与标准体系

2022年，25个省份建立了卫生健康领域风险预测预警预防和应急处置预案，占所研究省份的92.59%。2022年，各省份编订卫生健康领域紧急预案，优化预测预警预防工作，提高卫生健康领域应急处置能力。浙江省卫健委推进"职业健康在线""住宿卫生在线"等重大应用在线项目建设，建成全省统一的数字风险预警调度中心，运用相关应用场景提高卫生健康领域的预测预警能力，累计触发风险线索1.5万余条次。青海省卫健委建立了以人民调解为主体、院内调解、司法调解、医疗风险分担有机结合的"三调解一保险"的医疗纠纷预防和处理工作机制，多渠道调解医疗纠纷、化解医患矛盾，打造和谐美丽的就医环境。安徽省卫健委修订《安徽省突发事件紧急医学救援应急预案》等预案5件，编制《安徽省突发事件公共卫生风险评估技术方案》等专业技术工作方案12个。2022年以来安徽省卫健委共妥善处置安庆"6·5事件"等各类突发公共卫生事件185起。

2022年，23个省份加强了卫生健康领域信用体系建设，占所研究省份的85.19%。2022年，各省份积极推进卫生健康信用体系数据化建设，完善信用信息管理系统。广东省卫健委印发《广东省医疗卫生信用信息管理办法（试行）》和《全省医疗卫生信用信息管理工作实施方案》，建成全省医疗卫生信用信息管理系统，完善了卫生健康信用监管机制。福建省卫健委加快推进"福建省卫生信用信息归集系统""福建省医疗卫生不良执业记分系统""福建省诊所诊疗监督系统"等系统建设，综合运用省级卫生行业信用信息平台信用数据，开展医疗领域从业人员信用评价，强化卫生健康领域执法人员执法意识。黑龙江省卫健委出台《黑龙江省公共场所卫生信用分类监管办法（试行）》，制定年度工作要点、完善制度建设，推动卫生健康行业信用体系建设。

2022年，23个省份制定了健康卫生标准，占所研究省份的85.19%。2022年，各省份推动卫生健康领域标准化建设，不断提高医疗卫生服务高质量发展。浙江省卫健委全年累计报送地方标准立项建议22个，发布地方标准3个，完成6个地方标准复审，完成2022年度卫生健康领域地方标准实施效果绩效评估工作。江西省卫健委在"十四五"期间，重点围绕公共卫生、医疗服务质量、爱国卫生运动、重点人群健康等方面研制了一批卫生健康地方标准。

2022年，27个省份完善了突发公共卫生事件应急体系，占所研究省份的100%。2022年，各省份贯彻落实国家和省政府针对突发卫生事件的工作部署，完善应对突发公共卫生事件制度。河北省卫健委修订完善防汛抗洪抗旱防高温、抗震救灾卫生等应急预案及相关工作指南，不断强化部门协同，组织开展月度和元旦、春节、春运、汛期、国庆假期等专题风险评估，指导各地做好突发公共卫生事件应对工作。江苏省卫健委制定《江苏省院前医疗急救条例》，并于2022年5月1日起正式施行，从制度层面不断完善院前医疗急救体系。广西壮族自治区卫健委编制完成《广西公共卫生应急体系建设"十四五"规划》，推动自治区公共卫生应急指挥中心项目顺利立项。

同时，评估也发现一些不足之处：部分省份存在立法主动性、能动性不足的问题，在应急处置等方面的法规建设还需加强；部分省份要加强卫生健康领域信用体系建设，并完善信用监管机制；需加强对限制竞争政策措施的清理规范性。

4. 行政决策法治化

2022年，行政决策法治化一级指标的PMC指数得分均值为0.85，其中最高为1，最低为0.50。行政决策法治化一级指标包括重大行政决策过程法治化和法律顾问建设2个二级指标，其中重大行政决策过程法治化4个三级指标，法律顾问建设涵盖2个三级指标。本报告从二级指标展开进一步具体分析。

行政决策法治化方面有以下两方面成效。

（1）重大行政决策过程法治化

2022年，25个省份进一步完善了重大行政决策制度规范，占所研究省份的92.59%。2022年，各省份健全了卫生健康重大行政决策制度体系，全面落实《重大行政决策程序暂行条例》，严格执行卫生健康领域重大行政决策程序规定，落实落细"三重一大"制度要求，完善卫生健康重大行政决策、规范性文件合法性审查机制。为持续推进科学民主依法决策，天津市卫健委严格执行《重大行政决策程序暂行条例》《天津市重大行政决策程序规定》等相关规定，就天津市名医堂工程项目和中医药强市行动计划编制了2022年度重大行政决策事项目录，并于2022年4月29日在委官方网站进行公示。上海市卫健委严格执行《上海市重大行政决策程序规定》和相关法律法规规定，根据实际情况不断修订本机关重大行政决策程序规定。

2022年，27个省份建立健全了重大行政决策社会稳定法制审核制度、专家论证与风险评估程序，占所研究省份的100%。2022年，各省份不断优化卫生健康领域重大行政决策专家论证、风险评估、合法性审查、集体审议工作制度等程序，持续推进卫生健康重大行政决策科学化。河北省卫健委出台《重大行政决策专家咨询论证暂行办法》《"三重一大"事项决策后评估办法》，将公众参与、专家论证、风险评估、合法性审查和集体讨论决定等，作为卫生健康领域重大决策必备条件和必经程序，确保行政决策全过程全流程合法，推动行政决策制度体系更加完善。四川省不断完善卫生健康重大决策程序制度，组建重大决策社会稳定风险评估专家库，制定《全省卫生健康系统重大决策社会稳定风险评估专家管理暂行办法》，以充分发挥不同领域专家的技术支撑作用，完善相关工作机制，坚持把社会稳定风险评估作为重大决策必经程序。

2022年，19个省份建立了重大行政事项目录与管理规章，占所研究省份的70.37%。2022年，各省份卫健委不断梳理、优化卫生健康重大行政决策事项，加强对重大行政事项决策目录的规范化管理。贵州省委党组会、主任办公会研究审定印发了《省卫生健康委2022年度重大行政决策事项目录》，将《贵州省"十四五"职业病防治规划（2021—2025年）》《"十四五"贵州省老龄事业发展和养老服务体系规划》等纳入2022年重大行政决策目录，遵照相关规定对重大行政决策实行清单动态管理。同时，在制定卫生健康领域重大行政决策事项目录时，积极开展社会稳定风险评估。安徽省制定全省统一的卫生健康目录清单、标准化清单、实施清单等，将权责清单公共服务清单与目录清单相关联，实现标准化清单与目录清单、实施清单与标准化清单相统一。

2022年，14个省份开展了卫生健康法治决策调查与课题研究，占所研究省份的51.85%。2022年，各省份通过多种形式深入基层，开展卫生健康各项立法调研活动，为卫生健康立法制规提供更多一手资料和决策依据。江西省首次以健康江西建设工作委员会名义出台《江西省家庭健康促进行动实施方案（2021—2025年）》，组建家庭健康促进行动工作队伍和指导员队伍，多次开展《家庭健康服务中心规范化建设》课题研究，指导全省家庭健康服务中心规范化建设。北京市卫生健康委组织开展《北京市基本医疗卫生与健康促进条例》的预案研究，深入怀柔区、平谷区等地开展广泛调研，剖析卫生健康法治体系薄弱环节、提出完善健康法治体系的建议。

（2）法律顾问建设方面

2022年，25个省份卫生健康部门建立了法律顾问制度，占所研究省份的92.59%。24个省份吸纳公职律师和外聘法律顾问，占所研究省份的88.89%。2022年，各省份卫健委多次邀请法律顾问参与重大行政决策、研究决定、规范性文件草案起草、合法性审核等重要事项，以充分发挥法律顾问在法治政府建设的重要作用，稳步提升卫生健康系统依法行政能力。贵州省卫健委深入落实法律顾问、公职律师等制度要求，探索法律顾问公开选聘、法律顾问值班和法制审核制度等创新模式，2022年度通过社会公开招聘、面试考核的方式，聘请两家律师事务6—8人提供法律咨询服务。青海省卫健委贯彻实施《推行法律顾问制度和公职律师制度的通知》和《法律顾问工作规定（试行）》，选聘上海建纬（西宁）律师事务所为卫健委提供合同审查、基建项目法律咨询等10次以上。北京市卫健委发挥委聘用法律顾问在重大行政决策、复议诉讼、重特大案件中的专业性作用，法律顾问2022年度共提供115件审查意见，70余件次行政复议案件书面意见。

同时，评估也发现了一些不足之处：部分省份在重大行政决策事项目录管理方面还需要加强规范性，重大行政事项目录清单还需加强梳理；卫生健康法治决策调查与课题还需深入进行，针对卫生健康不同重要领域立法制规开展系列调查研究活动。

5. 行政执法与监管

2022年，行政执法与监管一级指标的PMC指数得分均值为0.85，其中最高为1.00，最低为0.66。行政执法与监管一级指标包括监管制度与平台建设、监管模式与执法过程、监管结果与评价三个二级指标，其中监管与平台建设涵盖3个三级指标，监管模式与执法过程涵盖5个三级指标，监管结果与评价涵盖 2 个三级指标。本报告从二级指标展开，进一步具体分析。

(1) 监管制度与平台建设方面

2022 年，26 个省份建立健全了卫生健康行业综合监管制度和体系，占所研究省份的 96.30%。各省份结合医疗卫生、公共场所、学校、食堂等重点领域和场所，认真贯彻落实卫生健康综合监管制度，监管体系初步形成、监管效能不断提升。北京市坚持首都定位与问题导向，继续完善改进综合监管体系，贯彻落实《关于改革完善医疗卫生行业综合监管制度的实施方案》《北京市贯彻落实 2020 年医疗卫生行业综合监管督察反馈意见整改工作方案》各项要求，强化市级统筹与区级落实，完善部门协调联动机制与综合配套政策，重点解决"以罚代管""条块分隔"等问题，切实加强对医疗卫生机构的综合监管。内蒙古自治区卫健委组织各地学习《国务院办公厅关于改革完善医疗卫生行业综合监管制度的指导意见》，并结合疫情防控形势，建立职责明确、分工协作、科学有效的综合监管制度框架体系，优化改革医疗卫生行业综合监管制度，进一步推动医疗行业综合监管联席会议制度落实、落地、落细。

2022 年，25 个省份建立健全了卫生健康行政处罚裁量基准制度，占所研究省份的 92.59%。2022 年，各省份卫健委不断修订完善卫生健康公开行政处罚裁量基准，并及时编制了自由裁量权细化标准，使卫生健康执法过程中的处罚裁量因素和实际情况更加符合。福建省卫健委组织编制自由裁量权细化标准和包容审慎监管的"四项清单"，重新梳理并发布卫健系统检查实施清单，规范行政监督检查频次、要点、难点等，督促指导重点案件规范化办理。安徽省卫健委修订《安徽省卫生健康行政处罚裁量权基准及实施办法》，明确了不予行政处罚的 3 类情形。

2022 年，26 个省份建立了卫生健康行政执法监管服务系统和平台，占所研究省份的 96.30%。2022 年，各地卫健委试图打通"数据孤岛""信息壁垒"，持续探索"互联网+监管"执法监督新模式，依托"智慧卫监"建设平台开展多级卫生健康综合监管指挥工作，打造形成智能化、可视化、实时化的卫生健康执法监管信息平台。湖北省卫健委依托省卫生监督在线监测与监管、医疗服务智能监管等信息系统,推进线上线下一体化监管,进行卫生健康领域实时、远程、自动监测,大力创新监管方式。浙江省卫健委加快建设"住宿卫生在线""职业健康在线"等重大应用场景,搭建全省统一的数字风险预警调度中心,不同卫生健康应用场景共触发1.5万余条次风险线索。河南省卫健委推行"互联网+行政执法",探索在线监督、非现场监督等多种执法方式,以不断提升监管效能。河南省拥有3批26家"智慧卫监"创建单位,其中10家"智慧卫监"试点单位被授予"河南省卫生监督信息化建设引领单位"。

(2) 监管模式与执法过程方面

2022年,27个省份建立了卫生健康多元化综合监管模式,占所研究省份的100%。2022年,各省份卫健委采取多部门协同监管、数字监管、信用监管等多种综合监管模式,加大对涉及医疗卫生、传染性防治、公共场所饮用水、职业安全等领域的监管,形成常态化、可持续化的卫生健康综合监管机制。天津市卫健委创新信用分级分类监管制度,制定《天津市公共场所卫生信用分类监管办法(试行)》,在公共场所卫生监督领域推行卫生信用分类监管工作,以强化公共场所卫生监管、规范相关主体诚信经营行为。黑龙江省卫健委聚焦医德医风等医疗卫生领域突出问题和恶疾顽症,大力开展行业风气集中监管纠治,并加强常态化疫情防控卫生监督执法,督促疫情防控"四方责任"落实落细,进一步巩固医疗卫生行业监管成果。

2022年,22个省份贯彻落实卫生健康行政执法"三项制度",占所研究省份81.48%。2022年,各省份卫健委深入落实"行政执法公示制度、执法全过程记录制度、重大执法决定法制审核制度"的"三项制度",持续规范卫生健康系统行政执法行为,确保严格执行公正文明执法。四川、吉林、天津、河南等多地卫健委全面落实行政执法"三项制度"。其中,天津市卫健委要求行政处罚、行政许可等在作出执法决定的7个工作日内通过官方网站进行公示,采取文字、音像等对行政执法全过程进行留痕、可回溯式记录,严格落实重大执法决定法制审核工作制度。河南省卫健委综合采取执法全过程记录、电子档案、综合考评、执法办案综合分析系统等多种方式,落实重大执法决定法制审核。

2022年，27个省份开展了医疗健康监督执法专项检查，占所研究省份的100%。2022年，各省份卫健委联合公安部门、市场监管等多部门，针对医疗美容、学校卫生、非法行医等行业和领域，大力开展医疗健康专项检查和整治行动。湖北省卫健委深入开展医疗乱象专项治理、医疗机构设置与执业登记合规性审查、医疗卫生领域不正之风整治三个专项行动，积极开展新冠核酸检测实验室督查、传染病防治、学校卫生与餐饮具集中消毒单位抽检等监督执法活动。广西壮族自治区卫健委联合区委网信办、区公安厅等十部门，集中开展医疗乱象专项整治行动，强化行政执法与刑事司法衔接，共查处393起违法行医案件，责令停止执业活动183家、罚款1773.03万元。同时，开展大型医用设备专项监督检查，对644家医疗机构展开现场检查。天津市卫生健康委组织开展打击医疗乱象，重点围绕"胎儿摄影"、无证行医、非法医疗美容等领域开展专项治理行动，进一步规范医疗市场秩序，切实维护人民群众健康权益。

2022年，26个省份开展了卫生健康领域的"双随机、一公开"抽查工作，占所研究省份的96.30%。2022年，各省份卫健委联合多部门圆满完成国家和省里随机抽查任务，通过加强"双随机、一公开"监管、及时反馈抽检和整改结果，不断规范卫生健康市场经营秩序，确保群众基本健康权益。四川省卫健委强化"双随机、一公开"监管，联合市场监管、消防、药监等多部门开展涉水产品生产企业、宾馆旅店、医疗美容等双随机抽查。同时，及时清理维护随机抽查对象名录库和执法检查人员名录库，下发2022年抽查任务2.56万单，任务完结率达到100%。江西省卫健委将"双随机、一公开"监管与企业信用风险分级分类相结合，使监管既"无事不扰"又"无处不在"：对于信用风险较低的，合理降低检查频次和比例，减少对其正常生产经营的影响；对于信用风险一般的，按照常规要求依法监管；对于信用风险较高的，相应提高检查频次和比例，依法依规实行严管。

2022年，27个省份开展了执法人员专业能力建设，占所研究省份的100%。2022年，各省份卫健委高度重视执法人员专业能力建设，针对卫生健康基层执法人员开展了大量业务培训工作，不断提执法人员法治和相关业务能力。安徽省卫健委举办了执法业务骨干培训班、新任卫生监督员培训班，并就公共卫生突发事件中的短板、重点问题开展了传染病防治监督的能力培训，培训规模近千人次。上海市卫健委定期开展卫生健康领域法治干部专题培训，针对关键岗位加大培养法治人才力度，并支持在岗工作人员参加法律职业资格考试。吉林省卫健委采用线上线下相结合的方式开展卫生健康监督骨干培训，并组织开展年度优秀卫生监督员及行政执法办案能手评选活动。

（3）监督结果与评价方面

2022年，22个省份开展了卫生监督执法案例评查工作，占所研究省份的81.48%。2022年，各省份卫健委采取线上线下结合模式，积极开展卫生监督执法案例评查工作，对案例的执法依据、执法过程、执法程序等进行多方面评查，提高卫生健康行政执法人员的办案能力，发挥以评促改、以查促进的作用。安徽省卫健委采用线上评查、线下合议等多元方式，对全省213份行政处罚案卷开展年度优秀案例评查工作，并初选了20份省级优秀案例，不断提高行政执法案卷质量和行政执法水平。黑龙江省卫健委与省中医局联合开展全省"百案评比推精品"案例评查活动，以及卫生健康行政处罚十大典型案例评选工作。上海市卫健委严格落实重大行政执法决定法制审核制度，审核卫生健康重大行政处罚案件19件，确保执法案件程序到位、依法合规，市卫生健康系统2个案例分别入选本市2021年度行政执法"十大案例"和"指导案例"。

2022年，13个省份开展了公共卫生领域分类监督综合评价，占所研究省份的48.15%。2022年，各省份卫健委针对医疗卫生机构传染病防治工作、公共场所消毒工作等专项领域，依据机构类别、治理重点、风险等级等要素，开展分类分级监督并实施综合评价。江西省卫健委将传染病防治监督抽查工作与医疗卫生机构传染病防治分类监督综合评价工作相结合，要求抽取单位采取分类监督综合评价方式进行检查，将综合评价结果纳入日常管理措施并及时通报给本级其他相关部门，抽检结果与医疗机构不良行为记分、等级评审、校验、医疗卫生机构绩效评价、规范化基层医疗机构评审等相关工作相挂钩和衔接。贵州省卫健委2022年在全省范围内开展消毒产品生产企业分类监督综合评价工作，并将结果及时向社会予以公示，督促消毒产品生产企业切实履行主体责任，不断优化监管模式、提高执法效率，保障人民群众健康权益。

同时，评估也发现了一些不足之处：部分省份落实卫生健康行政执法"三项制度"还存在短板，行政执法过程和记录还可采取多种信息化方式；各省份落实公共卫生领域分类监督综合评价制度还不深入，尤其是针对重点领域、重点行业、重点主体应采取分级分类的评价体系和评价标准。

6. 行政权力监督与矛盾化解

2022年，行政权力监督与矛盾化解一级指标的PMC指数得分均值为0.86，其中最高为1.00，最低为0.42。行政权力监督与矛盾化解一级指标包括行政权力监督、矛盾纠纷化解2个二级指标，其中行政权力监督涵盖4个三级指标，矛盾纠纷化解涵盖3个三级指标。本报告从二级指标展开进一步具体分析。

在行政权力监督与矛盾化解建设方面有以下两方面成效。

（1）行政权力监督方面

2022年，27个省份卫健委及时对人大建议和政协提案进行公开答复，占所研究省份的100%。2022年，各省份卫健委主动接受人大监督、政协监督及社会多方监督，及时认真办理各项卫生健康领域群众关心的提案议案。浙江省卫健委主动接受人大政协监督，承办省人大建议、省政协提案238件。提案工作按时办结率、面商率、满意率均保持在100%。广东省卫健委自觉接受人大监督和民主监督，办理省人大建议160件、省政协提案136件，办理数量位居省直单位前列。省卫健委提交的近300份建议提案涉及疫情防控、医疗服务管理、妇幼健康服务等多个重要热点议题，均按时办结并完成网上答复，受到一致好评。

2022年，11个省份卫健委建立了司法协助与衔接机制，占所研究省份的40.74%。2022年，各省份卫健委持续优化行政执法与司法衔接机制，严厉打击和整治医疗领域乱象，实现和司法、公安等跨部门之间的联合协作，实现信息共享和案件全过程互通。广西壮族自治区卫健委联合区委网信办、区公安厅等部门，组织专案小组开展医疗乱象专项整治行动，共查处违法行医案件393件，责令停止执业活动183家，罚款1773.03万元，没收违法所得78.89万元，不断强化行政执法和司法的衔接。云南省卫健委制定完善《云南省卫生健康委全面推行行政执法公示制度执法全过程记录制度重大行政执法决定法制审核制度实施方案》，健全行政执法与刑事司法衔接机制，严格落实信息共享、案件通报、案件移送制度。

2022年，21个省份卫健委开展了卫生健康系统内部审计监督，占所研究省份的77.78%。2022年，各省份卫健委开展卫生健康系统内部的审计监督工作，依法依规对上年度预算执行情况、委属单位等进行内部审计，健全内部审计机构运行机制，加强对内部审计人员培训与监督，提升内部审计工作效率。河南省卫健委为加大内部审计监督力度，依法对公共资金、国有资产和领导干部履行经济责任情况进行监督，依法对部分委属预算单位2021年度预算执行和财务收支等情况展开审计工作，督促整改落实、提升审计监督效果。河北省卫健委开展内部审计统计调查工作，进一步厘清预算管理单位内部审计机构、人员构成和工作开展情况，加强对审计人员业务培训，组建内部审计专家人才库，有效提升审计队伍专业能力。2022年内共配合外部审计工作3次，同时对9名离任的委属单位党政主要负责人和18家委属委管单位开展审计工作。

2022年，26个省份卫健委自觉接受社会监督和舆论督察，占所有研究省份的96.30%。2022年，各省份卫健委主动接受舆论监督和社会公众监督，借助新媒体及时发布各类信息，回应群众关注的卫生健康热点问题。江苏省卫健委主动接受社会监督，围绕疫情防控、疫苗接种、多病共防、节假日防控措施和医疗服务保障等群众关心问题，大力组织卫生健康领域专家及时回应社会关切，不断提高群众满意度。天津市卫健委主动接受社会舆论监督，针对公众对卫生健康领域关注的热点问题及重大舆情事件，借助国家及地方专业媒体平台，通过召开新闻发布会、政务微博、电视报刊广播等多种媒体渠道，及时发布权威信息，全方位、多角度、立体化做好宣传、解释等工作。

（2）矛盾纠纷化解方面

2022年，25个省份卫健委建立并完善了卫生健康领域行政复议及应诉制度，占所研究省份的92.59%。2022年，各省份卫健委根据实际情况修订完善卫生健康行政复议和应诉制度，省卫健委部门负责人加强出庭应诉率，规范卫生健康领域行政复议和行政应诉工作，提升行政复议和应诉工作水平。河北省卫健委印发《河北省卫生健康委行政复议与行政诉讼实施办法》，明确内部职责分工、办事流程和工作标准。全年收到卫生健康领域行政复议案件12件并已全部办结，没有作为被申请人的案件发生。收到行政诉讼案件7件，其中已审结3件且均胜诉。行政复议和诉讼均无超期办理问题存在，没有发生推诿拖延缓办和拒不执行生效判决、裁定等情形。2022年海南省卫健委不断加强和改进行政复议行政应诉工作，推动行政机关负责人出庭应诉"应出尽出"，省卫健委行政机关负责人实际出庭应诉超过4000宗，出庭应诉率超过95%，纠错率稳步下降。

2022年，24个省份卫健委积极落实卫生健康领域信访处理与办结工作，占所研究省份的88.89%。2022年，各省份卫健委认真学习"枫桥经验"，贯彻落实《信访工作条例》，及时、高效办理各信访事项，推进卫生健康领域信访治理高质量发展，重点领域信访问题和信访积案得到及时化解，推进卫生健康领域信访工作法治化建设。青海省卫健委加快智慧调解平台建设，持续推进人民调解、行政调解、司法调解"三调"联动，全年累计建成县级"一站式"矛盾纠纷调解中心33个，办理卫生健康领域各类法律援助案件7535件，开展矛盾纠纷排查35.3万余次、调解26092件、调解成功26017件。广东省卫健委畅通信访渠道、规范信访机制，信访案件均按照《信访工作条例》和有关规定及时依法办理，以及时有效解决群众急难愁盼问题，推动卫生健康领域信访工作平稳有序发展，未发生因信访问题处理不当引发舆论负面炒作等情况。从数量来看，全年登记办理卫生健康领域信访事项5913件，比2021年下降13.59%。从渠道看，网上信访已成为群众信访反映问题的主要渠道，占信访总量的77.49%。从内容看，信访内容涵盖疫情防控、病历管理和医疗纠纷等多个方面。

2022年，26个省份卫健委建立了预防与化解医疗纠纷调节机制，占所研究省份的96.30%。2022年，各省份卫健委持续贯彻落实《医疗纠纷预防和处理条例》，建立事前预防、事中管控、事后追踪的多元机制，发挥人民调解的作用，有效预防和化解各类医疗纠纷事件。河北省卫健委积极贯彻落实《河北省医疗纠纷预防和处理条例》，所有设区市和118个县（市）均成立了医调委，调解成功率达90%以上，98.07%的二级及以上公立医院参加医疗责任保险，推进卫生健康领域治理体系和治理能力现代化。上海市各级医疗机构配合落实做好医患纠纷人民调解工作要求，引导患者通过人民调解等方式解决医患纠纷。市卫健委一方面会同上海保监局建立了保险机构辅助医疗机构加强风险管理的第三方机制，另一方面联合市公安局印发了《关于本市加强医院安全秩序管理的通告》，以强化医疗机构安全防范工作措施，预防和减少医疗纠纷发生。

同时，评估也发现了一些不足之处：部分省份卫生健康领域司法协助与衔接机制还不完善，信访处理与矛盾化解的模式还需多元化；卫生健康系统内部审计监督力度仍需加强，审计监督整改效果还需持续跟踪。

7. 法治宣传与培训

2022年，法治宣传与培训一级指标的PMC指数得分均值为0.95，其中最高为1.00，最低为0.58。法治宣传与培训一级指标包括健康法治培训与考核、健康法治宣传2个二级指标。其中健康法治培训与考核涵盖2个三级指标，健康法治宣传涵盖3个三级指标。本报告从二级指标展开进一步具体分析。

在法治宣传与培训方面有以下两个成效。

（1）健康法治培训与考核

2022年，27个省份开展了多样化法治学习培训与普法教育，所占研究省份的100%。2022年，各省份坚持在习近平法治思想的指导下，开展各类形式的健康法治专题培训，深入推进普法教育和培训。广东省卫生健康委结合医师节、护士节、全民国家安全教育日等各类主题宣传活动，广泛宣传《民法典》《医师法》《生物安全法》《职业病防治法》等与群众健康密切相关的法律法规，并获评全省国家机关"谁执法谁普法"优秀普法项目。贵州省卫生健康委举办了形式丰富的执法普法专题培训，例如宪法及卫生健康系统"八五"普法培训，2022年国家宪法日系列专题讲座暨中医药法等法律法规培训，2022年法治政府建设及《民法典》培训，致力于提高卫生健康领域执法人员水平和综合素质。内蒙古自治区卫生健康委组织参加国家和自治区层面等有关卫生健康立法和法治的线上培训、视频培训、现场培训等，积极开展卫生健康领域行政执法案卷评析、政务服务等法治专题培训，现场和线上培训共计333人次。通过线上线下相结合的方式落实健康法治培训制度，提高执法人员依法办事的积极性和业务能力。

2022年，25个省份开展了法律知识考试考核，所占研究省份的92.59%。2022年，各省份积极开展卫生健康领域法律知识考试培训，加强对相关法律知识考核，提高执法人员依法办事能力。贵州省将《贵州省养老服务条例》《基本医疗卫生与健康促进法》《母婴保健法》《职业病防治法》等纳入相关部门人员在线学法学习考试内容，其中省卫生健康委学员共117位参与学习，完成考勤考试115位，参考率、合格率达98%，达到了良好的学习考核作用。安徽省卫生健康委在参与省级法治部门示范创建过程中，接受了政务窗口服务、领导访谈、行政执法、行政复议案卷评查、重大行政决策档案归集、法律知识测试等多项现场考核，并获得考核组一致好评。

（2）健康法治宣传

2022年，24个省份开展了"八五"普法规划与法制建设评估，占所研究省份的88.89%。2022年，各省份围绕卫生健康领域，深入推进"八五"普法规划，进一步加大全民普法力度，因地制宜制定普法规划。安徽省制定《全省卫生健康系统法治宣传教育第八个五年规划（2021—2025年）》，持续做好卫生健康系统法治宣传教育工作。同时，安徽省多部门联合制定《安徽省"十四五"健康规划》，将法治工作纳入部门发展总体规划，加强卫生健康工作法治保障。新疆维吾尔自治区卫生健康委全面落实自治区"八五"普法规划，印发《卫生健康系统法治宣传教育第八个五年规划（2021—2025年）》《自治区卫生健康委2022年自治区普法依法治理工作实施方案》等，明确普法责任人、制定完善普法责任清单。云南省卫生健康委聚焦"八五"普法，推动全省卫生健康普法任务有效落实。同时，省卫健委修订完成了《云南省卫生健康委普法责任清单》《云南省卫生健康委年度重要普法节点和重大普法宣传活动目录》，制定印发了《2022年全省卫生健康普法依法治理工作要点》，明确未来卫生健康普法工作要点。

2022年，26个省份开展了多元化健康法治宣传，占所研究省份的96.29%。各省份卫健委利用互联网、微信公众号、短视频平台等深入开展卫生健康法治宣传，有效推进依法治理，营造良好的卫生健康法治环境。云南省卫健委组织开展"4·15全民国家安全教育日""民法典宣传月""12·4"国家宪法日暨宪法宣传周等普法宣传活动，在委机关建立法治文化长廊、普法宣传栏，并拍摄法治宣传片《法治的力量》，公开"以案释法"典型案例6件。广东省卫健委结合医师节、护士节、全民国家安全教育日等各类主题宣传活动，广泛宣传《民法典》《医师法》《生物安全法》《职业病防治法》等与群众健康密切相关的法律法规。2022年1月，省卫健委政策法规处被中央宣传部、司法部、全国普法办授予全国普法工作先进单位荣誉称号。吉林省卫健委组织全系统利用主流媒体、公众号、宣传册、短信提示、知识竞赛、健康讲座等方式开展疫情防控法律法规宣传，致力于多渠道开展法治宣传工作，扩大了卫生健康法治宣传覆盖面。江苏省卫健委充分发挥各类宣传平台作用，综合运用"健康江苏"微信平台"刘蜀黍说法"栏目、官方微博、卫健委门户网站等新媒体，以微专题形式开展多样化法律法规政策解读，打造特色宣传栏目。贵州省卫健委结合民法典宣传月活动，在"健康贵州"抖音号发布《民法典》微动漫，微信公众号发布《一起漫读民法典！》《民法典宣传月丨民法典总则编、人格权编常用法律知识要点讲解》等相关内容宣传《民法典》。

2022年，26个省份健全落实普法责任制，占所研究省份的96.29%。

各省份卫健委严格落实"谁执法谁普法"的普法责任制，深入学习贯彻习近平法治思想，提升"八五"普法的针对性和时效性。广东省卫健委以贯彻落实《基本医疗卫生与健康促进法》为抓手，印发《广东省卫生健康委普法责任清单》《广东省卫生健康系统工作人员应知应会法律法规清单》等，把卫生健康法律法规宣传任务细化分解至各个处室。海南省卫健委启动2022年度省级国家机关"谁执法谁普法"履职报告评议活动。同时，启用普法提示函，对22家省直单位普法工作进行提示，逐步构建普法责任体系。湖北省卫健委通过联合省、市、县三级监督员以现场培训、现场监督检查、现场执法等方式，先后开展传染病防治、放射卫生、妇幼健康、医疗服务4期"谁执法谁普法"活动，将卫生健康法律法规宣教融入行政执法各环节、全要素和全过程，执法效能得到显著提升。吉林省卫健委按照普法责任制要求，全面压实普法宣传教育责任，组织全系统利用主流媒体、公众号、宣传册、短信提示、知识竞赛、健康讲座等多种方式开展疫情防控法律法规宣传，不断强化普法责任。

同时，评估也发现了一些不足之处：部分省份卫生健康普法覆盖面和实效性有待提高；还需要创新普法形式、加大普法力度，将"八五"普法规划落实落细。还需要加强法治干部培训，不断提升执法人员工作能力。另外，卫生健康法治宣传教育方式仍需要多元化、全民化。

8. 报告评价

2022年，该指标的PMC指数得分均值为0.83，其中最高为0.88，最低为0.75。报告评价一级指标包括作用领域、工作开展2个二级指标，其中作用领域涵盖4个3级指标，工作开展涵盖4个3级指标。本报告从二级指标展开进一步具体分析。

在作用领域方面，2022年，27个省份健康法治建设覆盖了个人生活与行为领域，占所研究省份的100%。27个省份健康法治建设覆盖了医疗卫生领域，占所研究省份的100%。27个省份健康法治建设覆盖了生产与生活环境领域，占所研究省份的100%。

在工作开展方面，2022年，27个省份健康法治建设工作展开具有充分的实施依据，占所研究省份的100%。27个省份健康法治建设的工作开展具有明确的工作目标，占所研究省份的100%。15个省份健康法治建设工作取得显著成效，占所研究省份的55.55%。26个省份健康法治建设提出详细的未来工作规划，占所研究省份的96.29%。2022年，广东省卫健委先后在国家卫生健康委"放管服"改革专题工作会和全省行政执法工作推进会上介绍经验；委政策法规处获评全国普法工作先进单位，综合监督处负责人获评全国行政执法先进个人，直属单位省卫生监督所获评全国行政执法先进集体。河南省卫健委各项工作取得明显成效，连续2次被表彰为全省依法行政先进单位，连续7年在全省法治政府建设年度考核中获得优秀等次。

同时，评估也发现了一些不足之处：各省份卫生健康领域法治建设实施效果有待加强。

9. 报告公开

2022年，26个省份的卫生健康委法治政府建设报告是主动公开或者依申请公开。

（六）完善建议

1. 机构建设与政务服务方面

严格按照党政主要负责人履行推进法治建设第一责任人职责，全面深入推动实施《法治政府建设实施纲要（2021—2025年）》，紧紧围绕卫生健康事业高质量发展目标，研究部署健康法治建设中的难点、重点问题；研判、剖析卫生健康行业发展需求与居民、企业的多元化诉求，推动政务服务精准施策，加快卫生健康领域政务服务数字化变革，加快提升卫生健康政务服务效能。推动卫生健康政务服务事项常态化清单梳理、行政许可事项清单认领与编制优化工作，梳理和调整卫生健康政务服务办事指南；有效落实首问负责制、容缺受理、一次性告知等措施，不断提升卫生健康政务服务效能。

2. "放管服"改革与职能转变方面

加强简政放权改革力度，最大限度降低行业准入的制度性成本。深入推进高频政务服务事项"好办""快办""易办"流程优化与升级,深入推进"放管服"改革,探索创新卫生健康领域"互联网+政务服务",继续实施好"证照分离"、告知承诺制、审批信用承诺制等改革,深化政务服务"一网通办""全程网办""跨省通办""全省通办"改革。推进卫生健康监督服务标准化建设,持续推动卫生建立政务服务"减事项、减材料、减次数、减时间"的"四减"工作。升级卫生健康信息系统平台,实现健康数据互联互通,加强个人健康数据安全与隐私保护,持续优化卫生健康政务营商环境。

3. 健康法规体系方面

加强在传染病防治、基层公共卫生、突发公共卫生事件应对、职业病防治等卫生健康重要领域和新兴领域的立法,并相应做好立法调研、论证等工作。针对卫生健康、公共卫生、医养结合、妇幼保健等领域,不断健全地方标准体系、管理体制、运行机制,充分发挥卫生健康标准的约束规范和示范引领功能。梳理已有卫生健康法律法规,根据地方经济社会发展需要及时推动卫生健康领域、公共卫生领域等地方法规的制修订工作,加强规范性文件清理工作和合法性审查。加强落实突发公共卫生事件报告制度,规范突发公共卫生事件信息报告起草标准、处置流程、应对方案,提升突发公共卫生事件应对能力和处置效率。

4. 行政决策法治化方面

建立健全卫生健康部门党委工作规则,完善科学民主决策制度,认真落实卫生健康领域《重大行政决策程序暂行条例》,在重大决策事项中充分考虑社会和行业需求、市场主体和群众诉求,严格落实卫生健康领域行政决策的公众参与、专家论证、风险评估、合法性审查、集体讨论决定等法定程序,对重大行政决策法定程序规则进行不断细化,确保科学性、公平性、可操作性。发挥法律顾问、公职律师等在重大行政决策草案、重要法规草案、规范性文件草案的合法性论证与风险评估等方面的专业性作用,加强卫生健康重大行政决策、立法制规、规范性文件等方面的合法性审查。严格落实卫生健康重大行政决策和规范性文件目录化管理,加强卫生健康领域重点问题、难点问题的调查研究和论证工作。

5. 行政执法与监管方面

围绕传染病防治、公共场所卫生、医疗卫生等重点场所和领域，创新新型卫生健康监管机制和模式，采取"双随机、一公开"监督抽查、跨部门跨地区监管、信用监管等多种模式，提升综合监管的质量和效能。制定卫生健康行政执法效能监测和评估标准，运用清单式、订单式任务指标和靶向式监管指标，科学有效推进卫生健康行政执法工作。制定卫生健康领域行政执法案例评查标准体系，随机评查各地区卫生健康案卷并纳入各地区年度卫生健康执法效能监测体系。加快卫生健康领域非现场执法建设，提升卫生健康数字化执法能力，推进不同行业、不同领域卫生健康场景应用数字化建设，搭建卫生健康数字监管预警风险平台，提升卫生健康执法人员尤其是基层执法人员专业化水平和素养。

6. 行政权力监督与矛盾化解方面

完善卫生健康与公安、司法部门沟通协作机制，健全行刑衔接制度。按照行政复议体制改革要求，积极规范卫生健康行政复议应诉制度，健全应诉工作机制，发挥行政应诉典型案例的示范效应。深入推进"接诉即办"改革，考虑将"接诉即办"纳入对各地卫生健康单位和机构绩效考核的重要内容，提升群众诉求解决率和满意度。自觉接受社会多方面监督，围绕群众关心的重要卫生健康问题，及时回应社会关切，健全提案建议办理与回复机制，答复结果依法向社会及时给予公开。建立卫生健康社会矛盾风险管理台账，及时开展对卫生健康领域社会矛盾风险的排查、化解与干预。积极预防和处理医疗纠纷，充分发挥人民调解在化解医疗纠纷中的作用，发挥保险金融机构在医疗风险管理中的作用，发挥公安部门在妥善应对医疗纠纷突发事件中的作用。

7. 法治宣传与培训方面

以习近平法治思想为指导，按照法治政府建设要求，全面推进卫生健康领域法治政府宣传建设，不断提高卫生健康系统领导干部和工作人员法治意识。开展卫生健康系统领导干部阶段性评估，不断创新卫生健康普法工作机制，围绕各地区地方特色打造卫生健康普法名片。深化宪法和卫生健康法律法规宣传实施，利用宪法宣传、民法典宣传等重要节点，系统开展卫生健康法治宣传教育，加强新媒体新技术在法治宣传教育中的深度应用，通过线上线下相结合等形式，开展多样化、多频次、全方位的普法宣传活动。同时，充分发挥卫生健康领域优秀行政案例、法治文化品牌等的示范效应，营造良好的法治文化氛围。

三 中国医疗保障法治指数评价报告

（一）指标体系构建

1. 二级指标解析及构建

在二级指标构建上，本报告充分借鉴政策评估过程、法治建设报告文本和PMC模型中的指标设定，在一级指标基础上构建19个二级指标：

（1）从政策主体和政策功能的标准出发，医保法治建设必须以组织体系建设、法治政务等为重点，[①] 以解决政府"谁来做事""如何做事"等问题。依据《国务院关于加快推进全国一体化在线政务服务平台建设的指导意见》（国发〔2018〕27号）、《国务院关于在线政务服务的若干规定》等文件精神，医保政务服务及其公开必须在法治框架内、以法治方式推进。因此，将机构建设与政务服务划分为组织机构建设、政务服务。

（2）从政策主客体关系和政策性质的标准出发，医保法治建设应重点建设政府职责体系，以解决政府"做什么事"等问题。因此，必须从医保法治轨道上厘清政府和市场、社会的边界，实现有效限权、放权和分权，真正形成职能科学、权责法定的医保治理体系。依据《国务院关于取消和下放一批行政许可事项的决定》（国发〔2019〕6号）等文件精神，医保法治建设应积极落实国务院关于"放管服"改革的重要精神，加快行政权力

---

① 参见李强《打造法治政务环境》，《人民日报》2015年2月9日第7版。

下放，并将行政审批服务延伸到办事服务和医疗卫生健康服务，不断提升居民就医和办事的获得感、幸福感、安全感。因此，将"放管服"改革与职能转变划分为行政权力及其下放、行政审批服务。

（3）从政策内容和政策工具的标准出发，医保法治建设应以科学化、规范化、系统化、制度化的医疗保障法规体系为依据，以提升医保法治建设合法性、合规性的治理根基。一方面，推动医疗保障领域立法制规，能够落实宪法关于发展医疗卫生事业、保障人民基本医疗卫生服务权利、提高居民健康水平的精神和规定①；另一方面，依据《国务院办公厅关于加强行政规范性文件制定和监督管理工作的通知》（国办发〔2018〕37号）等文件精神，医保法治建设应加强医疗保障领域行政规范性文件的合法性审核，以及有关限制排除竞争的政策措施。此外，在依靠法律法规体系之外，德国法学家托马斯·莱塞尔（Thomas Raiser）从社会交往和行为模式的视角又提出了社会规则或者规范②，在法治建设中应凸显坚持制度化和标准体系导向③。因此，将医保法规体系划分为立法制规、规范性文件管理、制度与标准体系。

（4）从政策决策和政策合法性的标准出发，医保法治建设应将依法行政、健全科学民主决策机制等作为医保法治建设和管理体制改革的主要目标。党的十八届四中全会提出，健全依法决策机制，把公众参与、专家论证、风险评估、合法性审查、集体讨论决定确定为重大行政决策法定程序。依据《重大行政决策程序暂行条例》（国令第713号），县级以上地方人民政府重大行政决策活动应全面纳入法治化轨道。同时，建立法律顾问制度是依法执政的一项重要举措。④ 因此，将行政决策法治化划分为重大行政决策过程法治化、法律顾问建设。

（5）从政策执行过程和政策监管的标准出发，规范的行政执法行为、

---

① 许安标：《〈基本医疗卫生与健康促进法〉最新解读》，法治政府网：http://fzzfyjy.cupl.edu.cn/info/1022/11933.htm? urltype，2020年6月16日。
② 参见刘作翔《当代中国的规范体系：理论与制度结构》，《中国社会科学》2019年第7期。
③ https://baijiahao.baidu.com/s? id=1584626732848378316&wfr=spider&for=pc。
④ 参见张晓燕《依法执政的一项重要举措》，《学习时报》2015年1月5日第A5版。

健全的行政执法监管体制，是依法行政、执法为民的必要前提条件，是医保法治建设不可或缺的屏障，① 可从行政执法的全过程、全周期视角，以及制度、体制和机制等视角进行内涵划分。首先，《关于改革完善医疗卫生行业综合监管制度的指导意见》（国办发〔2018〕63号）提出，建立职责明确、分工协作、科学有效的综合监管制度，形成机构自治、行业自律、政府监管、社会监督的综合监管体系。其次，国家医疗保障局等部门不断加强对医疗卫生行业监管力度，建立了区域内医疗机构规范化的监管模式和抽查机制。最后，针对抽查和监管结果，还需要进行动态化的结果公示、分析、处理、反馈和评价等环节。因此，可将行政执法与监管划分为监管制度、监管模式与执法过程、监管结果与评价。

（6）从政策约束和政策作用的标准出发，对行政行为进行有效监督是医保法治的重要组成部分，是医保法治依法行政的重要保障。同时，健全的多元纠纷解决机制对社会控制系统整体效能发挥具有较强的调节效应，并能对社会整体内外部进行有效协调。在《关于加强法治政府建设的意见》（国发〔2010〕33号）以及各地法治政府指标建设体系中，② 均设立了行政监督制度和化解社会矛盾纠纷机制等指标。因此，可将行政权力监督与矛盾化解划分为行政权力监督、矛盾纠纷化解。

（7）从政策教育和政策扩散的标准出发，医保法治的社会氛围形成、培育和巩固，有赖于良好的社会普法、法治培训、责任考核、法治宣传等活动的大力开展。在各地医保法治宣传方面的理论总结和实践经验中，在医疗保障领域先后开展以宪法为核心的学习培训、"八五"普法工作开展、普法责任制落实、普法责任清单与考核、多样性的普法宣传教育等内容。因此，可将法治宣传与培训内涵解析为医保法治培训与考核、医保法治宣传。

（8）从调控范围和政策评价的标准出发，本报告借鉴PMC指数研究文献中的指标设定，将报告评价划分为作用领域、工作开展。

---

① 戢浩飞：《法治政府指标评估体系研究》，《行政法学研究》2012年第1期。
② 刘艺：《论我国法治政府评估指标体系的建构》，《现代法学》2016年第4期。

（9）从政策公开的标准出发，本报告 PMC 指数研究文献中的指标设定，将报告公开内涵解析为报告公开情况。

2. 三级指标解析及构建

（1）从指标内涵解析看，借鉴 PMC 模型中学者已有设定的指标，参考法律规范文本、党和国家的政策文件、理论研究，依据《法治蓝皮书：中国法治发展报告 No. 20（2022）》《法治政府蓝皮书：中国法治政府发展报告（2022）》《国家医疗保障局 2022 年法治政府建设情况报告》等内容，以及行政实践中"法治政府"报告等指标内涵，[1] 从内涵、过程、要素等维度对二级指标进行解析和分解：组织机构建设主要涵盖组织领导责权、重点工作、医保领域回应与解读、第一责任人职责、领导干部年度述法等方面；政务服务主要涵盖平台建设、事项标准化建设、信息主动公开、依申请公开等方面；行政权力及其下放主要涵盖权责动态运行、深化"放管服"改革等方面；行政审批服务主要涵盖审批办理、营商环境建设、异地就医、医保电子凭证、高频医保服务事项跨省通办、门诊慢特病跨省结算、"互联网＋医保服务"、告知事项承诺制等方面；立法制规主要涵盖地方性法规制定、立法制规参与等方面；规范性文件管理主要涵盖规范性文件清理、规范性文件审查、计划生育相关文件清理、行政协议管理等方面；制度与标准体系主要涵盖突发公共卫生事件应急体系完善、信用制度等方面；重大行政决策过程法治化主要涵盖制度规范、审核评估程序规定、管理规章、调查论证等方面；法律顾问建设主要涵盖法律顾问制度、公职律师与外聘法律顾问等方面；监管制度主要涵盖基金监管制度、裁量基准制度等方面；监管模式与执法过程主要涵盖"互联网＋监管"模式、医保基金使用监督管理、行政执法责任制、行政执法"三项制度"、医保基金飞行检查、欺诈骗保专项整治、定点医疗机构违规收费专项整治、"双随机、一公开"监督抽查、行政执法人员执证上岗与资格管理、行政处罚自由裁量规范、府际合作、

---

[1] 肖军、张亮、叶必丰：《法治政府的司法指数研究》，《行政法学研究》2019 年第 1 期。

柔性执法等方面；监管结果与评价主要涵盖案例评查、以案释法、医药价格和招采信用评价等方面；行政权力监督主要涵盖人大监督、民主监督、司法监督、内部监督、社会监督等方面；矛盾纠纷化解主要涵盖行政复议、信访处理等方面；医保法治培训与考核主要涵盖学习培训与普法、考试考核等方面；医保法治宣传主要涵盖法治宣传体系、普法责任制等方面；作用领域、工作开展、报告公开情况主要借鉴 PMC 模型的指标设定。

（2）从指标具体构建和选取看，由于针对一些从样本属性中难以直接获取的三级变量指标，本报告需要结合医保法治建设报告的政策文本实际情况等进行文本挖掘和分析，对指标进行逐项分解和准确选取。由于各省医保法治建设的文本信息量较大，通过直接人工阅读很难对有效信息进行选择，并且容易出现关键信息疏漏以及主观性过强等问题。

本报告选取的三级指标在《中国健康法治发展报告（2022）》相关研究基础上，一方面，借助 Python 工具进行文档集的分词处理进行动态调整。先将各省医保法治建设报告的政策文本导入文本挖掘数据库，通过筛选关键词、提取高频特征词，在剔除部分干扰性高频词汇的基础上，提取出频次较高、体现医保法治建设的重点词汇。为了展现更多研究内容、为指标选取提供充分依据，本报告列举前 100 个词汇，通过政策文本挖掘选取和调整部分三级指标，体现医保法治建设的最新动态、最新要求。另一方面，根据医保法治建设的实践情况增设最新的指标内容。在 2022 年度法治政府建设过程中，国家医疗保障局提出要构建完善的医保法治体系，推动《医疗保障基金使用监督管理条例》出台实施，推行"互联网 + 监管"等多元化模式等。最终在 PMC 模型基础上确定出 68 个三级指标。将所有变量进行编码，并将全部三级变量参数值设定为二进制的 0 和 1，具体各个指标编码和取值说明如表 8 所示。

表8 医保法治建设评价指标及标准

一级指标	二级指标	三级指标	评价标准
机构建设与政务服务 X_1	组织机构建设 $X_{1:1}$	组织领导责权 $X_{1:1:1}$	判断组织领导责权是否清晰,是为1,否为0
		法治政府建设重点工作 $X_{1:1:2}$	判断法治政府建设是否有重点工作,是为1,否为0
		医保领域回应与解读 $X_{1:1:3}$	判断医保领域是否有回应与解读,是为1,否为0
		法治政府建设第一责任人职责 $X_{1:1:4}$	判断法治政府建设是否切实履行第一责任人职责,是为1,否为0
		领导干部年度述职述法制度 $X_{1:1:5}$	判断是否有领导干部年度述职述法制度,是为1,否为0
	政务服务 $X_{1:2}$	医保信息平台 $X_{1:2:1}$	判断是否有医保信息平台,是为1,否为0
		政务服务事项标准化建设 $X_{1:2:2}$	判断政务服务事项是否进行标准化建设,是为1,否为0
		政府信息主动公开制度 $X_{1:2:3}$	判断是否有政府信息主动公开制度,是为1,否为0
		政府信息依申请公开工作制度 $X_{1:2:4}$	判断是否有政府信息依申请公开制度,是为1,否为0
"放管服"改革与职能转变 X_2	行政权力及其下放 $X_{2:1}$	权力清单编制和调整 $X_{2:1:1}$	判断是否有权力清单编制并调整,是为1,否为0
		深化医保"放管服"改革 $X_{2:1:2}$	判断是否进行"放管服"改革,是为1,否为0
	行政审批服务 $X_{2:2}$	审批服务办理时间 $X_{2:2:1}$	判断审批服务办理时间是否减少,是为1,否为0
		医保领域营商环境建设 $X_{2:2:2}$	判断是否开展医保领域营商环境建设,是为1,否为0
		异地就医工作 $X_{2:2:3}$	判断是否开展异地就医工作,是为1,否为0
		医保电子凭证应用 $X_{2:2:4}$	判断是否推广医保电子凭证应用,是为1,否为0
		高频医保服务事项跨省通办 $X_{2:2:5}$	判断是否开展高频医保服务事项跨省通办,是为1,否为0
		高血压、糖尿病等5种门诊慢特病病种相关管理 $X_{2:2:6}$	判断是否开展高血压、糖尿病等5种门诊慢特病病种相关管理,是为1,否为0
		"互联网+医保服务"方案 $X_{2:2:7}$	判断是否制定"互联网+医保服务"管理方案,是为1,否为0
		告知事项承诺制 $X_{2:2:8}$	判断是否推行告知事项承诺制,是为1,否为0

续表

一级指标	二级指标	三级指标	评价标准
健康法规体系 X_3	立法制规 $X_{3:1}$	地方医疗保障立法制规 $X_{3:1:1}$	判断是否开展地方医疗保障立法制规，是为1，否为0
		国家和省医疗保障立法参与 $X_{3:1:2}$	判断是否参与国家和省医疗保障立法，是为1，否为0
	规范性文件管理 $X_{3:2}$	法规规章规范性文件 $X_{3:2:1}$	判断是否对法规规章规范性文件进行清理，是为1，否为0
		规范性文件合法性审查和公平竞争审查制度 $X_{3:2:2}$	判断是否有规范性文件合法性审查和公平竞争审查制度，是为1，否为0
		计划生育相关文件清理 $X_{3:2:3}$	判断是否对计划生育相关文件进行清理，是为1，否为0
		规范行政协议管理 $X_{3:2:4}$	判断是否规范行政协议管理，是为1，否为0
	制度与标准体系 $X_{3:3}$	突发公共卫生事件应急体系完善 $X_{3:3:1}$	判断突发公共卫生事件应急体系是否完善，是为1，否为0
		医保领域信用制度 $X_{3:3:2}$	判断是否有医保领域信用制度，是为1，否为0
行政决策法治化 X_4	重大行政决策过程法治化 $X_{4:1}$	重大行政决策制度规范 $X_{4:1:1}$	判断是否有重大行政决策相关制度规范，是为1，否为0
		重大行政决策社会稳定法制审核、专家论证与风险评估等程序 $X_{4:1:2}$	判断是否有重大行政决策社会稳定法制审核、专家论证与风险评估等程序，是为1，否为0
		重大行政决策事项目录与管理规章 $X_{4:1:3}$	判断是否有重大行政决策事项目录与管理规章，是为1，否为0
		医疗保障法治决策调查与课题研究 $X_{4:1:4}$	判断是否开展医疗保障法治决策调查与课题研究，是为1，否为0
	法律顾问建设 $X_{4:2}$	法律顾问制度 $X_{4:2:1}$	判断是否有法律顾问制度，是为1，否为0
		公职律师和外聘法律顾问 $X_{4:2:2}$	判断是否有公职律师和外聘法律顾问，是为1，否为0

续表

一级指标	二级指标	三级指标	评价标准
行政执法与监管 X_5	监管制度 $X_{5:1}$	医疗保障基金监管制度 $X_{5:1:1}$	判断是否有医疗保障基金监管制度，是为1，否为0
		医疗保障监督行政处罚裁量基准制度 $X_{5:1:2}$	判断是否有医疗保障行政处罚裁量基准制度，是为1，否为0
	监管模式与执法过程 $X_{5:2}$	"互联网+监管"模式 $X_{5:2:1}$	判断是否推行"互联网+监管"模式，是为1，否为0
		医保基金使用监督管理 $X_{5:2:2}$	判断是否开展医保基金使用监督管理，是为1，否为0
		行政执法责任制 $X_{5:2:3}$	判断是否有行政执法责任制，是为1，否为0
		行政执法"三项制度" $X_{5:2:4}$	判断是否执行行政执法"三项制度"，是为1，否为0
		医疗保障基金飞行检查 $X_{5:2:5}$	判断是否开展医疗保障基金飞行检查，是为1，否为0
		医疗保障欺诈骗保专项整治 $X_{5:2:6}$	判断是否开展医疗保障欺诈骗保专项整治，是为1，否为0
		定点医疗机构违规收费专项整治 $X_{5:2:7}$	判断是否开展定点医疗机构违规收费专项整治，是为1，否为0
		"双随机、一公开"监督抽查 $X_{5:2:8}$	判断是否开展"双随机、一公开"监督抽查，是为1，否为0
		行政执法人员持证上岗和资格管理 $X_{5:2:9}$	判断是否落实行政执法人员持证上岗和资格管理制度，是为1，否为0
		规范行政处罚自由裁量 $X_{5:2:10}$	判断是否规范行政处罚自由裁量，是为1，否为0
		府际合作机制 $X_{5:2:11}$	判断是否有府际合作机制，是为1，否为0
		行政柔性执法 $X_{5:2:12}$	判断是否推行行政柔性执法，是为1，否为0
	监管结果与评价 $X_{5:3}$	行政执法案例评查 $X_{5:3:1}$	判断是否开展行政执法案例评查，是为1，否为0
		以案释法 $X_{5:3:2}$	判断是否开展以案释法，是为1，否为0
		医药价格和招采信用评价 $X_{5:3:3}$	判断是否开展医药价格和招采信用评价，是为1，否为0

续表

一级指标	二级指标	三级指标	评价标准
行政权力监督与矛盾化解 X_6	行政权力监督 $X_{6:1}$	人大建议与政协提案答复 $X_{6:1:1}$	判断是否进行人大建议与政协提案答复，是为1，否为0
		司法协助与衔接机制 $X_{6:1:2}$	判断是否有司法协助与衔接机制，是为1，否为0
		内部监督 $X_{6:1:3}$	判断是否开展内部监督，是为1，否为0
		社会监督和舆论督查 $X_{6:1:4}$	判断是否建立社会监督和舆论督查机制，是为1，否为0
	矛盾纠纷化解 $X_{6:2}$	行政复议及应诉制度 $X_{6:2:1}$	判断是否建立完善了行政复议及应诉制度，是为1，否为0
		信访处理与办结 $X_{6:2:2}$	判断信访处理与办结是否有效，是为1，否为0
法治宣传与培训 X_7	医保法治培训与考核 $X_{7:1}$	多样化医保法治学习培训与考核 $X_{7:1:1}$	判断是否开展多样化医保法治学习培训与考核，是为1，否为0
		普法教育与考试考核 $X_{7:1:2}$	判断是否开展普法教育与考试考核，是为1，否为0
	医保法治宣传 $X_{7:2}$	多元化医保法治宣传 $X_{7:2:1}$	判断是否开展多元化医保法治宣传，是为1，否为0
		健全落实普法责任制 $X_{7:2:2}$	判断是否落实普法责任制，是为1，否为0
报告评价 X_8	作用领域 $X_{8:1}$	个人生活与行为 $X_{8:1:1}$	判断是否涉及个人生活与行为，是为1，否为0
		医保服务 $X_{8:1:2}$	判断是否涉及医保服务，是为1，否为0
		生产与生活环境 $X_{8:1:3}$	判断是否涉及生产与生活环境，是为1，否为0
		其他 $X_{8:1:4}$	判断是否涉及其他，是为1，否为0
	工作开展 $X_{8:2}$	实施依据 $X_{8:2:1}$	判断实施依据是否充分，是为1，否为0
		工作目标 $X_{8:2:2}$	判断工作目标是否明确，是为1，否为0
		工作成效 $X_{8:2:3}$	判断工作成效是否显著，是为1，否为0
报告公开 X_9	报告公开情况 $X_{9:1}$	主动公开或依申请公开 $X_{9:1:1}$	判断报告是否公开，是为1，否为0

(二) 评价对象及其过程

1. 评价对象选取

PMC 指数模型对评价对象选取没有特殊要求，可对任何政策文本进行全面评估。为了准确评估各省医保法治建设情况，本报告通过信息主动公开或者依申请公开的形式，搜集了 2022 年 30 个省份医疗保障局 2022 年度法治政府建设情况的报告进行分年度评价并进行比较，其理由是：（1）从文本内容看，各省份医保局法治政府建设报告是按照依法治省工作部署要求以及医疗保障依法行政工作要点，围绕法治政府建设实施纲要和计划实施方案展开，报告内容覆盖面较为全面，囊括了医保法治建设的立法、执法、司法、普法等多个维度，涵盖了医保法治建设的核心和关键。（2）从文本主体看，各省份医疗保障局是医保法治建设的主要推动者和责任部门，因而各省医疗保障局法治政府建设报告具有权威性，其能够体现和代表该省医保法治建设的主要内容和成效。（3）从文本一致性看，各省份医保局法治政府建设报告的基本逻辑一致、法治要点相通，同时具有共性特征和个性差异，因而具有政策文本评价上的一致性、可比性。

本报告对搜集的 2022 年医疗保障局法治政府建设情况报告中的医保法治层面进行了文本政策扫描，以及各省份医疗保障局网站关于医保法治建设的相关公文、新闻、报告等资料，并将扫描结果与 PMC 指数模型相结合。各省份具体的报告发布情况如表 9 所示。

表 9　各省份医疗保障局法治政府建设报告情况

序号	省份	政策名称	发文机构	发布时间
1	安徽	安徽省医疗保障局关于推进法治政府建设工作报告	安徽省医疗保障局	2022/3/23
2	广东	广东省医疗保障局关于 2022 年度法治政府建设情况报告	广东省医疗保障局	2023/1/31
3	重庆	重庆市医疗保障局 2022 年法治政府建设年度报告	重庆市医疗保障局	2023/4/11

续表

序号	省份	政策名称	发文机构	发布时间
4	福建	福建省医疗保障局关于报送2022年度法治政府建设报告的函	福建省医疗保障局	2022/12/27
5	北京	北京市医疗保障局2022年法治政府建设年度情况报告	北京市医疗保障局	2023/3/3
6	贵州	贵州省医疗保障局2022年法治政府建设年度报告	贵州省医疗保障局	2023/3/1
7	河北	河北省医疗保障局2022年度法治政府建设情况报告	河北省医疗保障局	2023/3/16
8	河南	河南省医疗保障局关于2022年度法治政府建设工作情况的报告	河南省医疗保障局	2023/3/28
9	黑龙江	黑龙江省医疗保障局关于2022年度法治政府建设情况报告	黑龙江省医疗保障局	2023/2/22
10	湖北	湖北省医疗保障局2022年法治建设工作情况	湖北省医疗保障局	2022/12/30
11	吉林	吉林省医疗保障局关于2022年度法治政府建设情况的报告	吉林省医疗保障局	2023/3/2
12	江苏	2022年度江苏省医疗保障局法治政府建设报告	江苏省医疗保障局	2022/12/31
13	江西	江西省医疗保障局2022年法治政府建设年度报告	江西省医疗保障局	2023/1/18
14	青海	青海省医疗保障局2022年度法治政府建设工作总结	青海省医疗保障局	2023/2/7
15	山东	山东省医疗保障局关于2022年法治建设情况的报告	山东省医疗保障局	2023/3/28
16	天津	天津市医疗保障局关于2022年法治政府建设情况报告和2023年工作计划	天津市医疗保障局	2023/3/3
17	云南	云南省医疗保障局2022年度法治政府建设情况报告	云南省医疗保障局	2023/2/22
18	浙江	浙江省医疗保障局关于报送2023年法治浙江建设的工作思路和重点的函	浙江省医疗保障局	—
19	上海	上海市医疗保障局2022年法治政府建设情况报告	上海市医疗保障局	2023/1/17
20	甘肃	甘肃省医疗保障局关于2022年法治政府建设工作情况的报告	甘肃省医疗保障局	2023/1/17
21	宁夏	宁夏回族自治区医疗保障局2022年度法治政府建设工作情况的报告	宁夏回族自治区医疗保障局	2023/3/22
22	山西	山西省医疗保障局2022年度法治政府建设工作情况报告	山西省医疗保障局	2023/2/2
23	陕西	陕西省医疗保障局2022年度法治政府建设情况报告	陕西省医疗保障局	2023/4/14

续表

序号	省份	政策名称	发文机构	发布时间
24	四川	四川省医疗保障局2022年度法治政府建设情况报告	四川省医疗保障局	2023/2/15
25	新疆	新疆维吾尔自治区医疗保障局2022年法治政府建设工作报告	新疆维吾尔自治区医疗保障局	2023/3/29
26	内蒙古	内蒙古自治区医疗保障局2022年度法治政府建设工作情况报告	内蒙古自治区医疗保障局	2023/1/31
27	西藏	西藏自治区医疗保障局2022年法治政府建设年度报告	西藏自治区医疗保障局	2023/3/31
28	湖南	湖南省医疗保障局2022年法治政府建设情况报告	湖南省医疗保障局	2023/1/9
29	辽宁	辽宁省医保局关于2022年度法治政府建设情况的报告	辽宁省医疗保障局	2023/3/20
30	广西	广西壮族自治区医疗保障局关于2022年法治政府建设工作情况的报告	广西壮族自治区医疗保障局	2023/3/29

2. 评价过程的多投入产出表建立

本报告参照学者的处理方法，对所有变量进行二进制处理。依据前文指标构建部分，本报告建立的多投入产出表及其结构如表10所示。

表10 多投入产出表

X_1				X_2	
$X_{1:1}$		$X_{1:2}$		$X_{2:1}$	$X_{2:2}$
$X_{1:1:1}$ $X_{1:1:2}$ $X_{1:1:3}$ $X_{1:1:4}$ $X_{1:1:5}$		$X_{1:2:1}$ $X_{1:2:2}$ $X_{1:2:3}$ $X_{1:2:4}$		$X_{2:1:1}$ $X_{2:1:2}$	$X_{2:2:1}$ $X_{2:2:2}$ $X_{2:2:3}$ $X_{2:2:4}$ $X_{2:2:5}$ $X_{2:2:6}$ $X_{2:2:7}$ $X_{2:2:8}$
X_3					
$X_{3:1}$		$X_{3:2}$			$X_{3:3}$
$X_{3:1:1}$ $X_{3:1:2}$		$X_{3:2:1}$ $X_{3:2:2}$ $X_{3:2:3}$ $X_{3:2:4}$			$X_{3:3:1}$ $X_{3:3:2}$
X_4					
$X_{4:1}$					$X_{4:2}$
$X_{4:1:1}$ $X_{4:1:2}$ $X_{4:1:3}$ $X_{4:1:4}$					$X_{4:2:1}$ $X_{4:2:2}$

续表

X_5		
$X_{5:1}$	$X_{5:2}$	$X_{5:3}$
$X_{5:1:1}$ $X_{5:1:2}$	$X_{5:2:1}$ $X_{5:2:2}$ $X_{5:2:3}$ $X_{5:2:4}$ $X_{5:2:5}$ $X_{5:2:6}$ $X_{5:2:7}$ $X_{5:2:8}$ $X_{5:2:9}$ $X_{5:2:10}$ $X_{5:2:11}$ $X_{5:2:12}$	$X_{5:3:1}$ $X_{5:3:2}$ $X_{5:3:3}$

X_6			X_7	
$X_{6:1}$		$X_{6:2}$	$X_{7:1}$	$X_{7:2}$
$X_{6:1:1}$ $X_{6:1:2}$ $X_{6:1:3}$ $X_{6:1:4}$		$X_{6:2:1}$ $X_{6:2:2}$	$X_{7:1:1}$ $X_{7:1:2}$	$X_{7:2:1}$ $X_{7:2:2}$

X_8		X_9
$X_{8:1}$	$X_{8:2}$	$X_{9:1}$
$X_{8:1:1}$ $X_{8:1:2}$ $X_{8:1:3}$ $X_{8:1:4}$	$X_{8:2:1}$ $X_{8:2:2}$ $X_{8:2:3}$	$X_{9:1:1}$

(三) 评价总体结果

1. 评价结果的依据

本报告以上文构建的政策评价标准等级为2022年度各省份医保法治建设得分的依据。医保法治PMC指数得分为8.64—9分,即可评定某省份医保法治建设为优秀档次;医保法治PMC指数得分为8.26—8.63分,即可评定某省份医保法治建设为优良档次;医保法治PMC指数得分为7.88—8.25分,即可评定某省份医保法治建设为很好档次;医保法治PMC指数得分为7.5—7.87分,即可评定某省份医保法治建设为好档次;医保法治PMC指数得分为6.75—7.49分,即可评定某省份医保法治建设为较好档次;医保法治PMC指数得分为6—6.74分,即可评定某省份医保法治建设为良好档次;医保法治PMC指数得分为4—5.99分,即可评定某省份医保法治建设为一般档次;医保法治PMC指数得分为0—3.99分,即可评定某省份医保法治建设为差档次。

按照评价标准等级划分,可对2022年度各省份计算得出的PMC指数得分进行等级判定,并依据各年度各省份医保法治 PMC 指数得分进行排序和横纵向比较,展示各省份医保法治建设的主要成绩以及进步之处。

2. 基本结果展示

根据 PMC 指数模型建立步骤,对三级指标进行 0,1 赋值后,通过上述公式,计算得到二级指标得分情况,从而将其转换为多输入输出表,如表 11 所示。

表 11 2022 年政策样本多输入输出表

指标 省份	X_1		X_2		X_3			X_4	
	$X_{1:1}$	$X_{1:2}$	$X_{2:1}$	$X_{2:2}$	$X_{3:1}$	$X_{3:2}$	$X_{3:3}$	$X_{4:1}$	$X_{4:2}$
北京	1.000	1.000	1.000	0.625	1.000	0.750	1.000	1.000	1.000
天津	0.800	1.000	1.000	1.000	1.000	1.000	1.000	1.000	1.000
河北	0.800	1.000	0.500	1.000	1.000	1.000	1.000	1.000	1.000
山西	0.800	1.000	1.000	0.875	1.000	0.750	1.000	0.500	1.000
内蒙古	0.800	1.000	1.000	0.750	0.500	0.750	1.000	1.000	1.000
辽宁	0.800	1.000	1.000	1.000	1.000	1.000	1.000	0.750	1.000
吉林	0.800	1.000	1.000	1.000	0.500	0.500	1.000	0.750	1.000
黑龙江	1.000	1.000	1.000	0.875	1.000	1.000	0.500	0.750	1.000
上海	1.000	1.000	0.500	1.000	1.000	1.000	1.000	1.000	1.000
江苏	0.800	1.000	1.000	0.750	1.000	1.000	1.000	1.000	1.000
浙江	0.800	1.000	1.000	1.000	1.000	0.500	1.000	0.500	1.000
安徽	1.000	1.000	1.000	1.000	1.000	0.500	0.750	0.750	1.000
福建	0.600	1.000	0.500	1.000	1.000	1.000	0.500	0.750	1.000
江西	1.000	1.000	1.000	1.000	1.000	1.000	1.000	0.750	1.000
山东	1.000	1.000	0.500	0.875	0.500	0.750	1.000	1.000	1.000
河南	1.000	1.000	1.000	0.500	1.000	0.750	1.000	0.750	1.000
湖北	1.000	1.000	1.000	1.000	0.500	0.750	1.000	0.750	1.000
湖南	1.000	1.000	1.000	0.500	1.000	1.000	1.000	1.000	1.000
广东	0.800	0.750	1.000	0.875	1.000	0.750	1.000	1.000	1.000
广西	1.000	1.000	1.000	1.000	1.000	0.750	1.000	1.000	1.000
重庆	0.600	0.750	1.000	0.875	0.500	0.500	0.500	0.750	1.000

续表

省份\指标	X_1		X_2		X_3			X_4	
	$X_{1:1}$	$X_{1:2}$	$X_{2:1}$	$X_{2:2}$	$X_{3:1}$	$X_{3:2}$	$X_{3:3}$	$X_{4:1}$	$X_{4:2}$
四川	1.000	1.000	1.000	1.000	1.000	0.750	1.000	0.750	1.000
贵州	1.000	1.000	1.000	1.000	0.500	0.750	1.000	0.750	1.000
云南	1.000	1.000	1.000	0.875	1.000	1.000	1.000	0.750	1.000
西藏	1.000	1.000	1.000	1.000	1.000	0.750	1.000	0.500	1.000
陕西	1.000	1.000	1.000	0.875	0.500	0.500	1.000	0.750	1.000
甘肃	1.000	1.000	1.000	1.000	0.500	0.750	1.000	1.000	1.000
宁夏	1.000	1.000	1.000	1.000	0.500	0.750	1.000	1.000	1.000
青海	1.000	1.000	1.000	0.750	0.500	0.250	0.500	1.000	1.000
新疆	0.800	1.000	1.000	1.000	0.500	1.000	0.750	1.000	0.500

省份\指标	X_5			X_6		X_7		X_8		X_9
	$X_{5:1}$	$X_{5:2}$	$X_{5:3}$	$X_{6:1}$	$X_{6:2}$	$X_{7:1}$	$X_{7:2}$	$X_{8:1}$	$X_{8:2}$	X_9
北京	1.000	0.833	0.667	0.500	1.000	1.000	0.500	0.750	1.000	1.000
天津	1.000	1.000	1.000	1.000	1.000	1.000	1.000	0.750	1.000	1.000
河北	1.000	1.000	1.000	0.750	1.000	1.000	1.000	0.750	1.000	1.000
山西	1.000	0.750	0.333	0.750	1.000	1.000	1.000	0.750	1.000	1.000
内蒙古	1.000	0.667	1.000	0.500	0.000	0.500	1.000	1.000	1.000	1.000
辽宁	1.000	0.833	1.000	0.750	1.000	1.000	1.000	0.750	1.000	1.000
吉林	0.500	0.500	1.000	0.750	1.000	0.500	0.500	0.750	1.000	1.000
黑龙江	1.000	0.750	0.667	0.750	1.000	1.000	1.000	0.750	0.667	1.000
上海	1.000	1.000	1.000	0.750	1.000	1.000	1.000	0.750	1.000	1.000
江苏	1.000	0.833	0.333	1.000	1.000	1.000	0.500	0.750	1.000	1.000
浙江	1.000	0.833	0.333	1.000	1.000	1.000	0.500	0.750	0.667	1.000
安徽	1.000	0.833	1.000	1.000	1.000	1.000	1.000	0.750	1.000	1.000
福建	1.000	0.750	0.667	0.750	1.000	0.500	0.500	0.750	0.667	1.000
江西	1.000	1.000	1.000	1.000	1.000	1.000	1.000	0.750	1.000	1.000
山东	1.000	0.833	0.667	1.000	1.000	1.000	1.000	0.750	1.000	1.000
河南	1.000	0.750	1.000	1.000	1.000	1.000	0.500	0.750	1.000	1.000
湖北	1.000	1.000	1.000	1.000	0.500	1.000	1.000	0.750	0.667	1.000

续表

指标 省份	X_5			X_6		X_7		X_8		X_9
	$X_{5:1}$	$X_{5:2}$	$X_{5:3}$	$X_{6:1}$	$X_{6:2}$	$X_{7:1}$	$X_{7:2}$	$X_{8:1}$	$X_{8:2}$	X_9
湖南	1.000	0.917	1.000	1.000	1.000	1.000	1.000	0.750	1.000	1.000
广东	1.000	0.833	1.000	1.000	1.000	1.000	1.000	0.750	1.000	1.000
广西	1.000	0.833	0.667	1.000	1.000	1.000	1.000	0.750	0.667	1.000
重庆	1.000	0.583	0.667	0.500	0.000	0.500	0.500	0.750	1.000	1.000
四川	1.000	0.833	1.000	1.000	1.000	1.000	1.000	0.750	0.667	1.000
贵州	1.000	0.917	1.000	1.000	1.000	1.000	1.000	0.750	1.000	1.000
云南	1.000	0.917	1.000	0.750	1.000	1.000	1.000	0.750	1.000	1.000
西藏	1.000	1.000	1.000	1.000	1.000	1.000	1.000	0.750	1.000	1.000
陕西	1.000	0.750	0.667	0.750	1.000	1.000	1.000	0.750	1.000	1.000
甘肃	1.000	1.000	1.000	1.000	1.000	1.000	0.500	0.750	1.000	1.000
宁夏	1.000	0.833	1.000	1.000	1.000	1.000	1.000	0.750	1.000	1.000
青海	1.000	0.750	0.667	0.750	0.500	1.000	0.500	0.750	1.000	1.000
新疆	1.000	0.750	1.000	0.750	1.000	1.000	1.000	0.750	1.000	1.000

根据上述公式计算各政策样本一级变量数值，然后根据 PMC 指数的计算方法可得出政策样本 PMC 指数最终值，结果如表 12 所示。

表12 2022 年 30 个省份医保法治建设政策样本 PMC 指数

指标 省份	X_1	X_2	X_3	X_4	X_5	X_6	X_7	X_8	X_9	PMC
北京	1.000	0.813	0.917	1.000	0.833	0.750	0.750	0.875	1.000	7.938
天津	0.900	1.000	1.000	1.000	1.000	1.000	1.000	0.875	1.000	8.775
河北	0.900	0.750	1.000	1.000	1.000	0.875	1.000	0.875	1.000	8.400
山西	0.900	0.938	0.917	0.750	0.694	0.875	1.000	0.875	1.000	7.949
内蒙古	0.900	0.875	0.750	1.000	0.889	0.250	0.750	0.875	1.000	7.289
辽宁	0.900	1.000	0.833	0.875	0.944	0.875	1.000	0.875	1.000	8.303
吉林	0.900	1.000	0.667	0.625	0.667	0.875	0.500	0.875	1.000	7.108

续表

指标 省份	X_1	X_2	X_3	X_4	X_5	X_6	X_7	X_8	X_9	PMC
黑龙江	1.000	0.938	0.833	0.875	0.806	0.875	1.000	0.708	1.000	8.035
上海	1.000	0.750	1.000	1.000	1.000	0.875	1.000	0.875	1.000	8.500
江苏	0.900	0.875	1.000	1.000	0.722	1.000	0.750	0.875	1.000	8.122
浙江	0.900	1.000	0.667	1.000	0.722	1.000	0.750	0.708	1.000	7.747
安徽	1.000	1.000	0.583	1.000	0.944	1.000	1.000	0.875	1.000	8.403
福建	0.800	0.750	0.833	0.875	0.806	0.875	0.500	0.708	1.000	7.147
江西	1.000	1.000	1.000	0.875	1.000	1.000	1.000	0.875	1.000	8.750
山东	1.000	0.688	0.750	0.750	0.833	1.000	1.000	0.875	1.000	7.896
河南	1.000	0.750	0.583	0.875	0.917	1.000	0.750	0.875	1.000	7.750
湖北	1.000	1.000	0.750	0.875	1.000	0.750	1.000	0.708	1.000	8.083
湖南	1.000	0.750	0.833	1.000	0.972	1.000	1.000	0.875	1.000	8.431
广东	0.775	0.938	0.750	1.000	0.944	1.000	1.000	0.875	1.000	8.282
广西	1.000	1.000	0.750	1.000	0.833	1.000	1.000	0.708	1.000	8.292
重庆	0.675	0.875	0.500	0.875	0.750	0.250	0.500	0.875	1.000	6.300
四川	1.000	1.000	0.917	0.875	0.944	1.000	1.000	0.708	1.000	8.444
贵州	1.000	1.000	0.750	0.875	0.972	1.000	1.000	0.875	1.000	8.472
云南	1.000	0.938	0.833	0.875	0.972	0.875	1.000	0.875	1.000	8.368
西藏	1.000	1.000	0.917	0.750	1.000	1.000	1.000	0.875	1.000	8.542
陕西	1.000	0.938	0.667	0.875	0.806	0.875	1.000	0.875	1.000	8.035
甘肃	1.000	1.000	0.750	1.000	1.000	1.000	0.750	0.875	1.000	8.375
宁夏	1.000	1.000	0.750	1.000	0.944	1.000	1.000	0.875	1.000	8.569
青海	1.000	0.875	0.417	1.000	0.806	0.625	0.750	0.875	1.000	7.347
新疆	0.900	1.000	0.750	0.750	0.917	0.875	1.000	0.875	1.000	8.067
均值	0.945	0.915	0.789	0.908	0.888	0.879	0.892	0.842	1.000	8.057

依据上述得分和前文评价标准，可得出各地区 PMC 指数值、评价等级和排名，如表 13 所示。

表13 2022年30个省份医保法治建设政策样本PMC指数、等级及排名

	PMC指数	等级	排名		PMC指数	等级	排名
天津	8.78	优秀	1	江苏	8.12	很好	15
江西	8.75	优秀	2	湖北	8.08	很好	16
宁夏	8.57	优良	3	新疆	8.07	很好	17
西藏	8.54	优良	4	黑龙江	8.04	很好	18
上海	8.50	优良	5	陕西	8.04	很好	19
贵州	8.47	优良	6	山西	7.95	很好	20
四川	8.44	优良	7	北京	7.94	很好	21
湖南	8.43	优良	8	山东	7.90	很好	22
安徽	8.40	优良	9	河南	7.75	好	23
河北	8.40	优良	9	浙江	7.75	好	23
甘肃	8.38	优良	10	青海	7.35	较好	24
云南	8.37	优良	11	内蒙古	7.29	较好	25
辽宁	8.30	优良	12	福建	7.15	较好	26
广西	8.29	优良	13	吉林	7.11	较好	27
广东	8.28	优良	14	重庆	6.30	良好	28

3. 结果总体性分析

从表13可知，总体看，2022年所评估省份PMC指数评价较好。2022年评级等级为"优良"的省份最多，评价等级为"很好"的次之，评价等级为"优秀"的有2个省份，"良好"的1个，没有评价等级为"一般"和"差"的省份。总体得分较上年取得较大提升。

从分省份评价结果看，2022年，医保法治建设政策文本的PMC指数评价结果为"优秀"的是天津和江西，其为经济发达省份；医保法治建设政策文本的PMC指数评价结果为"优良"的是宁夏、西藏、上海、贵州、四川、湖南、安徽、河北、甘肃、云南、辽宁、广西、广东，其涵盖范围广泛；医保法治建设政策文本的PMC指数评价结果为"很好"的是江苏、湖

北、新疆、黑龙江、陕西、山西、北京、山东，其覆盖范围较广泛；医保法治建设政策文本的 PMC 指数评价结果为"好"的是河南、浙江；医保法治建设政策文本的 PMC 指数评价结果为"较好"的是吉林、青海、内蒙古、福建，其涵盖范围也较为广泛；医保法治建设政策文本的 PMC 指数评价结果为"良好"的是重庆。

从分指标评价结果看，2022 年，报告公开 X_9、机构建设与政务服务 X_1、行政决策法治化 X_4、"放管服"改革与职能转变 X_2 四个指标的 PMC 指数评分分别为 1.000、0.945、0.908、0.915，表明多数省份在推进医保法治建设的上述维度取得了较好成效；指标 X_7 法治宣传与培训、指标 X_5 行政执法与监管、指标 X_6 行政权力监督与矛盾、指标 X_8 报告评价四个指标的 PMC 指数评分分别为 0.892、0.888、0.879、0.844，表明多数省份在推进医保法治建设的上述维度进展良好，但还存在改进空间；指标 X_3 医保法规体系的 PMC 指数评分分别为 0.789，是唯一一个评分低于 0.8 的指标，表明多数省份在建立健全医保法规体系层面还有较大拓展空间。

（四）分省份健康法治建设结果分析

由于本报告中政策文本较多，因此选择典型地区的 PMC 曲面图进行展示。第一，尽量选取和覆盖不同评估等级结果，以体现样本在各评价结果分布的代表性原则。第二，由于各省份医保法治 PMC 指数在不同等级存在分布不均衡性，为了考察不同省份医保法治 PMC 指数得分的总体情况和相对位置关系，按照各省份医保法治 PMC 指数得分情况进行政策样本选取，在 PMC 指数得分排名靠前、中等、偏后的三个得分段各选择 3 个政策样本，相同排名位置段内的选取标准按照 PMC 指数分值基本按照高、中、低的排列，以体现分布的均衡化原则。第三，考虑到要对 2018—2021 年度没有纳入典型省份分析范畴、但 2022 年度医保法治发展建设卓有成效的省份，考虑选择相关省份进行分析。第四，还需要考虑选取省份在东北地区、东部、中部、西部地区的分布，在经济发达省份之外，尽量选取表现突出、具有发展潜力的中西部和东北部地区省份进行分析，以体现评价省份多元化原则。

按照上述计算原则,在排名靠前的等级内选取云南、上海、江西,在排名中等的等级内选取辽宁、广东、陕西,在排名靠后的等级内选取吉林、青海、福建,本报告对上述9个地区分别进行PMC曲线分析。

1. 排名靠前等级省份的分析

(1) 云南省的分析

从图10云南省医保法治建设的政策文本PMC曲面图可知以下情况。①2022年云南省医保法治建设PMC指数得分为8.37,评估等级属于"优良",在所有评估省份中排名第11,在PMC指数"优良"的等级中排名居中。云南省医保局持续加强组织机构领导,做好医保法治建设各项工作,医保法治政府建设有力有效。②2022年,指标X_1机构建设与政务服务、指标X_2"放管服"改革与职能转变、指标X_3医保法规体系、指标X_5行政执法与监管、指标X_6行政权力监督与矛盾化解、指标X_7法治宣传与培训、指标X_8报告评价、指标X_9报告公开均高于或者等于所评估省份的平均水平。云南省医保局持续深化"放管服"改革,积极推进线上医保服务,"智慧医保"信息平台率先通过国家医保局考核验收,通过权限下放、"一站式"办理、创新管理模式,不断打造良好营商环境,社会保险费征收模式改革经验入选云南省第一批改革试点经验复制推广清单。同时,做好医保行政规范性文件清理、审核,做实做细立法制规调研工作,不断健全医保法规体系建设。深入落实医保基金社会监督员制度,用好大数据智能监控平台,严格医保执法流程与责任落实、推动矛盾纠纷化解,创新医保法治文化宣传,推动医保执法公正规范、行政权力约束有力。③2022年,指标X_4行政决策法治化得分为0.875,低于所评估省份的平均水平,表明在该指标上云南省还有进一步优化空间。主要存在问题为医保重大行政决策法治化水平还有待进一步提高,医保重大行政决策事项目录与管理规章还需健全。④由上述分析,云南省进一步强化医保法治建设参考性改进的可能路径是:严格落实医保重大行政决策程序制度,结合本地实际不断健全医保重大行政决策事项目录,优化完善医保行政管理规章,提升科学民主依法决策水平。

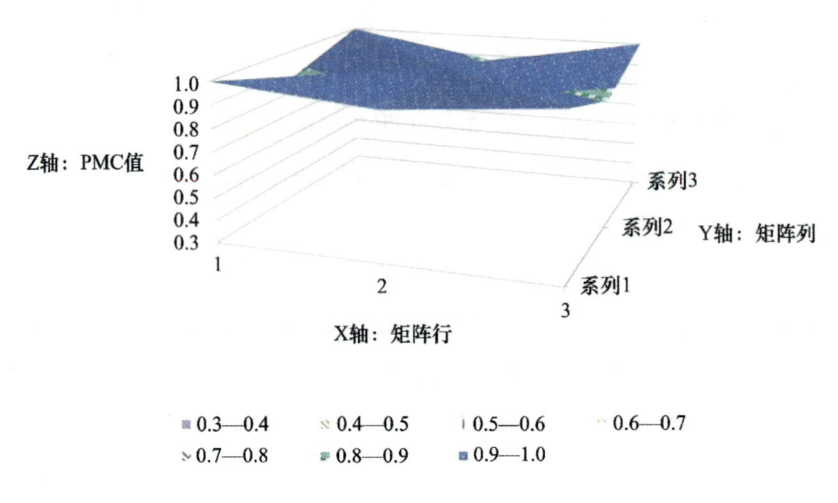

图 10　云南省 2022 年 PMC 曲面图

(2) 上海市的分析

从图 11 上海市医保法治建设的政策文本 PMC 曲面图可知以下情况。①2022 年上海市医保法治建设 PMC 指数得分为 8.50，评估等级属于"优良"，在所有评估省份中排名第 5，在 PMC 指数"优良"的等级中排名靠前。上海市聚焦国家重大战略和全市医疗保障中心工作，积极推进医保立法制规工作，积极落实医疗保障普法责任清单，不断完善市多层次、宽领域、全覆盖的医疗保障体系，使医疗保障制度更加规范统一，在完善医保法规体系、行政执法监管等方面成效显著。②2022 年，指标 X_1 机构建设与政务服务、指标 X_3 医保法规体系、指标 X_4 行政决策法治化、指标 X_5 行政执法与监管、指标 X_7 法治宣传与培训等均达到满分。上海市医保局贯彻落实国家助企纾困工作要求，全面推行"免申即享"医保经办模式，助力企业纾困解难、有力保障企业职工合法权益。积极推进实施医保行政执法"三项制度"、不断规范医保行政执法行为，积极参与市级优秀行政执法案例征集，获评上海市 2021 年度行政执法"十大案例"和"指导案例"。③2022 年，指标 X_2 "放管服"改革与职能转变 PMC 指数得分为 0.750，低于所评估省份的平均水平，相对于其他指标得分还有一定的提升空间。主要存在的问题有："放管服"改革还需不断深入推进，医保权力清单编制和调整仍需强化，用法治导向思维解决医保实践问题的要求还有一定差距。④由上述分析，上海市进一步强化医保法治建设参考性改进的可能路径是：加大落实"放管服"要求，坚持数字赋能推动医疗保障服务提质增效，持续深化"便捷就医"，推进"互联网+"医疗服务价格项目工作，及时调整和优化医保权力清单、优化医疗保障服务。充分发挥医保局法治政府建设领导小组作用，加强法治思维在医保实际工作中的运用水平。

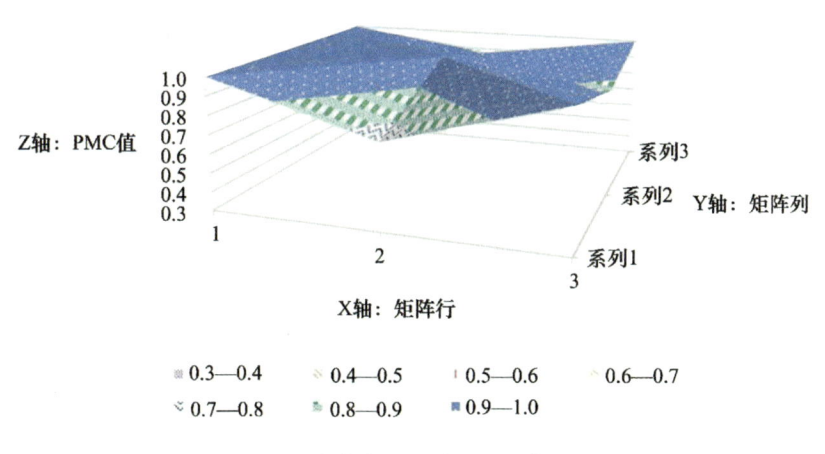

图11 上海市2022年PMC曲面图

（3）江西省的分析

从图12江西省医保法治建设的政策文本PMC曲面图可知以下情况。①2022年江西省医保法治建设PMC指数得分为8.75，评估等级属于"优秀"，在所有评估省份中排名第2，在PMC指数"优秀"的等级中排名靠后。江西省医保局认真贯彻落实《关于加强全省法治医保建设的实施意见（2022—2025年)》，不断压实法治责任，统筹推进医保法治建设走深走实，在组织机构建设、行政权力监督、医保法治宣传和培训等方面取得一定成效。②2022年，指标X_1机构建设与政务服务、指标X_2"放管服"改革与职能转变、指标X_3医保法规体系、指标X_5行政执法与监管、指标X_6行政权力监督与矛盾化解、指标X_7法治宣传与培训等均达到满分。江西省医保局深入学习贯彻习近平法治思想，积极履行法治政府建设第一责任人职责制度；加大医保领域"放管服"改革力度，办结率和满意率实现了"两个百分之百"的目标；加快健全和完善医疗保障法治体系，坚决依法打击医保欺诈骗保行为；在行政权力监督与矛盾化解等方面精准发力，用最严密法治护航医保高质量发展，助力幸福江西建设；加强医保法治常态化学习与制度建设，细化法治宣传工作措施，落实责任不放松。③2022年，指标X_4行政决策法治化、指标X_8报告评价的PMC指数得分都为0.875，低于所评估省份的平均水平，表明在上述指标上江西省还有改进空间，在医保重大行政决策过程法治化、医保法治决策调查和课题研究等方面还需强化。④由上述分析，江西省进一步强化医保法治建设参考性改进的可能路径是：加大力度完善医保法律体系，加强执法队伍专业能力建设，提高党员干部法治素养和运用法治思维的能力；强化重点领域立法调研、司法调研、执法调研和普法调研，以问题导向、科学导向和效果导向助推医保立法调研工作与科学决策。

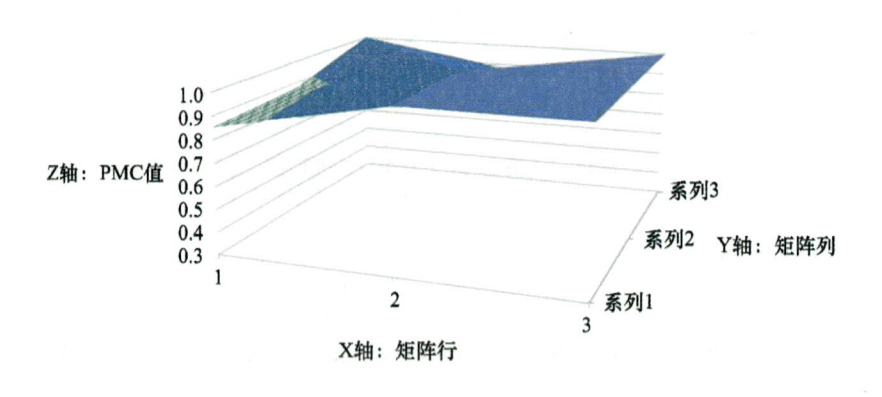

图12　江西省2022年PMC曲面图

2. 排名中间等级省份的分析

（1）辽宁省的分析

从图13辽宁省医保法治建设的政策文本PMC曲面图可知以下情况。

①2022年辽宁省医保法治建设PMC指数得分为8.30，评估等级属于"优良"，在所有评估省份中排名第12，在PMC指数"优良"的等级中排名居中靠后。辽宁省医保局立足"依法执政、依法行政、依法管理"标准，有序推进医保法治政府建设。②2022年，指标X_2"放管服"改革与职能转变、指标X_3医保法规体系、指标X_5行政执法与监管、指标X_7法治宣传与培训、指标X_8报告评价、指标X_9报告公开均高于或者等于所评估省份的平均水平。辽宁省医保局按照全省医保公共管理服务三年行动计划要求，持续推进"放管服"改革，制发《全省医疗保障系统优化营商环境建设工作方案》，推动构建良好医保营商环境。同时，先后印发《关于印发辽宁省医疗保障局公平竞争审查工作制度的通知》《辽宁省医疗保障局行政规范性文件合法性审核管理办法（试行）》《辽宁省医疗保障局法律顾问工作规则（试行）》等，不断规范医疗保障行政规范体系建设，加快医保法治人才能力提升，促进医保行政管理、执法与法治宣传水平稳步提升。③2022年，指标X_1机构建设与政务服务、指标X_4行政决策法治化X_4、指标X_6行政权力监督与矛盾化解得分分别为0.900、0.875、0.875，低于所评估省份的平均水平，表明在上述指标上辽宁省还有改进空间，主要还存在落实领导干部年度述职述法制度还需加强、开展医疗保障法治决策调查与课题研究不深入、医保领域司法协助与衔接机制不健全等问题。④由上述分析，辽宁

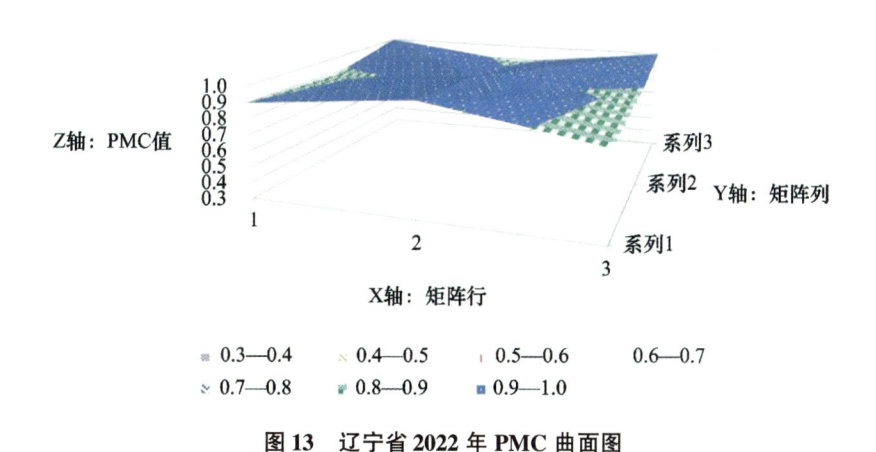

图13 辽宁省2022年PMC曲面图

省进一步强化医保法治建设参考性改进的可能路径是：严格落实领导干部述职述法制度，加强对医保领域法治决策的调查与前沿课题研究，进一步强化医保部门与公安等多个部门协作配合，尽快建立健全医保行政执法与刑事司法衔接机制。

（2）广东省的分析

从图14广东省医保法治建设的政策文本PMC曲面图可知以下情况。①2022年广东省医保法治建设PMC指数得分为8.28，评估等级属于"优良"，在所有评估省份中排名第14，在PMC指数"优良"的等级中位于最后一名。广东省聚焦医疗保障规范化管理，稳妥推进医保法治政府建设。②2022年，指标X_2"放管服"改革与职能转变、指标X_4行政决策法治化、指标X_5行政执法与监管、指标X_6行政权力监督与矛盾化解、指标X_7法治宣传与培训、指标X_8报告评价、指标X_9报告公开均高于或者等于所评估省份的平均水平。广东省医保局结合医保服务事项变化与经办系统升级情况，完善经办服务事项清单与服务指南，进一步优化政务服务、方便群众办事；聚焦医保重点领域，做好规范性文件清理与法律规范立改废工作；落实医疗保障领域合法性审查、公布备案等制度，规范文件管理；结合实际情况进行医保权责清单动态调整，确保行政决策合法化；充实医保法治教育培训内容、丰富医保普法宣传形式，取得较好成效。③2022年，指标X_1机构建设与政务服务、指标X_3医保法规体系得分分别为0.775、0.750，低于所评估省份的平均水平，表明在上述指标上广东省还有进一步优化空间，主要还存在落实领导干部年度述职述法制度有待加强、参与国家和省医保保障立法不充分和行政协议管理有待进一步规范等问题。④由上述分析，广东省进一步强化医保法治建设参考性改进的可能路径是：在落实医保法治政府建设过程中深化领导干部述职述法制度，积极参与国家和省医疗保障立法工作，规范医保行政协议管理与监督，做好医保经办协议管理与行政监管的有效衔接。

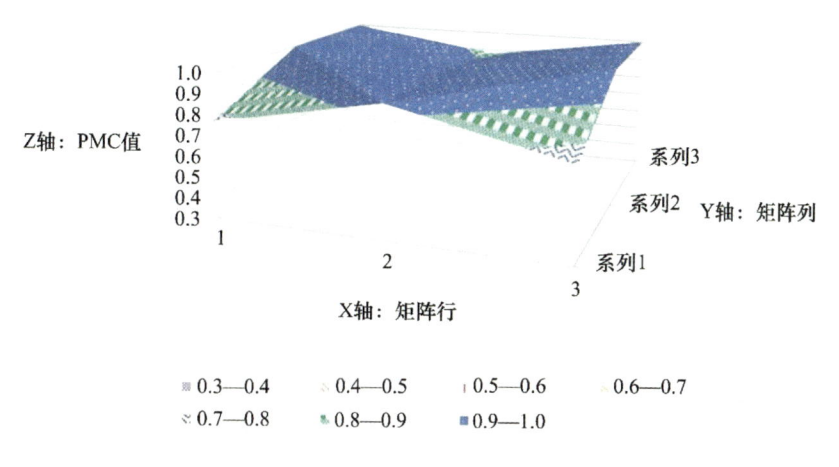

```
          1.0
          0.9
          0.8
Z轴：PMC值 0.7
          0.6                          系列3
          0.5
          0.4                      系列2  Y轴：矩阵列
          0.3
             1        2        3  系列1
                X轴：矩阵行
```

※ 0.3—0.4   · 0.4—0.5   ┆ 0.5—0.6   　 0.6—0.7
≋ 0.7—0.8   ▪ 0.8—0.9   ■ 0.9—1.0

图 14　广东省 2022 年 PMC 曲面图

（3）陕西省的分析

从图 15 陕西省医保法治建设的政策文本 PMC 曲面图可知以下情况。①2022年广东省医保法治建设 PMC 指数得分为 8.04，评估等级属于"很好"，在所有评估省份中排名第 19，在 PMC 指数"很好"等级的中等水平。陕西省医保局围绕全年医保领域工作重点，从深化医改、为民服务出发，持续推进医保法治建设。②2022年，指标 X_1 机构建设与政务服务、指标 X_2 "放管服"改革与职能转变、指标 X_7 法治宣传与培训、指标 X_8 报告评价、指标 X_9 报告公开均高于或者等于所评估省份的平均水平。陕西省医保局制定《2022 年陕西省医疗保障法治政府建设工作要点》，将法治政府建设纳入整体工作进行通盘部署，确保法治责任落到实处；统一公立医疗机构服务价格项目，深入推进 DRG/DIP 支付方式改革，不断提升医保经办服务效率，在医保治理体系和治理能力现代化上持续发力；充分用好法律顾问在医保矛盾纠纷化解等方面的作用，畅通各类社会公开监督渠道，做好权力监督与矛盾纠纷化解；结合行风建设需要，常态化开展医保法治培训与专题讲座的辅导，组织学法用法考试与多样化普法宣传，提高法治培训宣传效果。③2022 年，指标 X_3 医保法规体系、指标 X_4 行政决策法治化、指标 X_5 行政执法与监管得分分别为0.667、0.875、0.806，低于所评估省份的平均水平，尤其是医保法规体系指标得分较低，表明在上述指标上陕西省还有进一步优化空间。主要存在参与国家和省医疗保障立法不深入，规范性文件清理管理不及时，尤其是对计划生育相关文件的清理工作还不及时。同时，重大行政决策目录与管理规章还不健全，开展定点医疗机构违规收费专项整治还不彻底，府际合作、行政柔性执法、案件评查等方面探索力度还不够。④由上述分析，陕西省进一步强化医保法治建设参考性改进的可能路径是：更加主动参与国家和省相关医疗保障立法工作，做好规范性文件的立改废清理。以医保重大行政决策目录为抓手，促进重大决策程序管理规范化。扎实开展定点医疗机构违规收费专项整治，并在府际合作、行政柔性执法、案件评查等方面积极探索，努力提升医保行政执法水平。

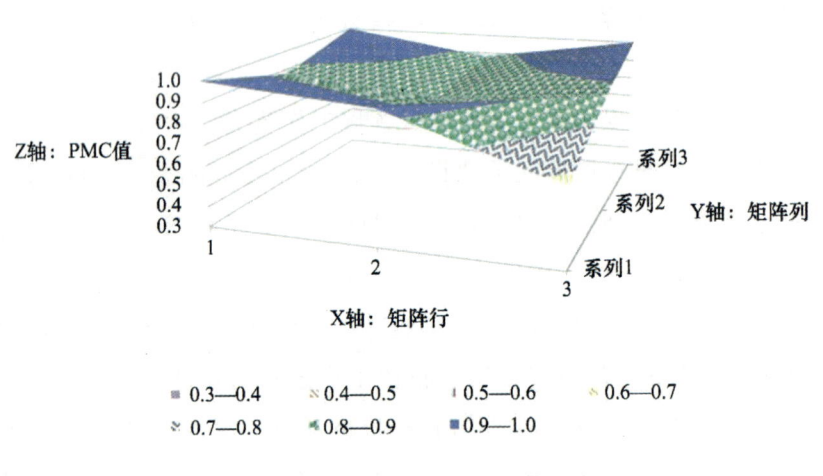

图15 陕西省2022年PMC曲面图

3. 排名靠后等级省份的分析

（1）吉林省的分析

从图16吉林省医保法治建设的政策文本PMC曲面图可知以下情况。①2022年吉林省医保法治建设的PMC指数得分为7.11，评估等级属于"较好"，在所有评估省份中排名第 27，在 PMC 指数"较好"的等级中排名靠后。吉林省医保局全面贯彻落实《法治社会建设实施纲要（2021—2025年）》和《吉林省落实〈法治政府建设实施纲要（2021—2025年）〉重要举措方案》，依法履行政府职能、提高依法决策水平，法治政府建设取得良好成效。②2022 年，指标 X_2 "放管服"改革与职能转变高于所评估省份的平均水平。吉林省医保局深化"放管服"改革，制定《吉林省医疗保障局年度营商环境建设实施方案》，持续优化医保领域营商环境，做好基金监管、医保目录等服务，优化医保营商环境。③2022 年，指标 X_3 健康法规体系、指标 X_4 行政决策法治化、指标 X_5 行政执法与监管、指标 X_6 行政权力监督与矛盾化解、指标 X_7 法治宣传与培训的得分分别为 0.667、0.625、0.667、0.875、0.500，低于所评估省份的平均水平，尤其是指标 X_7 法治宣传与培训的得分不足平均值的 60%，表明在上述指标上吉林省还有改进空间，还存在计划生育相关文件清理不到位、行政协议管理规范程度不够、医疗保障法治决策调查与课题研究开展不充分，医保法治培训与考核方式单一、司法协助与衔接机制不健全等问题。④由上述分析，吉林省医保法治建设参考性改进的可能路径是：加强计划生育相关文件清理力度、加强医保行政协议管理、积极开展医疗保障法治决策调查与课题研究；开展多种形式、

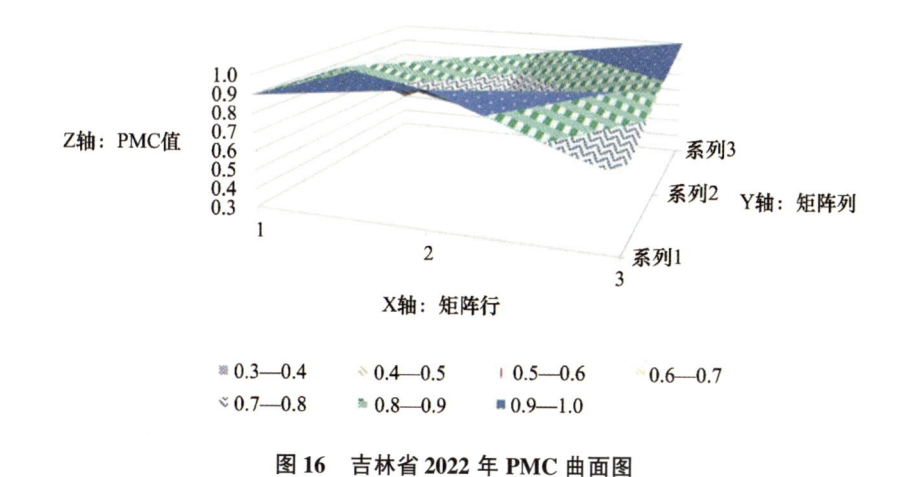

图 16 吉林省 2022 年 PMC 曲面图

更加接地气的法治宣传教育，落实法治政府建设第一责任人职责；通过互联网开展多样化医保法治培训和考核方式，提升医保工作人员工作能力；强化医保衔接与司法协助等。

(2) 青海省的分析

从图 17 青海省医保法治建设的政策文本 PMC 曲面图可知以下情况。①2022 年青海省医保法治建设的 PMC 指数得分为 7.35，评估等级属于"较好"，在所有评估省份中排名第 24，在 PMC 指数"较好"的等级中排名第一。青海省医保局印发《全省医疗保障系统贯彻落实〈青海省法治政府建设实施方案（2021—2025 年）〉工作方案》，专题研究部署法治政府建设工作，按照方案规划加快推进法治政府建设。②2022 年，指标 X_1 机构建设与政务服务、指标 X_4 行政决策法治化、指标 X_8 报告评价均高于所评估省份的平均水平。青海省医保局严格落实《关于党政主要负责人履行推进法治建设第一责任人职责情况列入年终述职内容工作的意见》，发挥"领导干部"在法治政府建设中关键少数的作用，推进医保法治建设取得新成效。③2022 年，指标 X_2"放管服"改革与职能转变、指标 X_3 健康法规体系、指标 X_5 行政执法与监管、指标 X_6 行政权力监督与矛盾化解、指标 X_7 法治宣传与培训的得分分别为 0.875、0.417、0.806、0.625、0.750，低于所评估省份的平均水平，表明在上述指标上青海省还有改进空间，还存在高频医保服务事项跨省通办还要加强、告知事项承诺制推进还需深入、府际合作机制尚不健全、普法责任制落实不到位等问题。④由上述分析，青海省医保法治建设参考性改进的可能路径是：贯彻落实高频医保服务事项跨省通办制度，深入推广告知事项承诺制、加强医保业务府际合作，通过协作配合提升工作人员医保业务水平，以及继续完善普法责任制、增强基层医保工作人员法治意识，深入推进法治机关建设。

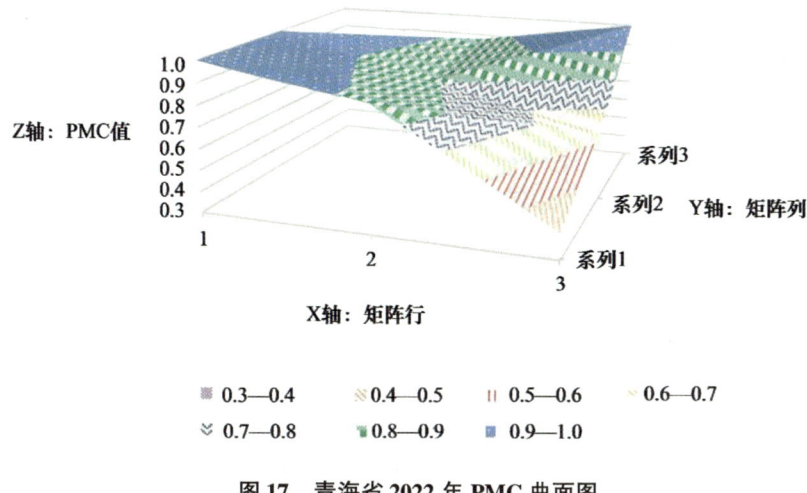

图17 青海省2022年PMC曲面图

（3）福建省的分析

从图18福建省医保法治建设的政策文本PMC曲面图可知以下情况。①2022年福建省医保法治建设PMC指数得分为7.15，评估等级均属于"较好"，在所有评估省份中排名第26，在PMC指数"较好"的等级中排名靠后。福建省结合国家医保局与地方法治政府建设工作要求，持续推进医保法治建设。②2022年，指标X_3医保法规体系高于所评估省份的平均水平。2022年，福建省医保局积极配合国家医保局、省直相关部门开展立法调研，积极推进医保立法制规，开展规范性文件专项审查与文件清理，做好医保规范性文件管理，加强医保法规体系建设。③2022年，指标X_1机构建设与政务服务、指标X_2"放管服"改革与职能转变、指标X_4行政决策法治化、指标X_5行政执法与监管、指标X_7法治宣传与培训、指标X_8报告评价的得分分别为0.800、0.750、0.875、0.806、0.500、0.708，均低于所评估省份的平均水平，表明在上述指标上福建省还有改进空间，尤其是在法治宣传与培训方面短板较为突出。主要存在医疗保障部门法治政府建设组织领导权责还不够清晰、落实领导干部年度述职述法制度还需强化，权力清单编制与调整不及时，重大行政决策事项目录与管理规章不健全，行政执法方面府际合作机制不完善、柔性执法与以案释法实践不够深入，普法教育与考试考核开展不充分等问题。④由上述分析，福建省医保法治建设参考性改进的可能路径是：强化医保组织领导，落实好领导干部年度述职述法等制度。聚焦规范化建设，及时编制、调整权力清单，健全重大行政决策事项目录与管理规章；落实医保行政执法责任制，积极寻求跨区域合作与柔性执法探索，进一步强化以案释法，加强医保行政执法规范与监管。全面落实普法责任制，丰富医保法治教育与宣传形式，开展实用性强的考试考核，提升法治宣传与培训成效。

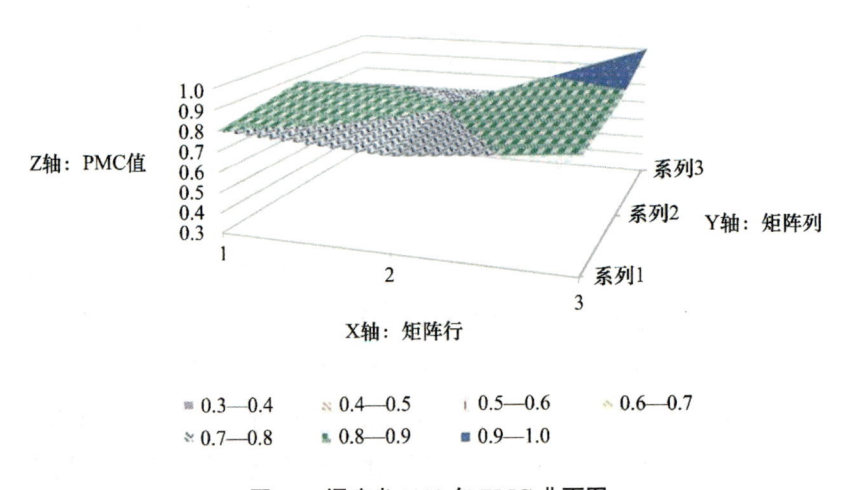

图 18　福建省 2022 年 PMC 曲面图

（五）分维度健康法治建设结果分析

1. 机构建设与政务服务

机构建设与政务服务一级指标包括组织机构建设、政务服务 2 个二级指标，其中组织机构建设涵盖 5 个三级指标，政务服务涵盖 4 个三级指标。本报告从二级指标展开进一步具体分析。

在机构建设与政务服务方面有以下两方面成效。

（1）组织机构建设方面

2022 年，27 个省份在医保法治建设上领导责权清晰、组织建设有力，占所研究省份的90%。2022年,各省份医疗保障局主要负责人高度重视推进法治政府建设工作,切实履行推进法治政府建设第一责任人职责,做好医保法治政府建设的重要组织者、推动者和实践者。北京、安徽、河北等地医保局成立以局长为组长的依法行政工作领导小组,带领局领导机关干部知法学法守法,营造良好浓厚的法治氛围。辽宁省医保局党组积极与省委编办沟通并增设规划财务与法规处,为有效推进法治政府建设提供了有力支撑。山东、湖南、新疆等地医保局深入推动法治医保建设,坚持把法治建设列入年度工作计划和党组重要议事日程,确保依法治省中各项医保法治重点任务落实到位。

2022年,30个省份医保法治政府建设工作重点明确、发展规划清晰,占所研究省份的100%。2022年,各省份医疗保障局深入学习贯彻党的二十大关于"坚持全面依法治国,推进法治中国建设"重大战略部署,把医保法治建设摆到更加突出、重要的位置,确保医保法治建设更加有力。浙江省医保局把深入学习贯彻习近平法治思想作为重大政治任务,在"两个维护"上争当典型和示范。湖北省医保局重点谋划抓好法治政府建设的布局思路,将"全面推进法治医保建设"有关工作任务纳入《湖北省医疗保障事业发展"十四五"规划》,不断加强法治建设的长期规划。

2022年,30个省份都能及时回应并解读医疗保障领域的各项政策与规章制度,占所研究省份的100%。2022年,各省份医保局认真贯彻落实国家医保局"十四五"全民医疗保障规划,做好政策学习、政策解读、政策宣传,积极回应广大群众关切的医保痛点、难点、堵点问题,将群众的利益放在首位,最大程度凝聚民心、形成合力,推进法治医保建设工作顺利开展。山西省医保局本着利民便民原则,采取微信公众号、发放图文手册等多种灵活形式解读医保政策,及时回应社会关切。陕西、新疆、四川等地医保局依法回复群众医保信息诉求,及时办复网民留言和提问,以书面或电话形式为询问人及时答疑解惑。此外,黑龙江省在医保局门户网站里及时回应群众诉求,做到件件有落实、事事有回音,提高了医保政策的知晓度,通过政府官方网站、微博、微信公众号等平台增进政府和民众之间的交流互动，使省医保参保人员更加了解医保、关心医保、支持医保。

2022年，30个省份切实履行了医保法治政府建设第一责任人职责，占所研究省份的100%。2022年，各省份医保局高度重视医保法治建设主体责任，研究部署、周密安排医保法治建设重点工作，坚决贯彻落实《法治政府建设实施纲要（2021—2025年)》各项任务要求，压实医保领域党政主要负责人推进法治建设责任，带动医疗保障各项工作逐步纳入法治化轨道。河北省医保局按照《河北省党政主要负责人履行推进法治建设第一责任人职责实施办法》的主要要求，推动全省医保法治建设向纵向深推进。北京、山西、辽宁、吉林等地医保局党组书记、局长高度重视推进法治政府建设工作，坚持做到"重要工作亲自部署、重大问题亲自过问、重点环节亲自协调、重要案件亲自督办"的"四个亲自"，定期或不定期听取法治政府建设工作汇报，推动年度法治建设工作要点及法治建设重点工作任务落到实处。

2022年，20个省份建立了医保领域领导干部年度述职述法制度，占所研究省份的66.67%。2022年，黑龙江省医保局严格执行领导干部年度述职述法制度，充分发挥法治建设考核"指挥棒"的作用。云南省医保局严格落实《党政主要负责人述法办法》，动态调整、完善法治建设领导小组机构设置，推动述法与述职深度融合，把法治素养和依法履职情况纳入考核评价干部的重要内容，切实推动医保法治建设任务落实落地落细。

（2）政务服务方面

2022年，30个省份建立了医保信息平台，占所研究省份的100%。2022年，各省份医保局全力推动医保信息平台与省政府一体化政务服务平台对接、省直部门政务数据汇聚共享等数字政务服务相关工作，以破除部门信息壁垒，真正实现"一网通办"。河南省医保局初步建成全省统一的医保信息平台，实现了医保经办业务一站式服务、一窗口办理、一单制结算。广东省医保局依托国家医保信息平台，推进实现省内跨市就医医疗费用报销全流程电子化、线上线下一体化，极大提升了医保业务办理便捷度和医疗服务可及性。此外，甘肃、云南、广东、河南等地医保公共服务事项网办率达到100%。

2022年，28个省份开展医保政务服务事项标准化建设，占所研究省份的93.33%。2022年，吉林、内蒙古、浙江、江苏等地推进医保经办服务标准化、规范化，全面落实省级医疗保障政务服务事项清单，实行全省统一的医保经办服务业务流程，并制定全省统一的医保经办政务服务事项操作规范及服务指南。天津市医保局荣获2022"金耳唛杯"中国最佳客户中心"卓越客户服务奖"和"最佳服务创新奖"，实现了医保经办服务质的提升。甘肃省医保局积极响应国家医保局关于创建"十四五"医疗保障服务示范点的工作要求，申报推荐3个全国医保服务窗口示范点、3个全国医保基层服务示范点和2个全国医保定点医疗机构示范点，进一步提升医保服务标准化建设和经办能力。

2022年，30个省份建立了医疗保障领域的政府信息主动公开制度，占所研究省份的100%。2022年，各省份医保局主动接受社会监督，全面落实信息主动公开制度。河南省医保局利用局门户网站、微信公众号、新闻媒体等多种途径向社会公开医保政务信息，及时发布药品和医用耗材集中带量采购等政策信息，做到重大医保政策文件制定和政策解读"同步起草、同步审批、同步发布"的"三个同步"。广东省以省医保局网站为主要公开平台，做好网站内容保障和政府信息公开建设，结合群众近期关注的重点、热点问题，组织局领导上线"民声热线""我为群众办实事"等直播访谈，以知识问答等形式通过网站互动栏目发布，满足群众网络咨询诉求。

2022年，30个省份建立了医疗保障领域政府信息依申请公开工作制度，占所研究省份的100%。2022年，各省份医保局在局门户网站主页设置"政府信息依申请公开"栏目，畅通受理渠道、精准规范答复意见。上海市医保局通过建立政务信息管理动态调整机制，对因情势变化认为可以公开的政府信息提出公开意见，以此来提高医保部门工作透明度。内蒙古自治区医保局制定印发《内蒙古自治区医疗保障局政府信息依申请公开管理办法》，不断增强政府信息公开数字化水平，满足群众政府信息公开需求，提升群众对医疗保障政务公开的获得感、满意度。在内蒙古自治区信访事项历次通报中，医疗保障领域的受理率、办结率、满意率、参评率均达到100%。

同时，评估也发现了一些不足之处：部分省份医保局尚未建立领导干部年度述职述法制度，对推行党政主要负责人法治建设责任制重要意义的认知还需加强，还未发挥"以督促整改"的最大化作用，少数省份医保局政务服务事项标准化建设工作还有待进一步完善。

2. "放管服"改革与职能转变

"放管服"改革与职能转变一级指标包括行政权力及其下放、行政审批服务2个二级指标，其中行政权力及其下放涵盖2个三级指标，行政审批服务涵盖8个三级指标。本报告从二级指标展开进一步具体分析。

在"放管服"改革与职能转变方面具有以下两方面成效。

(1) 行政权力及其下放方面

2022年，25个省份编制和调整了医疗保障领域的权力清单，占所研究省份的83.33%。2022年，各省份医保局建立健全医疗保障权责清单动态调整机制，认真梳理各类法律法规中涉及医保职能的条款，并就重点业务领域、权责事项进行专项研究、广泛征求意见，编制权责清单并报送上级部门审核，进一步厘清医保领域政府和市场关系、政府和社会关系。河北、河南、广东、广西等地医保局依据国家医疗保障局《医疗保障行政执法事项指导目录》要求，严格落实权力清单制度，做到法定职责必须为、法无授权不可为，有效避免医疗保障领域行使行政权力越位、缺位等问题。黑龙江省医保局充分利用"黑龙江省权责清单系统"，编制医疗保障领域行政执法权责清单、随机抽查事项清单、行政执法流程图等，并向社会及时公开行政执法基本信息、结果信息，确保行政执法行为透明规范。

2022年，30个省份深化医疗保障领域"放管服"改革，占所研究省份的100%。2022年，各省份医保局以解决医疗保障服务中的痛点堵点难点问题为出发点，坚持补短板、抓提升、重落实、求突破，以医保公共服务领域全方位、深层次的改革创新为抓手，全面深化医疗保障领域"放管服"改革，持续提升人民群众体验感、获得感和满意度。北京医保局狠抓医保精细化管理，市内符合接诊条件的定点医疗机构全部实现普通门诊和门诊特慢病异地结算，推进医保经办服务网上办理，不断完善体制机制、创新服务方式。河北省医保局坚持把解决群众"急难愁盼"问题作为工作切入点和突破口，率先在全国将门诊统筹基金的支付范围从定点医疗机构逐步延伸到定点零售药店，扩大全省门诊保障药店规模，实现全省、全县全覆盖。同时，尝试开展预住院管理试点，将门诊检查费用纳入住院费用报销，切实减轻患者的经济压力，该措施得到了《人民日报》专题报道。

（2）行政审批服务方面

2022年，20个省份医疗保障领域审批服务办理时间明显减少、效率持续提升，占所研究省份的66.67%。2022年，各省份医保局充分考虑群众关心的医保领域急难愁盼问题，尽量简化办理手续、减少办理材料、缩短办理时限，从方便群众角度设计"转入地"一站式服务流程，尽可能减少群众跑腿跑路。湖北省医保局推行医保经办窗口"综合柜员制"，加强医保系统内部数据共享和联动，实现医保政务服务"一窗通办""一网统管"，大幅提升参保群众的办事便利度和满意度。吉林省医保局依托全省数据同源优势，进一步优化省内职工基本医疗保险关系转移接续业务流程，实现了医保关系转移接续免材料、无感办。贵州省医保局全面实施政务服务"数字服务便民工程"，按照时限要求推进工程进度。其中，政务事项办结率达到98%以上，满意率、好评率达到100%，12393热线接通率、办结率、满意率达100%，持续提升了"一网通办"水平。

2022年，30个省份持续推进医疗保障领域营商环境建设，占所研究省份的100%。2022年，各省份医保局持续赋能优化医保领域营商环境，提升医疗保障服务质量，更好服务市场主体、激发市场活力、增强发展内生动力，进一步提升医疗保障市场主体和群众获得感。辽宁省医保局印发《关于印发全省医疗保障系统优化营商环境建设工作方案的通知》，围绕建设"法治医保、诚信医保、便民医保、阳光医保、共赢医保、清廉医保"的目标，以"建设+整改"为工作主线，全力打造法治良好、优质高效、阳光透明、共建共享的医疗保障营商环境。山东省医保局推进全省统一的医保短信服务平台建设，加快完成山东省"双招双引"人才医疗保障服务平台建设，推进建设医保基金与医药企业直接结算制度，通过多举措叠加形成政策组合效应，不断创新优化营商环境，省局规划财务、法规处被评为全省深化"放管服"改革优化营商环境工作先进集体。

2022年，30个省份开展异地就医工作，占所研究省份的100%。2022年，各省份医保局积极推进跨省异地就医直接结算，优化相关政策及其配套措施，破除备案、结算、协同三大难题，推进"十五分钟医保服务圈"建设，打通服务群众健康需求的"最后一公里"。山东省加快建设对接国家异地就医结算平台系统的省内和跨省异地就医结算平台，以及个人账户跨省支付与清分结算平台，不断完善异地就医直接结算政策，持续扩大异地就医直接结算范围，努力提升异地就医的服务便利性和群众满意度，全省共开通4.5万家跨省异地就医联网医药机构，开通总数位居全国第一。湖北省医保局依托国家医保服务平台App、国家异地就医备案微信小程序、湖北省政务服务网、鄂汇办等，实现异地就医备案全程网办，不断丰富异地就医备案渠道。截至2022年年底，全省新增跨省异地就医备案28.74万人次，跨省累计备案101.32万人次。

2022年，30个省份持续推广医保电子凭证应用，占所研究省份的100%。2022年，各省份医保局积极推行电子凭证全流程应用，优化网上办事流程，不断提升智能化服务水平，提供更多智能化医疗服务，有效提升医保公共服务能力。辽宁省医保局不断拓展医保电子凭证在参保登记、就医购药等公共服务领域深度应用，截至2022年年底，全省医保电子凭证覆盖定点医疗机构14004家、定点零售药店21963家，定点医药机构支持使用医保电子凭证占比达98.29%，医保电子凭证使用激活人数达2422万人。山东省医保局深入推进医保电子凭证全流程和移动支付应用，全省医保电子凭证激活人数、开通数量继续位居全国第一。云南省全省医保电子凭证激活人数在全国排名第8位。

2022年，25个省份开展医保高频服务事项跨省通办服务，占所研究省份的83.33%。2022年，各省份医保局依托国家政务服务平台作为支撑，统一身份认证、统一服务事项、统一证照互认、统一数据共享，企业和群众办理医保"跨省通办"事项可实现"一次登录、全国漫游"，充分发挥全国一体化政务服务平台作为公共入口、公共通道、公共支撑的综合性作用。江苏省医保局以本地医保服务平台开通线上服务入口为契机，不断拓展医保"跨省通办"服务渠道，全面完成与国家医保"网厅""掌厅"相应系统功能模块的对接工作，实现所有设区市高频医保服务事项"省内通办"、医保关系转移接续"跨省通办"，以及生育保险待遇核定与支付"跨省通办"。辽宁省医保局深入推进全省医疗保障公共管理服务三年行动计划，构建横向到边、纵向到底的"五级"医保服务网络体系，实现9项医疗保障政务服务事项全面"跨省通办"，全省政务服务事项窗口可办率实现100%，平均网上可办率达68.4%。

2022年，30个省份开展高血压、糖尿病等5种门诊慢特病病种相关管理试点工作，占所研究省份的100%。2022年，各省份医保局密切关注群众需求和切身利益，积极开展门诊慢特病管理试点工作，有效解决门诊慢特病跨省直接结算在政策实施、经办管理和信息化等方面的堵点、难点问题，形成可复制可推广的试点经验。甘肃省医保局印发《关于开通部分门诊慢特病相关治疗费用异地直接结算的通知》，全面开通省内和跨省5种门诊慢特病（含高血压、糖尿病、恶性肿瘤门诊治疗、透析、器官移植抗排异治疗）异地直接结算服务，以有效减轻参保人员"跑腿垫资"的支付压力。河北、山西、湖北等地医保局统一全省门诊慢特病认定标准，共计93个病种纳入规范化管理，进一步提升了参保群众医疗保障水平。山东省医保局持续推动建立更加公平适度的门诊医疗保障筹资和待遇确定机制，进一步提高全省门诊特殊疾病、门诊慢性病保障水平，以切实减轻群众医疗费用负担，"普通门诊及门诊慢特病省内异地联网结算专项提升行动"得到了省政府主要领导同志批示肯定。

2022年，29个省份持续推进"互联网＋医保服务"，占所研究省份的96.67%。2022年，各省份医保局大力支持"互联网＋医疗服务"模式创新，提高医保经办管理服务水平、提升医保基金使用效率，不断改进和完善医保管理工作，进一步满足群众对便捷医疗服务的需求。甘肃省医保局统筹推进数字医保建设工作，依托现有政务信息服务平台，通过医保专网、互联网终端，采取集约化、一体化模式推进医保数字基础设施、数据资源和应用支撑体系建设，实现医保政务服务事项百分之百"全程网办"。新疆维吾尔自治区医保局综合运用大数据、互联网等技术手段，统筹优化线上线下一体化医保公共服务，基本实现了医保服务事项线上应办尽办。区医保服务 App 平台当年共办理事项 42 项，切实方便了参保单位和群众。此外，北京、吉林、福建等地医保局推出使用医保智能审核监控系统，实时监管"互联网+医疗服务"的费用结算明细、药品、耗材、医疗服务项目和门诊病历等基础信息。

2022 年，26 个省份推行医保告知事项承诺制，占所研究省份的 86.67%。2022 年，各省份医保局积极推进医疗保障经办服务体系改革，全面落实证明事项告知承诺制。甘肃省医保局编制发布《甘肃省医疗保障经办政务服务事项告知承诺制实施清单》，加强医保相关证明事项的互认共享，方便参保群众、医疗机构和药品企业办理相关业务。安徽省医保局印发《关于印发安徽省医疗保障经办政务服务事项清单及办事指南的通知》，针对异地安置退休人员备案、异地长期居住人员备案和常驻异地工作人员备案这三个事项实行证明事项告知承诺制，2022 年共办理此类政务服务办件 300 余件。此外，省医保局还积极开展证明事项告知承诺制有关典型案例的评选活动。

同时，评估也发现了一些不足之处：部分省份医保局建立的智能监管系统应用平台仍在完善中，未能完全实现基金监管大数据全方位、全流程、全环节的智能监控，医保信用管理体系建设仍在探索之中。少数省份医保公共服务水平仍需进一步完善，对标对表国家医疗保障制度改革新目标新要求还有不少改进空间。

3. 医保法规体系

健康法规体系一级指标包括立法制规、规范性文件管理、制度与标准体系 3 个二级指标。其中立法制规涵盖 2 个三级指标，规范性文件管理涵盖

4个三级指标，制度与标准体系涵盖2个三级指标。本报告从二级指标展开进一步具体分析。

在健康法规体系方面有以下成效。

（1）立法制规

2022年，30个省份开展了地方医疗保障立法制规，所占研究省份的100%。2022年，各省份加强医保重点领域立法制规，省医保局积极参与职工生育保险、妇女权益保障、医疗保障条例等立法制规及其论证工作，不断提升医保领域立法水平。山西省医保局推进医疗保障重点领域立法，印发《职工基本医疗保险普通门诊统筹管理办法》，增强了职工医保门诊共济保障功能，完善了参保职工常见病、多发病门诊保障机制，不断提高门诊保障待遇水平，切实减轻参保者医疗负担。福建省医保局组织开展《福建省企业职工生育保险规定》修订工作，按照程序规定落实调研论证、征求意见、专家论证等任务。广东省医保局按照《关于进一步完善和落实积极生育支持措施的指导意见》等文件精神，加强医保重点领域立法，及时开展《广东省职工生育保险规定》修订工作。

2022年，13个省份参与了国家和省级医疗保障立法，所占研究省份43.33%。2022年，各省份医保局积极配合国家医疗保障局开展医疗保障领域立法工作，参与省人大立法调研、意见征集等工作。福建省医保局积极配合国家开展《医疗保障法》立法调研，及时提出反馈意见与建议，同时还积极配合省直有关部门推进《福建省中医药条例》等立法工作。天津市医保局积极配合国家医保局开展《医疗保障法》及国家医保局部门规章等立法调研工作。

（2）规范性文件管理

2022年，27个省份对医疗保障领域的法规规章规范性文件进行了清理，占所研究省份的90.00%。2022年，各省份医保局严格按照省委、省政府工作部署要求，开展医疗保障领域行政规范性文件制定和监督管理工作，有序梳理并废止失效文件。天津市医保局推进医疗保障领域规范性文件立改废释，印发《市医保局关于开展行政规范性文件清理工作的通知》，在第一阶段已经梳理并公布废止（失效）文件31个。江苏省医保局按照省政府办公厅关于清理行政规范性文件的要求，依据该医保局制定的规范性文件清理工作方案，针对1980年以来医疗保障部门牵头负责实施的189件行政规范性文件进行梳理。河南省医保局全面加强行政规范性文件管理，收集汇总1998年以来省医疗保障领域行政规范性文件400余份，进行逐份查阅审核，确定有效文件198份、废止文件112份、修订文件4份。

2022年，30个省份落实医保规范性文件合法性审查和公平竞争审查制度，占所研究省份的100%。2022年，各省份加强医保领域规范性文件的清理工作，加大对规范性文件进行公平性和合法性审查的力度。贵州省医保局全面落实行政规范性文件合法性审核机制和备案审查制度，强化行政规范性文件起草单位法制审核责任，2022年省医保局行政规范性文件合法性审核、备案审查合格率达100%。河北省医保局实行公平竞争、合法性审核双审查以及备案制度，建立公文甄别联审机制，全年共甄别文件190余件，出具合法性审核意见8份、正式印发文件7件，备案率达到100%。吉林省医保局制定《吉林省医疗保障局行政规范性文件制定和监督办法》《吉林省医疗保障局重大行政执法决定法制审核工作制度》，明确行政规范性文件和重大行政执法决定法制审核流程标准，不断规范法制审核程序。河南省医保局率先在省直单位建立公平竞争审查第三方评估制度。省医保局与郑州大学建立合作关系，在起草涉及市场主体利益的政策时邀请专家团队参与审查，切实维护市场主体的合法权益。

2022年，14个省份开展计划生育相关文件清理工作，占所研究省份的46.67%。2022年，各省份医保局严格按照相关法律法规要求，对不适应经济社会发展的计划生育相关行政法规、规章进行清理、废除、修改。湖南省医保局积极组织本省14个市州医疗保障局开展涉及计划生育内容法规、规章、规范性文件的专项清理工作，及时废除不符合国家法治建设要求的政策文件。新疆维吾尔自治区医保局制定《〈新疆维吾尔自治区城镇职工生育保险办法〉（修改）调研论证工作方案》，通过实地调研、座谈会等方式开展调研论证工作，对照各统筹区职工生育保险政策执行情况，形成《新疆维吾尔自治区城镇职工生育保险办法（修改）的调研论证报告》。黑龙江省医保局全面梳理有关计划生育法规、规章、规范性文件，排查清理不适应党中央关于优化生育政策决策部署和国家经济社会发展改革要求，以及不完全符合《社会保险法》等法律中关于平等保护、兜底保障、权利义务等相关规定的内容，累计清理相关文件4个。

2022年，25个省份规范医疗保障领域行政协议管理，占所研究省份的83.33%。2022年，各省份医保局明确相关责任清单、强化医保行政主体行为管理，不断规范医保领域行政协议的审查流程、登记编号等，进一步加强医保领域行政协议的精细化管理。安徽省明确要求凡是以省医保局名义对外签署的涉及战略合作、外事、民商事等重要内容的协议，以及行政处罚告知书、决定书等重大执法决定法律文书等，都必须进行前置性审查。浙江省医保局按照《医疗机构医疗保障定点管理暂行办法》和《零售药店医疗保障定点管理暂行办法》等，制定完善本省的具体实施细则，不断理顺医保行政监管与经办机构协议管理关系。

（3）制度与标准体系

2022年，23个省份完善了医保领域突发公共卫生突发事件应急体系，占所研究省份的76.67%。2022年，各省份医保局编制医疗保障领域应急预案，建立公共卫生突发事件应急与评估团队，构建应对公共卫生突发事件的长效治理机制。广东省医保局全力做好确诊和疑似新冠肺炎的参保患者救治的费用保障。截至2022年10月，全省预付医疗机构新冠疫情费用22.32亿元，结算新冠肺炎确诊和疑似参保患者2.08万人次，总费用9465.21万元。

2022年，29个省份建立了医保领域信用制度，占所研究省份的96.67%。2022年，各省份建立健全医保领域信用制度，推进医疗保障信用体系建设，打造公平诚信的医保环境。北京市医保局严格按照医药价格与招标采购信用评价机制要求，落实国家医疗保障局下达关于本市失信企业和失信行为的核实工作，对医保企业失信行为进行评价公示，并及时上报国家相关平台给予公开曝光。黑龙江省医保局制定《黑龙江省医疗保障信用管理暂行办法》，构建以信用管理为基础的新型医保监管机制。

同时，评估也发现了一些不足：现有地方医保立法制规进程还需要加快；部分省份存在医保行政规范性文件合法性审核机制以及备案审查制度落实不到位等问题，计划生育相关文件清理力度还有待加强。

4. 行政决策法治化

行政决策法治化一级指标包括重大行政决策过程法治化、法律顾问建设2个二级指标。重大行政决策过程法治化、法律顾问建设分别涵盖4个三级指标和2个三级指标。本报告从二级指标展开进一步具体分析。

在行政决策法治化方面有以下成效。

（1）重大行政决策过程法治化方面

2022年，30个省份出台了医疗保障领域重大行政决策相关制度管理规定，占所研究省份的100%。2022年，各省份医疗保障领域不断健全科学、民主、依法决策机制，规范重大行政决策程序，重大行政决策质量和效率稳步提升，依法行政水平稳步提升。广东省医保局、云南省医保局制定出台《重大行政决策程序规定》，规范公众参与、专家论证、风险评估等程序，对特别重大的公共决策要求组织听证会，强化重大决策跟踪反馈，确保重大行政决策合法合理。河北省医保局、辽宁省医保局通过完善党组会、局长办公会等议事规则，落实医疗保障领域合法性审查与集体讨论制度，为重大行政决策把好关。同时，河北省医保局完善法律顾问列席党组会议、参加座谈研讨等工作机制，法律顾问全程参与重大决策讨论及政策制定，充分发挥法律专家"智囊"作用。

2022年，29个省份落实医疗保障领域重大行政决策社会稳定法制审核、专家论证与风险评估等程序，占所研究省份的96.67%。2022年，各省份结合医保领域政策的必要性、合法性、合理性、可行性与风险性等角度进行综合评估，强化专家论证机制，强化风险应对预案，有力促进科学决策、民主决策、依法决策。甘肃省医保局以提高专业性为切口，引入兰州大学、甘肃政法大学、中医药大学等高校专家参与医保支付、基金监管等医保领域重大决策论证，不断强化理论支撑，增强决策科学性。湖南省医保局就飞行检查工作组建医保、医疗、第三方等在内的综合专家队伍，论证飞行检查争议性问题，保证问题评价与处理标准统一相适应，确保行政决策客观公正。

2022年，22个省份建立了医疗保障领域重大行政决策事项目录与管理规章，占所研究省份的73.33%。2022年，各省份以医保领域重大行政决策目录编制、公布、动态调整为抓手，进一步规范决策管理流程规范。天津市医保局印发《2022年重大行政决策事项目录》，将《天津市职工生育保险规定》等4项规范性文件的修订工作纳入当年重大行政决策事项目录，明确公众参与、专家论证、风险评估、合法性审查和集体讨论决定等法定程序，明确决策全过程记录、材料归档和档案管理规范要求，推动重大行政决策闭环管理。上海市医保局将重大行政决策事项目录同步纳入2022年市政府重大行政决策事项目录，及时向公众公布，明确承办部门与决策时间，有效提升医疗保障领域行政决策透明度。

2022年，22个省份开展了医疗保障领域法治决策调查与课题研究，占所研究省份的73.33%。2022年，各省份围绕医保领域群众最关心的基金监管、医保结算、长期护理险等问题开展深入调研，坚持以问题导向全面调研，以结果为导向促进调研成果转化，不断提高医疗保障法治决策质量。云南省医保局在《云南省医疗保障条例》进入政府审议后，通过召开专题座谈研究会、赴州（市）、县（区）实地调研、线上调研等多种方式，搜集各方反馈意见100余条，为医疗保障法律法规制定和修订工作做好储备。陕西省医保局开展"百日百县"医保重点督导调研活动，局领导带领调研组到107个县（区）医保经办服务中心、镇村两级医保经办服务站（室）和医药机构开展调研，走访医保经办单位近1000家，为制定更加有效医疗政策、回应社会关切问题摸清了实情。

（2）法律顾问建设方面

2022年，30个省份医疗保障局建立了法律顾问制度，占所研究省份的100%。2022年，各省份医保局不断健全完善法律顾问制度，充分发挥法律顾问在规范性文件审核、参与重大或复杂案件审理等方面的作用，为依法行政、医保决策提供了有力支撑。山西省医保局修订《山西省医疗保障局关于法律顾问工作的若干规定》，制定《山西省医疗保障局法律顾问工作制度》，完善法律顾问职责范围、组织和管理工作，规范法律顾问提供法律服务的形式，进一步发挥法律顾问的专业作用。宁夏回族自治区医保局、辽宁省医保局法律顾问在处理诉讼案件和开展政策性文件公平竞争审查等方面提供服务均达到110件（次）。

2022年，29个省份医疗保障局有公职律师和外聘法律顾问，占所研究省份的96.67%。2022年，各省份逐渐重视医保领域专业性与法制性融合，通过公职律师队伍建设、外聘法律顾问制度等，将医保业务与法律充分结合，切实推动医保法治建设工作。辽宁、河南、云南等地医保局出台《公职律师管理办法》，明确公职律师申报、管理等环节要求，以及公职律师在重大行政决策、合法性审核行政复议等环节的责任规定，更加有效发挥公职律师专业作用。上海市医保局强化外聘法律与公职律师的合作，在医疗保障领域的行政决策、立法评估、案件办理、执法规范等方面，促进外聘法律与公职律师共同研究医保相关问题，提供专业性法律意见，进一步提升依法行政水平。

同时，评估也发现了一些不足之处：部分省份医保依法行政决策基础还要加强，在利用大数据、人工智能提升行政决策风险预测精准度、提高医保领域行政决策科学性方面还存在短板，医保重大行政决策专家库建设水平规范性还不高，运用数字档案规范记录医保重大行政决策过程、实现医保重大行政决策责任追究制方面还存在不足。

5. 行政执法与监管

行政执法与监管一级指标包括监管制度、监管模式与执法过程、监管结果与评价3个二级指标。其中监管制度涵盖2个三级指标，监管模式与执法过程涵盖12个三级指标，监管结果与评价涵盖3个三级指标。

在行政执法与监管方面有以下成效。

（1）监管制度方面

2022年，30个省份建立了医疗保障基金监管制度，占所研究省份的

100%。2022年，各省份加快出台医保基金监管配套文件，提升精准发现和打击套保、挪用医保基金和欺诈骗保等违法行为能力，加强行纪衔接、多部门协作，完善医保基金监管制度体系，优化医疗保障基金监管现场监管与非现场监管有机结合的多元机制。重庆市医保局联合市高级人民法院、市人民检察院、市公安局印发《重庆市医疗保障基金协同监管办法》，进一步健全完善医疗保障领域线索互移、案件移交、信息共享、咨询会商、联合督办等工作机制，进一步推动医保基金监管行政执法与刑事司法有效衔接。福建省医保局会同省公安厅出台《福建省查处骗取医保基金案件行刑衔接工作细则》，不断完善医保领域行刑衔接工作机制，强化有效打击骗保力度。

2022年，除吉林省外，29个省份建立医疗保障监督行政处罚裁量基准制度，占所研究省份的96.77%，较上年增加12个省份。2022年，各省份医保局结合本地区行政实践情况，进一步细化量化医疗保障执法权限，进一步规范行政处罚裁量基准。云南省医保局修订《云南省医疗保障行政处罚裁量基准规则》，补充减免责清单，着力解决同案不同罚、处罚畸轻畸重等问题，进一步增强行政执法的科学性、指导性和实操性。广东省出台《广东省医疗保障局行政执法减免责清单》，进一步创新包容审慎监管新型监管方式，更好保护医疗卫生领域市场主体和人民群众合法权益，切实维护公平竞争市场秩序。

（2）监管模式与执法过程方面

2022年，27个省份构建了"互联网+监管"的医疗保障监管模式，占所研究省份的90%，较2021年取得大幅提升。2022年，各省份持续完善"互联网+监管"系统，加强监管规则调整、强化事中事后监管，促进监管规范化、精准化、智能化。重庆市建成智慧医保综合监管子系统，逐步从人工抽单审核向大数据智能监控转变，以全流程、全环节、全方位实时监控医疗服务行为。北京市医保局初步建立智能审核规则库，建立参保人员异常就医监控费用、频次、行为数据筛查规则，提升监管智能化水平。通过智能审核规则库能够全面梳理医保经办领域风险隐患，有效排查医保经办风险点。西藏自治区持续完善医保智能监管系统，加强医保基金监管审核规则库建设和审核规则动态调整工作，上线使用监管审核规则904条，实现事前提醒、事中预警、事后审核全过程管理，有效提高了医保基金监管和经办审核效能。广东省医保局印发《关于加快推进我省医保智能监控制度贯彻落实工作的通知》，下发10条新增审核规则，目前已稳步建成含180多条规则的智能审核规则库、70多万个知识点的相关知识库平台。

2022年，30个省份均积极开展医保基金使用监督管理相关工作。医保基金使用监督管理覆盖面达到100%。新疆维吾尔自治区贯彻执行《自治区人民政府办公厅关于推进医保基金监管制度体系改革的实施意见》，落实地、县两级医保监管职责，聚焦"假病人""假病情""假票据"等"三假"问题，联合公安、卫生健康部门开展打击欺诈骗保专项整治行动，有效加强跨部门协同监管。2022年全区共检查定点医药机构8853家，检查覆盖率达99.6%；处理违法违规医药机构4902家，占被检查机构的56%，暂停医保服务协议549家、解除医保服务协议54家、移交司法机关1家、移交医保行政部门186家、约谈告诫3789家、责令改正2835家，共处罚和追回资金2.43亿元。内蒙古自治区医保局创新行政执法方式，推广非强制性执法手段，印发《内蒙古自治区医疗保障领域不予实施行政强制措施事项清单》，综合运用说服教育、劝导示范、警示告诫、指导约谈等方式，组织全区4018家医疗机构签订《维护医保基金安全承诺书》，以提高定点医疗机构守信意识，确保医保基金监管成效。

2022年，22个省份落实行政执法责任制，占所研究省份的73.33%。2022年，各省份医保局强化执法责任，明确医疗保障领域执法程序和执法标准，进一步规范和监督行政执法活动，不断提高行政执法水平。辽宁省医保局深入开展行政执法考核工作，通过细化考核方案、规范行政执法、执法案卷评查、实地督导调研等综合性举措，加快提升医疗保障领域行政执法的科学化、规范化、制度化水平。辽宁省本溪市某零售药店串换药品案件入选全国医疗保障基金监管执法30个优秀典型案例。河南省医保局以点带面、以示范点促进全面落实行政执法责任制，确定鹤壁市医保局等5家单位为第三批河南省医保系统行政执法责任制示范点，焦作市医保局等 5 家单位为第三批服务型行政执法示范点，通过标杆引领的示范效应带动医疗保障领域行政执法责任制落实。

2022 年，开展医疗保障领域行政执法"三项制度"的省份增加至 26 个，占所研究省份的 86.66%。2022 年，河南省制定《河南省医疗保障行政执法案卷立卷规范》《河南省医疗保障行政处罚案卷评查标准》，全面规范医疗保障领域执法程序、严格执行行政执法"三项制度"，不断提升执法水平。当年河南省医保系统查办的 2 起案例获评全国医保系统基金监管执法优秀案例。上海市制定《关于做好 2022 年行政执法"三项制度"工作的通知》《上海市医疗保障局监督检查所行政执法规范用语指引》，加强法制审核队伍的正规化、专业化、职业化建设，深入推进实施行政执法"三项制度"。青海省医保局加强执法装备建设，为执法人员配备执法记录仪、录音笔等执法装备，并成立重大行政处罚案件审理委员会，进一步确保行政执法"三项制度"落实到位。

2022 年，所研究省份全部开展了医疗保障基金飞行检查，检查比例达到 100%。2022 年，各省份开展飞行检查流程更加规范、部门协同更加有力、检查成效更加突出。湖南省制定了《医疗保障基金监管飞行检查规程》，进一步完善医疗保障基金飞行检查工作规程、规范管理飞行检查全流程。同时，探索建立了包括医保、医疗、第三方等专家队伍在内的专家论证制度，论证飞行检查争议性问题、统一问题评价与处理标准，以确保飞行检查结果客观公正。西藏自治区医保局联合自治区公安厅、卫生健康委、市场监管局等部门，通过购买第三方机构专业服务，对区本级和 5 个地市大型定点医疗机构和部分经办机构开展年度医保基金飞行检查。广东省向省纪委监委驻省卫生健康委纪检监察组上报 2022 年度国家飞行检查情况、举报投诉线索及处理情况，并移送 5 起涉嫌欺诈骗保线索案件。

2022 年，各省份持续开展医疗保障欺诈骗保专项整治，所研究的 30 个省份均开展此项工作，比例达到 100%。2022 年，各省份医保系统强化部门系统执法、联防联动，聚焦重点领域精准发力，不断强化专项整治成效。

吉林、黑龙江等地印发《进一步开展打击欺诈骗保专项整治行动工作方案》，持续完善部门间联动工作机制。云南省、内蒙古自治区等地医保局用好联席会议制度，持续强化"一案多查、联合惩处"工作，完善医保监管领域行刑衔接、行纪衔接。四川省聚焦基层定点医疗机构、社会办定点医疗机构基金监管，以篡改肿瘤患者基因检测结果等方式骗取医保基金、使用医保卡违规兑付现金等重点问题、典型案例为突破口，开展持续专项整治行动。河北省全年共检查3.5万多家定点医药机构，追缴违法违规资金3.87亿元，行政处罚1216.39万元，解除医保协议122家，公开曝光4901件。内蒙古自治区全年检查定点医药机构2.22万家、处理医药机构7966家、追回医保基金2.15亿元、曝光典型案例2312件。

2022年，27个省开展定点医疗机构违规收费专项整治工作，占所研究省份的90%。各省份不断巩固医疗机构违规收费专项整治成效，持续通报定点医疗机构违规收费典型案例，加强教育引导、形成有力震慑。2022年，广东省医保局继续联合公安、卫生健康等部门组织基层定点医疗机构、医养结合机构内设定点医疗机构、社会办定点医疗机构等专项整治，并组织各地市统筹行政、经办机构和第三方力量，实现对定点医药机构日常稽核、自查自纠和抽查复查的"三个全覆盖"。湖南省、安徽省医保局等通过当地官网、报纸等媒体，及时通报定点医疗机构违法违规的典型案例及相应处理结果。河南省医保局强化事前预防，全面实施行政相对人法律风险防控制度，梳理定点医药机构违法风险点、风险等级，并印发《河南省医疗保障行政相对人高发违法风险点及防控措施清单》《2022年河南省定点医疗机构自查自纠问题清单》，以引导定点医药机构自觉守法。

2022年，30个省份均开展了医疗保障领域"双随机、一公开"监督抽查工作，占所研究省份的100%。2022年，各省份完善医疗保障领域配套制度、落实监管机制，持续提升"双随机、一公开"监管权威性和公正性。河南省医保局制定《河南省医保基金监管随机抽查事项清单》《河南省医保基金监管"双随机、一公开"抽查实施细则》，并在医疗保障信息平台系统设计"双随机、一公开"模块，接受公众监督，促进了医保监管工作规范化、制度化、信息化。黑龙江省医保局下发《黑龙江省医疗保障局"双随机、一公开"抽查工作实施细则（试行）》，进一步规范全省各级医疗保障部门运用"双随机、一公开"方式开展行政监督检查行为，确保行政监督检查公平、公开、公正。吉林省医保局以"我要执法"App 为依托开展"双随机、一公开"监管工作，促进行政检查执法备案智能化管理。福建省医保局在纪检部门监督下，按照三级、二级、一级及以下医疗机构现场检查抽查比例分别不低于20%、10%、5‰，医保经办机构三年全覆盖的标准，对全省69家医药机构和34家医保经办机构开展"双随机"执法检查。

2022 年，23 个省份落实行政执法人员持证上岗和资格管理制度，占所研究省份的76.67%。2022 年，各省份医保局切实做好行政执法资格考试，严格管理行政执法证件，不断加强对行政执法人员的教育培训与监督管理，提高其依法行政能力，保障和监督依法行使职权。广西壮族自治区医保局、河南省医保局开展行政执法人员专项培训，组织机关在职干部参加统一行政执法资格考试，统一颁发证书，加强行政执法人员队伍建设与资格管理。湖南医保局动态管理省级监管执法人员和协助执法人员库，完成了本单位新一轮行政执法人员证件换（核）发工作，规范行政执法人员资格管理。吉林省医保局组织行政执法人员前往南关区人民法院旁听学习，通过以案释法的方式，熟悉行政诉讼案件审理过程，进一步增强依法行政的程序意识和证据意识。

2022 年，28 个省份对行政处罚自由裁量进行规范管理，占所研究省份的93.33%。各省份医保局根据实际情况，制定、修订医疗保障领域行政处罚自由裁量基准，确保政策的延续性，行政处罚的合法性与合理性，使医疗保障领域行政执法更有力度与温度。河南省、四川省分别制定《河南省医疗保障基金使用监督管理行政处罚裁量基准适用办法》《四川省医疗保障基金监管行政处罚裁量基准》。北京市医保局修订《北京市医疗保障行政处罚自由裁量基准》，出台轻微违法免罚和初次违法慎罚办法。云南省医保局修订《云南省医疗保障行政处罚裁量基准规则》，补充减免责清单，着力解决同案不同罚、处罚畸轻畸重等问题。通过规范医疗保障行政执法行为，确保正确行使行政处罚自由裁量权。

2022年，15个省份建立或延续医疗保障领域府际合作机制，占所研究省份的50%。各省把医疗保障工作融入地方经济社会发展大局，从政策、人才、资金、技术等方面深化区域友好合作，不断满足人民群众对多样化、多层次、高质量医疗保障的需求。河北、天津、北京三地医保局联合印发《京津冀医保协同发展2022年工作要点》，围绕异地就医门诊直接结算、药品耗材联盟采购、医疗保障协同监管、医保服务一体化等方面开展跨区域深度合作，推进医保服务高质量发展。2020—2022年，长三角三省一市医保局连续3年联合印发长三角医保一体化工作要点，逐步实现长三角地区医保"三个目录"（药品、诊疗项目、医疗服务设施）统一，实现跨省门诊慢特病直接结算全覆盖，加快推进统一的基本医保政策体系建设。

2022年，13个省份探索实施医疗保障行政柔性执法，占所研究省份的43.33%。各地区积极探索强化事前预防、轻微违规"首次不罚"、轻微免罚等医疗保障执法模式，防止"小过重罚""类案不同罚"等问题产生，不断完善容错纠错机制，涵养执法文明。甘肃省医保局出台《甘肃省医疗保障系统"两轻一免"清单》《甘肃省医疗保障局行政提醒建议书》，通过宣传引导、行政约谈、行政告诫、行政建议、信用修复等柔性监管方式，全面推行医疗保障行政柔性执法，不断督促、引导规范监管对象医药服务行为。河南省医保局将服务型行政执法作为医保基金监管的"柔性抓手"，全面实施行政相对人法律风险防控制度，在日常监管工作中注重向行政相对人（医疗机构和零售药店）阐明违法风险点，帮助其分析违法行为产生原因，推动行政相对人主动预防、自觉抑制违法行为。

（3）监管结果与评价方面

2022年，22个省份开展了行政执法案卷评查工作，占所研究省份的73.33%。各省份从制度建设、实操评比等环节做好医疗保障行政执法案卷评查工作。河南省制定《河南省医疗保障行政执法案卷立卷规范》《河南省医疗保障行政处罚案卷评查标准》，吉林省制定《吉林省医疗保障行政执法案卷管理和评查办法》，不断规范行政执法案卷制作流程、管理方式，为具体工作开展提供遵循。湖南省医保局积极参加湖南省司法厅组织的案卷评查工作；海南省医保局、上海市医保局采取业务部门自查自评和抽查复评复查两个阶段相结合的评查方式，开展行政执法案卷评查工作。河南省医保局举办行政执法案卷评查暨行政处罚程序等法治培训班，组织开展全省医保系统基层法治队伍能力比武活动，评选法治能手和执法能手。2022年河南省医保局被省司法厅确定为省直机关执法规范化试点牵头单位。

2022年，24个省份开展了以案释法工作，占所研究省份的80.00%。自2021年12月，国家医保局、公安部联合发布《关于加强查处骗取医保基金案件行刑衔接工作的通知》以来，各地医保局持续提高以案释法的针对性，提高查处案例的曝光度，提高典型案例威慑力。2022年，甘肃省医保局在官方门户网站向社会披露曝光涉及冒名就医、重复享受医保待遇、隐瞒第三方责任等7起个人欺诈骗保典型案例，严厉打击个人欺诈骗保违法违规行为。同时，省医保局指导市州曝光13起欺诈骗保典型案例，以有效发挥坚决打击欺诈骗保案例的震慑作用。天津市医保局加强对定点医药机构、医保服务医师（药师）的释法培训工作，按期报送以案释法典型案例，有效增强以案释法针对性。

2022年，所研究的30个省份均开展实施了医药价格和招采信用评价工作，占比达到100%。2022年，各省份医保局持续健全医药价格和招采信用评价制度，营造风清气正、诚信为先的医药购销环境。甘肃省医保局首次组织兰州、平凉、酒泉三地医保部门和省级药品采购机构协同开展省级、市际联盟药品集采，共有54个品种115个品规药品中选，价格较上年度实际采购均价平均降幅达35.87%。青海省医保局制定青海省医药价格和招采信用评价制度，指导省药品采购中心开展医药价格和招采信用评价工作，省级集中采购平台医药企业信用承诺完成率达100%，切实保障群众利益和医保基金安全。

同时，评估也发现了一些不足之处：医保专业行政执法队伍力量不足，部分省医疗保障局存在执法人员编制不足、持证人数不足、能力不强的问题；医保行政协议管理与行政执法衔接不紧、部门间合作不够，造成部分省医保领域行政执法标准不一与多头管理；医保领域柔性执法探索不够，在充分用好教育与处罚相结合的柔性执法模式，强化事前预防等方面有短板；案卷评查结果运用深度还不够，对剖析医保行政执法案件质量背后的制度短板，不断完善制度规范体系方面还存在弱项。

6. 行政权力监督与矛盾化解

行政权力监督与矛盾化解一级指标包括行政权力监督、矛盾纠纷化解2个二级指标。其中行政权力监督涵盖4个三级指标，矛盾纠纷化解涵盖2个三级指标。

在行政权力监督与矛盾化解方面有以下两方面成效。

（1）行政权力监督方面

2022年，26个省份医疗保障局对人大建议与政协提案进行有效答复，占所研究省份的86.67%。2022年，各省份医保局及时高效办理省人大及其常委会对部门工作提出的有关审议意见、人大代表和政协委员提出的意见建议，并通过官方网站媒体等平台公开答复人大建议与政协提案，有力推动加强医疗保障领域行政权力的制约与监督。河北省医保局代省政府向省人大常委会报告了医疗保障制度改革发展情况专题调研报告审议意见办理情况，向省政协报告加强医疗保障体系建设情况，得到省人大常委会和省政协的高度认可。全年共承办人大代表建议和政协提案58件，满意率均为100%。西藏、吉林等地医保局办理建议提案办结率、满意率均达到100%，其中西藏自治区医保局1名同志获全区提案工作先进个人荣誉称号。陕西省医保局将办理结果全部上传省政府建议提案办理系统和省人大代表履职服务平台及局门户网站，不断扩大医保建议提案办理透明度，接受指导监督。

2022年，22个省份构建了医疗保障领域司法协助与衔接机制，占所研究省份的73.33%。2022年，各省份医保局不断深化与司法机关合作，将协助与衔接机制规范化、制度化，以增强医保基金监管执法力度。福建省医保局会同省公安厅联合出台《福建省查处骗取医保基金案件行刑衔接工作细则》，完善医保领域行刑衔接工作机制，强化打击骗保力度。内蒙古自治区医保局通过召开医疗保障基金监管工作厅际联席会议，有效落实部门协同执法、联防联动、行刑衔接和行纪衔接工作制度，不断推动医保基金监管各项工作落地实施。2022年共检查定点医药机构2.22万家、处理医药机构7966家、追回医保基金2.15亿元、曝光典型案例2312件。

2022年，26个省份医疗保障局开展了内部控制监督检查，占所研究省份的86.67%。2022年，开展内部控制监督检查的省份医保局数量较2021年增加了13个，医疗保障领域内部控制监督检查的规范性不断增强、方式逐渐多元化。广西壮族自治区医保局调整完善权责清单，推进权责清单标准化、规范化建设，进一步完善行政执法内部管理规章制度。甘肃省医保局编制印发《甘肃省医疗保障局内控制度》《内部控制规范手册》等，进一步完善财务岗位职责、财务处理程序、财务及预决算、预算绩效、收入支出报销等管理内部控制审计等制度；明确了制度执行的流程，在不相容岗位分离、内部授权审批、归口管理、业务流程、预算等方面加强内部控制。

2022年，29个省份医疗保障局自觉主动接受社会监督和舆论督查，占所研究省份的96.7%。2022年，各省份逐步完善医疗保障社会监督和舆论督查机制，坚持加大公开力度、畅通社会监督及舆论渠道，社会监督员制度逐步运行成熟。四川省医保局建立医保基金社会监督员制度，修订《四川省违法违规使用医疗保障基金举报奖励办法》，形成"人人可监督、时时可举报"的监督网和激励机制。黑龙江省医保局落实《黑龙江省医疗保障基金社会监督员制度》，建立健全社会监督机制，公开聘请了100名人大代表、政协委员、媒体代表及普通参保人员作为社会监督员。建立了覆盖省市县三级的社会监督员体系，充分发挥社会监督作用，营造全社会关注和维护医保基金安全的良好氛围。西藏自治区医保局召开基金监管社会监督员座谈会，进一步推动形成综合监管、联合惩治、社会共治的基金监管长效常治机制。

（2）矛盾纠纷化解方面

2022年，26个省份构建了医保行政复议及应诉制度，占所研究省份的86.67%。2022年，各省份高度重视医疗保障行政复议和应诉工作，严格落实相关制度规定，有效化解矛盾纠纷，涉及各省医疗保障局行政复议、行政诉讼案件数量较少。广东省医保局认真贯彻落实《广东省医疗保障局行政应诉和行政复议工作规定》，发挥行政复议救济主渠道作用。共收到行政复议申请1件、行政应诉案件1宗，经全面审查、调解后终止审查1件，撤回行政诉讼申请1宗。云南省医保局建立健全医疗保障行政调解工作机制，将化解医保纠纷矛盾关口前移，减少行政复议与行政诉讼数量。天津市、湖南省医保局认真履行行政复议答复职责，持续做好行政诉讼工作。通过依法委托相应的工作人员以及外聘律师出庭，确保诉讼案件有序应对，防范行政复议与行政诉讼风险。

2022年，28个省份认真落实医保信访处理与办结工作，占所研究省份的93.33%。2022年，各省份医保局通过强化责任落实、加大宣传引导、畅通投诉渠道、注重源头管理，有效提高医保服务能力，将医保信访工作的重点前移，进一步将各类矛盾纠纷处理在源头，及时回应群众诉求，有效预防化解矛盾纠纷。2022年，内蒙古自治区医保局受理办结人民网留言、国家医保局及自治区信访局、局官网局长信箱、政务服务集约化平台等8个工作平台及电话来信来访转办信访事项1100余件，在自治区信访事项历次通报中，受理率、办结率、满意率、参评率均为100%。广东省医保局对接国家医保局信访系统，及时分办国家转来的网上信访件，通过建立信访投诉管理制度，规范医保信访工作程序，畅通举报箱、电子邮箱、热线电话等多元监督渠道，更好响应医保民生问题。2022年共收到信访事项600件，当年回复办理587件。

同时，评估也发现了一些不足之处：部分省医保领域行刑衔接方面局限于地区医疗保障局与公安部门之间协作，缺乏市场监督管理部门、卫健部门等多部门协同治理，对医保领域监管合力不强；部分省医保局内控工作体系还不健全，内控工作覆盖率不高、强制性不足、预防功能有限、资源配置结构存在失衡；部分省医疗保障局法律相关专业人才力量不足，一旦遇到涉及医保领域行政复议与矛盾纠纷化解问题时，对外聘律师依赖度极高，缺乏兼备医保领域专业知识与法律知识的综合性人才。

7. 法治宣传与培训

法治宣传与培训一级指标包括医保法治培训与考核、医保法治宣传2个二级指标。其中医保法治培训与考核涵盖2个三级指标，医保法治宣传涵盖2个三级指标。

在法治宣传与培训方面有以下成效。

（1）医保法治培训与考核

2022年，28个省份医保局开展了多样化法治学习培训，占所研究省份的93.33%。2022年，各省份医保局重视法治教育，结合医保领域行政执法特点，综合运用新媒体、云课堂、线上线下相结合等多种方式开展各类法治专题培训。上海市医保局通过"线上+线下"的方式开展《行政处罚法》等专题培训，致力于通过多种方式吸引更多医保领域执法人员参与学习，以加强对执法人员的培训管理。甘肃省医保局邀请专家学者及"八五"普法团成员，开展党的二十大精神、习近平法治思想等专题讲座，确保医保领域执法人员法治观念同党中央保持高度一致。同时，甘肃省医保局举办药品集中采购、医保基金监管等业务政策专题培训，不断强化工作人员工作能力，提高依法行政水平。河南省医保局通过微信小程序开展日常法治学习以及理论测试，实现法治学习常态化。同时，省医保局组织开展基层法治队伍能力比武活动，评选法治能手，通过优秀执法工作人员辐射执法队伍，发挥榜样力量。

2022年，28个省份医保局开展了普法教育与考试考核，占所研究省份的93.33%。2022年，各省份医保局组织工作人员开展普法教育，加大普法力度、扩大普法范围。北京市借助"北京医保"微信公众号设置普法专栏，开展23场"法律十进"活动，在9个社区设置医保普法宣传阵地。通过多渠道开展普法教育，促进群众法律知识内化于心、外化于行，真正做到医保领域普法全覆盖。黑龙江省医保局制订《黑龙江医疗保障局"八五"普法工作计划》，将宪法、行政法、党内法规作为普法宣传以及考核重点，推动普法工作制度化发展，进一步提升执法人员依法行政水平。河南省医保局制订《河南省医疗保障系统法治宣传教育第八个五年规划（2021—

2025)》，组建河南省医疗保障"八五"普法讲师团（首批），壮大普法队伍。同时，省医保局举办"普法短视频"评审活动，激发工作人员参与普法活动积极性，推动普法教育活动有效开展。

（2）医保法治宣传

2022 年，30 个省份开展了多元化医疗保障法治宣传，占所研究省份的100%。2022 年，各省份医保局以习近平法治思想为指导，借助短视频平台、微信公众号、海报、宣传册等各类形式，多方位宣传医保领域各类法律知识，提高参保人员学法、守法意识。广东省医保局开展医保基金监管集中宣传活动，受到国家医保局发文表扬。活动期间累计发布信息、专题等超 8000 条，总阅读量约 612 万人次，播放宣传短片近 1330 万条次，浏览微博、微信公众号、参与线上答题近 656 万人次，网络直播观看人数近 16 万人次，曝光典型案例 2386 例。福建省医保局组织开展以"织密基金监管网共筑医保防护线"为主题的医保普法宣传月活动，全省医保系统共举办启动仪式 41 场，开办政策讲座培训 900 余场，现场咨询宣传活动近 300 场次，播放张贴各类宣传标语 11 万余条，发放宣传品 17 万余份，宣传活动极大提高了医保政策知晓度。黑龙江省医保局在全省范围内开展以"织密基金监管网共筑医保防护线"为主题的"十个一"集中宣传月活动，全省各级医保部门发放宣传品 45 万份，组织定点医药机构签订守信承诺书 2 万份，开展网络答题 12 万人次，营造了学法守法用法的良好氛围。上海市医保局借助民法典宣传月推动开展"自主学""就地学""专题学"等专题活动，不断加强民法典学习。在宪法宣传周组织医保领域执法人员进行宪法宣誓。同时，开展"进法院、观庭审、听讲评"活动，有效提高医保领域执法人员执法能力、强化法律意识。

2022 年，21 个省份建立健全了普法责任制，占所研究省份的 70%。2022 年，各省份医保局贯彻落实"谁执法谁普法"的原则，健全法治宣传教育工作机制，加强法治宣传力度，将法治宣传教育融入法治实践全周期全过程。广西壮族自治区医保局严格落实"谁执法谁普法"普法责任制，开展医保基金安全集中宣传，完善医保基金社会监督员制度，通过多种形式宣传民法典知识，不断加强普法宣传。西藏自治区医保局党政主要负责人亲自部署法治政府建设重要工作，局党组会议和局长办公会议研究部署普法宣传、权责清单编制、完善医保政务服务事项清单等法治建设具体工作，局党政主要负责人还多次对法治政府建设、普法责任制述职评议以及相关专项普法任务亲自过问、亲自督办，积极落实普法责任制。陕西省医保局严格落实"谁执法谁普法"普法责任制，加强党委（党组）理论学习中心组学法，做好领导干部集体学法工作。

同时，评估也发现了一些不足之处：部分省份医保领域法治培训覆盖范围和方式有待优化；医保法治教育不够灵活，普法责任制落实不到位，普法宣传教育群众参与度不足等问题。

8. 报告评价

报告评价一级指标包括作用领域、工作开展2个二级指标，其中作用领域涵盖4个三级指标，工作开展涵盖3个三级指标。本报告从二级指标展开进一步具体分析。

（1）作用领域方面

在作用领域方面，30个省医疗保障法治建设均涵盖了个人生活与行为、医保服务和生产生活环境三个方面，占所研究省份的100%。甘肃省医保局创新中医服务模式，开展互联网诊疗的定点中医医疗机构，按规定与统筹地区医保经办机构签订补充协议后，将其提供的"互联网+"中医药服务纳入医保支付范围。上海市医保局推动职工医保门诊共济保障机制改革，加强医疗救助兜底保障，深化长期护理保险制度，根据各项制度改革完善进程，及时评估清理规范性文件，做好立改废工作。

（2）工作开展方面

在工作开展方面，30个省医疗保障法治建设均总结了事实依据和工作目标，占所研究省份的100%。24个省份医疗保障法治建设提及了工作成效，占所研究省份的80%。山西、辽宁、吉林等省份医保局以习近平新时代中国特色社会主义思想为指导，深入学习贯彻落实党的二十大精神，推进医疗保障法治建设进程。

9. 报告公开

2022 年在报告公开方面，有 30 个省份的医疗保障法治政府建设报告是主动公开或者依申请公开，占所研究省份的 100%。

（六）完善建议

1. 机构建设与政务服务方面

一是全面落实《党政主要负责人履行推进法治建设第一责任人职责规定》要求，充分认识医保法治建设工作重要性，做好医疗领域党政主要负责人述法评议工作。通过述法评议切实总结医保法治建设工作，发现短板、做好整改、接受公众监督促进整改，进一步提升医保法治建设成效。二是持续优化医疗领域政务服务事项标准化建设。进一步明确各级医保管理机构职权、科学构建医保服务事项科学分类、规范服务质量与流程标准，强化医保部门协作与数据共享机制，通过标准化建设推动医保政务服品质升级。

2. "放管服"改革与职能转变方面

一是加快推进医保系统省级统一智能监管系统应用，结合各地区实际情况找准医保基金监管的困点、难点、堵点，运用大数据、人工智能等技术，编制有针对性的医保监管规则，实现对医保基金全方位、全流程、全环节智能监控。二是持续优化医保领域营商环境。进一步优化医保服务事项的"一网通办""一窗通办"，增加医保服务便民度；积极探索医保领域信用管理体系建设，加强对承诺告知事项的后续监管，改善市场环境、激发市场活力。三是对标国家医疗保障局改革部署与其他地区先进做法，从制度层面不断完善医保领域法治建设与公共服务规范水平，进一步推动医保服务提质增效。

3. 健康法规体系方面

持续推进医疗保障地方立法进程，进一步夯实医疗保障法治基础。继续深入开展医保立法调研，倾听各类服务对象、权利义务主体对医疗保障立法工作的意见和建议，形成较为成熟的立法调研成果。全面落实行医保政规范性文件合法性审核机制和备案审查制度,加强医保规范性文件管理,认真开展医保规范性文件制定、审查、备案,根据各项制度改革完善进程,及时评估清理规范性文件,稳妥做好立改废工作。继续推动职工医保门诊共济保障机制改革,加强医疗救助兜底保障、深入推进长期护理保险制度实施。密切关注国家医保局立法动态,积极配合国家医保局完成立法过程中相关调研、征求意见等工作,构建完善医疗保障领域各项制度体系。加强医保法制审核工作,对于医保重大决策、规范性文件、涉及市场主体经营活动的政策措施、重大行政法决定等重点内容,做到无法制审核不上会、不公开。

4. 行政决策法治化方面

一是积极推广大数据、人工智能能技术在医保决策领域运用,以信息技术赋能医保行政决策,充分运用医保领域现有海量数据,运用预测模型精准判断风险大小和等级,进一步提升医保领域重大行政决策的科学性与前瞻性。二是逐渐规范医保领域评审论证专家资格审查,统一专家库遴选、评估、建设标准,推动医保领域重大行政决策专家论证有效性,提升决策论证质量和效能。三是做好医保重大行政决策全过程数字档案记录,提高数字档案建立规范性,落实医保重大行政决策责任追究制,推动医保领域重大行政决策法治化、科学化。

5. 行政执法与监管方面

积极与各地编办部门沟通,增加医保行政执法编制数、加大对医保行政执法人员岗位培训与实操实训力度,落实执法责任制,进一步充实医保专业行政执法队伍。进一步强化医保管理服务协议纳入行政协议管理,不断强化部门间的协作,减少多头管理与相互推诿现象。积极推广部分省医疗保障局柔性执法先进经验,强化医保领域行政管理事前预防管理。深化医保领域行政执法案卷评查工作,推动结果转化应用,促进体制机制规范与干部专业能力促进,进一步提升医保领域行政执法办案质量。定期组织开展医保行政执法人员培训班,以案例分析、情景演示、角色扮演等多种方式,生动形象地解决执法人员面临的实际困惑,提出执法监管新思路、新方法。

6. 行政权力监督与矛盾化解方面

进一步深化各省医保部门与公安、检察、市场监管等多部门协作，就医保领域日常监管、刑事打击标准、监管范围、移送材料标准等确定统一规范体系，确保医疗市场监管有效性，加大对医保领域犯罪行为的打击力度。健全医保内控工作体系，进一步明确内控组织架构、岗位职责与内控制度刚性，加大医保领域内控监督力度，充分发挥内控自我管理作用。推动加强医保专业法律人才队伍培养，建立完善医保领域法治人才库，构建多层次人员理论与实践培训体系，不断提高医保领域法治人才专业能力与矛盾纠纷化解能力。

7. 法治宣传与培训方面

强化医保法治宣传教育，营造遵法守法氛围。建设"线上＋线下"医保普法宣传阵地，以"党建＋普法""基金监管＋普法""医保服务＋普法"等多种方式，推动医保领域法律法规政策进机关、进社区、进医院、进药店等。严格落实医保党政机关主要责任人第一责任人职责和普法责任制，把普法工作融入医保依法行政全过程和各方面，在全社会营造知法、守法、学法、护法、用法的良好氛围。加强医保案例收集和定期发布机制，积极做好"以案释法"，进一步提高群众对医疗保障法律法规政策的知晓度、认可度和支持度。认真贯彻落实法治宣传教育第八个五年规划（2021—2025年）文件，全面提高医保系统干部法治思维和依法行政能力。进一步构建多方联动的医保法治宣传与行政执法体系，推动法治建设的整体效应。落实领导干部学法用法制度，积极邀请各高校法学专家教授进行医保法治专题讲座，持续提高领导干部法律意识和法治素养。

专题报告

风险理念转变下老年健康风险治理模式的法治塑造及其评价

王三秀[*]

摘　要：老年健康风险的有效治理是当今我国提升人民健康素质的内在要求和应有之义。风险理念的转变为老年健康风险的识别与应对提供了新启示，并蕴含着老年健康风险应对的法治化需求逻辑。法治化要求存在价值目标、基本属性、内容构成及效果保障四个方面的要素特质。从现实看，存在有立法价值、规范设计及实践等缺失，并伴随多种不利影响。基于此，应通过观念基础转变、相应立法创新及风险治理实践方式优化，塑造和形成老年健康风险治理法治化实践模式。同时形成相应的塑造效果评价体系，以促进新型老年健康风险治理模式的有效实践与不断完善。

---

[*] 王三秀，湖北品牌发展研究中心（文华学院）副主任，华中科技大学社会学院教授、博士生导师；基金项目：2020年国家社科基金项目"社会治理重心下移背景下农村环境治理机制创新研究"（20CZZ019）。

中国健康法治发展报告（2023）

关键词： 风险理念转变　老年健康风险治理　法治模式塑造　评价体系

一　问题的提出

党的二十大报告明确提出"把保障人民健康放在优先发展的战略位置，完善人民健康促进政策"①。普遍提升人民健康素质是我国当今实现人口高质量发展的重要内容和目标。对此我国已通过多项政策制度加以强调。《中华人民共和国国民经济和社会发展第十四个五年规划和2035年远景目标纲要》特别提出，要发挥制度优势，提升治理效能，弥补民生保障存在的短板。2023年中共中央办公厅、国务院办公厅印发《关于进一步完善医疗卫生服务体系的意见》强调："把保障人民健康放在优先发展的战略位置，坚持预防为主的发展目标。"对于具体实践方式，《关于进一步完善医疗卫生服务体系的意见》《健康中国行动（2019—2030年）》及《"十四五"国民健康规划》等多项政策提出注重疾病预防的积极主动的健康治理策略。这实际上就是突出疾病风险的主动防范识别与化解，即健康风险治理。而在此过程中，完整、准确和全面地应对老年健康风险，并将其融入新时期的健康风险格局治理中，对创新治理模式具有关键意义。随着人口老龄化步伐的日益加快，老年健康风险的有效识别与应对是这一过程需要面对的突出问题之一。根据《"十四五"健康老龄化规划》，我国目前78%以上的老年人至少患有一种慢性病，失能老年人数量将持续增加。第七次全国人口普查数据显示，农村60岁和65岁及以上的老年人比城镇相应年龄段的老年人比重分别高7.99%、6.61%，农村将率先进入超老龄化阶段。我国《"十四五"健康老龄化规划》在基本原则中明确提出了"推动老年健康服务高质量发展"的目标，能否达到这一目标，老年健康风险治理模式的选择与应用又成为关键因素。

老龄化造成的风险被学者称为新风险，以区别于传统的社会风险，这

---

① 习近平：《高举中国特色社会主义伟大旗帜　为全面建设社会主义现代化国家而团结奋斗——在中国共产党第二十次全国代表大会上的报告》，人民出版社2022年版，第49页。

意味着因老龄化加快与加深使老年健康风险因素更具复杂性和特殊性，对风险治理中法治问题探索就成为客观要求。此理念目前也已成为国际健康治理的新关注点，2023年第76届世界卫生大会通过的《实现福祉：利用健康促进方法将福祉纳入公共卫生的全球框架》特别强调了风险导向的疾病预防赋权增能政策导向。近年来，我国城乡老年人的疾病医疗干预服务获得了较快发展，但预防为主的老年健康风险的识别与治理仍是较为薄弱的环节，亟待深入关注并进行创新实践。

近年来我国一直高度重视社会风险治理的法治化问题。习近平总书记在2019年"省部级主要领导干部坚持底线思维，着力化解防范重大风险专题研讨班"开班式的讲话中就强调，要强化风险意识，提高风险化解能力，透过现象把握本质，并将法治思维作为其中重要思维，特别要求完善风险防控机制，建立健全风险研判机制、决策风险评估机制、风险防控协同机制、风险防控责任机制。[①] 这些都与相关立法创新建设及其实践具有紧密的联系。我国《法治社会建设实施纲要（2020—2025年）》也提出"增强人民群众获得感、幸福感、安全感"。提升人民健康水平是其中应有内涵。此纲要要求到2025年，社会领域制度规范更加健全，形成符合国情、体现时代特征、人民群众满意的法治社会建设生动局面，为2035年基本建成法治社会奠定坚实基础。党的二十大报告强调了"推进多层次多领域依法治理，提升社会治理法治化水平"[②]。完善社会重要领域立法，其中就包括完善医疗卫生及老年人健康权益保障方面的法律法规。《"健康中国2030"规划纲要》在第二十五章中也特别提出要加强健康法治建设。《"十四五"健康老龄化规划》明确提出，以保障全体老年人健康权益为出发点，不断深化体制机制改革，确保老年健康服务公平可及，由全体老年人共享。以上政策精神的有效落实，都需要将老年健康风险应对纳入法治范畴进行理论探索和实践。

---

① 《习近平在省部级主要领导干部坚持底线思维着力防范化解重大风险专题研讨班开班式上发表重要讲话》，中国文明网：http://www.wenming.cn/ldhd/xjp/pic/201901/t20190131_4993927.shtml，2019年1月22日。

② 习近平：《高举中国特色社会主义伟大旗帜 为全面建设社会主义现代化国家而团结奋斗——在中国共产党第二十次全国代表大会上的报告》，人民出版社2022年版，第49页。

从学界研究看，目前对老年健康风险及应对问题已有一定的探索。在风险致因方面，老年健康风险受到营养、运动行为、生活方式、医疗服务以及教育水平[1]等因素的影响。在如何应对老年健康风险方面，有学者认为，老年风险不能仅依靠养老保险来应对，而需要发展应对各种风险的老年服务体系，从而实现养老保障资源功能发挥的最大化。[2] 政府责任还应与公民授权相结合，并要求政府通过公共健康政策保护他们免受健康风险。公民个体也需要具有社会责任感。[3] 政府健康风险管理策略包括支持患者和家庭决策，支持社区决策，激励志愿者参与，注重收集关于健康风险的相关数据，发展健康风险信息共享网络。[4] 将老年保险服务、照料服务、健康服务、医疗服务列入现代服务业，逐步培养和建设一支为老服务的职业化日常看护、医疗保健、心理咨询和辅导服务队伍。[5] 有学者强调逐步提升卫生健康服务资源的公平性，建立适应当地特点、优质高效"均等化"的医疗卫生服务体系，并提高老年群体的自我健康管理意识与能力。[6] 在健康风险应对方式方面，有学者提到服务能力的韧性化。[7] 韧性治理强调内容、网络、认知和功能四个维度相互耦合、有机互动构成的一个整体，以建设更有韧性的风险治理体系。[8] 韧性治理

---

[1] Qinghua Xia et al., "Factors Associated with Balance Impairments in the Community-Dwelling Elderly in Urban China", 23 *BMC Geriatr*, 545 (2023).

[2] 丁建定：《论中国养老保障制度与服务整合——基于"四力协调"的分析框架》，《西北大学学报》（哲学社会科学版）2019年第2期。

[3] Taejun Leea, "Hyojung Parkb, Junesoo Lee, Collaborative Accountability for Sustainable Public Health: A Koreanperspective on the Effective Use of ICT-based Health Risk Communication", 36 *Government Information Quarterly*, 226–236 (2019).

[4] Taejun Leea, "Hyojung Parkb, Junesoo Lee, Collaborative Accountability for Sustainable Public Health: A Koreanperspective on the Effective Use of ICT-based Health Risk Communication", 36 *Government Information Quarterly*, 226–236 (2019).

[5] 裴红卫：《中国式现代化视域下推动人口高质量发展的实践路径——以吉林省为例》，《行政与法》2024年第2期。

[6] 苏彬等：《甘肃省老年人卫生服务利用现状及影响因素研究——基于安德森模型》，《卫生经济研究》2024年第2期。

[7] "Urban Resilience", In: Pasman H. J., Kirillov I. A. (eds.), *Resilience of Cities to Terrorist and other Threats*, NATO Science for Peace and Security Series Series C: Environmental Security, Springer, Dordrecht, 273–298 (2008).

[8] 易承志、黄子琪：《风险情境下城市韧性治理的逻辑与进路——一个系统的分析框架》，《理论探讨》2023年第1期。

有利于成功防御与吸纳某些短期风险，但也需要克服其可能存在的方法论不足和内涵模糊性等缺陷。[①] 应更加关注多样性、适应性、创新性、迅捷的反馈能力。[②]

以上研究颇具启示意义，不难看出，从老年风险应对法治化角度进行的探索还比较稀缺。但从某种意义上说，这种探索更具有根本性意义，在当今我国全面推进依法治国的背景下，一切主体的行为都要依法进行。基于此，本文试图着力于探索风险理念转变下老年健康风险治理中，存在怎样的法治化需求逻辑？这种法治的实践要素构成如何？目前实践中存在怎样的实际问题及造成了哪些不利影响？如何有效塑造新型老年健康风险法治化治理模式以应对现实问题？这一塑造的效果如何评价？这些探索可有效弥补此方面研究的缺失，促进我国老年健康法治建设，也为加快健康中国战略实施和实现积极与健康老龄化提供新的理论观念和实践策略。

二 风险理念转变与老年健康风险应对的法治化需求机理

（一）风险理念转变及其对老年健康风险识别应对的新启示

对于社会风险问题，西方学者较早地给予了关注，如德国学者贝克和英国学者吉登斯与彼得·泰勒-顾柏等。随着研究领域的不断拓展，关于社会风险的研究视角与议题也在不断变化。梳理和分析国外社会风险整个研究不难发现，从贝克、吉登斯到彼得·泰勒-顾柏等人的研究存在一个明显转变，贝克、吉登斯更多侧重风险社会一般特征的研究，如社会机制的崩溃、生态的破坏、核冲突及可获得资源的有限性等形成风险[③]。这种角度的风险研究与反思现代性相联系，风险是"系统地处理现代化自身引致

[①] 文军、胡秋爽：《城市韧性治理的不确定性困境及其应对》，《福建论坛》（人文社会科学版）2024年第2期。
[②] 刘成斌、万可歆：《风险社会中社群团结的嬗变逻辑》，《学海》2021年第4期。
[③] ［英］安东尼·吉登斯：《现代性的后果》，田禾译，译林出版社2011年版，第150页。

的危险和不安全感的方式"①。风险文化理论认为，现代社会风险并非制度主义的社会秩序，凸显的是一种文化现象。②从在风险应对策略看，主要改变现代性及决策内容与方式，因为"风险取决于决策；它们以工业化方式被生产，并在这个意义上具有政治上的反思性"③。而彼得·泰勒-顾柏更加注重研究社会特殊群体的风险，其中重要方面是老年健康风险。所以其研究的风险又被称为新风险，以凸显风险人群形成原因以及应对策略的特殊性，这种新风险研究及其风险理念转变对我国老年健康风险认知及治理研究具有不小的启示意义，主要包括：

第一，应将老年健康风险作为当今我国社会的主要风险形态之一。总体看，新风险理念对风险人群认识更加具有多样化和个性化，特别是关注弱势人群风险情形，"新风险产生新的利益群体，他们同旧风险相关人群交叉，情况更复杂"④。作为新风险的主要人群，老年人及残疾人存在自身及社会资源获得上的弱势性，比社会其他人群更容易陷入健康风险，更值得关注。

第二，实现对老年健康风险形态识别认知方法的转变。对于风险因素的分析，应将一般社会分析到社会与个体情境考量的有机整合。一方面，应注重风险因素识别的精细性。需转变健康风险因素识别较多聚焦于公共卫生事件、食品安全等思维，更加注重基于老年人脆弱特质或生命历程特点可能导致的其他健康风险因素，如因丧偶、意外失去子女或家庭信任危机而可能带来健康风险等。另一方面，应强调识别新方法的引入与运用，如注重整体方法的运用。这需要突破仅关注表层风险因素识别的思维，注重深层的风险因素识别。表层风险因素识别思维主要指较多局限于老年因年龄或是否有基础病等原因形成风险因素的认识。实践上，老年健康风险往往还存在较多的深层风险因素，例如老年人自我健康参与的意识不强和

---

① ［德］乌尔里希·贝克：《风险社会》，何博闻，译林出版社2004年版，第19页。
② 张广利、王伯承：《西方脉络与中国图景：风险文化理论及其本土调适》，《湖北民族学院学报》（哲学社会科学版）2017年第1期。
③ ［德］乌尔里希·贝克：《风险社会》，何博闻，译林出版社2004年版，第225页。
④ ［英］彼得·泰勒-顾柏编著：《新风险 新福利：欧洲福利国家的转变》，马继森译，中国劳动社会保障出版社2010年版，第7页。

参与机会及能力不足,所以"生活参与"是健康老龄化政策框架的核心内容。而更加深层次的风险因素则涉及相关立法供给及实践情况,这种多层次结合的风险识别的整体性思维,不仅能够对风险因素认识更加全面,而且能够通过对深层因素的识别而使治理效果更具有长效性。

第三,应注重风险治理策略的转变。新风险研究者的一个重要方法与理论倾向是,对风险因素从宏观社会思考到个性化考量,并注重相关立法创新与实践,以此鼓励和提供不同选择来满足特定个人及家庭防范陷入风险的需求,促进家庭生活方式的积极变化;不依赖大量政府财政支出,而是强调弱者进入劳动力市场的平等权,实现家庭照护和工作的平衡以提升家庭应对风险能力等。从本质看,新风险福利政策主要关心的是动员群众提高竞争力,扩大机会,改变行为和对责任的预期。[①] 可见,新风险理念不仅实现了风险认识理念的转变,也为各种风险应对问题的研究及实践提供了新思路。国外已有不少具体实践,如2003年芬兰通过修订劳动法,使雇员在安排照顾他们父母时享有临时的请假权,使那些照顾年迈父母的人可以选择缩短工时,同时提供照顾和服务的计划。

综上可见,在老年健康风险治理中,除了在风险认知、识别及治理策略上创新,相关立法创新制定及其运用成为影响治理效果的关键因素,其重要原因在于,相关立法不仅是最重要治理资源,而且其实践应用将带来一系列创新转变,包括对治理各参与主体法律赋权增能,明确其治理责任,增加其依法治理主动性,避免治理碎片化,依法提升合作治理能力效果,实现治理整体性等。同时,借助立法及其实践运用实现从粗放非均衡治理向精细化均衡性治理转变等。以上的创新转变客观上蕴含着一种新型法治化建构逻辑。

(二) 风险理念转变下老年健康风险应对法治化逻辑机理及要素

风险理念转变蕴含着对老年健康风险治理的法治化需求逻辑,并具有

[①] [英] 彼得·泰勒-顾柏编著:《新风险 新福利:欧洲福利国家的转变》,马继森译,中国劳动社会保障出版社2010年版,第9页。

特定的法治实践要素及内涵。

第一，彰显风险应对的公平与可持续性。风险理念转变有益于充分细致地把握老年风险人群的差异性。从关注普通人群到特殊人群风险的理念转变，不仅要求精细治理，而且体现公平性。公平性意指治理过程的均衡展开与效果公平，避免在城乡或区域之间形成明显差别。切实使每位老年人都能享有公平可及的健康风险治理服务，进而获得健康而有质量的生活水平。公平性的核心问题是健康权利的公平保障。从世界卫生组织对健康的定义看，"健康不仅为疾病或羸弱之消除，而系体格、精神上的完满状态以及良好的适应力"。该定义中健康被视为多层面的，对健康权利往往有着重要影响。健康权利主要包括两大类型：与"保健"有关的权利，主要是治疗保健与预防保健权利；与健康保障基本前提相关的权利，如安全饮水、适当卫生设备、适当的营养、健康有关的信息、环境卫生及职业卫生等权利。[1] 老年健康风险应对中，法治化治理公平的核心问题是公平赋权。根据赋权理论，赋权研究包含外部和内部两种逻辑，外部逻辑注重帮助弱势群体通过外部赋权获得资源，改善不利的社会地位；内部赋权逻辑主要是通过专业服务激发个体的内生动力。其中法治建设成为关键因素，因为权利最终需要法律赋予和实践保障。所以在理念上，积极老龄化倡导"以需求为基础"转变为"以权利为基础"，将老年人从一个被动目标转变为一个主动目标。[2] 健康、参与和保障构成了积极老龄化战略三大支柱，其中老年健康权利的有效保障又需要与法治有机结合，这是老年应对健康风险具有长效化、公平化的基本保障。换言之，彰显风险应对的公平与可持续性兼具，是风险理念转变下老年风险应对法治化的必然逻辑要求。

第二，形塑风险应对治理的整体性。目前老年健康风险的呈现多样性、叠加性及致因复杂性等特质，这内在地要求利用系统性与整体性观点看待老年健康风险问题，并以法治实践促进老年健康风险治理的整体性。

---

[1] 蔡维生：《健康权论》，载徐显明主编《人权研究》（第五卷），山东人民出版社2005年版，第235页。

[2] World Health Organization, "Active Ageing: A Policy Framework", available at https://apps.who.int/iris/handle/10665/67215.

这种整体性主要包括以下两方面的含义：一是健康风险来源的整体性。风险形成因素通常不是单一的，而是多重的和相互交织影响的状态，需要整体识别治理，如老年人收入不稳定、身体机能逐渐退化、不利生活环境和照顾需求难以满足、慢性疾病长期存在，健康自主能力不足等，都可能成为健康风险来源，对其加以整体性应对才能获得预期效果。二是治理行动的整体性。这意味着政府、社会组织、家庭等多主体共同参与，形成整体性治理行动以避免主体分割形成的治理低效问题。目前从单一的政府福利转向多主体参与提供的福利多元主义，已成为福利有效提供的共识性策略，单单依靠政府主体往往难以实现预期的政策目标。老年健康风险治理中福利服务提供同样如此，对此《中共中央、国务院关于卫生改革与发展的决定》已加以明确。学者研究中也提出，必须借助整体论的视角对老龄化进行研究，包括养老保障、公共卫生与医疗保障、住房保障、社会救助、长期照护、社会福利以及权利与机会保障等。[1] 就具体实践而言，从基层政府看，主要涉及风险治理的财政支持能力、专业服务购买能力以及各种资源整合能力等；从社区及老年服务机构看，应结合自身与老年人联系密切的特点，形成更加精细化的治理内容；从家庭看，需要着力于在识别化解家庭内部疾病交互影响的风险方面赋能。基于家庭空间及家庭成员间接触密切以及老年人疾病风险更高的特点与情形，注重家庭决策参与风险应对的作用。[2] 从法治化角度看，意味着通过依法赋权使家庭具有发现、控制及形成应急处置老年健康风险方案的能力，家庭的赋权意味着除获得必要福利权益保障外，还包括建立信心和发展技能等；[3] 从老年人个体看，通过立法赋权获得更多地提升自身健康风险应对的能力。而各主体

---

[1] 林闽钢：《老年福祉的多样性与迭代更新——基于老龄文明视角的考察》，《社会科学研究》2023年第6期。

[2] Taejun Leea, Hyojung Parkb, Junesoo Lee, "Collaborative Accountability for Sustainable Public Health: A Koreanperspective on the Effective Use of ICT-based Health Risk Communication", 36 *Government Information Quartorly*, 226 – 236 (2019).

[3] [英] Robert Adams：《赋权、参与和社会工作》，汪冬冬译，华东理工大学出版社2013年版，第237页。

相互协作和整体行动也需要相应的法治化，以明确协作权责关系保障可持续效果。

第三，保障风险治理的稳定性。这种稳定性主要包括三方面：一是治理效果的稳定性，体现老年健康风险应对的规范化要求。二是基于相关立法形成对治理老年健康风险的制度支持。从国外实践看，在新风险研究影响下，不少国家加大对老年人和残疾人服务居家照顾、人力资本建设及健康服务等支出比例，这种政策设计与实践模式带来了积极效果，颇具启示意义。三是改善应对风险治理的质量。为此，需要通过顶层立法创新设计与具体制度创新有机结合，形成老年健康风险因素监测、调查和风险评估的立法规定。同时注重增强相关制度的整合衔接，消除目前老年健康风险治理的短效化现象。有了相应立法规范及其实践，我国目前政策强调的促进优质医疗资源下沉、城乡与区域健康资源共享的政策精神，才能得到有效的落实，进而实现城乡与区域老年健康风险治理均衡而稳定展开。

第四，实现风险应对的长效性。以长效机制实现可持续性，是老年健康风险治理法治化的必然逻辑和实践优势，长效性的核心问题不仅是量上的保证，更注重提升质量。从管理学角度看，长效机制的建构依赖动力要素、衔接要素、协调要素和保障要素的共同作用，从而保持各个单元的有效运转。[①] 从法治角度看，意味着强调老年健康风险法治实践必要的要素支持。包括把握老年风险致因结构的复杂性基础上，形成消除健康风险深层问题的立法规定，在保障老年人健康权利、参与机会、获得治理资源途径等方面，通过立法完善与实践来解决。目的在于通过法治化发挥老年人在实现自身健康风险应对中实质性自由和功能。[②] 从而能在风险应对中获得内

[①] 庞明礼、杜其君：《公共治理长效机制的建构逻辑》，《中国特色社会主义研究》2023年第5期。

[②] 根据印度著名学者阿马蒂亚·森可行能力理论，"可行能力的视角聚焦于他们有理由珍视的那种生活，以及去扩展他们所拥有的真实选择能力也即实质自由"。参见［印］阿马蒂亚·森《以自由看待发展》，任赜、于真译，中国人民大学出版社2013年版，第85页。依此理论，老年人健康实质自由或功能缺乏可视为其健康风险发生根本原因之一，也是更深层次的风险因素。

源动力，因为健康赋权能够通过权利赋予及利益的强调增强人的主动性，通过开发和利用自身内在能力，能够在控制疾病风险和改善患者预后方面发挥积极效用。[①] 从参与治理主体角度看，通过立法确立基层政府、老年健康服务机构、社区、老年自身及其家庭各个治理参与主体的权利与责任，依法优化实现治理长效性的主体参与要素。

基于以上分析，可将风险理念转变下老年健康风险治理应对的法治化模式的概念要素及其概括依据归纳如表1所示：

表1　风险理念转变下老年健康风险治理法治化模式概念要素

要素构成	要素含义	概括依据
价值目标要素	促进老年健康风险治理公平化，实现老年人整体健康	健康法治价值理论、整体健康理论
基本属性要素	福利治理形态及健康福利的具体实践	以政府为基本主体的健康风险治理的政策属性，福利多元主义在老年健康服务中的创新实践
内容构成要素	老年健康风险识别及其治理的全面法治化	风险理念转变下的风险治理及健康老龄化蕴含的法治需求
效果保障要素	通过法治化塑造形成老年健康风险治理的公平性、整体性、稳定性和长效性	老年健康风险治理应对的法治回应蕴含的逻辑及其实践特质

三　风险理念转变下老年健康风险应对中法治化问题审视

（一）目前老年健康风险治理立法规制存在的缺失

老年健康风险治理的法治化涉及价值、规范以及实践等方面，其中价值是基本指引，规范是前提，实践是效果保障。我国建设健康中国战略提供了基本的价值指引，在立法规范及实践中，我国现行《基本医疗卫生和健康促

[①] Neuhauser D., "The Coming Third Health Care Revolution: Personal Empowerment", 12 (3) *Qual Manag Health Care*, 171–184 (2003).

进法》《精神卫生法》《老年人权益保障》等强调了疾病防治结合，体现了对健康风险治理化的高度重视，但从具体立法及实践看还存在以下不足。

1. 立法价值建设滞后

我国相关健康促进政策明确规定了公平可及等价值目标，但在立法价值建设上仍存在滞后等问题。第一，对健康公平价值目标缺乏细化，不利于具体实践落实。实际上，健康风险应对治理的公平有两个方面的具体含义：一是以相关的法律和公共政策作为保障，使健康风险治理服务资源人人可公平享有，避免资源提供的不均衡、歧视或边缘化现象。二是对困境老年人给予特殊支持，并提供相应的资源及其立法保障，主要是对落后地区农村和社区的老年人倾斜支持。目前来看，以上价值尚未在老年健康风险应对中得到具体明确体现。第二，对立法建构价值强调不足。根据印度著名学者阿马蒂亚·森的制度工具性价值和建构性价值的分析框架，工具价值强调政策制度的社会效果，建构性作用主要指对弱者自身的文化价值与能力的建构和改变，后一种价值的实践在应对个人困境或风险中具有根本性的作用，因为"建构性的作用是关于实质自由提升人们生活质量的重要性"[①]。阿马蒂亚·森所谓的"实质自由"即个人行为实现自身目标的可行能力。以此分析，可以发现我国当前健康风险治理的相关立法存在一种明显的工具价值观，"建构性作用"实践不足。例如，缺乏如何使个人成为第一应对健康责任人的具体制度措施，对个人健康风险应对潜能激活重视不足。对这种立法建构价值的重视不足也进而造成相关立法发展滞后问题。

2. 立法内容存在缺失

主要体现在，其一，对促进非医疗健康资源运用立法缺失。所谓非医疗健康资源，主要指促进健康的基础设施与活动条件，如健身锻炼场所环境、运动器械及健康知识讲座的提供等，这些资源能够在风险应对中发挥特殊作用。目前这些资源发展有限，种类单一，发展与利用不平衡，农村地区发展滞后。其中重要原因是相关立法保障缺乏，特别是相关责任主体不清及经费

---

① [印] 阿马蒂亚·森：《以自由看待发展》，任赜、于真译，中国人民大学出版社2013年版，第30页。

支持保障不足。其二，对政府之外的资源整合立法重视不足。未能形成有效的家庭与社区立法，促进家庭和社区资源有效参与到老年风险治理中。比较而言，在国外已存在不少相关立法，如韩国《国民年金法》规定赡养 60 岁以上的父母或二级以上残疾父母的公民，政府可支付附加年金，而我国在以细化激励措施动员整合家庭资源参与方面尚重视不足。我国《社会救助暂行办法》规定了县级以上地方人民政府应当发挥社会工作服务机构和社会工作者作用，为社会救助对象提供心理疏导等专业服务，但如何将以上规定具体落实并不明确。其三，治理参与主体权责制度规范存在缺陷。目前基层卫生健康、民政与老龄等部门普遍存在任务重、工作经费少、人员不稳定及专业人才缺乏等问题，直接制约了相关立法或政策的执行能力，各主体之间衔接协作关系亟待改善。从现实情况看，不少地方民政部门、老龄工作部门、健康卫生部门与残疾人机构等健康服务信息未能有效衔接，数据共享交换也存在一定困难，其根源也在于立法保障不足。

3. 立法结构存在缺陷

主要体现为顶层立法存在不足，专门立法存在缺位，相关立法衔接整合不足，难以发挥整体效应。《基本医疗卫生与健康促进法》虽然涉及保障公民享有安全有效的基本公共卫生服务，但在老年健康风险治理方面支撑不足。对社会参与老年健康风险治理应对的立法重视不够。从国外经验看，英国 1990 年的《全民健康服务与社区照护法案》规定由地方政府社会服务部门负责各种服务资源的责任，并以具体项目或制度实践激活社区服务资源，目前我国尚缺乏这种立法。在专门立法方面，日本政府为应对老年健康风险，形成了以《高龄者医疗确保法》《癌症对策基本法》及《自杀对策基本法》等法律为核心的制度体系，颇具成效。但我国目前还缺乏此类有针对性的立法规范。

（二）老年健康风险治理立法规范缺失造成的不利影响

1. 老年健康风险应对能力非均衡化

2013 年《国务院关于促进健康服务业发展的若干意见》就以专项政

策形式强调对我国健康服务资源配置均衡,即"统筹城乡、区域健康服务资源配置,促进均衡发展"。在健康中国建设进入深化实施阶段后,我国已有多种相关健康促进政策对此加以强调,《"健康中国2030"规划纲要》特别提出要"逐步缩小城乡、地区、人群间基本健康服务和健康水平的差异"。但从实践看,以上政策虽然已取得了一定成效,但由于立法滞后,政策规定过于原则,老年健康风险应对能力非均衡化问题仍然十分突出。以我国重点防控的慢性疾病高血压为例,有学者对城乡居民高血压患病知晓情况进行研究,发现城市重点慢性病患者对自身所患病种的具体指标知晓情况依旧优于农村居民。[①] 基层医疗机构的全科医生资源明显欠缺,尤其是农村地区基层健康卫生人员数量不足,这使服务农村居民的健康风险治理应对能力更为有限。农村地区存在专业医护人员流失的问题,不少乡村医生和卫生员数量难以满足村民的全面健康服务需求,且服务能力不足问题较为突出,制约了城乡老年健康风险治理的均衡展开。

2. 健康风险治理主体作用发挥不充分

从家庭医生签约服务看,这种服务方式是老年健康风险治理的有效措施。但从实践看,不少地区的家庭医生签约服务目标尚未真正落实,农村老年人健康风险应对主体协同应对不足,从而影响应对效果。[②] "互联网+"智慧健康新实践模式在老年健康风险治理方面能够发挥特殊作用。深入推进大数据与健康服务资源的深度融合,有利于打破城乡隔膜,增强城市优质健康服务资源服务的快捷性。但也因为缺乏健全相关立法制度,在健康信息平台建设、整合统筹老年的健康风险信息数据资源、参与资源共享运用等方面缺乏有效立法保障,效果还十分有限,专门机构在以精准措施跟踪评估及以应对老年健康风险方面的能力就更为薄弱。

[①] 姚溪、裴晓婷、曲哲:《1991—2015年中国成人高血压患病率、知晓率、治疗率、控制率的变化趋势及其影响因素研究》,《中国全科医学》2022年第7期。

[②] 刘芳:《农村居民"健康堕距"问题的社会学成因与治理对策》,《东岳论丛》2019年第11期。

3. 老年健康风险中的经济压力难以化解

虽然我国老年健康服务已取得不小成效，但因不利生活环境、健康服务资源供给不足、传统重治疗轻预防观念及家庭照护能力不足等不利因素的影响，老年人特别是农村老年人健康风险问题依然十分突出。相对困难的家庭或老年人在患重大或慢性疾病健康权受到威胁时，仍存在较大的支出压力，不少地方虽然已开始制定实施支出型贫困救助帮扶制度，但细化执行立法还不够健全，小病未及时医治而拖成大病问题仍普遍存在。《"十四五"健康老龄化规划》显示，我国现有9%的居家养老的老年人失能，尚有54%的老年人部分照料需求未能完全满足。① 这与目前老年健康风险应对治理的法治化发展不足有着直接关系。

四 风险理念转变下老年健康风险治理法治化模式的三重塑造

风险理念转变下老年健康风险法治模式的塑造需要多种因素的支持和保障，本文认为主要包括以下三重路径。

（一）观念基础转变塑造

在关注因为环境污染、公共卫生事件和资源短缺引发的老年健康风险与治理挑战的同时，更要在立法上关注老年人的人口特征、服务缺陷和资源分布运用与老年健康风险的联系。通过法治观念创新发挥治理主体潜力，改善健康资源生产与利用方式，使应对风险手段更具韧性和可持续性。在确定任何特定人群需求时，必须考虑其生活方式、文化和价值观系统，考虑所帮之人的身体、情感、认知、社会和精神属性。② 因此，我国

---

① 曹杨、MOR Uincent：《失能老年人的照料需求：未满足程度及其差异》，《兰州学刊》2017年第11期。
② 黄晨熹：《社会福利》，格致出版社2009年版，第79页。

老年健康风险的法治应对，也需考量我国不同地区老年人的特定生活方式、文化和价值观的系统差异性，以便取得更加积极的效果。

（二）规范创新支持塑造

在立法内容上，明确相关治理主体特别是政府管理部门权力责任或老年人自身及其家庭权利与义务，以使各主体在行为上有法可依，通过立法使治理平台的管理以及社会参与有章可循，不同主体能够有宽阔畅达的平台和渠道表达自己的意见，促进政府主导责任的发挥，提升各社会主体合作的整体治理效能。按照事权和支出责任相适应的原则，把促进健康老龄化必要经费列入本级财政预算。为健康风险严重的老年人群提供更多的福利性支持，逐年加大政府在此方面的财政投入，借鉴或参照国外已有的经验，如欧盟国家、北欧国家等在新风险开支方面都有所增加，包括对老年人和残疾人的福利开支、家庭服务支持开支等。[①]

从治理资源支持角度看，相关立法规范的完善应着力于拓宽老年健康风险应对经费筹资渠道，充分发挥彩票公益金、慈善捐助等多元资金的作用，提供普惠性老年健康和医养结合服务，促进城乡老年健康风险治理服务均等化、法治化发展。同时注重与相关制度建设发展的配套衔接，例如扩大开支较大患慢性病老人医疗救助范围，建立适合我国国情的长期护理保险制度框架，鼓励商业保险公司参与老年人健康风险治理。完善老年健康风险信息统计和需求反馈机制，加强动态跟踪、监测、评估制度建设，并将此方面的建设效果纳入各地法治建设成效评价中予以奖励或督促改进。

在立法形式上，通过顶层立法与地方性制度有机结合逐步形成相对完整的法治体系。顶层立法上完善《基本医疗卫生与健康促进法》，在发展老年人保健事业同时，建立老年疾病和健康危险因素监测、调查和风险评估制度体系，地方层面要加快立法创新完善。同时，推动老年健康风险治理

---

① ［英］彼得·泰勒-顾柏编著：《新风险 新福利：欧洲福利国家的转变》，马继森译，中国劳动社会保障出版社2010年版，第14页。

专门立法,通过专项立法赋权增能。同时增强立法规定的整合性,通过这种整合消除目前割裂的状态,建议针对目前农村地区老年健康风险更为严峻而资源不足问题,以立法促进优质医疗资源下沉与老年健康风险治理资源下沉有机结合,实现城乡老年风险治理资源共享,使各主体的风险治理能力得到均衡发展。还应注重正式立法与非正式制度有机结合,非正式制度是法规、政策等制度的延伸、阐释和修正,是得到社会认可的行为规范和内心行为准则。[1]

(三) 风险应对方式优化塑造

老年健康风险应对方式的优化主要指通过以下法治化塑造,创新形成老年健康风险治理的新实践形式。

第一,依法激活、运用治理参与主体潜能。如政府通过依法购买专业服务,充分发掘利用老年人个人及其家庭风险治理参与潜能,形成有利于防范风险的互助文化环境,更多培育契约观念,对自身长效风险治理承担应有责任。对政府相关工作人员而言,在保障工作人员数量的同时,提升风险治理专业化知识水平,提升主体责任担当意识,在资源的分配内容及方式等方面积极创新,积极探索激励性资源分配形式机制。

第二,依法强化整体性治理方式的植入运用。"当风险成为全球社会的普遍现象,具有结构化、制度化特征,并带来极大不确定性的时候,社会就成为全球风险社会。"[2] 老年健康风险具有长期性和复杂性,也涉及结构性与制度性因素,需要多种主体参与及资源的整合,依法保障整体性治理方式的运用。

第三,探索实践韧性化治理形式。法治实践需要有适应性、创新性的韧性治理空间。这种韧性治理更强调学习力、创新力和适应力,更加突出

---

[1] [美]道格拉斯·C·诺斯:《制度、制度变迁与经济绩效》,刘守英译,上海三联书店1994年版,第64页。
[2] 范如国:《"全球风险社会"治理:复杂性范式与中国参与》,《中国社会科学》2017年第2期。

防御力、恢复力和可持续发展力。① 联合国在2002年可持续发展全球峰会上将"韧性"（Resilience）理念引入城市风险治理领域。经过20余年的发展，韧性已逐渐成为理解和治理城市复杂系统方面使用最广泛的概念之一。② 对老年健康风险治理来说，这种立法制度韧性及应用意义在于，提升新风险情境下制度化治理的适应力和恢复力。其中，以立法完善促进老年健康风险治理制度衔接、部门之间的信息互通和协商共治等，是提升韧性治理效能的必然要求。

第四，依法提升新技术的嵌入应用效能。目前互联网、大数据等信息技术等在疾病诊疗方面应用较广泛，但在老年健康风险识别治理方面应用效果有限，应引起重视，在老年健康风险治理中切实实现数字化服务功能拓新。建议政府部门及老年健康服务机构借助新技术实现老年健康风险主动发现与评估能力的转型升级，例如，快速精准地把握老年群体的健康风险数据，促进个性化健康风险治理。为此，需要依法建设形成全国或区域统一、互联互通的老年人口健康风险治理信息平台，规范和推动"互联网+老年健康风险识别治理"信息化服务新模式的形成与有效运行。

综上，老年健康风险应对法治模式的塑造中，需要在观念转变、立法形式选择及实践方式上进行总体创新。

第五，风险理念转变下老年健康风险法治化治理模式塑造效果的评价体系。我国法治建设十分重视效果评价问题，涉及政府、专业机构特别是人民评判。我国《法治社会建设实施纲要（2020—2025年）》引领和推动社会力量参与社会治理，建设人人有责、人人尽责、人人享有的社会治理共同体，确保社会治理过程人民参与、成效人民评判、成果人民共享。要充分发挥考核评价对法治社会建设的重要推动作用，制定法治社会建设评

---

① Caldarice, Ombretta, Tollin Nicola, Pizzorni Maria, "The Relevance of Science PolicyPractice Dialogue. Exploring the Urban Climate Resilience Governance in Italy. City", 8 *Territory and Architecture* (2021).

② Pede, E., *Planning for Resilience: New Paths for Managing Uncertainty*, Springer, 2020, p.1.

价指标体系。同样，老年健康风险法治化治理模式的塑造效果也需要这种系统的评估指标体系，本文从效果评价的一级、二级与三级指标展开研究探索，对这一评价体系具体归纳如表2所示。

表2　老年健康风险法治化治理模式塑造效果评价体系

效果评价界定 （一级指标 A）	效果评价维度 （二级指标评价体系 B）	效果评价维度操作化 （三级指标评价体系 C）
老年健康风险 治理法治化效果 （A）	健康法治价值嵌入实现效果 （B1）	公平价值嵌入实现效果（C1）
		权利价值嵌入实现效果（C2）
	相关立法规范创新建构效果 （B2）	精细立法制度形成效果（C3）
		立法规范创新形成效果（C4）
		多类型立法规范衔接作用效果（C5）
	风险治理主体依法共治效果 （B3）	依法共治中风险识别评估效果（C6）
		依法共治中风险责任共担效果（C7）
		依法共治中风险脆弱性缓解效果（C8）
	风险治理主体自身作用效果 （B4）	对各主体自身潜能激活运用效果（C9）
		依法探索实践提升能力效果（C10）
		依法运用新技术提升能力效果（C11）
	风险治理长效性可保障效果 （B5）	以主动健康为特质法治实践效果（C12）
		以整体健康为特质法治实践效果（C13）

表2中的评价体系是对老年健康风险治理模式法治塑造的必要延伸，彰显其特定的价值：一是凸显自身的法治特质。老年健康风险治理模式法治具有法治的一般特性，包括立法价值、规范体系及其实践运行等基本要素，又基于老年健康风险治理的法治需求形成指标体系，凸显了老年健康风险治理法治化的自身特质。二是注重实践中的可应用性。通过这些指标体系参照应用，能为老年健康风险治理模式的法治塑造效果提供一种系统的评判参考依据，从而使这一特定法治形式塑造与实践效果具有可衡量标准。三是秉持思维上的包容前瞻性。这意味着这一评价体系并非要提供一种固

化思维模式与不变的标准，而是期望根据现实及未来实践需求，以一种包容前瞻性思维不断加以完善，以利于增强实际应用效果。

五　结语

对风险理念转变的研究，不仅能有效拓展健康风险的研究视野，而且为政府提升治理老年健康风险的能力提供了新思路，其要义在于既要看到风险因素的复杂性和多样性，又要善于识别和把握风险形成的关键因素，并注重各种影响因素的内在关联，以便采取法治化途径整体提升老年健康风险治理效能。因为与一般社会风险治理相比较，老年健康风险治理在一定程度上对风险治理能力提出了更高要求，法治化的路径选择能在价值目标、行为规范及其实践效果保障等方面发挥特有优势。因此，这一领域的法治化需纳入我国法治化整体进程予以高度重视。在此过程中，应着力优化相关立法内容与形式，使风险治理参与主体相互间的权责关系清晰化与规范化，并在信息共享、决策参与、资源运用及责任承担等方面形成具有操作性的立法安排。为此，需要不断创新法治实践策略，善于创新运用新的法治实践形式，以保障老年健康风险治理的质量效果。

中国式全面无烟立法工作的现代化逻辑

袁廿一[*]

摘　要： 在新发展阶段推进中国式全面无烟立法工作现代化，是满足人民日益增长的健康需要的迫切要求，是以健康人力资本推动高质量发展的题中之义，也是我国相关法律法规和政策文件的明确指向。中国式全面无烟立法工作现代化，是中国共产党领导的社会主义法治现代化和卫生健康现代化的重要构成，有着基于国情的中国特色，主要体现在巨大规模人口健康福祉、全体人民共同富裕、物质文明和精神文明协调发展、人与自然和谐共生、人类卫生健康共同体构建等几个方面；在新发展理念下有着明确的实践意涵，可以从创新发展、协调发展、绿色发展、开放发展、共享发展五个方面推动全面无烟立法工作高质量发展。

关键词： 全面无烟立法　中国式现代化　世界卫生组织烟草控制框架公约

一　引言

中国是全球最大的烟草生产国和消费国，多年来关于控制吸烟和全面

---

[*] 袁廿一，男，博士，海南医科大学管理学院研究员。
基金项目：海南省自然科学基金项目"海南自由贸易港健康风险因素评价与治理研究"（编号：722RC686）、海南省哲学社会科学规划课题"海南自由贸易港医疗健康服务贸易高质量发展研究"［编号：HNSK（YB）22—51］的阶段性成果。

无烟环境立法的议题一直是社会热点、焦点和难点。烟草产业和吸烟行为固然关系到国家税收，更事关人民健康福祉。正如党的二十大报告所提出的那样，"以中国式现代化全面推进中华民族伟大复兴""把保障人民健康放在优先发展的战略位置""深入开展健康中国行动和爱国卫生运动，倡导文明健康生活方式"[1]，健康业已在中国式现代化建设中被摆在了前所未有的重要地位。毫无疑问，烟草是影响健康的重要因素，无烟中国是健康中国的基础所在。《国民经济和社会发展第十四个五年规划和2035年远景目标纲要》要求"全面推进依法治国""全面推进健康中国建设""开展控烟限酒行动"[2]。显然，控烟成为健康中国行动、爱国卫生运动和文明健康生活方式的重要内容，全面无烟立法乃保护公众健康的关键，也是依法治国和健康中国建设的题中应有之义。鉴于此，《世界卫生组织烟草控制框架公约》（WHOFCTC）（以下简称《烟草控制框架公约》）在2003年为中国政府所签署，2005年经全国人大常委会批准，并于2006年在我国正式生效。按照《烟草控制框架公约》，全面无烟立法指的是在所有室内工作场所、所有室内公共场所和所有公共交通禁止吸烟的立法。[3] 其结果性衡量指标就是全面无烟法规保护的人口比例。全面无烟法规保护的人口是指通过无烟立法而受到保护，避免在室内公共场所、室内工作场所和公共交通工具遭受烟草烟雾危害的人群数量，在此基础上通过全面无烟法规覆盖人群总人数与全国人口人数的比值即得出全面无烟法规保护的人口比例，而2017年我国仅有10%左右的人口受到全面无烟法规保护，距离2022年≥30%、2030年≥80%的目标值任重而道远。[4]

中国政法大学卫生法研究中心发布、财新数据可视化实验室技术支持

---

[1] 习近平：《高举中国特色社会主义伟大旗帜 为全面建设社会主义现代化国家而团结奋斗——在中国共产党第二十次全国代表大会上的报告》，《人民日报》2022年10月26日第1版。
[2] 《中华人民共和国国民经济和社会发展第十四个五年规划和2035年远景目标纲要》，《人民日报》2021年3月13日第1版。
[3] 《世界卫生组织〈烟草控制框架公约〉》，《中华人民共和国全国人民代表大会常务委员会公报》2005年第6期。
[4] 《健康中国行动（2019—2030年）》，中国政府网：http://www.gov.cn/xinwen/2019-07/15/content_5409694.htm，2019年7月15日。

的"健康中国无烟立法进行时"实时地图（无烟城市地图）可以展示中国各省市无烟立法进程，其最新数据显示中国全面无烟法规保护人口比例仅为15.9%（全面无烟立法保护的人口数达2.24亿）。①该数据来源于国家统计局、CEIC（中国经济数据库）、各地方卫健委官网、各地方人大、市政府官方网站、媒体报道，在业界比较权威。显然，当前全面无烟法规保护的人口比例距离一年多之前即2022年要达到30%的目标才刚刚过半，现实状况距离预期目标为何差距如此之大？本文立足新发展阶段，服务和融入新发展格局，站在新时代新征程上，以新发展理念为遵循，对近年来国内外关于全面无烟立法的研究动态和实务进展进行梳理，力求为推动中国式全面无烟立法工作迈向现代化提供有益启示。

二 在新发展阶段认识中国式全面无烟立法工作现代化的必要性和重要性

中国特色社会主义进入新发展阶段，人民对于包括生命健康、清洁环境、拒绝烟草烟雾危害等在内的美好生活需要日益增长，高质量发展更要求健康的人力资本做支撑，并且我国相关法律法规和政策文件也提供了明确指向，这都使得接下来推进全面无烟立法工作现代化不但非常必要，而且非常重要。

（一）人民生命健康需要以全面无烟立法工作现代化营造全面无烟环境

众所周知，烟草对于人类身上的每一个器官都会产生很严重的危害，人们长期地吸烟会出现肺癌、慢性阻塞性肺部疾病以及肺炎等疾病，烟草对于人类的危害远远大于人们对于烟草的认识范围。②随着经济社会的发展进步和健康素养水平的不断提升，人民群众对于吸烟有害健康、拒绝二

---

① 《健康中国无烟立法进行时》，财新网：https://datanews.caixin.com/interactive/2020/smokefree-digital-map/，2020年9月17日。
② 李岩：《2019年上海市崇明区公共场所控烟环境监测分析》，《中国健康教育》2021年第9期。

手烟乃至三手烟的科学认知和维权意识越发强烈，建设全面无烟环境适逢其时、刻不容缓。目前我国地方出台的控烟相关的法规就有449部，其中省级控烟相关法规有24部，虽然这些法规的质量参差不齐，但是有越来越多的人受到无烟环境的保护。① 通过实施全面无烟立法来创建无烟环境，被认为是唯一能有效保护人们免受二手烟烟雾危害的手段。② 室内公共场所、室内工作场所、公共交通工具以及必要时的其他公共场所都是全面无烟立法的实施场所，且以上场所无"法外之地"，通过通风、空气过滤、指定吸烟区（无论是否有专门的通风系统）等工程技术都不能避免接触烟草烟雾③，亦不存在符合安全健康标准的二手烟，非常有必要也必须通过立法手段和严格执法禁止任何人于任何时间以任何形式在以上场所吸烟，以促进室内公共场所、室内工作场所和公共交通工具建成100%的无烟环境。作为对人民日益增长的全面无烟环境需要的回应，《"健康中国2030"规划纲要》就明确提出"全面推进控烟履约，加大控烟力度，运用价格、税收、法律等手段提高控烟成效。深入开展控烟宣传教育。积极推进无烟环境建设，强化公共场所控烟监督执法。推进公共场所禁烟工作，逐步实现室内公共场所全面禁烟。领导干部要带头在公共场所禁烟，把党政机关建成无烟机关。强化戒烟服务。到2030年，15岁以上人群吸烟率降低到20%"④。2018年中国成人烟草流行调查结果显示，非吸烟者公共场所二手烟暴露率为68.1%，支持室内公共场所、室内工作场所和公共交通工具全面禁烟的比例达90%以上，这也为全面无烟环境立法提供了强有力的数据支撑和现实依据。⑤

---

① 《吸烟导致我国每年死亡人数超百万，我们离"无烟社会"还有多远?》，环球网：https://health.huanqiu.com/article/4FA83TrRG0L，2023年10月31日。
② 世界卫生组织：《防止二手烟暴露：政策建议》，日内瓦，2007年，第2页。
③ 《立法推动室内公共场所全面禁烟势在必行》，人民政协网：http://www.rmzxb.com.cn/c/2017-03-07/1391358.shtml，2017年3月7日。
④ 《中共中央 国务院印发〈"健康中国2030"规划纲要〉》，《中华人民共和国国务院公报》2016年第32期。
⑤ 《对十三届全国人大三次会议第6828号建议的答复》，国家卫健委网站：https://www.nhc.gov.cn/wjw/jiany/202102/3424c809e16b4b14930d0b3a82c62f4a.shtml，2021年2月10日。

（二）高质量发展需要以全面无烟立法工作现代化维护健康人力资本

鉴于劳动是重要的生产要素，而健康是成就劳动力的基础，是附着在劳动力身心上的重要支撑，所以健康本身就是经济社会发展的重要资源，健康人力资本也像其他物质资本一样具有生产性的作用。[1] 通过全面无烟立法维护健康人力资本的逻辑起点就在于减少乃至杜绝烟草烟雾对于人的健康的危害，从而有利于健康人力资本的存量保持和增量贡献。正如《烟草控制框架公约》指出，"科学已明确证实接触烟草烟雾会造成死亡、疾病和功能丧失"[2]。根据模型估算，仅实施全面无烟立法这一举措，2050年中国的吸烟率能降低10%（相对值），从2015年到2050年，可避免至少340万人死亡。[3] 可以说，全面无烟立法既是健康问题，也是经济问题和社会问题。我国当前已转向高质量发展阶段，新质生产力和高质量发展的动力源泉更多地在于健康人力资本以及由之主导的创新创造和制度变革。然而，我国消费的卷烟量占全球44%，每年超1百万人死于吸烟相关疾病、超10万人死于二手烟暴露，其中许多人正值青壮年，若不采取有效措施减缓这一趋势，21世纪将有超2亿中国人死于吸烟相关疾病。[4] 这不仅将造成沉重的疾病负担、考验医疗服务和医疗保障体系，也对健康人力资本带来重大损害，导致生产力下降，继而危及中国下一步的高质量发展。而通过全面无烟立法，在短期内即可带来显著的健康益处，特别是改善呼吸道和心脏健康状况，这在其他已经实行全面无烟立法的国家有着明显的证据，比如爱尔兰于2004年开始禁止在酒吧吸烟，1年后在酒吧工作的非

---

[1] 袁廿一：《新时代"健康优先"的三重理论逻辑》，《医学与哲学》2022年第8期。
[2] 《世界卫生组织〈烟草控制框架公约〉》，《中华人民共和国全国人民代表大会常务委员会公报》2005年第6期。
[3] Levy D., Rodríguez-Buño RL, Hu T., Moran A. E., "The Potential Effects of Tobacco Control in China: Projections from the China SimSmoke Simulation Model", Bmc (2014).
[4] 世界卫生组织西太平洋区域办事处：《中国无法承受的代价——烟草流行给中国造成的健康、经济和社会损失》，马尼拉，2017年，第 ii 页。

吸烟雇员肺功能明显改善，呼吸道问题和过敏症状减少。[①] 目前我国尚无国家层面全面无烟的专项立法，也没有明确无烟环境立法的国家爱国卫生条例，仅是一些地方省份或城市通过控制吸烟条例或者爱国卫生条例的形式进行全面无烟环境立法工作的探索，出台全国性的全面无烟环境立法来维护健康人力资本势在必行。

（三）我国相关法律法规和政策文件为全面无烟立法工作现代化提供支持

除了前述的党的二十大报告、《国民经济和社会发展第十四个五年规划和2035年远景目标纲要》《"健康中国2030"规划纲要》《健康中国行动（2019—2030年）》等政策文件，我国宪法中"国家尊重和保障人权"的规定更为保护公民生命健康权提供了根本法律依据，并且《基本医疗卫生与健康促进法》《公共场所卫生管理条例实施细则》《广告法》《未成年人保护法》等现行法律法规也对公共场所的全面禁烟做出了具体指向，比如《基本医疗卫生与健康促进法》第78条规定"国家采取措施，减少吸烟对公民健康的危害。公共场所控制吸烟，强化监督执法。烟草制品包装应当印制带有说明吸烟危害的警示。禁止向未成年人出售烟酒"[②]；《公共场所卫生管理条例实施细则》第18条规定"室内公共场所禁止吸烟。公共场所经营者应当设置醒目的禁止吸烟警语和标志。室外公共场所设置的吸烟区不得位于行人必经的通道上。公共场所不得设置自动售烟机。公共场所经营者应当开展吸烟危害健康的宣传，并配备专（兼）职人员对吸烟者进行劝阻"[③]；《广告法》第22条规定"禁止在大众传播媒介或者公共场所、公共交通工具、户外发布烟草广告。禁止向未成年人发送任何形式的烟草广告。禁止利用其他商品或者服务的广告、公益广告，宣传烟草

---

① Goodman P., Agnew M., McCaffrey M., Paul G., Clancy L., "Effects of the Irish Smoking Ban on Respiratory Health of Bar Workers and Air Quality in Dublin Pubs", 175 (8) *Am J. Resp Critical Care Med.*, 840-845 (2007).
② 《基本医疗卫生与健康促进法》第78条。
③ 《公共场所卫生管理条例实施细则》（2017年修正）第18条。

制品名称、商标、包装、装潢以及类似内容。烟草制品生产者或者销售者发布的迁址、更名、招聘等启事中，不得含有烟草制品名称、商标、包装、装潢以及类似内容"①；《未成年人保护法》规定"未成年人的父母或者其他监护人不得放任、唆使未成年人吸烟（含电子烟）。学校、幼儿园周边不得设置烟、酒、彩票销售网点。禁止向未成年人销售烟、酒、彩票或者兑付彩票奖金。烟、酒和彩票经营者应当在显著位置设置不向未成年人销售烟、酒或者彩票的标志；对难以判明是否是未成年人的，应当要求其出示身份证件。任何人不得在学校、幼儿园和其他未成年人集中活动的公共场所吸烟、饮酒"②。此外，推进全面无烟环境建设、全面无烟立法工作也被要求融入全国各地的卫生城市、健康城市、文明城市等城市品牌创建活动之中。

三 在新发展格局中掌握国际社会全面无烟立法工作现代化的普遍特征

他山之石，可以攻玉。国际组织、国际社会和先进国家，在全面无烟立法工作的技术遵循、理论依据和经验借鉴方面，提供了对应工作迈向现代化的普遍特征和有益参考。

（一）国际组织明确了全面无烟立法工作现代化的基本遵循

致力于人类卫生与健康的世界卫生组织，早在2003年于世界卫生大会上通过并于2005年生效了全球第一部公共卫生条约，即呼吁所有国家尽可能广泛地合作以控制烟草流行的《烟草控制框架公约》，其中设计了一系列减少烟草需求和供应的条款，特别是第8条"防止接触烟草烟雾"——"每一缔约方应在国家法律规定的现有国家管辖范围内采取和实行，并在其他司法管辖权限内积极促进采取和实行有效的立法、实施、

---

① 《广告法》（2021年修正）第22条。
② 《未成年人保护法》（2024年修正）第17条第4项、第59条。

行政和/或其他措施，以防止在室内工作场所、公共交通工具、室内公共场所，适当时，包括其他公共场所接触烟草烟雾"——这为全面无烟立法的空间范围提供了明晰界定和场所指引，① 至今具有世界影响力和号召力。而基于最新证据以及成功推行有效措施减少接触烟草烟雾的缔约方的经验，第 8 条的实施准则进一步明确了防止接触烟草烟雾的原则声明和有关定义，比如建立 100% 的无烟环境、所有人都应受到保护、必须立法且谨慎定义主要术语、配备周密的计划和充分的资源、发挥民间社会作用、监测和评估无烟法的实施和强制执行情况及其影响等，② 这为在室内公共场所、室内工作场所和公共交通工具全面控烟提供了技术支持和保障，也成为全面无烟立法工作现代化的核心要素。

（二）国际社会形成了全面无烟立法工作现代化的理念共识

全面无烟立法以维护基本人权和自由为依据，特别是鉴于二手烟的危害性，强制履行防止接触烟草烟雾的义务从而维护人的生命权和健康权，已经成为国际社会广泛共识。最具有说服力的是，世界卫生组织组织法就明确指出"享受最高而能获致之健康标准，为人人基本权利之一。不因种族、宗教、政治信仰、经济或社会情境各异，而分轩轾"③。把健康权作为人权的重要组成部分，这也在很多其他国际公约、区域公约中都有着直接反映。重要的国际公约，如《世界人权宣言》首次正式确定健康权作为个人基本权利的地位；《经济、社会和文化权利国际公约》第 12 条被视为健康权的核心条款，规定"人人享有能达到的最高体质和心理健康的标准"，并列举了若干缔约国为实现健康权应采取的目标和步骤；其他相关国际性公约展开或适用了健康权的核心条款，如《国际人权公约》第

---

① 《世界卫生组织〈烟草控制框架公约〉》，《中华人民共和国全国人民代表大会常务委员会公报》2005 年第 6 期。
② 《第 8 条的实施准则》，北京市控制吸烟协会：https://www.bjtca.org.cn/flfg_xq.php?bid=50&id=1002，2014 年 8 月 28 日。
③ Constitution of the World Health Organization, 61 (35) Public Health Reports (1896 – 1970) (1946).

25 条,《消除一切形式种族歧视公约》第 5 条,《消除对妇女一切形式歧视公约》第 11 和第 12 条,《儿童权利公约》第 24 条,《维也纳宣言和行动纲领》,《残疾人权利公约》等;区域公约方面也围绕健康权作了规定,如《美洲人权公约》附加议定书第 10 条提出"人人享有健康权,即享受最高水准的生理、心理和社会福祉",《欧洲社会宪章》第 11 条、《非洲人权与民族权宪章》第 16 条、《欧盟基本权利宪章》第 35 条等公约也作出了类似表述。① 遵循维护健康权的国际共识,不少国家也将公民健康权直接体现在本国宪法当中。在国际社会维护生命健康权的逻辑和规则下,通过全面无烟立法,防止接触烟草烟雾,成为预防和控制烟草这一健康危害因素的必要和必然之举。

(三)先进国家提供了全面无烟立法工作现代化的经验借鉴

时至今日,世界卫生组织《烟草控制框架公约》在全球范围内获得广泛接受,已在 183 个国家和地区生效,② 74 个国家实施了全面无烟政策、覆盖了 21 亿人口,③ 其中不乏有效实施、效果显著的经验和范例。例如,立法应简明直接,处罚可执行,使用统一"禁止吸烟"标识,支持民间团体参与,做好教育咨询,电子烟纳入全面无烟立法已成为世界潮流;等等。爱尔兰、波兰、挪威、印度、巴西等发达或欠发达的国家和地区的成功实践都证明了进行全面无烟立法、建设全面无烟环境的可行性。比如,爱尔兰靠着坚定的政治领导力,针对二手烟危害开展广泛的宣传教育,取得公众、政府及反对党、医疗卫生机构、行业协会、公共卫生倡导者等对无烟法律的大力支持,早在 2004 年 3 月就领先全球全面禁止在室内公共场所、工作场所以及公共交通工具内吸烟,禁烟范围包括餐厅和酒吧(且不允许划定可吸烟房间),并建立一套有效监测和评估机制,确保无烟立法被严格

---

① 袁廿一:《新时代"健康优先"的三重理论逻辑》,《医学与哲学》2022 年第 8 期。
② *WHO Framework Convention on Tobacco Control*(2005 - 02 - 27),https://treaties.un.org/pages/ViewDetails.aspx?src=TREATY&mtdsg_no=IX-4&chapter=9&clang=_en.
③ 世界卫生组织:《2023 全球烟草流行报告:保护人们免受烟草烟雾危害:执行概要》,日内瓦,2023 年,第 6 页。

遵守，无烟立法帮助爱尔兰减少了与烟草相关的死亡人数，从 2004 年到 2013 年爱尔兰的吸烟率降低了 7%。[1] 建议我国国家层面以及地方相关方面进一步加强对外与相应国家和地区的交往，推动无烟立法的国际考察、交流、学习，吸纳国际社会全面无烟立法的经验做法，为国内全面无烟立法提供有益借鉴。

四 在新时代新征程上彰显中国式全面无烟立法工作现代化的个性特征

中国式全面无烟立法工作现代化，是中国共产党领导的社会主义法治现代化和卫生健康现代化的重要构成，除了汲取各国全面无烟立法工作现代化的共同特征，更有基于自己国情的中国特色，在新时代新征程上的个性特征主要体现在巨大规模人口健康福祉、全体人民共同富裕、物质文明和精神文明协调发展、人与自然和谐共生、人类卫生健康共同体构建等几个方面。

（一）中国式全面无烟立法工作现代化是维护巨大规模人口健康福祉的现代化

中国是世界人口大国和烟民大国，全面无烟立法无疑是贯彻以人民健康为中心发展理念的生动体现，直接关系到全体中国公民的健康福祉。实际上，早在 1978 年全国科学大会上，"中国控烟之父"翁心植院士就建议成立专门组织领导全国开展控烟运动，并因其卓越贡献先后于 1989 年、2001 年两次获得世界卫生组织颁授的烟草或健康纪念奖金质奖章。[2] 然而，尽管中国做出了不懈努力，且接下来全面无烟立法的进程迈向现代化势不

---

[1] "Smokefree Success Stories: Spotlight on Smokefree Countries-Ireland, Global Smoke-free Partnership (no date)", http://global.tobaccofreekids.org/files/pdfs/en/SF_success_ireland_en.pdf.

[2] 刘朝、肖丹：《建设无烟健康中国，献礼建党 100 周年——回顾我国控烟之路》，《中国临床医生杂志》2021 年第 8 期。

可当,但一路走来,整体历程并非一帆风顺。吸烟人群、不吸烟人群、烟草企业等不同利益主体一直存在强烈博弈,导致控烟立法工作的艰巨性和复杂性成为一种必然。一个令人沮丧的事实是,《公共场所控制吸烟条例》早在2014年就由原国家卫生和计划生育委员会开展起草工作,同年被原国务院法制办列入三类立法计划并向社会公开征求意见,但几经蹉跎,2018年因控烟场所范围、执法部门和执法机制等条款存在分歧又退回国家卫生健康委员会进一步研究,时至今日,推进《公共场所控制吸烟条例》出台的相关工作仍在进一步的研究当中。① 全面无烟立法的艰巨性和复杂性由此可见一斑。在"吸烟是一种自由""烟草业为国家税收作出巨大贡献""调味电子烟(包括化身为调味棒、奶茶杯、可乐罐、各种水果或甜点味等形式的一次性电子烟产品)没有危害"等言论混淆下,在烟草公司、广大烟民及相关利益同盟者的掣肘下,截至目前中国国家级的全面无烟立法仍未出台成为不争事实。

(二) 中国式全面无烟立法工作现代化是促进全体人民实现共同富裕的现代化

作为中国特色社会主义的本质要求,实现共同富裕、防止两极分化一直为中国人民所向往和追求。而烟草使用必然加剧不平等性,由于在中国专卖制度加持下所形成的垄断性质,烟草行业在一定程度上成就了部分从业者富裕的同时,也客观上导致了两类重点人群的潜在的或已经发生了的贫困。一类是主动吸烟或者被动吸二手烟的人群,由于烟草危害罹患某种疾病而因病致贫、因病返贫,特别是购买卷烟会增加低收入吸烟者及其家庭的经济负担,烟草使用正在导致许多中国家庭(尤其是低收入家庭)的主要劳动力死亡或残疾,让几近崩溃的家庭陷入贫困;② 另一类是烟草种植

---

① 《对十三届全国人大三次会议第6828号建议的答复》,国家卫健委网站:https://www.nhc.gov.cn/wjw/jiany/202102/3424c809e16b4b14930d0b3a82c62f4a.shtml,2021年2月10日。
② 世界卫生组织西太平洋区域办事处:《中国无法承受的代价——烟草流行给中国造成的健康、经济和社会损失》,马尼拉,2017年,第ii页。

人群（即烟农，包括直接或间接从业的妇女和儿童），在种植烟草的过程中罹患相关疾病，比如烟草萎黄病，这是一种由处理湿烟叶时通过皮肤吸收尼古丁、大量使用杀虫剂和接触烟草粉尘引起的职业性中毒，[①] 且由于在烟草产业链的低端而收入薄弱，更易陷入贫困。而通过中国式全面无烟立法工作现代化，既在需求侧限制了消费者的吸烟行为，将因吸烟患病和增加经济负担的可能性降到最低，又在供给侧大大降低了种植烟草的动机，还有利于降低烟草从业者的高收入，无疑会为促进全体人民共同富裕贡献力量。

（三）中国式全面无烟立法工作现代化是坚持物质文明和精神文明协调发展的现代化

作为社会主义现代化的根本要求，物质富足和精神富有两者缺一不可。物质富足是人全面发展的重要基础和条件，但人的全面发展还包括精神富有，在建设全面无烟环境的语境下一个人高水平的健康素养就是其精神富有的最好展现。吸烟（包括现在年轻人当中流行的电子烟）并不是像影视剧所表现的那么"酷""帅"的行为，实际上引人反感、并不健康。《中国公民健康素养——基本知识与技能》（2015年版）明确指出"每个人都有维护自身和他人健康的责任，健康的生活方式能够维护和促进自身健康"，并将戒烟作为健康生活方式与行为的重要内容，强调"吸烟和二手烟暴露会导致癌症、心血管疾病、呼吸系统疾病等多种疾病""'低焦油卷烟''中草药卷烟'不能降低吸烟带来的危害""任何年龄戒烟均可获益，戒烟越早越好，戒烟门诊可提供专业戒烟服务"[②]。显然，不抽烟（至少不在禁烟场所吸烟或者不让别人吸二手烟）是中国公民健康素养的基本表征，也是中国公民道德品质和精神面貌的重要体现，全面无烟立法自然也成为社会主义精神文明的标尺之一。

[①] 世界卫生组织：《2023世界无烟日：种植粮食而非烟草》，日内瓦，2023年，第3页。
[②] 《中国公民健康素养——基本知识与技能》（2015年版），《中国健康教育》2016年第1期。

(四) 中国式全面无烟立法工作现代化是助力人与自然和谐共生的现代化

人与自然是生命共同体，而人的吸烟行为本身以及致使吸烟可行的背后一系列行为无疑会对自然环境产生负面的影响，并不利于生命共同体的建设与可持续发展。面对吸烟，我们通常可以直接联想到的是，吸烟吐出的烟雾含有尼古丁等有害物质，势必导致空气污染。实际上，吸烟行为本身不仅会对环境造成危害，沿着烟草产业链往前追溯，不难发现致使吸烟可行的背后一系列行为对环境的危害同样不容忽视。烟草生命周期对环境的影响可大致分为5个阶段：（1）种植和烘烤阶段，烟叶的种植和烘烤需要使用水、农药、土地以及开荒而导致森林被砍伐，势必会破坏生态环境；（2）产品生产阶段，卷烟和其他烟草制品的生产会排放温室气体和其他生产废物；（3）流通和运输阶段，烟草制品的运输和流通也会排放温室气体；（4）产品消费阶段，包括二手烟雾和三手烟雾暴露，导致烟草烟雾中的有毒残留停留在环境中；（5）消费后烟草制品废物的处理阶段，烟头和有毒三手烟雾必然污染环境。① 由此可见，烟草生命周期对环境的污染是全链条的。从这个意义上讲，中国式全面无烟立法工作现代化，实际上也是践行"绿水青山就是金山银山"理念、助力人与自然和谐共生的现代化。

(五) 中国式全面无烟立法工作现代化是推动构建人类卫生健康共同体的现代化

国内外已经形成共识的是，吸烟是影响健康的重要因素，并且是最大的可以预防控制的健康危害因素，全面无烟立法是维护人类健康的正确抉择，也是构建人类卫生健康共同体的应有之义。作为全球人口数量最多的国家和最大的发展中国家，中国也是世界上最大的烟草生产国和消费国，更是烟草流行的重灾区、全球遏制烟草流行工作的主战场，所以中国加入

---

① 世界卫生组织西太平洋区域办事处：《烟草及其对环境的影响：概述》，马尼拉，2018年，第1—3页。

《烟草控制框架公约》，本身就是对全球和国内的一种政治宣示，站在历史正确的一边，站在人类文明进步的一边，理应加快推进全面无烟立法工作的进程，以14亿多的全面无烟覆盖人口和最大的发展中国家无烟立法的典型示范，为人类卫生健康共同体贡献中国智慧和中国力量。毋庸置疑，我国积极履行《烟草控制框架公约》、大力推进全面无烟立法，如期实现全面无烟法规保护的人口比例到2022年≥30%、2030年≥80%并最终实现100%的目标，将为保护全人口免受烟草危害、促进实现人类可持续发展目标作出重大贡献。特别是，各地如果在全面无烟立法实践的模式创新、主体协同、环境优化、治理开放、成果共享等方面取得重要突破和良好效能，势必为适时推进中央层面全面无烟立法积累经验和条件，从而为推动全球全面无烟立法治理、构建人类卫生健康共同体贡献中国智慧和中国力量。

五 在新发展理念下把握中国式全面无烟立法工作现代化的实践意涵

国家无烟立法若想取得成功，还需要采用自下而上的实施策略，而地方政府和民间团体则在其中扮演着重要的角色。[①] 中国式全面无烟立法工作现代化，在新发展理念下也有着明确的实践意涵，各地主要应该在创新发展、协调发展、绿色发展、开放发展、共享发展五个方面下功夫，推动全面无烟立法高质量发展。

（一）创新中国式全面无烟立法工作现代化的模式

从"健康中国无烟立法进行时"实时地图上来看，目前我国已有24个城市制定实施了全面无烟法规，最符合《烟草控制框架公约》防止接触烟草烟雾的要求，也就是通过立法实现室内公共场所、工作场所和公共交通

[①] 世界卫生组织西太平洋区域办事处：《中国无烟政策：效果评估及政策建议》，马尼拉，2015年，第X页。

工具全面禁烟，没有缓冲期和吸烟室，并且具有明确的执法主体和罚则。这些城市当中既有北京、上海、深圳、武汉等国际大都市，也有杭州、西安、兰州、西宁、长春等一般省会城市，更有秦皇岛、张家口、新乡、阳泉、莆田等中小型城市，这就为不同地区、不同类型的城市进行全面无烟立法提供了可行借鉴。从执法机制设计上来看，国内全面无烟立法可分为单一部门为主的执法模式和多部门联合的执法模式，两种模式各有利弊。[①] 北京、长春、秦皇岛、香港等城市采用了卫生健康单一行政部门为主的执法模式（由卫生监督部门负责具体执法工作），香港特别行政区政府卫生署专门成立控烟办公室执法，这一模式的最大好处在于不需要动员其他执法部门，但也存在执法部门单一、执法人员数量有限、执法力量薄弱的弊端。杭州、深圳、上海、武汉、兰州等城市则采用了多部门联合执法模式，该模式可以弥补单一部门为主执法模式的缺陷，但更多的执法部门也容易引致职权交叉、多头管理、边界不清、权责不明等问题。在执法模式上，无论是单部门执法还是多部门执法都有其优点，如何改善执法过程中暴露出的问题才是重中之重。[②] 今后一个时期，要释放先行城市全面无烟立法的示范效应，对尚未实现全面无烟立法的地区，建议国家层面加强对地方的指导、监督、联系，尽量推动及时将全面无烟立法纳入地方人大常委会年度立法工作计划，发动越来越多的城市准备或者是适时进行当地的全面无烟立法，助力早日实现全国范围的全面无烟环境。各地在全面无烟立法工作的实践中，应当结合实际情况，做好立法的前期调研、沟通、评估和论证工作，趋利避害，取长补短，创造性地制定（修订）出适合本地实际、具有本地特点的全面无烟法规。

（二）协调中国式全面无烟立法工作现代化的主体

全面无烟立法的实现离不开权威倡议层、部门执行层、核心决策层、

[①] 黄金荣：《世界无烟立法的现状与趋势》，《环球法律评论》2012年第1期。
[②] 朱梓嫣、郑频频：《国内外公共场所控烟执法状况分析》，《中国健康教育》2015年第10期。

社会支持层等各个层面多个主体的合力推进，这就需要形成广泛共识，开展跨部门合作，凝聚多方力量。在发挥好人大教科文卫委和法工委、人大代表等人大系统力量的同时，也要积极发动法学专家和卫生专家、政协委员、当地疾控（健康教育）中心负责人、卫生健康委有关人员强化议题设置，有效协同爱卫会、卫健委、司法厅（局）、文明办等政府部门的主管领导和有关人员推进立法，服务主要领导做好科学决策，并注重争取传统媒体、新媒体、自媒体等媒体力量、意见领袖、社会公众的大力支持，为全面无烟立法工作的顺利开展奠定坚实基础。特别是，要通过立法引领推动形成健康生活习惯，培养崇尚健康、不吸烟、不敬烟、不送烟的社会风尚。[1] 以杭州为例，早在1995年市政府颁布《杭州市公共场所禁止吸烟暂行规定》，经过二十余年坚持不懈地推动，公共场所控烟法治化工作厚积薄发，2019年正式实施新版《杭州市公共场所控制吸烟条例》后，进一步建立健全控烟工作机制，经过多部门综合执法以及整合资源科学有效宣传，2022年1月1日随着限制吸烟场所的过渡期结束实现了室内公共场所、工作场所、交通工具内全面禁烟，杭州市也以其卓越表现荣获国家级"无烟先锋城市"称号。[2]

（三）绿化中国式全面无烟立法工作现代化的环境

这里的"绿化"，既指防治烟草污染、保护自然和生态环境，又指优化全面无烟立法的软环境。各地需要注意的是，全面无烟立法需要致力于人与自然和谐共生、坚持可持续发展，更离不开良好的舆论氛围和支持性环境。一方面，要在本地官方网站、电台、日报等主流媒体开辟专门宣传阵地，进一步提升媒体和记者对控烟议题传播的参与度，增加以公众为倡导对象的新闻文本，将全面无烟立法议题在更大的社会圈内引发共鸣、形成共识，并发动专家学者、形象大使、网络大V等力量以百姓喜闻乐见的形

---

[1] 曲颀：《推进公共场所控烟立法的情况与思考》，《人大研究》2018年第10期。
[2] 赵刚、俞锋、严敏等：《杭州：擦亮"无烟先锋城市"名片》，《健康报》2023年5月29日第5版。

式解读、宣传全面无烟立法的政策精神以及吸烟有害健康、污染环境的科学知识，及时回应质疑和误解，尽快消弭认知上的误区，增强社会公众对全面无烟立法的支持度和责任感。另一方面，也要加强执法，按照无烟法规对违法行为及时依法处罚，积极建设无烟场所，通过无烟党政机关建设以及无烟医院、无烟学校、无烟企业、无烟社区、无烟家庭的建设，树立一批全面无烟场所标杆，营造支持和遵守全面无烟法规的群众基础和社会氛围。

（四）开放中国式全面无烟立法工作现代化的治理

吸烟造成的危害属于公共安全健康的范畴，控制吸烟需要建立现代化社会治理体系。[①] 在全面无烟立法工作中，尽管地方人大和政府起着主导和定向的作用，但有关方面和社会力量也需要共同参与立法的全流程治理，实现"开门立法"。全面无烟立法的宗旨在于挽救生命，保护不吸烟者的健康，使其免受二手烟、三手烟的危害，这在法律条款中可能仅表现为诸如"保护公众健康"等寥寥数字，但要求在立法的起草、讨论、辩论、论证等环节中始终牢记立法宗旨，面向社会公开征求意见，及时回应不同声音乃至反对意见。此外，媒体支持在立法的前期铺垫、实施准备、落实执行等阶段都不可或缺，对违法吸烟行为的投诉举报和主动劝阻的实现也离不开社会组织、志愿者组织和公民的积极参与。而随着全面无烟立法工作的推进，必将带来戒烟需求的增长，所以应同步提高戒烟服务提供人员的专业技能、多途径开展戒烟服务获得方式和戒烟方法的宣传、扩展社区模式的戒烟服务或网上互动戒烟服务、将戒烟药物纳入国家医疗保障体系，[②] 通过多管齐下全面加强戒烟服务的供给的数量和质量。

[①] 张一红、林琳：《从地方控烟立法看我国控烟的社会治理》，《中国健康教育》2018年第5期。

[②] 谢莉、金忠：《我国无烟立法的推进带来的潜在戒烟需求》，《中国卫生事业管理》2011年第7期。

（五）共享中国式全面无烟立法工作现代化的成果

中国式全面无烟立法工作现代化是贯彻落实"以人民为中心"的发展思想和"以人民健康为中心"的工作方针的重要体现，其理想目标是全面无烟法规保护的人口比例达到100%。全面无烟立法的核心要义在于"全面保护"，在禁烟场所工作、娱乐、出入、社交的所有人员均受到立法保护，不能存在任何形式的室内吸烟区或暴露于已知有害且可预防的二手烟"遗忘人员"。除了保护所有人不受二手烟危害，提高公众对二手烟危害的认识与自我保护意识，实现从"无所谓"到"很介意"，从"不敢管"到"请停止"；[1] 还要求"平等保护"，不因保护对象所处的区域、行业、职位差异而区别对待，并对所有人的违法行为一视同仁，领导的单人办公室亦须禁烟。此外，严格遵循"公平原则"也是共享全面无烟立法成果的重要保障，即对所有同类场所同样要求，没有豁免例外。

结　语

有效的烟草控制政策不仅有利于健康和符合"健康中国"的愿景，也有利于贫困人群和经济发展，控烟将使中国成为一个更健康、更公平、更富生产力的国家，给中国的控烟投入带来持续的回报。[2] 全面无烟立法工作在我国新时代新征程有着迈向现代化的必然逻辑，既要在新发展格局中掌握国际社会的普遍特征，也要基于国情把握好中国式的个性特征。在新发展阶段推进中国式全面无烟立法工作现代化，首先要高度认识到我国进入新发展阶段，人民群众对于包括全面无烟环境在内的健康需要日益增长，新质生产力、高质量发展更需要健康人力资本的支撑，特别是相关法律和政策对全面无烟立法工作提供了一定支持。必须看到的是，中国在实施强

---

[1] 刘天放：《控烟亟待国家层面立法》，《健康报》2021年8月2日第2版。
[2] 世界卫生组织西太平洋区域办事处：《中国无法承受的代价——烟草流行给中国造成的健康、经济和社会损失》，马尼拉，2017年，第 ii 页。

有力的、全面的全国性无烟立法方面不仅落后于许多国家，也是金砖五国中唯一一个没有出台国家无烟立法的国家①，而地方上部分立法控烟的城市不少仍局限于政府规章形式，且由于各地方政治、经济、文化等多方面的发展不平衡，各地立法工作呈现立法标准不一、质量参差不齐的状况②，因此进一步推进全面无烟立法已经非常必要而紧迫。并且，只有中央政府具备全面控制烟草的政治意志，无烟立法才能摆脱繁荣却无效的长期困境。③不过，秉持审慎乐观的态度，中国式全面无烟立法工作的现代化，在接下来可以预见的一段时期内可能仍将以地方立法为主。当前，"十四五"已经过半，建议人大系统与各级政府进一步立足新发展阶段、贯彻新发展理念、构建新发展格局，坚持以人民健康为中心，筑牢立法意识、创新立法实践、提升治理效能，推动我国全面无烟立法工作迈上新台阶。各地应秉持创新发展、协调发展、绿色发展、开放发展、共享发展的新发展理念，为推动下一步全面无烟立法实践在模式创新、主体协同、环境优化、治理开放、成果共享等方面的工作提供重要引领和基本遵循。这就要求我们既要立足国内，以先行城市示范引领、以点带面，也要面向世界，正视差距，吸纳国际经验，凝练中国特色，为全球全面无烟立法治理乃至人类卫生健康共同体构建贡献中国智慧和中国力量。

---

① 世界卫生组织西太平洋区域办事处：《中国无烟政策：效果评估及政策建议》，马尼拉，2015 年，第 X 页。
② 蔡金龙、张检、何中臣等：《我国控烟地方立法的特点、问题及对策探讨》，《中国卫生法制》2021 年第 2 期。
③ 黄金荣：《世界无烟立法的现状与趋势》，《环球法律评论》2012 年第 1 期。

生前预嘱入法的现状、困境与对策

申 晨 赵睿哲 赵 强*

摘 要： 我国现行法律将患者临终状态下的医疗决定权赋予其家属，实践中普遍存在家属"不惜一切代价抢救患者"的做法。但在患者处于不可治愈疾病末期的情况下，这种做法有时未必能带来成效，反而会加重患者家庭的经济压力，更给患者带来巨大的肉体痛苦。近年来临终关怀、安宁疗护等理念逐渐形成，有着强大的社会推力，2022 年 6 月 23 日，深圳市首次将生前预嘱纳入《深圳经济特区医疗条例》。然而，受制于法律法规的缺位，以及传统文化和社会伦理等因素，生前预嘱在实践中的运行和推广依然存在一些困境。本文以 2127 份调查问卷、43 份医疗机构、专家学者、推广协会等主体的采访纪要为研究基础，通过问卷调研的方式了解民众对于生前预嘱的认知情况、态度和期许，通过访谈的形式了解当下在我国推广生前预嘱的困境并探索解决路径。针对以上困境，首先应赋予生前预嘱以法律效力，推动生前预嘱、预先医疗指示文件与现行《民法典》等法律衔接，并进行专门立法。其次，除立法之外，还应当发展安宁疗护事业，激励医疗机构开展安宁疗护工作。最后，在尊重和传承中国社会观念和文化传统的基础上，可以制定体现中国特色、符合中国需要的生前预嘱示范性文本。

关键词： 生前预嘱 安宁疗护 医学伦理 人权保障

---

* 申晨，武汉大学法学院特聘副研究员；赵睿哲，复旦大学法学院硕士研究生；赵强，武汉大学法学院硕士研究生。

一 我国生前预嘱的现状检视

(一) 生前预嘱的概念厘定

生前预嘱,是指人们在健康或意识清醒时签署的,表明其将来可能处于不可治愈的伤病末期或临终时,是否接受哪种医疗措施、医疗照护的指示文件。[1] 生前预嘱为美国律师路易斯1969年提出的"living will"概念的转译,目前我国用于推广的"生前预嘱"概念译名以及相关含义均为"选择与尊严"网站所倡导。

生前预嘱的特点有五方面:第一,患者在签订时应具备完全民事行为能力。基于患者身份与医疗决策内容之特殊性,本文认为,患者签订生前预嘱时应具备完全民事行为能力,即患者签署的预嘱内容应与其精神健康状态、心智健全程度相匹配。第二,生前预嘱具有人身性。签署生前预嘱属于人身法律行为,生前预嘱是患者医疗决定权的实现方式,以授权他人代替其作出医疗决定为内容的委托书不属于生前预嘱的范畴。第三,生效条件的严格性。以患者达到不可治愈的伤病末期或不可逆的临终状态为条件生效。该语境下临终状态,是指患者身患现代医学科学技术无法治愈的末期疾病,业已无生还之可能,但在生命末期阶段,为了推迟其死亡时间,仍然依靠生命维持系统维持其生命的情形。[2] 临终状态在临床实践中具有明确的技术判断标准。第四,生前预嘱的订立具有预先性。就生前预嘱的本质而言,它是一种为了避免患者处于不可治愈的伤病末期或者临终状态时往往因昏迷、意识模糊而无法独立实施表意行为,通过患者预先行使其医疗决定权的方式,实现其生命尊严的维护。第五,生前预嘱的订立是单方法律行为。[3] 患者基于单方面意思表示,即可签署生前预嘱,并

---

[1] 参见杨立新、李怡雯《论〈民法典〉规定生命尊严的重要价值》,《新疆师范大学学报》(哲学社会科学版) 2020年第6期。
[2] 参见陈树鹏、范彩云《临终患者自主权的两难困境与出路》,《医学与哲学》2020年第1期。
[3] 参见蔡耀燊《论我国生前预嘱的民法权源》,《医学与法学》2022年第6期。

使其发生预期法律后果。签署生前预嘱无须经过其他当事人的同意，也没有接受意思表示的对方当事人，只需满足法定的形式与程序即发生效力。

（二）我国生前预嘱的现实需求

1. 临终过度医疗导致的社会危害

我国目前的临终患者医疗决定权主要掌握在患者家属及医疗机构手中。由于深厚的孝道传统和医疗机构"救死扶伤"的一贯理念，对于临终患者的救治往往采取"不惜一切代价抢救"的方式。随着心肺复苏等急救技术的日渐成熟，专门救治危重患者的加护病房更加普及。越来越多的患者被复杂的人工设备滞留在临终状态，[1] 临终过度医疗的现象普遍存在，由此带来诸多危害：

第一，延长患者痛苦，损害人格尊严。终末期患者往往具有疼痛、呼吸困难、呕吐、昏迷和压疮等严重不适症状，延续性治疗方案虽然可以一时延长患者的生命，但也会加重患者的痛苦；以 ICU 为代表的临终医疗措施，包括气管插管、胃管留置、尿管插管、有创动脉血压等，其实施均以损害患者的身体完整、造成肉体痛苦为前提，且会给患者带来焦虑、恐惧、心理否认、幻觉等情绪障碍。同时，临终患者一旦陷入失能状态，将无法决定是否以及如何接受医疗措施，生命权、健康权的自决无法实现；患者身体被他人摆布，隐私和尊严难以得到保障，人格利益遭到损害。在过度的临终医疗措施下，不少患者都会出现羞耻、委屈、悔恨、绝望等负面情绪，无法安详走完生命的最后一程。

第二，造成经济压力，诱发家庭矛盾。当前，患者家属对患者临终医疗措施、临终医疗护理具有决定权。临终医疗措施往往较为昂贵，无论是延续性的药物治疗，还是入住 ICU，均会给患者家庭造成极大的经济压力。在我国传统的孝道观念下，一些患者家属不愿放弃对患者的临终治疗，由此不断消耗家庭积蓄，导致家庭经济状况恶化。同时，对于患者伤

---

[1] 参见汪志刚《善终服务的法律调整模式及选择逻辑》，《中外法学》2022 年第 4 期。

病已不可治愈的情形，不同家庭成员对是否继续治疗可能持不同意见，从而引起家庭内部矛盾，不利于家庭和谐。这一现象尤其在多子女家庭中较为常见。

第三，占用医疗资源，加剧医保负担。从总体上看，我国的ICU医师、设备、床位等资源尚属匮乏，人均资源数量远远落后于发达国家水平。当前，我国相当部分的重症医疗资源被已不可治愈的终末期患者占用，且并未考虑患者自身是否具有接受治疗的意愿，这一定程度上挤占了其他重症患者的治疗机会，加剧了医疗资源紧张的局面。并且，延续性治疗方案、生命维持系统、临终抢救措施等开支较大，部分费用需由基本医疗保险负担，这也客观上增加了基本医疗保险的支出压力，造成了公共资源的损耗。

第四，阻碍医患互信，增加沟通成本。由于对患者临终医疗决定权的保障缺乏，临终医疗措施主要由医疗机构与患者家属共同决定实施。但患者家属并不是患者本人，医疗机构与患者家属间的信息不对称，导致医患双方存在天然的沟通障碍。有的家属不了解临终医疗措施的痛苦性，有的家属担忧医疗机构判断错误，这就使得过度医疗成为普遍现象。同时，高额医疗费支出无法带来理想的治疗效果，又会使一些家属产生医疗机构蓄意牟利的质疑，从而进一步引发医患矛盾。

2. 人口老龄化下尊严死亡理念的勃兴

我国人口老龄化较为严重，到21世纪中叶，中国老龄人口的比例将达到1/3，尊严死亡的需求无疑将会增加。然而，据《经济学人》智库于2015年发布的《死亡质量报告》显示，中国大陆死亡质量在参评的80个国家中排名第71位[1]；据2021年的《全球死亡质量专家评估的跨国比较》，中国大陆则排在第53位。[2] 人格权所体现的核心价值理念是人格尊

---

[1] See Economist Intelligence Unit, "Global Forecasting Service: Country Report-United States of America", *Economist Intelligence Unit*, 2015, p. 15.

[2] See Finkelstein E. A. et al., "Cross Country Comparison of Expert Assessments of the Quality of Death and Dying 2021", *J. Pain Symptom Manage*, 2022, p. 425.

严，人格尊严体现并贯穿于各项具体人格权之中，民法应当对人格尊严进行特殊保护。[1] 民法保护层面上作为人格利益所保护的人格尊严，既包括"活的尊严"，即人在社会生活中所享有的作为人应当享有的体面生活、不受侮辱的尊严，也包括"死的尊严"，例如对于死者肖像、骨灰等人格利益的保护，以及能够决定在临终状态不接受创伤性抢救措施，安详度过生命最后一程的尊严死亡需求。[2]

同时，传统孝道文化观念的转变，助推尊严死亡理念的传播。传统孝道文化多表现于子女在对临终父母的治疗中"不惜一切代价"，只求尽可能延长父母寿命。若在父母未离世之前便放弃抢救，子女不仅可能产生负罪感，也容易背负"不孝"的社会道德的负面评价。进入21世纪之后，我国人民群众的文化程度逐渐提升，观念逐步发生转变，与其在医院面临大量创伤性抢救措施中痛苦离世，不如尊重自然规律，在安详与无痛苦中度过余生。而"抢救到最后一刻，才是尽到子女孝道"的传统观念，也逐渐被尊重父母意愿，注重"生孝"，注重父母临终生活质量与情感需求的孝道观念所取代，这为生前预嘱法律制度的建构搭建了民意基础。

对尊严死亡的迫切需求，国务院于2021年发布《"十四五"国家老龄事业发展和养老服务体系规划》，提出推动医疗机构以"充分知情、自愿选择"为原则开展安宁疗护服务。当前，有必要总结相关实践经验，稳步推进生前预嘱立法的可行性论证，以期通过该制度，缓和临终过度医疗现象对社会造成的不必要负担，保护临终患者的人格尊严。[3] 应当注意到当下社会文化观念的变化对于尊严死亡立法的影响，对于相关问题可以采取较为开放的态度。

---

[1] 王利明：《人格权法的发展与完善——以人格尊严的保护为视角》，《法律科学》（西北政法大学学报）2012年第4期。

[2] 参见王兆鑫《生命选择与死亡尊严：权利保障视角下生前预嘱的立法规制——以〈民法典〉和〈基本医疗卫生与健康促进法〉部分条款为切入点》，《中国卫生法制》2021年第3期。

[3] 参见温世扬《民法典视域下的"人身自由"》，《法制与社会发展》2022年第3期。

（三）生前预嘱的立法现状

1. 国内生前预嘱立法现状

深圳市于2022年6月颁布的《深圳经济特区医疗条例》第78条规定，在收到患者或其近亲属提供具备法定要件的生前预嘱之后，医疗机构应当在患者不可治愈的伤病末期或者临终时，依照该生前预嘱，尊重患者的意思表示。这一规定标志着生前预嘱正式进入局部立法阶段，表明我国立法者对生前预嘱持鼓励探索的态度。应当注意到，该条例仅为深圳市的地方性立法，法律位阶较低，全国层面的立法尚处空白。但就包括患者在内的一切人的人格尊严和生命尊严之保护，即生前预嘱的价值本位，我国《宪法》《民法典》等法律法规都有明确的法律依据：

（1）《宪法》。《宪法》第33条规定：国家尊重和保障人权。保障人权的具体体现之一是国家保护公民的人格权。人格权是生而为人自然享有、不得剥夺、不可放弃的基本权利，而作为人格权核心议题，保障人格尊严的医疗自主权，也由此能从宪法层面找到理论支撑，宪法可以成为生前预嘱的法理基础。

（2）《民法典》。在法律层面，《民法典》虽然没有直接规定临终医疗决定权，也未将生前预嘱纳入立法范围，但是从两个方面规定其法源：在医疗自主权维度，《民法典》第1219条规定了医疗机构说明义务与患者知情同意权，《民法典》第1220条规定了患者知情同意权的例外情况，即紧急情况下实施的医疗措施需经医疗机构负责人或者授权的负责人批准，作为患者医疗自主权下位概念的知情同意权得以保障。

在生命权维度，《民法典》第990条、第1002条首次将"人格尊严"与"生命尊严"纳入法典文本，为生前预嘱的构建提供了法律依据基础，由此成为生前预嘱的又一权源选择。此外，《医师法》第25条规定，为避免对患者造成不利影响，医师应当如实向患者或者其家属介绍病情，进行实验性临床医疗时，必须经医院批准并征得患者本人或者其家属同意，这是患者医疗自主权在各部门法领域中的延伸。《基本医疗卫生与健康促进法》第32条，则规定了公民对接受医疗服务与医学研究的知情同意权，也体现出医疗自主决策的价值内涵。

（3）行政法规。在行政法规层面，2022年新修订的《医疗机构管理条例》系国务院为了加强对医疗机构管理，促进医疗卫生事业的发展，保障公民健康而制定，其中包括保障患者医疗自主权的相关规定，《医疗机构管理条例》第32条规定了医护人员在诊疗活动中对于患者病情和医疗措施的告知说明义务。其基本内容遵照了《民法典》关于保障患者医疗自主权，尊重患者及家属知情同意权的内容和精神。同时，《医疗事故处理条例》第11条也规定了医疗机构及其医护人员对于病情、医疗措施、医疗风险等的告知义务，也体现出医疗事故处理层面对于患者医疗自主权的尊重。

（4）地方性法规。除《深圳经济特区医疗条例》之外，我国其他地方性法律法规尚未对生前预嘱作出直接规定，但是患者医疗自主权已经纳入我国各级法律法规的立法范畴，现已形成较为完善的立法体系。

目前国内立法体系可参见图1。

宪法层面
第33条："国家尊重和保障人权。"

法律层面
《民法典》《医师法》《基本医疗卫生健康促进法》

行政法规层面
《医疗机构管理条例》《医疗事故处理条例》

地方法规层面
《深圳经济特区医疗条例》

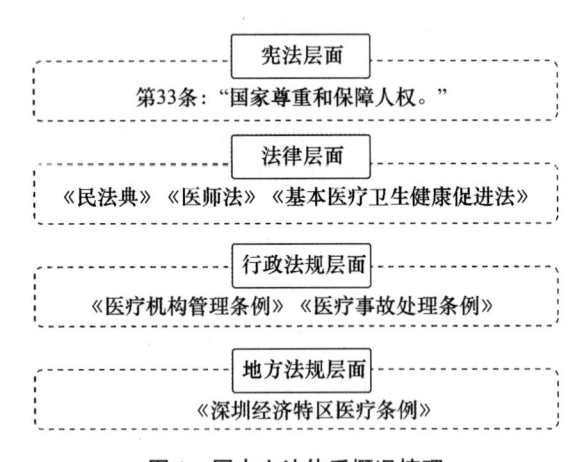

图1　国内立法体系概况梳理

2. 域外生前预嘱立法现状

（1）美国：立法明确生前预嘱合法地位

"生前预嘱"，英文将其称为"living will"，指自然人依自己意愿作出的选择采取何种医疗措施的指令。生前预嘱制度最早源于美国,其制度功能在于保障患者的医疗决定权和尊严死亡。美国学者较早关注到"死亡医学化"的现象。"死亡医学化"是指人类的死亡过程往往伴随着医疗活动,人类的死亡过程与医疗活动如影随形,死亡变成医学治疗活动的组成部分,"无疾而终"越来越成为现代社会的奢望。[1] 20 世纪 70 年代,美国便有医学人文学者对于死亡的医学化发出强有力的抨击,希望在生命末期更有尊严的呼声日增。[2] 在对人的尊严具有较强的历史和文化传统的国家中,社会政策和法律的制定更加关注保障尊严死亡行为的合法性。[3]

1976 年美国加利福尼亚州通过《自然死亡法案》,迈开生前预嘱入法的第一步。1990 年美国危重症医学会和胸科学会提出两条重要理念:一是当 ICU 医生确认任何治疗措施均对患者无益时,应当允许医生停止全部治疗;二是患者和其代理人有权决定是否接受治疗。1991 年美国最高法院通过《患者自决法案》,允许患者以生前预嘱维护医疗决定权。目前全美 50 个州都通过立法明确了生前预嘱制度的合法性地位。[4]

(2) 欧洲:保障患者人格尊严

与此同时,欧洲同样基于保护人权的原则,发展"生前预嘱"与医疗决定权相关事业。在欧洲主要国家中,英国于 1998 年将生前预嘱与欧洲大会通过的人权法案同时推行。德国最高法院也于 1994 年明确"具有行为能力的人有权拒绝医疗"的理念,德国《民法典》首次确立医疗代理人制度,《病人处分法》在其基础上增加了指令型生前预嘱与代理型生前预嘱。法国于 2005 年通过《关于患者权利与临终问题的法律》,规定成年人可以签订生前预嘱,停止无谓的临终过度医疗。2006 年,奥地利、瑞士、丹麦也颁

---

[1] See Suzanne Ost., "The De-Medicalisation of Assisted Dying: Is a Less Medicalised Model the Way Forward", 18 *Med. L. Rev.*, 2010, p. 502.
[2] See Nicholas A. Spinella, "Death with Dignity Legislation", 23 *Cath. Law*, 1978, p. 188.
[3] See Darryl Pullman, "Dying with Dignity and the Death of Dignity", *Health Law Journal*, 1996, p. 197.
[4] 陆杰华、杨茜茜:《我国推动生前预嘱入法的现状、挑战及其未来设想》,《人口与健康》2022 年第 9 期。

布了《生前预嘱法》或将其规定在本国《民法典》中。在20世纪末21世纪初，生前预嘱在欧洲呈现出勃兴之势。

（3）亚洲：立法实践逐渐起步

整体来说，亚洲各国对于死亡文化的正确认知与西方国家相比开始较晚。[①] 2016年，韩国通过了《关于对临终关怀姑息治疗及临终阶段病人的延命治疗决定》，也称善终法案（Well Dying），该法案的核心在于保护病人的自我决定权不受到损害。[②] 对于日本而言，立法上，通过专门立法对于生前预嘱的法律效力予以确认。在实践层面上，日本尊严死亡协会提供了《尊严死的宣言书》，国立长寿医疗研究中心提供了《希望调查表》。

（4）域外生前预嘱实践情况总结

生前预嘱是一项重要的医疗决策，越来越受到各国关注。目前，一些国家已经通过明确立法来推广并规范生前预嘱的执行。例如，美国、德国、法国和英国等国都已经颁布了相关法律，生前预嘱也已推广于实践中。这些国家对于生前预嘱的规范和实践已经比较成熟。同时，另一些国家则仍在探索相关立法和实践方案，如韩国、印度和巴西等国。这些国家在生前预嘱立法和推广方面还有很大的作为空间。总体来说，生前预嘱在全球范围内正处于快速发展中，越来越多的国家和地区对此予以关注。

通过梳理域外生前预嘱制度经验，本文总结有三：第一，通过立法规制其运行，对于生前预嘱制度的运行，大多数国家没有仅仅依靠社会组织对其进行规范，而是直接通过立法来规制。第二，使用拒绝型生前预嘱。拒绝型生前预嘱可以使患者依据自己的意思，主动放弃插管、切除等常见的创伤性医疗措施，既满足了患者本人的需求，也减少了患者对文本的理解负担。第三，允许定期更新内容。由于个人的想法可能会随着时间或环境的改变而改变，所以应当在制度中规定定期更新生前预嘱。

[①] 参见郭欣颖、赵艳伟、王绯等《医护人员对于生前预嘱态度的调查分析》，《护理研究》2016年第11期。

[②] 参见刘兰秋《韩国延命医疗中断立法之评介》，《河北法学》2018年第11期。

二 生前预嘱入法的推力与困境调研

（一）问卷调研

为调查生前预嘱推广的社会需求和群众态度，本文采用问卷调研法。由于深圳市率先进行生前预嘱立法，具有独特的代表意义，因此本文问卷调查分成深圳市和其他地区两部分。

问卷的核心内容是了解生前预嘱推广的群众基础和不同群体对生前预嘱推广的支持度差异，据此设计了高度关联的选项。本文参考了大量相关文献，对收集的问题进行精减。在问卷中对专用名词，如"生前预嘱""医疗决定权"等进行了解释。另外，通过设置多个具体问题来具化调研对象的主观态度，如"您对死亡的态度""您对生前预嘱的态度"等。由于深圳市已经开展试点立法，本文单独制订问卷，专门对深圳地区开展调研。

针对除深圳外的其他地区的调研共回收问卷1640份，删除所设置的有效性检验问题回答错误的48份问卷及答卷时长小于60秒的193份问卷，最终获取有效问卷1399份。针对深圳地区的调研共回收问卷831份，删除答卷时长小于60秒的103份问卷，最终获取有效问卷728份，总共获取有效问卷2127份。

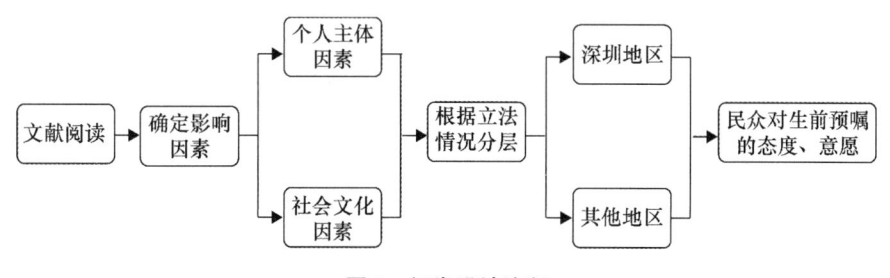

图2 问卷设计流程

通过问卷调查，可以将社会公众对生前预嘱推广持有的态度总结为以下四点：

中国健康法治发展报告（2023）

第一，生前预嘱立法有较好的群众基础。调研对象对生前预嘱的态度与对医疗决定权的态度呈正相关关系，如图3所示，66.7%的调研对象希望患者能够自己选择医疗措施或护理措施，且最终会尊重他们的决定。72.7%的调研对象希望家人能够尊重自己的医疗决定权。据此推断，越支持保护医疗决定权的调研对象则越支持生前预嘱的推广，生前预嘱的入法有较好的群众基础。

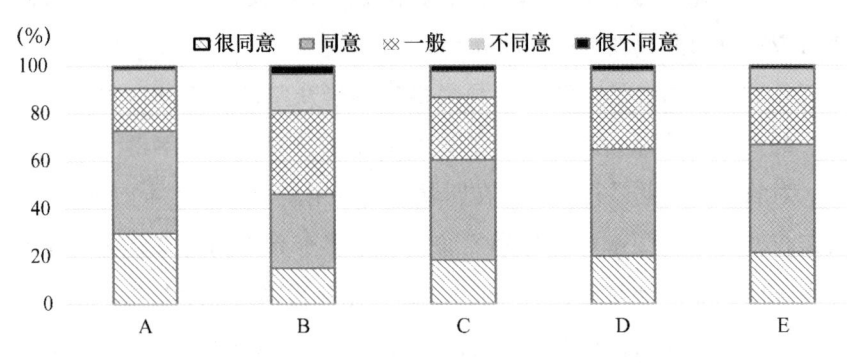

图3 关于医疗决定权态度问题的答案分布

（问题A：假如我是一名患者，我希望家人尊重我决定的医疗措施；问题B：假如我是一名患者，我希望由家人帮我决定医疗措施；问题C：假如我是一名患者的家属，我希望由我和其他家人来决定患者的医疗措施；问题D：假如我是一名患者的家属，我希望让患者自己决定医疗措施，但是是否按照他们的选择执行要视具体情况而定；问题E：假如我是一名患者的家属，我希望由患者自己决定医疗措施或护理措施，并尊重他们的决定。）

如图4所示，48.0%的调研对象在接受问卷调查前对生前预嘱有所了解。61.5%的调研对象在了解生前预嘱后愿意填写生前预嘱。调研对象愿意填写生前预嘱的理由主要有：想要体面、有尊严地死去，不想给子女增加负担，希望清醒地安排人生最后一段旅程，等等。但现实情况是生前预嘱没有正式入法，宣传也不够到位，导致大众对于生前预嘱的了解程度不深。

第二，尊严死亡观念接受程度较高。据调研对象对死亡的态度与对生前预嘱的态度的相关分析结果可知，调研对象对死亡的态度会在一定程度上影响其对生前预嘱的态度。越不避讳谈论死亡，越能够坦然接受死亡的

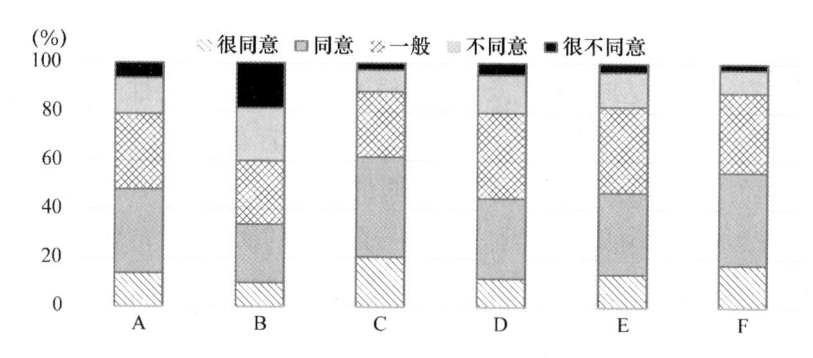

图4 对生前预嘱的态度答案分布

(问题A：我已经对生前预嘱有所了解；问题B：我已经填写生前预嘱；问题C：我愿意填写生前预嘱；问题D：我对生前预嘱的效力持怀疑态度；问题E：我会把生前预嘱推荐给我的亲人朋友；问题F：我支持把生前预嘱列入法律条文。)

调研对象，越支持生前预嘱的推广。图5是关于死亡态度问题的答案分布，由图可见，绝大部分调研对象不介意谈论死亡。但对于生命的长短与临终前的生理、心理体验，调研对象的意见存在较大差异。近70%的调研对象希望在生命的尽头是有尊严的。71.6%的调研对象同意或很同意能在意识清醒的情况下安排自己的最后一段旅程。

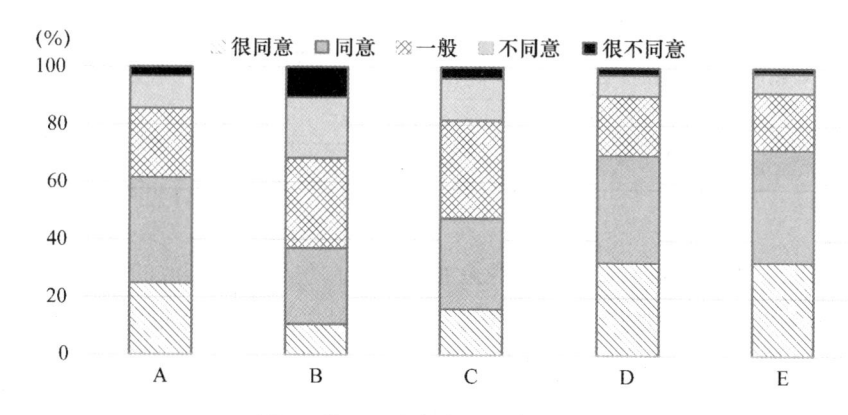

图5 关于死亡态度问题的答案分布

(问题A：我不介意谈论死亡；问题B：无论何时，我都不愿意去考虑死亡；问题C：我认为我的生命越长越好；问题D：当走到生命的尽头时，我应该是无痛的、有尊严的、舒适的；问题E：当走到生命的尽头时，我希望能在意识清醒的情况下安排自己的最后一段旅程。)

第三,经济发达地区居民及青年群体更支持生前预嘱的推广,生前预嘱扩大试点具有可行性。由表1及表2可知,不同地区及年龄段的调研对象对于生前预嘱的支持度存在差异。在方差分析的结果上,进行LSD事后比较,可知经济发达地区居民及青年群体更支持生前预嘱的推广。生前预嘱目前仅在深圳市进行立法推广,未来面向更多城市进行推广具有可能性。

表1 不同年龄组别生前预嘱支持度差异的方差分析结果

年龄组	比例(%)	对生前预嘱的支持度(平均分±标准差)	F值	P值
18—30岁	32.31	13.75±2.383		
31—45岁	17.01	12.83±2.439		
46—60岁	10.01	13.13±2.484	7.062	<0.001
61—75岁	31.59	13.30±1.958		
75岁以上	9.08	13.34±2.166		

表2 不同地区间生前预嘱支持度差异方差分析结果

地区	比例(%)	对生前预嘱的支持度(平均分±标准差)	F值	P值
高人均GDP地区	5.93	13.73±2.398		
中人均GDP地区	22.37	13.18±2.665	4.370	0.013
低人均GDP地区	8.74	13.24±2.453		

第四,生前预嘱入法与死亡观念有关,死亡观念比较开放的地区,更有助于推进入法。深圳地区生前预嘱已经率先入法,本文针对深圳地区开展的调研结果显示,81.0%的调研对象不避讳死亡,远高于其他地区的比例。98.1%的调研对象表示愿意签署生前预嘱,比例高于立法试点以外的地区。

(二)访谈调研

访谈调研的目的是了解我国生前预嘱制度的现实情况,采访对象为医疗机构、生前预嘱推广机构、专家学者及患者和家属。通过对不同群体的采访，全方位了解生前预嘱制度运行过程中可能出现的问题及解决对策。通过访谈调研及观点归纳（见表3），得出以下结论：

1. 公众对于生前预嘱了解不足，经过简单介绍后，所有被采访对象都认为生前预嘱具有积极意义，并表示愿意接受。

2. 生前预嘱与安宁疗护在价值理念上具有一致性，生前预嘱的实施也离不开安宁疗护的发展，应大力发展该事业，培养专门人才。预立医疗计划（ACP）也是推动生前预嘱落地的重要途径。

3. 可由权威部门制定统一的生前预嘱示范性文本，但也应允许在不同的场景下依实际情况确定生前预嘱的内容。

4. 生前预嘱的推广需要全民支持，应通过多途径进行普及教育。

5. 生前预嘱立法可突破传统文化对患者医疗决定权的束缚，给家属和医院执行生前预嘱创造条件。

表3 访谈归纳

调研主体	调研目标	份数	观点归纳	
医疗机构	医疗决定权实践情况	18	益处	可以减少医患矛盾
				保障患者的医疗决定权
				可以减少"过度医疗"和"无谓抢救"
			困境	可能会受到部分群体的抵触
				缺乏落实生前预嘱的专业人才
				生前预嘱滥用可能引发道德风险和法律风险
				生前预嘱的可变性和可撤回性增加了推广难度
			建议	加强生前预嘱宣传，做好基层、农村地区的知识普及
				明确"患者不可治愈的伤病末期或临终时"的医学评定标准
				培养相关专业人才
				为有意签署生前预嘱的患者提供专业指导和服务

续表

调研主体	调研目标	份数		观点归纳
卫生健康委员会	政策支持情况	2	益处	可缓解医患关系
				可明确医方、患方、近亲属在医护措施选择方面的职责和角色
			困境	难以保障生前预嘱内容的完整性，解释的准确性
				群体接受程度差异较大
				缺乏科学、全面的规范指引
				实践经验尚需积累且医方实施生前预嘱尚无法律保障
			建议	做好生前预嘱的风险防范预案
				完善相关法律规范、限制适用范围、制定医疗机构规范指引
推广协会与公证处	生前预嘱推广情况以及现实困境	4	益处	尊重患者自主意愿
				可减轻家属道德负担、保护患者生命尊严
				可减轻医护人员的负担
			困境	具体实施机制仍然不明
				缺少统一的生前预嘱信息化同步登记平台
				缺乏专门化的生前预嘱公证制度
				缺乏安宁疗护方面的人才
				未能充分发挥医保制度对生前预嘱的积极作用
			建议	融合生前预嘱与意定监护制度
				重视患者对生前预嘱的态度和意愿
				建立有效、专业的生前预嘱公证制度
				发挥安宁疗护推广对生前预嘱的促进作用
				融合多方资源共同推进生前预嘱
				注重缓解医院的营收平衡压力
专家学者	生前预嘱理论基础及完善	6	益处	可丰富和发展传统医学伦理
				可推进安宁疗护并节约医疗资源
				可减少患者痛苦和经济负担，实现尊严死亡

续表

调研主体	调研目标	份数		观点归纳
专家学者	生前预嘱理论基础及完善	6	困境	生前预嘱实施不当会诱发道德风险和法律风险
				缺乏法律保障和规范指引
				医疗机构、民政部门、立法机关之间缺乏合作与联动
			建议	完善生前预嘱配套制度（如制定生前预嘱示范性文本）
				促进医护行业、专家形成普遍共识
				借助医保制度实现生前预嘱信息共享互通
				将生前预嘱纳入医院病历管理系统
				生前预嘱推广应契合我国社会观念、考虑家属的影响
				生前预嘱应当由专门设立的机构来执行
社会民众	普通患者群体的认可态度	13	益处	缓解患者临终痛苦
				减少子女负担
				保障患者体面地离开
				传播正确的生死观念
			困境	民众了解程度不高
				与民众传统观念存在冲突
				民众对生前预嘱的效力和认可度持保留态度

（三）困境梳理

通过问卷调查、访谈走访等调研形式，本文在调研过程中发现，生前预嘱入法的困境主要有三：

第一，民众认知有待廓清与加强。受中国传统观念影响，不少民众对死亡呈现避讳的态度。我国安宁疗护事业的发展依然集中在东部地区以及一线、二线城市，其他地区的民众对生前预嘱了解程度较低。

第二，配套机制应当建立并细化。我国生前预嘱的体系建设还未起步，一份生前预嘱从签署到执行的整个过程中，权利保护与个人自由、风险分配与责任承担等问题均有待细化，包括撤回机制、登记留存、纳入病例等制度依需完善。

第三，试点立法需要推广和完善。除深圳市颁布《深圳经济特区医疗条例》将生前预嘱纳入法律体系之外，我国有关生前预嘱制度在国家层面的立法尚处空白状态。由此，生前预嘱制度中的许多关键问题，如生前预嘱的效力问题、执行方式等，仍然缺乏明确的规范指引，生前预嘱的落实与推广面临障碍。

（四）总结

1. 生前预嘱入法具有必要性和可行性

第一，生前预嘱入法具有现实必要性和群众基础。在现实必要性上，医疗机构、专家学者在访谈中表示，目前在临床实践中推动生前预嘱，最大的问题是缺乏法律明确规定。在群众基础上，群众主要对于生前预嘱"不了解"，而非"不接受"，在了解生前预嘱的目的和实施机制后，绝大部分群众对于生前预嘱的态度较为积极。

第二，生前预嘱入法具有可行性。生前预嘱背后体现的患者决定权，实际上属于患者决定权在临终状态下的延续。符合我国《民法典》规定的医疗决定权，体现患者自主决定，保障患者人格尊严，并与我国《基本医疗卫生与健康促进法》等卫生法律体系不冲突。

2. 生前预嘱入法需要补足配套性制度

第一，应当制定并推广生前预嘱示范性文本。在访谈中，医疗机构基于临床经验，普遍建议制定并推广生前预嘱示范性文本来保障各方权利。另外，专家学者、医疗机构、生前预嘱推广协会均认为示范性文本既应包含格式性条款以确保生前预嘱规范化运行，也应为患者留有自主空间，允许其在采取何种临终医疗措施等方面自愿作出选择。

第二，应当积极发展安宁疗护事业。安宁疗护事业和医疗机构临终关怀管理制度对于生前预嘱的入法和推广具有较大的影响。然而，目前我国安宁疗护事业发展滞后，存在发展不平衡、人才储备不足等问题。一方面，安宁疗护事业的发展主要集中在经济发达的城市和地区；另一方面，我国目前尚未开展安宁疗护的专业化人才培养,与高校医学教育不能较好衔接。因此,未来有必要促进安宁疗护事业发展,助力生前预嘱的推广。

三 我国生前预嘱制度的完善建议

经过理论准备和实证考察,本文对于生前预嘱入法困境与对策有了较为全面的把握。基于上述研究成果,本章将从推进专门立法、协同发展安宁疗护事业和建立健全配套制度三个方面,阐述生前预嘱在我国进一步推广的方案。

(一) 推进生前预嘱专门立法

1. 生前预嘱入法的正当性

第一,理论正当性。生前预嘱是对人格尊严、生命权、健康权的尊重与保护。其背后蕴含保护患者自我决定、尊严死亡的价值理念,符合我国《宪法》尊重和保障人权原则,契合《民法典》中有关人格权保障的立法内容。[①] 因此,生前预嘱立法具有充分的理论正当性。

第二,实践正当性。随着公众的死亡观念趋于开放,愈加理解尊严死亡的重要性,社会对生前预嘱的接受程度增加。在医学实践中,患者签订生前预嘱的现象也越来越多,生前预嘱契合患者、家属需求,医方和其他执行主体亦积累了一定的生前预嘱实施经验,生前预嘱立法具有实践正当性。

2. 生前预嘱的立法建议

(1) 生前预嘱的构成要件

第一,主体资格。完全民事行为能力人能够以自己的意思实施民事法律行为,其在临终昏迷前的清醒状态时,具备签订生前预嘱的民事行为能力。生前预嘱的主体需在订立时具备医疗决定能力,具体而言,在

[①] 张翔:《宪法人格尊严的类型化——以民法人格权、个人信息保护为素材》,《中国法律评论》2023 年第 1 期。

订立生前预嘱时，患者应当具备充分知悉生前预嘱所涉医疗措施的能力、充分知悉并评估医疗决定内容及其后果的能力、充分表达其医疗决定的能力。

第二，形式要件。私法自治要求法律行为奉行形式自由原则，但是出于维护当事人、第三人或者公共利益的需要，一国之法律、行政法规所代表的国家公权力与公共利益有时需要介入私人领域，民事法律行为的法定形式便是其体现之一。① 生前预嘱的核心在于通过法定形式自愿放弃临终医疗抢救，医疗机构对患者自愿放弃临终医疗抢救并不承担法律上的责任，因其涉及患者对于生命权、健康权自决，以及医疗机构责任豁免问题，对于生前预嘱应当作为严格的要式法律行为对待。生前预嘱需要满足特定的形式要件方能生效，这是为了保障生前预嘱确为当事人真实的意思表示，并排除生前预嘱可能产生的道德风险。生前预嘱应采取书面形式。但患者在危急情况下，无法书写或无法由他人代理书写时，可采用录音或口头形式，但需经两位以上见证人在场见证。

第三，公证与见证程序要件。立预嘱人应当在一名以上公证人进行公证或者两名以上见证人在场见证的前提下订立生前预嘱，且该见证人应当为参与救治患者的医护人员以外的其他人。本文认为，见证人不能为对患者的死亡具有利害关系的主体。不得担任生前预嘱见证人中的"利害关系人"应当包括：与立预嘱人存在血缘、婚姻或收养关系的人、立预嘱人的债权人、立预嘱人的继承人以及人寿保险或者健康保险的受益人，或可能通过其他方式能够在立预嘱人去世后获得经济利益的人等。

第四，内容要件。生前预嘱内容应清晰列明生前预嘱的适用情形、患者决定采用或不采用的医疗措施，并包含患者本人签名、公证人或见证人签名以及生前预嘱订立的日期等。

（2）生前预嘱的保存与撤回

第一，生前预嘱的保存。在我国医疗实践中，因不同地域、不同医

---

① 参见朱庆育《意思表示与法律行为》，《比较法研究》2004年第1期。

疗机构之间的医疗水平不尽相同,医疗资源配置并不均衡,因此"转院"是医疗领域中常见的现象。为了保障患者转院前订立的生前预嘱在转院后依然能够得到承认和执行,因此应当建立生前预嘱的保存制度。对于经公证的生前预嘱,其原件应由公证部门保存,同时将公证书交由患者本人或其家属保存;对于未经公证的生前预嘱,其原件应当由患者本人或其家属自行保存,同时需要在医疗机构进行备案。同时,医疗机构对于生前预嘱的保存应当体现在生前预嘱纳入患者病历,并随患者的转院将包含病历的生前预嘱一并转出,以消除因患者转院造成的对接不畅问题。

第二,生前预嘱的撤回与变更。生前预嘱作为患者单方面的意思表示,为了保障患者的生前预嘱始终与患者的真实想法一致,应当允许患者在生前预嘱生效之前随时对其所立预嘱内容进行撤回、变更。[1] 就生前预嘱撤回而言,由于法律行为撤回的效力代表其自始不存在,因此生前预嘱的撤回与遗嘱类似,一经作出即发生法律效力。[2] 同时,撤回的方式既可以通过口头形式,也可以通过书面形式。就生前预嘱的变更而言,由于涉及生前预嘱内容的变更,因此,变更应当原预嘱文件中进行变更或者另立生前预嘱,代表患者依然具有签订生前预嘱的意思表示,只不过对于生前预嘱的部分内容不满意,因而进行变更,体现生前预嘱对于患者意思自治的保障。[3]

(3)生前预嘱的侵权责任

第一,执行生前预嘱的法律责任豁免。生前预嘱是患者知情同意权的延续,因此责任豁免的法理基础在于患者的知情同意权。"知情同意"来源于英美法理论,起源于"informed consent",是指患方在医师提供足够的相关信息的基础上作出同意或选择的自主决定。[4] 对于按照法律规定执行生前

---

[1] 参见刘建利《尊严死行为的刑法边界》,《法学》2019年第9期。
[2] 参见房绍坤《继承制度的立法完善——以〈民法典继承编草案〉为分析对象》,《东方法学》2019年第6期。
[3] 参见刘兰秋《韩国延命医疗中断立法之评介》,《河北法学》2018年第11期。
[4] 艾尔肯:《论医疗知情同意理论》,《河北法学》2008年第8期。

预嘱的医疗机构及其工作人员，其依生前预嘱而终止、撤除或不施行维持生命治疗的措施时，不负刑事与行政责任。医疗机构以及患者家属应当尊重患者意愿，依照患者本人意思表示执行生前预嘱。因前述行为而对患者发生的损害，除有故意或重大过失之外，不应承担赔偿责任。

第二，违反生前预嘱的法律责任承担。对于非基于患者本人意愿而故意涂改、伪造、隐匿、销毁、窃取生前预嘱的行为，应追究其民事或行政责任。如果法律只规定生前预嘱的订立和生效条件，而对于违反生前预嘱的法律责任的规定欠缺，则在实践中极易导致患者家属和医疗机构违反患者真实意愿，不当执行生前预嘱情况的发生，因此必须构建违反生前预嘱的法律责任体系，以违法行为的法律后果威慑力促使患者近亲属、医疗机构遵守生前预嘱，以达到生前预嘱制度能够切实运行的目的。

3. 生前预嘱示范性文本

患者意愿的实现依赖于签订的生前预嘱，但在中国，尚未形成生前预嘱示范性文本，这可能会使签署者错失重要信息，给日后实施带来不便。在问卷调研的基础上，应当结合民众观点、医疗机构需求、专家意见、医学专业标准、法律文本，融入中国社会家庭观念，构建满足患者需求、符合法律规范、具有中国文化特色的生前预嘱示范性文本。目前，生前预嘱制度实践比较成熟的地区，均有完善的示范性文本。

4. 推广实践的具体路径

生前预嘱从出现到被大众广为接受必将是一个长期的过程，需要立法机关、政府机关、社会服务机构、医疗机构以及广大民众的共同努力。

第一，实践层面，可参考中国香港地区，前期由政府主导，加强对生前预嘱的推广和宣传，并提供具有官方效力的生前预嘱规范性文本供患者和医疗机构使用。后期随着医疗条件的改善、相关医学判定标准的规范化、临终关怀制度的完善、尊严死亡观念的进一步普及，再进行有关生前预嘱的立法。

第二，立法层面，不应急于制定位阶较高的法律，而应先制定包含实体与程序规定的单行法规，以避免频繁修改法律对法律权威性的伤害。

（二）协同发展安宁疗护事业

1. 生前预嘱与安宁疗护的相互促进关系

安宁疗护与生前预嘱是相互促进的关系。随着安宁疗护的推广，人们的生死观及医疗系统的理念变化，生前预嘱将更加被认可。生前预嘱立法和落地，又将进一步促进安宁疗护的开展。两者良性的相互促进关系，将不断提高患者的临终质量，维护其尊严。

2. 完善安宁疗护医保制度体系

第一，将安宁疗护纳入基本医保支付范围。安宁疗护病房以护理服务为主，除少数试点地区外，安宁疗护服务项目未被列入基本医疗保险支付范围。加之我国涉及安宁疗护的商业保险和公益事业发展较为滞后，安宁疗护的大部分费用均需患者及其家属自行负担，不利于安宁疗护的推行。因此，应将安宁疗护服务纳入医疗报销体系，构建以社区医院为基点的安宁疗护体系，并推进安宁疗护服务与长期护理保险的结合，鼓励商业保险公司推出安宁疗护险种，为患者及其家属减轻负担。

第二，确立合理可持续的收费标准与付费制度。安宁疗护虽很少涉及价格高昂的医疗检查和药物，但仍需在持续沟通、人文关怀方面耗费成本，这些潜在成本并未纳入收费项目。因此，为防止收支失衡抑制医疗机构的积极性，有必要设立合理的安宁疗护服务收费标准，以促进医疗机构持续性投入人力、物力开展安宁疗护。此外，还可探索按床日付费制度，针对安宁疗护的服务品质、项目等实施区别定价。目前，我国四川德阳、辽宁大连等城市，已开展安宁疗护按床日付费的实践探索。

3. 保障安宁疗护服务充分供给

保障服务供给最根本的就是要保障医疗服务的供给能力，要坚持"政府主导，社会参与"的模式。鼓励政府和市场双向发力、互动发展，充分发挥市场在安宁疗护服务资源配置中的作用，营造良好的社会支持氛围，加大安宁疗护服务供给的力度和密度。除此之外，还应充分发挥专业人才的作用，重视人才队伍建设。

第一，加强医学、护理学、心理学、营养学等多学科安宁疗护专业人员培养，组建多学科交叉人才梯队。

第二，在医学继续教育培训工作中，增加并重视安宁疗护服务相关知识和技能的培训。

第三，针对医院、社区卫生服务机构、养老护理机构开展安宁疗护普及教育及专业培训，促进安宁疗护服务规范化、专业化，提升安宁疗护服务品质和服务能力。

（三）建立健全配套衔接制度

1. 构建多渠道推广宣传体系

本文经社会调研发现，很多人并不了解生前预嘱的意义和操作流程，构建生前预嘱的多渠道推广宣传体系十分必要。一方面，可充分发挥网络平台的宣传作用，利用专题网站、社交媒体账号、移动应用程序等方式普及和宣传生前预嘱相关理念和制度；另一方面，同时深入社区开展生前预嘱宣传和普及工作。通过构建多渠道推广宣传体系，可让更多人了解和接受生前预嘱，从而更好地保障自己的尊严和权利。

2. 搭建信息化公示登记平台

为了更好地保障生前预嘱的效力，需要建立一个信息化公示登记平台，以使医疗机构、公证处及其他生前预嘱实施机构与患者共享签订的生前预嘱信息，以避免因生前预嘱内容缺失、错误、不准确导致医疗纠纷的发生。

此外，该平台还应记录生前预嘱签订的过程和相关证明材料，为生前预嘱的合法性认定提供证据支持，从而保障患者的合法权益，提高公众对生前预嘱的信任和认可程度。

四　结语

当下我国生前预嘱的实践推广仍面临立法保障缺位、配套制度不足、安宁疗护发展不完善等问题。生前预嘱入法，则面临民众了解程度不高、受传统死亡观念束缚等困境。生前预嘱是保障患者人格尊严和医疗决定权的有力手段,生前预嘱立法具有正当性。

本文通过对2127份问卷、43份深度访谈的分析发现,欠缺对生前预嘱以及安宁疗护的理解,是生前预嘱推广落实的主要障碍,生前预嘱的法律效力问题仍悬而未决,符合我国现行法律体系和中国传统观念的生前预嘱示范性文本也尚阙如。为此,应该针对生前预嘱的法律效力、生效要件等具体规范提出立法意见,从而为实践中生前预嘱的运行提供法律保障,并立足中国社会和文化背景,制定生前预嘱示范性文本。

死亡始终是中国社会较为沉重的话题。生前预嘱背后体现的价值导向,与我国文化传统中"善终"的思想相一致,在中国社会具有文化土壤。希望今后能够进一步传播尊严死亡的理念,推广安宁疗护制度,促进生前预嘱制度的落地,以提升患者的生命质量,让每一个生命安详地落幕。

原料药产销集中背景下的垄断预防与规制研究

黄业雄*

摘　要： 在产销集中背景下，原料药市场垄断行为频发，且垄断结构具有多方参与、主体关系复杂的特点，由此引发的垄断损害波及原料药市场、制剂市场、社会公共多个层次，严重阻碍药品可及性的实现。实践中，原料药领域的反垄断执法缺少对独家经营模式下的纵向关系分析，存在遗漏责任主体、法律适用困难的问题。为有效遏制原料药垄断现象，执法上需合理评估原料药独家经营模式的竞争效应，准确判断垄断行为的实施层次，并完善"共同违法"的处罚思路。同时，反垄断执法本身具有滞后性、严苛性，难以根治原料药垄断问题，因此还需根据不同需求原料药的可竞争性，采取差异化的市场结构优化措施，并完善相应的行业监管与引导制度，实现对垄断行为的事前预防、事中及时干预。

关键词： 原料药垄断　独家经营　市场结构　行业监管

一　引言

原料药是用于生产各种制剂的原料，是制剂中的有效成分，但无法由

---

* 黄业雄，武汉大学大健康法制研究中心助理研究员。

病人直接服用。在医药产业链中，原料药市场居于顶端，扼守着各种关键、必需投入品的供应环节，具有较高的市场进入壁垒，形成了高度集中的生产与销售结构；制剂市场则居于中端，具有更为分散的产业布局，且由于受到下游集中采购、医保药品谈判等机制的约束，其整体的谈判力量受到一定的削弱。在此背景下，原料药市场更易发生垄断案件，涉案原料药企业在非法攫取制剂企业经济利益的同时，往往扰乱了医药产业链整体的竞争秩序，极大地损害了患者福利与社会公共利益。2017 年，国家发改委颁布了《短缺药品和原料药经营者价格行为指南》，从价格执法层面强化了对原料药垄断行为的打击力度；2021 年，国务院反垄断委员会出台了《国务院反垄断委员会关于原料药领域的反垄断指南》（以下简称"原料药指南"），全面优化原料药领域的反垄断执法思路。但是，梳理早年与近年的反垄断行政执法案例，可发现原料药领域的反垄断实践仍然存在许多痼疾，需从市场、执法、监管等多维度探讨解决路径。

二 类案整理

以"原料药""垄断"为关键词检索国家市场监督管理总局官网、威科先行数据库公布或收录的 2008—2023 年的反垄断案例，可得到 20 个原料药领域的反垄断行政执法案件，案件主要信息如表 1 所示：

表 1　2008—2023 年原料药领域反垄断执法情况

案名	案号	涉案原料药	被查企业	被查企业市场份额[①]	查处理由	罚没合计
碘化油滥用案	沪市监反垄处〔2023〕3220190 101510 号	碘化油原料药	原料药独家经销商	85.8%—100%	滥用市场支配地位（不公平高价）	156.36 万
硫酸多黏菌 B 滥用案	沪市监反垄处〔2023〕20230 1401 号、2023 01402 号	无菌级硫酸多黏菌 B 原料药	原料药进口商、制剂生产商	100%	滥用市场支配地位（不公平高价）	12.193 亿

① "被查企业市场份额"指涉案期间所有被查企业在特定原料药供应中合计占有的市场份额。

续表

案名	案号	涉案原料药	被查企业	被查企业市场份额	查处理由	罚没合计
肾上腺素垄断案	国市监处罚〔2023〕9号、10号	重酒石酸去甲肾上腺素原料药、肾上腺素原料药	原料药生产商、原料药独家经销商	100%	横向垄断协议（限制商品销售数量）、滥用市场支配地位（不合理交易条件）	3.206亿
左卡尼汀滥用案	辽市监反垄断处罚〔2023〕1号	左卡尼汀原料药	原料药生产商	81.06%—100%	滥用市场支配地位（不公平高价）	1.33亿
醋酸氟轻松协议案	津市监垄处〔2023〕1—3号	醋酸氟轻松原料药	原料药生产商、进口原料药独家经销商	100%	横向垄断协议（固定价格、划分市场）	5077.82万
氯解磷定滥用案	沪市监反垄断处〔2021〕3220190101511号	氯解磷定原料药	原料药独家经销商	100%	滥用市场支配地位（不公平高价、不合理交易条件）	658.37万
代理商苯酚滥用案	豫市监处字〔2021〕1号	苯酚原料药	原料药独家代理商	82.95%—100%	滥用市场支配地位（不公平高价）	1104.83万
药用樟脑协议案	苏市监反垄断案〔2021〕1号、2号、3号	药用樟脑原料药	原料药生产商	100%	横向垄断协议（分割销售市场或者原材料采购市场、固定或者变更商品价格）	1688.42万
巴曲酶滥用案	国市监处〔2021〕1号	巴曲酶浓缩液原料药	原料药进口商	100%	滥用市场支配地位（拒绝交易）	1.007亿
盐酸溴己新滥用案	浙市监案〔2020〕14号	盐酸溴己新原料药	原料药生产商	90.99%—98.57%	滥用市场支配地位（不合理交易条件）	247.4万
葡萄糖酸钙滥用案	国市监处〔2020〕8号	注射用葡萄糖酸钙原料药	原料药独家经销商	87%—94%	滥用市场支配地位（不公平高价、不合理交易条件）	3.256亿
扑尔敏滥用案	国市监处〔2018〕21号、22号	扑尔敏原料药	原料药生产商、原料药进口商	88.55%—96.38%	共同滥用市场支配地位（不公平高价销、拒绝交易、搭售）	1243.14万

续表

案名	案号	涉案原料药	被查企业	被查企业市场份额	查处理由	罚没合计
冰醋酸协议案	国市监处〔2018〕17号、18号、19号	冰醋酸原料药	原料药生产商	100%	横向垄断协议（固定或变更商品价格）	1283.38万
异烟肼滥用案	国家发展和改革委员会〔2017〕1号、2号	异烟肼原料药	原料药生产商	77.14%—100%	滥用市场支配地位（不公平高价、拒绝交易）	44.39万
水杨酸甲酯滥用案	鄂工商处字〔2017〕201号	水杨酸甲酯原料药	原料药独家代理商	100%	滥用市场支配地位（不合理交易条件）	220.92万
生产商苯酚滥用案	渝工商经处字〔2016〕15号	苯酚原料药	原料药生产商	100%	滥用市场支配地位（拒绝交易）	50.01万
艾司唑仑协议案	国家发展和改革委员会〔2016〕5号、6号、7号	艾司唑仑原料药	原料药生产商	100%	横向垄断协议（联合抵制交易、固定或变更产品价格）	260.38万
别嘌醇滥用案	渝工商经处字〔2015〕15号	别嘌醇原料药	原料药生产商	100%	滥用市场支配地位（拒绝交易）	43.98万
盐酸异丙嗪滥用案	国家发展和改革委员会（2011年）①	盐酸异丙嗪原料药	原料药独家经销商	100%	滥用市场支配地位（不公平高价、拒绝交易）	702.96万
苯巴比妥滥用案	苏市监案中字〔2019〕1号	苯巴比妥原料药	原料药生产商	不详	滥用市场支配地位（拒绝交易）	中止调查

由表1可知，在执法实践中，原料药领域的垄断行为主要被认定为横向垄断协议或滥用市场支配地位（包括共同滥用市场支配地位），并未出现认定为纵向垄断协议的案件。涉及滥用市场支配地位的案件共有16个，其中，

---

① 此案未公布处罚决定书，仅有官方报道。参见《两医药公司垄断复方利血平原料药受到严厉处罚》，中国政府网：http://www.gov.cn/gzdt/2011-11/14/content_ 1992667.htm，2011年11月14日。

以不公平的高价销售商品的案件有 9 个，拒绝交易的案件有 7 个，搭售或附加其他不合理交易条件的案件有 6 个。涉及横向垄断协议的案件有 5 个，其中，固定或变更产品价格的案件有 4 个，分割销售市场或原材料采购市场的案件有 2 个，限制商品销售数量的案件有 1 个，联合抵制交易的案件有 1 个。肾上腺素垄断案则同时涉及横向垄断协议与滥用市场支配地位。上述案件的查处对象包括多种经营者，如原料药生产商、原料药进口商、原料药独家经销商、原料药独家代理商、制剂生产商等。

三 原料药行业垄断的特征

（一）垄断背景：产销集中的市场结构

1. 产销集中的表现

由上述案件可知，无论在生产端或销售端，发生垄断案件的特定原料药市场皆具有高度集中的市场结构。在生产端，获得原料药生产批文的经营者数量稀少，往往只有 1—3 家，且部分获得生产批文的经营者最终并没有真正投产；同时，部分原料药在国内没有生产商，只能依靠进口渠道的供应，而国外的原料药生产商往往只向国内少数几家甚至一家进口商供货。在销售端，国内的原料药生产商或进口商往往采取直销或独家经营（包括独家经销与独家代理）的模式销售原料药，因而原料药的国内流通渠道也是高度集中的。总体而言，特定原料药的供应链被少数企业甚至一家企业控制，形成了寡占或独占的市场结构。从处罚对象的市场份额来看，在涉及横向垄断协议的案件中，被罚企业的市场份额合计达到了 100%；涉及滥用市场支配地位的案件中，被罚企业的市场份额最低也有 77.14%，且多数案件的被罚企业也达到了 100% 的合计市场份额。在这样产销集中的市场背景下，原料药产业链的生产、进口、经销等环节都缺乏有效的竞争约束，这既强化了单个原料药经营者实施滥用行为的能力，也增加了原料药经营者间进行共谋的可能性。

2. 产销集中的原因

在生产端,原料药市场结构高度集中既与药品准入政策有关,也与原料药这种特殊商品的经济特点有关。

在准入阶段,原料药的生产受政府严格管控,具有较高的进入壁垒。根据《药品管理法》等有关规定,原料药上市前需与相关制剂进行关联审批,取得药品注册证书;原料药投产前则需取得药品生产许可证,符合药品生产质量管理规范(GMP)要求,满足药品生产、质量管理及检验等各项规定。同时,原料药的生产过程具有一定的危险性,并对环境有较大的影响,因此原料药企业还需满足《环境保护法》《环境影响评价法》《消防法》中的各项技术标准与要求。上述这些准入政策都大大延缓了潜在进入者进入原料药市场的时间。

在经济特点上,根据《中华人民共和国药典》的规定,特定原料药适用于特定制剂的生产,具有较强的专用性,不同的原料药由于药效与副作用的区别,往往不具有替代性,因而特定原料药相关市场狭窄,需求总量有限。同时,原料药的生产过程涉及生物提取、化学合成等高精技术,需要在生产设施、生产技术和生产人员等方面进行高额投入,具有一定的规模经济效应。在需求受限、前期投入高昂的背景下,原料药生产的成本回收时间较长,短期内原料药生产商将面临较高的市场风险,这极大地降低了市场潜在进入者的投资意愿。也因上述经济原因,在不少垄断案中,尽管有多家企业获得了生产批文,但部分企业并没有实际投产。

原料药生产端的集中也很大程度地决定了销售端的集中,且由于特定原料药的需求总量不高、下游制剂生产企业的数量较少,因而原料药生产商普遍选择直销或独家经营的销售模式,以提高经济效率。

(二)垄断行为:产销集中下的多种协同

在上述20个执法案例中,左卡尼汀滥用案、巴曲酶滥用案与盐酸溴己新滥用案都属于典型的滥用市场支配地位案,案中的生产商采取直销模式,垄断行为发生在原料药生产商与制剂企业之间,既没有纵向经销商的参与,也不存在横向经营者的协同行为，垄断结构较为简单。但除此之外的案件则都存在横向或纵向的协同关系，协同关系建立在单链条、多链条或轴辐型的产销结构上，而独家经销商或独家代理商往往是联结各种协同关系的重要纽带。

1. 单链条垄断

单链条垄断即原料药市场的垄断行为发生在上游单一实体与下游单一实体所形成的产销结构上，此时的原料药市场结构往往属于独占或近似独占的状态。属于单链条垄断的案件有氯解磷定滥用案、经销商苯酚滥用案、水杨酸甲酯滥用案、生产商苯酚滥用案、别嘌醇滥用案及硫酸多黏菌B滥用案。

其中，硫酸多黏菌B滥用案属于原料药企业与制剂企业共同垄断的情形，其垄断结构如图1所示。此案中的原料药进口商将其进口的原料药全部供应给某家制剂企业，两者密切匹配，通过虚增转售环节等方式抬高原料药、制剂的价格，损害医疗机构与患者方的利益，此种垄断结构具有高度的纵向一体化特征。

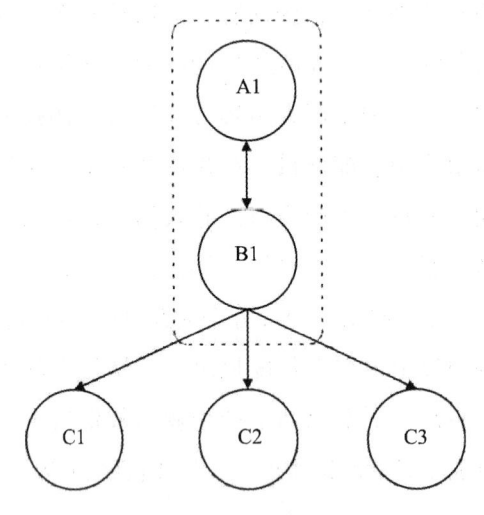

图1　单链条垄断结构一[①]

---

① A表示国内第一层次的原料药企业，即原料药生产商或原料药进口商；B表示国内第二层次的原料药企业，即原料药独家经销商或独家代理商；C表示制剂企业，一般为制剂生产企业；D表示消费端的医疗机构或患者；虚线框内的经营者为可能参与了垄断行为的所有经营者。（同图2、图3、图4、图5、图6）

除硫酸多黏菌 B 滥用案外的 5 个案件则涉及单一原料药生产商/进口商与各自的独家经销商/独家代理商开展纵向合作，其垄断结构如图 2 所示。在这 5 个案件中，执法机构处罚的对象只包含原料药生产商/进口商，或只包含原料药独家经销商/独家代理商，未出现同时处罚上下游经营者的情况。

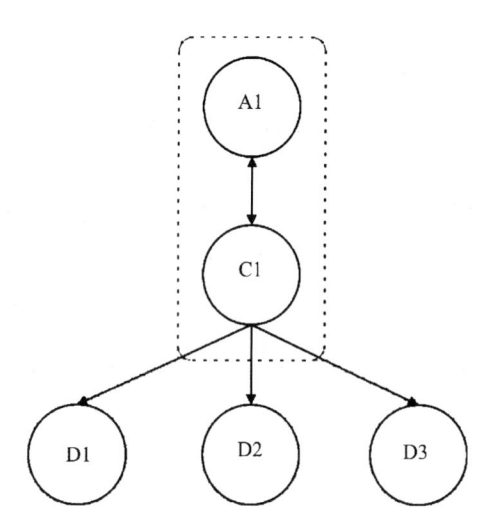

图 2　单链条垄断结构二

2. 多链条垄断

多链条垄断即原料药市场的垄断行为发生在多家生产商/进口商通过直销或独家经营模式所形成的多条产销链条上，且多条产销链条的某一层次存在横向协同行为。此类案件包括肾上腺素垄断案、醋酸氟轻松协议案、药用樟脑协议案、扑尔敏滥用案、冰醋酸协议案、艾司唑仑协议案和盐酸异丙嗪滥用案。

药用樟脑协议案、冰醋酸协议案、艾司唑仑协议案、扑尔敏滥用案的产销链条都采取了直销模式，而横向上的原料药生产商/进口商分工、协作，共同实施了垄断行为，其垄断结构如图 3 所示。其中，扑尔敏滥用案中的垄断行为被认定为共同滥用市场支配地位，其余 3 个案件的垄断行为则被认定为横向垄断协议，涉案的生产商/进口商都是最终的处罚对象。

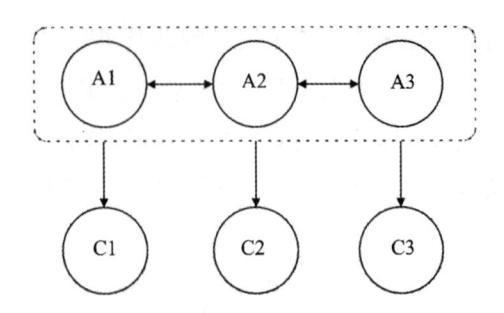

图 3 多链条垄断结构一

盐酸异丙嗪滥用案中的两个产销链条则都采取了独家经营模式，生产商不是垄断行为的直接实施者，但其各自的独家经销商则都实施了一致性行为，损害了下游制剂企业的合法权益，其垄断结构如图 4 所示。此案中，执法机构依据滥用市场支配地位的规定处罚了两个独家经销商，但没有处罚生产商。

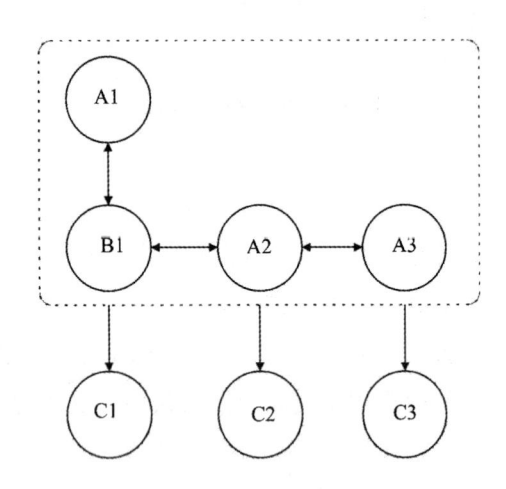

图 4 多链条垄断结构二

肾上腺素垄断案、醋酸氟轻松协议案比较特殊，案中存在多条产销链条，但有的产销链条采取直销模式，有的产销链条采取独家经营模式，因而出现了部分产销链条的生产商/进口商与其他产销链条的独家经销商/独家代理商达成横向垄断协议的交错式垄断结构，如图 5 所示。在这两个案件中，执法机构的处罚对象仅包括直接参与横向垄断协议的主体，不包括与独家经销商/独家代理商相对应的生产商/进口商。

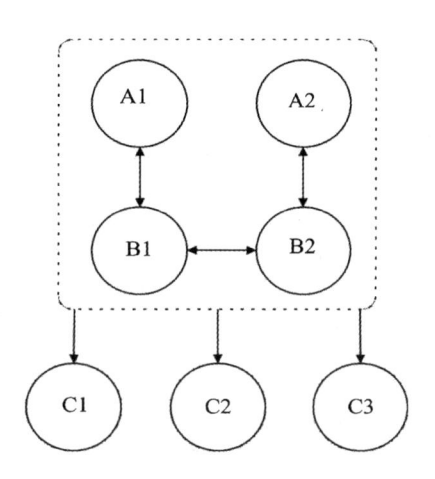

图 5 多链条垄断结构三

3. 轴辐型垄断

轴辐型垄断即上游的多家原料药生产商/进口商都采取独家经营的销售模式，且独家经销商/独家代理商为同一个实体，该实体将不同的生产商/进口商紧密联系起来。其垄断结构如图 6 所示。涉及轴辐型垄断结构的案件

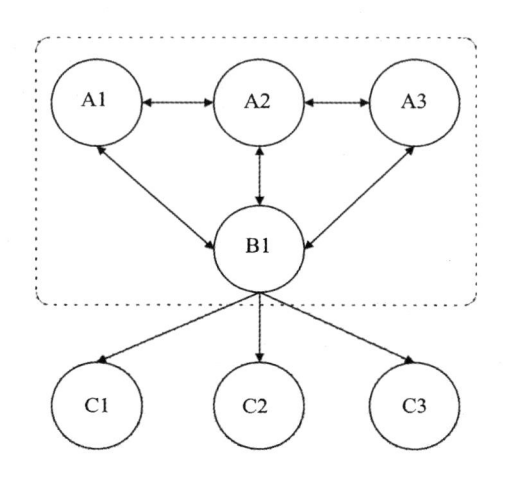

图 6 轴辐型垄断结构

有葡萄糖酸钙滥用案、异烟肼滥用案和水杨酸甲酯滥用案。在处罚上，依据垄断行为直接实施者的不同，执法机构在葡萄糖酸钙滥用案、水杨酸甲酯滥用案中只处罚了原料药经销商/代理商，在异烟肼滥用案中则只处罚了原料药生产商。

（三）垄断结果：产销集中下的多层损害

原料药市场的垄断行为可以产生三个层面的垄断损害：原料药市场层面、制剂市场层面、社会公共层面。

在原料药市场层面，单个经营者的滥用行为扭曲了市场的价格机制与交易机制，使原料药的价格、交易条件偏离真实的供需关系；多个经营者间的横向垄断协议行为则固化了价格、产量、交易对象、交易地域等竞争要素，排除、限制了市场的竞争。

在制剂市场层面，原料药垄断可能产生剥削性损害或排挤性损害的后果。剥削性损害表现为原料药企业的不公平高价、搭售、拒绝交易等行为直接加重了制剂企业的经济负担，减损其经济利润，并迫使其减产、转产或停产。排挤性损害则与"垄断杠杆"效应相关，肾上腺素垄断案、左卡尼汀滥用案、巴曲酶滥用案、盐酸溴己新滥用案、葡萄糖酸钙滥用案、别嘌醇滥用案等案件都存在这种效应。在这些案件中，原料药企业同时从事或打算从事制剂的生产或销售业务，其为了获取在制剂市场上的竞争优势，对制剂企业实行拒绝交易、强制要求回收制剂等行为，最终产生了"清理市场"、排挤制剂企业的损害效果，扰乱了制剂市场的正常竞争秩序。

在社会公共层面，尽管原料药并不能被患者直接使用，但原料药市场的垄断行为导致了制剂的价格上涨、产能下降，进而降低药品的可及性，增加用药成本，损害了广大患者的财产利益、生命健康利益。同时，原料药垄断也增加了国家医保基金支出，损害社会公共利益。

四 原料药领域反垄断存在的痼疾

(一) 纵向分析显著不足

在特定原料药需求有限的背景下,直销与独家经营是原料药市场最主要的营销模式。在直销模式下,原料药的生产商/进口商与制剂企业展开直接的交易,不存在纵向的转售环节,基于此而实施的垄断行为也较为简单,或属于生产商/进口商的滥用市场支配地位行为,或属于多个生产商/进口商之间的横向垄断协议行为,因而此类案件在执法思路上的争议较少。但在产销链条存在独家经营模式,或独家经营模式与直销模式并存的情况下,易发生纵向协同,此时的垄断行为呈现出参与者多样化、行为结构复杂化特征。对于此类案件,执法机构往往机械性地适用横向垄断协议制度或滥用市场支配地位制度,仅追究垄断行为直接实施者的责任,而不对纵向上其他垄断助推者进行违法性评价,存在违法主体识别遗漏的问题,有损处罚的公允性与威慑力。为解决这一问题,需对原料药独家经营模式进行全面的评价,把握好原料药垄断过程中的纵向关系,准确识别垄断行为的实施主体是单层次的经营者或是多层次的经营者,进而合理适用法律和采取处罚措施。

(二) 事后执法具有局限性

从 2011 年开始,原料药行业频频曝出反垄断执法案件,屡禁不止,且罚没数额不断创造新高。一方面,存在同一家企业先后多次涉嫌在原料药市场实施垄断行为的"累犯"现象。例如,武汉汇海医药既参与了肾上腺素垄断案,又参与了硫酸多黏菌 B 滥用案;顺通公司在 2011 年参与了盐酸异丙嗪滥用案,于 2012 年更名为隆舜和公司后,又因涉嫌垄断维生素 K1 原料药而被调查。另一方面,存在某一原料药领域多次发生垄断行为的现象,例如苯酚原料药先后涉及生产商滥用市场支配地位、代理商滥用市场支配地位的案件。① 这些现象既体现了原料药行业垄断行为的顽固性，也反映了反垄断执法本身威慑力有限，难以根治原料药垄断问题。

从市场主体角度看，原料药具有投资周期长、风险高的特点，原料药经营者正常经营难以回本，因而具有强烈的非法逐利心态，即便通过多次的反垄断执法，也难以彻底消除经营者这种机会主义心理。从市场环境角度看，原料药市场结构高度集中、行业监管不足是滋生垄断现象的土壤，前者使原料药经营者缺乏竞争的约束，后者则使原料药经营者缺乏行政约束，反垄断执法本身只是铲除了垄断的"毒树"，却没有破坏垄断的土壤与根基。同时，反垄断执法具有显著的滞后性与严苛性，而药品对公共健康具有重大影响，在反垄断执法铲除垄断"毒树"之前，市场上可能已经产生了药价过高、药品断供等"恶果"，由此导致的公共健康损害是难以挽回的。因此，在反垄断执法之外，还需从市场结构、行业监管等层面着手，实现对垄断的事前预防、事中干预，从而充分铲除垄断的根基、避免垄断损害的发生。

五 事后执法：独家经营的应对思路

（一）评估独家经营的竞争效应

不可否认，独家经营模式本身具有一定的经济合理性。一方面，独家经营可以减少生产商/进口商的交易成本和交易风险，并利用独家经销商或独家代理商在营销方面的专业优势，更为高效地消化库存。另一方面，独家经营可以避免因经销商或代理商数量过多而导致的"搭便车"与逆向选择问题，并维持销售过程中产品质量的稳定性，减少消费者辨识成本。但在原料药生产高度集中的背景下，采用独家经营模式会对市场结构、市场

---

① 参见《山东省物价局依法对隆舜和公司阻碍反垄断调查行为处罚12万元》，《中国价格监管与反垄断》2017年第3期。

行为产生重要影响，可能会产生一定的反竞争效应。[1]

在市场结构层面，若市场存在多家生产商/进口商，而生产商/进口商同时选择与同一个独家经销商/独家代理商签署独家协议，这将实质性地消除原料药市场的横向竞争，将多条产销链条聚合为一条，催生出如图6所示的轴辐型垄断结构。若市场上的一家或多家生产商/进口商各自选择不同的独家经销商/独家代理商，即使市场上的产销链条没有减少，独家经营的商业安排也会促使生产端的垄断势力下沉到销售端，催生出如图2、图4、图5所示的垄断结构。此种垄断结构下制剂企业将处于更加劣势的谈判地位，因为与连锁经营相比，独家经营的供应渠道更为集中，制剂企业的交易选择有限；与直销相比，独家经销又增添了一个可供加价的环节，制剂企业面临的交易成本将会更高。当然，正如最高人民法院所指出的，对于民事权利，原始权利人可以选择由本人行使、授权他人行使、与他人合作行使，权利的排他性或排他性权利本身并不是反垄断法预防和制止的对象，排他性权利的不正当行使才可能成为反垄断法预防和制止的对象。[2] 因此，独家经营模式对权利属性和市场结构的改变还不足以构成反垄断法介入的理由。

但是，独家经营模式可以促成各种具有反竞争效应的市场行为，有违《反垄断法》的规定。在图6所示的垄断结构下，独家经营模式强化了横向上具有竞争关系的经营者间的经济联系，从而助推经营者达成横向垄断协议或共同滥用市场支配地位。在图2、图4、图5所示的垄断结构中，由于各产销链条的独家经销商/独家代理商并不相同，因而独家经营模式本身并不能增强上游的横向经济联系。但在纵向上，此时生产商/进口商与经销商/代理商之间的合作与博弈也会更为密切，两者可能会就原料药的供应对象、供应价格、供应条件等作出限制性安排，以更好地实现双方的经济利益。由此，特定的制剂企业可能会面临更高的原料药价格、不合理的交易

---

[1] 参见［美］赫伯特·霍文坎普《美国反垄断法：原理与案例》（第2版），陈文煊、杨力译，中国人民大学出版社2023年版，第399—401页。

[2] 参见体娱（北京）文化传媒股份有限公司与中超联赛有限责任公司等滥用市场支配地位纠纷上诉案，最高人民法院〔2021〕最高法知民终1790号民事判决书。

条件，甚至被拒绝交易。

综上所述，原料药行业的独家经营模式尽管具有一定的经济合理性，但也会使产销结构更加集中，并削弱市场竞争活力，促进各种协同型垄断行为或单方垄断行为的实施。因此，在反垄断执法过程中，需特别留意原料药独家经营模式的市场运营状况，合理评估其竞争效应，以更好地查明垄断事实、确认责任主体、厘清法律适用。

（二）判断独家经营下的垄断实施层次

在独家经营模式下，垄断行为既有可能是由单一层次的经营者所实施（上游的生产商/进口商或下游的经销商/代理商），也有可能是由上下游双层次的经营者共同协作完成。只有准确判断垄断行为的实施层次，方能合理确认行政处罚的对象与范围。

首先，需判断是否存在真正双层次的产销结构，判断的关键是上游的生产商/进口商与下游的代理商/经销商之间是否构成"单一经济实体"。在反垄断理论中，"单一经济实体"指相互合作的经营者虽然在法律地位上互相独立，但由于存在紧密的控制或关联关系而形成了一个利益共同体，各经营者在内部既不存在实质性的竞争，也不存在公允的相互交易，对外部而言则如一个单一实体参与市场活动。在原料药独家经营模式下，经销商/代理商可能与生产商/进口商存在股权、财务、人员或协议等方面的特殊安排，使得上下游之间互相控制或关联，进而构成"单一经济实体"。"单一经济实体"内不存在真正的双层次产销结构，应该视为同一个经济层次，该层次上参与实施垄断行为的主体需被共同追究垄断责任。

在真正的双层次产销结构上，垄断行为的实施层次则与独家经营具体的内控制度有关。一般而言，独家代理与独家经销都存在下游对上游的控制制度，即独家代理商或独家经销商依据独家合同，可要求上游的生产商/进口商向其独家供应原料药，未经其允许不得向其他经营者供应原料药。但需注意的是，独家代理中存在独家经销所没有的上游对下游的控制制度。具体而言，在医药行业中，独家代理一般属于非买断式的营销模式，代理商需在生产商/进口商的授权范围内销售药品,并通过收取佣金而营利,因此上游的生产商/进口商可以对下游的独家代理商进行销售价格、销售条件等方面的管控。而独家经销一般属于买断式的营销模式,上下游之间主要是买卖合同关系,独家经销商以较为优惠的价格大量购进原料药,并买断原料药的所有权,此后生产商/进口商便难以管控经销商的销售行为。因此,独家代理模式下存在双向内控制度,而独家经销模式下只存在经销商针对生产商/进口商的单向内控制度。

由于双向内控制度的存在,原料药独家代理模式下的垄断行为往往是双层次经营者合作与博弈的结果。例如,在水杨酸甲酯滥用案中,涉案的"对交易附加不合理条件"行为由独家代理商直接实施,但同时,上游的原料药生产商也对独家代理商作出了不向其他企业供应原料药的承诺(可能引发拒绝交易行为),并向独家代理商提供其掌握的客户名单,由此促使制剂企业只能与代理商交易并接受各种不合理的交易条件。而在生产商苯酚滥用案中,涉案的拒绝交易行为由生产商直接实施,但同时,生产商与其代理商还在独家协议中约定了涨价、反向返利、销量保证等条款,生产商拒绝交易后,制剂企业只能接受代理商的交易条件,从而产生垄断利润。比较上述两个案件可知,尽管执法机构对责任主体、违法行为的判断不一样,但两个案件的垄断事实是相似的,即上游拒绝交易、下游实施不合理的交易条件,且在独家代理的佣金制下,垄断利润会在上下游之间进行分配。因此,对于原料药独家代理模式下的垄断行为,宜同时追究双层次经营者的垄断责任,如此方能准确评价违法事实,并作出全面、公允的处罚。

在原料药独家经销模式中,不公平高价、附加不合理交易条件等垄断行为往往是由独家经销商单独实施的,实践中执法机构也倾向于处罚独家经销商,因为独家经销商买断了原料药所有权,生产商/进口商没有动机也没有权利去干涉独家经销商的销售过程。但拒绝交易行为则比较特殊,其直接实施主体一般是上游的生产商/销售商,但由于单向内控制度的存在,下游的独家经销商控制了上游选择交易对象的过程,因此独家经销模式下的拒绝交易行为往往属于双层次经营者共同垄断的情形。

(三) 双层次垄断下的执法思路

在单层次垄断情形下，不存在纵向协同的问题，因而执法机构可以适用传统的滥用市场支配地位制度或者横向垄断协议制度追究单层次经营者的垄断责任。但在双层次垄断情形下，问题会变得更为复杂，机械套用现有的反垄断制度已无法准确适配案情，因而需变通执法思路。

1. 机械套用现有制度的执法效果

对于涉及纵向关系的垄断行为，纵向垄断协议制度无疑是最符合其行为结构特点的一项法律制度，但由于该项制度的适用范围过窄，其在实践中常常被束之高阁。我国《反垄断法》关于纵向垄断协议只列举了两种纵向价格协议，执法机构要认定其他类型的纵向垄断协议，就必须对"国务院反垄断执法机构认定的其他垄断协议"这一兜底条款进行解释，承担较重的举证、说理责任。"原料药指南"第7条第3款将纵向地域限制与纵向客户限制这两种非价格协议也纳入了纵向垄断协议的范畴中，但实践中原料药领域的垄断行为多属于拒绝交易、对交易附加不合理条件等传统滥用市场支配地位制度下的行为。纵向垄断协议制度并不以市场力量作为违法判断的基础，因而以纵向垄断协议制度规制传统的滥用行为容易造成假阳性错误。

轴辐协议制度作为一种具有横纵复杂结构的反垄断制度也提供了另一种制度选择。《反垄断法》第19条规定了经营者不得组织其他经营者达成垄断协议或者为其他经营者达成垄断协议提供实质性帮助，这为轴辐协议案件中对非协议方的追责提供了依据。同时，"原料药指南"第9条第2款也细化了轴辐协议制度在原料药市场的运用，明确了"具有竞争关系的原料药经营者可能借助与其他经营者之间的纵向关系而达成具有横向垄断协议效果的轴辐协议"，在判断因素上可以考虑"原料药经营者是否应知或者明知其他经营者与同一原料药经销商签订相同、相似或者具有相互配合关系的协议"。但是，轴辐协议制度同样是不以市场力量作为违法判断的基础，因而其仅能解决轴辐结构下的垄断协议问题，无法解决轴辐结构下滥用市场支配地位问题。

对于多主体滥用市场支配地位的行为，我国《反垄断法》第24条为共同滥用市场支配地位制度提供了依据，即两个或三个经营者的合计市场份额达到一定的标准，可被推定共同构成市场支配地位，进而被共同性地追究滥用行为的责任。但是，该项制度显然只能适用于横向上具有竞争关系的经营者共同滥用市场支配地位的情形，无法规制纵向上的双层次垄断行为。

2. "共同违法"处罚思路的完善

机械套用现有制度已无法解决主体复杂化下的垄断行为，执法机构需在现有制度的基础上建立并完善"共同违法"的处罚思路，即整体性地认定多主体的共同行为是否符合违法构成要件，并全面追究各主体的责任；而非孤立地评价各主体的违法行为，切断其共同联系。我国《反垄断法》第19条关于轴辐协议下垄断责任的规定即体现了一种"共同违法"的处罚思路，其将垄断协议的直接实施者、组织者、帮助者都列为垄断责任的主体，避免了遗漏处罚的问题。我国实际上也可以将这种处罚思路推广至双层次垄断结构下滥用市场支配地位的案件中，从而整体性地追究滥用行为的直接实施者、其他参与者的责任。但是，不论在垄断协议制度下，还是在滥用市场支配地位制度下，"共同违法"处罚思路都需解决认定标准、处断规则的问题，前者关乎共同违法的成立条件，后者则关乎各行为人应承担何种法律责任。[①]

在认定标准上，行政执法领域共同违法行为的成立需要满足违法主体为两个以上（主体要件）、共同实施了违法行为（事实要件）这两个要件，至于是否要满足"共同故意"这一主观要件，则存在理论上的争议。实际上，在原料药独家经营模式中，"共同故意"往往是不证自明的，因为独家经营下的双方当事人之间通常存在明确的独家协议关系，独家协议成立且生效这一事实可证明双方当事人对于独家协议的实施效果（包括垄断损害

---

① 参见张学府《责任主义视角下行政共同违法行为的处罚》，《法学家》2022年第4期。

后果）有共同的预期，由此可以表明双方当事人对于共同垄断行为具有共同的故意。当双层次经营者实施了上述独家协议时，垄断的共同故意便转化为垄断的共同行为，即同时具备了主体要件、事实要件及主观要件，此时"共同违法"便可以充分证成。

在处断规则上，理论上存在着"一事共罚"与"一事各罚"这两派观点，前者认为由于违法是共同的，因而责任也应当是共同的、连带的；后者则认为应根据各违法主体作用的不同，差异化地分别追究各违法主体的责任。① 实践中，"一事各罚"是更受推崇的处罚思路，根据市场监管总局2022年发布的《关于规范市场监督管理行政处罚裁量权的指导意见》第14条的规定，在共同违法行为中起次要或者辅助作用的，可以依法从轻或者减轻行政处罚，即属于一种"一事各罚"的处罚思路。实际上，"一事各罚"也更符合原料药双层次垄断的实际情况，因为双层次的垄断主体尽管存在密切的上下游合作关系，但彼此都属于法律上、经济上各自独立的主体，因而各主体的违法参与情况、违法获利情况存在差别，只有采取"一事各罚"的思路，方能保证处罚的适当性与威慑力。

六　事前预防：原料药市场结构的优化

关于市场结构与经济发展的关系，经济学界存在着激烈的理论交锋，熊彼特提出"创新性破坏的观点"，强调高度集中的市场结构才有利于创新和发展；② 阿罗则提出"替代性效果"理论，强调充分竞争的市场才有利于创新和发展，因为对于垄断者而言，创新的利润只是对已有垄断利润的代替，因此垄断者缺乏创新的动力③。实际上，过高与过低的市场集中度都不

---

① 参见熊樟林《共同违法行为的认定标准与处断规则——兼对〈治安管理处罚法〉第17条之检讨》，《法律科学》（西北政法大学学报）2015年第3期。
② Joseph A. Schumpeter, *Capitalism, Socialism and Democracy*, New York: Harper & Brothers Publishers, 1942, pp. 376–379.
③ Kenneth J. Arrow, *Economic Welfare and the Allocation of Resources for Invention*, Princeton University Press, 1962, pp. 609–626.

利于经济的创新与发展,因此谢勒等经济学家试图通过实证分析的方式得出最有利于经济发展的市场集中度。[①] 药品行业相比于传统行业具有更多的技术进步机会,是创新导向型的行业,更需要妥善处理好市场结构与创新发展的关系。具体到原料药领域,不同类型的原料药具有不同的市场需求量,决定了行业发展对竞争环境的要求并不相同,因而需要分情况作出市场结构优化的安排,在预防垄断行为的同时,保证行业的创新与发展效率。

(一) 低需求原料药:国家投资经营

在部分原料药市场,如罕见病的原料药市场中,由于市场需求低、研发成本高、利润微薄,没有经营者愿意进入该市场,或者进入市场的经营者为快速收回成本只能实施超高定价、搭售等垄断行为。实际上,低需求原料药市场难以开展竞争,也不宜过度竞争。在生产环节,由于规模经济效应、成本弱增性的存在,低需求市场的生产端只能容纳数量较少的最小有效规模企业,[②] 企业数量较多将会造成产能过剩。而在销售环节,低需求原料药企业与制剂企业之间具有更强的对应性,因而不宜设置太多的分销渠道,独家经营或全面的纵向整合是更为合理的经营模式。

低需求原料药市场具有自然垄断的特征,但又与传统的自然垄断理论存在一定的背离。传统的自然垄断行业也被称为公用事业,其一般提供的是满足社会公共需要的基础设施或服务,如电力、电信、铁路等,这些产业具有公共产品或准公共产品的属性。[③] 而低需求原料药满足于特定群体的健康利益,且在使用上具有一定的竞争性与排他性,其是否属于公共产品或准公共产品的范畴存在较大的争议。但随着经济社会的发展,不少国家都将基础教育、基础医疗等各类具有保护弱势群体利益倾向的产品纳入了

[①] F. M. Scherer, "Market Structure and the Employment of Scientists and Engineers", 57 *American Economic Review* 1967, pp. 524 – 531.

[②] 最小有效规模(minimum efficient scale)是指在一定的生产条件下,实现最高效率生产所需的最小生产规模。

[③] 参见刘华涛《自然垄断行业竞争性业务的开放与政府管制调整研究》,中国水利水电出版社2022年版,第1页。

政府保障供应的产品范畴，有学者将这类产品定位为"权益—伦理型公共产品"。① 静态上看，低需求原料药仅服务于少数群体；但动态上看，由于社会上任何人都有可能成为少数群体，低需求原料药实际上发挥着社会安全网的作用。无论需求量多寡，只有保证各类药品的全面供应，才能保持公共健康的整体水准，从长远的角度防范可能出现的公共健康危机。因此，低需求原料药实际上具有较强的公共属性。

在公共产品扩大化解释的背景下，可以考虑参照自然垄断行业的运营模式对低需求原料药实行国家投资经营，在保证经济效率的同时推动药品可及性的实现。在国家投资经营过程中，可考虑设立相应的公益性国有企业或引入行政特许经营企业，并探索国有资本主导、民间资本参与、社会公益捐赠相结合的多元投资模式，解决药品研发与投产资金不足的问题。同时，为充分提升低需求原料药的生产经营效率，可在保证药品质量的前提下推动原料药生产与制剂生产的纵向整合，减少不必要的流通环节和交易成本；对具有范围经济效应的多种原料药的生产可进行横向整合，充分提升基础设施、人才、技术的利用率，减少多种原料药分散生产所带来的无谓成本。

（二）高需求原料药：促进市场竞争

部分原料药可以用于生产多种制剂，或生产的制剂可用于治疗常见病，具有较高的市场需求量。例如，前述垄断案中的扑尔敏原料药被广泛用于生产2000多种感冒和过敏类药物制剂，包括鼻炎片、维C银翘片等销量较大的常用药品。高需求量的原料药市场可以容纳较多的经营者，具有可竞争性，需要引入市场竞争机制，以保证药品供给充足，减少公共健康风险，具体可从以下两个方面着手。

一方面，需优化原料药市场准入规则，减少不必要的市场进入壁垒。根据《药品注册管理办法》第41—43条的规定，我国对原料药和制剂生产

---

① 参见冯俏彬、贾康《权益—伦理型公共产品：关于扩展的公共产品定义及其阐释》，《经济学动态》2010年第7期。

采取关联审评审批的制度，原料药的注册申请一般是在制剂注册申请的同时一并提出，不进行单独审批；若属仿制境内已上市药品所用的化学原料药的，方可申请单独审评审批。关联审评审批的目的是扩大制剂企业对原料药企业的选择范围，并缩短制剂企业从事制剂生产所需的审批时间。但对于原料药企业而言，若其不属于仿制原料药，而属于生产创新药、改良药的情况，就必须等待制剂企业主动提出关联审评审批，方有可能实现原料药的注册，这可能会延长原料药企业进入市场的时间。因此，在推行关联审评审批的同时，还需扩大单独审评审批的适用范围，减少原料药企业的市场进入壁垒。此外，还需落实《药品注册管理办法》的规定，对于紧缺原料药、突破性原料药等，更多地适用药品加快上市注册程序，缩短不必要的行政审批时间。

另一方面，需完善相应的产业政策，给予原料药行业以必要的行政补贴、税费减免，促进原料药生产成本的降低，保证其必要的利润空间，从而鼓励企业投产。在这一过程中，需对原料药生产的正负外部效益进行权衡。例如，环境保护政策的本意是解决企业生产经营所带来的环境负外部效应问题，让企业在营利的同时承担由此产生的外部环境成本。但是，原料药生产实际上对社会公共利益具有正外部效应，如果让企业承担过高的环境保护成本，其势必会在出厂阶段加价，最终增加公众的用药成本。由此可见，对于原料药企业过于激进的环保政策会在偏袒环境利益的同时，牺牲部分社会公共健康利益。鉴于原料药生产对社会的正外部效应，可以考虑减免原料药企业在环境保护方面的税费，或在其建设环保设施的过程中予以必要的行政补贴，减轻其生产经营成本，实现原料药生产更好的社会效应。

七 事中干预：行业监管与引导

如前所述，低需求原料药与高需求原料药具有不同的可竞争性，需适配不同的市场竞争状态与投资结构，因此对不同类型的原料药也需采取区分性的行业监管与引导措施。

（一）国家投资经营原料药的特殊管制

若采用前述国家投资经营的模式，则在确认特定原料药企业自然垄断地位的同时，须采取更为严格的经济性管制，约束企业的定价、交易等行为，防范其对垄断地位的滥用。

1. 出厂阶段的价格管制

在药品价格管制上，根据我国《价格法》第18条的规定，若某种原料药具有资源稀缺性、自然垄断经营、属于重要的公用事业或属于重要的公益性服务，则可以在必要时实施政府指导价或政府定价。但值得注意的是，2015年5月4日，国家发改委发布了《关于印发推进药品价格改革意见的通知》，除麻醉药品和第一类精神药品之外，政府定价的药品范围全面缩减。同时，国家发改委还发布了《公布废止的药品价格文件目录》，废止了共166个药品价格文件。可见，我国对药品价格呈放松管制的趋势。从市场效率上看，由于信息不对称性与政府失灵的可能性，由政府对药品定价有可能会偏离药品的成本，带来药品供需状况失调和资源配置效率低下等问题，因此政府对药品的定价范围应当受到一定的限制。但是，鉴于低需求原料药市场的竞争机制并不健全，完全由市场供需关系决定药品价格会带来用药成本过高的问题，仍有必要考虑将部分低需求原料药纳入政府定价或指导价的范围。同时，政府在对原料药定价或实施指导价的过程中，需完善成本调查与审核制度，不断优化定价方法，保证质价相符，并根据实际情况及时进行价格调整，平衡好经济效率与用药者权益。

2. 交易过程的法定义务

为防止集中投资经营的原料药企业利用其优势地位损害其他经营者的合法权益，需通过法律规范的形式明确其对下游制剂企业乃至竞争对手的交易义务，禁止拒绝交易、价格歧视、搭售、对交易附加不合理条件等垄断行为。2000年国务院颁布的《电信条例》是对特殊行业的交易条件进行管制的典范，其以保障电信用户和电信业务经营者的合法权益为目标，明确了电信网之间互联互通的义务（第17条），并要求电信业务经营者应当及时为需要通过中继线接入其电信网的集团用户，提供平等、合理的接入服务（第38条），前者属于企业对竞争对手的义务，后者属于企业对交易相对人的义务。对于集中投资经营的原料药企业，我国也可以出台类似《电信条例》的法律或行政法规，明确原料药企业在这两个方面的交易义务。

（二）竞争性原料药的适度监管与引导

竞争性原料药需要更多的市场化空间，不宜过多地在出厂阶段采取政府定价的管制手段，也不宜由政府代替市场对药企的交易义务、交易条件作过多的限制。但在药品流通环节，价格主管部门仍需对药企的价格行为进行一定的干预，并对药品价格进行市场化的引导。

1. 流通环节的价格监管

在流通环节进行价格监管的重要手段是推行"两票制"。"两票制"是指药品由生产企业到流通企业开一次发票，由流通企业到医疗机构开一次发票，以规范药品流通秩序、压缩流通环节、降低虚高药价。[1] 目前，"两票制"主要在公立医疗机构药品采购中逐步推行，同时鼓励其他医疗机构药品采购也采用"两票制"。然而，在试点过程中，"两票制"实际上只在制剂流通环节发挥了作用，而没有在原料药流通环节发挥作用，不少企业为规避制剂流通环节的"两票制"，选择在原料药流通过程虚设经销企业、虚假抬高成本，上述硫酸多黏菌B滥用案便是典型。国家医保局还曾在2022年对白云山天心制药等3家药企进行处罚，原因是涉案药企为规避"两票制"政策，通过在原料药采购环节虚设经销商的方式抬高87种药品的制药成本，并与下游代理商串通套现。[2] 因此，为堵住药品流通过程的监

---

[1] 参见《关于在公立医疗机构药品采购中推行"两票制"的实施意见（试行）的通知》，国医改办发〔2016〕4号，2016年12月26日发布。
[2] 参见《关于天心制药等3家企业虚增原料药价格、虚抬药价套取资金有关情况的通报》，国家医疗保障局网站：http://www.nhsa.gov.cn/art/2022/8/9/art_ 14_ 8824.html，2022年8月9日。

管漏洞，可考虑将"两票制"的适用范围全面拓展到原料药流通领域，限制原料药流通次数与开票次数，并对流通环节的加价幅度也进行必要的限制，全链条规制药品价格虚高的问题。

除了"两票制"，价格监管机构还需按照《价格法》的规定，对操纵价格、哄抬价格、价格歧视等不正当价格行为依法及时查处。对于部分价格违法行为，《价格法》与《反垄断法》的调整范围存在重合之处，此时需处理好法律竞合与监管重合的问题。原料药作为关系公共健康与人民生命安全的重要产品，需要更为快捷有效的监管手段，因而在发生价格违法行为时，价格主管部门应优先依据《价格法》及时查处，而非等待具有滞后性的反垄断执法的启动。此外，为保证价格监管制度的落实，需建立常态化的药品价格备案与监测制度。一方面，应完善药品价格登记备案制度，明确药企向价格主管部门披露价格信息的义务，不得拒报、虚报、瞒报；另一方面，价格主管部门需切实开展药品价格监测工作，发现药品价格异常波动时，及时开展调查并采取相应的执法措施。

2. 市场化下的价格引导

在药品价格放松管制的背景下，药品集中采购、医保药品谈判是我国重要的药品价格引导机制，其通过市场化的方式，集中了用药者一方的谈判力量，使药品价格回归合理水平。然而，现有的价格引导机制主要发生在制剂企业与医保或医疗机构之间，原料药企业并非医保或医疗机构的谈判与交易对象，这导致原料药价格缺乏有效的引导机制。在原料药价格不受引导的情况下，制剂的集中采购、医保谈判机制也难以落实。自推行药品集中采购以来，我国有近20家中标药企出现过断供现象，其中一项重要原因是上游原料价格上涨，导致中标药企难以通过以中标价生产、销售药品来收回成本。[1] 为建立和完善原料药市场的价格引导机制，我国可将药品集中采购与医保谈判的适用范围拓展至原料药领域，从而强化医疗或医保机构与原料药企业、制剂企业之间的互动和博弈，整体性地引导药品产业

---

[1] 参见宋华琳《药品监管制度的法律改革》，译林出版社2023年版，第395页。

链各环节的价格。除此之外，我国还可出台相应的政策，引导制剂企业之间形成招采联盟、行业自治组织，从而增强制剂企业与原料药企业的谈判能力，降低原料药流通与交易成本。

八　结论

在原料药产销集中的背景下，独家经营模式是形成各种产销结构的重要枢纽，其改变了市场结构和上下游力量对比，成为各种垄断行为的助推器。现有的执法实践仅关注到原料药产销链条的横向协同关系，忽视了对纵向协同的分析，导致了违法主体识别遗漏问题。为解决此问题，执法机构需合理评估独家经营模式的竞争效应，从而对垄断实施层次进行区分。对于双层次垄断行为，要完善"共同违法"的处罚思路，在共同认定违法事实的基础上，对作用各异的违法主体分别予以公允的处罚。在反垄断执法之外，市场结构优化与行业监管是更为有效、更具前瞻性的垄断预防与规制手段。在市场结构优化上，需准确把握好高需求原料药的可竞争性、低需求原料药的自然垄断属性，分别选择促进市场竞争或国家投资经营这两种市场结构优化路径。在行业监管上，对于国家投资经营的原料药需在原料药定价、企业交易义务上进行特殊管制；对于竞争性原料药也需在流通环节进行必要的价格监管，并通过各种市场化的方式引导原料药的价格。原料药领域的反垄断工作是一个系统性工程，未来还需药品审批、价格监管、反垄断执法等方面的多个部门开展密切合作，共同构筑垄断预防与救济的行政体系。

实证研究

政策工具视角下我国残疾退役军人医疗保障政策内容分析与优化策略

汤子健 李 青*

摘 要： 目的：基于政策工具视角对我国残疾退役军人医疗保障政策进行文本挖掘，对政策内容进行综合分析与系统梳理，探索各地区政策实际，进一步剖析原因，为后续政策调整与施行提供科学参考依据。方法：通过整理2018年3月至2024年3月中央以及地方层面出台的有关残疾退役军人医疗保障的政策文本，基于政策工具视角，并采用内容分析法，对上述政策文本进行编码分类与计量分析。结果：共纳入25份有效政策文本，其中供给型政策工具、需求型政策工具、环境型政策工具占比分别为22.3%、41.2%、36.5%；中央国家机关与地方国家机关占比分别为20%、80%。结论：供给型政策工具相比需求型和环境型政策工

---

* 汤子健，广西医科大学人文社会科学学院；李青，副教授，广西医科大学人文社会科学学院（通讯作者）。基金项目："政策弹性视角下广西残疾退役军人医疗保障政策优化研究"，2024年广西退役军人工作研究课题（GXTYJRZYKT-202401）。

具而言应用较少，导致政策工具整体结构失衡，亟待优化调整，尤其是重视供给型政策工具的应用，同时未来需综合考虑政策环境，构建科学合理的残疾退役军人医疗保障的工具组合体系。

关键词： 残疾退役军人医疗保障　政策文本　量化分析　政策工具

残疾退役军人医疗保障是社会保障工作的重要内容，彰显了国家和社会对军人职业的优待和褒扬。[①] 这里的医疗保障具体是指残疾退役军人在按规定享受基本医疗保障待遇的基础上，享受优抚对象医疗补助，符合条件的困难残疾退役军人按规定享受医疗救助。[②] 2018年3月，十三届全国人大一次会议表决通过了关于国务院机构改革方案的决定，批准成立中华人民共和国退役军人事务部，并在地方各省和各自治区设立退役军人事务厅、直辖市设立退役军人事务局，这一改革切实维护了军人军属的合法权益，同时助推退役军人服务保障体系的构建与发展；2022年1月，退役军人事务部、财政部、人力资源社会保障部、国家卫生健康委、国家医保局、中央军委后勤保障部6个部门联合印发《残疾退役军人医疗保障办法》[③]，则进一步完善政策、规范工作，更好地保障残疾退役军人的医疗待遇；2022年10月16日，习近平总书记在中国共产党第二十次全国代表大会上报告中强调："要加强军人军属荣誉激励和权益保障，做好退役军人服务保障工作。"维护军人的合法权益，让退役军人的福利得到有力保障，不但是解决我国残疾退役军人实际困局的应然之策，更有助于我国残疾退役军人医疗保障理论研究的综合全面发展。[④]

[①] 毛山东：《我国残疾军人优抚法律制度研究》，硕士学位论文，广西师范大学，2022年。
[②] 廉颖婷：《健全完善"保险+救助+补助+优待"医疗保障体系》，《法治日报》2022年1月27日第7版。
[③] 廉颖婷：《保障残疾退役军人医疗待遇》，《法治日报》2022年1月14日第8版。
[④] 杨留园：《退役军人训练伤的医疗保障转移接续研究》，硕士学位论文，云南财经大学，2023年。

政策工具视角下我国残疾退役军人医疗保障政策内容分析与优化策略

当前我国正处于实现中华民族伟大复兴的关键时期,近百年来的屈辱历史表明,唯有加强军事力量、建立能打胜仗的强大军队,才能真正在世界的博弈与竞争合作中掌握话语权,进而切实有效地保护国家和人民的利益。因此研究残疾退役军人的医疗保障政策与制度的现状及存在的问题,持续完善、改革伤残退役军人的医疗保障制度,既契合我国经济发展的需要,又与国防和军队建设的目标相呼应。此外,对于保障残疾退役军人的权益,增强军队的凝聚力和战斗力,维护社会的和谐与稳定都具有十分重要的意义。但目前学术界有关残疾退役军人医疗保障政策的研究涉及较少,存在研究成果不足、研究视域单一、研究深度浮于表面的问题,且多集中于定性研究领域,以分析该政策本身存在的问题为主,没有对残疾退役军人医疗保障政策进行系统梳理,呈现零散化、碎片化特征。而政策文本是指因政策活动而产生的记录文献(法律、法规、部门规章等官方文献),历来是政策研究的重要工具和载体。[①] 基于此,本文从政策工具视角出发,并结合内容分析法,对残疾退役军人医疗保障政策的相关政策文本进行综合分析与系统梳理,探讨政策的主要内容与运行情况,揭示政策存在的不足与短板,以期后续为残疾退役军人医疗保障政策的科学合理化制定提供建设性与针对性的对策建议。

一 资料与方法

(一)数据来源

因退役军人事务部于2018年3月建立,同时地方退役军人事务厅退役军人事务局也随之逐步建立,这是退役军人管理保障领域非常重大的战略部署,对于加强国防和军队建设、提升军人待遇、维护军人权益意义重大,因此本文的检索时间确定为2018年3月至2024年3月。以"残疾退役军人医疗保障"为检索关键词,对国务院、国防部、民政部、财政部、国家医

---

① 郑新曼、董瑜:《政策文本量化研究的综述与展望》,《现代情报》2021年第2期。

保局、国家卫生健康委、退役军人事务部以及 22 个省份以及 5 个自治区的地方退役军人事务厅、5 个直辖市的退役军人事务局的相关网站，中国知网政策文件数据库进行检索。为提高所纳入政策文本的准确性和针对性，本文按照以下纳入和排除标准对政策进行梳理。纳入标准：（1）政策文件为公开发布，可获得全文；（2）政策文件以残疾退役军人医疗保障为主题；（3）政策类型主要选取政策法规、规定、办法、意见、通知、方案、规划等正式文件。排除标准：与残疾退役军人医疗保障主题无关、内容重复、已失效的政策文本。遵循统一和权威原则，按照以上标准筛选，最终纳入 25 份政策文本。

（二）研究方法

1. 内容分析法

内容分析法是政策分析的主要方式，是以分析清楚或者测度出文献中有关主题的本质性事实及关联发展趋势为目的，对文献内容进行客观、系统以及定量描述的研究方法。该方法有助于理解政府为实现政策目标采取了哪些手段和措施，能够有效弥补定性研究方法逻辑性上的不足。为对残疾退役军人医疗保障政策的主要内容与运行情况进行更直观、全面的把握与分析，本文将检索并筛选后得到的 25 份政策文本划分为政策文本体例、颁布主体、主题密切程度三个维度，并辅以 Excel 表对频数与占比进行统计分析。

2. 政策工具分析框架

政策工具是政府以政策目标为导向，以达成政策效果而采用的各种手段的总称。[①] 本书采用的政策工具是 Rothwell & Zegveld 模型，该模型将政策工具划分为供给型、需求型以及环境型，这种划分方法既考虑政府制定政

[①] 李力、郑英、王清波等：《基于内容分析法的部分地区健康服务业政策比较研究》，《中国卫生政策研究》2016 年第 3 期。

政策工具视角下我国残疾退役军人医疗保障政策内容分析与优化策略

策的主导作用,又重视环境因素和社会多元主体的推动,在我国包含医药领域在内的各政策研究中均得到了广泛应用。[①] 因此本文根据 Rothwell & Zegveld 模型将各平台检索到的有关残疾退役军人医疗保障政策的相关政策文件的内容划分整理为以下三种政策工具:一是供给型政策工具:即政府与相关部门在资金、制度、能力等方面来推动残疾退役军人医疗保障政策的发展,具体由能力建设、制度建设与资金投入三部分组成;二是需求型政策工具:即政府与相关部门为发挥自身对于政策的拉动作用,通过各种措施、改革来减轻残疾退役军人医疗保障政策发展的内外部阻力,具体由优抚抚恤、医疗保障构成;三是环境型政策工具:即政府与有关部门为残疾退役军人医疗保障政策创造良好、健康稳定的政策环境以促进其进一步发展,主要是指监督管理(具体如表 1 所示)。按照"政策序号—分级标题—具体条款/章节"的方式进行编码,如"4—1—1"则表面第四份文件的中的"一、总则"中的"切实保障残疾退役军人的医疗待遇"。完成上述编码工作后再通过 Excel 表对各类政策工具的具体频数与占比进行详细分析。

表1 我国残疾退役军人医疗保障政策工具类型、二级工具所含项目及其含义

工具类型	二级工具及所含项目名称	含义
供给型	能力建设	
	基础建设	做好退役军人工作,强化组织领导、加强基础建设
	制度建设	
	健全体制	建立健全退役军人管理保障体制
	资金投入	
	财政投入	医疗补助资金单独列账
	资金支持	各地应通过财政预算安排、社会捐赠等多种渠道,筹集优抚
需求型	医疗保障	对象医疗补助资金
	医疗待遇	切实保障残疾退役军人医疗待遇的落实
	医疗补助	优抚对象按规定在户籍所在地享受优抚对象医疗补助
	优抚抚恤	

[①] 程显扬:《基于政策工具的〈健康中国行动(2019—2030 年)〉文本分析》,《东北大学学报》(社会科学版)2020 年第 5 期。

续表

工具类型	二级工具及所含项目名称	含义
	荣誉激励	让军人成为全社会尊崇的职业
	教育优待	优先安排残疾军人参加学习培训，按规定享受国家资助政策
	就业优待	各地应当设置一定数量的基层公务员职位，面向退役军人招考
	生活优待	基本生活存在严重困难的，给予一定的帮扶援助
	文化交通优待	残疾军人享受荣誉、出行优惠等各种形式的优待
	养老优待	实行集中供养，免除相关费用
	医疗优待	享受优先待遇，按规定享受减免费用等优待政策
环境型	监督管理	
	服务管理	积极提升军休服务管理水平
	基金管理	强化医疗保障经费的使用管理和监督检查
	监督监管	有关部门做好审计、稽查等工作
	责任落实	切实保障残疾退役军人医疗待遇的落实
	职责分工	各级党委、政府和军地有关部门要密切配合共同做好退役军人工作

二 结果

（一）基本情况

1. 政策文本体例

在通过一系列检索、筛选、编码以及分类的工作后最终得到有效政策文本25份，其中"通知"共有12份位列第一，占比为48%；"办法"紧随其后共有6份，占比为24%；"意见"位列第三，份数为3份，占比为12%；"纲要""决议""建议""规划"都仅为1份，占比最少，都为4%。

2. 政策主体分布情况

根据职权范围、效力进行分类，我国政府颁布的有关残疾退役军人医疗保障政策的政策文本主要可分为两大类：一是中央国家机关；二是地方国家机关（主要指的是省及自治区退役军人事务厅、直辖市退役军人事务局），其中第一类可细分为中国共产党中央委员会（以下简称中共中央）、国务院与国务院直属机关，如国家卫生健康委员会、民政部以及退役军人事务部等国家机关。[①] 在25份政策文本中，中央国家机关共颁布5份，占比为20%，其中民政部颁布文件最多，为3份；地方国家机关共颁布20份，占比为80%，其中上海退役军人事务局和黑龙江省退役军人事务厅颁布文本最多，分别为6份和4份。造成这一情况的原因是退役军人事务部以及中共中央等部门通常会先颁布一项官方、具有指导意义的政策，之后各省及自治区退役军人事务厅、各直辖市退役军人事务局再以该政策为基础，并结合自身所处地区的社会经济等因素逐渐有所差异化、个性化地颁布本地区的政策，这才导致了中央国家机关的政策文本在数量上会低于地方国家机关的情况发生。

3. 主题密切程度

本文根据与残疾退役军人医疗保障这一主题的密切程度将检索并筛选后的这25份政策分本划分为密切型与非密切型。密切型主要是指政策文本的颁布是专门针对残疾退役军人医疗保障这一议题而专门颁布的，或者政策文本中大部分内容与该主题相关，如《残疾退役军人医疗保障办法》等文件；非密切型则是指残疾退役军人医疗保障只作为政策文本中的一部分内容被提及。通过分析得到密切型政策文本为4份，占比为16%；非密切型政策文本则为21份，占比为84%。

（二）政策工具使用情况分析

在供给型政策工具中，资金投入和制度建设两方面政策工具使用较高，达到了8项且占比都为9.4%，可见在残疾退役军人医疗保障政策中政府与相关部门将焦点聚焦在这两方面，对于资金的投入以及制度的构建与完善更为重视。而在能力建设方面的政策工具的应用上，政府与相关部门的表现相对不足，能力建设主要涉及的是基础设施建设的投入、人员能力的提升等方面，数量仅有3项，占比也仅为3.5%，说明政府与相关部门需要加大对于基础设施方面的投入，提高相关人员的专业素养和能力，

[①] 《国务院机构准备这么设置》，《中国经济周刊》2018年第11期。

确保残疾退役军人能够享受到更优质、高效的医疗服务，同时能够促进残疾退役军人医疗保障政策朝着长期稳定的方向发展。

在需求型政策工具中，优抚抚恤（24项，占比28.2%）方面的政策工具使用最为频繁，且细分的种类非常明确与全面，其中医疗优待（11项，占比12.9%）方面的政策工具的使用较为突出，这可能与主题是残疾退役军人医疗保障有关，医疗优待与医疗保障关系紧密，充分体现了国家对于维护与落实残疾退役军人医疗保障方面的合法权益的决心。

在环境型政策工具中，主要关注的是监督监管（8项，占比9.4%）方面，可见与其他领域中的政策一样，对于残疾退役军人医疗保障政策的如何顺利施行，以及后续保持稳定、高效地运行是政府与相关部门所要关注与解决的重点问题与难题。其次就是服务管理方面，数量达到了7项，占比为8.2%，说明这方面政策工具的应用也是环境型政策工具中的重点。

表2 我国残疾退役军人医疗保障政策工具使用情况

政策工具	数量（项）	占比（%）
供给型	19	22.3
能力建设	3	3.5
基础建设	3	3.5
制度建设	8	9.4
健全体制	8	9.4
资金投入	8	9.4
财政投入	4	4.7
资金支持	4	4.7
需求型	35	41.2
医疗保障	11	12.9
医疗待遇	4	4.7
医疗补助	7	8.2
优抚抚恤	24	28.2
荣誉激励	4	4.7
教育优待	2	2.3
就业优待	3	3.5
生活优待	1	1.2
文化交通优待	2	2.4
养老优待	1	1.2
医疗优待	11	12.9

续表

政策工具	数量（项）	占比（%）
环境型	31	36.5
监督管理	31	36.5
服务管理	7	8.2
基金管理	5	5.8
监督监管	8	9.4
责任落实	4	4.7
职责分工	7	8.2

三　讨论

（一）政策工具整体结构失衡，亟待优化调整

我国在残疾退役军人医疗保障政策中兼顾使用了供给型、需求型、环境友好型这三类政策工具，对于我国残疾退役军人医疗保障政策的顺利颁布与后续的有效推行、稳定发展发挥了一定的助推作用，同时为政策的发展创造了相对良好与健康的政策环境。但从总体来看，供给型政策工具相比其他两类政策工具占比较少，占比仅为22.4%，三者之间的结构存在较为严重的失衡，其中能力建设相比制度建设与资金投入这两方面工具的应用而言又更为不足。事实上，聚焦在残疾退役军人医疗保障权益方面的落实与维护，近年来才逐步走上规范化与法治化阶段，在此之前，军人这一特殊职业为国家的和平安宁、人民的幸福贡献了青春甚至生命，但其权益的保障未得到充分的关注与重视，直至2020年这一议题才开始被更为广泛与深入地提及与探讨。2020年11月11日，《退役军人保障法》由第十三届全国人民代表大会常务委员会第二十三次会议通过，自2021年1月1日开始施行，这部法律的出台，标志着我国在退役军人权益保障方面迈出了坚实的一步，也体现了国家对退役军人的深深关怀与尊重，但其中专门涉及残疾退役军人医疗保障的内容十分有限，只有"零星几点"，不足以满足残疾退役军人的实际需求，导致针对残疾退役军人的基础设施的建设不够完

善与全面、经办管理与服务水平还有较大的提升空间。残疾退役军人作为退役军人中更为弱势的特殊群体，其往往承受着身体和心理上的更大压力，他们在退役后，面临着更为严峻的生活和医疗挑战。因此，对于这一群体的医疗保障，应当给予更为全面和深入的考虑与侧重。未来，针对该政策的供给型政策工具的使用应该引起政府与有关部门的高度重视与关注，应加大对于残疾退役军人医疗保障方面资金的投入，加强基础设施的建设，引入先进管理理念与技术手段，从而促进这三类政策工具应用上的平衡，确保每一位残疾退役军人都能得到应有的关怀和保障。

（二）重视对供给型政策工具的应用，尤其是制度建设方面

进入新时代后，我国退役军人事务管理体制与医疗保障治理结构也随之发生深刻变化，这就导致我国退役军人医保制度面临新时代现实需求与制度机制滞后之间的矛盾。[1] 新近颁布的《退役军人保障法》作为一部旨在全面保障退役军人的各项权益基本法，在这部法律中，退役军人医保被视为退役军人权益保障体系中的关键环节，已明确被纳入其调整范畴之内。特别是其中的第 18 条和第 50 条，为退役军人医保制度的建设提供了坚实的法律支撑和明确的规范指导。然而，要确保退役军人医保制度的顺利运行，还需要深入考虑这部法律与其他相关法律法规的衔接问题。例如，《军人保险法》虽然在名称上聚焦于"军人保险"，但实质上它不仅涵盖了现役军人的伤亡保险政策，也包含有关退役军人的医保政策。这种将现役军人与退役军人保险混合立法的模式，引发了对于退役军人医保权益保障效果能否得到真正发挥的疑虑。因此，如何确保《退役军人保障法》中的医保规范与《军人保险法》中的相关条款有效对接，如何避免法律之间的冲突和重复，以及如何实现退役军人的医保权益得到最大化的保障，这些问题都需要通过深入的法律研究和顶层设计来予以明确。同时，考虑到退役军人医保的特殊性和重要性，未来是否需要在《军人保险法》与《退役军人保障

---

[1] 岳宗福、李赛赛：《中国退役军人医疗保险的制度变迁、治理框架与未来展望》，《公共治理研究》2021 年第 5 期。

法》的框架下,进一步制定专门针对退役军人以及退役军人中残疾退役军人这一特殊群体的医疗保险的单行法规,也是一个值得深入探讨的问题。通过制定单行法规,可以更加精确地规定残疾退役军人医保的具体政策、操作流程和权益保障措施,从而确保残疾退役军人在医疗保障方面得到更为全面、细致和高效的保障。综上所述,对于残疾退役军人医疗保障政策的政策工具方面的选择与应用需将重心放在供给型政策工具方面,特别是制度建设方面需给予更为全面、细致的综合考量与斟酌。

(三) 结合政策环境,构建政策工具组合体系

需从综合全面的视角对残疾退役军人医疗保障政策工具进行选取与运用,其价值功能的发挥会受到社会经济发展水平、市场条件、百姓需求等多维因素构成的政策环境的影响。残疾退役军人医疗保障政策发展至今,在政策的推行与施行过程中存在一定的不足之处,亟待完善优化。一方面,政策体系尚不完善,虽然国家已经出台了相关政策涉及残疾退役军人的医疗保障方面,但在实际操作中,这些政策往往缺乏足够的细化和明确性,导致在执行过程中存在一定的模糊地带,导致残疾退役军人的权益受到侵害,例如"公伤"视同"工伤"的政策对于残疾退役军人来说在现实生活中的落实存在困难,容易引发退役残疾军人与所在单位的争议,也不利于营造促进退役残疾军人就业的友好社会氛围;[1] 另一方面,政策之间的衔接和协调也存在不足,使得残疾退役军人在享受医疗保障时面临诸多不便。残疾退役军人在医疗保障方面有着特殊的需求,但当前的服务保障体系往往无法充分满足这些需求。由于各地的社会、经济发展状况不一,存在部分地区的医疗机构对残疾退役军人的服务不够到位,存在挂号难、检查慢、住院难等问题。此外,对于残疾退役军人的长期护理和康复需求,也缺乏足够的支持和保障,这两方面的现实难题叠加形成的双重阻力,从而使政策效能无法完全落实到实践层面,进而导致残疾退役军人医疗保障政策的

---

[1] 岳宗福、郑言:《新时代退役军人职业伤害保险:军地转接与机制重塑》,《公共行政评论》2023 年第 4 期。

成效未达预期。这就要求决策者根据所处的社会情境、不同阶段的特点和目前的阻力等因素，灵活、动态地运用与组合不同特征和价值定位的政策工具。同时，未来仍需对残疾退役军人医疗保障政策今后的发展态势进行全面、仔细的斟酌与考量。从残疾退役军人的角度出发，设身处地地为他们考虑，同时结合各地的经济发展水平、实际情况进行动态、灵活的调整，制定适合各地区自身情况的政策。结合多维度的情境，动态、适时地调整和完善政策工具的组合，提高其弹性和适应性，将合力最大化，从而构建一套兼具系统性与动态性的残疾退役军人医疗保障政策工具体系。

公安机关应对老年人被诈骗案的困境及原因分析

周俊山　俞叶霄　白苗苗*

摘　要：本文基于日常活动理论，通盘考虑老年人、罪犯与公安机关三方，收集典型案例和对公安民警进行深度访谈，分析公安机关应对受骗老年人中存在的问题及其原因。各地公安机关在预防打击老年人诈骗方面做了很大努力，但是存在一些不足：预防上，侧重于宣传，忽视了服务干预；打击效率需进一步提高；受骗老年人的康复没有受到重视。原因主要包括：老年人寻求公权力救济意愿不足，很难给警方提供有效线索；犯罪行为人行为隐蔽性强；法律存在一些不足；公安机关缺乏涉老案件处理专门机构和专门人员；部门协作存在问题。

关键词：公安机关　老年人　诈骗

一　前言

第七次全国人口普查数据显示，2020年60岁以上的老年人高达2.64亿人，占总人口的18.70%，65岁以上的老年人达到1.91亿人，占总人口的13.50%；根据国家卫健委的预测，2035年前后，60岁及以上老年人口

---

* 周俊山，博士，中国人民公安大学犯罪学学院教授、博士生导师；俞叶霄，杭州市公安局技术侦察支队民警；白苗苗，中国人民公安大学法学专业硕士研究生。基金信息：2022LL49项目研究成果。

将突破4亿，在总人口中的占比将超过30%，中国进入重度老龄化阶段。

老人不安则家庭不安、家庭不安则社会不安。① 随着老年人数量的增加，以老年人为作案对象的犯罪案件大有愈演愈烈之势，甚至不少涉众型经济犯罪案件，尤其是非法集资类犯罪，专门以老年人为作案对象。从中国老龄协会发布的《全国涉及老年人案件情况研究》看，2019年、2020年和2021年，中国涉老民事、刑事案件均呈上升趋势，而在2022年有了较大幅度下降，并在数量上低于2019年水平。具体来看，2019年，涉老刑事案件具体数量未公开，但其中涉老诈骗、非法吸收公众存款、集资诈骗等案件在涉老刑事案件中位列第一、第三和第五，分别占13.55%、10.61%和5.04%，根据当年相关涉老民事案件和涉老案件总数推算，涉老刑事案件数约有2.6万件；2020年，全国法院审结的涉老刑事案件为3.06万件，其中就老年人金融财产权益受侵害的刑事案件，排名前三的分别为：非法吸收公众存款罪、集资诈骗罪及合同诈骗罪。② 由于老年人对损失的承受能力相对较弱，损失的又多为毕生积蓄，犯罪极易对其身心造成巨大打击，③④甚至波及整个家庭，制造大量社会不稳定因素，严重影响人民群众的安全感、幸福感、满足感，危害社会公平正义。党的十九届五中全会提出，要实施积极应对人口老龄化国家战略，这是首次将积极应对人口老龄化上升到国家战略层面。因此，重视对受骗老年人的权益保障，不仅有助于改善老年被害人的生活状况，消除他们无助、不公等负面心理，维护其身体健康，而且能协助社会积极应对老龄化。

随着中国老龄化程度的加深，公安机关也会越来越多地与老年人互动。2021年1月，公安部制定下发《关于切实加强和改进老年人公安服务管理

---

① 陈一新：《开展打击整治养老诈骗专项行动，切实维护老年人合法权益》，中华人民共和国最高法院网：https://www.court.gov.cn/hudong-xiangqing-354231.html，2022年4月11日。
② 《中国老龄协会发布2020年全国老年人 金融财产权益保护典型案例》，中国老龄科学研究中心网：http://www.crca.cn/index.php?option=com_content&view=article&id=203：2020&catid=13&Itemid=101，2021年5月21日。
③ Gray, M. J., & Acierno, R., "Symptom Presentations of Older Adult Crime Victims: Description of a Clinical Sample", *Journal of Anxiety Aisorders*, 2002, 16 (3): 299–309.
④ 徐妍：《老年犯罪被害人保护之对策探析》，《法制博览》（中旬刊）2014年第4期。

工作的意见》，对公安工作适老化提出了要求；2022年4月全国开展打击整治养老诈骗专项行动，这都为公安机关如何应对人口老龄化提出了要求。

二　文献综述

（一）国外相关研究

国内外老年人受犯罪侵害的研究内容主要包括：犯罪的类型及特点，老年人被犯罪侵害的原因，犯罪对老年人产生的后果，各国老年人权益保障的措施及存在的不足等。研究重点围绕老年人虐待和受骗展开。

老年人犯罪侵害主要包括身份盗窃、经济剥夺、家暴、凶杀、针对老年人的仇恨犯罪、侵犯财产、诈骗和欺诈等类别。[1] 老年人犯罪侵害与其他成年人之间存在差异：英国的调查显示，老年人更有可能成为侵犯财产罪的被害人，而不是人身伤害罪的被害人；[2] 当涉及侵犯财产罪时，老年人尤其容易被入室盗窃，并且多是以欺诈方式进入的；[3] 犯罪学研究的普遍认识是，老年人尤其容易受到欺诈。[4] 而随着信息化社会的到来，针对这一群体的网上诈骗问题日益严重。[5]

为数不多的研究试图解释老年人为什么容易受到犯罪侵害，这些研究多发生在发达国家，主要集中在脆弱性方面。女性、年龄较大、文化程度

---

[1] Kratcoski, P. C., The Victim-Offender Relationship in the Criminal Victimization of the Elderly. In Perspectives on Elderly Crime and Victimization, Springer International Publishing AG, 2018, pp. 101 – 123.

[2] Brown, K. J., & Gordon, F., Exploring and Overcoming Barriers to Justice for Older Victims of Crime, Criminal Law Review, 2020, pp. 1127 – 1136.

[3] Phillips, C., From 'rogue traders' to organized crime groups: Doorstep fraud of older adults., British Journal of Criminology, 2017, 57 (3), pp. 608 – 626.

[4] Carlson, E. L., Phishing for elderly victims: as the elderly migrate to the Internet fraudulent schemes targeting them follow, Elder LJ, 2006, 14 (2), p. 423.

[5] Munanga, A., Cybercrime: A new and growing problem for older adults, Journal of Gerontological Nursing, 2019, 45 (2), pp. 3 – 5.

较低、没有配偶的老年人更容易被骗[1]，James、Boyle 和 Bennett 发现老年人脆弱性与年龄呈正相关关系，与收入、认知、心理幸福感、社会支持和读写能力负相关，这项研究认为，在老年人被害性方面，发挥很大作用的不是社会经济因素（即教育和收入），而是社会心理因素（即心理健康、财务状况等）。[2] 有心理脆弱性的老年人——作者将其定义为抑郁症状和社会需求未得到满足的组合，更可能成为诈骗的受害者。[3][4]年龄的增长是某些形式欺诈的风险因素，包括投资计划和身份盗窃。尤其是老年妇女，她们以前可能从未处理过自己的财务问题，但她们的配偶去世后，她们会被迫处理，[5] 但是她们缺乏知识，因此遭受欺诈的风险增加[6]。文化素质因素方面，提高风险意识，谨慎对待金融活动可以减少被骗风险。[7] 但这些因素之间并不是相互独立的，不同因素之间的交互效应又增加了老年人被害的风险。比如，年龄增大导致老年人认知能力与决策能力变差，进而增加了被骗风险。[8] 除了这些个人特征因素，生活方式与诈骗也有密切关系。在消费方面，诈骗犯可能会通过"搭售""捆绑"和"交叉销售"等将多种金融服务或产品组合在一起胁迫老年人购买产品，还会把圈套伪装成合法的商业

---

[1] Deliema M., "Elder Fraud and Financial Exploitation Application of Routine Activity Theory", *The Gerontologist*, 2018, 58 (4), pp. 706 - 718.

[2] James, B. D., Boyle, P. A., & Bennett, D. A., "Correlates of susceptibility to scams in older adults without dementia", *Journal of Elder Abuse & Neglect*, 2014, 26 (2), pp. 107 - 122.

[3] Lichtenberg, P. A., Stickney, L., & Paulson, D., "Is Psychological Vulnerability Related to the Experience of Fraud in Older Adults?", *Clin Gerontol*, 2013, 36 (2), pp. 132 - 146.

[4] Shao, J., Zhang, Q., Ren, Y., Li, X., & Lin, T., "Why are older adults victims of fraud? Current knowledge and prospects regarding older adults' vulnerability to fraud", *J. Elder Abuse Negl.*, 2019, 31 (3), pp. 225 - 243.

[5] Gainey, R. R., & Payne, B. K., "Gender victimisation, perceived risk and perceptions of police performance in disadvantaged neighbourhoods", *International Journal of Police Science & Management*, 2009, 11 (3), pp. 306 - 323.

[6] Deliema M., "Elder Fraud and Financial Exploitation Application of Routine Activity Theory", *The Gerontologist*, 2018, 58 (4), pp. 706 - 718.

[7] Judges, R. A., Gallant, S. N., Yang, L., & Lee, K., "The role of cognition, personality, and trust in fraud victimization in older adults", *Frontiers in psychology*, 2017, 8.

[8] Boyle, D. M., DeZoort, F. T., & Hermanson, D. R., "The effect of alternative fraud model use on auditors' fraud risk judgments", *Journal of Accounting and Public Policy*, 2015, 34 (6), pp. 578 - 596.

机会以引诱老年人。① 在社交方面，退休、守寡等因素让孤独的老年人更容易成为骗子的目标②，没有社交联系会让老年人情绪上更加脆弱，从而提高了实际被骗的风险③。

由于老年人更容易受到脆弱性的公认影响，遇到的任何困难都可能对他们产生不成比例的影响④，对他们的援助是必需的。但研究发现，老年人受到犯罪侵害后不倾向于报案，因为他们发现参与司法系统是困难的，担心"成为他人的负担"⑤，这增加了破案难度。另外，面对犯罪侵害，许多老年保护计划被推出，其主要措施一直是预防，这些计划基于这样一种假设：如果老年人意识到可能成为被害人的风险，他们可以自己做很多事情来预防。⑥ National Crime Prevention Council 认为旨在预防老年人被害计划的关键组成部分应包括：获得产品、培训和其他服务，以帮助老年人预防被害；一个让老年人警惕潜在犯罪的通信网络；关于如何报案的信息和培训；提供服务，帮助老年被害人应对犯罪对身体、情感和经济的影响。⑦ 但是，一个普遍存在的问题是，有关机构未能明确老年被害人的脆弱性，因此未能提供适当的救助。⑧ 用一刀切的方法来确定成年人的脆弱性是不合适的，

---

① Reisig, M. D., & Holtfreter, K., "Shopping fraud victimization among the elderly", *Journal of Financial Crime*, 2013, 20 (3), pp. 324 – 337.

② Lea, S. E., & Webley, P., "Money as tool, money as drug: The biological psychology of a strong incentive", *Behavioral and brain sciences*, 2006, 29 (2), pp. 161 – 176.

③ Reiboldt, W., & Vogel, R. E., "A critical analysis of telemarketing fraud in a gated senior community", *Journal of Elder Abuse & Neglect*, 2001, 13 (4), pp. 21 – 38.

④ Laboul, A., "Financial education and older adults, Global population ageing: Peril or promise?", 2012.

⑤ Gorvin, L., & Brown, D., "The psychology of feeling like a burden: A review of the literature", *Social Psychology Review*, 2012, 14 (1).

⑥ Kratcoski, P. C., "The Victim-Offender Relationship in the Criminal Victimization of the Elderly", In Perspectives on Elderly Crime and Victimization, Springer International Publishing A G, 2018, pp. 101 – 123.

⑦ National Crime Prevention Council (2015), Strategy: Crime prevention services for the elderly, pp. 1 – 3, Retrieved June 1, 2024, from http://www.nij.gov/topics/crime/elder-abuse/pages/welcome.aspx.

⑧ Brown, K. J., & Gordon, F., "Exploring and Overcoming Barriers to Justice for Older Victims of Crime", *Criminal Law Review*, 2020, pp. 1127 – 1136.

因为社会中的不同群体更可能有不同的脆弱性组合，但是，警察缺乏针对涉老案件的培训，加剧了与老年人脆弱性有关的问题。所以，从总体上看，尽管警察与老年人的互动非常盛行，研究者也越来越重视警察在应对老年人受犯罪侵害问题起到的重要作用，但是在打击犯罪行动和警察指导手册中，老年人很少受到关注[1]，对警察与老年人互动的性质知之甚少，很多项目缺乏实操性和推广性。

从总体上看，与其他年龄组相比，老年人受骗的相关研究被边缘化的现状依旧没有在根本上改变。

（二）国内相关研究

相比国外，国内学界在近两年对老年人犯罪侵害现状有一定程度的关注，尤其是对老年人被诈骗的研究逐渐增多，但深入研究相对较少。中国目前出现的侵犯老年人的犯罪形式已经远远超出了国外已有的经验，普遍的研究表明：老年人被犯罪侵害，除了犯罪分子有意识地选择其作为犯罪对象，还与老年人自身预防意识薄弱、生理机能下降、家庭、社会等因素有直接关系。[2][3][4] 李媛媛和单承芸[5]研究发现，健康水平低、生活自理能力差、抑郁程度高会增加老年人的被骗风险，提高个体的幸福感是预防老年受骗的有效措施。[6] 但是对老年人保护计划的研究较少，没有对现有保护经验作分析和总结。

---

[1] Lachs, M. S., & Pillemer, K., "Elder abuse", *The Lancet*, 2004, 364 (9441), pp. 1263 – 1272.
[2] 唐潇鹤：《压降非法集资风险切实保障老年人权益》，《社会福利》2019 年第 11 期。
[3] 邱君帝：《农村不孝的原因及治理对策——基于临沂市 H 镇对老年父母孝敬情况的调研》，《湖南警察学院学报》2018 年第 5 期。
[4] 庄嘉：《老龄社会权益受损案评查报告》，《检察风云》2018 年第 20 期。
[5] 李媛媛、单承芸：《我国中老年人金融受骗影响因素研究——基于 CHARLS2015 的实证分析》，《南方人口》2020 年第 1 期。
[6] 饶育蕾等：《幸福感能降低中老年人受骗风险吗？——基于 CHARLS 数据的实证研究》，《计量经济学报》2021 年第 2 期。

三 研究方法

本文基于日常活动理论,通盘考虑老年人、罪犯与公安机关三方,收集典型案例和对公安民警进行深度访谈,分析公安机关应对受骗老年人权益保障中存在的问题及其原因。一共访谈了北京、上海、安徽、河南等地20名公安民警。

四 公安机关应对老年人受骗中存在的问题

公安机关全面贯彻落实党的二十大精神,始终保持对严打高压态势,快破现案、攻坚积案、追捕在逃犯罪嫌疑人,坚决维护老年人财产安全和合法权益。2022年,全国公安机关深入推进打击整治养老诈骗专项行动,切实维护老年人合法权益,截至12月底,公安机关共破案3.9万余起,打掉团伙4730余个,追赃挽损300余亿元,取得显著战果。尽管公安机关在老年人权益保障中有了丰富的经验,但是还存在一定问题,适老化还需要加强。在对警察的访谈中,民警对案件的数量和类型进行了分析和评估,在有的中部地区,东部地区,涉老案件的数量大概每周六七起;占比大概30%;西部区域大概5%,有的区域基本没有涉老案件。几乎所有受访民警都承认:"涉老案件的数量并没有显著变化,但呈逐渐增长的趋势,我认为这与人口老龄化有关"。各地公安机关在预防老年人受骗方面做了很大努力,但是由于种种原因,存在一些不足。

(一) 预防上侧重于宣传,忽视了服务干预

很多公安机关都会定期向辖区内老年人宣传防范被骗知识,通过标语、公众号、传单等形式比较多,包括如何识别诈骗电话、短信,保护个人信息等,甚至达到每半个月一次。但是,受限于老年人自身原因,再防范也总有新的诈骗手段。只是被动的宣传,防不胜防,一旦新的诈骗手段出现,

还会有老年人上当受骗。

退休、守寡等因素让孤独的老年人更容易成为骗子的目标。因此，如何使用服务干预从根本上消除老年人被骗的脆弱性因素，才是预防最好的办法。访谈中，很多民警认为，没有认识到服务干预的作用，多强调宣传与打击。

（二）打击效率需进一步提高

相对于预防，打击的效率更是让人担忧。根据《公安机关办理刑事案件程序规定》第166条，破案应当具备以下条件：犯罪事实已有证据证明；有证据证明犯罪事实是犯罪嫌疑人实施的；犯罪嫌疑人或者主要犯罪嫌疑人已经归案。虽然老年人被诈骗的破案率没有公布，但是通过一些地方公安机关公布的数据可以看出诈骗案破案率并不高，如海北藏族自治州祁连县电信网络诈骗案件破案率48%，位列全州第一。[1] 吴忠市2022年侦破电信网络诈骗案880起，破案率60.2%，位居宁夏回族自治区第一。[2] 对于受骗的老年人来说，挽回损失才能将其受害程度降至最低，但是据受访民警介绍："打击电信网络诈骗较为困难，追赃挽损较为困难，原因是电信网络诈骗使用较为高科技的手段，且有层层的反侦察手段。"

（三）受骗老年人的康复没有受到重视

老年人受害代价高昂，因为老年受害者比年轻受害者更容易进一步受到伤害[3]，被骗给老年人的财产、身体和心理等带来巨大伤害，还会降低他

---

[1] 尹耀增：《海北祁连：位列全州第一！电信网络诈骗案件破案率48%》，《青海日报》2023年8月26日。
[2] 王志刚：《吴忠公安反诈工作成绩亮眼：挽回损失2975万元破案率位居全区第一》，《宁夏法治报》2023年2月20日第3版。
[3] Labrum, T., & Solomon, P. L., "Physical Elder Abuse Perpetrated by Relatives with Serious Mental Illness: A Preliminary Conceptual Social-ecological Model", *Aggression and Violent Behavior*, 2015, pp. 293–303.

们应对其他创伤事件的韧性[①]。

对于老年人来说，康复是一个长期且艰巨的过程，康复需要专业领域中所涉及的所有服务，复杂而全面，需要专业服务介入。但是一个普遍存在的问题是，有关机构未能查明老年被害人的脆弱性，因此未能提供适当的救助。在我们的访谈中，公安机关对老年人做得最多的服务就是"回访"："（案件破获后）有后续跟进，我们会回访受害人，了解他们最近的状态。"公安机关不是一个服务部门，缺少康复服务功能，也没有相关机构为受骗老年人提供康复服务。

五 不足存在的原因分析

日常活动理论指出，成功完成任何犯罪都需要三个要素：合适的目标，有动机的罪犯，缺乏保护目标免受罪犯伤害的监护措施。[②] 依据该理论，本文选择老年人个人、罪犯和司法等方面分析对老年人权益保障不足的原因。

（一）老年人本身因素

1. 老年人寻求公权力救济意愿不足

老年被害人在心理和行为上对被害事实具有认同或者容忍的倾向性因素。现实生活中，老年人被骗后没有选择通过报警来解决的案例不在少数。一些老年人并没有意识到自己上当受骗，还有一些老年人发现上当受骗后，选择了忍气吞声。受访民警反映："一般由儿女等年轻人发现并报案，老人自己报案的不多。""报案的较少，经过核实后好多老年人遇到警察去家里了的时候还没意识到被骗或者被骗了，也不愿意报警。"

这种选择的背后，有一部分原因是出于面子的考虑，不想让别人尤其

---

① Brown, K. J., & Gordon, F., "Exploring and Overcoming Barriers to Justice for Older Victims of Crime", *Criminal Law Review*, 2020, pp. 1127–1136.

② Felson, M., & Cohen, L., "Routine Activity Theory", *Environmental Criminology and Crime Analysis*, Cullompton: Willan, 2008, pp. 70–77.

是子女知道，免得被他们指责，从而选择了沉默。[①] 有的老年人认为反正损失这么小，警察也不会去管，而且老去报警肯定会被派出所的民警瞧不起，到时候在周边老人中也会抬不起头，还不如不报。"部分老年人在受害后，老年人觉得给孩子添麻烦了。""因担心被子女责骂，然后就不愿意告诉家人，也不愿意去报警。"另一个重要原因则是有些老年人根本没有意识到自己已经被骗了，有些甚至是心甘情愿被骗。相较前者，这种情况往往更加复杂。对此，最该检讨的其实是老年人的子女。过往诸多案例显示，那些被骗的老年人往往缺少子女、亲人的保护、提醒和沟通。相反，骗子们却对老年人关怀备至。有时，老年人明明知道自己可能被骗了，但出于对推销者的爱护，选择了不追究，甚至越陷越深。当老年人不愿意面对自己被骗的事实时，其本身也会对其被骗行为本身进行自我合理化解释，如"这个保健品确实是有用的，让我更加健康了，原来身体不舒服的地方现在好多了""固执地认为在进行投资，有发财的想法"。

这种不愿意报警求助的心理，很大程度上助长了犯罪分子的气焰，也为持续高发诈骗及次生骗局埋下了诱因。而自我欺骗型心理因素更是让犯罪行为人在对老年人实施诈骗时有恃无恐，因为他们很清楚，即使老年人在被骗后识破了骗局，意识到了自己已经遭受了诈骗，他们去寻求司法救济的概率也不是很高，多数人会选择不了了之。既然选择寻求司法救济的概率不高，那么因为诈骗行为遭到法律制裁的可能性自然就更低了，犯罪成本的低下显然会让犯罪行为人更多地去选择老年人作为犯罪对象。这些类似的被害数据实际上都没有进入司法机关的统计中，已知的案件终究只是冰山一角，更多的案件仍然只有受骗者与其亲人知悉，这些案件带来的损失也只有受骗者与其亲人默默承受，而造成这些案件的罪魁祸首却逍遥法外。

2. 老年人很难给警方提供有效线索

即使老年人最终愿意或者不得不报警，老年人大多缺乏证据意识，导

[①] 夏宇：《老年人如何防范金融理财诈骗——以"老妈乐"骗局为例》，《中国商论》2019年第11期。

致公安机关难以及时提取到有效证据,还有部分案件时间跨度较久,造成取证困难,影响案件侦破、认定和处理。

首先,报警不及时影响案件侦破。报警是一种重要的救济途径,及时报警可以保护证据,有利于维权。由于老年人不愿意报警,老年人被诈骗往往报警不及时,导致证据很难收集,甚至犯罪分子都人去楼空,或者赃款已经转移,"报案比较迟,咱们解决追赃就很困难"。

其次,在接受询问的时候,老年人自身的不愿意配合也为公安机关破案带来了难处。按照《公安机关办理刑事案件程序规定》询问被害人是公安机关办理刑事案件的重要程序之一,老年人在接受警方问询时候,担心带来家庭矛盾,或耻辱感,在报警后"从不配合到配合,一点一点才说出来实情",很容易导致警方的误判。而警察在破案过程中,"还要注意和观察老年人的身心状态,注意话术以防刺激老年人"。这无疑增加了破案的难度。

最后,老年人记忆力减退也带来一些取证难的问题。在办理涉老案件中,"老年人的记忆力差是一个很让人头疼的问题,他们很难将事情原委仔细地叙述"。老年人容易出现记忆混乱或记忆不清等情况,会给在案件办理过程中会增加一些难度。

(二)犯罪行为人行为隐蔽性强

鉴于老年人存在的脆弱性,为了逃避警察的打击,犯罪行为人的行为越来越隐蔽。犯罪行为人行为的隐蔽性分为两方面:一方面是指行为对老年人实施时具有隐蔽性,使得老年人难以识别其行为的本质是诈骗;另一方面是指行为在现有法律中处于灰色地带,并没有直接违反《刑法》的相关禁止性条款。

首先是犯罪分子行为的隐蔽性。鉴于现在网络诈骗越来越多,公安机关打击诈骗的方式主要集中于"资金端预警,看是否有向涉诈账户转钱,有时银行工作人员或者电信公司的营业人员及时发现进行劝阻和报警"。面对警察打击措施的改变,犯罪分子的行为也有很大调整,"(在发达地区)

近年的诈骗案件趋向于嫌疑人线下上门取钱"。受访民警举了一个例子，说明欺诈方式逐渐隐蔽化，取证困难。一公司诱骗老年人投资败露后，警方抓获了公司主要人物，但是负责给老年人办理业务的业务员使用了假身份，在公司没有身份记录（也可能是诈骗分子脱罪的一种隐蔽手段），与老年人打交道时，使用的身份也是假的。由于老年人缺乏风险意识，签订的合同被业务员拿走，甚至压根没有合同，还支付了现金，再加上子女在国外，报案滞后，很难搜集线索，很难追责。受访警察很无奈地说："最后只能对公司负责人取保候审，时间长了，等老年人去世，可能就不了了之了。"

其次，犯罪行为人在实施此类犯罪时通常是有组织的，而这些组织所成立的诈骗公司，多已有了丰富的经验，对于规避法律的惩处有着成熟的路径。最高人民检察院2022年公布的《检察机关惩治养老诈骗违法犯罪典型案例（第二批）》显示，2020年12月至2021年6月23日，被告人陈某纠集被告人林某滨等4人在福建省厦门市湖里区东渡古玩城等处开设多家珠宝店，并雇佣被告人石某婷等15人担任"店长""讲师""销售人员"等，形成以陈某为组织者、领导者，林某滨等其他人员为组织成员的犯罪集团。该犯罪集团购进廉价玉器产品后，委托某鉴定机构在未经实际鉴定的情况下出具虚假鉴定证书，并以高于实际进价数百倍的价格制作价签放置珠宝店内售卖。随后，陈某串通被告人吴某国等人经营的旅行社，以"不合理低价游"将老年游客等招揽至店内。游客到店后，导游、店内导购人员先向游客虚假宣传珠宝店知名度、商品价值等，再由店内"讲师"冒充"珠宝设计师"等虚假身份进行"专业讲解"，宣扬店内"金镶玉""玉观音""和田白玉"等产品具有"传世收藏""保值增值"价值。最后由冒充"玉石供应商子女""珠宝店老板子女"等"富二代"身份的员工，向有购买意向的游客谎称交友让利，以所谓"成本价""打折优惠价"高价出售店内玉器，骗取大量老年被害人钱款。从法律角度来看，其行为除了可能在部分宣讲中涉及虚假宣传违反《广告法》，其余部分均合法合规，等到老年人购买此类高价产品时，销售者并未强迫老年人购买，其生产销售行为同样证照齐全，而老年人的购买行为是自愿的，即使陪同的导游会使用各种方法向未购买产品的老年人施加压力,这样的行为极难取证也难以被证实,导致最后司法机关难以处置此类行为,老年人想通过民事诉讼等方式救济难度同样巨大,难以证实老年人是处于被胁迫的状态下达成的购买合同,且销售地往往地处偏远,维权成本极高。最终结果就是由于犯罪行为人行为的隐蔽性,最终结果是老年人自身与司法机关都难以维护老年人的合法权益使之免受犯罪行为的侵害。

(三) 法律存在一些不足

《老年人权益保障法》为保护老年人提供了基本的框架,但在执法过程中发现,"该法律仍存在一些不足,可以考虑使法律条文更明确一些"。该法立法较早,很多内容无法与当前社会面临的问题相适应,并且该法内原则性、宣誓性条款居多,在可操作性方面存在着相当的不足,所以在法院的判决中较少被援用。

作为公民权益最后保障的《刑法》,对于老年人的特殊保护也很有限,缺乏对老年被害人进行特别保障的条款。针对老年人的诈骗与《刑法》意义上的诈骗本身存在一定的区别,直接套用诈骗罪的法条并不能很好地对此类行为进行解释,这也是为什么在法院针对老年人被骗的判例中,直接使用诈骗罪定罪量刑的案例相对较少,也是各级执法部门在面对针对老年人的各类诈骗时总是畏首畏尾的原因,"公安作为行政执法或者刑事司法的力量,从法的角度来说就是'法无授权不可为',而且现在各种投诉渠道较多,民警稍微严厉用语或者超出职权,就被他人投诉"。

老年群体被诈骗案中养生保健占较高比例,常见的手法有:赠送生活物品,向老年人宣传保健品业务,以销售保健品骗取押金的手段实施诈骗;组织所谓的"专家"举办免费讲座,现场对老年人免费体检,然后说其患有各种疾病,夸大产品疗效,高价销售保健品进行诈骗;组织免费旅游,以高价购买保健品可以入股为由诈骗老年人钱财等。因为这些诈骗手法在行为上的模糊性和隐蔽性,在打击这些诈骗犯罪团伙的执法实践中,难以全面、彻底地对所有团伙成员进行行为认定。

（四）公安机关缺乏涉老案件处理专门机构和专门人员

在老龄化较早的发达国家，警察早就设立了应对老年人受害的专门部门。比如，在加拿大，全国各地的警察局都有专门应对虐待老年人的部门。渥太华警察局的老人受害科有两个任务："调查所有老年人受害中受害者和施虐者之间存在信任/依赖关系的指控，并与一线工作人员合作，教育他们和公众，帮助提高对老年人受害的认识，支持幸存者。"此外，该科与渥太华警察受害者危机股密切合作，该股在警方调查期间和调查后为受害者提供咨询和资源。

访谈中发现，有的公安机关在《办案指引》中要求，在办理涉老案件时应当区别于一般成年人，应当根据老年人的身心特点进行特殊保护。"我们在入警培训包括平时单位组织的培训中会有讲到如果是涉老案件，如何接处警、如何调节老年人的心态、如何和老年人的家属交流沟通等。"但是，没有发现公安机关设立专门的应对虐待老年人的部门及专职民警。"因为警力有限，不可能说就专门指派。""分得没有这么细。我辖区基层一般是以值班制为主，由当天值班的人员负责各种类型案件的侦办。一般我知道的都是以'罪名'作为工作划分的标准。"尤其是农村，"我认为农村应对涉老案件的障碍主要在于缺少规范和指引以及相应的培训"。

（五）部门协作存在问题

养老诈骗犯罪涉及领域众多，处理涉案案件需要与其他部门合作，有些地方成立了会商机制，一般都会积极配合公安机关的工作。但是仍然存在部门间信息不畅通、各部门职责划分不清等问题，办理涉老案件的基层执法部门（派出所）权限较低，与其他职能部门对接有困难，这种支持配合大体上"还是需要更多上级上的帮助沟通，缺少一个固定的协作机制"。

另外，受访民警认为"如果客观条件有限，得到的支持和配合也有限"。被诈骗老年人可能会产生服务需求，但是警察作为执法部门，缺少服务功能，无法满足老年人的需求，只能完全依赖于与其他专业机构的合作，以防止老年人受到进一步的伤害。但是相关服务在中国发展极其落后,比如最常见的养老机构,发展严重不足,到2022年年底,中国养老机构床位仅为829.4万张(见表1),这对于我国上亿老年人来讲无异于杯水车薪,民政部门也很难给受害老年人提供服务。而社区服务发展也远远不够,也没有涉及对老年人受害者的服务。[①]

表1 中国养老机构服务设施状况

	1989年	1994年	1999年	2004年	2009年	2014年	2022年
养老机构和设施(个)	39255	42918	40074	38111	38060	94110	387000
养老床位(万张)	68.66	89.69	102.23	254.4	266.2	577.8	829.4

资料来源:历年《中国民政年鉴》。

六 结论与政策建议

各地公安机关在宣传打击老年人诈骗方面做了很大努力,但是由于种种原因,存在一些不足:预防上,侧重于宣传,忽视了服务干预;打击效率需进一步提高;受骗老年人的康复没有受到重视。原因主要包括:老年人寻求公权力救济意愿不足,很难给警方提供有效线索;犯罪行为人行为隐蔽性强;法律存在一些不足;公安机关缺乏涉老案件处理专门机构和专门人员;部门协作存在问题。

鉴于这些不足与原因,建议加强部门合作,为老年人提供服务干预,这才是预防的根本。保护老年人财产安全,是一项全社会都必须参与的系统工程,不能仅仅依靠某一个部门,还需要社会齐抓共管。研究部署常态化开展打击整治养老诈骗工作,更好地维护老年人合法权益,坚持完善线索核查机制、依法打击机制、行业治理机制、宣传教育机制、责任落实机制、考核评价机制"六大长效机制"。加大对相关警务人员的适老化培训,

---

① Zhou, J., & Walker, A., "The Chinese System of Community Care for Older Adults", *Journal of Gerontological Nursing*, 2022, 48 (6), pp. 7-11.

在老龄化严重区域，可以有针对性地建立应对老年人受害的专门部门，在帮助老年受害者时能够采取专业方法，协调适当的卫生、社会和社区服务机构参与。

根据犯罪事实和对于社会的危害程度，加大对诈骗老年人的犯罪人处罚力度。《刑法》第61条规定了量刑的一般原则："对于犯罪分子决定刑罚的时候，应当根据犯罪的事实、犯罪的性质、情节和对于社会的危害程度，依照本法的有关规定判处。"在法院对诈骗犯判处何种刑罚时，要考虑诈骗对老年人的影响即社会危害程度。另外，鉴于老年人受骗带来的后果严重，可以优化涉老案件的诉讼流程，为涉老案件开辟绿色通道。

加强服务干预，推动子女和家人关心关怀老年人，预防老年人受骗，并根据受骗老年人的需求，适当发展机构养老和社区服务，为老年人的康复提供支持。

我国罕见病同情用药制度的实施障碍与化解路径

汪焱梁*

摘　要： 为了全面推进健康中国建设，加快实施健康中国行动，"十四五"期间我国出台了一系列政策法律支持罕见病药物的研发，以解决当前罕见病患者"用药难"的困境。然而，药物从研发到上市存在较长时间差，在此过程中同情用药制度可能是罕见病患者获得药物治疗的唯一途径。我国《药品管理法》第23条对同情用药制度仅作出了原则性规定，缺乏具体实施程序，加之罕见病患者的知情同意能力减弱和监管较强导致我国罕见病同情用药制度实施不畅。为有效纾解当前罕见病同情用药制度适用的障碍，首先应秉持以患者为中心的理念完善相关法律规定，设定罕见病同情用药制度的审批程序；其次要以充分知情同意为适用前提，同时还要减轻各方法律责任，以激发各方积极性；最后要以必要性原则为限收集罕见病患者试验信息，并建构开放数据库。

关键词： 罕见病　同情用药　科学福利权　知情同意　以患者为中心

---

* 汪焱梁，武汉大学大健康法制研究中心助理研究员，博士研究生。

引　言

罕见病是指发病率较低的疾病，世界卫生组织将患病人数占总人口 0.065%—0.1% 的疾病定义为罕见病。我国在《中国罕见病定义研究报告 2021》中将"新生儿发病率小于万分之一、患病率小于万分之一、患病人数少于 14 万的疾病"列入罕见病范畴。目前我国有 2000 万左右的罕见病患者，而且这个数量还在以每年 20 万左右的速度递增。尽管有如此大的基数，长期以来我国仍对罕见病缺乏了解，直到近年来政府介入，罕见病才被真正关注起来。

2018 年 5 月，国家卫健委、科技部等五部门联合发布了《第一批罕见病目录》。2019 年 2 月，国家卫健委牵头制定《罕见病诊疗指南》（2019 年版）。2022 年 3 月，"加强罕见病用药保障"被首次写入政府工作报告，同年 4 月，国务院办公厅印发《"十四五"国民健康规划》，其中第 8 条着重提出要对罕见病治疗药品加快审评审批。2023 年 9 月，又发布了《第二批罕见病目录》，囊括病种从 121 种增加至 207 种。2024 年两会期间，罕见病成为多位代表委员热议的话题之一。对罕见病的重视，是全面推进健康中国建设、加快实施健康中国行动的题中之义。对罕见病药物的研发，不仅可以实现关爱弱势群体，治病救人的目的，还有助于我们对常见病的理解与认识。罕见病药物从药物的研发到上市大概需要 6 年到 12 年的时间，[1] 大量的罕见病药物尚停留在研发与上市之间，当某一未上市药物是罕见病患者获得治疗的唯一途径时，就需要通过同情用药制度以满足罕见病患者对临床试验药物的需求。目前美国、日本、法国等国家均已确立了同情用药制度，我国也于 2019 年新修订的《药品管理法》第 23 条规定了同情用药制度。[2] 但目前我国罕见病同情用药

---

[1] See David J. Stewart et al., "The Importance of Greater Speed in Drug Development for Advanced Malignancies", 7 *Cancer Medicine* 1824 (2018).
[2] 《药品管理法》第 23 条："对正在开展临床试验的用于治疗严重危及生命且尚无有效治疗手段的疾病的药物，经医学观察可能获益，并且符合伦理原则的，经审查、知情同意后可以在开展临床试验的机构内用于其他病情相同的患者。"

制度适用案例极少，有待进一步完善。本文认为罕见病同情用药制度适用障碍背后的缘由是：适用理念分歧、同意原则虚置、具体规则模糊等，为此需要有针对性地提出解决方案，以期积极回应罕见病患者需求，促进罕见病患者权益保障，实现罕见病诊疗体系建设。

一 适用的价值：罕见病同情用药制度建构的现实需求

（一）纾解罕见病用药可及性的难题

罕见病患者若想获得药物治疗有三种选择：第一，等待十年或更长的时间以获得药物的上市批准；第二，尝试参加临床试验；第三，申请同情用药。第一种选择虽然可以保证药物的有效性和安全性，但罕见病患者往往没有富余的时间等待药物上市，导致患者丧失治疗机会。第二种选择对受试者条件要求较高，符合条件的概率较小。第三种选择则允许罕见病患者在不能通过现有药品或入选参加临床试验得到有效治疗时，申请使用尚未获批上市的药物，为罕见病的治疗提供了一种新的可能途径。

一方面，当前已经批准上市的罕见病药物数量无法满足用药需求。为此，2020年以后我国相继出台《药审中心加快创新药上市申请审评工作程序（试行）》《药品上市许可优先审评审批工作程序（试行）》等文件加快药品审批流程，以提升罕见病药物的可及性。得益于此，我国2023年共批准45个罕见病药物，其中15个品种通过优先审评审批程序加快上市。随着政策加持，根据统计（见图1），我国近年来批准罕见病上市的药物数量呈现逐年增加的趋势。然而，这仍然无法弥合罕见病药物的庞大缺口。《2024中国罕见病行业趋势观察报告》显示，截至2023年年底，中国已有165种罕见病药物上市，涵盖92种罕见病。与《第一批罕见病目录》和《第二批罕见病目录》涉及的207种罕见病相比，尚有100多种罕见病面临"无药可医"的困境。在世界范围内的约7000种罕见病中，只有5%的病症能得到药物治疗。①

另一方面，与上市药匮乏相比，由于罕见病患者人数较少且存在高度异质性，研发成本和研发难度极大，导致大量的罕见病药物停留在研发阶段。根据数据分析（见图2），我国开展临床试验的项目远低于其他国家水平。这就意味着很多罕见病患者无法通过临床试验获益。在此背景下，同情用药可能成为罕见病患者获得治疗的唯一途径。实际上，2022年世界范围内的在研罕见病药物已经突破6000种，我国近五年的罕见病药物研发数量也大幅增长，增速远超世界罕见病药物研发增长率（见图3）。但是临床前、临床一期、二期和三期的药物数量占了相当大的比例（见图4）。在前述上市药物无法满足需要的情况下，大量试验药物有望通过同情用药的方式提供给罕见病患者。

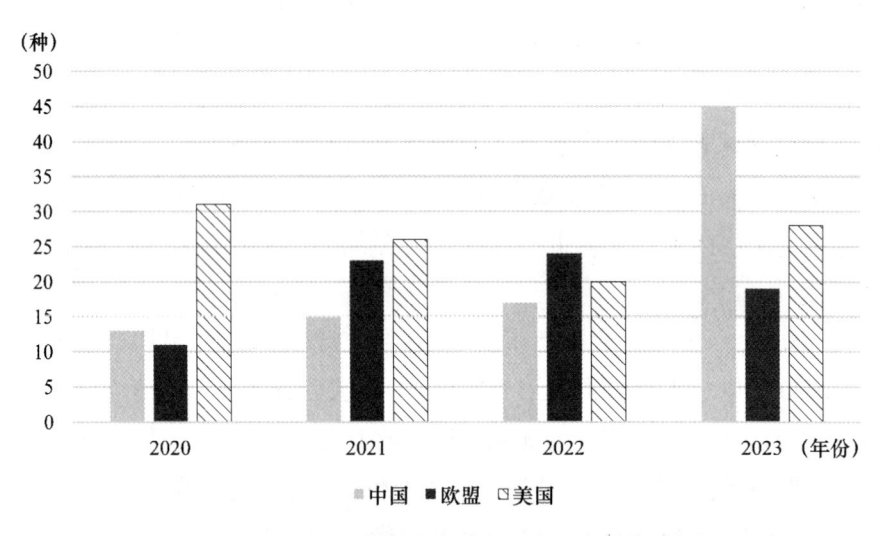

图1 中国、美国和欧盟各年批准上市罕见病药物数量

---

① See RAREi, "Submission on the June 2020 PMPRB Draft Guidelines The Canadian Forum for Rare Disease Innovators (RAREi)", https:// www. canada. ca/content/dam/pmprb-cepmb/documents/consultations/draft-guidelines/submission-received/june2020/June% 202020% 20submission _ RAREi_ EN. pdf, last visited March. 01, 2023.

我国罕见病同情用药制度的实施障碍与化解路径

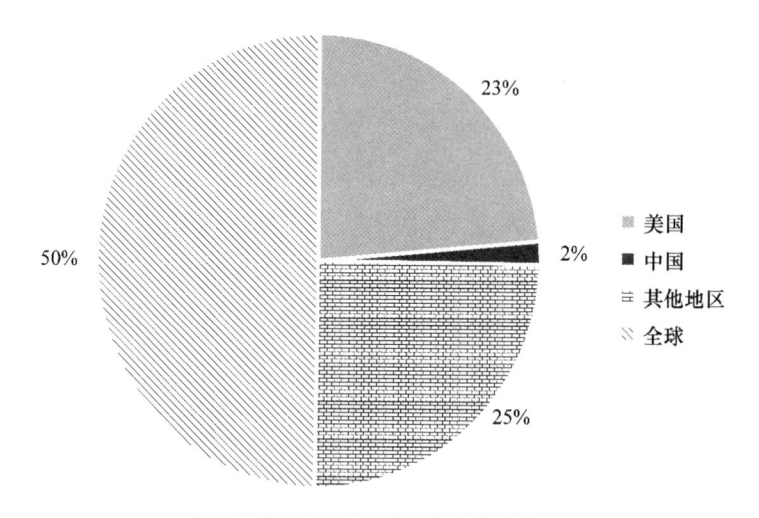

图 2　罕见病临床试验状态分布情况

数据来源：郑建洪、邱春凤、张真：《基于 ClinicalTrials.gov 的中国罕见病目录临床试验注册现状分析》，《中国新药杂志》2023 年第 16 期。

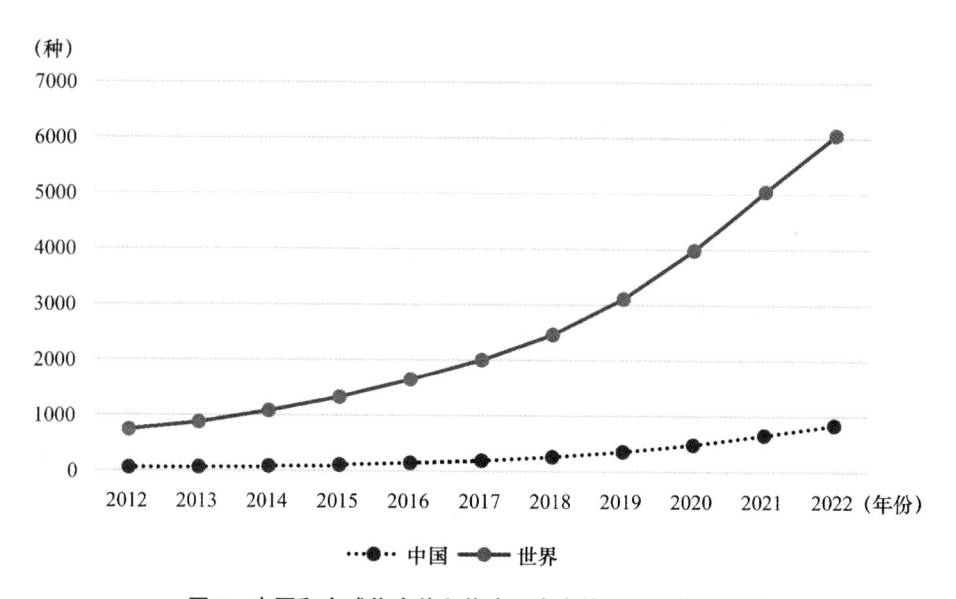

图 3　中国和全球临床前和临床开发中的罕见病药物数量

309

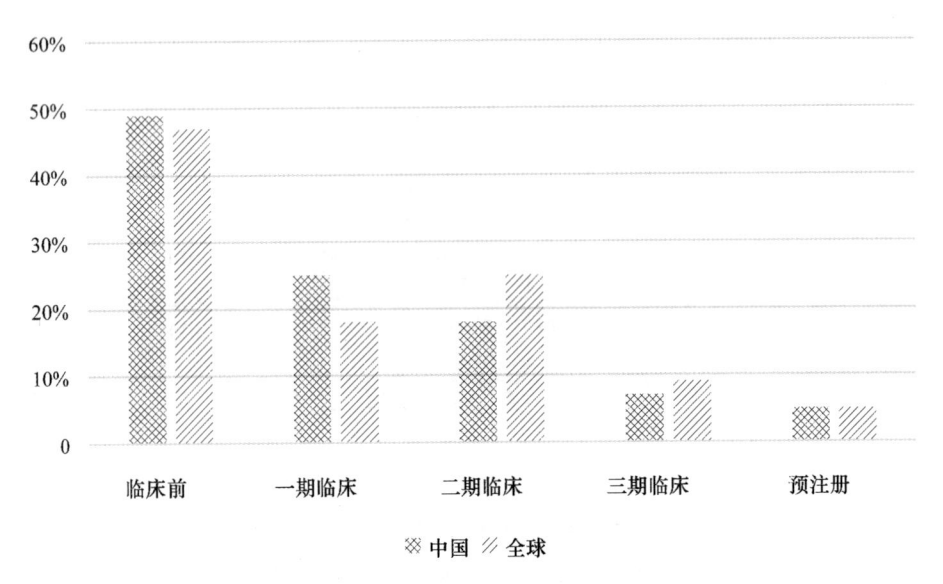

图4　中国和全球各阶段罕见病药物数量

数据来源：See Chen Rui et al. , "Trends in Rare Disease Drug Development", 23 *Nat. Rev. Drug Discov.* 168（2024）。

（二）补足强制许可制度的适用空白

强制许可制度和同情用药制度都提升了罕见病患者用药的可及性。所谓强制许可制度是指经过国务院专利行政部门的审批在某些特定情形发生的情况下允许对他人实施其专利。两种制度均可以在某种程度上调和罕见病药物使用和专利保护之间的矛盾，也均体现了对罕见病药物专利权的限制。

强制许可制度和同情用药制度存在一定的区别。首先，适用阶段不同。强制许可制度适用的对象是已经通过审批上市的罕见病药物，而同情用药制度则适用于正在开展临床试验的罕见病药物。其次，适用方式不同。强制许可制度无须经过专利权人的同意，是专利行政部门对专利私权的限制性剥夺。而且强制许可制度无法直接从专利权人处获得药物，只能自行制造仿制药并提供给公众，通过降低药物价格的方式提高可及性。而同情用药制度则要求经过专利权人同意，且需要罕见病患者、权利人、医院以及药品监督管理部门的协同配合才能实施，其通过提前将药物提供给患者的方式增加可及性。最后,是否收费不同,通过强制许可制度制造的药物仍然需要支付一定的费用,而同情用药制度则一般不收取费用,我国在《药物临床试验质量管理规范》中,明确规定不得向受试者收取试验用药所需的费用,同时结合《拓展性同情使用、临床试验用药物管理办法(征求意见稿)》来看,我国的同情用药制度倾向于不收费。虽然已经有超过80种罕见病治疗药物纳入国家医保药品目录名单,但尚有较大比例的罕见病无法通过医保报销,对于这部分的罕见病患者而言,在药物的获得治疗上仍存在较大的经济负担,适用同情用药制度则不会有如此困扰。由此看来,虽然两者都可以实现缓解罕见病患者用药难的目的,但发挥作用的阶段不同,同情用药制度可以在某种程度上补足强制许可制度的适用盲区。此外,我国的强制许可制度当前几乎得不到适用,从维护公共利益、保障罕见病患者用药的层面来讲,同情用药制度无疑比强制许可制度适用的可能性更大,更能发挥作用。同时,强制许可制度对制药企业市场份额和利益的影响明显,而同情用药制度则几乎不会对企业造成侵扰,反而可以使参与同情用药的企业在政策上获得诸多利好,使其更容易也更快获得罕见病新药的审批。

(三) 契合科学福利权的内在要求

1948年,《世界人权宣言》第27条第1款确立了"分享科学进步及其产生的福利"的人权,1966年公布的《经济、社会和文化权利国际公约》也在第15条第1款第2项中保障了该项权利。[1] 这种权利被称为"科学福利权",科学福利权是科学权的一部分。[2] 我国虽然没有明确规定这项权利,

---

[1] See Samantha Besson, "The 'Human Right to Science' Qua Right to Participate in Science: the Participatory Good of Science and Its Human Rights Dimensions", 28 *The International Journal of Human Rights* 497 – 528 (2023).

[2] 根据相关国际人权文件,科学权被列举为三个组成部分:(1) 参与科学的权利;(2) 从科学进步及其应用中受益的权利;(3) 从个人的贡献或发明中获益的权利。参见杨学科《揭开人权灰姑娘的面纱:科学权之科学福利权》,《山东科技大学学报》(社会科学版) 2020年第3期。

但《科学技术进步法》《促进科技成果转化法》等法律法规中均蕴含了推动科学进步，促进科学成果分享的立法旨趣。关于"科学福利权"到底是侧重于积极地参与科学实践还是侧重于被动地享受科学成果，学界一直存在争议，目前共识倾向于后者。即所谓的"福利"是指"分享科学的利益"，而非因为参与科学活动而获得利益的权利。① 诚如高尔基所言，"科学家的成果是全人类的财产，而科学是最无私的领域"，科学应当造福全人类，其成果理应得到分享。这个语境预设了科学之善的理念，要求为科学确立合乎人类利益的发展目标。这也意味着科学福利权要求对科学研究产生的例如药物、粮食等物质成果进行分享，使其惠及更多公众。同时，科学是全人类克服疾病的手段，罕见病的治疗需要借助科学的发展与进步。

首先，科学福利权意味着平等分享科学成果的权利。科学属于公益范畴，由之产生的科学成果应被平等及时地分享给公众。罕见病药物的研发历程较长，在此过程中产生的利益应存在提供给患者的可能。此外，根据美国食品药品监督管理局（Food and Drug Administration，FDA）发表的《2020年药物临床试验年度报告》，临床试验入组存在年龄歧视、性别歧视以及对特殊人群的排除等不公平的现象。同情用药制度则提供了另外一种出路，该制度经过医生评估，多方参与，可以在某种程度上减弱不平等。其次，科学福利权的实现有赖国家采用相应的措施保障。按照正常流程，药品要经过临床前的毒理和药理等试验测试，然后再经过一期、二期和三期的临床试验对药物的安全性和有效性进行验证之后，才会经过申请上市，最终流向市场。不管是医院还是药企，将未经审批上市的药物适用于患者均需承担法律责任。为此，国家有必要通过同情用药制度作为例外来适当免除医院和药企的责任，将未上市药物提供给患者以推动科学福利权的实现。最后，科学福利权要求体现对弱势群体、少数人群的特殊关照。罕见病患者的数量群体较小，因此保障罕见病患者用药可及性的同情用药制度自然契合了科学福利权的要求。

---

① See Elisa Morgera, "Fair and Equitable Benefit-sharing at the Cross-roads of the Human Right to Science and International Biodiversity Law", 4 *Laws* 803（2015）.

二 症结之所在：罕见病同情用药制度运行不畅的检视

我国于 2019 年新修订的《药品管理法》中才加入了同情用药制度，对于同情用药制度的适用也是近几年发生的事情。随着新冠疫情的暴发，同情用药制度备受关注。2020 年美国治愈的一例新冠肺炎病人就是通过对瑞德西韦药物进行同情用药实现的。2023 年 1 月，国产新冠药 VV116 也在上海瑞金、曙光等七家医院开始进行同情用药。作为特殊类型的罕见病同情用药制度尝试则进展更为缓慢。

（一）罕见病同情用药制度适用情形较少

根据 FDA 的现行规定，同情用药制度有三种情形：针对单个患者的同情用药，包括紧急使用的情况；针对中等规模患者群体的同情用药，人数大致为几十人到几百人；针对大型群体的治疗性研究性新药（Investigational New Drug, IND）。[1] 罕见病同情用药制度主要适用于单人患者和中等规模患者。

在国外，罕见病同情用药制度的探索开始较早。在一本关于全球临床试验的书中，FDA 就给出了一个绝症的罕见病患者使用同情用药的典型案例。该书指出早在 2008 年，16 岁的杜兴型肌营养不良症患者雅各布·冈瓦尔森（Jacob Gunvalson）即在 FDA 的努力之下获得了同情用药。[2] 也有部分国家公开了自己的罕见病同情用药制度的进展。以奥地利为例，2010 年 1 月至 2023 年 1 月，奥地利联邦卫生保健安全办公室（The Austrian Federal Office for Safety in HealthCare, BASG）共批准了 30 项同情用药计划，包括罕见病同情用药计划 13 项。[3] 其中多发性硬化、胶质母细胞瘤、囊性纤维

---

[1] 尚未经过上市审批，正在进行各阶段临床试验的新药。
[2] See Barnett International, "Good Clinical Practice: A Question & Answer Reference Guide", https://www.barnettinternational.com/publications/good-clinical-practice-a-question-answer-reference-guide, last visited March. 01, 2023.
[3] See BASG, "List of Compassionate Use Programmes approved in Austria", https://www.basg.gv.at/en/companies/medicinal-products/compassionate-use-1, last visited March. 02, 2023.

化等通过同情用药治疗的疾病也已经收录在我国的《罕见病目录》中。就奥地利而言，13 年间仅有 13 项关于罕见病的同情用药计划，其适用情况并不理想。此外，有研究从 Embase、PubMed、CNKI 等数据库中收集了大概 184 项与罕见病同情用药相关的研究数据，[1] 这也从文献的角度印证了罕见病同情用药制度适用较少的困境。

目前我国开展罕见病同情用药制度的试验屈指可数。通过检索，仅有几例关于罕见病同情用药的报道。举例来说，一例发生在 2021 年 6 月，患阵发性睡眠性血红蛋白尿症（paroxysmal nocturnal hemoglobinuria，PNH）的罕见病患者张某某在国家药监局、医院等多方的努力之下，获得了三期临床药物的同情用药机会，该例甚至被媒体称为我国罕见病同情用药制度的破冰之旅。[2] 还有一例发生在 2022 年 3 月，罕见病神经纤维瘤病的患者满满，在博鳌超级医院的帮助下参加了国外公司的同情用药项目。[3] 令人振奋的是，博鳌乐城国际医疗乐城先行区先后与强生、波士顿科学等 80 家全球顶尖的医药企业建立了合作关系，大量尚未在国内上市的药品器械可以及时提供给患者，增加了药品的可得性。可预见的是，在这些政策的加持下，我国罕见病同情用药的例子将越来越多，但当前我国罕见病同情用药制度的适用现状仍不乐观。

（二）罕见病同情用药制度适用困难的缘由

在罕见病同情用药制度运行不畅的背景下，有必要对其背后的缘由进行剖析，以便进一步寻觅完善路径。

1. 适用理念分歧：医学伦理与监管制度之间的冲突

现代医学伦理原则体系中得到较多共识的四个原则为：尊重自主、不

---

[1] See Wu Jiayu, et al., "Efficacy and Safety of Compassionate Use for Rare Diseases: a Scoping Review from 1991 to 2022", 18 *Orphanet Journal of Rare Diseases* 368（2023）.
[2] 参见陈明雁、王晶《罕见病同情用药的破冰之旅》，https://mp.weixin.qq.com/s/e5XgsLOrmChs9vX6aXQ3Wg，2021 年 7 月 13 日。
[3] 参见毛冬蕾《[NF 故事] 满满的海南博鳌同情用药之旅》，https://mp.weixin.qq.com/s/20BK1ToRI5jwahVNVtxqVw，2023 年 10 月 24 日。

伤害、行善与公正。① 其中尊重自主原则强调以患者为中心，尊重患者的自决权。正如密尔所言："每个人是其自身健康的适当监护者，不论是身体的健康，或者是智力的健康，或者是精神的健康。"② 但同时，患者的知情同意还有可能导致其自身陷于不利境地，为此，法律也对患者的知情同意进行了一定的监管。具体至罕见病同情用药制度，医学伦理偏向于保障患者用药的机会。但同情用药提供的药物仍在临床期间并未上市，此时药物的安全性和有效性无法保证，甚至有可能加重患者的病情，导致新的副作用。在药品的临床试验中，一期试验的目的不是测试疗效，而是评估安全性和毒性，确定最大耐受剂量。二期试验的目的是初步评价药物对目标适应症患者的治疗作用和安全性。三期试验进一步测试安全性和有效性。即便在三期临床后，根据生物技术创新组织（The Biotechnology Innovation Organization，BIO）、全球医药智库信息平台（Informa Pharma Intelligence，IPI）等联合发布的数据也只有7.9%的药物可以批准上市。③ 换言之，大量的临床药物并不满足用药的安全性和有效性要求，对罕见病患者的治疗存在较大隐患。为此，各国的同情用药制度均对其适用条件和适用范围作出了严格的限定，以免给患者造成更大的不确定性。我国当前对同情用药制度也持谨慎态度，《拓展性同情使用临床试验用药物管理办法》自2017年征求公众意见以来，一直未出台。其中缘由，自然有关于同情用药制度风险的隐忧。也因此，我国当前同情用药制度发展亦步亦趋。

实际上，关于同情用药制度的适用一直存在争议。支持方多偏向于对医学伦理中患者自决权的保护。反对方则以未上市药品的安全性和有效性存疑为由要求加强监管。前者认为允许病人较少受限地获得同情用药，将带来相对较低的伤害风险和挽救生命的巨大潜力。此外，某些罕见病由于死亡迫在眉睫，潜在的有益治疗总比无所作为要好，因此罕见病对风险具有更高的容

---

① 参见卢风、肖巍主编《应用伦理学概论》，中国人民大学出版社2008年版，第152—154页。
② ［英］密尔：《论自由》，许宝骙译，商务印书馆2015年版，第14页。
③ 参见澎湃新闻《让AI造一款新药，有多难？》，https://www.thepaper.cn/newsDetail_forward_23286128，2023年5月30日。

忍度，呼吁政府和法律精减冗长的程序并降低严格的适用要求。后者则认为临床药物可能会加速病人的死亡，增加病人的痛苦。尤其是对于罕见病患者而言，他们接受有益治疗的概率很低。因此，需要对罕见病同情用药制度设置一系列的限定条件，审批的时候要求也更为严格。2016年9月，FDA打算对杜氏型肌营养不良症适用同情用药，但过程并不顺利。FDA咨询委员会认为临床试验药物的研究中没有实质性的证据证明其有效。后FDA药物评价与研究中心认为罕见病的研究本身非常有限，若不适用同情用药制度将会造成无药可医。[1] 可见即便是在FDA内部关于监管力度的态度也不一。

如何协调以维护患者为中心的医学伦理与以保障安全和有效监管之间的冲突是当前亟待解决的问题。本文认为对于患者而言，应当在尊重其意思的基础上做利益衡量。[2] 换言之，应当以患者为中心，利益衡量的天平刚开始便要往患者一侧倾斜。一方面，就罕见病而言，其数量较少，若以群体为中心的方法来监管安全性和有效性，会显得过于严苛。哪怕是微乎其微的治疗机会对于罕见病患者而言也是一种理性的选择。经济学家萨姆·佩尔茨曼（Sam Peltzman）根据一个复杂的数学模型即指出，扩大管理部门的监管权力对患者的福利起了反作用。[3] 另一方面，适用同情用药制度的罕见病患者不受临床试验参与者所享有的保护性监督和伦理审查，因此必须在适用同情用药制度之前进行一定程度的监管。但鉴于罕见病的特殊性，监管力度不应过强，法律家长主义和医学家长主义在罕见病治疗中均不可取。

2. 同意原则虚置：罕见病患者的心理判断能力减弱

知情同意的概念来源于第二次世界大战后的《纽伦堡法典》，其明确规定受试者的同意是开展试验的前提，受试者有知晓试验性质、目的等的权利，并据此作出选择。任何人不得通过强迫、欺骗等方式对受试者的知情同意作

---

[1] See Julien B. Bannister, "Regulating Rare Disease: Safely Facilitating Access to Orphan Drugs", 86 *Fordham L. Rev.* 1889 (2018).
[2] 参见钱叶六《医疗行为的正当化根据与紧急治疗、专断治疗的刑法评价》，《政法论坛》2019年第1期。
[3] See Sam Peltzman, "An Evaluation of Consumer Protection Legislation—The 1962 Drug Amendments", 81 *J. Pol. Econ.* 1049 (1973).

出干扰。后来在世界医学会通过的《赫尔辛基宣言》中接受了《纽伦堡法典》中的知情同意观点。知情同意是现代医学开展治疗工作的基石。其蕴含的基本框架是：处于信息优势的医生应当向患者充分说明与治疗有关的信息，使处于信息劣势状态下的患者在综合衡量自身的基础上作出符合理性的治疗选择。① 知情同意既是民法意思自治原则的体现，亦是契约自由在临床试验合同中的体现。在罕见病同情用药制度中，需要经过患者的双重知情同意：一则为主治医生应当主动告知患者实施同情用药的相关注意事项；二则为药企与患者之间同样需要在满足知情同意的基础上签订临床试验协议。

罕见病会经历诊断前后两个阶段，不管是哪一个阶段患者均会承受巨大的压力。在第一个阶段，因为罕见病研究少，发病率低，难以诊断成为罕见病患者面临的第一个障碍。根据《中国罕见病综合社会调查（2020—2021）》，我国罕见病平均确诊需 4.26 年，误诊率达 42%。诊断的延迟会引起强烈的困惑、绝望和不确定感，诊断前的时间越长，这种感觉就越强烈。② 在第二个阶段，罕见病患者同样会面临诸多治疗困境，其中最为重要的是找不到可以医治的药物，原因在于罕见病药物的需求较小，很多企业不愿意进行研发。③ 由此可见，罕见病患者相较于一般的患者会承受更为复杂和严重的心理负担。因此，即使具有信息优势的医生不断强调同情用药的风险，但临床药物可能是其唯一的救命稻草，此时所有的风险均会被抛之脑后，受可能"虚假"的希望所诱惑，未经认真研判就直接同意。最终结果即导致了知情同意原则的虚置。这种心理会进一步扩散至同情用药制度的临床试验中，可能导致产生安慰剂效应，使患者误以为临床药物有效。此外，在签订临床试验协议时，药企也有可能隐瞒试验细节，逃避自身责任，利用自身的优势地位迫使罕见病患者陷入危困境地，损害患者的知情

---

① 参见赵西巨《论知情同意法则的疆域拓展——医生对非医疗信息的告知》，《东方法学》2010 年第 5 期。
② See T. Kenny & J. Stone, "Psychological Support at Diagnosis of a Rare Disease, A Review of the Literature", *Rare Disease Research Partners* 1, (2022).
③ 参见焦海涛《罕见病药品供应中的市场独占权及其法律限制》，《东方法学》2022 年第 5 期。

同意权。由于我国不存在对同情用药制度的伦理审查，导致知情同意的虚置困境无法得到纠偏，在适用上招致诸多争议。

3. 审批规则模糊：仅有原则性规定而尚无配套细则

我国的同情用药制度由于缺乏具体规定以致无法得到有效适用。2017年10月，中共中央办公厅、国务院办公厅印发《关于深化审评审批制度改革鼓励药品医疗器械创新的意见》（以下简称《药品医疗器械意见》），其中首次引入了"支持拓展性临床试验"的意见。同年12月，国家药监局前身国家食品药品监督管理总局发布《拓展性同情使用临床试验用药物管理办法（征求意见稿）》（以下简称《同情用药管理意见稿》），揭开了罕见病同情用药制度探索的序幕。2019年8月，我国新修订的《药品管理法》第23条以立法的方式首次确定同情用药制度，2022年5月，国家药监局发布的《药品管理法实施条例（修订草案征求意见稿）》（以下简称《药品管理条例意见稿》）第100条规定了同情用药制度。与《药品管理法》第23条相比，该条规定医师基于对患者病情的医学分析认为获益可能大于风险而患者无法参加药物临床试验的，可以向患者提出同情使用试验药物的建议。这就明确了同情用药程序的启动主体。同时，还要求经过伦理委员会的审查才能对患者适用同情用药制度，进一步加强了监管。从既有的规范来看，《药品管理法》和《药品医疗器械意见》虽然具备法律效力，但均为原则性规定，几乎不涉及同情用药制度的适用程序。《药品管理条例意见稿》虽然对主体和监管作出了进一步限定，但也仅限于此，而且该条例尚未正式出台，并不具备法律效力。《同情用药管理意见稿》共有19条，对适用流程作出了较为具体明确的规定，但该办法同样未出台。反观域外，[①] 美

[①] 不同国家和地区对同情用药制度的命名有所差异，为了方便论述本文均称为同情用药。比如，美国同情用药（compassionate use）和拓展性使用（expanded access）、欧盟患者用药计划（named patient programme）和优先药物计划（priority medicines）、英国早期获取药物计划（early access to medicines scheme）、加拿大特别准入计划（special access program）、澳大利亚特别准入计划（special access scheme）、法国临时使用授权（autorisation temporaire d'utilisation）等。参见刘晓《同情用药制度的国内外立法沿革及思考——兼论药品可及性相关制度的比较》，《中国食品药品监管》2022年第12期。

国于 1987 年《联邦法规》第 21 章第 321 条即规定了扩展性使用机制，并对适用情况和申请条件等内容作出了规定。此后随着《联邦食品药品化妆品法》等法律的出台不断对同情用药制度进行完善，至 2016 年《21 世纪治愈法案》的发布，标志着美国同情用药制度的基本成熟和定型。根据《欧盟 2001/83/EC 号指令》（Directive 2001/83/EC）与《欧盟 726/2004/EC 号条例》［Regulation（EC）No. 726/2004］中也对同情用药制度作出了详细规定，还出台了相应的《医疗产品同情使用指南》。2005 年，法国是第一个针对罕见病药物制订计划的欧盟国家，其中就包括了同情用药制度。相较而言，我国的罕见病同情用药制度仍有很大完善的空间，有待进一步细化。

三 困境的化解：罕见病同情用药制度的完善之策

同情用药制度本质上是临床试验的扩展。罕见病患者在注册临床试验之外接受试验药物治疗的需求客观存在，但我国在这方面的规定和实践付诸阙如。因此，有必要在对罕见病同情用药制度的适用困境及其背后的缘由进行剖析的基础上，提出妥切的完善之策，以回应当前对罕见病治疗的迫切需求。

（一）以患者为中心设定审批程序，细化完善法律规定

如前所述，协调医学伦理与监管之间的冲突需要以患者为中心展开。"医疗中的最高法理，不是'治疗'，而是'患者的意思'。"[1] 在现代医疗体系中，以患者为中心应当贯穿整个医疗活动。美国医学研究院在 2001 年将"以患者为中心"的医疗定义为：医疗应充分尊重和响应患者个人偏好、需求和价值观，并确保患者价值观指导所有临床决策。美国 FDA 还会在特定疾病的会议上咨询这些患者关于药品开发过程的要求和需要。此外，FDA

---

[1] 参见刘建利主编、刘明全副主编《医事刑法重点问题研究》，东南大学出版社 2017 年版，第 53 页。

的卫生与选民事务办公室还专门负责管理"以患者为中心"药物的协调会议。诸如此类都表明了美国监管部门对"以患者为中心"理念的重视。[①] 我国国家药监局药审中心发布的《以患者为中心的药物临床试验设计技术指导原则（试行）》《以患者为中心的药物临床试验实施技术指导原则（试行）》《以患者为中心的药物获益—风险评估技术指导原则（试行）》中反复强调"以患者为中心"的理念，反映出监管部门对该理念的关切。具体至罕见病同情用药制度中，"以患者为中心"是指应以罕见病患者的利益为出发点，尽量满足罕见病患者参与临床试验的现实需求，同时在相关程序的设置当中该理念也应当得到体现和贯彻。

首先，明确罕见病同情用药制度的适用对象。《药品管理法》第23条规定同情用药制度的适用对象为"严重危及生命且尚无有效治疗手段的疾病"。与之相比，《同情用药管理意见稿》还将"严重影响患者生活质量需早期干预"的情形纳入其中。即《药品管理法》限缩了同情用药制度的适用范围。从国际上看，美国同情用药制度的适用对象包括具有"严重或立即危及生命疾病"的患者，欧盟的适用对象还包括"患有慢性"疾病的患者。我国同情用药制度的适用对象的范围显然较小。大多数罕见病都是严重或慢性、危及生命的疾病，对这些病人而言，生命可能取决于在某一特定时间能否得到某种药物。因此，我国有必要借鉴欧美规定，将慢性、危及生命的疾病纳入同情用药制度的适用范围，以增加罕见病同情用药制度的可及性。此外，关于"尚无有效治疗手段的疾病"的解释，不应仅限于没有治疗手段的情形，应将其扩大至现有的治疗方式效果不明显、存在较大副作用的情形。通过对同情用药制度适用范围针对性地扩大，体现出"以患者为中心"的理念。

其次，加快罕见病同情用药制度的审批程序。对于罕见病患者而言，时间就是生命，救治刻不容缓，出于对患者治疗目的的考虑，需要精减同情用药制度的审批程序，加快审批流程，以便更多"无药可用"的罕见病

---

① See Julien B. Bannister, "Regulating Rare Disease: Safely Facilitating Access to Orphan Drugs", 86 *Fordham L. Rev.* 1889 (2018).

患者能够及时获得需要的药物,这正是"以患者为中心"理念的内在要求。但同时,"快"不等于盲目批准同情用药制度的申请,可以考虑由国家药监局组织相关的专家和工作人员成立一个专门的监管委员会,在加快审批的同时,确保临床试验药物的安全性和有效性。对于单人罕见病患者的同情用药则可以仅由一名成员审查,而无须整个委员会审查通过。根据现有证据能够证明申请的药物具有明显临床优势的,国家药监局可以开辟"绿色通道",为罕见病患者同情用药制度保驾护航。总而言之,要促进罕见病同情用药制度的加快审批、优先审查和快速通道。

最后,完善罕见病同情用药制度的沟通机制。罕见病同情用药制度涉及的主体众多,启动程序、审批流程复杂。为了方便各方了解药物临床试验情况,审批过程中遇到的困难以及罕见病患者的实际状况,我国应当建立多部门、多主体的联席会议制度,通过充分利用医生的专业知识、掌握企业的试验进展、了解患者的具体情况、发挥国家药监局的监督职能,以构建良好的沟通机制,推动罕见病同情用药制度的实质性适用。此外,有必要的话,还应当组织专家参与论证分析。通过以上主体的共同配合和协调,以便作出最符合患者利益的决策。

(二) 以充分知情同意为适用前提,减轻各方法律责任

开展罕见病同情用药制度的前提是要获得患者的知情同意,这需要满足"充分知情"和"有效同意"两个要件,实现从"告知—理解—同意"的动态过程。如前所述,对于同情用药制度来讲,需要经过双重知情同意。首先,医生应当充分告知患者实施同情用药的风险,与同情用药相关的药品安全性、有效性及不良反应等信息。[1] 医生不仅要强调同情用药适用的价值,还要充分说明临床试验阶段药物可能存在的风险。对此,如何判断医

---

[1] 参见宋华琳、刘炫《同情用药法律制度的发展与改革——以美国经验为参照探讨同情用药制度的完善》,《中国医药报》2020年2月28日第3版。

生是否完成了充分告知义务,有学者基于美国和日本的实务经验总结出"理性医师标准说""理性病患标准说""具体的病患标准说""二重基准说"和"折中说"五种观点。① 对此,我国应采取"具体的病患标准说",原因在于罕见病患者个体之间差异明显,具有异质性的特点。而且罕见病的信息资料往往较少,需要借助医生的专业知识进行讲解和分析,采用"具体的病患标准说"可以有效照顾到每个罕见病患者的实际情况,允许其在充分了解的基础上作出判断。对于罕见病患者而言,其知情同意的能力减弱,有可能会作出虚假的同意,此时需要对患者的知情同意能力作出认定。对于评估主体的选择,应当确立主治医生的判断权限。

主治医生最了解患者的情况,并且可以及时做出判断。对于患者而言,情况变化很多时候只在须臾之间,若不及时准确地采取措施,必然会延误最佳治疗时间。由于很多罕见病的发病机理研究尚未有突破,其情况更为特殊,往往需要借助主治医生的经验和现有的资料得出结论。因此由主治医生作为评估罕见病是否具有知情同意能力的主体最为合适,毕竟主治医生的优势可能是更熟悉患者和可用的治疗方案。② 需要说明的是,原则上应当推定罕见病患者具备知情同意的能力,只有在主治医生认为确有必要的情况下,才会启动认定程序。在明确第一重知情同意的基础上,在罕见病患者与药企的同情用药临床试验中,还存在第二重知情同意。在此阶段,同情用药的知情同意书可以严格参照《药物临床试验质量管理规范》(2020年版)的要求,签订的知情同意书的内容应包括试验概况、目的、随机分组可能性、受试者风险或不便、试验内容等内容。在这个过程中,药企和罕见病患者应不断交流和沟通,作为具有相对信息优势地位的药企应尽可能回复患者的问题。

药品法属于领域法,需通过宪法、行政法、刑法、民法等多学科的知识汇聚,来回应其领域内的现实问题,并建构体系化的法律框架。③ 在领域

---

① 参见黄丁全《医事法新论》,法律出版社2013年版,第167—172页。
② 参见叶欣《患者知情同意能力研判》,《法学评论》2022年第2期。
③ 参见宋华琳《作为领域法学的药品法研究》,《中国社会科学报》2023年9月14日第3版。

法的视野下，关于同情用药制度的规定还可以包含相应的法律责任。对此，需要明确的是，不管是药企还是医院均不应当被课以较重的法律责任。一方面，同情用药制度的运转需要多方主体的协同配合，过高的监管和过重的法律责任会导致制度僵化，形成不能适用或不敢适用的困局。另一方面，罕见病患者的知情同意是一种具有相对性的免责事由。[①] 具体而言，目前同情用药制度的法律责任并未有规定，从法理上说，同情用药制度作为扩展性的临床试验，《药品管理法》中关于临床试验法律责任的规定可以适用于同情用药制度，但这难谓妥当。同情用药制度与一般的临床试验不同，任何的药品上市均需要经过临床试验来验证其安全性和有效性，而同情用药制度则更多的是出于人道主义的考虑，为患者提供一种新的用药可能性，此时药企承担的社会角色更浓，在没有重大过失或故意的情况下，不应当要求其承担法律责任，否则会打击制药企业参与同情用药的积极性。美国也在《尝试权法案》第2条（b）款第（1）项中规定，制药商将不对通过"尝试权"途径（即未经FDA批准）向患者提供药物的行为承担法律责任。[②] 同样的，医生作为罕见病患者与药企之间的沟通桥梁，在当前医患关系本就紧张的情况下，只要医生已经履行充分告知的义务，除非其存在重大过失和故意，否则无须承担任何法律责任。

（三）以必要性原则收集患者试验信息，建构开放数据库

目前我国已经初步建成了两个国家级罕见病数据库：中国罕见病注册系统和国家罕见病直报系统，共收集超过六十万名患者资料。此外，上海市儿童罕见病登记数据库、罕见病信息网等也都发挥着提供罕见病信息，促进致病机理研究，纾解罕见病信息孤岛的重要作用。但是，我国目前缺乏统一的关于罕见病同情用药临床试验数据库平台。由于罕见病观察样本

---

① 参见孙也龙《论作为侵权免责事由的患者知情同意》，《医学与法学》2013年第5期。
② 尝试权制度是在同情用药制度的基础之上发展而来的，因此其规定可以适当作为参考。See Julien B. Bannister, "Regulating Rare Disease: Safely Facilitating Access to Orphan Drugs", 86 *Fordham L. Rev.* 1889 (2018).

有限，通过数据库的建构可以帮助未来的药物开发商、医生和患者更好地了解罕见病的自然病史，提高对罕见病的认知，同时为了有效促进临床试验数据共享和药物研发，有必要收集同情用药过程中的试验信息，建构开放数据库。

患者和家属可能不同意收集这些数据，而且对病入膏肓的患者提出收集数据的要求似乎显得有些不近人情，但这可以被视为适用同情用药制度的合理对价。无法回避的问题是，在患者信息收集的过程中可能会侵犯其个人信息和隐私，因此，对于罕见病患者同情用药过程中试验数据的收集应当遵循必要性原则。必要性原则是比例原则的一个子原则，指在多个可能达到限制权利目的的措施中选择侵害最小的限制措施。必要性原则与欧盟《通用数据保护条例》（General Data Protection Regulation，GDPR）第5条1（c）款规定的数据最小化原则类似。即个人数据的处理应当是为了实现数据处理目的而适当的、相关的和必要的。[①] 我国在《民法典》《个人信息保护法》《网络安全法》中均明确规定，对于个人信息和数据的收集应当遵循必要原则。具体至同情用药制度，由于罕见病的研究较少，患者试验数据可以帮助药企和国家药监局衡量罕见病药物的临床疗效，因此对于试验数据的收集符合公共利益的要求，但这同样需要对试验收集的范围、数量、类型、保存时间和方式等做出限制。而收集是否过限需要依靠国家药监局的监管。总之，对于试验数据的收集不能过度，只要能满足最低限度的利用目的即可，进而在患者数据的保护和利用之间达到平衡。比利时的医疗需求计划指出，同情用药过程中收集到的数据应当是制订计划所必需的，例如药物警戒数据、跟踪病人的风险信息等，这些数据的收集应当是为了增强对疾病治疗的了解。[②] 此外，对于上传到数据库平台的信息应当尽量采取匿名化等损害最小的措施，保证目的与手段之间的适度相称。

[①] 参见江海洋《论疫情背景下个人信息保护——以比例原则为视角》，《中国政法大学学报》2020年第4期。

[②] See Polak, Tobias B., et al., "Generating Evidence from Expanded Access Use of Rare Disease Medicines: Challenges and Recommendations", 13 *Frontiers in Pharmacology* 913567 (2022).

需要明确的是，这些通过同情用药方式收集的罕见病患者数据不能取代申请上市过程中要求的临床试验数据。原因在于，国家药监局只应当批准有大量证据能证明符合安全性和有效性的药物，而在同情用药过程中产生的数据仅为某一临床阶段的结果，且样本数量往往较小，不具备普适性。在罕见病同情用药临床试验数据库平台的建设中，一旦数据的准确性和真实度产生偏差，不仅不会促进罕见病药物的研发，还会产生负面干扰。此外，个别药企可能会篡改某些同情用药产生的试验数据以在后续审批过程中获得优势。因此，国家药监局应仔细审查所有提交数据的来源和真实性，从而谨慎控制患者试验数据的提交过程，保证数据库平台数据的可靠性。

此外，这个数据库还应包含企业药物研发在公众网站发布同情用药制度的实施计划，促进病危或者急需治疗的患者参加同情用药项目。[①] 此外，为了促进技术的实施，还要发布评估报告。[②] 这个报告需要包含药物作用的机制、当前临床试验进行的阶段以及相关的部分数据、已经发生或可能存在的风险、预期的效果等。该报告可以给予患者和主治医生关于临床药物较为详细的信息，以便其对是否适用同情用药制度做出相对客观和理性的判断。

四　结语

罕见病虽然名为"罕见"，但在人口基数众多的我国并不罕见，由于以往对罕见病的研究较少，因此罕见病常常处于被忽视的状态。"十四五"期间我国高度重视罕见病的防治工作，出台了一系列政策法规支持罕见病药物的研发和上市。但由于药物的研发周期较长，且当前罕见病的药物较少，导致我国罕见病患者药物可及性低的难题仍未得到有效解决。同情用药制

[①] 参见丁文婧《让"罕见"被看见——医学图书馆的罕见病资源建设与信息服务探析》，《罕见病研究》2024年第1期。
[②] 参见蒋蓉、张宁、邵蓉《欧盟临床试验药物拓展使用管理制度分析》，《中国新药与临床杂志》2020年第5期。

度以一种人文关怀的方式，允许无药可用的罕见病患者试用尚处于临床试验阶段的药物，为罕见病的治疗提供了一种新的可能途径。但通过审视发现，我国的同情用药制度适用较少，并未发挥预期的作用，这背后既有制度设计上的不足，也有罕见病患者作为特殊群体的特殊性原因。为此，有必要根据"以患者为中心"的理念完善相关的法律制度，创设同情用药的适用条件。同时，还要将监管的思路贯彻始终，以保证同情用药的安全性和有效性。没有完美的制度，只能通过不断地实践摸索，借助政策的倾斜，激发药企的研发活力，才能使罕见病同情用药制度发挥应有的价值和功能。

年度健康法治案例研究报告

非法行医罪的认定与适用

耿如昀[*]

摘　要：经过多年打击和治理，非法行医案件有所减少，但仍屡禁不止，且与医疗美容等行业相结合呈现出新的发展态势。非法行医行为不仅扰乱医疗管理秩序，而且损害人民的生命健康。本文围绕典型案例，在分析研究2021—2023年410件非法行医罪案件的基础上，总结非法行医案件的特点，并对其中主体条件、诊疗行为的认定、致人死亡中因果关系的认定、行刑衔接等争议问题进行探讨。在司法实践中，针对非法行医行为，要严格把握犯罪成立条件，准确适用法定刑，妥当区分行政违法和刑事犯罪。对于非法行医行为的打击，不能只依靠严厉的刑事处罚，而要同时提高执法和监督力度，不断完善和改进医疗卫生体系，为群众提供安全有效方便价廉的公共卫生和基本医疗服务。

关键词：非法行医罪　实证研究　因果关系　行刑衔接　医疗健康

---

[*] 耿如昀，武汉大学大健康法制研究中心助理研究员。

一 基本案情

（一）案件事实

被告人靳某于2021年12月15日10时许，在未依法取得《医疗机构执业许可证》、本人在无《医师资格证书》和《医师执业证书》的情况下，私自在家中给韩某输液两支克林霉素（系韩某自带），约定费用10元，未实际给付。韩某在输液过程中突发出汗、咳嗽、呼吸困难等症状，被告人靳某采取拔针、人工呼吸等措施，并拨打120将韩某送往医院，被害人韩某经抢救无效死亡。

被告人靳某因涉嫌非法行医罪，于2022年10月20日被海城市公安局监视居住，于2023年5月29日经法院决定取保候审，同年5月31日由海城市公安局执行取保候审。海城市人民检察院于2023年3月10日向法院提起公诉，法院于2023年5月30日公开开庭审理。[1]

（二）判决要旨

法院认定被告人靳某未取得医生执业资格从事医疗活动，行为构成非法行医罪。鉴于被告人靳某系自首，且与被害方达成和解取得了谅解，依法可以从轻处罚并适用缓刑。故判决被告人靳某犯非法行医罪，判处有期徒刑十个月，缓刑一年，并处罚金人民币五千元。

（三）争议焦点

第一，被告人的行为是否属于医疗活动。辩护人认为被告人自己有工作，没有非法开办诊所，因学过医，偶尔帮他人输液属实，但仅限于熟人和亲属之间，不负责疾病诊断和治疗，不以营利为目的，没有危害到公共

---

[1] 参见靳某非法行医罪刑事一审，辽宁省海城市人民法院〔2023〕辽0381刑初163号刑事判决书。

卫生安全，不应认定为非法行医罪中的"医疗活动"或"医疗行为"。而且，靳某没有实施任何诊断治疗活动，没有出具输液处方，输液所用的一切药物及器械均为韩某自己携带，靳某只是帮助其输液，行为只是一种帮助医疗行为，不是治疗行为。法院认为，根据《医疗机构管理条例实施细则》第88条"诊疗活动是指通过各种检查，使用药物、器械及手术等方法，对疾病作出判断和消除疾病、缓解病情、减轻痛苦、改善功能、延长生命、帮助患者恢复健康的活动"，故被告人为被害人的输液行为应属使用输液的方法，帮助患者恢复健康的诊疗活动之一，应认定为从事医疗活动。

第二，被告人的输液行为与被害人的死亡结果之间是否具有因果关系。本案中，经中国医科大学司法鉴定中心司法鉴定：韩某系因冠状动脉粥样硬化性心脏病导致心肌梗死，继发心脏破裂，引起心脏压塞而死亡。经北京法源司法科学证据鉴定中心司法鉴定：靳某为韩某输液克林霉素的治疗行为，与死者在冠心病基础上发生急性心肌梗死致心脏破裂、心包压塞而死亡的病情结果没有直接因果关系；但存在未能了解病因、盲目输液以致延误病情诊治的间接因果关系。对此，辩护人认为从送检的材料及卷宗看，没有证据证明韩某生前有过心肌梗死的临床症状，并没有引起必要的注意，不能强行赋予靳某更多的义务。法院认为，对于鉴定意见中的论述，应理解为被害人自身对其固有疾病表现出的症状没有引起必要的注意，以致选择在非正规诊疗机构进行简单的处置，而被告人的输液行为存在间接因果关系。被告人的行为符合《最高人民法院关于审理非法行医刑事案件具体应用法律若干问题的解释》第4条第2款"非法行医行为并非造成就诊人死亡的直接、主要原因的，可不认定为刑法第三百三十六条第一款规定的'造成就诊人死亡'。但是，根据案件情况，可以认定为刑法第三百三十六条第一款规定的'情节严重'之规定，应认定构成非法行医罪"。综上，法院认定被告人的行为构成非法行医罪。

二　类案整理

（一）非法行医罪案件的类型化分析

1. 研究对象

本文以裁判日期为2021年1月4日—2023年12月6日的410件有关非法行医罪的刑事案件裁判文书为研究对象。

纳入标准：①已录入威科先行法律信息数据库的案例；②关键词为"非法行医罪"；③案由为"刑事"；④裁判日期为2021—2023年；⑤统计截止时间为2024年2月15日。

2. 研究范围

本文以威科先行法律信息数据库为检索工具，以"非法行医罪"为关键词，在审结日期为2021—2023年的范围内，检索相关刑事案件。

检索发现，威科先行法律信息数据库内2021—2023年，刑事案由下包括关键词"非法行医罪"的相关裁判文书共613件，剔除其中为开庭公告、执行裁定书、刑罚与执行变更审查裁定书等与实体裁判无关以及不宜在互联网公开的文书，筛选后有效裁判文书为410件，有效率约为67%。

表1　非法行医罪裁判文书有效情况　　　　　　　单位：件

结果	2021年	2022年	2023年	总计
显示数据	429	115	69	613
有效数据	316	61	33	410

3. 研究方法

本文采用多种方法，按照上述要求检索出的410件有关非法行医罪裁判文书的基本数据、事实证据、认定结果与刑罚措施等情况，主要采取案例分析法进行研究，即通过Excel表等技术手段对案件进行整理，对比分析2021—2023年全国非法行医类犯罪的数据，分析得出相应结论，并结合刑法教义学、相关政策和制度等进一步思考。

（二）本案及典型同类案件的研究结果

1. 基本背景

类案分析范围为全国，不局限于某省或某地区，相关案件分布于 28 个省、自治区和直辖市。其中案件数量前五的省份为上海市、江苏省、浙江省、广东省、云南省，数量分别为 64 件、47 件、37 件、25 件、23 件。数量最少的五个省市为天津市、宁夏回族自治区、河北省、甘肃省、山西省，数量分别为 2 件、2 件、2 件、2 件、1 件。统计发现，各省市案件数量差异较大，经济发达地区判例相对较多，如江浙沪地区共计有 148 件案例，占全国案件总数的 36%，中部等地区案件数量较少。

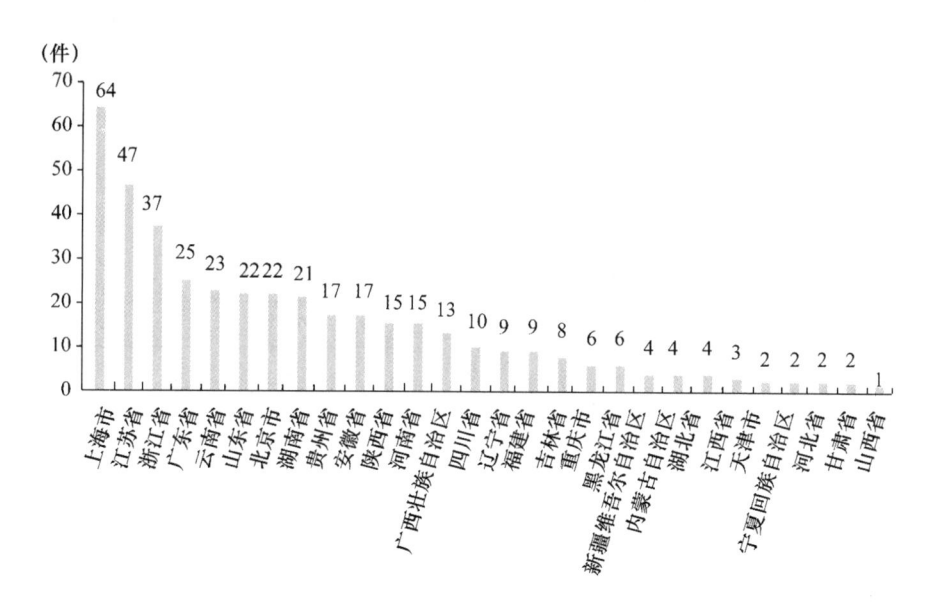

图 1　各省份 2021—2023 年非法行医罪案件数量

410 件裁判文书中，包括判决书 360 件，裁定书 38 件，调解书 1 件，其他文书 11 件（多为驳回申诉通知书）。

表2　2021—2023年非法行医罪裁判文书类型　　　　单位：件

结果	2021年	2022年	2023年	总计
判决书	275	53	32	360
裁定书	31	6	1	38
调解书	1	0	0	1
其他	9	2	0	11

在检索出的410件裁判文书中，共有361件案例由基层人民法院审理，占比88%；47件由中级人民法院审理，占比11.5%；2件由高级人民法院审理，占比0.5%。一般而言，一审刑事案件中只有危害国家安全、恐怖活动案件或者可能判处无期徒刑、死刑的才由中级人民法院管辖。而根据我国刑法规定，非法行医罪最高法定刑为十年以上有期徒刑并处罚金，不属于中院管辖的一审案件，故非法行医罪的一审审理法院通常为基层人民法院。中级人民法院和高级人民法院审理相关案件一审判决后的上诉和再审情形。

表3　2021—2023年非法行医案件审理法院层级　　　　单位：件

结果	2021年	2022年	2023年	总计
基层人民法院	276	53	32	361
中级人民法院	38	8	1	47
高级人民法院	2	0	0	2

关于410件裁判文书的审理程序，2021—2023年非法行医罪一审裁判文书为360件，占比87.8%（其中速裁程序48件，简易程序171件，普通程序141件），二审裁判文书为33件，占比8%，再审裁判文书为17件，占比4.1%。

表4 2021—2023年非法行医案件审理程序　　　　　　单位：件

审理程序	一审 速裁程序	一审 简易程序	一审 普通程序	二审	再审
数目	48	171	141	33	17
占比	11.7%	41.7%	34.4%	8%	4.1%

410件非法行医罪裁判案例中，仅有2件为自诉案件，分别是〔2022〕辽0211刑初16号的苏某某、杜某某非法行医刑事一审裁定书和〔2021〕晋08刑终445号的陈某、庞某非法行医罪刑事二审裁定书，其余均为检察机关向法院提起公诉。410件案例中有50件涉及附带民事诉讼，其中，18件为检察机关向法院提起附带民事公益诉讼，24件为附带民事诉讼原告人（被害人或被害人家属）提起，其余8件仅提及原审附带民事判决，未明确由谁提起。

在33件二审案件中，20件为原审被告人不服，5件为原审附带民事诉讼原告人不服，2件由检察机关抗诉，1件为自诉人不服，4件为原审被告人和附带民事诉讼原告人均不服，1件为检察机关提起抗诉并且原审被告人、附带民事诉讼原告人均不服。

在17件再审案件中，1件为检察机关抗诉，16件为申诉人向法院提出。

2. 案件事实

410件非法行医罪裁判文书中，有126件案例中行为人曾因非法行医受过处罚，占比约31%。其中，有108件案例中行为人曾因非法行医被行政处罚；有10件案例中行为人曾因非法行医被刑事处罚；有8件案例中行为人曾因非法行医既受过行政处罚也受过刑事处罚。

表5 曾因非法行医被处罚的案件情况　　　　　　单位：件

结果	2021年	2022年	2023年	总计
案件总数	316	61	33	410
曾因非法行医被行政处罚	85	19	4	108
曾因非法行医被刑事处罚	5	1	4	10
曾因非法行医被行政处罚和刑事处罚	7	0	1	8

2021—2023年非法行医罪410件裁判文书中,有46件案例中产生了被害人死亡结果,有9件案例中产生了被害人伤残结果,有1件案例中造成多个被害人死亡和伤残,共计56件致人死伤的案例,占比约13.7%。

表6　2021—2023年非法行医案件中致人伤残情况　　单位:件

结果	2021年	2022年	2023年	总计
案件总数	316	61	33	410
致人死亡	39	3	4	46
致人伤残	9	0	0	9
致人死亡+伤残	1	0	0	1

非法行医罪发生于医疗领域,被害人在就诊时通常已有身体不适和内在疾病,在行为人实施医疗行为后,产生被害人死亡或伤残结果,往往会对因果关系产生争议,即行为人的诊疗活动与被害人死伤结果之间是否具有因果关系。在2021—2023年56件非法行医致使被害人死伤的案件中,共有24起案件中就因果关系进行了讨论,占比42.9%,15件案件进行了司法鉴定,占比26.8%。

表7　致人死伤案件中涉及因果关系和鉴定的情况　　单位:件

结果	2021年	2022年	2023年	总计
致人死伤数	49	3	4	56
涉及因果关系	20	3	1	24
鉴定数量	12	2	1	15

3. 判决情况

在33件二审裁判文书中,改判率较低,15件为驳回上诉、维持原判,9件为当事人撤回上诉,6件为撤销原判并发回重审,3件为二审法院改判。

表8 2021—2023年非法行医二审案件裁判结果　　　单位：件

	2021年	2022年	2023年	总计
维持原判	15	0	0	15
撤回上诉	8	1	0	9
撤销并发回重审	6	0	0	6
改判	2	1	0	3
总计	31	2	0	33

在17件再审案件中，驳回申诉的案件占绝大多数，15件为驳回申诉，1件被提审，1件被撤销并发回重审。

表9 2021—2023年非法行医再审案件裁判结果　　　单位：件

结果	2021年	2022年	2023年	总计
驳回申诉	9	6	0	15
提审	0	0	1	1
撤销并发回重审	1	0	0	1
总计	10	6	1	17

在2021—2023年410件非法行医罪裁判文书中，有55个案件对被告人判处拘役，占总案件数的13.4%，且三年中拘役案件占比逐年提高。具体而言，2021年39件，占当年案件数的12.3%；2022年9件，占比14.8%；2023年7件，占比21.2%。

表10 2021—2023年非法行医案件判处拘役情况　　　单位：件

结果	2021年	2022年	2023年	总计
案件数	316	61	33	410
拘役	39	9	7	55
占比	12.3%	14.8%	21.2%	13.4%

410件裁判文书中，对被告人判处有期徒刑的有296件，大多数集中于"判刑≤1年"区间，共有225件，占比76%，"1年＜判刑≤3年""3年＜判刑≤10年""判刑＞10年"的三个区间内案件分别有51件、11件、9件。

表11　2021—2023年非法行医案件有期徒刑情况　　单位：件

结果（年）	2021年	2022年	2023年	总计
判刑≤1年	169	37	19	225
1年＜判刑≤3年	40	6	5	51
3年＜判刑≤10年	10	1	0	11
判刑＞10年	8	0	1	9
总计	227	44	25	296

410件裁判文书中，有203件案例对被告人适用缓刑，占比49.5%，总体比例较高，但2021—2023年比例逐年下降。具体而言，2021年164件，占比51.9%；2022年27件，占比44.3%；2023年12件，占比36.4%。

表12　2021—2023年非法行医案件适用缓刑情况　　单位：件

结果	2021年	2022年	2023年	总计
案件数	316	61	33	410
缓刑	164	27	12	203
占比	51.9%	44.3%	36.4%	49.5%

在356件判处罚金的案件中，罚金金额集中在"罚金≤五千元"和"五千元＜罚金≤一万元"的两个区间内，数量分别为179件和109件。"一万元＜罚金≤十万元"区间内有66件案件，"罚金＞十万元"的仅有2件案件。2021—2023年，罚金均值呈逐年下降趋势，分别为13249元、9019元、8031元。

表13 近三年非法行医案件判处罚金情况　　　　　单位：件

结果	2021年	2022年	2023年	总计
罚金≤五千元	130	31	18	179
五千元＜罚金≤一万元	83	16	10	109
一万元＜罚金≤十万元	56	6	4	66
罚金＞十万元	2	0	0	2
均值（元）	13249	9019	8031	12150
总计	271	53	32	356

根据刑法规定，因利用职业便利实施犯罪，或者实施违背职业要求的特定义务的犯罪被判处刑罚的，人民法院可以根据犯罪情况和预防再犯罪的需要，禁止其从事相关职业。410件裁判文书中，有8件案件适用了从业禁止，包括禁止被告人在缓刑考验期内从事医疗活动和禁止被告人自刑罚执行完毕之日起一定期限内（3—5年）从事医疗卫生等相关活动。

表14 2021—2023年非法行医案件适用从业禁止情况　　　　单位：件

结果	2021年	2022年	2023年	总计
案件总数	316	61	33	410
从业禁止	6	1	1	8
占比	1.9%	1.6%	3%	2%

非法行医案件中，行为人在未取得医生执业资格的情况下非法行医，扰乱了医疗卫生工作秩序，而且危及不特定多数人的身体健康和生命安全，损害了社会公共利益。在410件案例中，有13件要求被告人就其损害公共利益的行为向社会公众赔礼道歉，占比3.2%，部分判决限定在区级或市级以上媒体公开道歉。

表15 2021—2023年非法行医案件判决赔礼道歉情况   单位：件

结果	2021年	2022年	2023年	总计
案件数	316	61	33	410
赔礼道歉	4	2	7	13
占比	1.3%	3.3%	21.2%	3.2%

综观410件裁判文书，一般存在认罪认罚、自首、坦白、立功、退赔并取得被害人谅解等从轻从宽处罚情节。其中，具有认罪认罚情节的案件有255件，占比62.2%；具有自首情节的案件有140件，占比34.1%；具有坦白情节的案件有70件，占比17.1%；具有立功情节的案件有2件，占比0.5%；具有退赔并取得被害人谅解情节的案件有49件，占比12%。

表16 2021—2023年非法行医案件从轻从宽情节   单位：件

结果	2021年	2022年	2023年	总计
案件数	316	61	33	410
认罪认罚	196	37	22	255
自首（包括准自首）	113	18	9	140
坦白	51	12	7	70
立功	2	0	0	2
退赔并取得被害人谅解	39	4	6	49

（三）研究结果分析

1. 案件数量减少，地区分布不均

在通过威科先行法律信息数据库检索到的2021—2023年410件非法行医裁判文书中，案件数量呈逐渐下降趋势且显著递减。其中，2022年审结的案件数为61件，较2021年的316件下降约81%，2023年审结的案件数为33件，较2022年下降约46%。这固然与裁判文书公开程度有关，但也可反映出经过多年的打击和治理，非法行医类犯罪有所遏制，医疗环境有所改善。

在地区分布上，总体而言，经济发达地区案件数量较多，地区分布不均。2021年316件裁判文书中，数量最多的前四名分别为江苏（43），浙江（35），上海（30），广东（19），山东（19）。2022年61件裁判文书中，数量最多的前四名分别为上海（12），湖南（9），北京（6），广东（6）。2023年33件裁判文书中，数量最多的前四名分别为上海（22），黑龙江（2），陕西（2），浙江（2）。非法行医案件在经济发达地区数量较多，一方面是由于发展水平高，公众健康需求大，另一方面也与执法打击力度具有一定关联。

2. 案涉领域广泛，行业众多

虽然非法行医类犯罪案涉数量逐年减少，但仍屡禁不止。值得注意的是，随着我国医疗事业的不断发展完善，人们在医疗卫生方面的需求增加且更加多样丰富，非法行医类犯罪也呈现出了新特点。不局限于无证开设诊所、为他人开具药品和输液等传统行为方式，逐渐向新兴的医疗美容、基因编辑、辅助生殖、口腔保健等领域延伸，涉及众多行业，渗透进人民群众的日常生活之中。

2023年12月27日，最高人民法院发布了非法行医类犯罪典型案例，在这之中，既有利用封建迷信开具含有毒物成分的药方致人死亡、违规对外承包医院诊室的案例，也有无证进行节育手术、非法实施应用人类辅助生殖技术、无证从事医疗美容行为、长期无证从事口腔诊疗的案例。[1] 可以看出，随着医疗技术的拓展和进步，非法行医犯罪的行为方式也"与时俱进"。在新兴领域，无证实施新技术的行为增多，而且由于这些技术的专业性，案例中也时常发生致使被害人死伤的危害结果，对人民群众的生命健康造成了威胁。

3. 整体处罚较轻，从轻情节较多

根据刑法规定，非法行医罪有三个法定刑幅度，第一档为"未取得医生执业资格的人非法行医，情节严重的，处三年以下有期徒刑、拘役或者

---

[1] 参见《最高人民法院发布非法行医类犯罪典型案例》，中国法院网：https://www.chinacourt.org/article/detail/2023/12/id/7729342.shtml，2023年12月27日。

管制，并处或者单处罚金"，第二档为"严重损害就诊人身体健康的，处三年以上十年以下有期徒刑，并处罚金"，第三档为"造成就诊人死亡的，处十年以上有期徒刑，并处罚金"。

在410件案例中，有55件判处拘役。在296件判处有期徒刑的案件中，仅有20件判处三年以上有期徒刑，225件判刑年限≤1年。在这些判决中，缓刑适用率也较高，总体占比约50%，罚金均值也逐年下降。此外，在这些案例中，普遍存在自首、坦白、认罪认罚、主动退赔等从轻处罚情节。可以看出，不少行为人涉嫌犯罪系法律观念淡薄所致，并且在犯罪后积极悔过，再犯罪的可能性较低。非法行医罪除致人死亡或伤残的情况下，主要是为医疗卫生管理需要，与生命健康之间存在较遥远的威胁，故社会危害性相对较小，法定刑较轻。

三　案例剖析

（一）非法行医罪的主体

根据我国《刑法》第336条的规定，非法行医罪的主体是"未取得医生执业资格的人"，但并未明确何谓"医生执业资格"。从字面意义理解，"执业"是指进行业务活动，"资格"是指"为获得某一特殊权利而必须具备的先决条件"。因此，"医生执业资格"应当指的是作为医生开展业务所应具备的条件。根据《医师法》第2条的规定，医师是指依法取得医师资格，经注册在医疗卫生机构中执业的专业医护人员，包括执业医师和执业医师助理。即需要具备三个条件：①通过医师资格考试，取得执业医师资格或执业助理医师资格，获得医师资格证书；②向所在地县级以上地方人民政府卫生健康主管部门申请注册，获得医师执业证书；③在具有卫生行政部门核发的《医疗机构执业许可证》的场所行医。卫生部对最高人民法院《关于非法行医罪犯罪主体条件征询意见函》的复函中明确"刑法中的'医生执业资格的人'应当是按照《执业医师法》的规定，取得执业医师资格并经卫生行政部门注册的医学专业人员""具有医生执业资格的人在'未被批准行医的场所'行医属非法行医"。这一规定与前置行政法相协调。2016年《最高人民法院关于审理非法行医刑事案件具体应用法律若干问题的解释》中将"未取得医生执业资格的人非法行医"具体为四类情形：（一）未取得或者以非法手段取得医师资格从事医疗活动的；（二）被依法吊销医师执业证书期间从事医疗活动的；（三）未取得乡村医生执业证书，从事乡村医疗活动的；（四）家庭接生员实施家庭接生以外的医疗行为的。

在这四类情形中，需要注意乡村医生具有一定的特殊性。考虑到目前医疗水平发展不均衡的国情，为了促进乡村医疗卫生体系健康发展，提升乡村医疗卫生水平，我国在乡村医生问题上进行了一定的特殊授权，例如从2020年起，国家卫生健康委在部分省份实施医学专业高校毕业生免试申请乡村医生执业注册政策。[1] 根据《乡村医生从业管理条例》，尚未取得执业医师资格或者执业助理医师资格的乡村医生，经注册也可在村医疗卫生机构从事预防、保健和一般医疗服务。这是鉴于乡村医疗资源相对匮乏而做出的放宽处理，但不意味着将乡村医生直接全部排除出非法行医罪的范围。乡村医生也需要取得相应证书，并且只能在特定的地点从事一般医疗服务，超出权限仍可能构成非法行医罪。[2] 在前述类案中，也有乡村医生因为"未取得乡村医生执业证书，从事乡村医疗活动"[3] "执业地点非在聘用其执业的村医疗卫生机构"[4] 而构成非法行医罪。

具体适用中还有两类情形存在争议，一是见习医生是否属于非法行医，二是超出执业地点、执业范围或执业类别是否属于非法行医。

第一，根据《医师法》第9条的规定，具有高等学校相关医学专业本科以上学历，在执业医师指导下，在医疗卫生机构中参加医学专业工作实

---

[1] 参见《关于实施大学生乡村医生专项计划的通知》，国卫基层发〔2023〕9号，2023年4月15日发布。
[2] 参见伍晋《"乡村医生"能否构成非法行医罪》，《中国检察官》2016年第18期。
[3] 参见刘某某非法行医罪一审，吉林省农安县人民法院〔2021〕吉0122刑初167号刑事判决书；张某1非法行医罪一审，甘肃省通渭县人民法院〔2021〕甘1121刑初6号刑事判决书。
[4] 参见蔡某某非法行医一审，北京市昌平区人民法院〔2020〕京0114刑初876号刑事判决书。

践满一年方可参加执业医师资格考试。因此，该类见习医生无医师资格而参与医学实践并非因为故意违规、没有医学知识，而是由于这是参加资格考试的必经阶段，故对于该类情形，不宜以非法行医罪定罪处罚。卫生部曾经发布的批复中也表明了这种立场：取得省级以上教育行政部门认可的医学院校医学专业学历的毕业生在医疗机构内试用，可以在上级医师的指导下从事相应的医疗活动，不属于非法行医。[①] 但是，实习医生免于非法行医罪的前提是其在医院从事正常的诊疗活动且有上级医师的指导，如果违反规定，超出实习单位之范围行医或没有上级医师指导而行医的，仍然可以构成非法行医罪。

第二，《医师法》中规定，医师经注册后，可以在医疗卫生机构中按照注册的执业地点、执业类别、执业范围执业。变更相关注册事项的，应当到有关部门办理变更注册手续。对于超范围执业是否构成非法行医的问题，理论界一直存在肯定说、否定说、具体问题具体分析的折中说。在司法解释颁布后，最高人民法院研究室有关负责人强调："对于违反执业医师法的规定，超过注册的执业地点、执业类别、执业范围从事诊疗活动的，目前不宜作为刑事犯罪处理。"[②] 这是因为较之于完全没有经过考试和注册的不具备专业知识者，超出范围执业的人执业资格不存在瑕疵，具有保障医疗质量和安全的能力，行为社会危害性较低。因此，对于这类行为，可以给予行政处罚，但不属于非法行医罪的范畴。

（二）诊疗行为的认定

关于非法行医罪的客观行为，刑法罪状只表述为"非法行医"，并未明确"行医"的范畴，而实践中情况纷繁复杂，对是否属于医疗行为也时常发生争议。《最高人民法院关于审理非法行医刑事案件具体应用法律若干问

---

① 参见《卫生部办公厅关于正规医学专业学历毕业生试用期间的医疗活动是否属于非法行医的批复》（已撤销），卫办医发〔2002〕58号，2002年5月29日发布。
② 卢芬：《非法行医罪的主体问题探究》，中国法院网：https://www.chinacourt.org/article/detail/2012/12/id/799788.shtml，2012年12月10日。

题的解释》中确认"本解释所称'医疗活动''医疗行为',参照《医疗机构管理条例实施细则》中的'诊疗活动''医疗美容'认定"。该实施细则规定,诊疗活动是指通过各种检查,使用药物、器械及手术等方法,对疾病作出判断、消除疾病、缓解病情、减轻痛苦、改善功能、延长生命和帮助患者恢复健康的活动。在前述典型案例中,法院就依据实施细则的该规定,驳回了辩护人的辩护意见,认定被告人为被害人的输液行为属于使用输液的方法,帮助患者恢复健康的诊疗活动之一,即属于非法行医罪中的医疗活动。[1]

面对不断变化发展的行为样态,仅套用上述定义难以直接得出结论,还需要法官结合行为方式进行具体认定。在"崔某、陈某1非法行医二审案"中,上诉人一方提出"所实施电摩行为不属于诊疗行为"的上诉理由。二审法院认为:"上诉人是出于治疗被害人胳膊、胸骨疼痛的目的,在对被害人的症状了解判断的基础上,按照其所掌握的中医理论采取通电按摩手段进行治疗,应认定为诊疗活动。尤其电击按摩行为系完全由人为控制使电流直接深入人体皮肤表层及皮下组织,相比传统按摩行为具有较大侵入性、危险性,更应要具备相应资质方可实施。"[2] 该案法官就对被告人的新型按摩行为进行了较为本质的把握。

医疗行为具有相对性和历史性,随着科技的发展和公众观念的进步而变化,[3] 近些年的"医美"是较为典型的例子。美容分为"生活美容"和"医疗美容",所谓医疗美容,是指使用药物以及手术、武力和其他损伤性或者侵入性手段进行的美容。美容服务机构开展医疗美容业务的,必须按照《医疗机构管理条例》《医疗美容服务管理办法》等规定进行登记或备案后,方可开展医疗美容活动。近年来,人民生活水平提高,对于医美的需求日益增多,未取得医师执业证书擅自开展医疗美容服务的行为也层出不

---

[1] 参见靳艳非法行医罪一审,辽宁省海城市人民法院〔2023〕辽0381刑初163号刑事判决书。
[2] 参见崔某、陈某1非法行医二审,山东省泰安市中级人民法院〔2020〕鲁09刑终184号刑事判决书。
[3] 石磊:《试论非法行医罪中的非法行医行为》,《政治与法律》2002年第6期。

穷，不少美容机构安排未取得医师执业资格的员工非法从事医疗美容活动。① 由于诊疗场所不规范，消毒杀菌不到位，极易导致感染，造成消费者伤残甚至死亡的悲剧常有发生，对人民群众的生命健康造成了较大的威胁。对于医疗美容等新兴的医疗行为，也属于非法行医罪的行为范围，且考虑到较为隐蔽、被害人对此意识淡薄，更应严厉打击。

需要注意的是，非法行医罪是职业犯，是不具备相应医师执业资格的人反复开展医疗活动的行为，至少主观上应具有将非法行医作为一种职业而反复实施的意思。如果没有以非法行医为职业的主观意图，只是偶尔帮助他人治病则不构成该罪。但如果行为人具有反复、持续实施医疗活动的主观意思，即使只实施了一两次医疗行为即被查处，也应认定为进行了医疗业务活动。② 至于是否开设诊所、是否将非法行医作为唯一职业、是否以营利为目的则并不影响犯罪的成立。③

（三）非法行医致人死亡中因果关系的认定

我国刑法对非法行医罪规定了三个量刑档次，分别对应情节严重、严重损害就诊人身体健康和造成就诊人死亡三类情形，既包括基本犯也包括结果加重犯。在结果加重犯的情形中，行为人对于"未取得医生执业资格非法行医"的基本行为在主观上是故意，但对加重结果主观上是过失，而且行为与加重结果之间必须具有因果关系，不能只要非法行医中发生了死亡结果，就适用十年以上有期徒刑的最高法定刑档次。因此，在发生死亡结果的场合下，因果关系的有无和程度就至关重要，直接影响行为人是否构成非法行医罪以及该适用哪一档量刑档次。在前述发生致人死伤结果的

---

① 参见潘某某、刘某某非法行医罪一审，广东省中山市第一人民法院〔2022〕粤2071刑初454号刑事判决书；丁某某非法行医一审，北京市东城区人民法院〔2021〕京0101刑初1007号刑事判决书；王某某非法行医一审，福建省永安市人民法院〔2021〕闽0481刑初41号刑事判决书；方某、樊某非法行医一审，云南省寻甸回族彝族自治县人民法院〔2020〕云0129刑初456号刑事判决书。
② 石磊：《试论非法行医罪中的非法行医行为》，《政治与法律》2002年第6期。
③ 赵新河：《非法行医罪若干问题研究》，《河南司法警官职业学院学报》2022年第2期。

56件类案中，就有24件案例中，被告人一方提出了"非法行医行为与死亡结果之间不具有因果关系"的辩护意见。

何种程度的作用力属于"造成"就诊人死亡，目前司法实务中采用的是"直接原因""主要原因"的表述。2016年《最高人民法院关于审理非法行医刑事案件具体应用法律若干问题的解释》第4条规定：非法行医行为系造成就诊人死亡的直接、主要原因的，应认定为《刑法》第336条第1款规定的"造成就诊人死亡"。非法行医行为并非造成就诊人死亡的直接、主要原因的，可不认定为《刑法》第336条第1款规定的"造成就诊人死亡"。但是，根据案件情况，可以认定为《刑法》第336条第1款规定的"情节严重"。在经典案例"张某某非法行医案"中，法院阐明直接因果关系是指危害行为没有介入中间环节而直接产生危害结果，行为人需要对相应结果承担刑事责任，间接因果关系是指危害行为通过介入中间环节间接产生危害结果，例如多因一果的情形，至于是否属于刑法意义上的因果关系，需要具体问题具体分析。主要原因是指行医人的行为居主导地位，即参与度大于50%，属于决定性因素，应承担非法行医罪造成就诊人死亡的责任，若不足50%，则要求其对死亡结果承担责任的依据不足。[①]

非法行医案件中，如果行为人用错药物或者操作不当直接导致就诊人死亡，则肯定其存在因果关系并无争议。然而，很多情况下，被害人就诊时即存在内生疾病，行为人进行一定处理后，内外因相结合产生了死亡结果，这时判断起来较为复杂。况且，非法行医发生在医疗领域，专业性极强，司法人员无法根据常识和法律知识进行认定，所以往往委托专业技术人员进行司法鉴定，出具鉴定意见。鉴定中心会对被害人的死因进行剖析，并对行为人的行为与死亡结果是否具有直接或间接因果关系给出结论。专业医学人士对因果关系的判断具有较大参考意义，但鉴定意见只是证据之一，并不能直接根据其结论定罪量刑。在辩护人否定被告人行为与死亡结果具有因果关系时，直接以鉴定意见书的结论驳回辩护意见的做法并不妥

[①] 臧德胜、刘欢、魏颖：《非法行医案中因果关系的把握》，《人民司法·案例》2015年第12期。

当。被告人一方也可以对鉴定意见进行质证，以确定其证据效力和证明力，即使鉴定机构和鉴定人都具有资质，鉴定行为符合专业规范要求和法定程序，其对因果关系的认定也不完全等同于刑法中的因果关系，法院需要在鉴定意见的基础上从刑法学角度对因果关系进行再分析。

刑法上的因果关系不同于事实上的因果关系，是在规范层面评价能否将该危害结果归责于行为人，现在理论上较为有力的判断方法是客观归责论。即首先在事实层面采用条件说进行初筛，然后根据"制造法所不允许的风险—实现不法风险—构成要件效力范围/他人及自我负责领域"的三段规则来解决归责问题。其中需要注意结果避免可能性的问题，具体在非法行医中，如果行为人的客观行为表现为"作为"，即积极的非法行医行为恶化病人的健康，则需要考察行为人的行医行为是否符合医疗规范，如果具备医生执业资格是否仍会这样医疗，是否仍会发生死亡结果。如果行为人的客观行为表现为"不作为"，即延误病人病情治疗，则需要考察同等时点下，面对病人的症状，具有医生执业资格的人能否及时识别出危险并采取适当措施避免死亡结果。

此外，需要注意的是，医疗和交通类似，都是不可避免具有风险的领域，要防止刑法打击范围过大化，这也是司法解释限定因果关系的原因。司法解释规定非法行医行为并非造成就诊人死亡的直接、主要原因的，可以根据案件情况认定为"情节严重"。对此不能理解为即使不具有因果关系，只要发生了死亡结果，都属于情节严重，都应构成非法行医罪的基本犯。结合风险升高理论，理解为"只有当非法行医行为显著提升了就诊人死亡的风险时，才可以将死亡结果降格评价为'情节严重'更为合适"[①]。在实务中可以结合就诊人自身疾病的严重程度、紧急程度、死亡可能性大小，以及行医行为的违规程度、延误治疗的时间长短等具体因素进行判断。对于那些即使立即送往正规医疗机构，由执业医师按照规范进行治疗也无法避免死亡结果的情形，行医人不应构成非法行医罪。某些紧急情况下，

---

① 李昱：《论故意法定犯中的容许风险——兼论非法行医罪的行为不法与结果归责》，《中国政法大学学报》2024年第1期。

具有医生执业资格的人根本不具有介入可能性,此时不具有医师资格的人实施医疗活动,如果与无人介入或完全外行人介入相比,没有提升风险甚至更有利于病人健康,则也不应构成犯罪。

(四) 非法行医中的行刑衔接

刑法具有谦抑性,并不是所有"未取得医生执业资格的人非法行医"都构成犯罪,我国刑法使用"情节严重"作为区分行政违法与刑事犯罪的标准,因此,正确理解"情节严重"是处理好行政处罚与刑事处罚衔接关系的关键。根据2016年司法解释的规定,具有下列情形之一的,属于刑法第336条第1款规定的"情节严重":(一)造成就诊人轻度残疾、器官组织损伤导致一般功能障碍的;(二)造成甲类传染病传播、流行或者有传播、流行危险的;(三)使用假药、劣药或不符合国家规定标准的卫生材料、医疗器械,足以严重危害人体健康的;(四)非法行医被卫生行政部门行政处罚两次以后,再次非法行医的;(五)其他情节严重的情形。

这一规定与之前的2008年司法解释保持一致,采取了事实列举+兜底条款的方式解释"情节严重",为区分行政违法和刑事犯罪提供了可操作的量化标准,但依然存在不足。第一,司法解释为了应对复杂万变的现实情况和案件中的具体因素,规定了第5项的兜底条款,司法工作者在判断是否属于"其他情节严重的情形"时仍面临疑问。第二,更为关键的是,司法解释缺乏实质判断标准,跳过了"确立解释立场"这一法律层面的工作,只是总结现实多发案件类型,采用列举法对"情节严重"作出说明。缺乏实质标准一方面会导致事实类型的提炼过程恣意化,另一方面,总结事实前不对规范进行分析,缺乏对规范的本质认识,所得结论可能与刑法基本理论相冲突。[①] 不从实质层面对"情节严重"进行把握,既可能形成处罚漏洞,也可能将不应由刑法处罚的行为界定成犯罪。

对非法行医罪"情节严重"的实质解释,离不开对该罪法益的厘清。

[①] 姚诗:《非法行医罪"情节严重"的解释立场与实质标准》,《政治与法律》2012年第4期。

理论界对于此类法定犯的保护法益一直存在争议，关于非法行医罪，也有单一法益和双重法益内部的多种学说，在此不过多展开。非法行医罪作为"危害公共卫生罪"的一个下属罪名，固然有保护公共卫生、保护医疗管理秩序的一面，但不应将秩序作为实质处罚的根据，还是要还原到个人法益层面。在判断"是否达到值得刑罚处罚"时，不能把单纯违反行政管理秩序的行为作为犯罪处罚，不然则是将刑法当作社会管理的手段，违反了刑法的原则，不利于保障人权。在非法行医的管制上，行政法和刑法具有不同的使命，行政法侧重于行政管理，刑法则关注如何实质上保护人身健康和生命免受威胁。例如，如果行为人曾因道德或者行政管理等与医疗水平无关的原因被吊销执业资格证书，实施医疗行为仅违反了管理制度，不会给就诊人带来损害，则只是行政违法，不宜作为犯罪处理。为了更好地预防犯罪和保护人民群众生命健康，非法行医罪不要求实害结果，但是需要刑法处罚的应当是那些"足以侵害不特定或者多数人生命安全和身体健康"的行为。

以此标准检视司法解释的规定，前三项较为符合，第四项"非法行医被卫生行政部门行政处罚两次以后，再次非法行医的"则未必合理。因为被行政处罚两次，并不意味着此次行为必然达到科处刑罚的程度，顶多在一定程度上反映主观恶性较大。不过鉴于已作出明文规定和司法解释在实务中的影响力，难以要求司法工作人员对这类情形予以实质排除。对于兜底条款的"其他情节严重的情形"，不能单纯将非法行医的持续时间、获利金额作为判断标准，而是应当综合个案中非法行医的时长、行为人的医疗水平、行医场所的医疗环境、采用的设备和器械等情况，依据客观的因果法则判断医疗行为发生实害结果的盖然性大小，只有在确定医疗行为足以侵害不特定或者多数人生命安全和身体健康的场合，才能认定属于"情节严重"，动用刑罚进行规制。①

---

① 方悦：《非法行医罪"情节严重"的实质含义》，《南京中医药大学学报》（社会科学版）2023年第3期。

四　思考与建议

健康是促进人的全面发展的必然要求，是经济社会发展的基础，是民族昌盛和国家富强的重要标志，也是广大人民群众的共同追求。党的二十大提出，推进健康中国建设，要把保障人民健康放在优先发展的战略位置，完善人民健康促进政策。非法行医行为不仅有违医疗管理要求，而且威胁甚至严重损害了人民群众的生命健康，但其存在也反映了人民日益增长的对于医疗的更高要求和更多样的需求。解决非法行医问题，需要各部门形成合力，并从制度层面预防和改善。

1. 加强行刑衔接，形成监管合力

非法行医行为在造成严重后果之前，往往已经长期存在，因此不能等到危害结果出现再介入进行打击，而是要加强监管和执法，避免非法行医酿成恶果。严厉打击非法行医，营造更加安全的就医环境，需要打防并举、标本兼治，让本就存在风险的"黑诊所""假医生"失去生存空间。非法行医问题涉及各个方面，卫生健康、公安、市场监督管理等多个部门可以通力合作，开展联合执法和专项整治，完善综合治理工作机制，加强行业监管能力建设，提高打击非法行医的针对性和有效性。行政执法与刑事司法要妥善衔接，强化部门协作与部门配合，形成强大的监管合力，震慑不法分子，遏制非法行医现象。

2. 准确把握犯罪成立条件，妥当适用法定刑

1997年以前，我国并未将非法行医行为作为犯罪处理，仅采取行政处罚手段来处理。后来，一些非法行医者由于不具备起码的医学专业知识或者设施不符合卫生标准，危害了就诊人的利益，社会危害性达到了一定的程度，刑法为了打击当时较为猖獗的黑诊所、遏制非法行医致人死伤的现象，增设了非法行医罪进行规制。准确认定非法行医罪必须充分考虑我国的国情，不轻纵犯罪的同时，也不能打击面过宽。我国发展尚存在不平衡的问题，在一些经济水平相对落后的地区，医疗资源仍然十分紧张，正规

医疗覆盖不全，医疗保健人员比较缺乏，各类民间医生依然存在。以乡村医生为例，其前身是为改善农村地区医疗卫生条件、维护农民身体健康做出了突出贡献的赤脚医生，是农村三级卫生服务网络的基础，在现阶段仍然有存在的合理性与必要性。[①] 在认定非法行医罪时要关注我国医疗现实，避免做出违背人民公平正义观念的判决，要注重实现平衡，既要打击那些诈骗、危害人民健康的严重非法行医行为，也要保护那些见义勇为、出手相助、确实解决人民医疗需求的白衣天使。

在构成非法行医罪的场合下，也要注意正确适用法定刑。尤其是在致人死亡的情形中，应避免唯结果论，注重鉴定意见和在案各项证据的综合运用，判断非法行医行为与死亡结果之间作用力的程度，从而决定是适用第三档法定刑还是第一档法定刑，或者不具有任何因果关系而排除犯罪。此外，从当前司法实践来看，非法行医也常与诈骗罪、生产销售假药罪等其他犯罪行为结合，对此需要更加谨慎，厘清罪与非罪、此罪与彼罪的界限。在涉及共同犯罪的场合，也要妥当评价各个行为主体的地位和作用，做到罪责刑相适应。

3. 加强宣传教育，促进规范发展

随着医疗行业的发展和人民需求的增长，非法行医行为呈现出了新特点，与医疗美容、产后康复等新兴行业结合，发展迅速，对此需要加强监管和预防。医美行业较为专业，普通消费者难以辨别是否满足医疗条件，是否存在隐患和风险，甚至不少经营者也并不知道开展某些医美项目需要资质和许可。

以打耳洞为例，打耳洞是在耳垂特定部位生成一个可佩戴耳饰的永久性孔隙，虽然很多街边饰品店就开展此类项目并宣传没有危险，但实际上，这需要严格执行消毒隔离措施，操作不规范会导致感染发炎，甚至造成病毒传播，之前也发生过"00后女生打耳洞致颅内感染"的新闻。根据《医疗美容项目分级管理目录》，"穿耳孔术"属于美容外科一级项目。美容机

[①] 参见伍晋《"乡村医生"能否构成非法行医罪》，《中国检察官》2016年第18期。

构在取得营业执照后需要登记获得《医疗机构执业许可证》或者经过备案获得《诊所备案凭证》方可从事医疗美容活动，并应严格按照核准登记的地址、诊疗项目开展医疗活动。操作人员需要具有《医师资格证书》《医师执业证书》，还需取得医疗美容主诊医师资格。未取得医师执业资格，非法从事提眉、祛眼袋等医美手术，造成严重后果的情况下也会构成非法行医罪。

医疗美容虽然不如治病诊疗复杂困难，但仍然对人体具有创伤性和侵入性，存在风险。尽管相关规范早已出台，但由于违法成本低和监管力度不够，医美乱象广泛存在。一方面，很多经营者没有认识到行为性质，将医疗美容与美甲、保养等生活美容混为一谈，在无资质的场所，使用不正规设备，由非专业人员擅自开展医疗美容。另一方面，消费者对这些医美项目的医疗属性认识不够，缺乏辨别能力和警惕意识。对此，需要加强普法宣传教育，监督相关机构和人员自觉按照审批备案项目开展服务，避免非法开展医疗美容服务，触碰法律底线。同时，要提醒广大消费者选择正规机构进行医疗美容，核验医师的专业资质，维护自身合法权益。

4. 深入推进医疗卫生体制改革，提高卫生与健康服务的可及性

非法行医现象的产生与我国现实具有关联，现有合法的医疗资源对于我国众多人口而言依然严重不足，而随着经济的发展和人民群众收入的增长，人们越发关注自身健康，在医疗方面有了更多的需求，却无法通过正规途径获得满足。人民群众的巨大需求和社会紧缺的医疗资源之间出现了缺口，违法犯罪行为随之增生。因此，打击非法行医并非治本之策，更重要的是深化医药卫生体制改革，满足人民群众的健康需求，为人民群众提供安全有效方便价廉的公共卫生和基本医疗服务，挤压非法行医的生存空间，铲除犯罪滋生的土壤。

针对目前城乡发展不平衡，基层群众看病难、看病贵的问题，要推动医疗卫生工作重心下移、资源下沉，加大公立医疗卫生机构建设，推进县域医共体建设，改善基础设施，落实乡村医生待遇，提高基层防病治病和健康管理能力。通过健全分级诊疗制度、现代医院管理制度、全民医保制

度、药品供应保障制度、综合监管制度，推进基本医疗卫生制度建设，深化医药卫生体制改革。正如习近平总书记所强调的"要坚持基本医疗卫生事业的公益性，不断完善制度、扩展服务、提高质量，让广大人民群众享有公平可及、系统连续的预防、治疗、康复、健康促进等健康服务"[1]，只有医疗卫生资源充足，健康服务保障充分，人民群众能够便捷地享受到正规且可负担的医疗服务，非法行医问题才能得到更好的解决。

---

[1] 《全国卫生与健康大会19日至20日在京召开》，中央人民政府网站：https://www.gov.cn/xinwen/2016-08/20/content_5101024.htm，2016年8月20日。

大众滑雪伤害事故中责任的认定与损失的分担

陈涵林*

摘　要：滑雪运动属于高风险体育活动，在对大众健康权起正面积极作用的同时，其引发的伤害事故基本上会对滑雪者的健康权带来重大损害。基于滑雪运动的固有风险，法院在考量滑雪伤害事故中责任认定与损失分担时，需要实现恢复伤者健康权的完满状态与不过分苛责侵权人、经营者之间的平衡。根据《民法典》首次规定的自甘风险条款，加之组织者、管理者、经营者违反安全保障义务的侵权责任条款，以及公平原则、意外事件的合理适用，在正确认定各方过错程度的基础上，法院应根据有无侵权人将滑雪伤害事故分为两个类型，按照不同类型相应的思维逻辑确定各方的责任及各方应承担的损失。

关键词：滑雪运动　自甘风险　安全保障义务　公平原则　意外事件

《"十四五"体育发展规划》提出了构建更高水平的全民健身公共服务体系，完善体育风险防控、体育法律服务等方面的制度规范的要求。不仅如此，党的十九届五中全会确定了2035年建成体育强国的远景目标。我国对全民健身、体育运动的推动，正是对人民健康权完满状态的保障。2022

---

* 陈涵林，武汉大学大健康法制研究中心助理研究员。

年北京冬奥会之后，大众参与滑雪运动的热情持续高涨，越来越多的人愿意走出家门、强身健体，这在促进滑雪运动蓬勃发展的同时，推动着人们关注自身的身心健康、提升身体素质。与此同时，滑雪作为高风险运动，其伤害事故的人身伤害可能性更高，受伤程度也更重，对大众健康权带来了隐忧。现实中屡见不鲜的滑雪伤害事故诉讼，使法院必须努力做到既充分保障伤者的健康权，又能推进我国滑雪运动的健康发展。

一 基本案情

（一）案件事实

2022年1月11日，栗某购买包含保险的"平日滑雪票含餐"到云某山滑雪场滑雪，在高级道滑雪时不慎摔倒受伤、无法站立。工作人员未及时将栗某从雪道转移、送医诊断。2022年1月14日至2023年1月30日，栗某自行先后到六家医院就诊、检查并完成手术，术后的诊断结果为：（1）左膝关节前交叉韧带重建术后改变；股骨、胫骨外侧髁骨髓水肿；（2）左膝关节外侧半月板前角Ⅱ级损伤；（3）左膝关节少量积液。为此，栗某自行支付医疗费共22136.96元。2022年10月27日，某保险公司向栗某理赔1万元。

后栗某向法院起诉滑雪场经营者，认为其受伤系经营者未充分履行安全保障义务所致，要求经营者就其受伤承担全部责任，赔偿其医药费、误工费、营养费等费用，并支付精神损害赔偿。法院在充分分析滑雪者自身的高度注意义务与滑雪场经营者的特殊安全保障义务的基础上，最终判定滑雪场经营者仅对栗某的受伤承担次要责任。

（二）判决要旨

关于滑雪者的责任认定，法院认为栗某未在谨慎考虑的基础上，根据自身滑雪水平选择合适等级雪道参与滑雪运动，即未对自身尽到充分的高度注意义务，存在过错，应当承担主要民事责任。法院认为，作为一项借助运动器械在雪地上进行的高速运动，滑雪运动具有自主性和高危险性，滑雪参与者应在滑雪过程中保持高度的注意义务，以免危及他人或自身安全，对自己负责、对他人负责。滑雪的高度注意义务要求参与者提前根据自己的滑雪技能和体能即滑雪水平，选择合适难度的雪道，滑雪中随时控制自身速度和线路，以保证随时可以停止或者避让其他人或物体。

关于滑雪场经营者的责任认定，法院认为云某山滑雪场对滑雪场相关设施的风险防控认识不足，未尽到其作为善良管理人标准下必要的谨慎和努力，即未尽到全部的安全保障义务，对滑雪者的损害应承担次要的民事过错责任。法院认为，滑雪场的安全保障义务主要包括：义务人负有的不因自己的行为而直接损害他人的安全保障义务，如提供合格的雪场设备、进行必要的安全警示、设置安全保障措施等；义务人负有的防止或制止第三人对他人实施侵权行为的安全保障义务，如配备雪道巡逻人员等；义务人负有在合理限度内采取相应行为在一定程度上降低风险或在侵权发生时减少损害程度的安全保障义务，如配备安保人员和医务人员等。

（三）争议焦点

本案的争议焦点如下：一是伤者与滑雪场经营主体之间责任的认定；二是双方之间损失的分担。该争议焦点涉及自甘风险、违反安全保障义务、公平原则、意外事件四种因素的考量与认定。

二 类案整理

（一）研究对象和方法

1. 研究对象

本文的研究对象是"我国大众滑雪伤害事故中的责任分配与损失分担"。具体而言，滑雪参与人自行摔伤的情况下，法院如何认定滑雪参与人与滑雪场经营主体之间的民事责任，以及在滑雪参与人与他人相撞受伤的情况下，法院如何认定滑雪参与人、滑雪场经营主体、侵权人之间的民事责任。

2. 研究范围

本文以北大法宝智能型法律数据库为检索工具，运用高级检索功能，对裁判日期为2019年1月1日至2023年12月31日范围内，以"人格权纠纷""经营场所、公共场所的经营者、管理者责任纠纷""其他侵权责任纠纷"民事案由，全文检索包含"滑雪""侵权"等关键词的裁判文书，得到裁判文书404件。对所得案例进行人工整理：（1）剔除受伤与滑雪行为没有关联（如雪圈、雪地摩托、雪地坦克等雪地游玩项目）的案例；（2）剔除滑雪者仅与保险公司发生纠纷的案例；（3）将一审、二审、再审、后续治疗案例进行整合，最终得到192件裁判文书。

3. 研究方法

本文采取案例分析法研究上述192件裁判文书中的基本数据、审理结果、判决理由与赔偿情况等。具体而言，即利用Excel表对大众滑雪伤害事故的裁判文书的数据进行整理，对比2019—2023年五年时间范围内大众滑雪伤害事故的判决数据，分析得出相应结论。

（二）研究结果

1. 我国大众滑雪伤害事故裁判总体情况

在筛选出的192件案例中，2019—2023年大众滑雪伤害事故纠纷分布为：73件（2019年）、46件（2020年）、32件（2021年）、27件（2022年）和14件（2023年）（见表1）。其中，判决书186件，裁定书6件。

表1　大众滑雪伤害事故纠纷分布情况　　　　　　　　　单位：件

	2019年	2020年	2021年	2022年	2023年	五年数据总计
判决书	71	45	31	26	13	186
裁定书	2	1	1	1	1	6
总计	73	46	32	27	14	192

基于对 192 件裁判文书审判程序的统计分析，2019—2023 年大众滑雪伤害事故适用简易程序审理的共 77 件，占比 40.1%。适用一审程序审理的共 40 件，占比 20.8%。进入二审程序的共 69 件，占比 35.9%。进入再审程序的共 6 件，占比 3.1%（见表 2）。

表 2　大众滑雪伤害事故纠纷审判程序分布情况　　单位：件

	2019 年	2020 年	2021 年	2022 年	2023 年	五年数据总计	占比
简易程序	36	18	10	8	5	77	40.1%
一审程序	12	10	10	6	2	40	20.8%
二审程序	23	17	11	12	6	69	35.9%
再审程序	2	1	1	1	1	6	3.1%
总计	73	46	32	27	14	192	

在 77 件简易程序裁判文书中，对 2019—2023 年大众滑雪伤害事故纠纷简易程序裁判结果进行分析，其中：驳回 4 件，判决 36 件。在 40 件一审程序裁判文书中，对近五年大众滑雪伤害事故纠纷一审程序裁判结果进行分析，其中：驳回 4 件，判决 36 件。对 69 件二审程序裁判文书的裁判结果进行分析，其中：驳回上诉、维持原判的 51 件，撤销原判、另行改判的 9 件，部分撤销、部分改判的 8 件，发回重审 1 件。对 6 件再审程序裁判文书的裁判结果进行分析，其中：驳回再审申请的 5 件，改判的 1 件（见表 3）。

表 3　大众滑雪伤害事故纠纷各审判程序裁判结果分布情况　　单位：件

	裁判结果	2019 年	2020 年	2021 年	2022 年	2023 年	总计	占比
简易程序	驳回	1	3	4	0	1	9	11.7%
	判决	35	15	6	8	4	68	88.3%
一审程序	驳回	1	0	1	2	0	4	10.0%
	判决	11	10	9	4	2	36	90.0%

续表

	裁判结果	2019年	2020年	2021年	2022年	2023年	总计	占比
二审程序	驳回上诉、维持原判	17	12	9	10	3	51	73.9%
	撤销原判、另行改判	4	2	1	1	1	9	13.0%
	部分撤销、部分改判	2	3	1	1	1	8	11.6%
	发回重审	0	0	0	0	1	1	1.5%
再审程序	驳回	0	0	0	0	1	1	16.7%
	改判	2	1	1	1	0	5	83.3%

2. 大众滑雪伤害事故纠纷案由、主体、争议焦点情况

一般而言，滑雪伤害事故纠纷的案由为侵权责任纠纷中的违反安全保障义务纠纷以及人格权纠纷中的生命权、身体权、健康权纠纷。经统计，192件裁判文书中，以违反安全保障义务纠纷为案由的有13件，占比6.8%，以生命权、身体权、健康权纠纷为案由的有179件，占比93.2%（见表4）。

表4 大众滑雪伤害事故纠纷案由分布情况　　　单位：件

	2019年	2020年	2021年	2022年	2023年	五年数据总计	占比
违反安全保障义务纠纷	7	4	2	0	0	13	6.8%
生命权、身体权、健康权纠纷	66	42	30	27	14	179	93.2%
总计	73	46	32	27	14	192	

基于对192件大众滑雪伤害事故纠纷案例的分析，发现滑雪伤害事故纠纷的原告均为滑雪者，被告的情况分为两类（不统计保险公司与活动组织者）：一是在自身摔倒的案例中，被告为滑雪场的经营主体；二是在他人碰撞的案例中，被告为侵权人，或将侵权人与经营主体列为共同被告（见表5）。

表5 大众滑雪伤害事故纠纷被告分布情况　　　　单位：件

受伤原因	被告	2019年	2020年	2021年	2022年	2023年	五年数据总计	占比
自身摔倒	经营主体	46	21	13	8	5	93	48.4%
他人碰撞	侵权人	1	3	3	1	2	10	5.2%
	侵权人、经营主体	26	22	16	18	7	89	46.4%
总计	—	73	46	32	27	14	192	

关于争议焦点，192件滑雪伤害事故纠纷均以如何划分责任、如何确定赔偿数额为争议焦点。

3. 大众滑雪伤害事故纠纷鉴定、受伤情况

基于192件裁判文书，对滑雪者是否进行司法鉴定、鉴定得出的受伤情况进行统计分析。192件裁判文书中，除无法确定是否鉴定的3件外（无法确定的原因为3件案例均为再审，无法搜索到一审、二审的裁判文书），其中经过鉴定的122件，未鉴定的67件（见表6）。

表6 大众滑雪伤害事故纠纷鉴定情况　　　　单位：件

	2019年	2020年	2021年	2022年	2023年	五年数据总计	占比
已鉴定	46	34	17	17	8	122	63.6%
未鉴定	26	12	14	9	6	67	34.9%
未知	1	0	1	1	0	3	1.5%
总计	73	46	32	27	14	192	

192件案例的鉴定内容均为受伤程度以及误工期、各项费用等与确定赔偿数额的有关事项。经统计，192件案例中，除无法确定受伤程度的3件外（无法确定的理由同上），受伤程度的分布为：身亡1件，致残87件，未致残但受较重伤害（骨折或内脏受伤等）69件，其他较轻伤害32件（见表7）。其中，致残细分为十级伤残（67件）、九级伤残（11件）、八级伤残（7件）、七级伤残（1件）、一级伤残（1件）。

表7 大众滑雪伤害事故纠纷受伤情况　　　　　　　　　　　　单位：件

		2019年	2020年	2021年	2022年	2023年	五年数据总计	占比
身亡		1	0	0	0	0	1	0.5%
致残	十级伤残	25	21	10	8	3	67	34.9%
	九级伤残	6	4	0	0	1	11	5.7%
	八级伤残	2	2	1	1	1	7	3.7%
	七级伤残	0	0	1	0	0	1	0.5%
	一级伤残	1	0	0	0	0	1	0.5%
未致残但受较重伤害		29	13	9	12	6	69	35.9%
其他较轻伤害		8	6	10	5	3	32	16.7%
空白		1	0	1	1	0	3	1.6%
总计		73	46	32	27	14	192	

4. 大众滑雪伤害事故纠纷各主体担责比例情况

基于192件裁判文书，对大众滑雪伤害事故纠纷各主体担责比例情况进行统计分析。除发回重审的1件案例无法确定担责比例外，其余案例的担责比例有全部责任、主要责任、次要责任、无责任、公平责任、补充责任六种，担责主体有经营主体、侵权人、滑雪者。未将保险公司加入分析的原因在于保险公司担责情况主要有两种：一是在各方均无责任的情况下，在保险责任范围内赔付；二是在经营主体需承担责任的情况下，在保险责任范围内代替经营者进行赔付。即保险公司不影响法院对责任划分的认定，因此本文不研究保险公司的责任。

192件案例中，滑雪者承担责任的情况为：全部责任17件，主要责任55件，次要责任75件，无责任42件，公平责任2件，未知1件（见表8）。

表8 大众滑雪伤害事故纠纷滑雪者担责情况　　　　　　　　　　单位：件

	2019年	2020年	2021年	2022年	2023年	五年数据总计	占比
全部责任	4	5	4	3	1	17	8.9%
主要责任	26	9	7	8	5	55	28.6%

续表

	2019年	2020年	2021年	2022年	2023年	五年数据总计	占比
次要责任	29	22	11	8	5	75	39.1%
无责任	13	10	10	8	1	42	21.9%
公平责任	1	0	0	0	1	2	0.5%
未知	0	0	0	0	1	1	1.0%
总计	73	46	32	27	14	192	

192件案例中，除经营主体未在被告之列的9件案例外，其他183件案例经营主体承担责任的情况为：全部责任11件，主要责任52件，次要责任54件，无责任52件，公平责任2件，补充责任11件，未知1件（见表9）。

表9 大众滑雪伤害事故纠纷经营主体担责情况 单位：件

	2019年	2020年	2021年	2022年	2023年	五年数据总计	占比
全部责任	5	3	1	2	0	11	6.0%
主要责任	30	10	6	3	3	52	28.4%
次要责任	21	17	7	6	3	54	29.6%
无责任	11	13	12	12	4	52	28.4%
公平责任	1	0	0	0	1	2	1.1%
补充责任	4	0	3	3	1	11	6.0%
未知	0	0	0	0	1	1	0.5%
总计	72	43	29	26	13	183	

在涉及经营主体的183件案例中，判决经营主体担责的案例有128件。经统计分析，128件裁判文书认定经营主体应当承担责任的理由主要可以归纳为：事后救济不力（14件）、未尽提示义务（34件）、场地或设备问题（35件）、服务与管理问题（59件）、安全警示标志问题（13件）、资质问题（2件），以及裁判文书未明确细节（19件）（见表10）。一个案例中经营主体可能涉及多种承担责任的理由，因此表10统计的是各个理由出现的次数，以及计算各理由出现次数在128件案例中的占比情况。

表 10　大众滑雪伤害事故纠纷经营主体担责原因　　　　单位：件

	2019 年	2020 年	2021 年	2022 年	2023 年	五年数据总计	占比
事后救济不力	9	1	2	0	2	14	10.9%
未尽提示义务	15	10	4	3	2	34	26.6%
场地或设备问题	16	8	6	4	1	35	27.3%
服务与管理问题	27	16	6	7	3	59	46.1%
安全警示标志问题	6	2	2	2	1	13	10.2%
资质问题	1	1	0	0	0	2	1.6%
裁判文书未明细节	11	4	1	2	1	19	14.8%

192 件案例中，除侵权人未在被告之列的 93 件案例外，其他 99 件案例经营主体承担责任的情况为：全部责任 15 件，主要责任 55 件，次要责任 16 件，无责任 12 件，未知 1 件（见表 11）。

表 11　大众滑雪伤害事故纠纷侵权人担责情况　　　　单位：件

	2019 年	2020 年	2021 年	2022 年	2023 年	五年数据总计	占比
全部责任	4	3	4	3	1	15	15.1%
主要责任	13	18	9	10	5	55	55.6%
次要责任	9	0	2	4	1	16	16.2%
无责任	1	4	4	2	1	12	12.1%
未知	0	0	0	0	1	1	1.0%
总计	27	25	19	19	9	99	

5. 大众滑雪伤害事故纠纷担责比例考量因素

基于对 192 件案例的分析，法院在裁判其中 138 件案例的各主体担责比例时通常考虑的因素有滑雪者自甘风险、经营主体的安全保障义务、公平责任、意外事件（见表 12）。一个案例可能同时考虑多个因素，但也存在一些案例并未考虑以上列出的因素，而是以滑雪者应具备高度注意义务等论述担责比例的考量（未将滑雪者的高度注意义务因素纳入统计范围的原因在于此因素是所有案例共同的考量因素）。因此表 12 统计的是以上提及的 4

种考量因素出现的次数,以及计算各因素出现次数在138件案例中的占比情况。

表12 大众滑雪伤害事故纠纷担责比例考量因素 单位:件

	2019年	2020年	2021年	2022年	2023年	五年数据总计	占比
自甘风险	0	1	5	5	5	16	11.6%
安全保障义务	60	29	17	13	7	126	91.3%
公平责任	1	0	0	0	1	2	1.4%
意外事件	0	1	2	0	0	3	2.2%

(三) 研究结果分析

1. 2019—2023年裁判数量逐年降低

从2019—2023年的裁判情况来看,大众滑雪伤害事故纠纷公开的诉讼数量逐年递减,至2023年仅有14件。除能搜索到的裁判文书受限的情况之外,涉诉的大众滑雪伤害事故数量逐年降低的原因在于:一方面滑雪作为需要在特定场合方可进行的运动,其活跃度在一定程度上受特殊时期防控政策的影响,特别是2022年,虽然北京冬奥会于2022年春节期间举办,极大地激发了人们参与冰雪运动的热情,但由于2022年年底的特殊情况,因此参与冰雪运动的人并未明显增加;另一方面,随着滑雪运动的普及、经营模式的成熟、参与者对滑雪运动熟练程度的提高,滑雪伤害事故在一定程度上有所减少、伤害程度有所降低,且一部分滑雪伤害事故能够通过非

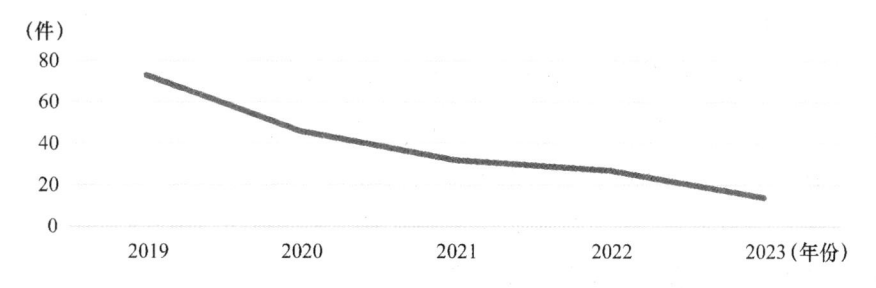

图1 2019—2023年大众滑雪伤害事故纠纷裁判数量情况

诉讼手段妥善解决，这也应当是涉诉滑雪伤害事故纠纷2023年仍处于递减状态的原因之一。

2. 2019—2023年案件审理程序发生变化，二审改判率于2023年回升

在审判程序的适用上，2019年以来，适用简易程序即作出生效判决的案例占比总体呈下降趋势，而进入二审程序、再审程序方审结的案例总体呈上升趋势。结合图1可以推断，在涉诉大众滑雪伤害事故纠纷数量逐年递减的大趋势下，滑雪伤害事故的伤害程度在一定程度上有所降低，即发生较重伤害的案件应该有所减少，且在非诉解决途径逐渐成熟的背景下，审结日期在2019年后的案件多为争议较大的案件，因此当事人同意适用简易程序审理的意愿降低，且随着滑雪场经营主体安全保障措施的完善、滑雪者滑雪技术的提高，各方在事实方面、权利义务认定方面争议存在愈发激烈的趋势，因此也提高了滑雪伤害事故纠纷进入二审程序，甚至再审程序的概率。

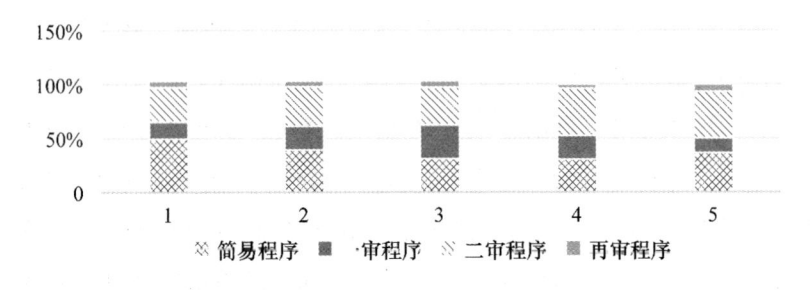

图2 2019—2023年大众滑雪伤害事故纠纷审判程序情况

经分析可知，2019—2023年简易程序和一审程序作出驳回判决和支持或部分支持原告诉讼请求判决的概率基本相同，即印证了简易程序仅仅在审判流程上做了简化，而不会对裁判结果的公正性产生影响。对于进入二审的滑雪伤害事故纠纷，二审法院在大部分情况下会做出维持原判的判决，但也有一定的概率改判。滑雪伤害事故纠纷总体而言权利义务关系较为清晰、事实较为明确，一审程序能够较好地完成法律层面与事实层面的认定、裁判任务。对于进入再审程序的案例，由于案件的争议较大，因此事实复杂程度、权利义务关系认定难度均较大，故而改判的占大多数。

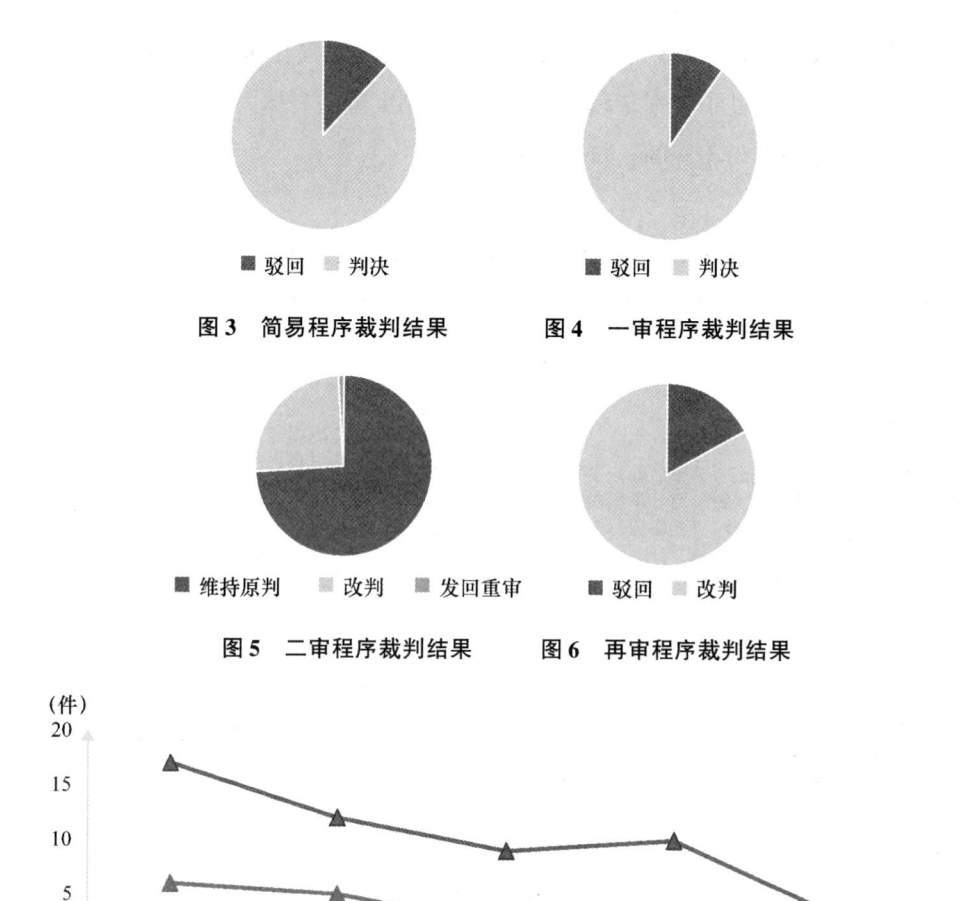

图3　简易程序裁判结果　　图4　一审程序裁判结果

图5　二审程序裁判结果　　图6　再审程序裁判结果

图7　二审裁判维持原判、改判、发回重审情况

从图7可知，2019—2022年二审判决改判案件数量逐年减少，且占比整体呈现下降趋势，维持判决仍是二审裁判的主流，这与各一审法院对于滑雪伤害事故纠纷案例的审判经验积累相关。2023年，二审维持判决的案件骤减，改判案件数量与2021年、2022年持平，因此改判占比呈陡然上升趋势。如并非因为存在2023年案例数量总体偏少导致的代表性减弱问题，

中国健康法治发展报告（2023）

则可能出现此种现象的原因在于 2023 年方审结的滑雪伤害事故纠纷复杂程度较大，法院仍处于摸索阶段。但从 2 件改判案例的具体内容来看，应当并未产生与之前年份不同的、新的因素。

表 13 2023 年判决改判的二审案例基本情况

案号	事故原因	伤害程度	滑雪场过错与担责	其他人过错与担责	裁判理由
〔2022〕陕03民终2912号	单人摔倒	致残（八级伤残）	事后救治不力，承担次要责任	伤者承担主要责任	被上诉人潘某作为成年人，对在自身在滑雪过程中可能造成损害的后果应当有一定的预见能力，因其对自己行为的危险程度认识不足，自身未尽到安全注意义务，对自己受伤有重大过错，被上诉人潘某应负主要责任，应依法相应减轻上诉人某公司的赔偿责任。一审判决认定事实清楚，适用法律正确，审判程序合法，唯责任划分不当
〔2022〕鲁02民终14905号	他人碰撞	致残（十级伤残）	无过错，无责任	伤者承担次要责任，侵权者承担主要责任	侵权人在前方滑雪路线畅通的前提下，大幅度偏离了滑雪路线，且未合理控制滑雪速度、避让前方滑雪者，将伤者撞倒，致使其受伤，具有较大过失，应当承担主要责任。伤者未佩戴护具，背对赛道停留，未尽到对自身安全的注意义务，亦存在一定过错。因此侵权人承担 70% 的责任，伤者自担 30% 的责任，一审法院对此认定不当。经营主体于多处设置安全提示标志，且事故发生时雪道畅通，已尽到合理的安全保障义务，不应承担责任

3. 2019—2023 年以健康权纠纷作为案由的比例上升，经营主体作为被告之一的占比仍较大

年份	生命权、身体权、健康权纠纷
2023	100%
2022	100%
2021	94%
2020	91%
2019	90%

■ 生命权、身体权、健康权纠纷　　□ 违反安全保障义务责任纠纷

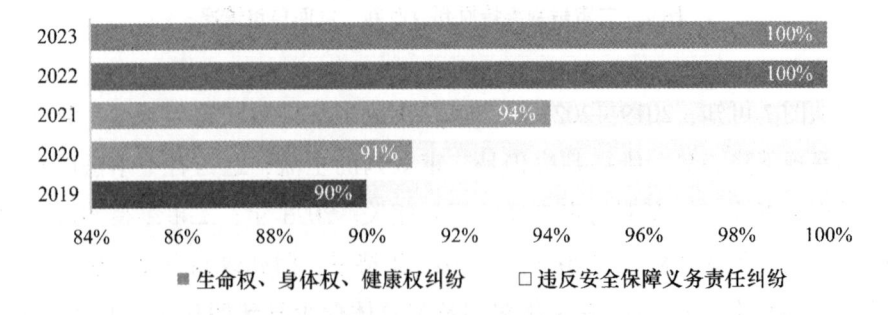

图 8　2019—2023 年滑雪伤害事故纠纷案由分布

经分析可知，法院通常将滑雪伤害事故纠纷的案由认定为生命权、身体权、健康权纠纷以及违反安全保障义务纠纷。从图8中的趋势变化可以看出，生命权、身体权、健康权纠纷作为案由的占比始终较大，呈现明显的逐年上升趋势，且自2022年开始，统计范围内的所有滑雪伤害事故纠纷适用的案由均为生命权、身体权、健康权纠纷。生命权、健康权、身体权纠纷是指他人实施侵害生命权、健康权、身体权行为而引起的纠纷。其中，生命权是指以自然人的生命安全利益为内容的权利，生命权是法律保护的最高权利形态。身体权指的是公民维护其身体完整并能自由支配其身体各个组成部分的权利，身体权最重要的就是保持其身体的完整性、完全性。健康权是指公民以其机体生理机能正常运作和功能完善发挥，维护人体生命活动的利益为内容的人格权，包括健康维护权和劳动能力以及心理健康。滑雪伤害事故导致较为严重的伤害结果，会对伤者的身体权、健康权造成较为严重的损害，甚至侵害伤者的生命权。

经分析可知，无论是他人碰撞还是自身摔倒的案例，在绝大多数情况下，伤者都会选择经营者作为被告或共同被告。192件案例中仅有10件案例的被告不包括经营主体，即基本上所有伤者均认为其受伤原因一定包括经营主体未尽到充分的安全保障义务，但这不意味着法院均认定经营者应当承担赔偿责任。

4. 滑雪伤害事故纠纷大部分均选择鉴定，伤者受伤程度较重

从图10可知，滑雪伤害事故纠纷中伤者基本会选择进行司法鉴定，以明确自身受伤情况，以及误工期限、营养期限、护理期限、后续治疗费用等与赔偿金额确定的有关事项，以便法院作出公正判决。从图11可知，2021—2023年滑雪伤害事故中伤者受伤致残的数量占比在三成到四成，2019年与2020年的占比则较高。受伤致残占比及数量的下降与滑雪者技术的提高，以及滑雪场安全保障措施的完善有关。在滑雪运动不断普及的当下，这是一个好现象。但总体而言，致残比例多于1/3，说明了滑雪运动的高风险性，以及滑雪伤害事故的高伤害性。

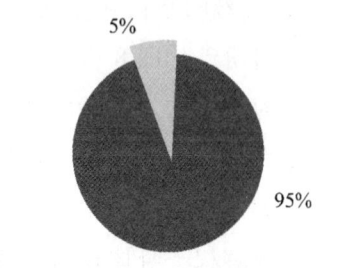

图9 2019—2023年滑雪伤害事故纠纷被告分布

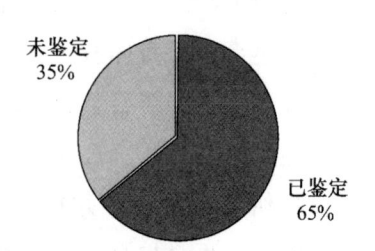

图10 2019—2023年滑雪伤害事故纠纷鉴定情况

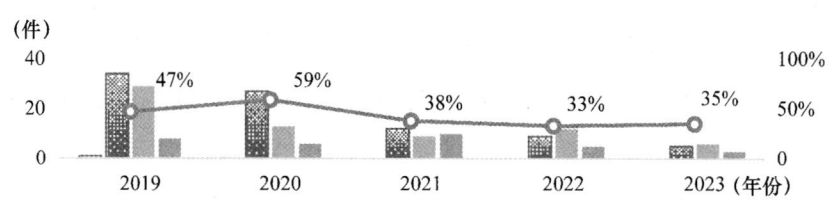

图11 2019—2023年滑雪伤害事故伤者受伤情况

5. 近五年伤者承担次要责任居多，侵权人承担主要责任或全部责任居多

图12 2019—2023年滑雪伤害事故各方主体担责比例情况

经分析可知，在担责比例的划分上，在次要责任中，伤者承担的占比较大，伤者在一定程度上需要对自己的受伤负责，主要原因在法院认为滑雪作为高风险运动，参与人需要保持高度注意以观察周边情况，例如不应长时间停留在雪道底部、不应临时变道等。法院认定承担无责任的案例中

经营主体占比更多，因为滑雪运动已发展多年，在此期间，无论是安全保障措施的建设，还是服务管理人员、医疗人员的配置，以及紧急事故的处理，经营主体已经积累了一定的经验，能够在更大程度上保证自身已完成法律要求其履行的安全保障义务，少有案例苛责经营者承担超越法律要求的安全保障责任。对于存在侵权人的滑雪伤害事故，法院在大部分情况下认定侵权人承担主要责任或全部责任。侵权人是导致被侵权人生命权、身体权、健康权受到侵害的直接原因，除了个别的情况，侵权人对被侵权人的受伤均存在无法逃脱的责任，例如侵权人作为后方滑行的滑雪者，未与前方滑行的被侵权人保持安全距离，未尊重被侵权人滑行的优先权，与被侵权人发生碰撞，致使被侵权人受伤。

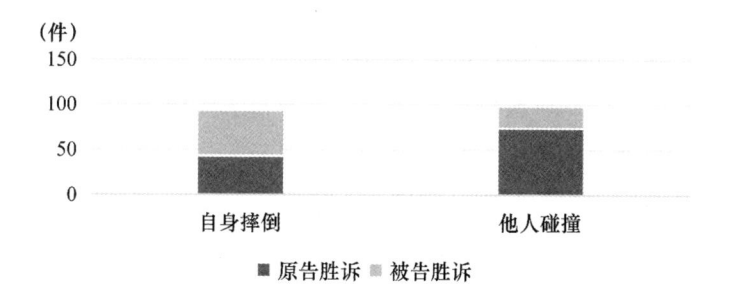

图 13　2019—2023 年滑雪伤害事故中原被告胜诉情况

一般而言，滑雪伤害事故中伤者提起诉讼，目的即是让法院判定其并非事故的主要责任方，经营者、侵权人应当承担损失的大部分。因此，可以概括地认为，法院最终判决原告无责任或承担次要责任能够满足原告的起诉期待，即原告胜诉；反之，如法院判决原告至少承担主要责任或认为案例适用公平责任或意外事件，则原告败诉、被告胜诉。经此分析，可以看出，在自身摔倒类型的滑雪伤害事故中，原告胜诉的数量与被告胜诉的数量相当。该类型的被告只涉及经营者，故而可以推断，在此类型的诉讼中法院的对伤者和经营者之间的责任认定较为困难，并非为只要表面上更加值得同情的伤者起诉就能获得法院的支持，法院对经营者违反相关义务的认定较为谨慎。在他人碰撞类型的滑雪伤害事故中，原告的胜诉量大大提升，原因在于有了侵权人的介入，侵权人想要证明自身并无过错较为困难。因此，在这种情景下，法院通常不会认定原告应当承担主要责任或全部责任，法院的判决倾向相对明晰。

6. 2019—2023 年法院通常以服务与管理中存在过错认定经营主体应承担责任

从图 14 可以看出，服务与管理存在问题是法院认定经营主体应当承担责任的主要原因。在裁判理由中，法院通常认为滑雪场工作人员未对游客加强管理，未及时疏散雪道中滞留的游客，未设置足够的安全救助人员，因此滑雪场的服务与管理存在瑕疵，需要对伤者承担赔偿责任。除服务与管理问题之外，未尽提示义务、场地或设备问题也是法院认定经营主体存在过错的主要理由。法院一般以伤者未在游客须知、安全提示书等提示材料上签字，未告知游客不同滑雪道的特点和功能，未提示滑雪者滑雪运动的高风险性、聘请专业教练教学等，认定经营主体应承担责任。未尽提示义务和服务与管理问题通常存在竞合，大部分未尽提示义务的经营主体同时存在服务与管理存在瑕疵的问题。在场地或设备问题的认定上，法院通常认为经营主体未对防护网设置必要的缓冲区、在防护网配置上存在疏漏、防护网未能起到防护作用、在雪场中央放置了障碍等属于存在场地或设备问题的情形，而要求经营者承担责任。除此之外，事后救济不力、安全警示标志缺失也是经营者承担责任的原因，但总体出现次数较少，2019—2023年滑雪场在这两方面的完善应是有所成效。而资质问题出现的次数则最少，随着滑雪运动的普及化，滑雪场的规范化建设已经得到了较好的推动。

事后救济不力	未尽提示义务	场地或设备问题	服务与管理问题	安全警示标志问题	资质问题
14	34	35	59	13	2

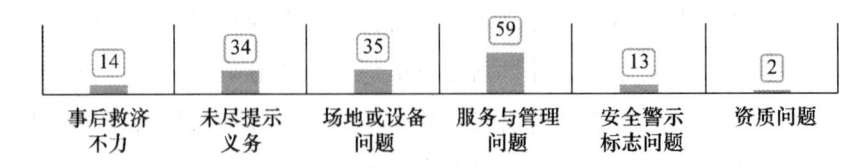

图 14　2019—2023 年滑雪伤害事故经营主体过错类型（单位：件）

7. 2019—2023 年法院将自甘风险作为考量因素的案件占比逐步上升

从图 15 可知，自 2020 年《民法典》新增自甘风险条款以来，法院适用自甘风险条款审理滑雪伤害事故纠纷的比例逐年上升，对滑雪者参与具备高风险性的滑雪运动提出了更高的注意义务要求。《民法典》第 1176 条规定："自愿参加具有一定风险的文体活动，因其他参加者的行为受到损害的，受害人不得请求其他参加者承担侵权责任，但是其他参加者对损害的发生有故意或者重大过失的除外。活动组织者的责任适用本法第一千一百九十八条至第一千二百零一条的规定"，滑雪者显然符合自甘风险条款的适用条件，自甘风险条款在滑雪伤害事故纠纷中体现出了特有价值。同时，有法院在判决中指出，并非参与所有高风险的文体活动均适用"自甘风险"的民事责任免责规则，自甘风险的适用与否需考量当事人参与滑雪运动时是否尽到足够的审慎注意义务。与自甘风险条款适用占比上升相反的是安全保障义务条款适用占比的下降，即自甘风险条款的设置在一定程度上减轻了经营主体的赔偿责任，基本上适用自甘风险条款的案例中经营主体无须承担责任。2019—2023 年担责比例判断因素的变化，体现了法院基于滑雪运动的高风险特性，对赔偿责任在伤者、经营主体、侵权人之间划分的协调与平衡。

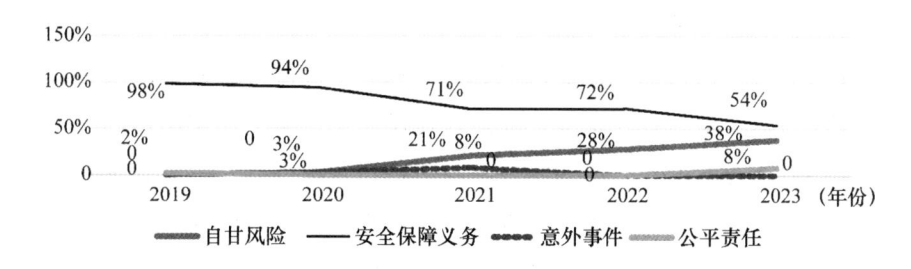

图 15　2019—2023 年滑雪伤害事故担责比例判断因素变化情况

三　案例剖析

（一）滑雪运动引发的侵权损害赔偿责任的特殊性

滑雪是一种高风险的体育运动，具有专业性、技巧性、危险性等特点。

滑雪运动本身存在固有风险，例如滑雪者在滑雪过程中与斜坡边的树木、电梯塔等发生碰撞等。除固有风险之外，滑雪运动还存在其他非固有风险。例如，来源于人的风险，如滑雪场教练员未尽相应职责而导致滑雪者受伤、其他滑雪者违规停在雪道中间导致滑雪者无法及时闪避等；来源于环境的风险，如突发恶劣的雨雪天气、突发雪崩等；来源于设施的风险，如滑雪场经营者未及时维护雪道的安全保障设施、未及时更新雪具等；来源于管理的风险，如滑雪场经营者未制定完善的应急救治措施、未配备足够的专业医护人员等。因此，对于滑雪者和经营者来说，其都应负有高于一般运动的注意义务。

基于滑雪运动的高风险性，滑雪伤害事故发生后各方责任分配的考量因素具有独特性。对于滑雪者而言，其主要受到自甘风险条款的约束和保护。作为伤者，其主张其他主体承担侵权责任受到自甘风险条款的约束，须接受滑雪运动固有风险可能导致的伤害的发生；作为侵权者，其受到自甘风险条款的保护，在非重大过失或故意的情况下，其可以以自甘风险作为免责抗辩事由。对于经营者而言，其是否承担侵权责任主要根据其是否违反安全保障义务判断。基于滑雪运动的特殊性，滑雪场经营者需承担更高标准的安全保障义务。根据国家体育总局冬季运动管理中心、中国滑雪协会审定的《中国滑雪场所管理规范》（2017年修订）可知，滑雪场必须做好安全管理，包括做好安全管理体系建设、安排雪上巡逻队员和滑雪指导员、设置符合要求和标准的安全网与防护垫、提供符合安全管理规范的滑雪器材，若为比赛项目的承办方，则还需要承担更特殊的有关比赛的安全保障义务。因此，对于滑雪场经营者是否应当承担侵权责任，需要从滑雪场特殊的安全管理责任出发考量。

滑雪伤害事故中除了适用自甘风险规定、违反安全保障义务规定判定责任分担，在伤害事故的发生无法归责于任何一方的场合，还存在公平原则、意外事件适用的可能性，法院有可能基于公平原则判令滑雪场经营者承担一定的责任，也有可能将伤害认定为意外事件而判定各方均无责。

可见，在大众滑雪伤害事故中，侵权责任的分配至少涉及了自甘风险、违反安全保障义务、公平原则和意外事件四类考量因素，较为复杂与特殊。法院在判决中只有正确适用四类考量因素，才能在给予伤者健康权以法律保护的同时，尊重滑雪运动的特殊性，不过分苛求侵权者与滑雪场经营者，以平衡三方利益，推动冰雪运动的发展。

（二）滑雪伤害事故侵权损害赔偿责任的分配

传统民法上，自甘风险一般是指受害人事先了解某项行为可能伴随着风险、损失或事故，但仍自愿为此行为，并同意自行承担可能的后果。[①]《民法典》第1176条规定第1款规定"自愿参加具有一定风险的文体活动，因其他参加者的行为受到损害的，受害人不得请求其他参加者承担侵权责任；但是，其他参加者对损害的发生有故意或者重大过失的除外"。与传统民法观点相比，《民法典》将自甘风险的适用范围限定在了文体活动中，且增加了"因其他参加者的行为受到损害"的要件。可见，我国现行法律规定的自甘风险适用的范围较窄，较为保守。在自甘风险的构成要件上，首先，行为人必须对风险的类型和程度具备明确的认识；其次，行为人必须明知或应当知道风险后果的承担；再次，行为人必须实施了该项行为，并受到损害；最后，行为人受到的损害与同意的内容必须具有因果关系，即损害是由该项风险直接引起的。[②]

一般认为，罗马法"同意不生违法"的历史思想基础是自甘风险的起源。[③] 在《民法典》正式实施以前，我国在法律层面没有规定过全面的、正式的自甘风险条款，而是在效力位阶较低的部门规章或是其他规范性文件中有所提及。例如，《学生伤害事故处理办法》（教育部令第12号）第12条第5项规定："因下列情形之一造成的学生伤害事故，学校已履行了相应职责，行为并无不当的，无法律责任：……（五）在对抗性或者具有风险

[①] 参见最高人民法院民法典贯彻实施工作领导小组主编《中华人民共和国民法典侵权责任编理解与适用》，人民法院出版社2020年版，第111页。
[②] 参见李鼎《体育侵权：自甘风险还是过失相抵》，《武汉体育学院学报》2020年第5期。
[③] 参见杨立新《自甘风险：本土化的概念定义、类型结构与法律适用——以白银山地马拉松越野赛体育事故为视角》，《东方法学》2021年第4期。

性的体育竞赛活动中发生意外伤害的",《全国民事审判工作会议纪要》(法办〔2011〕442号)第49条规定:"对于在体育活动中发生的人身损害,考虑到受害人对参加体育活动所可能发生的风险具有合理的预见、该损害发生在体育运动场合、行为人的手段和行为方式等因素,对其请求行为人分担损失的,原则上不予支持;但如果行为人在体育活动中严重违背运动规则且损害后果特别严重的,对受害人要求行为人适当补偿的请求,应予支持。"这些规定都在一定范围内体现了自甘风险的规则。需明确的是,自甘风险中的"风险"仅包括基于体育活动本身的性质产生的固有风险,并不包含同意承担其他人违反游戏规则、实施故意攻击行为或违反公平竞赛精神等所引发的风险。[①] 这意味着在固有风险范围内,相关主体可主张免责抗辩;因相关主体故意或重大过失等导致超出固有风险的损害,此时符合一般侵权行为构成要件,行为人应当承担侵权责任,根据过错程度承担损害赔偿责任。

根据《民法典》第1176条第2款的规定,"活动组织者的责任适用本法第1198条至第1201条的规定"。《民法典》第1198条规定的是经营者、组织者违反安全保障义务的损害责任,第1199—1201条规定的是教育机构的损害责任。即,在有一定风险的体育活动中,如参加者受到损害,经营者、组织者不得援用自甘风险条款抗辩。对于经营者、组织者的侵权责任问题,需要适用违反安全保障义务承担侵权责任的规定。[②] 经营者、组织者只有尽到了法律所规定的安全保障义务,才可以免责。

按照《民法典》第1198条第1款的规定,"宾馆、商场、银行、车站、机场、体育场馆、娱乐场所等经营场所、公共场所的经营者、管理者或者群众性活动的组织者,未尽到安全保障义务,造成他人损害的,应当承担侵权责任"。该款规定的是经营者、管理者、组织者承担违反安全保障义务的直接责任,其侵权责任构成要件包括行为人实施违反安全保障义务的行

[①] 参见最高人民法院民法典贯彻实施工作领导小组主编《中华人民共和国民法典侵权责任编理解与适用》,人民法院出版社2020年版,第111—113页。
[②] 参见张新宝《中国民法典释评·侵权责任编》,中国人民大学出版社2020年版,第47页。

为；相对人受到损害；损害事实与违反安全保障义务行为之间具有因果关系；违反安全保障义务行为人具有过错。安全保障义务的理论依据在于经营者与组织者承担更多收益，对风险具有更高控制能力，更有利于节约社会成本，这在一些裁判文书中也有所体现。①《民法典》第1198条第2款规定，"因第三人的行为造成他人损害的，由第三人承担侵权责任；经营者、管理者或者组织者未尽到安全保障义务的，承担相应的补充责任。经营者、管理者或者组织者承担补充责任后，可以向第三人追偿"。在第三人侵权的场合，未尽到安全保障义务的经营者、管理者或者组织者承担补充责任，即第2款规定的是经营者承担补充责任的情形。

公平分担损失规则规定在《民法典》第1186条，"受害人和行为人对损害的发生都没有过错的，依照法律的规定由双方分担损失"。该规定形式上虽然直接承受于《民法通则》第132条"当事人对造成损害都没有过错的，可以根据实际情况，由当事人分担民事责任"和《侵权责任法》第24条"受害人和行为人对损害的发生都没有过错的，可以根据实际情况，由双方分担损失"的规定，维持了《侵权责任法》第24条关于"分担损失"的表述，但在适用中将范围仅限于"法律规定"的情形。② 在《民法通则》"公平责任"条款的立法过程中，许多学者主张"公平责任是社会主义道德规范中的公平上升为法律责任的结果"，在损失分担中，应当考虑双方当事人的经济状况，以此促进安定团结，缓和社会矛盾。③ 而《民法典》对公平责任的适用范围进行限缩，原因之一为公平责任自身的模糊性赋予了法官较大的自由裁量权，若公平原则在司法实践中被滥用，反而会引发裁判的不确定性。《民法典》将公平责任规定于"侵权责任"编第二章"损害赔偿"中，这意味着，公平责任无关乎责任成立，而仅涉及受害人损失的

---

① 参见钱思雯《新〈体育法〉视野下体育活动风险范畴与组织者责任承担法律问题研究》，《天津体育学院学报》2023年第4期。
② 参见赵毅、陈刚、王家宏《从江苏法院裁判看校园足球伤害的学校责任之最新动向》，《体育与科学》2017年第3期。
③ 参见柯友乐《〈民法典〉视野下体育运动致害的损失分担——基于公平责任司法适用的实证研究》，《武汉体育学院学报》2021年第9期。

分担。

意外事件并未明文规定在《民法典》中，通说认为，意外事件是指当事人意志以外的原因、偶然发生的事故，其构成要件为：一是当事人在特定环境下已经尽到了合理的注意义务而不能够预见，二是由于行为人自身以外的原因导致的，三是偶然发生的，不包括第三人侵权的行为。[①] 但在高风险的体育运动领域，意外事件的认定具有特殊性。高风险体育活动的激烈性与竞技性意味着运动过程中必定会存在大量的身体碰撞。这些碰撞被体育规则所认可，而体育规则是在特定环境中对参与者赋予的法律注意义务，产生的依据是运动领域各项目在长期发展过程中形成的规范和常理。[②] 同时，高风险体育活动中存在不可避免的固有风险，对于伤害事件的发生及其结果，运动者可以预见，即高风险体育活动的意外伤害其实是其固有风险的现实化。[③] 因此，高风险运动中的意外事件范畴更为狭窄，仅在侵权人与被侵权人均无过错的情况下才有被认定的可能性。

（三）责任认定与损失分担的正确判断

在存在侵权人的案例中，对于责任的认定，首先应判断是否适用自甘风险规则，即判断侵权人是否存在故意或重大过失，如有，不适用自甘风险而适用过错责任，此时需要综合考虑被侵权人、侵权人、经营者三者的过错程度，考虑是否适用过失相抵原则确定各方责任；如没有，则无论被侵权人自身是否存在过错均适用自甘风险免除侵权人的侵权责任，但免除责任并不意味着不用承担损失。至于经营者的责任，则根据违反安全保障义务的规定判断。

对于损失的分担，在不适用自甘风险时，根据被侵权人、侵权人、经营者三者的过错程度分担损失；在适用自甘风险时，首先需要判断经营者

[①] 参见杨立新《侵权责任法》（第三版），法律出版社2018年版，第233—234页。
[②] 参见杨林、侯茜《论体育运动中自甘风险规则的可替代性》，《武汉体育学院学报》2017年第2期。
[③] 参见赵萌萌、高留志《体育活动意外伤害的裁判规则分析》，《郑州航空工业管理学院学报》（社会科学版）2020年第5期。

是否存在过错,如存在过错,则根据违反安全保障义务的规定确定责任、分担损失;如不存在过错,则判断被侵权人自身是否存在过错。如被侵权人存在过错,其需要为自己的行为负责、自行承担损失;如被侵权人同样不存在过错,即在三方均无过错或仅有侵权人存在一般过失的情况下,存在公平原则适用的空间,法官可以综合考虑伤者的伤残程度、损失数额等确定是否需要适用公平原则分担损失以实现矫正正义。如不适用公平原则,在三方均无过错时,可归属于意外事件。

在不存在侵权人的案例中,责任的认定和损失的分担较为简单。因只涉及伤者和滑雪场经营者两方主体,故依据法律规定,不适用自担风险规则。在双方均存在过错或仅经营者存在过错时,双方的责任依据过错责任归责原则、过失相抵原则认定,并确定损失的分担;在仅有伤者存在过错或双方均不存在过错时,可以视伤者的伤残程度、损失数额等考虑公平原则的适用,意外事件的认定仅在双方均无过错时才存在可能性。

综上所述,在认定滑雪伤害事故各方责任、判断各方应承担的损失时,过错是最核心的因素,以过错判断过失相抵、自甘风险、公平原则、意外事件的适用。其中,过失相抵、自甘风险适用的范围较广,而公平原则、意外事件的适用需要受到限制,仅有在符合条件的个别案件中可以考虑适用。在过错的具体认定中,过错作为主观因素,其必须通过各方的客观表现进行推断。即必须在明确滑雪者的高度注意义务、滑雪场经营者的特殊安全保障义务的基础上,进一步判断各方的行为是否违反相关义务,从而推断各方是否存在过错。

对于滑雪参与者的高度注意义务,法院应考量两个因素:一是滑雪运动的固有风险,二是滑雪运动的相关规则。法院可以通过判断滑雪者受伤是否是由固有风险引起、滑雪者的行为是否违反《中国滑雪场所管理规范》(2017年修订)及其附件等相关滑雪规则,确定滑雪者自身是否尽到充分的高度注意义务。对于滑雪场经营者的特殊安全保障义务,法院可以依据有关滑雪运动的相关规定作出判断。除上文提及的《中国滑雪场所管理规范》(2017年修订)对滑雪场安全保障措施的规定之外,还有《国家标准化发展纲要》《体育标准化管理办法》《冰雪运动场所用安全标志》等专门性文件对滑雪场的资质与建设提出了要求。同时，法院还可以将经营者的安全保障义务进行细化，提炼出较为重要的要点，例如取得合格经营资质的义务、设置安全标志和设施的义务、提供合格设备的义务、提示安全风险的义务、配备充分工作人员和医护人员的义务、及时救助的义务等。

四 对健康法律制度、规则或同类案件的影响或启示

大众滑雪伤害事故的发生会对伤者的身体与心理产生重大影响，是对伤者健康权的客观侵害。该类侵害一旦发生，伤者的健康权一定受到损害，甚至侵害生命权。法律已经预料到滑雪伤害事故对健康权产生影响的较大可能性，但同时认识到即便采取相应措施，作为高风险体育活动的滑雪运动对滑雪者健康权产生侵害的可能性也不能完全避免。因此，法律为因参加滑雪运动而受损的健康权提供救济，该救济属于消极健康权法律规范体系。

但是，基于每一个人都是自己健康的第一责任人的朴素观点，法律在为滑雪伤害事故提供救济、促使伤者的健康权回归完整的同时，必须考虑到滑雪运动作为高风险体育活动的特殊性，以及伤者的自愿性。因此，《民法典》规定的自甘风险原则构成了对在具有一定风险的文体活动中受损的健康权的救济限制。在如此平衡下，法律既要完成保护滑雪伤害事故中伤者健康权的任务，又要把握好对伤者健康权受损的救济尺度，不过分苛责侵权人与滑雪场经营者，以推动滑雪运动的健康发展。这要求法院在认定责任、分担损失时，结合具体案情准确认定各方的过错程度，考虑、分析自甘风险原则、违反安全保障义务规则、公平原则、意外事件适用的可能性。

胎儿在分娩中死亡医疗损害责任纠纷的司法分析

邓程耀*

摘 要： 世界各国对于胎儿是否活产的认定十分宽泛，标准各异。由于我国《民法典》第 13 条与第 16 条对于胎儿民事权利能力的规定，将造成娩出胎儿为活胎或死胎为法院能否支持胎儿死亡赔偿金的唯一标准，两种情况在最终赔偿数额上有着天壤之别。因此，如果娩出胎儿死亡，或者生死难以判断而引发诸多纠纷。通常情况下，胎儿娩出时为死胎和胎儿娩出时存活旋即死亡的界限十分模糊，但却会成为巨额的死亡赔偿金能否得到支持的重要依据。此外，法院与鉴定机构采用何种标准认定胎儿在娩出时为活胎也并不统一，这将导致判决各异的情况发生。在我国人口老龄化严重的情况下，更应重视对孕妇和胎儿的权利保护。因此，本文旨在对该类型案件进行类型化分析，总结我国各级法院对该类案件存在的问题并提出可行的建议。

关键词： 胎儿 医疗损害责任纠纷 人身损害赔偿 死亡赔偿金

一 基本案情

（一）案件事实

2022 年 7 月 14 日，原告李某某怀孕停经 41 周入住被告同心县某医院

---

* 邓程耀，武汉大学大健康法制研究中心助理研究员。

妇产科待产，入院后被告医院妇产科相关医护人员对原告李某某完善了相关检查，评定产妇和胎儿情况良好。2022年7月16日进行分娩，因产妇疲乏、不能正确屏气用力，向家属交代病情拟行胎吸助娩，同时准备新生儿复苏物品，新生儿科医师及主任医师到场，参与抢救。家属同意胎吸后，经胎吸辅助下侧切助娩一男婴，胎儿出生后四肢松软，无活力，无呼吸，无心率，立即断脐进行抢救，在进行胸外按压、正压通气及注射肾上腺素后，胎儿仍无心率与呼吸，出生5分钟、10分钟Apgar评分皆为0分。胎儿在15分钟时出现心率，转至新生儿科准备继续抢救后，家属考虑预后问题，放弃抢救，胎儿于2022年7月16日死亡。

原告李某某认为，其孕期产检基本正常，胎儿发育正常，足月临产待产，产前检查发现妊娠合并甲状腺机能减退，口服甲状腺素片治疗，临产时甲状腺功能已恢复正常，对妊娠没有产生不良影响，从被告住院病历记录看出，原告李某某没有产道、胎位、胎儿、胎盘、脐带等方面的自身异常或患有其他疾病。因此，原告李某某不存在自身风险在损害结果发生中的原因力问题。综上所述，由于被告的过错，给原告家庭造成了不可挽回的重大损失，也给原告家庭带来了极大程度的精神伤害，故请求法院依法判令被告赔偿原告胎儿死亡赔偿金在内的各项损失。[1]

（二）判决要旨

审判法院认为，患者在诊疗过程中受到损害，医疗机构及其医护人员有过错且与损害事实有因果关系的，由医疗机构承担赔偿责任。西北政法大学司法鉴定中心作出鉴定意见，被告同心县某医院在原告李某某的诊疗过程中存在法定过错，该过错与原告之子死亡的损害后果之间存在因果关系。被告同心县某医院提供的证据未能有效证实其如实记录了产程，或存在伪造病例材料情形。因此，西北政法大学司法鉴定中心作出的司法鉴定意见书对本次医疗事故成因进行了全面分析，并得出结论，对该司法鉴定

---

[1] 参见李某某、马某某等医疗损害责任纠纷案，宁夏回族自治区同心县人民法院〔2023〕宁0324民初272号民事判决书。

意见书，本院予以采信。本院认为，原告李某某因自身身体因素，原因力大小占次要原因；根据司法鉴定意见分析，被告原因力大小占主要原因，据此，本院酌定原告自行承担30%的责任，被告对原告的各项损失承担70%的责任。由于原告之子死亡事实，造成原告的各项经济损失，根据本院查明的事实并参照宁夏回族自治区公安厅交通警察总队《关于2023年度全区道路交通事故伤亡人员人身损害赔偿有关费用计算标准的通知》的规定及司法鉴定意见书，确认如下：（1）原告之子死亡赔偿金，原告主张803880元，未超出标准，予以确认。（2）原告之子丧葬费，原告主张54718.5元，未超出标准，予以确认。（3）鉴定费，根据原告提供的有效票据，确认为12000元。以上原告各项损失共计为870598.5元。根据双方的责任比例，被告同心县某医院承担609418.95元（870598.5元×70%），原告自行承担261179.55元（870598.5元×30%）。对原告主张的精神损害抚慰金，根据侵权人的过错程度、造成的后果及当地平均生活水平等因素，本院酌定造成原告精神损害抚慰金损失为5000元，由被告同心县某医院向原告予以赔付。对原告主张超出的部分，本院不予支持。

（三）争议焦点

本案争议焦点有三：一是对胎儿在分娩产出时死胎活胎的认定标准问题；二是在死胎情况下对死亡赔偿金的诉求能否得到支持；三是在孕妇自身对胎儿死亡有原因力影响的情况下，导致胎儿死亡的医疗责任如何分配的问题。

二 类案整理

（一）案件类型化分析

笔者在北大法宝数据库（https://law.wkinfo.com/）的检索界面进行高级检索，检索类目如下："案由"为医疗损害责任纠纷；"全文检索"为胎儿及死亡赔偿金；"案件类型"为民事案件；"文件类型"为判决书，审结日期从2021年1月1日到2023年12月31日。通过上述检索条件检索得出384份判决书。经筛查，因此，本文以2021—2023年共三年的审判终结案件（共计384份）判决书作为样本进行分析与研究。

1. 法院级别与审理级别分布特征

涉及造成胎儿死亡的医疗损害责任纠纷案件的法院级别分布如表1所示，由表1可知有关胎儿死亡的医疗损害责任纠纷案件以基层法院审理为主，基层人民法院审理的案件占比为68.49%，中级人民法院审理的案件占比为30.99%，由高级人民法院审理的案件只占0.52%。

同样，该类案件的审理级别分布如表2所示，由表2可以看到，涉及胎儿死亡及赔偿的医疗损害责任纠纷案件以一审为主，占比为68.23%，二审只有30.47%，再审占到1.04%。

表1 法院级别分布

法院级别	占比
基层人民法院	68.49%
中级人民法院	30.99%
高级人民法院	0.52%

表2 审理级别分布

审理级别	占比
一审	68.23%
二审	30.47%
再审	1.04%
其他	0.26%

由表1、表2数据分析可知，关于胎儿死亡的医疗损害责任纠纷案件因标的额受限，通常都由基层法院进行一审。由于双方对于是否应对胎儿的死亡负责、鉴定机构出具的鉴定意见书效力以及赔偿金的多少易引发争议，因此上诉率较高。同时，不同的法院有时会采取不同的标准对新生胎儿是

否存活进行认定,这将造成悬殊的死亡赔偿金金额,因此原告患者在一审中未得到法院支持后通常会选择上诉。此外,由于许多胎儿死亡事故发生的原因不仅为医院的医疗操作不当,还与患者自身的身体健康状况以及住院待产时的自身行为有关,因此许多被告医院难以接受巨额的死亡赔偿金,通常会选择提起上诉。

2. 相关案件标的额情况

笔者对384件案件的标的额进行了粗略的整理分析,由表3可知,标的额为10万元以下的案件占比11.78%,10万—50万元的案件占比39.08%,50万—100万元的案件占比30.75%,100万—500万元的案件则占比18.39%。

表3 相关案件标的额情况

案件标的额	占比
0—10万元	11.78%
10万—50万元	39.08%
50万—100万元	30.75%
100万—500万元	18.39%

通过该项数据可以分析得知,对比起普通的医疗损害责任案件,该类案件的标的额较高。产生这种结果的原因主要是由于涉及死亡赔偿金的赔偿。在我国,只要法院认定胎儿在产出时具有"生命体征",通常便会支持原告对死亡赔偿金的请求。此外,在个别案例中,如前文所述的典型案例,法院在不能完全确认胎儿活产的情况下,也认为胎儿的生命权是值得保护的权利,因此对原告死亡赔偿金的请求予以支持。对胎儿死亡赔偿金的数额计算,通常按照法院所在地的上一年度城镇居民人均可支配收入乘以20年,再按照鉴定机构认定的医院的过错责任比例进行赔付。这种将胎儿与正常生存、生活的人同等对待,"一刀切"的粗略计算方式,通常会造成巨额的死亡赔偿金。因此相较于其他普通医疗损害责任中赔偿占比较大的误工费、残疾赔偿金、精神损害赔偿、伙食补助等,涉及胎儿死亡的医疗损

害责任纠纷案件具有较高的标的额。

3. 裁判结果情况

笔者对 384 件案件的裁判结果进行了整理分析。由表 4 可以看出，一审全部或部分支持的案件占比高达 64.49%，即使进入二审，维持原判的案件也达到 24.28%，一审驳回全部诉讼请求的只占到总案件的 1.04%，二审改判的案件也只达到 6.01%。笔者分析，造成这种情况通常是由于道德因素。医院即使在知道孕妇和胎儿的身体健康状况存在极大的问题，经过抢救也难以治愈和生存，医院也会对胎儿进行紧急的治疗。然而只要医院对胎儿进行了紧急的救治，鉴定机构与法院就会认定胎儿在离开母体后处于存活状态，因此才具备抢救的必要。正因为这种道德和职业操守的因素，诸多医院对于胎儿分娩后是死是活的情况"有苦难言"，即使是由于孕妇或胎儿自身身体原因造成的死亡，医院也需要承担较高的过错责任比例（通常为 50% 及以上）。此外，各地各级法院对胎儿是否"活产"的标准认定各异，但大多更倾向于保护孕妇以及胎儿的利益，在手术记录不明以及事实争议较大的情况下会选择支持原告的请求。因此在一审和二审中，原告的胜诉率更高。

表 4　相关案件裁判结果情况

裁判结果情况	占比
一审全部/部分支持	64.49%
一审驳回全部诉讼请求	1.04%
二审维持原判	24.28%
二审改判	6.01%
再审改判	0.52%
其他	3.66%

（二）典型案例及裁判结果梳理

下面对典型案例及裁决结果进行梳理，如表 5 所示。

表 5　典型案例及裁决结果梳理

序号	案件名称	案情简介	主要争议	裁判要点
1	吕某乐、谢某等医疗损害责任纠纷案①	2022年，原告谢某入住被告医院治疗，后在医院产下一早产儿后，次日胎儿死亡。原告认为是医院过失致胎儿产后旋即死亡，故请求精神损害赔偿、死亡赔偿金在内的多项赔偿	胎儿的死亡能否归责于医院以及原因力大小，谢某的损失应否由该医院承担	依据鉴定意见书和相关病历资料，荆州市某某医院在诊疗过程中存在过错，该过错与谢某及谢某之子损害后果存在因果关系，一审法院酌定荆州市某某医院承担谢某及谢某之子损失的50%。对原告死亡赔偿金的请求予以支持
2	宋某某、武某某等介休市人民医院医疗损害责任纠纷案②	2017年9月原告入住被告介休市人民医院，次日剖宫产一男婴，该新生儿Apgar评分初评1分，该新生儿经抢救无效后于2时10分停止抢救，宣告新生儿死亡。原告认为被告介休市人民医院的诊疗行为存在医疗过错，其过错与宋某某之子的死亡后果之间存在因果关系。故请求被告支付死亡赔偿金在内的各项经济损失	关于本案中死亡赔偿金的计算标准问题	根据《最高人民法院关于审理人身损害赔偿案件适用法律若干问题的解释》第29条规定：死亡赔偿金按照受诉法院所在地上一年度城镇居民人均可支配收入或者农村居民人均纯收入标准计算。根据该规定，按照农村居民标准计算所依据的标准系农村居民人均纯收入来计算。本案中医疗损害导致新生儿死亡计算其死亡赔偿金，也应参照适用该解释，才能体现同命同价的司法理念和社会价值认同，才更加公平合理
3	田某某、赵某某与恩施州中心医院医疗损害责任纠纷案③	2021年6月原告田某某入住被告恩施州中心医院，后分剖宫产一活婴，无有效自主呼吸，并在次日死亡。原告在经历两次试管婴儿手术才怀上的孩子，却因被告的医疗过错而致其死亡，造成了巨大的痛苦。故请求死亡赔偿金在内的经济损失赔偿	在原告田某某自身存在特殊疾病因素增加了胎儿产后死亡的风险的情况下，被告是否需要承担医疗损害责任	在妊娠过程中尽早发现早产高危因素，并对存在的高危因素进行合理评估和及时处理，可以避免早产的发生及并发症的形成。因此若没有医疗过错，损害后果一般不会发生。本案原告在被告恩施州中心医院的诊疗活动中受到损害，经恩施州司法鉴定中心鉴定，被告对原告的诊疗行为存在过错，该医疗过错与田某某之女死亡存在主要的因果关系

---

① 参见湖北省荆州市中级人民法院〔2023〕鄂10民终3239号民事判决书。
② 参见山西省高级人民法院〔2021〕晋民再127号民事判决书。
③ 参见湖北省恩施州中级人民法院〔2023〕鄂2801民初4268号民事判决书。

续表

序号	案件名称	案情简介	主要争议	裁判要点
4	万某、谢某等医疗损害责任纠纷案①	2021年9月原告至被告山丹县妇幼保健院就诊，经被告进行各项检查后收住原告万某入院待产。后对原告万某进行分娩手术，胎儿娩出顺利，但新生儿即刻评分为0分，在1个小时的抢救中评分皆为0分，1小时后抢救无效死亡。原告认为被告的医疗行为存在过错，且是导致胎儿死亡的主要原因。故向法院请求被告支付包括死亡赔偿金在内的各项经济损失	案涉胎儿娩出时是死体还是活体；被告山丹县妇幼保健院在诊疗过程中的医疗行为与案涉胎儿死亡有无因果关系，过错责任大小	关于案涉胎儿娩出时是死体还是活体的问题，根据活产的定义，胎儿全身娩出脱离母体后，只要具有呼吸、心跳、脐带血管搏动、明确的随意肌运动中的任何一项，即为活产。医学临床通常采取Apgar评分方式对胎儿娩出后的生命体征进行评估，该评分是判断新生儿是否为活体的重要标准。因胎儿评分为0分，故认定案涉胎儿娩出时为死体，其民事权利能力自始不存在，原告主张的死亡赔偿金没有法律依据，本院不予支持。关于被告是否与胎儿死亡有因果关系，被告发现胎儿存在宫内窘迫现象后，建议急诊剖宫产术，此时应尽快准备手术，但术前准备时间过长，在娩出胎儿经抢救无效后未有向原告或家属告知进行尸检的记录，被告没有尽到密切观察病情变化和告知义务，在案涉诊疗活动过程中存在不足，与案涉胎儿死亡存在一定因果关系
5	兰州大学第一医院、杨某某等医疗损害责任纠纷案②	2019年9月、11月原告于被告兰州大学第一院进行检查，结果显示一切正常。次年5月，经剖宫产取出一男婴，出生后无意识、无心率、无呼吸，立刻进行急救。抢救约1小时，患儿心率无恢复，宣布临床死亡	被告兰州大学第一医院对于胎儿的死亡是否存在过错；一审判决按照死亡结果作为判赔依据是否认定合理	对于被告是否存在过错，鉴定机构认为胎儿疾病虽不在中国产科超声检查指南筛查范围之内，如果检查者能够仔细观察，三级甲等医院仍有筛查出该疾病的可能等。故应承担次要责任；对于按照死亡结果作为赔偿依据，法院认为在孕期筛查中对胎儿的先天性心脏畸形未能筛查发现，致使不能及时采取终止妊娠措施，且考虑到最终造成胎儿在出生后即死亡后果的发生，故一审判决以死亡结果作为合理判赔依据亦无不当

---

① 参见甘肃省山丹县人民法院〔2022〕甘0725民初488号民事判决书。
② 参见甘肃省兰州市中级人民法院〔2022〕甘01民终1824号民事判决书。

续表

序号	案件名称	案情简介	主要争议	裁判要点
6	高某某、喻某某等民事纠纷案①	2020年5月，原告于被告医院产检建册，整个孕期的产检皆按照被告医院的要求进行，结果均显示正常。同年12月在原告要求立马进行剖宫产后，被告医院的医生却不管不顾。直到当日20：46左右被告医生才为产妇行剖宫产术，胎儿于当日20：50左右出生，后经抢救无效于同日22：25死亡。因此原告向法院请求被告支付死亡赔偿金在内的各项赔偿	被告主张原告胎儿在出生后生命体征微弱且很快死亡，不能认定为自然人，对于死亡赔偿金不能够支持	两审法院皆认为，即使原告的胎儿在分娩后不到两小时内便抢救无效死亡，但既然在短时间内存活，也应认定为自然人。二审法院还认为，被告医院的诊疗行为系为喻某某行分娩术——在法律上系喻某某之子从胎儿成为民事主体的过程，该医疗行为并不能根据婴儿是否娩出而明确地区分为两个部分，医疗行为的过错亦包含娩出前后，故一审支持损失赔偿项目及精神损害赔偿金并无不当
7	颜某某、刘某某等民事纠纷案②	2019年9月，原告颜某某入住被告医院实施产前检查和行剖宫手术。胎儿出生时并无气息，经抢救40多分钟才有呼吸，于两天后死亡。被告医院作为著名的医疗机构，在孕期保健方面具有的较高医疗水平，应当对原告胎儿所出现的问题有所预见。正是由于被上诉人的过错，导致上诉人丧失上述优生优育或其他预防、治疗的机会，并造成了不可逆转的实际经济损失和精神损害，被告理应承担相关赔偿责任	一是被告医院的医疗行为是否存在过错；二是该过错是否与胎儿的死亡存在因果关系	根据《产前超声检查指南》及《产前诊断管理办法》规定，双肺发育不良不属于初步筛查的六大类畸形。超声检查有一定局限性，不能检出双肺发育不良情况。云南省第一人民医院的医疗行为过错与颜某某之子的死亡之间无因果关系，参与度为零。综上所述，被告的过错与颜某某之子的死亡之间无因果关系

---

① 参见云南省昆明市中级人民法院〔2022〕云01民终4478号民事判决书。
② 参见云南省昆明市中级人民法院〔2022〕云01民终894号民事判决书。

续表

序号	案件名称	案情简介	主要争议	裁判要点
8	延安大学附属医院与袁某某、贺某某医疗损害责任纠纷案①	2021年7月，原告贺某某于被告医院住院待产。两天后医院对原告贺某某进行剖宫产手术，于3:53头位取出一足月男婴，经抢救42分钟后宣布新生儿死亡。故原告向法院请求判令被告赔偿死亡赔偿金在内的各项损失	原告之子出生时属于活体还是死体，是否具有民事行为能力，被告是否应赔偿原告死亡赔偿金及丧葬费	《医疗纠纷预防和处理条例》第23条第2款规定，患者死亡的，医疗机构应当告知其近亲属有关尸检的规定。该条例第26条规定，患者死亡，医患双方对死因有异议的，应当在患者死亡后48小时内进行尸检；具备尸体冻存条件的，可以延长至7日。尸体检验应当经死者近亲属同意并签字，拒绝签字的，视为近亲属不同意进行尸检。不同意或者拖延尸检，超过规定时间，影响对死因判定的，由不同意或者拖延的一方承担责任。本案中，上诉人延大附院作为医疗机构，其不能证明已经向被上诉人贺某某、袁某某等近亲属告知在规定的时限内有关尸检的规定，也未提交证明贺某某、袁某某等近亲属不同意进行尸检的证据，致使现在无法鉴定新生儿出生时是否为死产，应当承担举证不力的法律后果，故延大附院应当赔偿贺某某、袁某某主张的死亡赔偿金、丧葬费等损失
9	东明县妇幼保健计划生育服务中心、张某某等医疗损害责任纠纷案②	2021年2月原告张某某入住被告医院待产。当天下午进行剖宫产手术，分娩一男婴，皮肤苍白，无心率及肌张力，迅速台下抢救。抢救记录显示患儿全身皮肤黏膜青紫，无心跳，无呼吸，四肢松软。立即参与抢救，患儿仍无心跳，无呼吸。出院小结记载"新生儿娩出后无生命迹象"。原告认为是被告医疗机构的过错导致胎儿的死亡，故请求死亡赔偿金在内的各项赔偿	涉案的死亡胎儿能否认定为活胎，原告主张的死亡赔偿金能否支持	一审法院认为，被告医院对张某某经过多次检查，均未发现胎儿异常，说明胎儿是活胎。二审法院认为，医疗机构制作的病案和出院小结分别记载"以LOA位分娩一男婴""新生儿娩出后无生命迹象"，前后有矛盾之处，为此应当承担相应的不利后果。故一审法院认定胎儿娩出后为活体并无不当，应当承担死亡赔偿金

---

① 参见陕西省延安市中级人民法院〔2022〕陕06民终606号民事判决书。
② 参见山东省菏泽市中级人民法院〔2021〕鲁17民终4328号民事判决书。

续表

序号	案件名称	案情简介	主要争议	裁判要点
10	梅某某、辛某等医疗损害责任纠纷案①	2021年2月，原告梅某某到被告医院就诊，后自然娩出一胎儿，Apgar评分：1分钟3分，5分钟6分。被告向家属交代病情，给予抢救治疗。半小时后原告辛某在病情危重通知书签字并载明医生病情交代清楚，已了解病情，放弃抢救，后果自负。胎儿死亡后，尸体被家属深埋。原告认为医院在手术过程中存在过错，故请求赔偿	二审法院认为，争议焦点有二：一是被上诉人大群众（营口）医院有限公司是否存在隐匿、伪造病历行为；二是被上诉人大群众（营口）医院有限公司是否履行尸检告知义务	首先，因上诉人在《病情危重告知书》上签字放弃抢救治疗，上诉人梅某某之子在离开新生儿科时并未明确死亡，按照被上诉人的工作流程，没有形成死亡讨论及死亡病例讨论记录，所以客观上死亡记录及死亡病例讨论记录并不存在，上诉人主张被上诉人方大群众（营口）医院有限公司存在隐匿病历行为没有事实依据。上诉人自愿在死胎处理知情选择书上签字载明放弃尸检，后果自负，并把梅某某之子带回深埋，按照一般社会常识，上诉人作为完全民事行为能力人应该能够认识到该行为表明对梅某某之子的死亡没有异议，故对上诉人主张被上诉人没有履行尸检告知义务，本院不予支持
11	杨某某、顾某某与白城中心医院医疗损害责任纠纷案②	2019年4月，原告入住被告医院待产。次日进行分娩手术产出两胎儿，胎儿1出生后无心跳，无自主呼吸，皮肤苍白，无反射，立即行心肺复苏，复苏后无心跳，无自主呼吸，皮肤苍白无反射，30分钟后瞳孔散大，心电图提示无心率，宣布临床死亡。随后胎儿2娩出，出生后有自主呼吸，随后即出现呼吸暂停逐渐加重致无自主呼吸，立即进行抢救，30分钟后，患儿皮肤苍白，无自主呼吸，家属放弃抢救，宣布临床死亡。原告认为医疗机构在手术中存在过错，主张包括死亡赔偿金在内的各项赔偿	关于胎儿1出生时是否为活体的问题	实践中对于出生后的婴儿是否应被认定为生命体存在两种不同观点，一是"独立呼吸说"，即婴儿脱离母体之际具有自主呼吸为完全出生；二是"生命体征说"，即婴儿脱离母体后具有呼吸、心率、肌张力及反射应激力等生命体征之一，为完全出生。在"独立呼吸说"作为出生标准的适用条件下，将不能自主呼吸但具有生命体征的胎儿定义为死胎，不符合现实的发展，随着医学的进步，无法独立呼吸的新生儿可借助科学技术、医疗措施、辅助器具进行呼吸。以"独立呼吸说"作为出生标准，会引发部分父母和医护人员怠于抢救无独立呼吸的新生儿，故采用"生命体征说"作为出生标准更利于保护自然人民事权利。根据全球广泛使用的Apgar评分，评价新生儿的指标分为肤色、脉搏、反射、肌张力和呼吸五项，即该评分方法确定了检查新生儿身体状况应综合五项指标，医生根据评分不同进行相应的处理，其中出生后一分钟评分0—3分的新生儿考虑患有重度窒息。本案中，早产儿1出生后无自主呼吸，无心跳，一分钟评分0分，仅代表其可能患有重度窒息，并不代表其在分娩过程中已经死亡，仍有通过抢救存活的可能性

① 参见辽宁省营口市中级人民法院〔2021〕辽08民终3614号民事判决书。
② 参见吉林省白城市洮北区人民法院〔2019〕吉0802民初2696号民事判决书。

三　案例剖析

《民法典》第13条规定，自然人从出生时起到死亡时止，具有民事权利能力，依法享有民事权利，承担民事义务。第1179条规定，侵害他人造成人身损害的，应当赔偿医疗费、护理费、交通费、营养费、住院伙食补助费等为治疗和康复支出的合理费用，以及因误工减少的收入。造成残疾的，还应当赔偿辅助器具费和残疾赔偿金；造成死亡的，还应当赔偿丧葬费和死亡赔偿金。二者构成请求死亡赔偿金的请求权基础。

通过上面收集的典型案例，我们不难看出，不同的法院对于原告诉求的赔偿金中最重要的一项——死亡赔偿金有着不同的考量标准，主要体现在认定胎儿在分离母体时为死亡状态还是存活状态有着不同的标准。与此同时，我国法院在计算胎儿的死亡赔偿金时一律按照法院所在地的上一年度城镇居民人均可支配收入乘以20年计算，导致认定胎儿的状态将造成巨大的赔偿金差额，这将导致对双方的利益难以进行平衡。此外，医疗机构的何种过错与胎儿的死亡是否具备因果关系也是实践中的难题。因此，笔者尝试对该类案件进行细化的分类讨论。

（一）医疗机构在产前诊断中的责任

在上述案例5兰州大学第一医院、杨某某等医疗损害责任纠纷案与案例7颜某某、刘某某等民事纠纷案中，可以看到法院对于医疗机构在产前诊断中责任认定的不同。两家医院都是以死亡胎儿所患疾病不属于初步筛查的六大类畸形为由进行抗辩，但兰州市中级人民法院认为，即使该疾病不在中国产科超声检查指南筛查范围之内，但如果检查者能够仔细观察，三级甲等医院仍有筛查出该疾病的可能，因此医疗机构需要承担部分责任。而昆明市中级人民法院认为超声检查有一定局限性，不能检出特殊的不良情况，被告的医疗行为过错与胎儿的死亡之间无因果关系。

由此可以看出法院在审理有关产前诊断造成胎儿死亡的案件中，对责任的认定标准较为混乱。产前诊断作为保证孕妇和胎儿健康权利的重要一环，作为保证我国优生优育政策的重要手段，应当存在更严格的事故认定标准。

《民法典》第1221条规定，医护人员在诊疗活动中未尽到与当时的医疗水平相应的诊疗义务，造成患者损害的，医疗机构应当承担赔偿责任。然而，第1227条又规定，医疗机构及其医护人员不得违反诊疗规范实施不必要的检查。二者在胎儿的产前检查中有相互矛盾之处。既然相关的规定只要求进行常见疾病的筛查，那么法院认定医疗机构应超出正常范围进行检查将违反第1127条不得实施不必要检查的规定。因此，应尽快厘清医疗机构在产前诊断中的责任以及合理的应尽义务标准。

（二）在孕妇特殊体质的情况下，医疗机构是否应当对胎儿的死亡负责

在上述案例3田某某、赵某某与恩施州中心医院医疗损害责任纠纷案中，被告主张胎儿死亡是由于孕妇自身患有特殊的疾病，医院在分娩手术过程中的操作并无不当。但法院依据最高人民法院发布的指导性案例认定，特殊体质不能够成为侵权人减轻或者免除侵权责任的事由，因此认定医疗机构仍然负主要责任。该观点的合理性有待商榷，但值得注意的是，在胎儿分娩这种需要具备专门知识且难以准确认定事故发生原因的案件中，法院往往容易忽视孕妇产程突发情况的不可控性、孕妇自身基础疾病的复杂性、个人认知能力的有限性以及医疗技术水平的局限性，如果一味对医疗机构苛责，将引发权利义务上的失衡。

（三）胎儿属于活体或死体的举证责任

在上述案例8延安大学附属医院与袁某某、贺某某医疗损害责任纠纷案，案例9东明县妇幼保健计划生育服务中心、张某某等医疗损害责任纠纷案，案例10梅某某、辛某等医疗损害责任纠纷案中，争议的焦点都是对于胎儿存活状态的举证责任。

通常情况下，医疗机构会在手术过程中制作记录表，也会在手术结束后制作病例，二者是认定胎儿娩出时状态的重要依据。此外，由鉴定机构对胎儿进行的尸检也是法院衡量胎儿状态重要参考，与之相比，孕妇产前进行的诊断很少被法院采用为认定的标准。在前述的案例中，一般是由医疗机构出示相应的记录来证明胎儿在分娩时的状态。在案例8中，由于原告当事人缺乏相应的医学、法律知识，没有第一时间进行尸检，因此承担了举证不利的后果。关于尸检告知的问题，《医疗纠纷预防和处理条例》明确规定，发生医疗纠纷患者死亡的，医疗机构应当告知其近亲属有关尸检的规定。尸体检验的目的是查明患者的死亡原因，也为下一步的医疗损害鉴定提供医学根据，不进行尸体检验，就很难对相关专业性问题得出客观的鉴定意见。此外，医疗机构的各种记录不一致，如案例9，也将导致法院认定胎儿为活体。

（四）胎儿属于活体或死体的认定标准

在涉及新生儿死亡的妇产科纠纷中，死产或者是新生儿死亡是医患双方争议的焦点，其涉及死亡赔偿金及丧葬费的主张能否得到法院的支持。此时难以避免的一项便是胎儿属于活体或死体的认定标准，这是原告主张的死亡赔偿金能否得到支持的最重要依据。

通常，法院会依据《民法典》第13条，即自然人从出生时起到死亡时止，具有民事权利能力，依法享有民事权利，承担民事义务。然而，何为"出生"却没有一个统一的标准。

实践中对于出生后的婴儿是否应被认定为生命体存在两种不同观点，一是"独立呼吸说"，即婴儿脱离母体之际具有自主呼吸为完全出生；二是"生命体征说"，即婴儿脱离母体后具有呼吸、心率、肌张力及反射应激力等生命体征之一，为完全出生。在"独立呼吸说"作为出生标准的适用条件下，将不能自主呼吸但具有生命体征的胎儿定义为死胎，不符合现实的发展，随着医学的进步，无法独立呼吸的新生儿可借助科学技术、医疗措施、辅助器具进行呼吸。以"独立呼吸说"作为出生标准，会引发部分父母和医护人员急于抢救无独立呼吸的新生儿，故采用"生命体征说"作为出生标准更利于保护自然人的民事权利。目前实务界更多采用"生命体征说"来作为认定胎儿属于活体的标准。

在采用"生命体征说"的前提下，法院往往会采用全球广泛使用的Apgar评分来认定胎儿的状态。该评分评价新生儿的指标分为肤色、脉搏、反射、肌张力和呼吸五项，即该评分方法确定了检查新生儿身体状况应综合五项指标，是认定胎儿状态的重要评分。大部分法院会将评分为0分的胎儿认定为死胎，不具备民事主体资格，不能享有民事权利，自然也不能支持死亡赔偿金的请求。在部分法院的判决中，如上述万某、谢某等医疗损害责任纠纷案中，法院认定评分为0分的胎儿为死胎，不能成为民事主体，对死亡赔偿金的请求不予支持。但是，这种看似统一的认定标准背后却存在极大的不公。Apgar评分标准的满分为10分，通常情况下健康的胎儿都能获得8分及以上的评分，评分为0—3分的胎儿都存在极大的风险，能够通过急救挽救生命的也是少数。然而，对于评分为0分的胎儿认定为死胎，与之相差甚小的评分为1分的胎儿却被认定为活胎，能够获得数十万元的死亡赔偿金，这种粗略的判定标准的合理性应当再作考量。

此外，受限于经济发展与医疗水平，又缺乏相关的法律规定，许多医院在进行分娩手术时并不会进行Apgar评分，而只是简单地在手术记录上记载胎儿为"死胎"或"活婴"，但在某些情况下，"活婴"只是具备抢救的可能，其存活的可能性非常低，此时医生出于道德因素，仍会对生存概率极低的胎儿进行急救，但在部分法院看来这便是认定胎儿存活的证明，这种认定方式将会引发极大的道德风险。因此，尽快统一胎儿状态的认定标准是当务之急。

四　对相关法律制度的启示

（一）应当完善对胎儿的权利保护

1986年颁布的《民法通则》及其司法解释并未设定任何胎儿利益保护

的一般规定。由此可以看出，《民法通则》限定了民事权利能力的起止点，否定了胎儿的民事权利能力。① 而《民法典》中新增了胎儿权利的规定：涉及遗产继承、接受赠与等胎儿利益保护的，胎儿视为具有民事权利能力，使得争议再起。关于胎儿是否能够享有民事权利能力，有的学者主张一般权利能力说，认为胎儿即使还未出生也应得到周全的保护；② 有的学者主张部分权利能力说，他们认为，部分权利能力概念虽然未有明文规定，但是在关于胎儿权益保护上，立法已经承认部分权利能力的存在，胎儿系尚未出生、未形成完整人格的部分民事权利能力人；③ 还有的学者恪守民法的传统观点，认为民事权利能力只能始于出生，将之提前到胎儿阶段将会对民法基本理念的严重冲击④。

而在涉及胎儿死亡的相关案例中，胎儿的民事权利能力能否得到承认是关键。学界的争论也会影响实务界的认定，如在前文的李某某、马某某等医疗损害责任纠纷案中，法院认为胎儿在分娩手术前的所有检查中都具备生命体征，状况良好，即使在手术过程中因为医疗机构的不当操作导致出生时评分为0近乎死胎，也应承认其生命权，因为其民事权利能力并非在分娩结束的那一刻才得到承认，而是在胎儿阶段就享有，正是因为医疗机构的过错导致其作为死胎出生，这并不能构成侵权行为发生时对其民事权利能力的否定，从而支持原告对于死亡赔偿金的主张。这样的判决突破了以往恪守"活胎"与"死胎"这一唯一标准的认定，突破了《民法典》第16条"但是，胎儿娩出时为死体的，其民事权利能力自始不存在"的规定。但我们也可以看到法院对"以人为本"理念的贯彻，这有利于在新时代人口老龄化严重的困境下加强对孕妇和胎儿的保护，落实国家对于多胎的

---

① 陈文琼、李子蔚：《我国胎儿利益保护制度的构建——以〈民法典〉第16条规定为视角》，《河北法学》2021年第5期。
② 参见王洪平《论胎儿的民事权利能力及权利实现机制》，《法学论坛》2017年第4期。
③ 参见杨立新《〈民法总则〉中部分民事权利能力的概念界定及理论基础》，《法学》2017年第5期。
④ 参见李永军《我国〈民法总则〉第16条关于胎儿利益保护的质疑——基于规范的实证分析与理论研究》，《法律科学》（西北政法大学学报）2019年第2期。

号召。

  刘德良认为，在司法实践已经承认死者的民事权利的情况下，忽视对胎儿的保护似有不妥。立法和理论在承认和保护自然人的生命权的同时，却不承认和保护胎儿的生命（权）的做法，在价值理念上难以自洽。[1] 张红指出，《民法典》第16条肯认了凡涉及遗产继承、接受赠与等关乎胎儿财产利益时，民法视胎儿具有民事权利，"举轻以明重"，胎儿的生命更应值得保护。而相关案件均以"胎儿娩出后有无生命体征"作为判断行为人是否赔付胎儿死亡赔偿金的标准。此种现象无疑有悖民法的公平理念。这种不公现象的产生，皆是由于对胎儿生命权及其损害赔偿等问题未予以明文规定，存在亟待解决的"法律漏洞"。[2]

  总而言之，还需要尽快完善胎儿权利的相关立法。立法机关指出："除了遗产继承和接受赠与，实践中还有其他涉及胎儿利益保护的情况，因此本条用了一个'等'字，没有限定具体范围，为今后进行这方面的立法留下空间。"[3] 而没有相关配套的法律与司法解释，法院也难以对该"等"字进行适用，这导致不同法院对于胎儿权利能力的保护程度不同，相关案件的判决结果也不同。胎儿作为实现人类社会稳定运转的基石之一，应当尽快完善配套的立法进行更周全的保护。

（二）应当完善对死亡赔偿金数额的认定标准

  通过前述案例我们可以发现，涉及胎儿死亡的医疗责任纠纷案件中，法院在认定死亡赔偿金时并无自由裁量权。《最高人民法院关于审理人身损害赔偿案件适用法律若干问题的解释》规定，死亡赔偿金按照受诉法院所在地上一年度居民人均纯收入标准，按20年计算。但60周岁以上的，年龄每增加一岁减少一年；75周岁以上的，按五年计算。

---

[1] 参见刘德良《身份人格权论》，《中国法学》2023年第4期。
[2] 参见张红《人格权法》，高等教育出版社2022年版，第140页。
[3] 参见李适时主编、张荣顺副主编《中华人民共和国民法总则释义》，法律出版社2017年版，第47页。

通常情况下，只要认定胎儿娩出时为活体，便会支持原告以20年计算的死亡赔偿金，而倘若胎儿不幸没有生命体征，则无法得到任何死亡赔偿金。在胎儿死亡这种特殊情景下，仍然适用和普通案件一样的计算标准，看似规范了法院的裁判，实则会造成更大的不公。正如笔者前文所述，法院采用Apgar评分来对胎儿的生存状况进行认定。评分较高的胎儿健康状况良好，当然具有很高的出生可能性，将其视作民事主体并没有疑问。然而，评分为0—3分的胎儿通常都具有极高的风险，通过医生的抢救而妙手回春的仍是少数，被评为0分与1分、2分的胎儿都难以顺利地生存并长大成人。为何却机械地剥夺被评为0分胎儿的父母对于死亡赔偿金的请求权，这背后的道德困境难以解决。通过前文列举的案件我们不难看出，实践中存在诸多胎儿出生旋即死亡的案件，无一例外都可以得到法院对死亡赔偿金的支持。然而，从常人的角度出发，生存30分钟的胎儿与生存1分钟的胎儿是否确实存在本质上的不同，从而影响高达数十万元的死亡赔偿金？笔者认为答案是否定的。

此外，这种简单粗暴的认定标准也极易诱发医疗机构在手术中的道德风险。对于健康状况良好的胎儿，假如因为医疗机构的过错致其死亡，进而承担几十万元的死亡赔偿金并无不妥。然而，如果由于孕妇自身的疾病或者其他原因，胎儿在分娩时的生命体征就已微弱，医疗机构经过全力抢救也难以令其生存，这种情况下法院往往会认定"若为死胎则无须进行抢救"，进而认定胎儿为活胎，判令医疗机构支付高额的死亡赔偿金。在这种背景下，会迫使医生在评判胎儿的生命体征时尽可能给出较低的分数，并在生存概率极低的情况下直接放弃抢救，使得胎儿被认定为死胎，从而规避高额的死亡赔偿金。这种极其严重的道德风险应当尽力避免。

因此，想要在这类案件中实现真正的公平公正，需要尽快完善对胎儿死亡赔偿金的认定标准。包括引入更先进与详细的判断胎儿状况的方式、在司法实践中更多参考专业鉴定机构的意见等。更重要的是，需要对现有的胎儿死亡赔偿金计算方式进行修改与完善。在国外，新生儿的死活判断主要涉及卫生保健统计和活产证明的出具，在侵权赔偿方面由于新生儿甚至儿童，没有劳动能力，没有收入，赔偿额往往很少，并不施行我国这种赔偿计算方式。① 因此，应当尝试建立一整套更完善的认定标准，对于不同健康状况的胎儿支持不同程度的死亡赔偿金，如生存概率极低的胎儿只能支持以 3—5 年计的赔偿金额，而生存概率极大的健康胎儿可以支持以 20 年计的死亡赔偿金。

五　结　语

由于食品安全、环境污染、晚婚晚育等外在影响，近年来胎儿死亡的医疗损害责任纠纷频发。如何准确地认定胎儿的状态以及分配医患双方的责任是法院的难题。在立法上，《民法典》第 16 条突破设立了胎儿的民事权利能力，彰显了立法者对于胎儿利益保护的重视，但也引起了学界与实务界不小的争论，"等"字却难以真正涵盖胎儿的生命等亟须保护的权利。应当尽快完善相关的立法，使孕妇与胎儿的权利能够得到切实保护。

在实践中，涉及胎儿死亡的医疗责任纠纷案件常出现同案不同判的情况，这是由于对胎儿状态的认定标准不够完善，对《民法典》第 16 条出现了不同的理解，以及胎儿死亡赔偿金的计算方式存在瑕疵等导致的。在出生率低迷、人口老龄化严重的现代社会，应当完善相关的认定标准，保护生育群体的权利，鼓励人们响应国家积极生育的号召。

---

① 陈伟、张梦、狄胜利：《医疗损害赔偿案件新生儿生死判断 34 例分析》，《中国法医学杂志》2023 年第 2 期。

代购管制药品的犯罪行为认定

丁润楠*

摘　要： 部分麻醉药品、精神药品存在"药性"（治疗效果）与"毒性"（成瘾效果）的双重属性，生产及销售受到严格管制。代购作为患者逃避医生处方的手段，实践中通常为患者擅自获取管制药品的渠道。因此如何认定代购管制药品行为在刑事司法实务中一直是个难题。一方面，"毒品"难以直接通过经验法则加以认识，其判断有赖于价值评判和规范认识，行为人的主观认知和客观行为将影响个案中管制药品"毒性"和"药性"的界分；另一方面，代购管制药品的犯罪行为可能导致毒品犯罪、非法经营罪、销售假药罪等不同罪名的竞合，在个案中适用正确的罪名存在一定的难度。在代购管制药品的法律纠纷中，法院应当准确把握罪刑法定原则，对刑法条款进行慎重解释，避免过度扩张刑事司法的边界。

关键词： 管制药品　毒品犯罪　非法经营罪

一　基本案情

（一）案件事实

根据我国《麻醉药品和精神药品管理条例》《精神药品品种目录》规

---

* 丁润楠，武汉大学大健康法制研究中心助理研究员。

定，未经国家药品管理部门的许可，氯巴占、喜保宁、雷帕霉素三种药品不得在国内销售。其中氯巴占成分中含有海洛因，属于国内管制的二类精神药品，严格禁止私自买卖。然而，被告人胡某某（网名为"铁马冰河"）的女儿患有先天性癫痫病，所需药品氯巴占只能通过境外邮购方式购买。不仅如此，被告人曾多次帮助有相同病情的多名患儿家长代购氯巴占、喜保宁、雷帕霉素等药品，并加价销售。2021年11月12日，河南省中牟县人民检察院以被告人胡某某犯走私、贩卖毒品罪向中牟县人民法院提起公诉。经过两次开庭审理，最终于2023年3月31日河南省中牟县人民法院公开开庭宣判，判处被告人胡某某犯非法经营罪，免予刑事处罚。①

"铁马冰河案"因涉及罕见病儿童特殊用药需求，引起全社会的广泛关注。在本案第一次开庭审理后，国家出台了《临床急需药品临时进口工作方案》和《氯巴占临时进口工作方案》，加快了仿制药的审批。因此，"铁马冰河案"也被评选为"新时代推动法治进程2023年度十大案件"之一。

（二）判决要旨

我国《刑法》第225条规定，未经许可经营法律、行政法规规定的专营、专卖物品或者其他限制买卖的物品，扰乱市场秩序，情节严重的，构成非法经营罪。根据我国《精神药品品种目录》，氯巴占属于第二类精神药品，因能够使人形成瘾癖而具有毒品和临床药品的双重属性。基于第二类精神药品的特性，我国《麻醉药品和精神药品管理条例》第22条规定第二类精神药品由国家实行特殊管理、定点经营。喜保宁、雷帕霉素系尚未获准在国内销售的境外药品，未经国家行政主管部门批准，任何人不得从事相关经营活动。本案中，被告人胡某明知涉案药品未经许可不得擅自销售，仍在自建的微信群中多次发布药品销售信息，承诺给予推销药品的人员一定优惠，并传授代收人如何应对海关检查。胡某某在微信群中加价销

---

① 参见中牟县人民法院《被告人胡阿弟走私、贩卖毒品案一审当庭宣判》，载微信公众号"中牟县人民法院"，https://mp.weixin.qq.com/s/TqXFlJVEsfWohjB7aVVBLQ，2023年3月31日。

售药品金额超过50万元，其行为客观上扰乱了药品市场管理秩序，依法应以非法经营罪论处。但由于其主观恶性较小、社会危害性较小，存在初犯、坦白、主动退缴违法所得等情形，所以依法免除其刑事处罚。

（三）争议焦点

本案的核心争议焦点有三：第一，产品定性问题。涉案的氯巴占兼具药品和毒品的双重属性，在本案中应当定性为药品还是毒品？第二，代购非流通管制药品的罪与非罪问题。为解决患者特殊的购药需求而海外代购受管制的麻醉药品、精神药品（以下简称管制药品）的行为，究竟是否构成犯罪？第三，具体罪名的选择适用问题。代购非流通管制药品，选择适用走私、贩卖毒品罪、非法经营罪，还是妨害药品管理罪？

二 类案整理

（一）案件的类型化分析

在北大法宝司法案例数据库内以"管制药品""麻醉药品""精神药品""代购""海外""境外"等词汇作为关键词，同时以"生产、销售、提供假药罪""生产、销售、提供劣药罪""妨害药品管理罪""非法经营罪""非法提供麻醉药品、精神药品罪""走私、贩卖、运输、制造毒品罪"作为案由条件检索，近十年（2014年1月1日至2023年12月31日）符合条件的判决书、裁定书共65件（见表1）。

表1 代购管制药品犯罪分布情况　　　　　　　　　　单位：件

	2014年	2015年	2016年	2017年	2018年	2019年	2020年	2021年	2022年	2023年	总和
判决	5	3	1	6	7	11	16	4	1	1	55
裁定	0	0	0	1	2	1	5	1	0	0	10
总计	5	3	1	7	9	12	21	5	1	1	65

根据统计，在检索出的 65 件裁判文书中，共有 34 件裁判文书于区（县）级人民法院审理，占比 52.31%，28 件于中级人民法院审理，占比 43.08%，3 件于高级人民法院审理，占比 4.62%。2018—2020 年是相关案件数量最多的 3 年，其中 2018 年有 8 件、2019 年有 12 件、2020 年有 21 件（见表 2）。

表 2 代购管制药品犯罪法院层级情况 单位：件

法院级别\年份	2014年	2015年	2016年	2017年	2018年	2019年	2020年	2021年	2022年	2023年	总和
区（县）级人民法院	5	2	1	4	4	7	8	2	1	0	34
中级人民法院	1	1	0	3	4	4	11	3	0	1	28
高级人民法院	0	0	0	0	0	1	2	0	0	0	3
总计	6	3	1	7	8	12	21	5	1	1	65

基于 65 件裁判文书的审判结果进行统计分析。近十年代购管制药品一审裁判文书为 51 件，占比 78.46%；二审裁判文书为 14 件，占比 21.54%；再审程序 0 件（见表 3）。

表 3 代购管制药品犯罪案件审理程序情况 单位：件

审理程序	一审	二审	再审
数目	51	14	0
占比	78.46%	21.54%	0

近十年销售管制药品的刑事案件分布于 22 个省、直辖市以及自治区，其中纠纷数量前五的省份包括江苏省、安徽省、广东省、浙江省、福建省，数量分别为 13 件、7 件、6 件、5 件、4 件，总数为 35 件，该五个省市涉及的案件总和占全国案件总数目的 53.85%（见表 4）。

表 4　代购管制药品犯罪地区分布情况（前五）　　　单位：件

地区	江苏省	安徽省	广东省	浙江省	福建省
数目	13	7	6	5	4
占比	20.00%	10.77%	9.23%	7.69%	6.15%

基于近十年全国代购管制药品犯罪的裁判文书统计发现，代购管制药品案件中共有114人涉诉、判刑总时长达249.56年，判处罚金总计679.4万元（见表5），对社会存在较大危害。

表 5　代购管制药品犯罪情况

结果＼年份	2014年	2015年	2016年	2017年	2018年
涉案人数（人）	7	6	2	8	10
判刑年限（年）	21.50	7.50	2.83	19.33	14.75
判处罚金（万元）	446.00	1.00	15.00	46.70	20.70

结果＼年份	2019	2020	2021	2022	2023
涉案人数（人）	21	44	11	4	1
判刑年限（年）	74.41	65.50	18.66	22.08	3.00
判处罚金（万元）	35.10	79.40	29.20	5.50	0.80

2020年涉案人数以及判刑年限都达到了一个峰值，而2022年、2023年出现了大幅度下降，主要是因为2022年起大部分判决书未上传至网络公开，因此该数据不能真实反映这两年的真实水平。十年内共同犯罪情况较多，为28件，占比43.08%，其中，2018年存在一起单位犯罪，单位和直接责任人共同受到刑事处罚。个人单独犯罪的情况更为多见，有37件，占比56.92%。在共同犯罪中，犯罪人为二人的较为常见，共有15件，占比23.08%（见表6）。

表6 代购管制药品犯罪涉案人数情况　　　　　　　　单位：件

涉案人数＼年份	2014年	2015年	2016年	2017年	2018年	2019年	2020年	2021年	2022年	2023年	总和
1人	2	1	0	6	5	7	11	4	0	1	37
2人	1	1	1	2	2	2	5	1	0	0	15
3人	1	1	0	0	1	2	1	0	0	0	6
4人	0	0	0	0	0	1	1	0	1	0	3
5人及以上	0	0	0	0	0	0	3	1	0	0	4
总计	4	3	1	8	8	12	21	6	1	1	65

近十年代购管制药品犯罪个案人均判刑年限主要集中在"1年＜判刑≤3年"，共有36人；也有一定数量的判刑年限分布在"判刑≤1年"和"3年＜判刑≤10年"两个区间内，分别共有23人和21人，数量相当；"判刑＞10年"人数极少，为3人（见表7）。

表7 代购管制药品犯罪个案人均判刑年限情况①　　　　单位：人

结果	2014年	2015年	2016年	2017年	2018年
判刑≤1年	1	0	1	2	0
1年＜判刑≤3年	4	0	1	1	3
3年＜判刑≤10年	4	1	0	0	2
判刑＞10年	0	0	0	1	0
总计	9	1	2	4	5

结果	2019年	2020年	2021年	2022年	2023年
判刑≤1年	5	11	2	1	0
1年＜判刑≤3年	5	16	5	0	1
3年＜判刑≤10年	4	6	1	3	0
判刑＞10年	2	0	0	0	0
总计	16	33	8	4	1

---

① 同一裁判文书中可能有多人判刑的情况，表7中按照被告人数计算，共有454名被告。

在 65 件案件中，有 4 个案件中存在判处拘役的情况，占近十年代购管制药品犯罪案件数的 6.15%。其案件数分布情况为：2017 年 3 件、2018 年 1 件；近十年有 3 个案件中存在判处管制的情况，占近十年代购管制药品犯罪案件数的 4.62%。其案件数分布情况为：2018 年 1 件、2020 年 2 件（见表 8）。

表 8　代购管制药品犯罪判处拘役情况　　　　　　　单位：件

年份 结果	2014 年	2015 年	2016 年	2017 年	2018 年	2019 年	2020 年	2021 年	2022 年	2023 年	总和
拘役	0	0	0	3	1	0	0	0	0	0	4
管制	0	0	0	0	1	0	2	0	0	0	3

通过对比研究近十年代购管制药品案件判决书、裁定书发现，65 件案件中，共有 49 件的罪名集中在走私、贩卖、运输、制造毒品罪，占比 75.38%，其中 2020 年该罪名判决达到峰值，为 19 件；此外，其他案件较为平均地分布在生产、销售、提供假药罪和非法经营罪，分别为 9 件和 6 件，分别占比 13.85% 和 9.23%（见表 9）。

表 9　代购管制药品犯罪判决罪名情况　　　　　　　单位：件

判决罪名 \ 年份	2014 年	2015 年	2016 年	2017 年	2018 年	2019 年	2020 年	2021 年	2022 年	2023 年	总和
走私、贩卖、运输、制造毒品罪	2	2	0	3	5	11	19	5	1	1	49
生产、销售、提供假药罪		1		4	3	1			0	0	9
非法经营罪	3	0	1	0	0	0	2	0	0	0	6

（二）本案及典型同类案件判决理由情况整理

表10　本案及同类型案件判决情况

编号	案件名称				法院观点
1	胡某某走私、贩卖毒品案①				被告人胡某某违反国家规定，非法经营药品，行为已构成非法经营罪。但考虑到其买卖的药品用于治疗癫痫病患者，社会危害性较小，属于情节轻微，不需要判处刑罚
	主观方面	销售对象	药品定性	罪名	
	不知所销售的药品具有毒品属性	癫痫病患者及家属	药品	非法经营罪	
2	祁某非法经营案②				被告人祁某在未取得药品经营许可证的情况下，多次通过互联网从德国以350—500元不等的价格购买处方类药品氯巴占，通过微信进行销售。被告人祁某的行为违反国家药品管理法规，非法销售国家规定管制的药品，其行为构成非法经营罪，依法应予惩处
	主观方面	销售对象	药品定性	罪名	
	明知所销售的药品是管制药品。无销售毒品的故意。	患者	药品	非法经营罪	
3	张某、李某、桑某某等非法经营案③				被告人违反国家药品管理法律规定，未取得药品经营许可证销售药品，其行为侵犯了经营许可证的市场管理制度，扰乱市场秩序，情节特别严重，其行为均已构成非法经营罪
	主观方面	销售对象	药品定性	罪名	
	被告人得知国际相关药品信息，认为治疗肝病、癌症等药品在国内会有较大的销售市场，便在老挝投资建厂，对配制成功的仿制药进行批量生产	国内患者	药品	非法经营罪	

---

① 参见中牟县人民法院《被告人胡某某走私、贩卖毒品案一审当庭宣判》，微信公众号"中牟县人民法院"，https:// mp. weixin. qq. com/s/TqXFlJVEsfWohjB7aVVBLQ，2023年3月31日。
② 参见祁某非法经营案，辽宁省沈阳市大东区人民法院〔2020〕辽0104刑初332号刑事判决书。
③ 参见张某、李某、桑某某等非法经营案，浙江省杭州市江干区人民法院〔2020〕浙0104刑初340号刑事判决书。

续表

编号	案件名称				法院观点
4	黄某某、陈某某等走私、贩卖、运输、制造毒品案①				五名被告人均明知莫达非尼是国家管制的精神药品，但为了牟取非法利益，无视国家对于毒品管理的法律规定，通过网络营销手段向不特定对象贩卖，主观上并非出于医疗目的，具有放任危害结果发生的间接故意，客观上贩卖的莫达非尼亦被购毒人员服食滥用，对公民身体健康造成的潜在危害巨大，五名被告人的贩卖行为严重破坏了社会管理秩序以及国家对于毒品管理的法律制度，其行为符合贩卖毒品罪的构成要件，应当以贩卖毒品罪追究刑事责任
	主观方面	销售对象	药品定性	罪名	
	明知莫达非尼是国家管制的精神药品，主观上并非出于医疗目的，具有放任危害结果发生的间接故意	通过网络营销手段向不特定对象贩卖	毒品	走私、贩卖毒品罪	
5	吴某某、韩某某走私、贩卖、运输、制造毒品案②				被告人违反国家毒品管制法规，向他人贩卖氟硝西泮，二被告人的行为均已构成贩卖毒品罪
	主观方面	销售对象	药品定性	罪名	
	涉案药品在日本是处方药，被告人辩称不知其可以作为毒品使用。但法院认为被告人明知该药品系国家规定的管制的能够使人形成瘾癖的精神药品	通过微信向好友销售	毒品	贩卖毒品罪	
6	王某走私、贩卖、运输、制造毒品案③				被告人王某违反国家对毒品管制的规定，走私毒品氟硝西泮片剂20.6克（内含氟硝西泮成分0.2克，折合海洛因0.00002克），其行为已构成走私毒品罪
	主观方面	销售对象	药品定性	罪名	
	被告人称购买毒品的目的并非用于贩卖而是用于治疗自己的失眠和抑郁症	尚未销售	毒品	走私毒品罪	

① 参见黄某某、陈某某等走私、贩卖、运输、制造毒品案，江苏省扬州市中级人民法院〔2020〕苏10刑初1号刑事判决书。
② 参见吴某某、韩某某走私、贩卖、运输、制造毒品一案，浙江省浦江县人民法院〔2019〕浙0726刑初197号刑事判决书。
③ 参见王某走私、贩卖、运输、制造毒品案，厦门市中级人民法院〔2018〕闽02刑初81号刑事判决书。

续表

编号	案件名称				法院观点
7	占某某生产、销售假药罪案①				被告人在其经营的口腔门诊部内，将其购买的无批准文号的境外药品，用于就诊患者口腔治疗时麻醉所用。违反国家药品管理法规，明知是未经国家药品管理机构批准进口的药品而予以销售，其行为已构成销售假药罪
	主观方面	销售对象	药品定性	罪名	
	明知是未经国家药品管理机构批准进口的药品而予以销售	就诊患者口腔治疗时麻醉所用	药品	销售假药罪	
8	丘某某生产、销售假药案②				被告人多次购进无药品批准文号的标示"韩国 HUONS 株式会社"生产的"MEDICAINEIng."口腔麻醉注射液（俗称"韩麻"），并通过物流方式销售。被告人销售无批准文号的麻醉药品、注射剂药品，其行为构成销售假药罪
	主观方面	销售对象	药品定性	罪名	
	明知是假药而予以销售	销售给诊所、药店	药品	销售假药罪	
9	陆某代购仿制药案③				陆某的购买和帮助他人购买未经批准进口的抗癌药品的行为，违反了《药品管理法》的相关规定，但陆某的行为不是销售行为，不符合《刑法》第141条的规定，不构成销售假药罪，遂决定对陆某不予起诉
	主观方面	销售对象	药品定性	罪名	
	明知是未经批准进口的管制药品	病友	药品	不起诉	

（三）类案整理结果分析

首先，在时间分布上，近十年内代购管制药品犯罪主要集中在 2020 年，从 2022 年起出现急剧下降的趋势。原因在于，一方面受新冠疫情影响，物流不畅通。管制药品代购案件中大部分药品依赖快递、物流运输，疫情期间销售渠道受阻，犯罪率下降。另一方面 2022 年后部分法院不再公开判决文书，可供参考的文书不够全面；在地域分布上，由于代购管制药品均需

---

① 参见占某某生产、销售假药罪案，江苏省常州市金坛区人民法院〔2017〕苏 0482 刑初 247 号刑事判决书。
② 参见丘某某生产、销售假药案，山东省莱阳市人民法院〔2016〕鲁 0682 刑初 454 号刑事判决书。
③ 参见湖南省沅江市人民检察院沅检公刑不诉〔2015〕1 号不起诉决定书。

要从境外走私，此类犯罪集中于我国边境省份和地区，如江苏省、广东省、浙江省、福建省等。

其次，代购管制药品犯罪往往发现较早、犯罪数额较小、未造成严重的社会危害后果。近十年来，一审裁判文书占比为78.46%，二审比率为21.54%，不存在再审案件。由于犯罪数额较小，绝大部分被告人判刑在三年以内。涉诉的114人中，判刑总时长达249.56年，人均2年左右，适用缓刑、拘役的比率也较高。

最后，同案不同判情况较为突出。通过比较分析列举的案件判决可以发现，在涉案物均为管制药品的情况下，有的法院会认定为毒品，而有的法院认定为药品。更有甚者，即使两个不同的案件中行为人代购了同一种管制药品，也可能出现一个法院认为是药物，而另一个法院认为是毒品的矛盾局面。案涉法院承认了犯罪认定上销售对象的重要性，但部分法院认为销售对象为不特定人时存在药物流入毒品市场的可能性，因此成立销售毒品罪；而另一部分法院则认为，销售对象的不特定不能当然视为流入毒品市场，只要现有证据无法证明管制药品被吸毒、贩毒分子购入，就不能以毒品犯罪论处。法律的模糊性导致罪名适用存在解释空间。不同的法院与法官对于规范的认识和价值的评判有着不一致的观点。考虑到法律适用的一致性和法律的权威性，应当通过司法解释的制定或者指导案例的公布，减少判决的偏差，降低法院在处理代购管制药品犯罪案件上的困难。

三 案例剖析

（一）"药"还是"毒"——个案中管制药品的定性分析

不同于海洛因、大麻、鸦片等一般意义上的毒品，氯巴占、氯硝西泮、阿普唑仑这类兼具"药性""毒性"双重属性的管制药品，在实务中认定其在个案中的具体属性，往往存在一定的困难。

根据《禁毒法》第2条以及《刑法》第357条的规定，毒品的种类包括鸦片、海洛因、甲基苯丙胺（冰毒）、吗啡、大麻、可卡因，以及国家规定管制的其他能够使人形成瘾癖的麻醉药品和精神药品。由于部分管制药品具有抑制或兴奋中枢神经的功能，长期且不正当地使用能够使人形成精神上的依赖，因而原本具有医疗价值的管制药品可能被不法分子非法利用，从而实现了从"药品"到"毒品"的转变。

《禁毒法》第2条第2款说明并非所有管制药品都是毒品，即"根据医疗、教学、科研的需要，依法可以生产、经营、使用、储存、运输麻醉药品和精神药品"。也就是说，依法正当使用的管制药品并不是毒品。因此也实现了从"毒品"到"药品"的转变。

由此可见，管制药品无论是"毒品"属性还是"药品"属性都非天然的、当然的、绝对的，在不同的使用者、使用目的、使用场景中会表现为不同的性质。因而《刑法》第357条规定的"毒品"并非纯粹的记述的构成要件要素，无法单纯通过经验法则和一般的认识活动加以判断，需要法官在个案中结合对法律规范的解释、客观事实的认知以及价值判断的把握进行综合的分析。具体而言，司法实务中需要依据行为人的主观、客观等方面的表现，来判定管制药品在个案中究竟表现为毒品属性还是药品属性。

1. 首先区分销售对象

最高人民法院在2015年印发的《全国法院毒品犯罪审判工作座谈会纪要》（以下简称为《武汉纪要》）中关于"非法贩卖麻醉药品、精神药品行为的定性问题"中明确指出，"行为人向走私、贩卖毒品的犯罪分子或者吸食、注射毒品的人员贩卖国家规定管制的能够使人形成瘾癖的麻醉药品或者精神药品的，以贩卖毒品罪定罪处罚"。据此，若管制药品是销售给吸食、注射毒品的人员或者走私、贩卖、运输毒品的犯罪分子的，则属于毒品。而当管制药品被贩卖给不特定的对象时，由于无法证实买家是否是吸毒人员，也难以掌握管制药品的流向，一般会被认定为构成贩卖毒品罪。如在案例4中（见表10），被告人利用信息网络将国家管制药品莫达非尼出售给不特定对象，且未对买家购药用途进行审核。可以推知其对于毒品可能被吸毒分子吸食这一后果主观上采取放任的态度，对于其出售的药品不具有现实的把控力，客观上导致药品去向失去监管，存在被滥用的风险，因此法院判决被告人成立贩卖毒品罪。但也有判决呈现出不同的观点，对于犯罪事实的证明要求达到"超越合理怀疑而达到确信"的程度，[1]认为不能证明行为人的销售对象为吸食毒品的人员时，便不能将管制药品认定为毒品。如南昌市青山湖区人民法院在审理全国首例网上贩卖国家管制精神药品案时认为，行为人虽然利用信息网络将管制药品销往境外，但由于不能证明购买者是用于贩卖毒品或者吸食，因此只能以非法经营罪定罪处刑。[2]

同时，《武汉纪要》还指出："行为人出于医疗目的，违反有关药品管理的国家规定，非法贩卖上述麻醉药品或者精神药品，扰乱市场秩序，情节严重的，以非法经营罪定罪处罚。"最高人民法院在《〈全国法院毒品犯罪审判工作座谈会纪要〉的理解与适用》中进一步阐明："麻精药品通常具有双重属性，无论是通过合法渠道销售还是非法渠道流通，只要被患者正常使用发挥疗效作用的，就属于药品；只有脱离管制被吸毒人员滥用的，才属于毒品。"也就是说，若行为人有证据证明代购管制药品是出于医疗目的，即贩卖对象确有疾病，需要使用该管制药品进行治疗的，不能认定为毒品，而是以药品论。在"铁马冰河案"中，氯巴占、喜保宁等作为治疗癫痫病的临床药品已经在境外多国获准上市，但在国内受到严格管制，无正规购买渠道。被告人胡某某在女儿的主治医师处了解到喜保宁对于女儿所患癫痫病具有更好的疗效，便开始联系境外人员购买。在与其他患者家属的沟通过程中，了解到病友对氯巴占和雷帕霉素也有需求，便通过境外渠道购买上述药品并加价销售给病友互助群内成员，无论是销售方还是购买方均未将上述药品作为毒品的替代品使用。被告人胡某某代购管制药品的对象特定，仅在病友互助微信群中贩卖给病患家属，供病人治病使用，没有证据证明上述管制药品流向了毒品市场或吸毒人员。因此，河南省中牟县人民检察院在第二次开庭审理本案时更改了所指控的罪名，从走私、

---

[1] 何家弘、刘品新：《证据法学》，法律出版社2004年版，第337—352页。
[2] 参见李国明、胡坚、周立《警方通报全国首例网上贩卖国家管制精神药品案》，警察网：http://www.police.com.cn/zx/ajbd/content_ 9997，2007年6月5日。

贩卖毒品罪变更为非法经营罪。①

2. 重点考察主观明知

毒品犯罪是典型的故意犯罪，行为人必须明知该管制药品具有毒品属性，也必须明知贩卖毒品的后果并期待或放任这种后果的出现。实务中主观明知的认定尤为关键，而犯罪嫌疑人往往会辩解其并不知道所贩卖销售的对象是涉毒人员，这种情况下可以通过刑事推定的原则来加以判断。刑事推定需要结合行为人的认知能力、专业背景、前科情况、交易表现（如是否使用虚假身份、是否曾就服药方式和药效等进行沟通）等综合认定行为人是否认识到其所贩卖的管制药品是毒品，以及出售的对象是否是吸毒人员。例如，若被告人是医疗从业者，或者是具有医学背景的人员，则应推定其主观上明知所售管制药品兼具药毒双重属性，也明知该药品可能被吸毒分子吸食。此外，行为人购入或囤积的毒品的数量以及交易毒品时的言行，如是否有隐匿身份、掩盖犯罪事实的举动等也可以作为推定主观明知的依据。在陈某某走私、贩卖、运输、制造毒品二审案中，上诉人辩称对泰勒宁已被列入精神类药品进行管理并不知情，且销售对象杨某家中有癌症患者，是以医疗为目的购买泰勒宁。然而法院经审理查明，证人杨某家中并无需用药病人，且上诉人的母亲曾因贩卖泰勒宁被刑事拘留，再加上上诉人将涉案泰勒宁藏匿于车内，并未通过药房正常售药流程向杨某出售，可以认定上诉人对于泰勒宁受管制的情况明知，且销售泰勒宁并非出于医疗目的，故认定原审判决上诉人犯贩卖毒品罪并无不当，驳回上诉，维持原判。②

总而言之，在代购管制药品相关刑事案件中，管制药品用于治疗病症，发挥疗效的，属于药品，可能涉及销售假药罪、非法经营罪、妨害药品管理罪等罪名；而提供给吸毒人员进行吸食以满足其瘾癖的，则属于毒

---

① 本案第一次开庭审理时便引起了社会的广泛关注，国家了解到癫痫病患者特殊的购药需求，在审理期间出台了允许临时进口氯巴占用于治疗所需的新政策。这一政策性的变动也对本案罪名的变更产生了较大的影响。

② 参见陈某某走私、贩卖、运输、制造毒品二审案，沈阳市中级人民法院〔2021〕辽01刑终25号刑事判决书。

品,行为人涉嫌毒品犯罪。同时,基于主客观相统一的原则,行为人成立毒品犯罪必须主观上明知其所贩卖的管制药品具有毒品属性。回归到本案,行为人胡某某虽然客观上实施了交易兼具药毒双重属性的管制药物的行为,但没有任何证据证明被告人代购的氯巴占中有任何一盒流入了贩卖、吸食毒品的群体;且胡某某主观上也是出于帮助病友治疗疾病的目的。因此,本案中被告人胡某某代购的管制药品应定性为药物,而非毒品。

明确上述观点后,后文将把管制药品区分为毒品性质的管制药品和药物性质的管制药品,分别就其适用的罪名进行论述。

(二) 罪名的选择适用问题

1. 毒品属性——走私、贩卖毒品罪

走私、贩卖、运输、制造毒品罪,是指违反国家毒品管理法规,走私、贩卖、运输、制造毒品的行为。[1] 根据《刑法》第347条的规定,"走私、贩卖、运输、制造毒品,无论数量多少,都应当追究刑事责任,予以刑事处罚"。因此,一般而言,若能够确认管制药品在案件中起到毒品的作用,则将直接成立毒品犯罪。而具体判断是否属于毒品,则有赖于前文所述的主客观相统一的判断原则,即主观上明知所销售的药品受到管制、容易形成或满足人的瘾癖,而期待或放任这种结果的发生;客观上走私、贩卖毒品的对象是吸毒分子,在此不再赘述。

若销售的对象是不特定的,则可能在实务中产生争议,对此部分法院有着不一致的判决。同样是向不特定对象销售管制药品,案例2中(见表10)法院认为若无明确证据表明销售的管制药品流入毒品市场,则不应成立毒品犯罪;而案例4中(见表10),同样是无证据证明管制药品是否流向毒品市场和吸毒分子,但认为只要有流向毒品市场和吸毒分子的潜在风险,就应当成立毒品犯罪。针对这样的分歧,笔者认为应当以相关指导案例为

---

[1] 高铭暄、马克昌主编:《刑法学》(第六版),北京大学出版社、高等教育出版社2014年版,第586页。

准。最高人民法院《刑事审判参考》第 1057 号案例中，法院就"非法生产、经营国家管制的第二类精神药品盐酸曲马多的行为，应如何定性"问题，认为："对非法生产、销售国家管制的麻醉药品、精神药品的行为以制造、购买毒品定罪，必须同时符合以下条件：……（2）精神药品的去向明确，即流向了毒品市场或者吸食毒品的群体……"也就是说，在针对不特定群体销售精神药品、管制药品的案件中，成立毒品犯罪应当有明确的证据证明该药品的确流向了毒品市场或者吸食毒品的群体，仅有一个模糊的可能性是不足以构成毒品犯罪的。

实践中存在部分案件，行为人走私管制药品但尚未出售，由于此类案件中不存在销售对象，因此需要着重考察行为人的主观态度和客观行为，不宜一概以毒品论处。在上文所述案例 6 中（见表 10），被告人王某从日本购入"蓝精灵"是为了治疗自己的抑郁症和失眠症，不存在贩卖的行为，也不具有贩卖的目的，未对社会产生负面影响。但法院依然认定本案中"蓝精灵"属于毒品，被告人犯走私毒品罪。这样的判决是不适当的，并非所有能够使人形成瘾癖的管制药品都起到毒品的作用，若行为人不具有销售的意图，仅用于治疗自身疾病而非满足自身对于毒品的需求，则不宜以毒品犯罪作评价。

总体而言，涉案的管制药品到底在案件中起到毒品的作用还是药品的作用，这是判断是否成立毒品犯罪的一个前置问题。若行为人的主客观表现不足以证明该管制药品被作为毒品或毒品的替代品使用，则不能以走私、贩卖、运输、制造毒品罪定罪处罚。

2. 药物属性——销售假药罪

《药品管理法》修改和《刑法修正案（十一）》出台以前，必须批准而未经批准生产、进口，或者依照法律必须检验而未经检验即销售的药品，按假药论处，导致大量类似"铁马冰河案"的案件被定性为销售假药罪。其中最为知名的是被翻拍为电影《我不是药神》的陆某案。湖南省沅江市人民检察院认为，陆某购买和帮助他人购买未经批准进口的抗癌药品的行为，违反了《药品管理法》的相关规定，涉嫌销售假药罪，但由于陆某的行为不是销售行为,在境外代购环节陆某未营利,不符合《刑法》第141条的规定,①故不构成犯罪,遂决定对陆某不起诉。②在当时,将陆某境外代购的"救命药"格列卫定性为"假药"虽然合乎法律规定,却严重违背了一般人的伦理直觉,致使法理和伦理陷入尖锐冲突,引起各界激烈讨论。

2019年修订的《药品管理法》第98条对假药的范围作进行了限缩,删除了"按假药论处"的规定,使得"假药"的定义回归其本义。除了生产、销售变质的药品和所标明的适应症或者功能主治超出规定范围的药品的行为被调整为生产、销售假药罪,其他几种按"假药论处"的行为不再被评价为销售假药罪,由此也形成了一定的立法空白。基于此,《刑法修正案(十一)》新设妨害药品管理罪,将过去"按假药论处"的生产、销售国务院药品监督管理部门规定禁止使用的药品以及生产、销售依照《药品管理法》必须批准而未经批准生产、进口的药品,从生产、销售假药罪中分离出来,实施上述行为的将涉嫌妨害药品管理罪。

因此,虽然陆某、胡某某销售管制药品的行为未获相关部门批准,但销售的都是确有药效、对人体无害的药品,在新的规定之下其行为将不再以销售假药罪论处。公诉机关、法院更应该考虑是否可能涉及非法经营罪或妨害药品管理罪。

3. 药物属性——妨害药品管理罪

妨害药品管理罪是《刑法修正案(十一)》新增的罪名,目的是弥补《药品管理法》修订后的立法空白。此前"按假药论处"的两种行为,即生产、销售国务院药品监督管理部门规定禁止使用的药品和生产、销售依

---

① 《刑法》第141条:生产、销售假药的,处三年以下有期徒刑或者拘役,并处罚金;对人体健康造成严重危害或者有其他严重情节的,处三年以上十年以下有期徒刑,并处罚金;致人死亡或者有其他特别严重情节的,处十年以上有期徒刑、无期徒刑或者死刑,并处罚金或者没收财产。药品使用单位的人员明知是假药而提供给他人使用的,依照前款的规定处罚。
② 参见陆某代购仿制药案,湖南省沅江市人民检察院沅检公刑不诉〔2015〕1号不起诉决定书。

照《药品管理法》必须批准而未经批准生产、进口的药品的行为,将构成妨害药品管理罪。然而,《刑法》第142条之一第1款"足以严重危害人体健康"的规定,说明了妨害药品管理罪属于具体危险犯。回归到"铁马冰河案"中,虽然被告人胡某某进口、销售的氯巴占属于"未取得药品相关批准证明文件生产、进口"的药品,但氯巴占是在境外合法上市、确有疗效的抗癫痫药物,患者使用并不会"严重危害人体健康",反而对于病情大有裨益。因此,在本案中,无法以妨害药品管理罪评价被告人胡某某的行为。

只有在"足以严重危害人体健康"的情况下,代购管制药品的行为才能够成立妨害药品管理罪。因此,在审理这一类案件时,若代购的药品不会严重危及人体健康,则需要转而考虑是否可能成立非法经营罪。

4. 药物属性——非法经营罪

非法经营罪是指自然人或者单位,违反国家规定,故意从事非法经营活动,扰乱市场秩序,情节严重的行为。[①]《刑法》第225条第4项兜底条款的设置,使得非法经营罪存在一定的"口袋"性质。从法律解释的角度来看,未经许可销售管制药品的行为契合《刑法》第225条第4项"其他严重扰乱市场秩序的非法经营行为"的规定,使得上述行为具有被评价为非法经营罪的可能性。但是,该条规定作为高度抽象的空白罪状,容易受到滥用,导致刑事司法的无限扩张,因而受到诸多批判。实际上,兜底条款的设置本身就是为了不时之需,在适用时更应该严格其认定标准,避免肆意扩张。[②]

从文义解释的角度,"其他严重扰乱市场秩序的非法经营行为"中存在三个要点:

第一,"其他",是指除《刑法》第225条第1—3项的行为。即买卖"专营、专卖物品""许可证、进出口原产地证明"等证明文件、"证券、期

---

① 参见张明楷《刑法学》(第五版),法律出版社2016年版,第83页。
② 方文军:《麻精药品的双重属性对司法定性的影响——兼论妨害药品管理罪与非法经营罪的关系》,《法学评论》2024年第2期。

货或者保险"以外的物品的行为。

第二,"严重扰乱市场秩序",其中"严重"二字限定了"扰乱市场秩序"的行为的程度,而是否"严重",则需要根据具体的经营数额加以判断。根据《最高人民检察院、公安部关于公安机关管辖的刑事案件立案的规定(二)》第71条第12项规定,从事其他非法经营活动,个人非法经营数额在5万元以上,或者违法所得数额在1万元以上的予以追诉;"铁马冰河"案中,行为人海外代购氯巴占,在微信群中加价销售药品金额超过50万元,满足本项的程度性要求。

第三,必须是"经营行为"。经营,即在一定范围内、一定时间内的持续性出售并且牟利的行为。而"铁马冰河案"中胡某某的行为,却难以认定为经营行为,因为其本质上是病友们的自救、互助行为。被告人胡某某虽将境外购入的药品在病友群中加价销售,但并非出于"营利目的",而是为了抵消国内国际的邮费成本、国外包裹邮寄过程当中丢失的损失等,实际上并未获取利润。此外,最高人民法院、最高人民检察院联合发布并于2022年3月6日开始施行的《关于办理危害药品安全刑事案件适用法律若干问题的解释》第18条也明确规定:"根据民间传统配方私自加工药品或者销售上述药品,数量不大,且未造成他人伤害后果或者延误诊治的,或者不以营利为目的实施带有自救、互助性质的生产、进口、销售药品的行为,不应当认定为犯罪。"

从以上角度而言,"铁马冰河案"被告代购管制药品的行为被定性为非法经营罪失之偏颇,关键在于被告人胡某某销售药品的行为并非经营行为,而是不以营利为目的的自救、互助行为。但是,"铁马冰河案"中胡某某的行为目的具有特殊性,实务中并非所有代购药物属性的管制药品的行为都能得到这般结论,若行为符合《刑法》第225条第4项的三个要点,就应当以非法经营罪论处。因此,代购药物属性的管制药品的行为应当进一步区分为以互助为目的的代购和以营利为目的的代购。例如,表10中的案例3,被告人以营利为目的销售管制药品,严重侵害我国药品许可制度,扰乱市场的行为,被评价为非法经营罪就是适当的。

(三)"铁马冰河案"出罪路径分析

1. 不满足犯罪构成

"铁马冰河案"无法符合上述任何一个罪名的犯罪构成要件。

第一,胡某某所代购之药物从性质上应定性为药品而非毒品。河南省中牟县人民法院在答记者问时指出,一方面,胡某某不具有走私、贩卖毒品的故意;另一方面,现有证据不能证实流向了毒品市场或吸毒人员;此外,胡某某两年多时间销售氯巴占获利3.1万余元,所获利润有限,不属于获得远超正常利润的情形。① 因此公诉机关在第二次开庭中,将原本指控的走私、贩卖毒品罪变更为非法经营罪。可见,"铁马冰河案"成立毒品犯罪的可能性已经被否认了。

第二,本案发生在《药品管理法》修订后以及《刑法修正案(十一)》颁布后,早已失去成立销售假药罪的法律基础。

第三,本案被告人胡某某代购的氯巴占等药品是在国外合法上市的药品,经过多年临床试验确有疗效,在境外用于癫痫病的治疗。胡某某在病友群内销售,未见病患使用后出现任何不良反应,故不能满足成立妨害药品管理罪要求的"严重危害人体健康"这一条件。因此,也不能以妨害药品管理罪来评价被告人的行为。

第四,本案审理法院认定被告人胡某某犯非法经营罪理由不足。关键在于胡某某代购药品不以营利为目的,其行为不是"经营"行为,而是"不以营利为目的实施带有自救、互助性质的生产、进口、销售药品的行为"。因此,根据《关于办理危害药品安全刑事案件适用法律若干问题的解释》第18条,被告人胡某某的行为不应当认定为犯罪,自然也就不构成非法经营罪,毕竟刑法所惩处的是侵害他人法益的行为,而非人们的自利行为。另外,非法经营罪所保护的法益是我国市场交易秩序,而行为人胡某

---

① 参见中牟县人民法院《被告人胡阿弟走私、贩卖毒品案一审当庭宣判》,微信公众号"中牟县人民法院",https://mp.weixin.qq.com/s/TqXFlJVEsfWohjB7aVVBLQ,2023年3月31日。

某仅在病友群内销售药品，并未真正面向市场，因此其行为不具有对这一法益的侵害性。

2. 不具备期待可能性

现代刑法实行的是个人责任，刑罚的施加以行为人具备罪责为前提，而罪责的确立需以期待可能性为前提。[①] 只有当刑法能够期待行为人实施合法行为而避免实施犯罪行为，但行为人事实上却实施了犯罪行为的情况下，才能够认为其行为具有可责性。在"铁马冰河案"中，行为人胡某某的女儿是先天性癫痫病患者，这些患癫痫病的儿童会出现反复的癫痫发作，有的患儿会因抢救不及时失去性命。而氯巴占能够极好地控制癫痫发作，但国内暂无正规购药渠道，境外代购是患者唯一的选择。刑法不应将人置于这样的困境：要么犯罪，要么任病重的女儿苦苦挣扎；同样地，也不该将人置于这样的困境：要么犯罪，要么明明掌握购药的渠道，却对求药无门的病友熟视无睹。从社会伦理的任何一个角度都无法容许上述情况的出现。从根本而言，胡某某为病友代购管制药品是一种必然的选择，触犯刑法的规定也是一种必然的结果。在这样的情况下，法律不应期待行为人为了避免违背法律，放弃女儿和其他患者治愈的机会。因此，被告人胡某某的行为是欠缺期待可能性的，也就欠缺了刑法上的可责难性，阻却了成立犯罪的通道。

3. 应成立紧急避险

《刑法》第 21 条规定，为了使国家利益、公共利益、本人或者他人的人身、财产和其他权利免受正在发生的危险，不得已采取的紧急避险行为，造成损害的，不负刑事责任。在前提条件上，疾病是客观存在的危险；在时间条件上，病患受到来自癫痫病的持续性威胁；在主观条件上，行为人胡某某违背法律的目的不在于牟利，而在于缓解女儿和其他病患的病情；在限度条件上，胡某某仅在病友群中销售药品，并未对药品市场造成严重破坏；在客观限制条件上，当时并无其他合法购药渠道，胡某某的代购行

[①] 参见劳东燕《价值判断与刑法解释：对陆勇案的刑法困境与出路的思考》，《清华法律评论》2016 年第 9 期。

为是一种不得已的行为；而在法益的衡量上，人的生命安全是最高级别的法益，身体健康次之，但也远高于非法经营罪所保护的市场正常交易秩序以及相关企业的经济利益。因此，本案被告在守法和治病的两难境地之中，选择破坏国家市场经营秩序和药品管理秩序这一抽象的、次要的法益，而保护自己的女儿及病友的身体健康这一具体的、更高级别的法益，当然符合紧急避险的要求。

四 影响或启示

"铁马冰河案"看似获得了皆大欢喜的圆满结局：被告人胡某某被免除刑罚；国家卫健委和国家药监局发布《临床急需药品临时进口工作方案》和《氯巴占临时进口工作方案》，鼓励国内有能力的生产企业加快仿制，同时，也鼓励临床急需的境外药品生产企业积极在中国申请注册上市；2022年9月22日，北京协和医院开出全国第一张氯巴占处方；同年一个月后，宜昌人福药业有限责任公司生产的国产氯巴占正式上市，定价每盒84元，而此前，境外一盒氯巴占的价格在250—300元不等……

然而，这并非现行制度下所能给出的最圆满的结局。诚然，"铁马冰河案"的背后是价值判断与刑法解释之间的矛盾，但这样的矛盾并非无法化解，刑法解释看似密不透风，实际上早已为胡某某预留了出罪的通道。面对国内无正规渠道获得"救命药"的现状，陆某和胡某某做出了一样的行为，却获得了不一样的结果。既然在八年前，陆某代购仿制药事件能够由不起诉决定画上句号，那么胡某某也应当得到无罪的判决。定罪免刑，看似兼顾了法理与情理，实际上二者均不可得。法理上，胡某某代购仿制药的行为既无法满足犯罪构成要件，也因为不具备期待可能性而不存在可责难性；情理上，胡某某是救女心切的父亲，是病友群中的"为众人抱薪者"。定罪免刑，尽管免除了刑罚，但是定罪就意味着给予了胡某某刑法上和社会上的否定性评价，这显然与社会公众的法感情和社会个体的法直觉相违背。法律是良法之治，是善法之治，任何时候都不应打着法律的旗号，实施倾轧社会伦理的行为。

　　胡某某所面对的守法与治病的困境并非天然存在的，而是法律规范人为地设置的。在法律规则尚不完善的当下，为了保障当事人的合法权益，首先能做的就是保证法的统一性和一致性。现有的判决所反映的同案不同判的现象十分严峻，对于法理上、情理上均构成犯罪的行为，例如贩卖毒品性质的管制药品、代购未审批药品严重危害人体健康、未经许可以营利为目的代购管制药品等行为，自然应当依法惩处。而对于陆某、胡某某一般以治病救人为目的实施的带有自救、互助性质的代购药品行为，则应当严格遵循罪刑法定的原则，优先考虑出罪的可能性，而不宜一概以犯罪论处，从而在个案中充分彰显司法的温度。

涉药品犯罪司法分析

何江雪*

摘　要： 药品犯罪严重危害人民群众的身体健康和生命安全，影响公众对于药品安全的信任。《刑法》针对不同类型的药品犯罪构建了一套相对完善的涉药品犯罪罪名体系，主要包括生产、销售、提供假药罪，生产、销售、提供劣药罪与妨害药品管理罪等。本文通过对涉药品犯罪案件进行类型化整理分析，发现实践中仍存在假药认定标准流于形式、假药与劣药区分困难、罪名适用不当等问题。因此，在对涉药品犯罪行为进行罪名认定时，应当遵循一定的顺序，有逻辑、分层次地进行审查，依次以涉案物品是否属于药品、属于假药还是劣药、是否妨害药品管理秩序、是否造成严重危害后果的思路进行认定，以准确定罪量刑。其中，对于生产、销售、提供假药罪中"假药"的认定，应先依照《药品管理法》的规定进行形式判断，再以药品的疗效为依据进行实质判断，将没有处罚必要性的情形予以出罪。

关键词： 药品犯罪　假药与劣药　妨害药品管理罪

一　基本案情

（一）案件事实

2020年4月至2021年5月，被告人闫某任吉林省敦化市某街道社区卫生

---

* 何江雪，武汉大学大健康法制研究中心助理研究员。

服务中心计划免疫科科长,负责四价人乳头瘤病毒疫苗的销售、接种和管理工作。闫某为获取非法利益,将由其本人负责销售、接种的 450 支四价人乳头瘤病毒疫苗(只能供给 150 名受种者受种,每名受种者受种 3 支、每支 0.5 毫升)以抽取原液的方式,将 1 支足量疫苗拆分成 2—4 支疫苗,拆分后的疫苗每支约 0.1 毫升。之后,闫某以每人 2448 元的价格将拆分后的四价人乳头瘤病毒疫苗销售给 306 名受种者,销售金额共计 74 万余元。闫某将非法收取的疫苗款用于偿还贷款及日常花销。案发后,闫某上缴违法所得 70 余万元。①

(二) 判决要旨

吉林省敦化市人民法院经审理认为,被告人闫某以非法获利为目的,将四价人乳头瘤病毒疫苗进行拆分,以不合格疫苗冒充合格疫苗销售给受种者,销售金额达 74 万余元,其行为已构成销售伪劣产品罪。闫某具有坦白情节,认罪认罚,并主动上缴部分违法所得。据此,根据《刑法》第 140 条,吉林省敦化市人民法院以销售伪劣产品罪判处被告人闫某有期徒刑八年四个月,并处罚金人民币 50 万元。②

(三) 争议焦点

药品安全关乎人民群众的生命健康,乃民生之大事。为了规制频发的危害药品安全犯罪行为,《刑法》设置了一套相对完善的涉药品犯罪罪名体系,主要包括生产、销售、提供假药罪,生产、销售、提供劣药罪与妨害药品管理罪。然而,制度层面的条文规定总有其局限之处,难以涵盖实践中突发的各类复杂情况。就本案来说,主要争议焦点有三:一是涉案疫苗是否为药品;二是本案中以抽取原液方式拆分后的疫苗属于假药还是劣药;三是本案的罪名适用问题,如果涉案疫苗属于药品,为何法院最终定罪时没有选择适用药品类罪名,如生产、销售、提供假药罪或劣药罪,反而是以销售伪劣产品罪对闫某定罪处罚。

---

① 参见最高人民法院发布 5 起危害药品安全犯罪典型案例之二。
② 参见最高人民法院发布 5 起危害药品安全犯罪典型案例之二。

二 类案整理

（一）涉药品犯罪案件的类型化分析

涉药品的罪名集中分布在刑法第三章"破坏社会主义市场经济秩序罪"第一节"生产、销售伪劣商品罪"中，主要由生产、销售、提供假药罪，生产、销售、提供劣药罪与妨害药品管理罪三大药品领域基础罪名构成。但在司法实践中，涉药品犯罪并非以上三个罪名可以完全涵盖，还需要其他罪名与之相互配合，才能形成相对严密的打击涉药品犯罪的法网。

为探究司法实践中涉药品犯罪可能涉及的罪名，本文以北大法宝智能型法律数据库为检索工具，以"药品"为关键词全文检索裁判日期在2019年1月1日—2023年12月31日的刑事一审判决书，共得到24195份相关文书。

表1 2019—2023年各年涉药品犯罪刑事一审判决数量及总数 单位：件

年份	2019年	2020年	2021年	2022年	2023年	总和
一审判决书	11857	8343	3013	607	375	24195

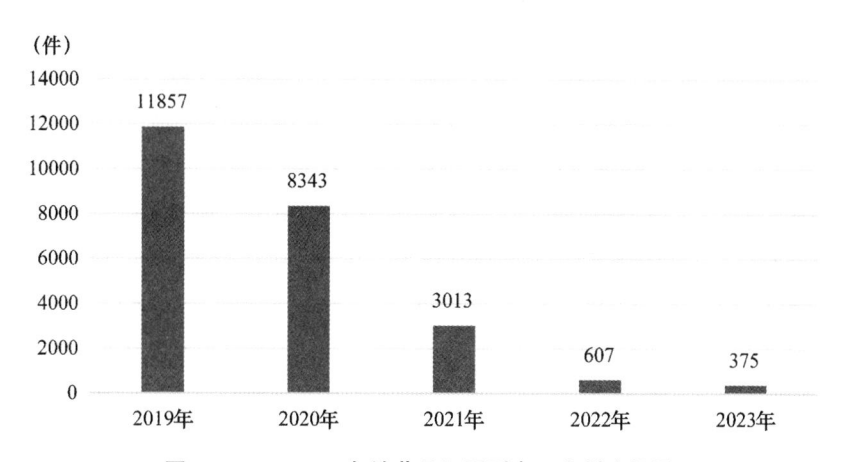

图1 2019—2023年涉药品犯罪刑事一审判决数量

以2023年为例，对检索得到的375份含"药品"关键词的刑事一审判决书中涉及的罪名做进一步分析，并按照《刑法》章节罪名对其进行分类统计，如表2所示。

表2 2023年涉药品犯罪刑事一审判决书中类罪名分布情况

类罪名	份数
危害公共安全罪	29
破坏社会主义市场经济秩序罪	168
侵犯公民人身权利、民主权利罪	13
侵犯财产罪	41
妨害社会管理秩序罪	121
贪污贿赂罪	8
总计	380①

由表2可知，检索得到的2023年375份判决书涉及的罪名集中分布在"危害公共安全罪""破坏社会主义市场经济秩序罪""侵犯公民人身权利、民主权利罪""侵犯财产罪""妨害社会管理秩序罪""贪污贿赂罪"这六大章节中。其中"破坏社会主义市场经济秩序罪"这一章节所占比重最高，"危害国家安全罪""危害国防利益罪""渎职罪""军人违反职责罪"等章节没有罪名涉及。

将检索得到的2023年375份判决书涉及的具体个罪罪名按照出现频次从高到低进行排序，可以得到前六个罪名分别是："生产、销售有毒、有害食品罪""生产、销售假药罪""走私、贩卖、运输、制造毒品罪""妨害药品管理罪""诈骗罪""交通肇事罪"。

---

① 由于一个案件可能涉及多个罪名，所以最终罪名统计总数略大于检索得到的判决书份数。

表3　2023年涉药品犯罪刑事一审判决书涉及的前六罪名

罪名	份数
生产、销售有毒、有害食品罪	62
生产、销售假药罪	54
走私、贩卖、运输、制造毒品罪	49
妨害药品管理罪	30
诈骗罪	27
交通肇事罪	17

接下来，为探究"生产、销售假药罪""走私、贩卖、运输、制造毒品罪""妨害药品管理罪"这三大药品类罪名近五年的裁判情况，本文将以北大法宝为检索工具，分别以"生产、销售假药罪""走私、贩卖、运输、制造毒品罪""妨害药品管理罪"为案由进行检索，选取裁判日期在2019年1月1日—2023年12月31日范围内的刑事一审判决书，分别得到以下检索结果。

由图2可知，案由为生产、销售假药罪的案件数量在2019—2023年五年间总计3440件，案件数量呈逐年递减趋势且在2020年急剧下滑。其中，2019年和2020年两年案件数量均过百件，2021年后案件数量均未过百件。

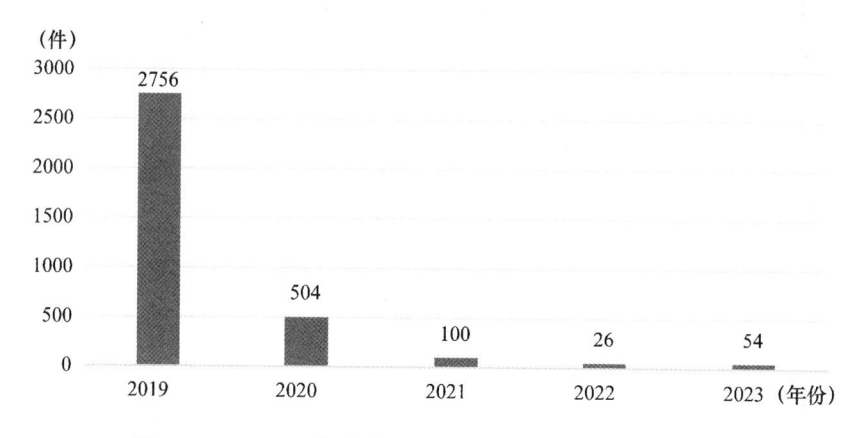

图2　2019—2023年生产、销售假药罪刑事一审判决书数量

（件）

年份	数量
2019	2756
2020	504
2021	100
2022	26
2023	54

由图3可得，案由为走私、贩卖、运输、制造毒品罪的案件数量在2019—2023年五年间呈逐年递减的趋势。这说明随着相关毒品法规的完善

中国健康法治发展报告（2023）

和国家对毒品严厉打击的态势，近年来毒品犯罪得到了一定程度的遏制，但毒品犯罪案件数量仍远超生产、销售假药罪的案件数量。

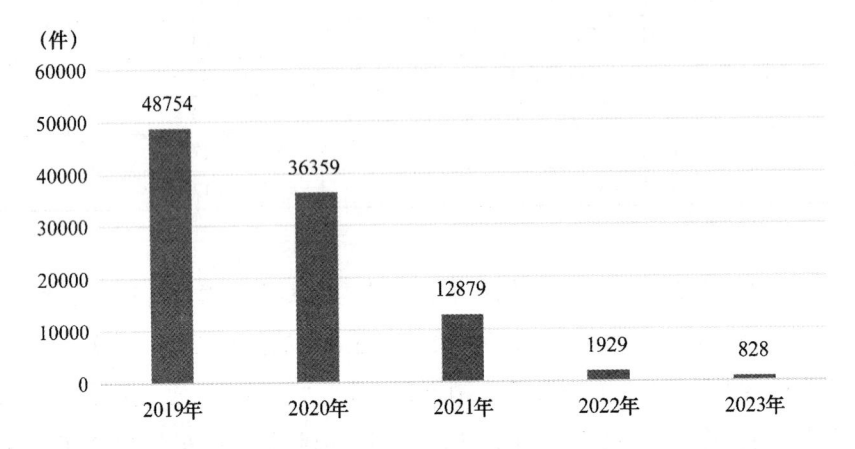

图3　2019—2023年走私、贩卖、运输、制造毒品罪刑事一审判决书数量

根据图4可知，案由为妨害药品管理罪的案件从2021年开始出现并呈逐年增多的趋势，于2023年达到30件。2020年12月颁布的《刑法修正案（十一）》新增了妨害药品管理罪，2021年3月《刑法修正案（十一）》正式施行后，妨害药品管理罪案件数量呈现较快增长的趋势。这进一步说明了妨害药品管理罪这一新罪名的出现，较好地迎合了打击此类妨害药品管理秩序犯罪的需要，在司法实践中有着广泛的适用空间。

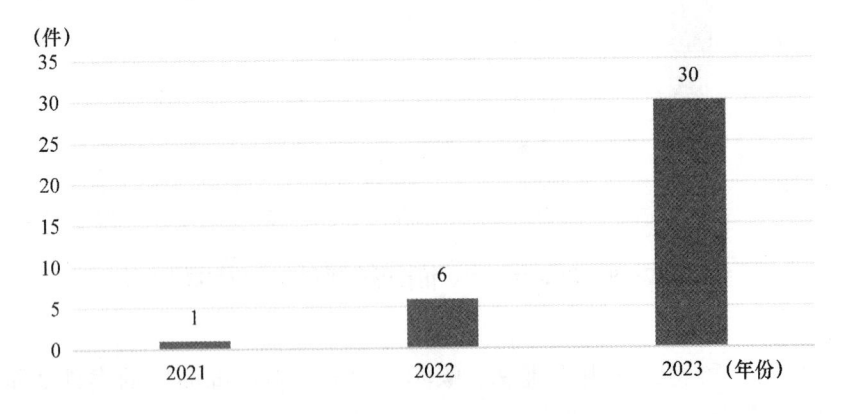

图4　2021—2023年妨害药品管理罪刑事一审判决书数量

（二）典型同类案件判决情况整理

将检索得到的审结日期在 2023 年的 375 份涉药品犯罪案件进行整理分析，发现这些案件主要可以分为以下四个类型：一是生产、销售假药类犯罪；二是生产、销售有毒、有害食品类犯罪；三是妨害药品管理类犯罪；四是走私、贩卖、运输、制造毒品类犯罪。接下来，本文将根据表 4 中整理出来的典型案例，依次对上述四类涉药品犯罪案件进行分析。

表 4 典型案例及裁判结果梳理

编号	案件名称		裁判要点及认定罪名
1	肖某某销售假药案①		法院认为涉案云南白药创可贴成分与国家药品标准 WS3－128（Z－128）－2002（Z）《云南白药创可贴标准》规定的成分不符，属于假药。被告人肖某某的行为属于明知是假药而销售，构成销售假药罪
	涉案产品名称	涉案产品认定	
	云南白药创可贴	假药	
2	马某某销售假药案②		本案中被告人宣称涉案产品具有治疗相应疾病的功效，但经鉴定 6 种产品实际上都没有宣称的药品疗效，属于以非药品冒充药品型假药。法院审理认为被告人的行为属于以非药品冒充药品进行销售，构成销售假药罪
	涉案产品名称	涉案产品认定	
	藏王补天胶囊、黄金肾宝、强力神丸、虫草肾宝、鹿血三参胶囊、鹿生精血	经玉溪市市场监督管理局认定为假药	
3	朱某、赵某某等销售有毒、有害食品案③		在减肥保健品中添加违禁药品西布曲明，属于在食品中添加"有毒、有害非食品原料"。法院认为被告人销售添加国家违禁药品西布曲明的减产品，其行为构成销售有毒、有害食品罪
	涉案产品名称	涉案产品认定	
	"蜜桃闪闪"减肥保健品	减肥保健品中添加违禁药品西布曲明，属于有毒、有害食品	
4	聂某某销售有毒、有害食品案④		涉案保健品中含有的西地那非成分已被列入《保健食品中可能非法添加的物质名单》，应被认定为有毒、有害的非食品原料。被告人明知所售保健品中含有西地那非成分仍非法予以销售，其行为构成销售有毒、有害食品罪
	涉案产品名称	涉案产品认定	
	"孟加拉虎王""极品虎王"性保健品	涉案保健品中含有的西地那非成分，属于治疗男性勃起功能障碍的药物	

---

① 参见江西省广昌县人民法院〔2023〕赣 1030 刑初 179 号刑事判决书。
② 参见云南省新平彝族傣族自治县人民法院〔2023〕云 0427 刑初 231 号刑事判决书。
③ 参见河南省开封市祥符区人民法院〔2023〕豫 0212 刑初 500 号刑事判决书。
④ 参见浙江省绍兴市柯桥区人民法院〔2023〕浙 0603 刑初 881 号刑事判决书。

中国健康法治发展报告（2023）

续表

编号	案件名称		裁判要点及认定罪名
5	韦某某、熊某某等妨害药品管理案①		本案中被告人销售的电子烟中含有药品依托咪酯成分，非医疗目的用于人体足以严重危害人体健康。法院认为被告人违反药品管理法规，明知是未取得药品机关批准证明文件生产的麻醉药品而销售，足以严重危害人体健康，应当以妨害药品管理罪追究其刑事责任
	涉案产品名称	涉案产品认定	
	依托咪酯	依托咪酯属于对肝肾功能和神经系统都有一定毒性的麻醉药品，非医疗目的用于人体足以严重危害人体健康	
6	蔡某妨害药品管理案②		本案被告人明知其上游销售者不具备销售资质，未提供合法有效的来历证明，且产品价格明显低于市场价格的情况下，仍然从其处购买未取得药品机关批准证明文件的A型肉毒素，后转而向他人销售。其行为违反药品管理法规，足以严重危害人体健康，构成妨害药品管理罪
	涉案产品名称	涉案产品认定	
	A型肉毒素（注射剂）	未依法取得国家批准证明文件的药品	
7	纪某某贩卖毒品案③		法院认为被告人明知阿普唑仑是国家管制且具有成瘾性的精神药品，且他人购买系作为毒品滥用，仍以牟利为目的，套购此类药品后加价向吸毒人员出售，其行为已构成贩卖毒品罪
	涉案产品名称	涉案产品认定	
	阿普唑仑	国家管制的第二类精神药品	
8	王某某贩卖毒品案④		本案中麻醉药品美沙酮系司法解释明确规定的定罪量刑数量标准的毒品，被告人王某某违反国家对麻醉药品的管理规定，多次贩卖国家规定管制的、能够使人形成瘾癖的麻醉药品美沙酮，构成贩卖毒品罪
	涉案产品名称	涉案产品认定	
	美沙酮溶液	国家规定管制的能够使人形成瘾癖的麻醉药品	
9	司某走私毒品案⑤		本案被告人从境外购买国家规定管制的、无证据证明用于治疗疾病的精神药品，其购买的该精神药品应视为毒品。被告人明知涉案药品属于国家管制的精神药品，为自己服食而从境外购买并非法寄递入境，其行为应以走私毒品罪定罪处罚
	涉案产品名称	涉案产品认定	
	莫达非尼、阿莫达非尼	国家管制精神药品	
10	周某某诈骗案⑥		被告人周某某以非法占有为目的，在没有药品供应能力的情况下谎称能够提供相应药品，虚构药品交易标的，多次骗取他人财物，数额巨大，构成诈骗罪
	涉案产品名称	涉案产品认定	
	磷酸奥司他韦颗粒等药品	被告人虚构相关药品交易标的	

---

① 参见广西壮族自治区河池市金城江区人民法院〔2023〕桂1202刑初223号刑事判决书。
② 参见吉林省吉林市昌邑区人民法院〔2023〕吉0202刑初688号刑事判决书。
③ 参见最高人民法院公布10起依法严惩毒品犯罪和涉毒次生犯罪典型案例之九。
④ 参见陕西省略阳县人民法院〔2023〕陕0727刑初74号刑事判决书。
⑤ 参见上海市崇明区人民法院〔2023〕沪0151刑初299号刑事判决书。
⑥ 参见黑龙江省绥化市北林区人民法院〔2023〕黑1202刑初245号刑事判决书。

1. 生产、销售假药类案件

2019年新修订的《药品管理法》对假药的范围做了较大的调整，删除了有关"按假药论处"的规定，[1] 并明确了四种类型的假药：成分不符型假药、冒充型假药、变质型假药和标识型假药。[2] 随后，2020年12月出台的《刑法修正案（十一）》删去了原有的"本条所称假药，是指依照《药品管理法》的规定属于假药和按假药处理的药品、非药品"的相关表述，这一变化使得现行《刑法》中假药的概念与《药品管理法》之间直接、绝对的联系被打破，二者不再具有完全一致的对应关系。然而，司法实践中大多数案件在认定假药时，仍是依照《药品管理法》的规定作单纯的形式判断，对于形式上符合《药品管理法》规定情形的涉案药品基本认定为假药。这种认定模式往往忽略了涉案药品形式上属于《药品管理法》规定的假药类型，但实质上具备药品有效性的情形，缺乏对药品实际是否具备疗效的判断，也欠缺了对行为是否实质上侵害了此罪保护法益的思考。因此，在认定刑法上的假药时，固然要考虑是否违反《药品管理法》的规定，但不能机械地将行政违法性的有无与刑事违法性的有无画等号，而应当在此基础上结合行为的法益侵犯性，重点判断涉案药品是否具备应有的药品疗效。[3] 即只有形式上不符合国家规定的药品标准，实质上又根本不具备药品疗效的缺陷药品，才可能侵犯公众的生命健康法益，进而属于刑法上的假药。例如案例1中，法院认定涉案云南白药创可贴为假药的主要依据是其成分检测不符合国家规定的云南白药创可贴标准。但实际上，该案还需进一步判断涉案云南白药创可贴实质上有无创可贴的疗效，只有经过双重判断后，

---

[1] 即国务院药品监督管理部门规定禁止使用的药品；依照《药品管理法》必须批准而未经批准生产、进口，或者依照《药品管理法》必须检验而未经检验即销售的药品；使用依照《药品管理法》必须取得批准文号而未取得批准文号的原料药生产的药品；被污染的药品。

[2] 《药品管理法》第98条第2款："有下列情形之一的，为假药：（一）药品所含成份与国家药品标准规定的成份不符；（二）以非药品冒充药品或者以他种药品冒充此种药品；（三）变质的药品；（四）药品所标明的适应症或者功能主治超出规定范围。"

[3] 参见周光权《刑法各论》（第4版），中国人民大学出版社2021年版，第239页。

才能最终认定其是否属于刑法上的假药。又如案例2中被告人宣称其销售的产品具有治疗相应疾病的药品疗效，但经鉴定涉案产品实际上并没有宣称的药品功效，既形式上符合《药品管理法》第98条第2款第2项规定的"以非药品冒充药品"型假药，又实质上没有治疗相应疾病的药品疗效，应认定为刑法上的假药。

2. 生产、销售有毒、有害食品类犯罪

实务中在处理此类犯罪时，往往首先需要根据生产、经营、提供者以明示或默示方式"表达出"的产品所具有的功能或适用的典型场景，认定涉案产品属于食品还是药品，进而决定将案件涵摄到食品犯罪还是药品犯罪项下讨论。如果涉案产品属于食品，则需要进一步判断涉案食品是否符合国家食品安全法规的基本要求，进而考虑适用食品犯罪相关罪名。2021年最高人民法院、最高人民检察院《关于办理危害食品安全刑事案件适用法律若干问题的解释》第9条进一步规定了应被认定为《刑法》第144条中"有毒、有害的非食品原料"的物质。其中第9条第2项[①]更是以名录的形式提供了判断"有毒、有害的非食品原料"的参考标准。司法实践中容易出现认定困难的往往是在减肥药或保健品中添加上述名单所涉物质的情形。例如，案例3中被告人并未宣称或暗示所售的"蜜桃闪闪"减肥产品具有预防或治疗疾病的功效，购买者也不应期待此产品具有疾病治疗的功能，应将涉案减肥保健品认定为食品，归入食品犯罪范畴进行讨论。同时，其中添加的西布曲明被列入《保健食品中可能非法添加的物质名单》，食用可能会增加患严重心脑血管疾病的风险，属于国家禁止添加的"有毒、有害的非食品原料"，被告人销售含有违禁药品西布曲明的减肥保健品的行为构成销售有毒、有害食品罪。同理，案例4中被告人通过微信店铺"夫妻保健品专卖店"销售6款性保健品，但没有将其作为药品宣传，再结合其

---

① 最高人民法院、最高人民检察院《关于办理危害食品安全刑事案件适用法律若干问题的解释》第9条第2项："因危害人体健康，被国务院有关部门列入《食品中可能违法添加的非食用物质名单》《保健食品中可能非法添加的物质名单》和国务院有关部门公告的禁用农药、《食品动物中禁止使用的药品及其他化合物清单》等名单上的物质。"

销售渠道和店名，应认定其销售的是食品。其中添加的西地那非成分作为一种血管扩张剂，不当服用可能引发心脑血管方面的疾病，损害神经系统，已被列入《保健食品中可能非法添加的物质名单》，属于有毒、有害的非食品原料。被告人在保健食品中添加西地那非成分并销售，构成销售有毒、有害食品罪。

3. 妨害药品管理类犯罪

原有《药品管理法》在界定假劣药概念时，其涵盖的范围相对宽泛，并包含了一些基于法律推定的情形。这种宽泛的界定不仅导致我国假劣药案件频发、有损国际声誉，更削弱了公众对我国药品行业的信心。更为关键的是，部分法律规定的假劣药情形与广大民众的日常认知存在偏差，这不仅会影响案件处理的社会效果，也阻碍了精准打击和有效惩治药品领域违法犯罪行为。[①] 为与2019年新修订的《药品管理法》中假劣药范围相衔接，2020年《刑法修正案（十一）》新增刑法第142条之一妨害药品管理罪，将此前按假药论处的两项情形以及违反药品管理法规的两项行为单独拎出来，予以犯罪化处理。诚如喻海松教授所言："妨害药品管理罪的设置并非简单地承揽之前形式假、劣药犯罪实质化之后剩余的全部行为，而是对犯罪圈作出取舍和再造。"[②] 对于纳入妨害药品管理罪的情形，这并非仅是罪名的简单迁移，而是深思熟虑后为其设立了更为严格的入罪标准——"足以严重危害人体健康"。妨害药品管理罪在客观方面规定的四种行为类型并不直接指向药品的有效性（即并不是形式上符合这些情形的药品就实质上当然不具备药品有效性），而是更多地涉及对药品管理秩序的妨害，以及因为破坏药品监管秩序而可能对群众生命健康造成的危险。妨害药品管理罪设置"足以严重危害人体健康"这一入罪标准，旨在确保只有当行为确实达到可能对人体健康造成严重危害的程度时，才会被认定为犯罪，从而更精准地打击那些真正危害公众用药安全的犯罪行为。

[①] 参见许安标《〈药品管理法〉修改的精神要义、创新与发展》，《行政法学研究》2020年第1期。

[②] 参见喻海松《〈刑法修正案（十一）〉后时代药品犯罪圈的重置》，《法学》2023年第2期。

2022年最高人民法院、最高人民检察院联合发布的《关于办理危害药品安全刑事案件适用法律若干问题的解释》（以下简称《药品案件解释》）第7条针对本罪"足以严重危害人体健康"的认定规定了9种具体的情形。其中，案例5"韦某某、熊某某等妨害药品管理案"涉及"禁用药品型"妨害行为，案例6"蔡某妨害药品管理案"涉及"未经批准型"妨害行为。两案例中无论是生产、销售禁用药品还是未批准药品的行为，都违反了药品监管部门对于药品注册、研制、生产、使用等各个环节制定的规范标准，从而导致药品的安全性、有效性无法把控，影响公众用药安全，产生足以严重危害人体健康的危险。

4. 走私、贩卖、运输、制造毒品类犯罪

根据《刑法》第357条[①]的规定可知，毒品是具有国家管制性和成瘾性的麻醉药品和精神药品（以下简称麻精药品）。在涉药品犯罪中，如果涉案药品在性质上属于被管制的麻醉药品和精神药品，则应结合案情考虑是否可能构成毒品犯罪。实务中，毒品认定困难的情况主要集中在具有合法医疗用途的麻精药品的性质认定问题上。具有合法医疗用途的麻精药品具有双重属性：一方面，可以作为治疗相关疾病的药品；另一方面，其具有成瘾性，长期服用可能损害身体健康。这种药理上的双重性赋予了此类麻精药品在法规范层面的双重定位：当其用于疾病治疗等正当医疗目的时，它被视为药品而非毒品；当其被非法贩卖给吸毒人员吸食滥用时，就属于毒品的范畴。[②] 此外，当麻精药品实际作毒品之用时，不管其本身是否具备医用价值都可依法成立毒品相关犯罪。

案例7中被告人纪某某明知阿普唑仑是国家管制的第二类精神药品，且他人购买的目的是作为毒品滥用，而非用于合法医疗用途，仍以牟利为目的加价贩卖给吸毒人员，应认定此案中的阿普唑仑为毒品，被告人的行为

---

① 《刑法》第357条："毒品是指鸦片、海洛因、甲基苯丙胺（冰毒）、吗啡、大麻、可卡因以及国家规定管制的其他能够使人形成瘾癖的麻醉药品和精神药品。"
② 参见方文军《麻精药品的双重属性对司法定性的影响——兼论妨害药品管理罪与非法经营罪的关系》，《法学评论》2024年第2期。

构成贩卖毒品罪。案例8中被告人王某某违反国家对麻醉药品的管理规定，为牟取非法利益，多次向吸毒人员贩卖国家管制的、具有成瘾性的麻醉药品美沙酮，构成贩卖毒品罪。案例9中被告人司某从境外购买的莫达非尼属于国家规定管制的精神药品，司某无证据证明出于治疗疾病的需要购买该精神药品，其购买的精神药品应视为毒品。司某为自己服食而从境外购买国家管制的精神药品并非法寄递入境，其行为构成走私毒品罪。因此，实务中在处理此类毒品案件时，首先应判断涉案药品是否在被管制的麻精药品目录中。如果涉案药品属于被管制的麻精药品，接下来应根据其是否具有治疗疾病的医用价值进行分类讨论。对于走私、贩卖、运输、制造没有医疗等合法用途的被管制麻精药品，一般以走私、贩卖、运输、制造毒品罪定罪处罚。对于具有合法医疗用途的麻精药品，应结合其在具体案件中的用途判断其是否属于毒品。如果确有证据证明行为人出于治疗疾病等目的提供该类具有医疗用途的麻精药品的，不以毒品犯罪处理；为了治疗疾病，以自用为目的购入该类麻精药品的，一般可不作为犯罪处理。换言之，对于国家规定管制的麻精药品，只要是正规企业生产的具有医用价值并出于正当合法医疗目的使用，并没有流入非法渠道被吸毒人员滥用的，不宜认定为毒品。

三　案例剖析

药品安全关乎人民群众生命健康，系基本民生问题。完善打击药品犯罪罪名体系，保障人民群众的用药安全是刑法学的题中应有之义。通过对涉药品犯罪案件的检索与梳理，不难发现在处理药品犯罪案件时，常涉及的罪名除了"生产、销售、提供假药罪""妨害药品管理罪"等基本药品类罪名外，还包括"生产、销售有毒、有害食品罪""走私、贩卖、运输、制造毒品罪"等。经过对类案的进一步分析可知，在对这些罪名进行罪与非罪、此罪与彼罪的认定时，常涉及的焦点问题是：食品与药品如何区分、假药与劣药的区别、罪名竞合时如何选择适用。本文将从篇首的基本案例

"闫某销售伪劣产品案"出发，结合表4中整理归纳的典型案例，对司法实践中存在的涉药品犯罪问题进行归纳总结并展开分析。

（一）案件的归类问题

在处理涉药品犯罪时，首先面临的就是案件的归类问题，即根据涉案物品属于药品还是食品，决定将案件归入药品犯罪还是食品犯罪的范畴进行讨论。值得注意的是，在判断涉案物品所属领域时，如果仅从物品实际具有的功能或效用出发，一刀切地认为能够食用的就是食品，能够治疗疾病的就是药品，往往会导致实践中罪名适用的偏差。例如，对于将食品冒充药品提供给消费者的行为，若根据涉案物品的实质属性为食品，就将案件归入食品犯罪的范畴，显然不妥。消费者是以获得药品为目的购买此产品，期待产品发挥药品的相应疗效，但实际得到的却是不能治疗疾病的食品，不仅会耽误病情治疗，甚至危害身体健康和生命安全。在此情形下，前述案件宜作为药品犯罪而非食品犯罪来打击。因此，在判断涉案物品属于药品还是食品时，我们需要根据生产、经营、提供者以明示或默示方式"表达出"的产品所具有的功能或适用的典型场景，决定将涉案物品归入药品或食品领域。如果将涉案物品归为药品，就应该在药品类罪名中选择罪名适用；如果将涉案物品归为食品，相应地应在食品类罪名中判断具体适用的罪名。

1. 药品的认定与向药品犯罪涵摄

在判断涉案物品属于药品还是食品，进而决定将案件涵摄到药品犯罪还是食品犯罪项下讨论时，我们除了需要根据生产、销售、提供者对外宣称或表现出来的物品特征或功能进行判断外，还需要结合现行法律对药品和食品的定义。如果提供者通过明示或默示方式宣称物品具有的特征是一般药品应具有的特征，会让人产生此物品为药品的合理期待时，宜将案件涵摄到药品犯罪的范畴；相反，如果物品被宣称或表现出来的特征与现行法律对食品特征的描述相符，宜将案件涵摄到食品犯罪领域，适用食品类罪名。

根据现行《药品管理法》第2条第2款,①可以得出药品具有如下四个特征：一是，其根本目的在于预防、诊断及治愈人体各类疾病；二是，具备调节人体生理机能的功能；三是，药品的包装或说明书中必须明确标注其适应症、功能主治、用法和用量；四是，药品的种类涵盖了生物制品和中药等多种类型。如果提供者通过明示或默示方式宣称涉案产品具有以上一种或几种特征，例如宣称涉案产品具有预防、治疗某种疾病的功能或者在产品外观上标注适应症或功能主治，使得具有平均认识水平的消费者在选择此种产品时会产生此产品具备药品相应疗效的期待，此时宜将涉案产品归入药品领域。进而，在药品犯罪的框架下，根据涉案产品有无药品疗效、疗效是否充足、是否妨害药品管理秩序等不同的情形，考虑适用"生产、销售、提供假药罪""生产、销售、提供劣药罪""妨害药品管理罪"等药品类罪名。

2. 食品的认定与向食品犯罪涵摄

同理，根据《食品安全法》第150条②对食品的定义可知，食品仅具有食用功能，不具备治疗疾病的功能。如果提供者对外仅宣称产品具有食用价值，并没有将其作为药品宣传，一般宜将涉案产品归入食品领域。然而，食品中除了单纯供人食用的物品，还包含一部分既具有食用价值又具有药用价值的物品，即中医上所说的"食药同源"类物品，实务中容易出现认定偏差的往往也是此类食药同源物品。如果此类食药同源物品在外观上是以食品而非药品标识，商家并未宣传其能够治疗疾病，具有平均认知的消费者也不会产生此产品为药品的合理期待时，即使其本身具备一定调理身体的功能，也应将涉案产品划入食品领域讨论，适用食品类罪名。

鉴于前述食品与药品的判断标准，本文基本案例"闫某销售伪劣产品案"中的涉案产品"四价人乳头瘤病毒疫苗"应属于药品。首先，根据

---

① 《药品管理法》第2条第2款："本法所称药品，是指用于预防、治疗、诊断人的疾病，有目的地调节人的生理机能并规定有适应症或者功能主治、用法和用量的物质，包括中药、化学药和生物制品等"。

② 《食品安全法》第150条："食品，是指各种供人食用或者饮用的成品和原料以及按照传统既是食品又是中药材的物品，但是不包括以治疗为目的的物品"。

《疫苗管理法》中疫苗的定义①可知，疫苗的主要作用是预防和控制疾病。涉案四价疫苗作为疫苗类产品出售，对外宣传其是"可以用于预防宫颈癌非传染性重组四价疫苗"，已经向公众表明其具备预防疾病的功能。此外，涉案四价疫苗外包装上也标明其功能主治、含量（每支 0.5 毫升）和用法，具备一般药品的特征，会让人产生此产品为药品的合理期待。因此，涉案四价疫苗应认定属于药品，考虑适用药品类罪名。

（二）药品类罪名的判断问题

根据前述食品与药品的区分标准，如果生产、经营、提供者以明示或默示方式"表达出"的产品所具有的功能或适用的典型场景与药品的特征相符，此时应将案件涵摄到药品犯罪项下进行讨论。然后，根据具体案件中缺陷药品的情形，进行构成要件该当性的判断，考虑是否构成"生产、销售、提供假药罪""生产、销售、提供劣药罪""妨害药品管理罪"或"走私、贩卖、运输、制造毒品罪"等药品类罪名。

1. 生产、销售、提供假药罪的认定

实务中判断此罪的难点主要在于假药的认定问题，即能否因为涉案药品形式上属于《药品管理法》列明的假药类型，就直接将其认定为刑法中的"假药"。首先，生产、销售假药罪作为法定犯，即使法条中删除了违反前置行政法律规范的罪状表述，其仍是作为隐性的法定犯存在。② 在对其进行罪与非罪的认定时，必须先行判断行为是否违反了前置《药品管理法》的规定。只有违反了《药品管理法》规定的缺陷药品，才有可能成立刑法意义上的假药。值得注意的是，生产、销售假药罪的成立虽然以违反《药品管理法》为必要，但并不意味着违反行政法规范的行为就一定具备刑事违法性。例如，实践中已经出现不少涉案产品虽然形式上属于《药品管理法》规定的假药情形，但实质上具备药品疗效的案例，并引发了刑法上关

---

① 《疫苗管理法》第 2 条："本法所称疫苗，是指为预防、控制疾病的发生、流行，用于人体免疫接种的预防性生物制品，包括免疫规划疫苗和非免疫规划疫苗。"
② 参见陈兴良《法定犯的性质和界定》，《中外法学》2020 年第 6 期。

于假药实质标准的讨论。

犯罪的本质是侵犯法益,在认定生产、销售假药罪的行为对象——假药时,首先需要厘清的就是此罪的保护法益,发挥法益对构成要件的解释机能,对刑法上的假药进行实质性、限定性的解释。通说认为,生产、销售假药罪侵犯的是复合客体,即国家对药品正常的监督管理秩序和民众的生命健康。[①] 从《刑法修正案(十一)》立法草案说明指出的"为进一步强化食品药品安全"来看,本罪的核心法益更倾向于"用药安全"这一目的所表征的"公众的身体健康与生命安全"法益。与公众的生命健康法益直接相关的是药品的有效性,只有在涉案药品不具备治疗疾病的功效时,才能认定其侵犯了公众的生命健康法益,进而从实质上认定涉案药品为假药。

从司法效率的角度出发,实践中对符合《药品管理法》规定情形的缺陷药品一般认定为假药,推定其不具备有效性。但这样的推定并不是绝对的,允许提供证据进行反证,对实质上具备药品疗效的情形予以出罪。因此,实践中对于"假药"的认定,推荐采用一种两步走的策略:第一步,应明确涉案药品是否属于《药品管理法》中列明的四种假药类型。对于经过形式判断发现不属于《药品管理法》规定的假药类型的药品,无须进行下一步的实质判断,直接认定不属于假药;对于经过形式判断属于《药品管理法》规定的四种假药情形的,则需要进入第二步,对药品有效性进行进一步的实质判断。第二步主要是从实质上判断涉案药品是否具有疗效,进而将形式上符合《药品管理法》规定的假药情形,但实际上具备疗效的药品排除在假药的范围外。此步亦可理解为适用《刑法》第13条"但书"条款对生产、销售实际上没有处罚必要性的、有疗效的药品以"社会危害性显著轻微"为由,不认定为犯罪。[②]

---

① 参见张军主编《刑法〔分则〕及配套规定新释新解》(上)(第3版),人民法院出版社2013年版,第261页。
② 参见刘艳红《"法益性的欠缺"与法定犯的出罪——以行政要素的双重限缩解释为路径》,《比较法研究》2019年第1期。

2. 生产、销售、提供劣药罪的认定

实践中，在认定生产、销售、提供劣药罪时需要对两个关键问题进行判断：一是涉案药品是否属于劣药；二是行为是否产生"对人体健康造成严重危害"的实害结果。对于第一个问题，认定劣药的难点在于如何将其与假药区分开来。从用语含义本身来看，假为伪、劣为差；从药品的实质来说，假药是没有药品疗效、劣药是疗效不充分。[①] 有无药品的疗效是区分假药与劣药的根本标准，假药是根本没有相应的药品疗效，因此包含了"以非药品冒充药品"的情形；而劣药是具备一定的药品疗效，只是达不到预期的充分疗效。根据这一判断标准，本文篇首的基本案例"闫某销售伪劣产品案"中原本每支0.5毫升的疫苗被抽取原液后，含量被稀释为每支约0.1毫升，属于含有规定的药品成分但成分含量不达标，从而达不到预期的充分疗效，应当被认定为成分含量不符型劣药。

然而，如果只是简单、机械地套用《药品管理法》关于假劣药的规定进行判断，往往容易导致实践中罪名适用的偏差。例如，假设国家药品标准规定涉案药品中某成分的含量应当达到98%，若检验出药品中该成分含量为0%，即完全不含有相应成分时，应认定涉案药品属于《药品管理法》规定的成分不符型假药；若检验出涉案药品中该成分含量为1%时，按照《药品管理法》的规定，该药品属于成分含量不符型劣药。但此种单纯以数字为依据进行判断的模式显然是不妥当的，1%的成分含量基本丧失了这种成分的治疗效果，与完全不含有此种成分的药品一样，无法起到相应的药物作用。对于此种仅含有极少量规定成分的药品也可直接认定为假药，以实现对药品犯罪的严厉打击。相反，只有成分含量虽低于规定标准，但仍能起到一定治疗作用的药品才能被认定为劣药。即劣药是具有一定的药品疗效，但疗效不充足的药品。

此外，成立生产、销售劣药罪，除了必须确认涉案药品属于劣药外，还需进一步证明生产、销售劣药的行为产生了"对人体健康造成严重危害"

[①] 参见陆诗忠、卢李语涵《再论生产、销售假药罪中的"假药"》，《青少年犯罪问题》2023年第6期。

的实害结果，即证明生产、销售劣药的行为与危害人体健康的结果二者之间具有因果关系。然而，实践中药品犯罪的因果关系极为复杂，致害原因除了与药品本身的疗效有关，还与病人的身体状况等其他因素相关。生产、销售、提供劣药的行为与被害人健康受损之间的因果关系难以科学证成，从而导致实践中生产、销售、提供劣药罪适用率极低。

3. 妨害药品管理罪的认定

如果根据提供者以明示或默示方式"表达出"的产品所具有的功能将涉案产品归入药品领域，但经判断缺陷药品既不属于假药也不属于劣药的，应结合具体违反药品管理法规的情形，考虑是否构成妨害药品管理罪。妨害药品管理罪通过构造妨害药品管理秩序的特定行为类型实现对公众用药安全的保障，其在客观方面主要包含以下四种行为类型：禁用药品型行为、未经批准型行为、虚假注册型行为、编造记录型行为。上述四种行为类型破坏了药品监管部门对于药品注册、研制、生产、检验等各个环节的严格把控，从而使得药品的安全性、有效性无法保障，影响公众用药安全。

此外，在妨害药品管理罪罪状的描述中，虽然包含了"足以严重危害人体健康"这一表述，但若仅凭"足以"型的表述就模式化地将该罪界定为具体危险犯并不妥当。因为如果按照这种逻辑，相关违反药品管理法规的行为只有对人体健康造成了现实且紧迫的危险状态时，才构成犯罪。这样的理解无疑会在很大程度上将那些尚未实际销售药品，但同样具有潜在严重危害性的行为排除在该罪的成立范围之外，导致刑法介入的时机过于滞后，无法及时有效地阻止潜在危险行为的发生和扩大，与严厉制裁药品犯罪的意旨不符。[1] 因而，"足以严重危害人体健康"并不是对具体危险状态的要求，而是对构成要件行为所应当具有的危险属性的限定。实践中，如何精确判断"足以严重危害人体健康"这一标准，一直是一个颇具挑战性的难题。尽管2022年《药品案件解释》第7条针对"足以严重危害人体

---

[1] 参见敦宁《妨害药品管理罪的法教义学分析》，《政治与法律》2021年第12期。

健康"规定了9种具体情形,但归根结底,仍未脱离形式化的判断模式。例如,《药品案件解释》第7条第4项①规定对于特定类型的药品,只要检出含有化学药成分,可以直接将其认定为"足以严重危害人体健康"。然而,化学药的类型、性质等才是决定危害人体健康程度的关键实质性要素。如果仅仅根据"化学药"这一身份就直接认定"足以严重危害人体健康",而不考虑不同种类的化学药对人体健康的危害程度不同,势必会导致实践中罪名适用的偏差。因此,在认定"足以严重危害人体健康"时,需要结合个案中行为对象的性质、行为属性等,判断该行为是否达到了"足以严重危害人体健康"的危险程度。

4. 毒品犯罪的认定

将案件涵摄到药品犯罪领域后,如果涉案药品是被管制的麻醉药品或精神药品,则可能被认定为毒品,应考虑是否构成相应的毒品犯罪。根据毒品定义可知,并不是所有的麻醉药品和精神药品都是毒品,只有同时具备国家管制性、成瘾性的麻精药品才有可能是毒品,其中被管制性是最主要的特性。我国目前对麻精药品的管制方式是通过发布相关管制文件列明被管制的麻精药品的种类和名称目录。只有这些被列明由国家管制的麻精药品才有可能被认定为毒品,但并不是所有被管制的麻精药品都当然是毒品。某些麻精药品除了具有使人形成瘾癖的特征,本身还有治疗相应疾病的医疗价值,当其被用于合法医疗用途时并不属于毒品的范畴。对于此类具有医疗价值的被管制麻精药品,应根据其具体是用于治疗疾病等合法医疗用途还是被吸毒人员吸食滥用,进而判断其是否属于毒品。②

根据2023年6月最高人民法院印发的《全国法院毒品案件审判工作会议纪要》(以下简称《昆明会议纪要》)的规定,若明知对方是走私、贩卖毒品的犯罪者或吸毒者,仍向其贩卖国家管制的且原本具有医疗等合法用

---

① 最高人民法院、最高人民检察院《药品案件解释》第7条第4项:"未取得药品相关批准证明文件生产药品或者明知是上述药品而销售,涉案药品没有国家药品标准,且无核准的药品质量标准,但检出化学药成分。"

② 参见何荣功《〈全国法院毒品案件审判工作会议纪要〉若干重点问题的理解》,《中国应用法学》2023年第6期。

途的麻精药品，此行为应被定性为贩卖毒品罪。但如果有确凿证据证明行为人是出于治疗疾病等相关目的，违反国家对药品管理的规定，未经许可擅自经营上述麻精药品，对行为人不以毒品犯罪论处，但可能构成妨害药品管理罪或非法经营罪等其他罪名。对于海洛因、冰毒等没有合法用途的"纯毒品"，由于其根本不具备治疗疾病的医用价值，一旦出现即是作为毒品使用，没有通过医疗用途反证的空间。对于走私、贩卖、运输、制造此类国家严格管制且没有合法用途的麻精药品的行为，一般以走私、贩卖、运输、制造毒品罪定罪处罚。此外，根据《昆明会议纪要》相关规定，个人为了治疗疾病，在合理数量范围内携带、寄递具有医疗用途的麻精药品供自己使用的，不构成犯罪。

（三）罪名竞合的处理

1. 基本案例的罪名认定

如前述区分假药与劣药时对"闫某销售伪劣产品案"的分析，涉案四价人乳头瘤病毒疫苗应被认定为成分含量不符合国家药品标准的劣药，考虑适用生产、销售劣药罪而非生产、销售假药罪。然而，生产、销售劣药罪作为实害犯，要求产生"对人体健康造成严重危害"的后果。本案中由于涉案四价疫苗主要为预防性疫苗，效果在于降低宫颈癌及癌前病变的发生率，含量不达标的疫苗可能会对预防效果产生一定影响，但在短时间内对人体的伤害难以实际判断。截至案发，未有证据证明涉案疫苗的使用对人体健康造成严重危害，因而此案不构成生产、销售、提供劣药罪。此时，结合生产、销售劣药罪被规定在《刑法》第三章第一节"生产销售伪劣商品罪"项下的体系位置，在无法成立生产、销售、提供劣药罪这一特殊罪名时，应考虑适用生产、销售伪劣产品罪这一一般性罪名。如《刑法》第149条第1款所规定的，生产、销售第142条所列劣药，不构成生产、销售劣药罪，但是销售金额在5万元以上的，应依照第140条的规定以生产、销售伪劣产品罪定罪处罚。该案中的疫苗虽属于劣药，但其本质上也是以含量不合格的疫苗冒充合格疫苗，属于伪劣产品。此外，结合被告人闫某销售金额已达 74 万元的事实，此案达到了销售金额在 5 万元以上的标准，符合生产、销售伪劣产品罪的构成要件，应认定闫某构成销售伪劣产品罪。

2. 药品犯罪的罪名竞合问题

药品犯罪罪名体系中可能出现罪名竞合的主要是妨害药品管理罪与生产、销售假药罪或劣药罪。从法条关系来看，妨害药品管理罪与生产、销售假药罪之间并不存在互斥关系，同一行为可能同时触犯两罪。《刑法修正案（十一）》新增的妨害药品管理罪规定了四种行为类型，并设置了"足以严重危害人体健康"这一标准。当行为人实施妨害药品管理罪的四类行为之一，且涉案药品被依法认定为假劣药时，涉案行为除了成立妨害药品管理罪还可能构成生产、销售假药罪或生产、销售劣药罪。因此，根据《刑法》第 142 条之一第 2 款的规定，妨害药品管理秩序的行为同时构成第 141 条与第 142 条规定之罪的，依照处罚较重的规定定罪处罚。

此外，鉴于药品本质上是一种特殊的商品，药品相关犯罪自然也被纳入伪劣商品犯罪范畴之内。因此，当我们从体系化的视角去深入探究药品类罪名之间的竞合关系时，不应仅仅局限于药品犯罪本身，而应将其置于整个伪劣商品犯罪体系下进行全面考量。诚如《刑法》第 149 条第 2 款所规定的，生产、销售第 141—148 条所列产品，构成各该条规定的犯罪，同时构成第 140 条规定的生产、销售伪劣产品罪的，应依照处罚较重的规定定罪处罚。究其原因，无论是假药还是劣药，本质上都属于伪劣产品，存在罪名竞合的可能。即使不构成《刑法》第 141—148 条规定的犯罪，但涉案产品本质上仍属于伪劣产品，只要销售金额在五万元以上的，符合生产、销售伪劣产品罪的构罪标准的，仍可以按照生产、销售伪劣产品罪定罪处罚。

四 结论

保障人民群众的用药安全是与每个公民生命健康息息相关的重大民生工程。针对实践中存在的涉药品犯罪乱象，除了需要在事前采用最严格的监管标准把控药品生产、检验和审批全流程，对于不法分子为牟取非法利益生产、销售伪劣药品的行为，若构成犯罪的，必须运用刑法予以最严厉的制裁。

对于涉药品犯罪行为，在进行罪名认定时，应有逻辑、分层次地进行递进审查，以实现准确定罪量刑。具体来说，第一步，应根据生产、经营、提供者以明示或默示方式"表达出"的产品所具有的功能或适用的典型场景，将涉案物品归入药品或食品领域，进而决定将案件涵摄到药品犯罪还是食品犯罪项下进行讨论。第二步，如果认定涉案物品为药品，则需要对药品的性质做进一步的判断。根据其属于假药、劣药还是被管制的麻精药品，分别考虑适用"生产、销售、提供假药罪""生产、销售、提供劣药罪"和"走私、贩卖、运输、制造毒品罪"。如果药品并不属于以上种类，但存在违反药品管理规范的行为，应考虑适用妨害药品管理罪。相反，如果认定涉案物品属于食品，应根据案件的具体情形考虑适用生产、销售不符合安全标准的食品罪或生产、销售有毒、有害食品罪。此外，在最终罪名认定上还需要注意罪名竞合的问题。

任何一种犯罪的治理，都不是刑法能够一力承担的。在涉及药品安全的重要问题上，还需要民法、行政法等多个部门法的协调配合，形成多元共治的社会力量，方能真正保障药品安全。为此，不仅要在司法审判制度中加快构建更为合理的涉药品犯罪裁判规则，明确罪与非罪、此罪与彼罪的界限，为司法实务提供更为明晰和可操作的规则指引；亦需要强化行政机关对药品行业的监督管理，争取在前端就严格把控药品注册、研制、生产、检验和审批的各个环节，逐一消除可预见的质量安全隐患，从程序上保障国家对药品质量安全的严格监管，确保人民群众的用药安全。

医疗美容服务合同违约精神损害赔偿的司法分析

李一萌[*]

摘 要：本类案件中就医者多因手术未达预期效果致使其严重精神损害，要求医疗美容机构承担违约精神损害赔偿责任。《民法典》第996条虽赋予就医者在医疗美容服务合同纠纷项下主张精神损害赔偿的权利，但由于制度配套解释仍不完善，如何适用该条、是否可基于期待利益主张受损违约精神损害赔偿等问题仍存在争议。医疗美容服务合同作为典型的以期待利益为主给付内容的合同，应允许就医者以侵权或违约责任为请求权基础主张违约精神损害赔偿。适用侵权责任为请求权的，应以司法鉴定为前提承担更高的证明责任，但不应将达到伤残等级标准作为认定属于精神损害达到严重程度的唯一原因，其损害赔偿请求权不受当事人约定限制，赔偿数额亦不受合同可预见性规则限制。适用违约责任为请求权基础的，可相应降低举证责任，但严重程度认定应与适用侵权责任相同，当事人约定及合同可预见性规则均应对其赔偿数额产生影响。

关键词：医疗美容服务合同 违约精神损害赔偿 严重精神损害标准

---

[*] 李一萌，武汉大学大健康法制研究中心助理研究员。

一　基本案情

（一）案件事实

2020年3月22日谢某某通过中间人爱优牙的平台客服人员介绍到广州海斯口腔门诊部进行牙齿正畸面诊，在海斯门诊部处面诊数次后，于2020年7月4日签订《无托槽隐形矫治知情同意书》，正式接受正畸治疗。正畸过程中，谢东瑜牙齿状况逐渐恶化，出现慢性牙龈炎、龋齿等口腔病症。行政部门认定，自2020年5月至2021年5月6日广州海斯口腔门诊部存在进行虚假或引人误解的广告宣传行为，并对其做出行政处罚决定。

谢某某认为海斯门诊部在日常经营过程中存在发布虚假或引人误解的广告以及其他虚假广告的行为，属于欺诈行为，要求撤销医疗服务合同并要求海斯门诊部退还医疗服务费、支付惩罚性赔偿。同时，谢某某主张因海斯门诊部的正畸服务未能按照相应诊疗规范，既没有达到当初承诺的效果，反而造成谢某某口腔损害，侵害了谢某某的身心健康，且谢某某为年轻女性，口腔损害会影响其健康生活和自信心，故请求法院酌情判定海斯门诊部赔偿精神损害抚慰金。[1]

（二）判决要旨

两审法院均认为，谢某某在海斯门诊部处接受牙齿正畸治疗，双方确已建立医疗服务合同关系，案由为医疗美容服务合同纠纷并无不当。海斯口腔门诊部广告用语含有虚假或引人误解的内容，但其广告内容中并未涉及医疗技术、诊疗方法与预期疗效等重要事实，难以认定涉案广告为谢某某选择海斯门诊部提供服务的决定性因素。谢某某亦在海斯门诊部出具的《无托槽隐形矫治知情同意书》上签字，上述过程表明谢某某接受海斯门诊

---

[1] 谢某某、广州海斯口腔门诊部有限公司医疗服务合同纠纷案，广东省广州市中级人民法院〔2023〕粤01民终7294号民事判决书。

部治疗系其真实意思表示，并未陷入错误理解，不足以认定海斯门诊部构成欺诈，故于撤销此医疗服务合同及支付惩罚性赔偿的请求法院不予支持。对于精神损害抚慰金的问题，两审法院均以合同可预见性规则为依据，认为损失赔偿额不得超过违约一方订立合同时候预见到或者应当预见到的因违约可能造成的损失。在谢某某与海斯门诊部建立服务合同时，无法预见后续治疗的产生，且在无法明确确定海斯门诊部的过错责任的情况下，再扩大海斯门诊部的赔偿范围，对海斯门诊部有失公允。另谢某某所受损害亦未经司法鉴定机构做出鉴定结论，未有充分证据证实海斯门诊部的行为已造成其严重的损害后果，故法院不予支持。

（三）争议焦点

本案争议焦点有三：一是海斯门诊部广告行为是否构成欺诈，此问题二法院已对海斯门诊部广告行为不构成欺诈作出详细论述。二是医疗服务合同非违约方请求违约精神损害赔偿是否受到未进行司法鉴定的桎梏，进而可以衍生出对于适用违约精神损害赔偿条件的具体展开与阐释。三是医疗服务合同违约精神损害赔偿数额认定是否受合同预见性规则限制，进而可以衍生出对于违约精神损害赔偿范围界定的再审视。

二 类案整理

（一）案件类型化分析

笔者在威科先行数据库（https://law.wkinfo.com.cn/）的检索界面进行高级检索，检索类目如下："案由"为医疗服务合同纠纷；"全文检索"为医疗美容及精神损害；"案件类型"为民事案件；"文件类型"为判决书。截至2023年12月22日，通过上述检索条件检索得出133份判决书。因此，本文以2013—2023年共十年的审判终结案件（共计133份）判决书作为样本进行分析与研究。

1. 审级分布特征

医疗美容服务合同违约精神损害赔偿案件的审级分布如图1所示，由图可知医疗美容损害纠纷以基层法院审理为主，一审终审案件86件，占比64.66%；二审已结案件45件，占比33.84%；再审案件2件，占比1.50%。

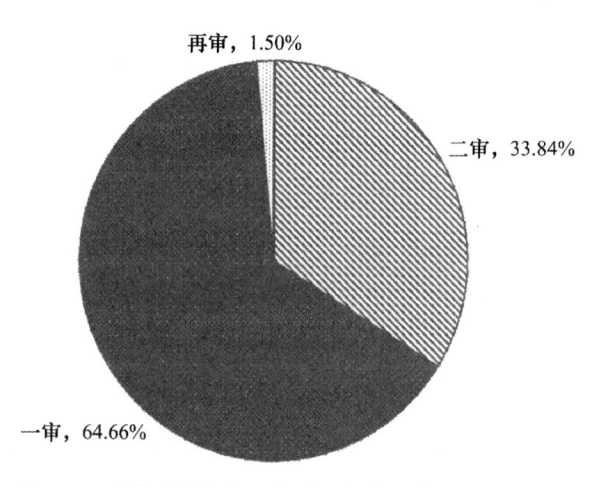

图1 医疗美容服务合同违约损害赔偿案件的审级分布

笔者在此将二审中上诉人与被上诉人的主体身份进行了统计，其中原告作为上诉人的有27件，被告作为上诉人的有12件，原被告共同上诉的有6件。综上可知，医疗美容纠纷案件的上诉率较高，可见原被告双方对于判决结果分歧较大。此外，原告上诉率较被告上诉率高出34%，造成此现象的原因在于：（1）法院未认定被告存在欺诈行为进而适用《消费者权益保护法》有关惩罚性赔偿的规定，导致原告认为判决赔偿金额过低。实践中，原告多主张被告提供医疗美容服务中存在使用虚假广告宣传，隐瞒、误导消费者等欺诈行为，但法院并未认定被告存在欺诈行为或被告欺诈行为与原告损失存在因果关系，导致原告无法获得三倍于医疗服务费用的惩罚性赔偿，法院判决支持赔偿金额远低于原告诉求。（2）法院未支持精神损害赔偿主张。在《民法典》正式实施前，囿于请求权基础问题，法院多以精神损害抚慰金是侵权责任的承担方式为由驳回原告精神损害赔偿主张。在

《民法典》对违约精神损害赔偿予以明确支持后，适用标准的不一致仍使得原告精神损害赔偿主张难得支持。

2. 原告违约精神损害赔偿请求未获支持情况及原因

表1 原告违约精神损害赔偿请求完全未获支持情况及原因分析

	原告违约精神损害赔偿数额未被全部支持原因	案件数量	合计（件）
请求权基础类	精神损害赔偿需以侵权责任为请求权基础	12	17
	双方未约定精神损害赔偿	3	
	不符合合同可预见性规则	2	
未证明损害严重性类	未进行鉴定	9	22
	仅提供照片等事实认定	2	
	无证据证明	11	
未证明因果关系类	无证据证明损害与医疗行为间存在因果关系	3	3

刨除法院以酌定方式部分支持违约精神损害赔偿之情况，本文将样本中出现的原告违约精神损害赔偿请求未获支持情况及原因大致分成了三大类别，分别是：请求权基础类、未证明损害严重性类及未证明因果关系类，如表1所示。毋庸讳言，在《民法典》第996条突破了精神损害赔偿请求权与合同违约纠纷的界限后，以精神损害仅可以侵权责任为请求权基础进而驳回精神损害赔偿请求的判决大幅减少，但服膺于案件案由为医疗服务合同，仍有部分法院仍因循违约精神损害赔偿请求权受到合同可预见性规则或违约责任中未约定精神损害赔偿等请求权问题不支持原告违约精神损害赔偿请求。未证明损害严重性问题、未证明因果关系问题则均可归纳为原告举证责任大小问题，显然实践中部分法院尚未对原告证明损害严重性证据证明力大小形成统一认识。部分法院仍要求违约损害赔偿请求权的实现需有司法鉴定这一权威性的基础支撑。同时，法院对于原告进行司法鉴定的固守态度也昭示了部分法院尚未认识到适用违约精神损害赔偿请求权客体适用范围不应局限于健康权领域，而应予以扩展。通过对法院驳回违约精神损害的缘由进行总结可以看到，虽然我国已在立法层面对违约精神

损害赔偿进行了初步构建，但如何在实践中对于适用违约精神损害赔偿条件、当事人意思自治与违约精神损害赔偿的关系、赔偿范围进行规范界定仍是当下亟须解决的问题。

（二）典型案例及裁判结果梳理

表 2　典型案例一览

序号	案件名称	案情简介	主要争议	裁判要点
1	钱某与北京美清医疗美容诊所有限公司医疗服务合同纠纷案①	2018年原告于被告处实施双侧重睑修复手术治疗，以改善睑窝凹陷形态。术后，原告出现眼睑闭合不全，屈光不正等问题。	本案是否可适用《民法典》关于违约精神损害赔偿相关规定	适用《民法典》的规定更有利于保护民事主体合法权益，更有利于维护社会和经济秩序，更有利于弘扬社会主义核心价值观的除外，故《民法典》相关条款也应当适用于本案。根据《民法典》第996条，钱某虽以违约之诉提起本案诉讼，其在本案中要求美清诊所赔偿其精神抚慰金，理由充足，本院亦应支持
2	罗某、广州秀妍医疗美容门诊部有限公司医疗服务合同纠纷案②	原告于被告处实施因医疗美容手术，术后原告手术部位不适，未达手术预期效果	未证明人格权受损，仅以造成合同的精神利益丧失为由主张违约精神损害赔偿请求可否得到支持	虽罗某未提供相关伤残鉴定报告，但考虑到涉案手术造成罗某面部双侧脂肪厚度不一致，影响其容貌美观，确会对其带来一定精神痛苦，故本院酌定精神损害抚慰金2000元
3	黄某某与北京画美医疗美容医院医疗服务合同纠纷案③	原告于被告处实施吸脂术后出现腰腹部脂肪堆积，可见吸脂瘢痕、发暗、稍硬，双侧大腿稍有不平整的损害后果	未证明健康权受到损害违约精神损害赔偿请求能否得到支持	诊疗行为涉及医学专业内容，判断医疗服务行为是否违反合同约定、患者的损害后果以及损害后果与医疗服务行为的因果关系等属专业范畴，需通过鉴定意见证明。经释明，原告坚持不就相关事项申请鉴定，需自行承担相应举证不能不利后果，不支持因手术产生的损害主张违约精神损害赔偿。被告拍摄的原告照片并未局限于手术部位，还包括原告面部、胸部等私密部位。被告在未对上述照片进行任何处理即行保存且通过微信方式进行传送，确会对原告造成一定精神损害。故结合被告发送照片的原因和现有证据显示的传送范围酌定被告就此需赔偿原告精神损害抚慰金

---

① 参见北京市第二中级人民法院〔2022〕京02民终5607号民事判决书。
② 广东省广州市中级人民法院〔2020〕粤01民终19299号民事判决书。
③ 参见北京市朝阳区人民法院〔2021〕京0105民初83410号民事判决书。

续表

序号	案件名称	案情简介	主要争议	裁判要点
4	赵某与上海交通大学医学院附属第九人民医院医疗服务合同纠纷案①	原告赵某至被告第九人民医院的虹梅路门诊部接受名为眼袋整形术的医疗美容服务，术后原告出现双眼下眼睑凹陷变形等问题	未进行司法鉴定，违约精神损害赔偿请求能否得到支持	仅从其提供的照片来看，难以认定第九人民医院给赵某造成损失。原告未就被告对其诊疗是否存在医疗过错、该过错是否构成医疗损害及该过错与损害结果是否存在因果关系等进行医疗损害鉴定，以其主观判断及提供的照片等，主张原告术后有诸多问题，要求被告承担相应的民事责任，事实和法律依据均不足，不支持原告违约精神损害赔偿诉求
5	陈某、金华瑞丽门诊部（有限合伙）医疗服务合同纠纷案②	原告在被告处注射水光针，注射后出现颜面部大面积红肿、发炎，随后颜面部逐渐出现肉芽增生，在被告处持续治疗无好转，对原告造成极大的身体及心理创伤	未进行司法鉴定，违约精神损害赔偿请求能否得到支持	被告明确表示放弃对原告注射水光针与脸部疾患形成的因果关系进行鉴定，故对被告的答辩意见不予采信。因当事人一方的违约行为，损害对方人格权并造成严重精神损害，受损害方选择请求其承担违约责任的，不影响受损害方请求精神损害赔偿。本案中原告损伤发生于颜面部，对原告造成了较为严重的精神痛苦，本院酌情认定被告需向原告支付精神损害赔偿金3000元
6	张某某与上海娜慕医疗美容门诊部有限公司医疗损害责任纠纷案③	原告于被告处实施抽脂手术，手术效果不理想。经鉴定被告诊疗行为存在医疗过错，其医疗过错与张某某损害后果之间存在因果关系；原告损害后果尚不构成伤残等级	司法鉴定未构成伤残等级是否可作为驳回精神损害赔偿诉讼请求的理由	经鉴定，原告不构成伤残，故原告精神损害赔偿主张不予支持。被告按被告应按照75%的比例赔偿原告损失
7	杨某某、神木市天阙医疗美容有限公司医疗服务合同纠纷案④	被告为原告提供毛囊克隆医疗服务，原告认为其头发并未长出，对术后效果不满意	合同纠纷双方未约定精神损害赔偿情况下，原告可否主张精神损害赔偿	因本案为合同纠纷，双方仅约定退款的违约责任，未约定精神损害赔偿，故对原告该请求本院不予支持

① 参见上海市闵行区人民法院〔2022〕沪0112民初36777号民事判决书。
② 参见浙江省金华市婺城区人民法院〔2022〕浙0702民初5616号民事判决书。
③ 参见上海市青浦区人民法院〔2023〕沪0118民初10306号民事判决书。
④ 参见陕西省神木县人民法院〔2023〕陕0881民初1865号民事判决书。

续表

序号	案件名称	案情简介	主要争议	裁判要点
8	范某某、临洮县丸碧护肤体验中心医疗服务合同纠纷案①	原告于被告处接受医美服务，导致原告烫伤	违约精神损害赔偿数额认定应考虑哪些因素	精神损害的赔偿数额应当与侵权人的过错程度以及侵权行为造成的后果相当。被告已向原告赔礼道歉，现在原告的烫伤已恢复，仅留有被告自认的赔偿数额1000元与本案原告的受伤程度、被告的过错责任程度相当，对被告的该自认意见予以采纳

三　案例剖析

虽然《民法典》第996条为主张违约责任时一并主张违约精神损害赔偿责任提供了立法依据，但由于缺乏全面的制度规范，相较于理论界的研究热情，司法实践中支持违约精神损害赔偿的情况却不尽如人意。必须承认，法律具有"开放结构"，法律标准为何很多情况下无法由制定法文本明白无误规定，而需要通过解释加以明确。

（一）医疗美容服务合同纠纷适用违约精神损害赔偿条件

1. 医疗美容服务合同纠纷中违约精神损害赔偿请求权的行使不受单一请求权基础限制

在《民法典》第996条正式适用前，人民法院多以精神损害赔偿仅乃侵权损害赔偿责任承担方式，医疗美容服务合同纠纷为合同违约之诉，故应参照合同法关于责任承担方式的规定排除精神损害赔偿责任。《民法典》第996条②弥补了违约责任与侵权损害赔偿责任无法同时主张的罅隙和疏缺，但第996条将违约精神损害赔偿条件严格限制在了人格权损害之场域内。然应认识到，致精神损害的原因并非囿于违约行为造成人格权侵权之

---

① 参见甘肃省临洮县人民法院〔2023〕甘1124民初3113号民事判决书。
② 《民法典》第996条：因当事人一方的违约行为，损害对方人格权并造成严重精神损害，受损害方选择请求其承担违约责任的，不影响受损害方请求精神损害赔偿。

情形，受损害方基于"精神愉悦"为主给付内容合同而享有精神利益的受损亦属于精神损害原因，应将其纳入主张精神损害赔偿的范畴之内。如斯而论，致精神损害的原因应包括图 2 三种，分别为违约行为致人格权受损、违约行为致合同精神利益丧失及侵权行为致精神损害。

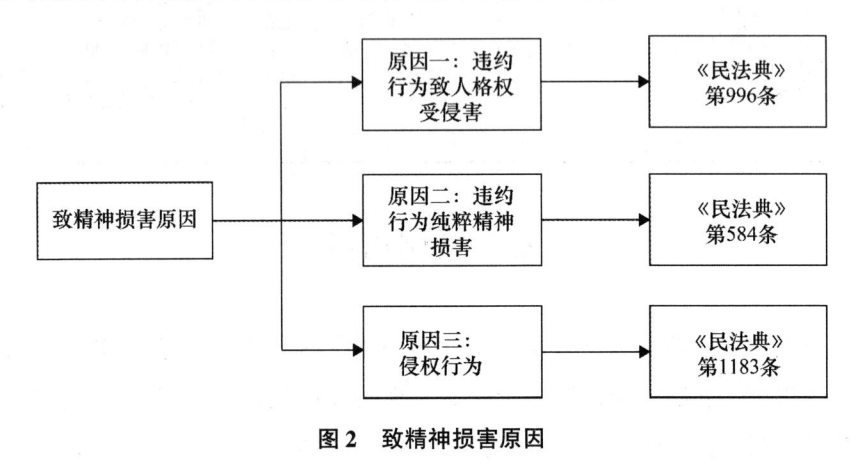

```
                              ┌─────────────────┐      ┌─────────────┐
                          ┌──▶│ 原因一：违约    │─────▶│ 《民法典》  │
                          │   │ 行为致人格权    │      │ 第996条     │
                          │   │ 受侵害          │      │             │
                          │   └─────────────────┘      └─────────────┘
┌──────────────┐          │   ┌─────────────────┐      ┌─────────────┐
│ 致精神损害原因│─────────┼──▶│ 原因二：违约    │─────▶│ 《民法典》  │
└──────────────┘          │   │ 行为纯粹精神    │      │ 第584条     │
                          │   │ 损害            │      │             │
                          │   └─────────────────┘      └─────────────┘
                          │   ┌─────────────────┐      ┌─────────────┐
                          └──▶│ 原因三：        │─────▶│ 《民法典》  │
                              │ 侵权行为        │      │ 第1183条    │
                              └─────────────────┘      └─────────────┘
```

图 2　致精神损害原因

在现行法体系下，原因一可基于《民法典》第 577 条[①]及第 996 条主张权利、原因二可基于《民法典》第 577 条及第 584 条主张权利、原因三可基于《民法典》第 1183 条主张权利，由于本文在违约精神损害赔偿视域内进行讨论，故下文仅对适用原因一及原因二相应的请求权基础进行分析，后文将对二者认定条件、赔偿范围、赔偿金额高低差异等进行具体分析。

原因一即违约行为造成人格权侵权所致精神损害产生的违约精神损害赔偿请求权以违约责任与侵权责任竞合为前提，但其权利来源仍由侵权责任编提供，故其请求权基础仍为侵权责任。第 996 条作为人格权编一般规定之一，自其文义可知，守约方人格权遭受侵害是其依据《民法典》第 996 条请求违约损害赔偿的重要前提。而《民法典》人格权保护的方式是：甄别人格权请求权类型并纳入侵权责任范围。因此，守约方以第 996 条为请求依据，进而主张违约精神损害赔偿的前提在于：违约行为损害人格权导致

[①]《民法典》第 577 条：当事人一方不履行合同义务或者履行合同义务不符合约定的，应当承担继续履行、采取补救措施或者赔偿损失等违约责任。

违约责任与侵权责任竞合（违约＋人格权侵权＝精神损害赔偿）。守约方要求违约方承担违约精神损害赔偿责任需以人格权受侵害的事实为基础，此权利及证明标准来源于侵权责任编，故第996条项下精神损害赔偿请求权基础应当归入侵权责任的范畴。可喜的是，司法实践中《民法典》颁布实施后，以精神损害不可适用于合同违约之诉的错误观点已几乎绝迹。同时亦有部分人民法院以适用民法典的规定更有利于保护民事主体合法权益为由，主动在合同违约纠纷案件中适用违约精神损害赔偿制度。但由于既往精神损害赔偿仅在侵权责任领域适用的惯性思维，实践中部分法院对于原因一产生的请求权实属侵权责任范畴存在理解上的偏差，与原因二产生的合同法范围内责任混淆。

具体而言，原因二即违约行为致合同精神利益丧失属于合同法调整范围，违约精神损害赔偿数额受合同可预见性规则限制。诚然，《民法典》未明确规定违约责任可扩展至精神损害赔偿场域，但我国现行立法并未排除精神损害赔偿在合同法领域的适用。探索准许当事人在医疗美容服务合同中约定违约精神赔偿金具有其适时性。首先，从立法体系上看，前已述及，致精神损害的原因共有三种。违约行为致人格权受损及侵权行为均有明确主张精神损害赔偿的法条依据。但为何在违约行为已明确给守约方造成严重精神损害，仅以此种行为并未构成对守约方人格权的侵犯为由，否定其主张精神损害赔偿的权利？因此，通过支持医疗美容服务合同为等典型期待精神利益合同的违约精神损害赔偿请求权来消解或缓释体系内部矛盾，或许是最为便捷且可行的方法。

其次，自立法解释来看，赋予医疗美容服务合同守约方违约精神损害赔偿请求权亦具有其合理性。人大立法解释明确将以"精神愉悦"为主给付内容的合同，违约方未满足对方当事人精神愉悦甚至产生精神不快或痛苦的情形纳入违约精神损害赔偿范畴，并与《民法典》第996条侵害自然人人身权益造成的精神损害赔偿相区分。[1] 可见，在合同精神利益为主给付

---

① 参见张新宝《中国民法典释评·侵权责任编》，中国人民大学出版社2020年版，第103页。

内容的合同项下，守约方享有区别于侵权损害赔偿领域的请求权，此种精神损失属于合同履行利益的丧失，属于合同法调整范围和合同可预见的范围。医疗美容服务合同亦属于此类以精愉悦为主给付内容的合同。2022年最高法发布的消费者权益保护典型案例"邹某与某医美机构侵权责任纠纷案"①明确将医疗美容划分为治疗型医疗美容和消费型医疗美容——前者指由于患者自身疾病，基于治疗矫正目的进行的疾病诊断、治疗活动；后者目的不是治疗疾病，是健康人士满足对"美"的追求。如案涉医疗美容行为，守约方本身健康无虞，仅为追求更加美丽的容貌和形态，则属于以提供精神愉悦为主给付内容的消费型医疗美容服务合同，应支持守约方在合同法调整范围内主张违约损害赔偿请求权。

2. 医疗美容服务合同纠纷中适用人格权领域违约精神损害赔偿条件

（1）医疗美容机构行为导致就医方人格权受到侵害

自前文对违约精神损害赔偿请求未获支持情况统计来看，司法实践对于就医方证明人格权受侵害的证据证明力认定在立场与态度上存在差异。在与自然人相涉的八种具体人格权中，法官对于隐私权等受侵害的证明标准无较大争议，但对于如何证明健康权受侵害仍存疑，具体问题集中在医疗美容服务合同守约方是否需要通过鉴定。

前已述及，适用人格权领域违约精神损害赔偿请求权基础在于侵权责任编，因此应在裁判活动中运用侵权责任编相涉法律规定及司法解释。虽然医疗美容兼具消费性及医疗性双重属性，但在《最高人民法院关于审理医疗损害责任纠纷案件适用法律若干问题的解释》②明确了医疗美容属于"诊疗活动"范围，因医疗美容行为引发的纠纷应属于医疗损害责任的范围，应当适用医疗损害责任的规定后，医疗美容服务合同纠纷中适用人格权领域违约精神损害时仍应参照医疗损害责任相关规定分配举证责任并由

---

① 参见北京市第三中级人民法院〔2021〕京03民终9102号民事判决书。
② 《最高人民法院关于审理医疗损害责任纠纷案件适用法律若干问题的解释》第1条第2款：患者以在美容疗机构或者开设医疗美容科室的医疗机构实施的医疗美容活动中受到人身或者财产损害为由提起的侵权纠纷案件，适用本解释。

责任方承担举证不能的后果。因此若欲在医疗美容服务合同纠纷中适用人格权领域违约精神损害赔偿，原告应对医疗美容机构的过错及其行为与损害后果存因果关系承担举证责任。因过错与因果关系的认定涉及医学专业知识，如果仅仅提供患者本人的陈述、分析等来证明医疗机构的过错及医疗行为与损害后果的因果关系，证明效力较低。因此，原告应通过申请医疗损害鉴定的方式，以鉴定意见作为证明医疗美容机构的过错及医疗行为与损害后果的因果关系的依据，进而主张医疗美容机构承担赔偿责任。综言之，医疗美容服务合同纠纷中原告基于《民法典》第996条主张健康权受损请求违约精神损害赔偿的，应通过鉴定证明对医疗服务行为违反合同约定、损害后果与医疗服务行为的因果关系等进行举证证明，否则需承担相应举证不能的后果。

然而笔者认为，对于原告未鉴定进而需承担举证不能后果的认定需持更为审慎的态度，此处举证不能后果仅可认定为法院不应支持原告基于人格权受损所主张违约精神损害赔偿之诉求。原告仍有权以当事人在合同中的约定、提供照片等方式，以被告违约行为造成原告对双方医疗美容服务合同精神利益丧失为由主张精神损害赔偿。在学理上，医疗美容服务合同属典型以精神愉悦为主给付内容，已为原告提供以合同履行利益丧失为由主张违约损害赔偿责任提供充分依据。精神愉悦本质上仍是一种虚无且无法量化的内心感受，在该要件的证明策略上，法官应充分利用司法认知及经验法则减轻原告举证证明其医疗美容服务合同履行利益丧失的负担。医疗美容合同中的就医方本为健康人士，是为了满足"美"这一精神利益需求而接受服务。如原告本欲通过接受医疗美容服务提升形象，被告的行为不仅使原告无法实现合同目的，反而致使就医者容貌或身体特殊部位尤其是额面部外观受损，则应认定造成合同的精神利益丧失。此时，为了平衡多种彼此存在损益或冲突关系的诉求，原告举证证明外观上的差异则不必通过鉴定，仅需提供相关部位照片，法官酌情以一般社会理性人标准判断被告违约行为是否造成合同的精神利益丧失。

在司法实践中，相较于司法解释对于医疗损害司法鉴定严格运用之要求，现有司法鉴定条件及相关保障仍不适应现实需要，医疗美容纠纷的司法鉴定仍存在诸多问题与困难。首先，鉴定机构缺乏医疗美容相关鉴定专家，鉴定要求超出鉴定机构鉴定条件，无法鉴定。实践中，不少鉴定机构以无医疗美容相关专业的专家或委托鉴定内容超出其技术条件和鉴定能力等为由发出《不予受理通知书》并退回相关材料。[1] 其次，医疗美容机构病历书写及诊疗记录不规范，鉴定机构鉴定材料不足，鉴定困难。不同于传统医疗行为中医疗机构有一套相对周延的医疗记录规范，医疗美容服务主观上相关病历资料存在书写过于简略、手术过程无记录等问题，客观上当事人多次因需修复、多次手术亦导致鉴定因果关系困难。实践中，即使部分法院积极委托专家进行鉴定，鉴定材料仍被退回。[2] 最后，鉴定机构存在供给缺失的问题，无丰沛的供应渠道。即使就医者愿配合进行鉴定，医学会接受鉴定数量往往难以满足司法实践需求，鉴定机构以待鉴定量过大拒绝予以鉴定的情况时有发生。如因客观上鉴定困难即要求原告承担鉴定不能的责任，可能会使法官陷入无法解释与回应的窘境之中。如斯而论，在医疗美容服务合同中适当降低对就医者举证责任的要求，允许其以精神利益丧失为由适用违约精神损害赔偿似乎是违约损害赔偿制度有章可循的实现机制。

（2）医疗机构违约行为造成就医者严重精神损害

在医疗美容合同纠纷违约精神损害赔偿的案件中，就医者多主张医疗美容机构违约行为损害的客体多为身体健康，即原告多以健康权或身体权受侵害为由主张精神损害赔偿。而且精神损害赔偿的金额与经鉴定所达到的伤残等级体现出高度正相关性，将伤残等级作为认定精神损害严重程度及赔偿数额的依据，在司法实践中亦具有相当的普遍性。部分法院在判决

---

[1] 参见广东省惠州市中级人民法院〔2021〕粤13民终6283号民事判决书、北京市朝阳区人民法院〔2021〕京0105民初17280号民事判决书、河北省晋州市人民法院〔2020〕冀0183民初2704号民事判决书等。

[2] 参见黑龙江省佳木斯市中级人民法院〔2021〕黑08民终1915号民事判决书。

支持精神损害赔偿原因时直接述及致残势必造成精神上的损害。[1] 笔者认为，将伤残等级作为判断就医者精神损害严重程度依据之一，认为伤残等级越高，一般其遭受的精神损害越严重本无可厚非。然而，实践中部分法官将致残作为支持精神损害赔偿的唯一必要条件，认为损害后果必须构成致残等级才能证明原告确遭受严重精神损害则有擅断之嫌。根据最高人民法院、司法部等部门发布的《人体损伤致残程度分级》，伤残等级是人体组织器官缺失和/或功能障碍程度的体现，本质上反映的是人肉体层面的损伤，由残疾赔偿金、误工费等赔偿项目予以填补损失。而精神损害不仅包含肉体痛苦，更包括精神痛苦，是精神痛苦和精神利益的丧失或减损。精神损害赔偿实际发挥的是抚慰功能，以金钱的支付抚慰被害人因非财产价值被侵害所生的心理层面上的苦痛、失望与怨愤。因此，在医疗美容服务合同纠纷中基于身体权、健康权受损主张精神损害赔偿，达到伤残等级标准的应给予精神损害赔偿。未达到伤残等级标准的，精神损害是否严重，则可视情况从严处理，但不应将达到伤残等级标准作为支持精神损害赔偿唯一原因。

在精神损害严重程度的认定上，由于精神损害缺乏可预见性且任何违约行为均会给非违约方带来期待落空的焦虑心理，轻微的焦虑属于合同签订时可预见的自担风险，通过赔偿财产损失即可填补，无须通过精神损害予以救济。因此，无论违约行为致人身损害还是致纯粹精神损害，均需确认精神损害达到严重程度。精神层面的损害难以量化且存在个体差异性。因此，在确定是否达到严重标准时，应以损害后果严重性、精神痛苦严重性、损害持续性等标准，结合具体情节综合加以判断。在医疗美容合同违约损害赔偿纠纷中，损害后果的严重性，应指就医者因医疗美容行为造成的损害部位为日常社会交往高频度暴露的部分，且通过化妆等技术难以弥补，对日常生活工作、社交等造成较明显的不利影响。精神痛苦的严重性在医疗美容合同违约损害赔偿纠纷中具体是指，精神损害对就医者造成的

---

[1] 参见重庆市第五中级人民法院〔2015〕渝五中法民终字第02431号民事判决书、辽宁省沈阳市沈河区人民法院〔2021〕辽0103民初8387号民事判决书。

痛苦在生理及心理上已经超出社会一般人的容忍限度。如就医者不愿走出家门、整日以泪洗面等严重影响其参与日常社交活动等，则可认为就医者情感上遭受重创。最后，严重精神损害应认定损害具有持续性。也就是说，医疗美容行为对就医者造成的损害痛苦情绪应长时间存续，而非短暂的精神痛苦或转瞬即逝的不良情绪。

（二）医疗美容服务合同纠纷中当事人意思自治与违约精神损害赔偿关系

如前所述，医疗美容服务合同纠纷中就医者主张精神损害赔偿存在两种路径：一是以人格权受损害为由主张精神损害赔偿，二是以期待利益受损为由主张精神损害赔偿，二者在请求权基础、就医者证明责任高低等方面均存在差别。以请求权基础不一为逻辑基础，当事人意思自治对就医者主张违约精神损害赔偿权利的影响亦存在差别。若就医者以《民法典》第996条主张违约精神损害赔偿，则其请求权基础由《民法典》侵权责任编提供，故对于医疗美容机构违约行为造成人格权侵权所致的精神损害赔偿，应当归入侵权责任的范畴。侵权责任之构成要件、归责原则尤其是免责事由为法律规范，应排除当事人自治。实践中，部分法官未认识到违约精神损害赔偿请求实际乃违约责任与侵权责任之竞合，而仅以案件为合同纠纷、双方并未就精神损害赔偿达成任何约定为由驳回原告违约精神损害赔偿请求不免属于对于此项诉权请求权基础的错误认知。笔者认为，此项诉权不因当事人约定与否影响存在，而应以前述构成要件进行综合认定。适用人格权侵权的精神损害赔偿请求不应受当事人约定影响，即当事人未约定不影响原告请求被告承担违约精神损害赔偿责任，当事人约定排除也不能直接认定为被告之免责事由。

当违约行为未致人身损害，但造成合同的期待利益丧失时，基于《民法典》合同编提供的请求权基础，当事人可以在医疗美容服务合同中就违约精神损害赔偿问题进行约定。对于约定内容的审查应以充分尊重当事人意思自治为原则。如约定排除违约精神损害适用，该约定的效力应依据其是否属于当事人真实意思表示、是否属于格式条款、是否存在乘人之危嫌疑进而显失公平等进行综合判断。对于精神损害赔偿的标准应参照违约金的适用规则对该标准是否恰当进行判断，如存在畸高或者过低的情况，法院应依据实际情况予以适当调整。

（三）医疗美容服务合同纠纷中违约精神损害赔偿范围与数额界定

基于请求权基础及举证责任大小之差异，就医者所受精神损害之差异亦会对赔偿范围及赔偿数额高低造成影响。首先，属就医者人格权受损引发的精神损害不应受合同可预见性规则限制，否则可能限缩精神损害赔偿的范围，不利于人格权的保护。就医者仅纯粹期待利益受损的，受可预见性规则限制。医疗美容服务合同作为典型以追求精神利益等非财产利益的目的性合同中，以社会一般人为标准，就医者应提前预见到医美可能造成容貌受损，进而造成精神损害风险之情形，因此医疗美容机构承担赔偿责任不应超过其在订立合同时可以预见或应当预见的范围。同时应注意，合同可预见性规则的适用仅应在确认违约方需承担违约精神损害赔偿责任后，确认精神损害赔偿数额时承载辅助功能。实践中，部分法官将此原则视为确认违约方是否需承担精神损害赔偿责任的条件，适用前提存在错误。

其次，精神损害赔偿具有补偿、抚慰、惩罚三大功能。[1]通过金钱赔偿，对受害人进行适当的财产补偿，受害人借由金钱创造的安慰填补其精神上的损害。因此其补偿方式本质上与财产损失赔偿相同，在精神损害较为轻微时可以不适用精神损害赔偿，转而通过赔礼道歉等其他方式补偿受害人精神损害。同时，在适用该原则时还应考虑受损害的人格利益是否可以恢复到原始状态。在医疗美容服务合同纠纷中，确定具体的赔偿标准应考虑医疗美容手术造成的伤害是否已恢复、疤痕是否存在于明显部位以及就医者自身年龄、是否可通过化妆或其他医疗美容技术予以弥补等综合

---

[1] 参见杨立新《侵权责任法》（第四版），法律出版社2021年版，第240—242页。

认定。

最后,坚持同案同判与具体案件具体分析原则的结合。司法实践中,就医者普遍主张较为高额的精神损害赔偿,基本均达万元以上范围,但最终法院支持精神损害赔偿金额多在千元范围内。目前,多省均依据其经济发展程度等对精神损害赔偿数额范围作出限定,在赋予法官一定自由裁量权的同时将裁判活动限定在合理范围内,具有一定的合理性。然而,目前,在精神损害赔偿数额认定的问题上,在生命权、健康权等具体人格权受到侵害时各地给出的赔偿标准仍以伤残等级为依据,使得精神损害赔偿数额可与伤残等级绑定,二者呈明显的正相关关系。此做法仍存在一定的审判僵化风险,因此在医疗美容合同违约精神损害数额的认定上,仍应综合医疗美容机构过错程度、获利情况、损害后果、受诉法院所在地生活水平等最终确定精神损害数额。

四 结语

由于医疗美容服务合同纠纷违约精神损害赔偿案件相关裁判方法与细致规则仍不规范,未来法官对违约精神损害赔偿案件持观望、保守态度可能仍是常态。为不使违约精神损害赔偿请求权徒具形式,就医者在签订医疗美容服务合同及接受医疗美容服务的过程中,应增强证据意识,保存诊疗病例及相关票据、单据、医疗美容材料来源证明等,人身权益受到损害应及时进行伤残鉴定。此类有效证据可提高法院认定医疗美容机构在诊疗过程中存在违法违规诊疗行为、损害事实的发生、损害的发生与诊疗行为之间存在因果关系、医疗机构及其医护人员有过错的可能,降低原告因举证不能而败诉的概率,进而获得精神损害赔偿,切实维护自身健康权益。

生存机会丧失的医疗损害责任承担

李育聪[*]

摘　要：随着人们法律意识的增强，患者生存机会丧失类案件近年来不断涌现，但实务中存在请求权基础不明和裁判思路不统一等问题。本文以数据统计与文本分析为研究方法，以143份裁判文书为主要研究对象，分析近五年患者生存机会丧失类案件的基本情况、变化原因以及发展趋势，发现案件相对数量逐年增加，空间分布受医疗资源影响大，机会丧失概念误用率高，当事人、鉴定机构、法院认识不一，低治愈率疾病较为普遍，死亡是最常见的最终损害结果等情况。因此，建议在大健康理念的指导下，建立生命权与健康权的多维保护体系，明确生存机会丧失案件的请求权基础，加强鉴定意见与裁判意见的结论衔接，更好地保护人民群众的生命健康权益。

关键词：生存机会丧失　医疗损害　比例责任　实证研究

一　基本案情

为呈现患者生存机会丧失类案件的司法现状，本文以湖南省湘西土家族苗族自治州中级人民法院审理的"李某某、王某某诉凤凰县民族中医院医疗损害责任纠纷案"为2023年的年度典型案例，将基本案情介绍如下。[①]

---

[*] 李育聪，武汉大学大健康法制研究中心助理研究员。
[①] 参见湖南省湘西土家族苗族自治州中级人民法院〔2023〕湘31民终928号民事判决书。

（一）案件事实

2022年7月26日凌晨，李某在家不慎被玻璃划伤右大腿。120到达后为李某现场处理了伤口，并将李某转送至凤凰县民族中医院治疗。入院诊断：（1）失血性休克；（2）右下肢多处裂伤，右下肢大血管破裂；（3）右小腿裂伤并异物存留（玻璃）。凤凰县民族中医院对李某进行了紧急包扎止血处理，并采取气管插管、心肺复苏、抗休克等抢救措施。2022年7月26日4时0分，李某因抢救无效宣布临床死亡。李某父母李某某、王某某支付李某医疗费用1635.98元。

李某父母与凤凰县民族中医院就李某医疗纠纷申请了两次司法鉴定。湘西新龙腾司法鉴定中心受双方共同委托对李某死亡原因进行鉴定，鉴定意见为："被鉴定人李某右大腿裂创并股动脉破裂，导致失血性休克死亡。"湖南迪安司法鉴定中心受托对李某死亡的医疗过错、因果关系、原因力大小进行鉴定，鉴定书记载："凤凰县民族中医院在李某存在右大腿内侧裂创，120转运李某的过程中，未考虑到股动脉破裂风险，未及时使用止血带加压包扎，存在过错，其过错使李某丧失了一定的生存机会，与李某右股动脉破裂并失血性休克死亡之间存在因果关系。但股动脉为下肢大血管，破裂后出血速度快，病情进展迅速，死亡率高，建议医方过错参与度为轻微原因。"

医患双方协商李某死亡赔偿事宜无果，李某父母于2023年2月13日向凤凰县人民法院提起诉讼。后因不服一审判决，李某父母又向湖南省湘西土家族苗族自治州中级人民法院提起上诉。

（二）判决要旨

一审法院认为：本案中，经司法鉴定，凤凰县民族中医院在李某存在右大腿内侧裂创，120转运李某的过程中，未考虑到股动脉破裂风险，未及时使用止血带加压包扎，存在过错，其过错使李某丧失了一定的生存机会，与李某右股动脉破裂并失血性休克死亡之间存在因果关系，建议医方过错参与度为轻微原因。综上，一审法院酌定医院承担10%的赔偿责任。判决：(1) 凤凰县民族中医院赔偿原告李某某、王某某医疗费、死亡赔偿金、丧葬费、精神抚慰金等各项损失共计104209.30元；(2) 驳回李某某、王某某的其他诉讼请求。

二审法院认为：股动脉破裂是出血快、进展迅速、休克死亡率高的凶险外伤疾病，李某死亡主要原因系自身受外伤股动脉破裂致失血性休克，结合李某受伤现场大量血迹及其在骨科、ICU的状态和生命体征等事实分析，李某受伤后失血进展迅速，其生存机会与发现时间、受伤后第一时间的止血措施、120在途时间及急救措施、被上诉人医疗条件及资质等有关联，鉴定机构根据"机会丧失理论"，结合被上诉人医疗资质，建议医方过错参与度为轻微原因，并无不当。判决：驳回上诉，维持原判。

(三) 争议焦点

本案的争议焦点是，凤凰县民族中医院是否应当对李某父母承担赔偿责任及其数额大小。

李某父母认为，湖南迪安司法鉴定中心鉴定意见已指出凤凰县民族中医院存在医疗过错行为，其过错使李某丧失了一定的生存机会。依照现有的医疗技术能避免一个人死亡，却因为凤凰县民族中医院的诊疗过错丧失了一定的生存机会，这种过错显然不是"轻微"。因此，李某父母主张医院承担60%的主要赔偿责任。

凤凰县民族中医院辩称，在整个抢救过程中，医院均是按照医疗规程的相关要求进行的，已尽职尽责，无客观上的故意和主观上的过失。根据鉴定意见，造成患者李某死亡的客观原因是右大腿裂创并股动脉破裂，导致失血性休克死亡。据此，医院请求驳回李某父母的请求。

二 类案整理

为全面反映生存机会丧失类案件的基本发展状况，本文以典型案例为参照进行类案整理。

在研究对象上,根据《医疗损害司法鉴定指南》(SF/T 0097—2021)对损害后果的界定,将文件明确提及的"生存机会"和"康复机会"这两种机会丧失类型作为关键词。此外,裁判文书与资料文献中还经常出现"存活机会"和"治愈机会"的表述,本文也将其纳入类案整理的检索范围。

在研究方法上,本文采取数据统计法与文本分析法研究类案裁判文书中的基本数据、诉请金额与判决情况等。具体而言,即利用 Excel 表对涉及生存机会理论的裁判文书的数据进行整理,对比 2019—2023 年五年时间范围内的数据,分析得出相应结论。

(一)案件的类型化分析

1. 裁判文书类型

报告以威科先行数据库为检索工具,将审判日期限定在 2019 年 1 月 1 日—2023 年 12 月 31 日范围内,在"医疗损害责任纠纷"民事案由下全文检索包含"生存机会""存活机会""康复机会"或"治愈机会"等关键词的裁判文书,检索结果为 163 篇文书。经过筛查,剔除重复关联的文书 16 篇,剔除明显无关的文书 4 篇,得到有效文书 143 件,有效率为 87.7%。其中,绝大多数裁判文书为判决书,仅有 3 件为裁定书(见表1)。

表1 裁判文书类型分布 单位:件

结果\年份	2019 年	2020 年	2021 年	2022 年	2023 年	总和
判决书	38	37	29	21	15	140
裁定书	1	0	0	2	0	3
其他文书	0	0	0	0	0	0

2. 审理法院层级

在筛选出的 143 件裁判文书中,经过统计,共有 60 件裁判文书由区(县)级人民法院审理,占比 41.96%,82 件于中级人民法院审理,占比

57.34%，1件于高级人民法院审理，占比0.70%。由于案例筛选时剔除了关联案例，数据反映的是一件案例经由法院审理的最高层级。对比得出，此类纠纷在司法程序上大多终结于中级人民法院，其次是区（县）级人民法院（见表2）。

表2 审理法院层级情况　　　　　　　　　　　　单位：件

年份 结果	2019年	2020年	2021年	2022年	2023年	总和
区（县）级人民法院	17	15	13	8	7	60
中级人民法院	21	22	16	15	8	82
高级人民法院	1	0	0	0	0	1
总计	39	37	29	23	15	143

3. 审理程序

对143件案例的审理程序进行分析。从年度数据来看，一审和二审案件数量在2019年到2023年都有所减少，而再审案件非常少见，五年中只有1件。总体来看，一审案件数量最多，达到82件，其次是二审案件，共有60件，而再审案件只有1件，显示了案件数量随审级提高而减少的趋势（见表3）。

表3 审理程序情况　　　　　　　　　　　　单位：件

年份 结果	2019年	2020年	2021年	2022年	2023年	总和
一审	21	22	16	15	8	82
二审	17	15	13	8	7	60
再审	1	0	0	0	0	1
总计	39	37	29	23	15	143

4. 原告诉请数额

对143件案例的原告诉请数额进行分析。在统计时，原则上以原告一审时的起诉数额为准。原告后续变更诉请数额或者上诉的，以变更数额或上诉数额为准。数据显示，大多数案件的原告主张数额集中在"10万—50万元"和"50万—100万元"的区间内，而"100万—500万元"的区间也有一定数量的案件，尤其是在2019年和2020年。此外，还有2件案件中的原告诉请数额根据裁判文书未能明确（见表4）。

表4 原告诉请数额情况　　　　　　　　　　　　　　单位：件

结果＼年份	2019年	2020年	2021年	2022年	2023年	总和
0—10万元	0	2	1	2	0	5
10万—50万元	18	15	11	12	7	63
50万—100万元	13	13	14	6	4	50
100万—500万元	7	7	3	2	4	23
未明确金额	1	0	0	1	0	2
总计	39	37	29	23	15	143

（二）本案及典型同类案件判决情况整理

1. 裁判结果

统计143件案例在不同审级中的判决结果及其比例。在一审案件中，有79件判决支持全部或部分诉讼请求，占全体案件的55.24%，这是一审中占比最高的判决类型。相较之下，在二审中，维持原判的案件数量最多，为41件。此外，改判、变更或撤销原判决的案件有17件，占比11.89%（见表5）。整体上，这些数据揭示了案件在一审和二审中的判决趋势，其中一审案件倾向于支持诉讼请求，而二审案件则更倾向于确认一审的判决。

表5 裁判结果情况　　　　　　　　　　　　　　单位：件

结果	一审 支持全部/部分诉讼请求	一审 驳回全部诉讼请求	一审 驳回起诉	二审 改判、变更或撤销原判决	二审 驳回上诉维持原判	发回重审	其他
数目	79	3	1	17	41	1	1
占比（%）	55.24	2.10	0.70	11.89	28.67	0.70	0.70

2. 法院判决数额

对143件案例的法院判决数额情况进行分析。观察得出，法院判决数额最多的案件集中在"10万—50万元"区间，共有82件，占比57.34%。其次，"0—10万元"区间也有相对较多的案件，达到37件，表明较低赔偿金额的判决也不少见。相比之下，"50万—100万元"和"100万—500万元"区间的案件数量明显较少，分别为21件和3件，说明高额赔偿判决相对罕见（见表6）。这些分布反映了法院在本类案件赔偿判决上的一般倾向。

表6 法院判决数额情况　　　　　　　　　　　　　　单位：件

结果＼年份	2019年	2020年	2021年	2022年	2023年	总和
0—10万元	8	11	9	4	3	37
10万—50万元	27	20	13	15	7	82
50万—100万元	3	6	7	1	4	21
100万—500万元	1	0	0	1	1	3
总计	39	37	29	21	15	143

3. 责任比例

对143件案例中赔偿责任比例的认定情况进行分析。参照《人身损害与疾病因果关系判定指南》（SF/T 0095—2021），将责任比例划分六个区间，并为酌情支持赔偿请求的案例特设一个统计区间。一个案例涉及多个责任比例的，以最低值为准。结果显示，责任比例落在"16%—44%"区间的案例最多，占比44.06%。绝大多数案例的责任比例都在55%以下，责任比例在56%以上的案例仅有16件，占比11.19%（见表7）。这表明，在涉及生存机会丧失的案件中，医方的责任比例基本在同等责任及以下，仅承担主要责任与全部责任的情况很少。

表 7　责任比例的判决情况　　　　　　　　　　　单位：件

区间（%）	酌情	0—4	5—15	16—44	45—55	56—95	96—100
数目	6	10	29	63	19	15	1
占比（%）	4.20	6.99	20.28	44.06	13.29	10.49	0.70

4. 精神抚慰金

在143件案例中，仅有11件案例的原告未主张精神抚慰金，占比7.69%。在剩余132件案例中，有16件案例的精神抚慰金请求未能得到法院支持，占比11.19%。法院在支持精神抚慰金的请求时，大部分直接按数额支持，少部分在确定抚慰金基数后又乘以责任比例计算得出支持数额。有1件案例支持了精神抚慰金的请求，但并未明确该项下的支持金额，而是与其他赔偿项目并算（见表8）。这可以反映当前司法实务对此类案件中精神抚慰金请求的支持情况与支持方式。

表 8　精神抚慰金的判决情况　　　　　　　　　　单位：件

结果	原告未主张	法院未支持	法院支持 按比例支持	法院支持 按数额支持	法院支持 未明确	总和
数目	11	16	30	85	1	143
占比（%）	7.69	11.19	20.98	59.44	0.70	100

（三）司法现状分析

1. 案件相对数量逐年增加，空间分布受医疗资源影响大

近五年来，生存机会丧失类案件的绝对数量呈现逐年递减趋势，从2019年的39件下降至2023年的15件。为消除裁判文书公开率的影响，在同一数据库采集"医疗损害责任纠纷"案由下的案例数，计算统计案例在同类案由中的占比，结果显示该占比逐年提升。2019—2023年，生存机会丧失类案例的相对数量提升了近3倍，特别是2023年相比上一年度翻了一番（见表9）。这反映了生存机会丧失类案件在司法实务中的常发、新发趋势。

生存机会丧失的医疗损害责任承担

表9 生存机会丧失案件的时间分布情况　　　　　　单位：件

结果/年份	2019年	2020年	2021年	2022年	2023年	总和
统计案例数	39	37	29	23	15	143
同类案由下案例数	14236	11964	8658	4409	1523	40790
使用占比	0.27%	0.31%	0.33&	0.52%	0.98%	0.35%

统计显示，近五年全国共有25个省、自治区、直辖市涉及生存机会丧失类司法案件。涉诉最多的6个省级行政区分别是山东省、广东省、北京市、安徽省、江苏省和四川省，涉诉合计占比48.95%，其他19个省份的平均案件数量不足4件（见图1）。分析该现象的成因，发现各省涉诉量与当地三甲医院数量具有较强的正相关性。涉诉量并列第一的广东省与山东

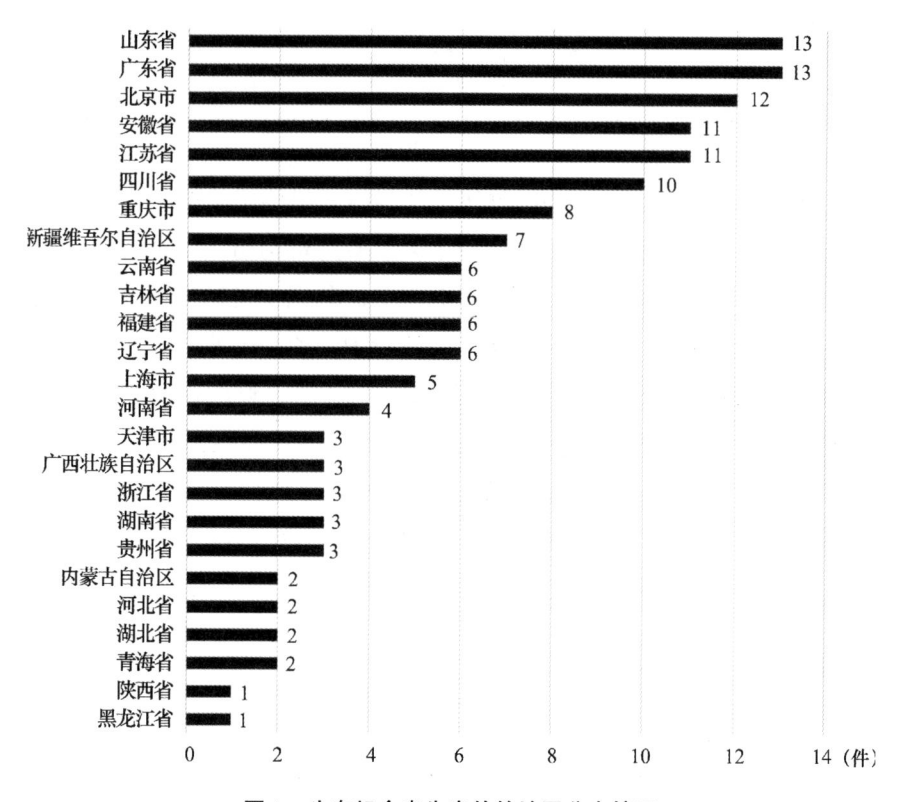

图1 生存机会丧失案件的地区分布情况

地区	件数
山东省	13
广东省	13
北京市	12
安徽省	11
江苏省	11
四川省	10
重庆市	8
新疆维吾尔自治区	7
云南省	6
吉林省	6
福建省	6
辽宁省	6
上海市	5
河南省	4
天津市	3
广西壮族自治区	3
浙江省	3
湖南省	3
贵州省	3
内蒙古自治区	2
河北省	2
湖北省	2
青海省	2
陕西省	1
黑龙江省	1

省,在三甲医院的数量排行上也分别位居全国第一与第三。①

2. 机会丧失概念误用率高,当事人、鉴定机构、法院认识不一

在143件案例中,本院认为部分提及"生存机会""存活机会""康复机会"或"治愈机会"等关键词的裁判文书共42件,占比29.37%,这表明近三成法院在类似案件中使用生存机会丧失等概念进行说理,大多数法院尚未接受同类概念。然而,这一趋势在逐年改变,同类概念的使用比例从2019年的约18%增加到2023年的40.00%(见表10)。这表明随着时间的推移,判决书中使用同类概念进行说理的情况有所增加。

表10 机会丧失概念的司法使用情况   单位:件

结果\年份	2019年	2020年	2021年	2022年	2023年	总和
使用	7	13	7	9	6	42
未使用	32	24	22	14	9	101
使用占比	17.95%	35.14%	24.14%	39.13%	40.00%	29.37%

上述数据同时表明,有101件案例的当事人或鉴定机构使用了同类概念,而法院并未进行回应性说理。当事人、鉴定机构与法院在是否使用同类概念上的分歧,反映的是对同类概念本身的共识不足。生存机会与康复机会的丧失是中间损害,只有在医方过错行为与死亡、残疾等最终损害的因果关系无法认定时,才需要例外考虑中间损害的救济路径。司法实务中,有当事人将生存机会丧失当作死亡的同义语,据以主张全部数额的赔偿责任;有鉴定机构在认定医方的过错行为是导致死亡结果的主要原因后,仍然使用"丧失了生存机会"的表述;有法院在认定医方过错行为与死亡存在因果关系后,以患者治愈机会大部分丧失为由,判决医方承担

---

① 参见国家卫生健康委员会编《2022中国卫生健康统计年鉴》,中央人民政府网站:http://www.nhc.gov.cn/mohwsbwstjxxzx/tjtjnj/202305/6ef68aac6bd14c1eb9375e01a0faa1fb.shtml,2023年5月17日。

80%的责任。[①] 这些情形大都属于对生存机会丧失理论的误用。

3. 低治愈率疾病较为普遍，死亡是最常见的最终损害结果

对法院进行回应说理的42件案例进行分析，有41件案例的鉴定意见或裁判意见指出，患者自身疾病是导致最终损害结果的主要原因或同等原因。剩余1件案例将医方过错行为的参与度确定为50%—60%，也可大致认为患者自身疾病是损害结果的同等原因。这些案件多涉及低治愈率疾病。例如，患者自身患有右肾恶性横纹肌样瘤、晚期肺癌等疾病，病情罕见复杂，缺乏有效治疗手段，属于最狭义的低治愈率疾病。又如，患者病情为颅内感染、动脉破裂，病情发展迅速，导致休克死亡率高，也会引起过低的治愈率。除了疾病，如果患者遭遇突发性的意外事件，也可能造成存活率低的局面。例如，患者因酒后驾驶摩托车、电动自行车发生交通事故导致自身伤情严重，又错过最佳抢救时机，此时的低治愈率本质上来源于意外事件的紧迫性，而非患者的某项基础疾病。

对42件案例的损害结果进行分析，39件案例均出现了死亡结果。（见表11）另外3件案例中，最严重的损害后果分别是左腓总神经损伤、残疾、癌症。可见，虽然检索时采取了"生存机会""康复机会""存活机会"和"治愈机会"四项关键词，司法实务中以包含死亡结果的案型最为常发。在研究此类案件时，应当更多关注生存机会与存活机会的现实重要性。

表11 案件出现死亡结果的情况

单位：件

结果\年份	2019年	2020年	2021年	2022年	2023年	总和
出现死亡结果	7	11	6	9	6	39
未出现死亡结果	0	2	1	0	0	3
总和	7	13	7	9	6	42

[①] 参见四川省成都市中级人民法院〔2018〕川01民终11999号民事判决书；山东省邹城市人民法院〔2021〕鲁0883民初3448号民事判决书；吉林省通化市中级人民法院〔2022〕吉05民终301号民事判决书。

三　案例剖析

（一）概述

1. 生存机会丧失纠纷

在医疗损害责任纠纷中，生存机会丧失是指由于医疗机构或医务人员的过失（如延误诊疗、漏诊误诊、治疗不当等），导致患者失去了获得更佳治疗效果或延长生命期望的机会。① 针对这类纠纷，学说上创造了生存机会丧失理论。近年来，这一理论得到我国司法实务越来越多的关注。

2. 生存机会丧失理论

生存机会丧失理论的提出和发展是对传统因果关系证明难题的一种回应和补充。在传统侵权法中，确定侵权责任通常需要证明直接的因果关系，即需要明确的证据来证明被告的过错导致了原告的损害，在判断上遵循全有全无的原则。这种方法在处理医疗损害责任案件中，特别是涉及生存机会丧失的情形时，往往显得不足。因为在许多情况下，患者原有疾病复杂恶劣，医疗过失与患者的具体损害结果之间的因果关系很难明确证明。尤其是当患者的生存概率本身就不高时，医方可以辩称即使不存在医疗过错行为患者也难以避免死亡结果。但是，如果患者确因医疗过错行为而遭受损害，此时不对患者已经丧失的生存机会提供保护是不公平的。生存机会丧失理论旨在为这种情形下的患者提供一个合法的赔偿请求依据，突破传统因果关系的证明难题，反映了对患者生命权和健康权保护的重视。

3. 本部分的分析思路

在典型案例中，鉴定机构根据机会丧失理论认定医方的过错行为是李

---

① 在机动车交通事故、工伤事故、产品责任等纠纷中机会丧失理论也有适用的场景，本文将生存机会丧失限定在医疗损害责任纠纷下讨论。根据《医疗损害司法鉴定指南》的界定，丧失生存机会是指患者自身疾病存在短期内致死的较大可能性，或者疾病严重、期望生存期有限，但发生医疗损害致使死亡未能得以避免或者缩短了生存期。丧失康复机会是指患者自身疾病具有导致残疾或功能障碍的较大可能性，但发生医疗损害致使残疾或功能障碍未能得以有效避免。

某死亡结果的轻微原因，法院在此基础上支持了相应比例的赔偿责任。在同类案件中，生存机会、康复机会、存活机会和治愈机会的丧失都可能成为案件的特殊争点。尽管机会丧失存在众多不同的类型与表述，司法实务上最重要的是涉及死亡结果的生存机会与存活机会，而生存机会的表述还可以在《医疗损害司法鉴定指南》中找到依据。据此，本部分主要从生存机会丧失的案型特征、责任基础和责任范围三个方面，剖析患者生存机会丧失类案件背后的健康法问题。

（二）生存机会丧失的案型特征

患者生存机会丧失类案件是一种特殊的医疗损害责任纠纷，本文讨论的生存机会丧失纠纷具有以下三项特征：

1. 患者因自身原因生存率低于50%

只有当患者因其原有疾病或健康状况所带来的生存预期本就相对较低时，才会出现因果关系的证明难题，才需要启用生存机会丧失理论。在一起案例中，患者被诊断出右肾的恶性横纹肌样瘤，根据翻阅的医学资料，患者的1年总体生存率只有10%—20%。如果医院存在医疗过失行为，患者此时常常无法举证医疗过失行为与最终的死亡结果之间存在因果关系。这是因为，如果根据医学统计数据，患者在接受合理治疗的情况下也只有10%—20%的生存率，那么即使在最理想的情况下，患者对因果关系证明的可能性也只能达到10%—20%，这显然不能达到民事诉讼法中高度盖然性的证明标准。医方完全可以辩称，即使不存在医疗过失行为，患者的死亡结果也无法避免。如此，患者主张的赔偿责任无法通过条件说下"若无—则不"公式的检验，无法满足事实因果关系的要求。相反，如果患者可以举证最终损害是由医疗过失行为单独导致的，患者的自身原因起到的作用可以忽略不计，因果关系的证明凭借一般规则即可顺利完成，生存机会丧失理论也就没有适用空间。

所谓生存率，通常是指在特定时间内，某一疾病患者存活的概率。对于具体疾病，医学界可能已有相对公认的生存率标准，如癌症的五年生存率。生存率是一个统计学概念，常用于评估疾病的严重程度和治疗效果的预期。患者的生存率可以通过历史数据、临床试验或医学研究来评估。在患者生存机会丧失类案件中，生存率是量化生存机会的基础数据，将医疗过失行为发生前后的生存率相减，所得差值即为生存机会丧失部分。需要指出的是，生存率与参与度的概念完全不同，二者虽然都表现为特定数值的百分比，但生存率用于判断生存机会是否存在及丧失多少，而参与度用于量化医疗过失行为对损害结果所起的原因力大小。在认定赔偿责任时，法院需要辨清二者的区别，以免使用错误的比例系数。

2. 医疗过失对最终损害产生不能忽略的影响

法律对机会的保护属于例外情况，虽然机会丧失理论为患者降低了主张救济的门槛，但并不是所有机会都能根据该理论得到赔偿支持。如果医院的医疗行为不存在过失，那么生存机会的丧失只能认定为是患者原有疾病的自然转归，患者自然也无从主张生存机会丧失的赔偿责任。如果患者由于自身原因生存率已经趋近于0，那么无论是否存在医院的过失医疗行为，患者事实上都无法获得更好的治疗结果。如果法律在这种情形下仍然承认对生存机会的保护，就会对医院施加过重的责任，不利于医疗事业的正常发展，反而可能束缚医生手脚，造成大面积的防御性医疗，推高社会成本。

在这个意义上，最终损害结果是否具有不可回避性成为生存机会丧失理论的适用关键，医疗过失至少应对最终损害产生不能忽略的影响。许多研究主张对机会丧失案件区分处理，反映的正是这一要求。例如，有研究明确区分风险提升与机会损失，主张对二者适用不同的保护水平。风险提升只有与最终损害存在事实因果关系时，风险制造者才可能对此承担赔偿责任；机会损失对利益主体具有特殊价值，本身就是可赔偿的损害，因而患者只需要证明医疗过失行为与机会损失之间存在事实因果关系。[1] 由于此类案件中，医疗过失行为与最终损害结果的事实因果关系无法得到充分建

---

[1] 参见冯德淦《侵权法中机会丧失理论之构建》，《华侨大学学报》（哲学社会科学版）2022年第1期。

立，仅是风险提升不足以确立一项赔偿请求权。因此，医疗过失对最终损害产生的影响至少不能趋近于0。

3. 患者自身原因与医疗过失结合导致最终损害

生存机会丧失理论的最大特点在于重新界定了损害，由此出现中间损害与最终损害的二分。由于在传统规则下，医疗过失行为与死亡、残疾等最终损害的因果关系无法建立，新的理论将生存机会丧失作为损害，患者只需承担医疗过失行为与中间损害的因果关系证明责任。通过转换损害的定义，患者的证明难度已经被下调到合理程度，事实因果关系的判断就可以继续维系条件说等传统标准，而无须接受比例因果关系等其他改造方案。

中间损害的建构服务于最终损害的救济，只有在患者自身原因与医疗过失结合导致最终损害的情况下，生存机会丧失理论才有适用可能。如果生存机会丧失或康复机会丧失作为一种中间损害没有导向现实的最终损害结果（如死亡或伤残），法律对机会的救济就会欠缺必要性与正当性。生存机会丧失理论最初能得到接纳，首先是因为最终损害的证明难题，而不是因为生存机会丧失的某种独立价值。如果在生存机会丧失发生时就给予救济，而最终损害并未发生，此时即存在过度赔偿；如果最终损害发生，容易滋生重复赔偿。在发生机会丧失时，减损后的权益价值已经包含了机会丧失，但只有在最终损害发生时才能得到一并救济。

（三）生存机会丧失的责任基础

生存机会丧失的损害赔偿责任需要依据一定的法律基础，这也是界定责任范围的前提。健康法必须回答，生存机会的丧失实质是何种权益受到损害，侵权责任法应当如何进行保护。由于生存机会丧失理论是对最终损害的迂回救济，应当将生存机会丧失纳入物质性人格权的体系内保护。具体而言，生存机会丧失应当通过生命权和健康权的方式保护。

1. 生命权

《民法典》第1002条规定："自然人享有生命权。自然人的生命安全和生命尊严受法律保护。任何组织或者个人不得侵害他人的生命权。"生命权的内容包括生命安全和生命尊严，其中生命安全又具有生命存续、生命防卫和生命受救助三个面向。[1] 在生存机会丧失纠纷中，医疗损害致使死亡未能得以避免或者缩短了生存期，可以落入生命存续的语义范围内。生命权是自然人最根本的人格权，而生命活动延续是生命权最基本的内容。在最终损害为死亡结果的情况下，将生存机会丧失纳入生命权的保护具有充分的正当性。

在本文整理的同类案件中，就有不少法院采纳了生命权的保护路径。有法院从生命延续的角度指出"该存活机会是对未来继续生命的期待，即生命继续存在的概率，应为人格完整性、人的存在价值及人身不可侵犯性等概念所涵盖。病人之存活机会，即为生命之延续，应认为生命权受到损害，被害人可以依据侵权法之规定，请求损害赔偿"[2]。也有法院将降低生存机会的行为细化为侵犯生命权的一种类型，指出"生命权系绝对权，权利人外其他任何民事主体均负有不得侵犯之法定义务。此种侵犯，既包括直接实施加害行为非法剥夺他人生命，亦包括不当降低他人生命延续存活的机会。……在对张某某进行院前急救过程中，被告武隆区后坪卫生院……不当降低了张某某持续维持身体机能状况并获得合理救助的期待可能性，不能排除降低了张某某的生存机会。因此，认定被告武隆区后坪卫生院不作为侵权行为对张某某既有伤情恶化的助推，可能导致张某某生命周期不当缩短，具有高度盖然性，侵害了死者张辉国的生命权"[3]。

无论是否存在疾病或者疾病是否能够治愈，人最终是要死亡的。但是通过正确的诊疗行为可以使生命得以延续，即便只能延续数日也是生命价值的体现。在这个意义上，生命得以延续的结果就是生存机会的价值所在。

2. 健康权

《民法典》第1004条规定："自然人享有健康权。自然人的身心健康受法律保护。任何组织或者个人不得侵害他人的健康权。"根据该条，健康权

---

[1] 参见张红《人格权法》，高等教育出版社2022年版，第142页。
[2] 山东省青岛市中级人民法院〔2022〕鲁02民终5396号民事判决书。
[3] 重庆市武隆区人民法院〔2022〕渝0156民初2316号民事判决书。

的客体包括身体健康和心理健康。① 在最终损害为伤残,死亡结果并未出现时,生命权的保护路径就会失效。但康复机会与存活机会一样,也需要健康法与侵权法的保护。此时,健康权就能从身体健康和心理健康两个方面为康复机会的救济提供责任基础。

从身体健康的角度,康复机会的丧失当然会导致身体机能的破坏。对于许多疾病而言,早期诊断和治疗是提高治愈率、减少并发症风险的关键。康复机会的丧失往往意味着错过了治疗的最佳时机,导致疾病继续发展,从而加剧了身体机能的损害。尽管最终损害没有达到死亡的结果,但身体的机能病变已经成为客观存在的损害事实。

从心理健康的角度,康复机会的丧失会给患者带来精神上的痛苦。康复机会的丧失增加了患者对自己健康状况的不确定性,患者可能会对未来感到更加焦虑和担忧,产生沉重的心理负担,导致情绪低落和焦虑症状。当医疗过失行为导致患者健康存活于世的期待落空,患者在精神上受到的打击是巨大的,可能会产生悲观和绝望的情绪,进而影响患者的心理健康。

在同类案件中,也有不少法院采纳了健康权的保护路径。有法院将康复机会纳入健康权项下,确立了一般过错侵权责任,指出"公民的生命健康权受法律保护,根据《中华人民共和国侵权责任法》第六条……的规定,本案中,原告到被告处就医,被告对原告的诊疗过程中,未尽到告知义务,注意义务,对病情判断有误,延误治疗,使原告丧失康复机会,存在过错,过错与损害结果有因果关系,故被告应承担侵权责任"②。有法院还强调了患者在身体与心理上受到的双重伤害,认为"医方……客观上延长患者的病程,加重了对患者身体健康、心理的二次损害,使患者的康复机会提前丧失;同时也增加了相应的医疗费用。被告的过错与患者的损害后果之间存在一定因果关系,虽属次要原因,但合肥市第二人民医院的过错使患者

---

① 随着现代社会的发展,心理健康逐渐成为重要的社会问题,将心理健康作为健康权的客体符合人格权保护的发展趋势。参见最高人民法院民法典贯彻实施工作领导小组主编《中华人民共和国民法典人格权编理解与适用》,人民法院出版社 2020 年版,第 144 页。
② 四川省隆昌县人民法院〔2020〕川 1028 民初 2876 号民事判决书。

延长病程、增加医疗费用外,还加重了对患者身体健康、心理的二次损害,使患者的康复机会提前丧失;综上合肥市第二人民医院应承担25%的赔偿责任"①。

(四) 生存机会丧失的责任范围

生存机会丧失理论将因果关系证明难题转化为损害的界定问题,维持了传统的因果关系规则。但是,在因果关系确立后,如何评估生存机会丧失的价值成了新的难题。责任范围问题是适用生存机会丧失理论时不能回避的一环。

1. 赔偿数额的计算方法

比例式赔偿是生存机会丧失赔偿责任计算的基本方法。生存机会丧失理论的基点是将生存机会丧失本身作为损害客体,但生存机会本身是由人类建构出的观念,机会大小无法捉摸,价值高低无法评估。这时需要回溯到该理论试图解决的现实问题分析,即对最终损害的救济。对于死亡、伤残等最终损害,我国法律和司法解释已经提供了一套行之有效的计算方法。由于生存机会和康复机会本质上依附于这些最终损害,且与这些损害共享相同的责任基础,恰当的做法是以最终损害的赔偿项目为基数,确定一个用以相乘的系数,实现比例式赔偿。这里的比例式赔偿是相对于最终损害而言,对于机会丧失这种中间损害,仍然遵循完全赔偿原则。

在实际操作时,赔偿数额的计算不是机械的乘法运算,而是需要根据许多动态因素进行灵活考量。例如,一位患者的生存率为40%,不接受治疗的情况下预期寿命为6个月,接受合格治疗的情况预期寿命为35年,但患者因为医疗过失而死亡。有研究指出,此时损害赔偿的计算年限不是"(35 - 0.5) ×40% =13.8年",而是"(35 - 0.5) ×40% +0.5 =14.3年",因为无论是否接受治疗,患者都有六个月的预期寿命。②

在司法实务中,法院也多将医疗行为在伤亡结果中的参与度乘以最终

---

① 安徽省合肥市瑶海区人民法院〔2020〕皖0102民初6326号民事判决书。
② 参见王浩然《侵权法生存机会丧失理论的重构》,《财经法学》2023年第2期。

损害的赔偿金额，得出赔偿数额，属于比例式赔偿。还有法院采取了区分相乘的做法，值得关注。具体而言，鉴定机构认定医疗过错与患者乳腺癌延误诊治、丧失早期手术医疗机会存在因果关系（系主要原因，参与度拟为90%—95%）；与患者的死亡后果之间存在因果关系（系次要原因，参与程度拟为30%—40%）。一审法院结合鉴定意见、该医院应具有的医疗水平、患者原发疾病程度等因素，酌情确认医院对患者死亡承担40%的责任，对患者的医疗费、误工费、护理费、交通费、住院伙食补助费及营养费承担70%的赔偿责任。二审法院认为，患者确诊后多次放疗、化疗、住院及门诊治疗，主要是因该医院的诊疗过错导致延误治疗、丧失早期手术机会而导致，参照鉴定意见，对患者确诊后产生的医疗费、住院伙食补助、护理费、误工费、营养费、交通费等与诊疗直接相关的损失，均由该医院按照95%比例予以赔付，即仅对与诊疗直接相关的损失改判。①

2. 赔偿数额的计算依据

在责任范围的问题上，除了要选择恰当的计算方法，还要确定可靠的计算依据。为了将"生存机会丧失"合理量化，以下三项因素可作为参考：

第一，医疗过失参与度。医疗损害责任纠纷普遍存在多因一果问题，我国实务运用原因力规则评定不同损害原因对损害后果所起的作用。原因力规则也称医疗过失参与度或损害参与度，法院往往根据鉴定机构评定的医疗过失参与度认定医疗机构的赔偿份额。在涉及生存机会丧失的案件中，部分鉴定机构会直接依据机会丧失理论出具鉴定意见。例如，在典型案例中，鉴定人员陈某应上诉人要求出庭作证，介绍了认定医方过错为轻微原因的依据。陈某指出，根据机会丧失理论，针对疾病生存率不高、死亡率高的情况，包括本案的股动脉破裂情形，即便医方有过错，患方的病也是主要因素，因此要根据医方资质判断原因力，资质高的达到次要，资质低的达到轻微甚至没有。法院认可了鉴定机构的意见，在此基础上确定了赔偿比例。

---

① 参见山东省青岛市中级人民法院〔2022〕鲁02民终3090号民事判决书。

第二，生存率。生存机会丧失作为一个被建构出来的抽象概念，最直观的表现即为生存率数据的变动。前述提及的根据动态因素进行灵活考量的计算案例，依据的正是生存率这样的因素。以生存机会减少的百分比作为计算依据，符合生存机会丧失理论的学说逻辑，也能方便司法实务的操作。但根据类案整理可以发现，几乎没有裁判文书提及生存率的前后对比，法院即使想通过生存率差值计算赔偿数额，也苦于没有数据支持。另外，目前的五年生存率等数据主要用于反映疾病疗效，以五年期限界定生命存续标准是否合理，不得而知；用这一数据对接赔偿年限为 20 年的死亡赔偿金等基数是否妥当，仍待深究。

第三，患者个体情况。统计数据反映的只是群体特征，与患者个体情况多有错位。有法院已经指出："并不能因为患儿患有重大疾病便依据理论概率来确定患者的实际存活年限，右肾恶性横纹肌样瘤在医学理论的数据上预后的总结与推算并不能排除个案生存的例外。故理论上的推测不能确定事实上哪一个患者是 10%—20% 生存的例外，不是确定的事实不能成为法律上的依据。"[①] 因此，法院在确定赔偿数额时仍应考虑个案的实际因素。

3. 精神抚慰金的认定方式

前述所谓赔偿数额主要针对人身损害赔偿，实务中还要考虑作为精神损害赔偿的精神抚慰金。前者应以生命健康损害的赔偿项目为计算基数，以发生的概率为比例系数，取二者相乘的结果；后者不需要与结果建立必然联系，只需要考虑行为本身的性质。[②] 换言之，精神抚慰金应以确定的数额直接支持，而不应再与比例系数相乘。

精神抚慰金不适用比例式赔偿，部分法院已经对此解释了原因。有法院指出，根据《最高人民法院关于确定民事侵权精神损害赔偿责任若干问题的解释》第 10 条第 1 款规定，作为确定精神损害的赔偿数额的根据之一是"侵权人的过错程度"，如果在确定精神损害抚慰金的数额后再按比例确

[①] 广东省广州市中级人民法院〔2023〕粤 01 民终 7094 号民事判决书。
[②] 参见陈煜鹏《论生存机会丧失原理——以医疗损害责任中损害认定的例外为视角》，《政治与法律》2019 年第 9 期。

定高州市中医院的赔偿责任，就会重复运用"侵权人的过错程度"这一因素。① 另有法院指出，精神抚慰金是对死者家属精神上的安慰，不按责任比例划分。②

四 思考与建议

生命健康作为人赖以生存的基础，是个人享有其他民事权益的前提。党的二十大报告提出，要"推进健康中国建设"，"把保障人民健康放在优先发展的战略位置，完善人民健康促进政策"。生存机会丧失案件的涌现，反映了广大人民群众对健康的共同追求。当前司法实务与学界已对生存机会丧失的保护做出了充分探索，但如何更好地保护生存机会的丧失仍然是未尽的课题。本文结合当前生存机会丧失纠纷的法治现状，尝试提出以下三点建议。

（一）建立生命权与健康权的多维保护体系

随着经济社会发展与医疗水平提高，我国已经转向一种多方面、多层次的大健康观念，法律也应当做出与社会现实相适应的调整和升级。③《民法典》将人格权独立成编，顺应了现代化人格权保护模式的需要，有利于克服传统民法典"重物轻人"的弊端，展现了我国民事立法的人文精神与人文关怀。生存机会不同于传统的民事权益，具有一定的不确定性。将生存机会、康复机会等机会丧失纳入人格权的保护体系，有利于解决生存机会这一新型权益保护与专门性立法空白之间的矛盾。

生命权与健康权是人之为人最重要的权利。随着时代的发展，人们对生命权与健康权的认识也不断深化，因而要以更广阔的视角、更多元的维度、更丰富的层次实现对生命权与健康权的周延保护。健康法视角下的生

---

① 参见广东省茂名市中级人民法院〔2021〕粤09民终3372号民事判决书。
② 参见安徽省合肥市瑶海区人民法院〔2020〕皖0102民初6326号民事判决书。
③ 参见武亦文《健康法的基本建构与体系展开》，《法商研究》2023年第6期。

命权和健康权不仅仅是坐落于《民法典》人格权编中的民事权利，而且是一种综合性的权利，包含消极与积极两种面向。生存机会丧失案件只是从民事侵权领域揭示了生命权与健康权在外延上的扩大可能，而不是宣告生存机会丧失即为这种外延扩大的终点。以健康权为例，健康产品、健康保障、健康伦理等一系列领域都可能会对健康法治产生基于时代的影响。法律应当充分关注这种现实变化，不断回应人民群众的美好生活需要，建立生命权与健康权的多维保护体系。

（二）明确生存机会丧失案件的请求权基础

根据前文的分析可知，生存机会丧失案件尚未形成统一的法律适用路径。有法院将生存机会纳入合法权益中，认为"所有为法律所保护的权利和法益所遭受的不利益，均属于损害……患者就医即应得到及时诊疗，医方应尽最大限度保障患者治愈及生存机会，及时接受诊疗、治愈及存活机会亦应是侵权责任法等所保护的合法权益"[①]，但未指明生存机会究竟是何种权益。有法院从期待权或知情同意权的角度确立责任基础，指出"按照'存活机会丧失理论'，应认为被告作为医疗机构，存在的上述过错行为，影响了董某获得救治或更好结果的机会，对董某造成了期待利益的损害，一定程度上侵害了董某及其近亲属的知情权和选择权，故涉案鉴定书中'患者死亡原因与院方不足无因果关系'，理解为'患者死亡原因与院方不足无事实上的因果关系，但具备法律上的因果关系'应更为妥当"[②]。

为了更好地保护患者权益，树立医患双方的行为预期，促进医疗事业的发展，应当通过立法增加生存机会丧失的条款，或通过指导性案例引导裁判思路的统一。本文基于我国法治实践，采取生存机会丧失理论回应生存机会丧失案件，但生存机会丧失案件的解决也未必只有这一种方案。比例因果关系的采纳、证明标准的降低、举证责任的倒置，都是生存机会丧失案件的不同解决思路，甚至也有法院根据公平原则直接酌定补偿额。此

---

① 山东省青岛市中级人民法院〔2022〕鲁02民终3090号民事判决书。
② 山东省莱阳市人民法院〔2021〕鲁0682民初2847号民事判决书。

外,即使是在生存机会丧失理论内部,也存在一般人格权、期待权等不同模式实现对生存机会的保护。纵使众多的理论方案能演化为统一的学术共识,这一过程也注定是艰难且漫长的。因此,应当通过立法或者指导性案例的方式做出决断,推动生存机会丧失类案件走向统一的法律适用。

(三) 加强鉴定意见与裁判意见的结论衔接

患者生存机会丧失类案件属于特殊的医疗损害责任纠纷。由于医疗损害责任纠纷的专业性较强,法院在审理此类案件时高度依赖鉴定机构出具的鉴定意见,法院与鉴定机构成为决定案件结论最重要的两个主体。但是,生存机会丧失理论的适用是一个统一的分析过程,应当避免法院对鉴定意见的误解与误用。实务中,鉴定意见与裁判意见的结论衔接是个案进行的。在典型案例中,鉴定机构运用生存机会丧失理论认定因果关系与原因力,法院予以认可。而在其他案例中,有鉴定机构认定医院的过错诊疗行为与患者死亡无因果关系,而法院不予认可。法院运用生存机会丧失理论,认为鉴定意见只是认定了事实因果关系,而法院有权认定法律因果关系,并据此判决医方承担一定比例的责任。[1] 就此,应当加强鉴定意见与裁判意见的制度性衔接,具体而言包括以下三个方面的建议:

第一,建立鉴定意见与司法裁判之间的有效沟通机制。设立专门的机构平台或启用常态化的机制,促进法官和医疗鉴定专家之间的沟通交流。通过定期的研讨会、工作坊等形式,法官能够更好地理解鉴定意见中的专业术语和医学知识,也让鉴定专家对法律裁判的需求有更深入的了解。

第二,明确鉴定意见在裁判中的权重和作用。应当明确鉴定意见在整个裁判过程中所占的权重和作用,包括鉴定意见对于事实认定的指导作用以及如何影响最终的判决。对于生存率、参与度、存活期限等涉及赔偿数额计算的关键指标,在有必要时做出特别说明,防止法官错误使用数据导致赔偿过度或不足。

---

[1] 参见北京市第三中级人民法院〔2021〕京03民终16350号民事判决书。

第三，制定鉴定意见的标准化格式和内容要求。对于复杂的生存机会丧失案件，通过制定统一的鉴定意见格式和内容要求，使鉴定意见的撰写更加规范化和标准化。这不仅有助于法官更快、更准确地理解鉴定意见，也能确保鉴定意见的质量和可靠性。

冷冻胚胎处置纠纷的司法分析

刘 灿*

摘　要：在民事权利客体是一元的民事利益的语境下，冷冻胚胎之法律性质并非主体亦非客体，而为承载利益的权利作用对象。为冷冻胚胎提供配子的夫妻双方，因于人格、身份及财产三方面与冷冻胚胎具有最紧密的利益关联，而理应为冷冻胚胎的权利主体。就夫妻间冷冻胚胎处置纠纷的处理，应以事前处置协议为预测指导，并整合利益衡量路径尽可能尊重当事人生育意愿。夫妻一方死亡后，生者一方成为冷冻胚胎的唯一权利主体。丧偶女性有权要求医疗机构继续履行胚胎移植义务。夫妻双方死亡后，双方父母成为遗留冷冻胚胎的权利主体，可在法律允许范围内对冷冻胚胎作出合理处分。医疗机构仅可能因自其他权利主体处继受权利而成为冷冻胚胎之权利主体，当其与患者夫妻因冷冻胚胎返还或移植发生纠纷时，应重点审查医疗机构就处置权让与条款提示说明义务的履行，并于必要时结合情势变更规则保障患者权益。

关键词：　冷冻胚胎　处置纠纷　法律性质　权利主体

一　基本案情

（一）案件事实

金某和王某某系夫妻关系，二人于 2020 年 5 月至上海交通大学医学院

---

* 刘灿，武汉大学大健康法制研究中心助理研究员。

附属第九人民医院（以下简称上海九院）辅助生殖科就诊并接受人类辅助生殖技术治疗。2020年10月，金某、王某某在上海九院处共同签署《体外受精—胚胎移植知情同意书》《卵胞浆内单精子显微注射（ICSI）知情同意书》《配子、受精卵、胚胎处理知情同意书》等文件。其中，《配子、受精卵、胚胎处理知情同意书》载明：本夫妻承诺不要求将冷冻保存的胚胎或受精卵转移出九院。后上海九院两次为金某、王某某实施取卵、取精、体外受精等操作，共形成并保存冷冻胚胎4枚，囊胚1枚。

现金某、王某某欲更换医院重新进行人工受孕，要求取回由上海九院保管的上述胚胎等遭拒，故提起诉讼要求判令上海九院向其返还在上海九院处保存的4枚胚胎、1枚囊胚。[1]

（二）判决要旨

首先，本案系医疗服务合同而非保管合同关系，涉案冷冻胚胎属于医疗服务合同履行过程中产生的特殊衍生物，其冷冻保存的目的应当为完成胚胎移植，而非一般意义上的"保管"。金某、王某某起诉要求上海九院返还涉案冷冻胚胎和囊胚，与医疗服务合同约定的权利义务内容不符。

其次，冷冻胚胎系含有遗传物质的特殊物，虽脱离于人体，但从生物属性上看仍属于人体的一部分，而不同于物权法意义上的"物"，故不能仅仅依据物权法相关规定规范涉冷冻胚胎的处置等问题。虽然金某、王某某依法对涉案胚胎享有监管和处置的权利，但这并不等同于其有权享有直接占有支配的排他权利。

再次，由于冷冻胚胎的利用和相关辅助生殖医疗技术的实施具有明显的社会公共利益和公共秩序属性，故有必要对个体处置冷冻胚胎的权利进行必要限制。金某、王某某要求返还胚胎突破了其依法享有的权利边界，不利于维护公共秩序和善良风俗，本院难以支持。

最后，金某、王某某在充分享有知情同意权的基础上于上海九院处签

---

[1] 参见金某某等与上海交通大学医学院附属第九人民医院医疗损害责任纠纷案，上海市黄浦区人民法院〔2023〕沪0101民初2738号民事判决书。

署胚胎处理知情同意书等文件,对涉案胚胎的保管和去向均作出了明确约定,现其要求返还涉案胚胎缺乏合同依据。

综上,金某、王某某要求上海九院返还涉案4枚冷冻胚胎和1枚囊胚,既无法律依据,亦缺乏合同依据,法院不予支持。

(三) 争议焦点

本案争议焦点有三:一是金某、王某某与上海九院签署的《配子、受精卵、胚胎处理知情同意书》性质为何,是医疗服务合同的组成部分,抑或是保管合同;二是冷冻胚胎的法律性质为何,是人还是物,应适用何种法律规定对其处置问题予以调整;三是冷冻胚胎的权利主体为谁,金某、王某某是否通过协议将其处置权让与了上海九院,该处置权之行使是否存在相应限制。

二 类案整理

(一) 案件类型化分析

笔者以北大法宝网所公布的案件为调查对象,在民事案由的司法案例中,以全文搜索的方式输入"冷冻胚胎"之关键词,截至2023年12月31日,共检索出有关冷冻胚胎处置纠纷的有效判决书78份。本文试以2014—2023年十年间审判终结的案件为研究样本,对冷冻胚胎处置纠纷案件的数量发展、地域分布及类型结构进行分析和研究。

1. 案件数量

由于冷冻胚胎处置争议属于新型法律纠纷,且涉及个人隐私,因而进入诉讼程序并对外公开裁判文书的案件数量总体不多。由图1可知,2014—2018年冷冻胚胎处置纠纷案件数量较少,每年仅1或2件,2019年该类案件数量大幅增加,并于2020年达到峰值,此后该类案件数量逐步回落。

中国健康法治发展报告（2023）

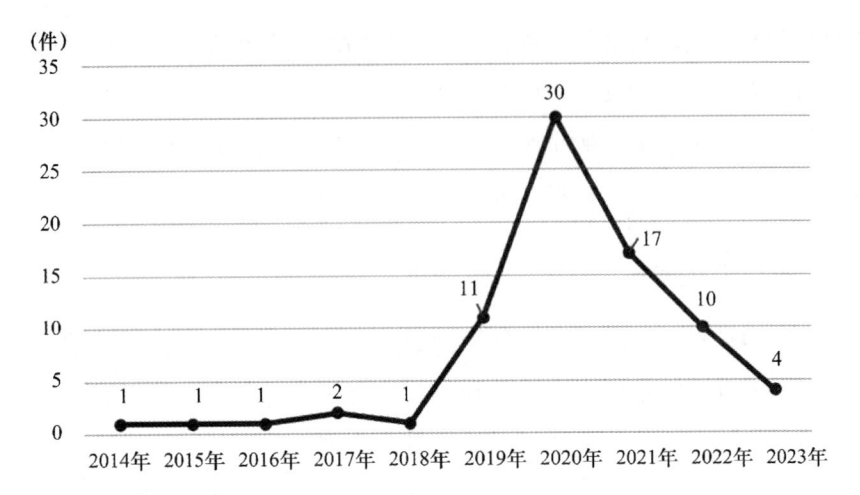

图1 冻胚胎处置纠纷案件数量

2. 地域分布

根据图2所示，冷冻胚胎处置纠纷案件总体呈现出"北稀南盛"的特征，案件分布数量由北方地区向中部地区再向南部地区逐渐增多。其中，四川省案件数量高居第一位，占案件总量的26.9%，广东省以4例的差距位列第二，占案件总量的21.8%，云南省与湖北省同以6例案件并列第三位。

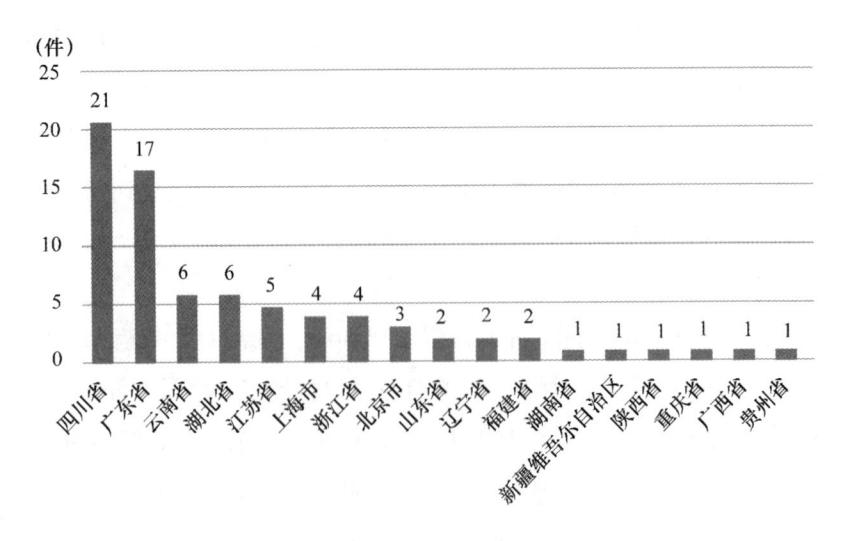

图2 冷冻胚胎处置纠纷案件地域分布

3. 类型结构

根据表 1 所示，我国法院关于冷冻胚胎处置纠纷的案件，大致可分为以下五类：一是要求医疗机构返还冷冻胚胎的案件；二是要求继续移植冷冻胚胎的案件；三是夫妻一方单方废弃冷冻胚胎的案件；四是夫妻一方利用冷冻胚胎单方生育的案件；五是继承人主张就冷冻胚胎监管和处置权的案件。其中，要求返还冷冻胚胎的案件是冷冻胚胎处置纠纷最常见的类型，有 54 例，占据案件总量的 69.2%；要求继续移植冷冻胚胎的案件以 21 例位列第二，占据案件总量的 26.9%；其余三种类型的冷冻胚胎处置纠纷皆只有 1 例。

表1 冷冻胚胎处置纠纷案件类型结构

案件类型	案件数量（件）	占案件总量的比例（%）
要求医疗机构返还冷冻胚胎	54	69.2
要求继续移植冷冻胚胎	21	26.9
夫妻一方单方废弃冷冻胚胎	1	1.3
夫妻一方利用冷冻胚胎单方生育	1	1.3
继承人主张就冷冻胚胎监管和处置权	1	1.3

由于冷冻胚胎的法律性质尚不明确及各法院对冷冻胚胎保存协议的合同类型的界定存在差异，故冷冻胚胎处置案件的案由亦各不相同。如图 3 所示，冷冻胚胎处置案件的案由有医疗服务合同纠纷（52 件）、返还原物纠纷（9 件）、保管合同纠纷（9 件）、医疗损害责任纠纷（3 件）、合同纠纷（1 件）、一般人格权纠纷（1 件）、监管权和处置权纠纷（1 件）、侵权纠纷（1 件）和婚姻家庭纠纷（1 件）。

中国健康法治发展报告（2023）

案由	件数
婚姻家庭纠纷	1
侵权纠纷	1
监管权和处置权纠纷	1
一般人格权纠纷	1
合同纠纷	1
医疗损害责任纠纷	3
保管合同纠纷	9
返还原物纠纷	9
医疗服务合同纠纷	52

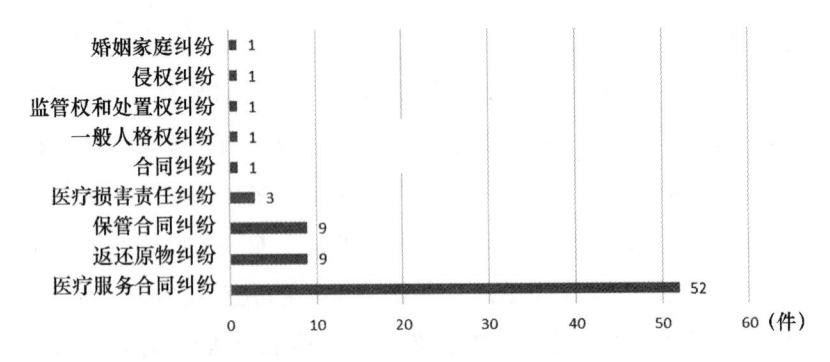

图3　冷冻胚胎处置纠纷案件案由

（二）典型案例及裁判结果梳理

表2　典型案例一览

序号	案件名称	案件类型	裁判要点	裁判结果
1	汪某某、刘某某等医疗服务合同纠纷案①	冷冻胚胎返还	被告保管原告胚胎移植手术之后剩余的冷冻胚胎，并非基于物的保管关系，而是基于双方的医疗服务合同关系。 受精胚胎具有生命属性，并非民法上一般物的概念，是寄托了权利人情感和精神利益的伦理物。 在遵循相关规范、不违反公序良俗的情形下，两原告对其冷冻胚胎享有监管和处置的权利。 在合同期限内未能完成胚胎移植手术的情况下，原被告双方订立医疗服务合同的目的未能实现，被告继续保存冷冻胚胎缺乏合同依据。 原告要求被告返还3枚冷冻胚胎并不违反法律、行政法规的强制性规定，但其对冷冻胚胎的取得及后续处置，应当遵守国家法律法规及相应的规范化程序，不得违反公序良俗，不得违背伦理道德，不得损害公共利益	判决返还

---

① 参见汪某某、刘某某等医疗服务合同纠纷案，湖北省武汉市汉阳区人民法院〔2023〕鄂0105民初5023号民事判决书。

续表

序号	案件名称	案件类型	裁判要点	裁判结果
2	赵某某等与上海市第十人民医院医疗服务合同纠纷案①	冷冻胚胎返还	被告对剩余胚胎的冷冻保存，系因被告需为两原告提供医疗服务而产生，该行为本身并非医疗行为，不属于涉案医疗服务合同的内容。现被告已为两原告实施相应治疗，但本次胚胎移植以失败告终，就涉案医疗服务合同被告已履行完毕，并无解除的基础。原、被告双方约定的辅助生殖医疗服务合同的目的不能实现，不影响双方之间关于胚胎保存的另行约定。胚胎系通过辅助生殖技术培育而形成，具有孕育生命的潜能，有一定生物属性，但不具备独立意志，不能作为民事法律关系的主体，只能作为民事法律关系的客体对待。从其属性来看，适宜将其界定为一种特殊的伦理物。在现行法律规定下，两原告对于冷冻胚胎享有正当的民事权利，有权对冷冻胚胎进行监管和处置，但无权要求直接占有保存冷冻胚胎，不能要求被告返还	不予返还
3	西北妇女儿童医院、赵某某等保管合同纠纷案②	冷冻胚胎返还	原告与被告间就3枚冷冻囊胚的保管成立保管合同关系。原告在接受医疗服务过程中产生的囊胚不同于民法上的一般物，而是具有生命属性的伦理物，应受到法律的特别尊重和特殊保护。由于囊胚与原告具有生命伦理上的密切关联性，故原告对存放在被告处的3枚冷冻囊胚应当享有监管权和处置权。原告作为案涉冷冻囊胚的权利人和寄存人，可要求解除与被告间的保管合同；合同解除后被告应向原告返还冷冻囊胚。在我国现有法律、行政法规对返还冷冻胚胎并无明确禁止性规定的情况下，二原告在取得案涉冷冻囊胚后是否会用于违法行为不能成为被告不予返还案涉冷冻囊胚的理由；但原告应遵循法律、行政法规和国家的有关行为，否则将自行承担违法的法律后果	判决返还

---

① 参见赵某某等与上海市第十人民医院医疗服务合同纠纷案，上海市静安区人民法院〔2022〕沪0106民初29233号民事判决书。
② 参见西北妇女儿童医院、赵永明等保管合同纠纷案，陕西省西安市雁塔区人民法院〔2021〕陕0113民初27460号民事判决书。

续表

序号	案件名称	案件类型	裁判要点	裁判结果
4	高某等与北京美中宜和北三环妇儿医院有限公司医疗服务合同纠纷案①	冷冻胚胎返还	本案属医疗服务合同纠纷，非一般意义上的保管合同纠纷。 夫妻双方在医疗服务合同履行过程中通过辅助生殖技术形成的冷冻胚胎，不同于一般法律意义上的物。尽管现行法律并未明确冷冻胚胎的权利归属，但由于冷冻胚胎的形成源于夫妻双方精子和卵子的结合，其中包含夫妻双方的遗传基因，具有特定的人身属性和情感属性，夫妻双方对胚胎天然地享有专属性权利；现行法律对于冷冻胚胎的返还并无禁止性规定，原告主张取回冷冻胚胎并不违反现行法律规定，亦不违背传统社会伦理道德和公序良俗，而原告取回胚胎后可能存在的伦理风险并不能成为美中宜和医院拒绝返还的理由；需特别指出，胚胎不能买卖、赠与和实施代孕，原告取回冷冻胚胎后应遵循现行法律规定，不得违背公序良俗，且胚胎需要特定技术手段转运和存储，建议原告寻求具有资质的机构予以协助，在冷冻胚胎的转运和存储过程中如发生风险，由原告自行承担	判决返还
5	丁某某、黄某某等返还原物纠纷案②	冷冻胚胎返还	针对冷冻胚胎的法律性质及权利主体的问题，可认为冷冻胚胎是一种具有发展为生命的潜能的特殊之物。作为提供胚胎必要要素的夫妻双方天然拥有对冷冻胚胎的权利，且其不仅是完全财产意义上的所有权，而是一种包含亲权在内的具有人身要素的权利，这使得胚胎的权利具有专属性。 针对被告是否应当向原告返还冷冻胚胎的问题。原告签署《胚胎冷冻保存知情同意书》，双方形成保管合同关系。应当区别看待行政规章的限制和冷冻胚胎的处分权的问题，《人类辅助生殖技术管理办法》就医疗机构的管理性规定不能对抗当事人基于私法所享有的正当权利。胚胎移植之前作为特殊之物，它的处置权应当受其权利人支配，并非医疗机构作为民事主体所干涉的范畴。 针对案涉胚胎返还后的社会伦理问题。虽然胚胎不能买卖、赠与和禁止实施代孕，但两原告系基于私法所享有的正当权利要求被告返还冷冻胚胎，在相关法律尚无禁止性规定的前提下，对胚胎的后续合理利用风险不能成为被告不予返还胚胎的理由	判决返还

---

① 参见高某等与北京美中宜和北三环妇儿医院有限公司医疗服务合同纠纷案，北京市海淀区人民法院〔2021〕京0108民初59820号民事判决书。
② 参见丁某某、黄某某等返还原物纠纷案，云南省昆明市盘龙区人民法院〔2021〕云0103民初4669号民事判决书。

续表

序号	案件名称	案件类型	裁判要点	裁判结果
6	陈某某诉无锡市妇幼保健院医疗服务合同纠纷案①	丧偶女性要求继续移植胚胎	原告与被告医疗服务合同目的为生育子女，虽原告丈夫已逝，但结合其生前共同接受治疗的行为、签署多项知情同意书并进行培育和冷冻胚胎的事实，可推知继续实施胚胎移植手术并不违反李某某的生前意愿。既有的医疗服务合同尚未完成，且原告夫妇仍有胚胎保存于被告，原告作为患方主体之一单独要求妇幼保健院继续履行其夫妻早已与被告订立的医疗服务合同，并不违反当事人的真实意思表示和知情同意原则，原告丈夫未签字亦不必然对继续履行合同构成妨碍。 可能生长在单亲家庭的假定条件并不意味着必然会对孩子的生理、心理、性格等方面产生严重影响，且目前无证据证明实施人类辅助生殖技术存在医学上、亲权上或其他方面后代不利的情形，且通过人类辅助生殖技术出生的后代与自然分娩的后代享有同样的法律权利和义务，被告继续为原告实施人类辅助生殖技术并不违反保护后代的原则。 原告及其丈夫此前未生育子女，也未收养子女，其进行生育并不违反国家相关人口和计划生育法律法规； 虽然原告丈夫死亡，但原告作为丧偶妇女，现要求的是以其夫妇通过实施人类辅助生殖技术而获得的胚胎继续生育子女，有别于原卫生部相关管理规范中要求实施人类辅助生殖技术的单身妇女，不违反社会公益原则。 冷冻胚胎处置条款为格式条款，医患双方对该出现不同解释，按合同法的规定，对格式条款有两种以上解释的，应当作出不利于提供格式条款的一方的解释，被告不能据此格式条款内容推断原告主观放弃冷冻胚胎。目前妇幼保健院并未因原告未交冷冻胚胎保存费而对冷冻胚胎作事实上的处分，不存在事实上不能履行的情形	判决继续履行

---

① 参见陈某某诉无锡市妇幼保健院医疗服务合同纠纷案，江苏省无锡市梁溪区人民法院〔2019〕苏0213民初10672号民事判决书。

续表

序号	案件名称	案件类型	裁判要点	裁判结果
7	郑某、临沂市妇幼保健院等医疗服务合同纠纷案①	丧偶女性要求继续移植胚胎	涉案冷冻胚胎含有原告及其丈夫的DNA遗传信息，在生命伦理上与原告及其丈夫有着最密切的联系，原告及其丈夫理所当然地享有保管、处置胚胎的民事权益。现原告丈夫因故死亡，原告主张对案涉胚胎的监管权和处置权，符合法律规定。原告在取得案涉胚胎的处置权后，不得将其用于胚胎买卖、代孕等违背伦理道德、违反法律规定的活动，否则应当承担相应的法律后果。 原告于被告达成的医疗服务合同目的在于生育子女，原告已经被告治疗于2017年生育一男孩，双方医疗服务合同已然履行完毕。 原告及其丈夫继续在被告处冷冻保存胚胎的行为并不属于双方医疗服务合同的内容，实为另行达成了冷冻胚胎医疗服务合同。由于双方已经明确约定每次冷冻胚胎解冻移植前夫妇均需同时签字，而现原告丈夫已经死亡，且其丈夫在世时二人亦未向被告提出解冻申请并提交相应证件，故原告作为患方主体之一单独要求被告继续施行胚胎解冻及移植手术不符合合同约定。 原告夫妇通过IVF-ET治疗生育一子后又自然孕育一子，且于自然受孕且原告丈夫生存期间未向被告交纳冷冻胚胎费，在夫妻二人身体状况改变的情形下无法确认原告丈夫是否仍有通过胚胎移植生育子女的意愿	判决原告对冷冻胚胎享有监管和处置权，但不可要求继续移植胚胎
9	沈某某、邵某某与刘某某、胡某某，第三人南京鼓楼医院监管权和处置权纠纷上诉案②	继承人主张监管权和处置权	一审法院认为： 施行体外受精—胚胎移植手术过程中产生的受精胚胎为具有发展为生命的潜能，含有未来生命特征的特殊之物，不能像一般之物一样任意转让或继承，故其不能成为继承的标的 沈某与刘曦夫妻均已死亡，通过手术达到生育的目的已无法实现，故两人对某手术过程中留下的胚胎所享有的受限制的权利不能被继承	撤销一审判决，判决冷冻胚胎由双方父母共同监管和处置

---

① 参见郑某、临沂市妇幼保健院等医疗服务合同纠纷案，山东省临沂市罗庄区人民法院〔2022〕鲁1311民初2647号民事判决书。
② 参见沈某某、邵某某与刘某某、胡某某，第三人南京鼓楼医院监管权和处置权纠纷上诉案，江苏省无锡市中级人民法院〔2014〕锡民终字第01235号民事判决书。

续表

序号	案件名称	案件类型	裁判要点	裁判结果
9	沈某某、邵某某与刘某某、胡某某，第三人南京鼓楼医院监管权和处置权纠纷上诉案	继承人主张监管权和处置权	二审法院认为： 合同因发生了当事人不可预见且非其所愿的情况而不能继续履行，南京鼓楼医院不能根据知情同意书中的相关条款单方面处置涉案胚胎。 在我国现行法律对胚胎的法律属性没有明确规定的情况下，结合本案实际，应考虑以下因素以确定涉案胚胎的相关权利归属：一是伦理。施行体外受精—胚胎移植手术过程中产生的受精胚胎，具有潜在的生命特质，含有双方父母两个家族的遗传信息，与双方父母具有生命伦理上的密切关联性。二是情感。沈某、刘某遗留下来的胚胎是双方家族血脉的唯一载体，承载着哀思寄托、精神慰藉、情感抚慰等人格利益。三是特殊利益保护。沈某、刘某意外死亡后，其父母是胚胎之最近最大和最密切倾向性利益的享有者。综上，应判决双方父母享有涉案胚胎的监管权和处置权；但上述权利主体在行使监管权和处置权时，应当遵守法律且不得违背公序良俗和损害他人之利益。 卫生行政管理部门对相关医疗机构和人员在从事人工生殖辅助技术时的管理规定不得对抗当事人基于私法所享有的正当权利	撤销一审判决，判决冷冻胚胎由双方父母共同监管和处置

三 案例剖析

前文已通过类案整理的方式，归纳了实践中多发的冷冻胚胎处置纠纷类型，并总结出了相应的争议焦点；下文将首先对冷冻胚胎的法律性质进行分析，并在此基础上以探寻冷冻胚胎的权利归属为主线，简析相应权利主体的权利行使规则，并结合真实案例就如何化解相应权利主体间的冷冻胚胎处置纠纷进行深入探索。

（一）冷冻胚胎的法律性质

冷冻胚胎法律性质的准确定位，是有效探讨冷冻胚胎权利归属问题及正确适用相应法律规定的前提条件和必然要求。而在作为权利主体的人和作为权利客体的物的民法二元分立理论的影响下，同时具备人之潜在生命特征及物之民法特征的冷冻胚胎的法律属性定位即溢出了上述理论框架，构成了对传统人物二分格局的巨大挑战。①司法实践中，尽管多数法院已基于对冷冻胚胎特殊性的充分认识，将冷冻胚胎与民法上的一般物进行了清晰区分，并强调应对其施以特殊的尊重和保护，②但少有判决就该冷冻胚胎的法律性质作出明确界定，甚至有法院直接在判决中写道"案涉冷冻胚胎法律性质尚未无定论"③。此即导致各案判决就冷冻胚胎上权利内容、权利归属及权利保护程度的差异论证、所适用具体法条的不同选择及最终判决结果的迥异呈现。本文认为，冷冻胚胎之法律性质并非主体亦非客体，而实为承载权利客体的权利作用对象，理由有二：

其一，将冷冻胚胎性质界定为权利主体与传统民法理论及现行法律规定不符。主客体二元构造创设之意义在于赋予具有思考能力者可作用支配他物的主体性地位④，而冷冻胚胎本身不具备独立思考并作出自主选择的自由意志。出于最大限度保护冷冻胚胎之目的强行赋予其权利主体地位，不仅与我国《民法典》第13条"权利能力始于出生终于死亡"的法律规定直接冲突，亦可能招致对其孕育者生育自由权和人格尊严的严重侵犯，⑤造成该不完全意义上的人与完全意义上的人之利益的激烈冲突。依据我国《民法典》第16条之规定，即使是已孕育于母体内的胚胎尚且拥有的仅为民事权利能力的一种预备性资格⑥，仅可于遗产继承、接受赠与等涉及胎儿利益保护的方面被拟制为具有民事权利能力，更毋论

---

① 参见周华《论类型化视角下体外胚胎之法律属性》，《中南大学学报》（社会科学版）2015年第3期。
② 参见陈某、罗某等医疗服务合同纠纷案，湖北省武汉市硚口区人民法院〔2023〕鄂0104民初1716号民事判决书；高某等与北京美中宜和三环妇儿医院有限公司医疗服务合同纠纷案，北京市海淀区人民法院〔2021〕京0108民初59820号民事判决书；西北妇女儿童医院、赵某某等保管合同纠纷案，陕西省西安市雁塔区人民法院〔2021〕陕0113民初27460号民事判决书；等等。
③ 参见张某、陈某与某医学中心医疗服务合同纠纷案，重庆市渝中区人民法院〔2021〕渝0103民初36543号民事判决书。
④ 参见刘云生《体外胚胎的权利生成与民法典保护模式选择》，《现代法学》2021年第5期。
⑤ 参见张素华《体外受精胚胎问题的私法问题研究》，《河北法学》2017年第1期。
⑥ 参见李永军《我国〈民法总则〉第16条关于胎儿利益保护的质疑——基于规范的实证分析与理论研究》，《法律科学》（西北政法大学学报）2019年第2期。

尚未被植入母体之内的冷冻胚胎了。实际上，冷冻胚胎因供体自主选择及胚胎移植成功率等因素的限制影响被成功植入母体的概率非常有限，最终发展成人格生命的可能性远小于体内胚胎，在体内胚胎尚且不具有权利主体地位的情况下，自然亦应将冷冻胚胎排除在权利主体的范畴之外。

其二，将冷冻胚胎性质界定为权利客体实乃混淆权利客体及权利对象情形下的错误推论，无法实现对附于冷冻胚胎上的不同性质利益的全面保护。我国传统民法理论将权利客体定义为"权利义务所作用、指向的对象"，并将其类型化为物、行为、智力成果、人格利益等，以分别对应物权、债权、知识产权、人格权等权利。然随着现代科技及经济的全面发展，许多客观实体已同时具备以上多种权利客体的特征，继续沿用上述权利客体类型划分，不仅会给其具体类型之界定带来困难，亦会使得其无法得到民法多维度的全面保护。冷冻胚胎即为如此，若将其定位为物，适用物权法的相关规定，则其上所承载的人格利益无法得到充足保障；而若将其视为配子提供者身体或人格的延伸，适用人格权法的相应规定，则其本身的财产价值极易受到忽略。而之所以会造就此困境，本质原因即在于传统权利客体理论对权利客体本质的不当认知。当权利客体被界定为权利义务所直接指向的上述具体范畴时，其本身即偏离了"被权利主体控制支配"的权利客体内涵要求。这是因为，并非所有情形下权利主体皆可控制支配相应权利所作用、指向的具体对象，以抵押权人为例，其并不实际占有抵押物，而仅可控制支配抵押物之交换价值。而随着学界研究对权利本质的不断深入探索，民事权利客体是一元的民事利益的观点也逐渐式盛，在该语境下，以物、行为、信息等形式呈现的民事权利对象仅为承载民事利益这一民事权利客体的客观载体，同一权利对象上不仅可并存多个不同性质的民事利益，该不同性质的民事利益亦可同属或分属于不同的民事主体，[①]以此清晰梳理附着于载体上的利益关系，并分别对其施以最贴切周全的保

---

① 参见冷传莉《"人格物"的司法困境与理论突围》，《中国法学》2018年第5期。

护。实际上,早在我国首例冷冻胚胎归属案——"宜兴冷冻胚胎案"的二审判决①中,即已出现运用此种权利理论解决冷冻胚胎处置问题的理论踪迹,二审法院通过论述供体夫妇之父母对冷冻胚胎具有伦理、情感及特殊利益三大方面的重大利益而成功证成了供体夫妇之父母对冷冻胚胎享有处置权及监管权。② 进一步借此分析冷冻胚胎之法律性质至少可得出以下结论:冷冻胚胎之客观实体实则仅为承载民事利益的民事权利对象,而其上所附着的各类民事利益方为权利客体。

(二) 冷冻胚胎的权利归属及权利行使规则

前文已然论得冷冻胚胎上所承载的民事利益方为权利客体,而欲厘清与之对应享有相应利益的权利主体,则需依循一定顺序检视冷冻胚胎上基于生育、血缘及合约等因素产生的各种联结,以将权利考量扩展至所有可能的利害关系人。经过此前对冷冻胚胎案件纠纷的整理和总结可知,我国目前实践中以诉请或抗辩主张对冷冻胚胎享有权利的主体主要涉及以下3类,下文将一一进行检视。

1. 提供配子的夫妻

(1) 夫妻双方是冷冻胚胎的权利主体

"自利益论看来,若要确认谁享有权利,最关键的就是确认谁具有利益。"③ 提供配子的夫妻双方作为与冷冻胚胎生物学联系最为紧密的主体,显然对冷冻胚胎享有最大及关联最为密切的利益。就该利益具体为何,已有的司法判决大多自生命伦理层面及情感层面展开论述,如在"张某某、王某某等与成都市锦江区妇幼保健院返还原物纠纷案"中,法院认为"在施行辅助生殖技术过程中产生的受精胚胎,具有潜在的生命特质,不仅含有原告的

---

① 参见沈某某、邵某某与刘某某、胡某某,第三人南京鼓楼医院监管权和处置权纠纷上诉案,江苏省无锡市中级人民法院〔2014〕锡民终字第01235号民事判决书。
② 参见刘小平《为何选择"利益论"?——反思"宜兴冷冻胚胎案"一审、二审判决之权利论证路径》,《法学家》2019年第2期。
③ 刘小平:《为何选择"利益论"?——反思"宜兴冷冻胚胎案"一审、二审判决之权利论证路径》,《法学家》2019年第2期。

DNA 等遗传物质，也承载着原告的情感等人格利益，具有专属性，不具有买卖、赠与的权能，原告对胚胎享有合法民事权益，有权主张被告返还"[1]。又如在"何某、李某等与成都西因妇科医院有限公司保管合同纠纷案"中，法院认为"胚胎承载了原告的遗传物质和情感寄托，原告与胚胎具有生命伦理的密切关联，所以原告应为胚胎的权利人"[2]。更有法院自亲权及财产权层面进一步扩充夫妻双方对冷冻胚胎所享有的利益范畴，在"陈某某、胡某某等医疗服务合同纠纷案"中，法院指出"原告作为提供胚胎必要要素的一方天然拥有对冷冻胚胎的权利，而且由于胚胎具备孕育成生命的可能，原告陈某某对胚胎并不仅仅是完全财产意义上的所有权，而是一种包含亲权在内的具有人身要素的权利，这使得胚胎的权利具有专属性"[3]。而此亦给我们对夫妻间就冷冻胚胎所享有利益类型的检索提供了方向。

本文认为，因辅助生殖过程与冷冻胚胎产生利益联结的夫妻双方对冷冻胚胎共同享有人格、身份及财产三个方面的利益。

就人格利益而言，可自主客观两个角度展开分析：客观上冷冻胚胎作为夫妻双方通过自然规律和技术条件实现的生命延续，以其承载的遗传信息及生命潜质对夫妻双方的自我生命及人格尊严进行物理延伸；主观上，其作为夫妻双方充分表达意愿情形下，以人工辅助生育方式行使生育自主权的产物，不仅充分彰显了夫妻双方的意思自决，更因其具备夫妻双方所欲实现的替代或延续生育功能而成为夫妻二人重要的情感慰藉及精神寄托。上述利益皆落入《民法典》第 990 条[4]的涵摄范围之内，与夫妻双方的生命权、基于人身自由、人格尊严产生的生育自主权等其他人格权益相对应，

---

[1] 参见张某某、王某某等与成都市锦江区妇幼保健院返还原物纠纷案，四川省成都市锦江区人民法院〔2021〕川 0104 民初 2174 号民事判决书。

[2] 参见何某、李某等与成都西因妇科医院有限公司保管合同纠纷案，四川省成都市锦江区人民法院〔2020〕川 0104 民初 10660 号民事判决书。

[3] 参见陈某某、胡某某等医疗服务合同纠纷案，广东省湛江市麻章区人民法院〔2021〕粤 0811 民初 406 号民事判决书。

[4] 《民法典》第 990 条：人格权是民事主体享有的生命权、身体权、健康权、姓名权、名称权、肖像权、名誉权、荣誉权、隐私权等权利。除前款规定的人格权外，自然人享有基于人身自由、人格尊严产生的其他人格权益。

主要受到人格权编法律规范的调整与保护。

就身份利益而言，冷冻胚胎作为夫妻双方共同培育的蕴含潜在人格的未来生命体，不仅是一种生物基因遗传，亦是一种社会身份建构，[1] 其与夫妻二人间的亲缘身份建构在被成功培育之时即已顺利完成，并可基于该身份在被顺利植入母体后进一步获得更大范围的胎儿利益保护。依据我国《民法典》第 112 条[2]及第 1001 条[3]规定，夫妻双方基于亲缘关系而对冷冻胚胎所享有的上述身份利益，主要受到总则、婚姻家庭编及人格权编等规范的调整与保护。

就财产利益而言，虽然冷冻胚胎因具有特殊的生命潜力及伦理价值而为相应规范所禁止在市场内流通交易，但其因此丧失的仅为其上交换价值部分所对应的经济利益，诸如人工辅助生育治疗费、冷冻胚胎保管费等由其夫妻双方所投入的经济利益仍凝聚在该客观实体上由夫妻二人共同享有。[4] 夫妻二人基于辅助生育过程而对冷冻胚胎所享有的上述财产利益主要由物权编、侵权编及合同编的相关规定共同调整。

综上所述，为冷冻胚胎提供配子的夫妻双方因其对冷冻胚胎所享有的人格利益、身份利益及财产利益而可成为冷冻胚胎的适格权利主体。但此处需注意的是，由于形成冷冻胚胎的配子由夫妻双方共同提供，故就冷冻胚胎之具体保管权、监护权及处置权的行使均需夫妻双方达成一致意见后方可有效施行。

（2）夫妻间冷冻胚胎处置纠纷的化解路径

实际上，由于体外胚胎形成保存与顺利植入母体间通常存在一定时间间隔，故在此期间夫妻双方亦可能因婚姻关系破裂、未来规划改变、经济

---

[1] 参见刘云生《体外胚胎的权利生成与民法典保护模式选择》，《现代法学》2021 年第 5 期。
[2] 《民法典》第 112 条：自然人因婚姻家庭关系等产生的人身权利受法律保护。
[3] 《民法典》第 1001 条：对自然人因婚姻家庭关系等产生的身份权利的保护，适用本法第一编、第五编和其他法律的相关规定；没有规定的，可以根据其性质参照适用本编人格权保护的有关规定。
[4] 参见李燕、金根林《冷冻胚胎的权利归属及权利行使规则研究》，《人民司法》2014 年第 13 期。

条件骤变等意外事件或不确定因素的发生而就胚胎的处置方式产生分歧。相较国外冷冻胚胎纠纷案件多以此种类型呈现,[1] 我国夫妻间就冷冻胚胎处置发生争议的现实案例较少,以下两例为典型:

一是一起妻子单方生育所引发的婚姻家庭纠纷。主要案情为:妻子在夫妻双方离婚期间持丈夫此前所出具的授权委托书至双方此前接受体外受精—胚胎移植治疗的医院进行胚胎移植并顺利生子,后丈夫以妻子侵害其生育权为由提起诉讼。法院认为:男方与女方婚后因不能正常生育,双方自愿同意至医院进行体外受精胚胎移植,结合男方与医院签署的多份知情同意书、向女方出具的"委托女方全权处理冷冻胚胎安置"的授权书及与女方协议离婚时自愿承担该婚生女抚养费用的行为,可充分表明双方在婚姻关系存续期间自愿选择体外受精胚胎移植生育,系对方真实意思表示,男方主张因缺乏事实与法律依据而不应予以支持。[2]

二是一起丈夫单方废弃冷冻胚胎所引发的侵权纠纷。主要案情为:男方因与女方夫妻感情破裂而以不续交冷冻胚胎保存费用的方式,致使医院废弃了其与女方共同委托医院储存保管的 5 枚冷冻胚胎,后女方认为男方构成侵权遂提起诉讼。法院认为:生育行为需要具备一定的生理、健康条件并存在生育风险,生育任务主要由妇女承担,妇女承担了更多的生理风险及心理压力;所以,当夫妻生育权发生冲突时,侧重于妇女权益的特殊保护,女方可以自行决定是否终止妊娠,但男方不能单方处置冷冻胚胎。本案中,男方不当处置胚胎的行为,构成了对女方身体权、健康权和生育知情权的侵害,应当承担赔偿责任。[3]

仔细分析上述两个案例中法院的论理方式可知,其实则分别采用了解决夫妻间冷冻胚胎处置纠纷的"共同合意路径"和"利益衡量路径"。

---

[1] 参见杨恩乾《论人体冷冻胚胎相关案件的裁判路径》,《法律适用》2022 年第 9 期。
[2] 参见郑某、徐某 1 婚姻家庭纠纷再审案,湖北省高级人民法院〔2017〕鄂民申 2456 号民事判决书。
[3] 参见江苏省南京市玄武区人民法院〔2017〕苏 0102 民初 4549 号民事判决书;陈文军《丈夫废弃冷冻胚胎案件中的侵权责任认定》,《法律适用》2018 年第 9 期。

前者要求夫妻双方对胚胎的处置达成完全一致的合意,① 通过结合证据证明移植胚胎产子乃夫妻双方已一致同意的真实意思表示,而证成了妻子移植生子的正当性。后者要求结合双方各自处境、利益重要性及不同解决方案可能给双方带来的相对负担等因素对双方当事人的利益进行衡量,② 通过对生育任务主要承担者及生育风险的分析最终得出了"夫妻生育权发生冲突时应侧重妇女权益保护,男方不可单方处置胚胎"的结论。上述两种路径虽然分别于"充分尊重当事人意愿"及"衡平当事人利益以实现案件实质公正"等方面存在其相应的合理性,但皆存在一定的弊端。共同合意路径受限于涉案证据的挖掘与解读,且由于当事人往往就胚胎处置无法达成一致方诉至法院,故仅适用于一方已完成对冷冻胚胎之处置的情形,且未解答"就胚胎处置达成的合意何时具有最终性"之问题。利益衡量路径将处置决定权交由法院,因此而不可避免地招致利益衡量方法不一致、利益衡量论证过程不清晰、判决结果不可预测等问题。

本文认为,为尽量避免夫妻间感情生活变化时就冷冻胚胎处置产生纠纷,缓解法院裁判时所面临的困境,应在进行辅助生殖程序前鼓励当事人签署一份详细说明发生意外情况或其他不确定因素时如何处理其冷冻胚胎的处置协议,并以该协议对各方行为进行指导与预测,同时整合利益衡量路径,在维护双方个人尊严及社会伦理秩序的前提下,尽可能地尊重当事人的生育意愿。③

(3) 夫妻一方死亡后冷冻胚胎的处置

当为冷冻胚胎提供配子之夫妻中的一方死亡时,冷冻胚胎上的利益关系随即发生变化,应分别适用其所相应的法律规范对其变动与否进行检视。

就死者于冷冻胚胎上所享有的人身利益而言,其因具有人身专属性而

---

① 参见张素华《体外受精胚胎问题的私法问题研究》,《河北法学》2017年第1期。
② 参见徐凤《冷冻胚胎处置纠纷案的裁判路径》,《法律适用》2023年第11期。
③ 参见曾佳《体外冷冻胚胎处置的法律困境与路径选择》,《中国政法大学学报》2023年第3期。

不可被让与和继承,① 我国《民法典》第 992 条②对人格权不得继承作出了明确规定,而身份权可经《民法典》第 1001 条③之转介参照《民法典》第 992 条的规定予以适用。由于死者就冷冻胚胎所享有的人身利益不可被继承,故其死后尚存于世的夫妻另一方即成为与冷冻胚胎生命、亲缘及伦理关联最为密切的唯一主体,对冷冻胚胎享有最紧密的人身利益。

就死者于冷冻胚胎上所享有的财产利益而言,其在不存在意定继承的情形下,可依循《民法典》第 1127 条第 1 款④的规定的顺序发生法定继承。此时死者配偶身为第一顺位继承人,可获得与其他第一顺位继承人相等份额的财产利益,再加之其本身就冷冻胚胎所享有的与死者生前所享有部分相等的财产利益,其仍为冷冻胚胎上财产利益的最大享有者。

综上可知,死者身亡之后,其配偶就冷冻胚胎享有最多最紧密的利益,因而成为冷冻胚胎的唯一权利主体。

实践中,丧偶女性要求继续移植冷冻胚胎是夫妻一方死亡后冷冻胚胎处置纠纷中最为常见的类型。原告妻子通常以其对案涉胚胎享有完全的处置权为由,要求被告医院继续履行医疗服务合同,为其进行冷冻胚胎移植;而被告医院通常基于以下几点进行抗辩:第一,卫生部颁布的《人类辅助生殖技术规范》第 3 条第 13 项及《人类辅助生殖技术和人类精子库伦理原则》第 1 条第 4 项"社会公益原则"规定不得为单身妇女实施人类辅助生殖技术,原告在其丈夫死亡后即为单身妇女,被告为其实施人类辅助生殖技术违反上述部门规章的规定;第二,上述伦理原则中的"知情同意原则"规定,人类辅助生殖技术必须经夫妇双方自愿同意并签署书面知情同意书后方可实施,现原告丈夫因死亡而无法完成上述必备程序,被

---

① 参见王泽鉴《人格权法:法释义学、比较法、案例研究》,北京大学出版社 2013 年版,第 46 页。
② 《民法典》第 992 条:人格权不得放弃、转让或者继承。
③ 《民法典》第 1001 条:对自然人因婚姻家庭关系等产生的身份权利的保护,适用本法第一编、第五编和其他法律的相关规定;没有规定的,可以根据其性质参照适用本编人格权保护的有关规定。
④ 《民法典》第 1127 条第 1 款:遗产按照下列顺序继承:(一)第一顺序:配偶、子女、父母;(二)第二顺序:兄弟姐妹、祖父母、外祖父母。

告无法为原告实施手术；第三，上述伦理原则中的"保护后代原则"规定，若有证据表明实施人类辅助生殖技术将会对后代产生严重的生理、心理和社会损害，医护人员有义务停止该技术的实施，现原告丈夫已然身故，若原告通过胚胎移植手术生育了孩子，单亲环境及客观上物质条件的限制将不利于孩子的未来的成长。[1]

本文认为，上述案型的争议焦点可依逻辑作以下分解：首先，配偶死亡后的妇女是否属于被上述规范所禁止被实施人类辅助生殖技术的"单身妇女"；其次，为配偶死亡后的妇女实施人类辅助生殖技术是否违反"知情同意原则"；最后，为配偶死亡后的妇女实施人类辅助生殖技术是否不利于其因此技术而生育后代的健康成长。关于第一个问题，本文认为，基于上述规范"维护社会公益"的立法目的，应对该规范表述中的"单身妇女"进行限缩解释，将"此前属于符合国家人口和计划生育法规和条例规定的夫妇，但后配偶死亡的丧偶女性"排除在其范畴之外。就第二个问题，本文认为，在丈夫生前未对其身故后妻子继续适用人工辅助生殖技术生育表示明确反对的，应认为对胚胎具有完全处置权的妻子有权自主决定是否继续生育，不可以客观无法实现的程序要求拒绝妻子正当生育权的行使，而就丈夫生前意思表示的判断应结合案涉证据进行综合认定。关于第三个问题，本文认同大部分现有裁判之观点，目前尚无证据及研究表明单亲家庭可能对孩子产生严重的生理、心理和社会损害，因人类辅助生殖技术而出生于单亲家庭的孩子与自然分娩后父母一方亡故的孩子并无本质区别，不可以此为拒绝为丧偶女性实施胚胎移植的正当理由。

2. 已故夫妻的双方父母

夫妻双方死亡后，其父母能否成为夫妻遗留下之冷冻胚胎的权利主体，此前理论界与实务界多将其转化为继承问题加以研究，并在人物二分格局

---

[1] 参见王某某诉厦门安宝医院有限公司医疗服务合同纠纷案，福建省厦门市思明区人民法院〔2020〕闽0203民初12598号民事判决书；胡某某、新疆佳音医院集团股份有限公司医疗服务合同纠纷案，新疆维吾尔自治区乌鲁木齐市水磨沟区人民法院〔2021〕新0105民初6028号民事判决书；龚某某、贵阳市妇幼保健院医疗服务合同纠纷案，贵州省贵阳市南明区人民法院〔2021〕黔0102民初8771号；等等。

下通过对冷冻胚胎法律性质的单一界定,而决定其是否可适用继承方面的法律规范。本文认为,在利益论的指导下,欲确认已故夫妻双方之父母可否成为冷冻胚胎之主体,只需确定其是否对冷冻胚胎享有最为紧密的利益关系即可。前文曾述及的"宜兴冷冻胚胎案"之二审判决采用的即一定程度上采用了此种论理路径。[1]

自人格利益而言,虽然已故夫妻于冷冻胚胎上所享有的人格利益因具有专属性而不可为其父母继承,但不可忽视的是冷冻胚胎中所包含的特定基因本身即携带了双方父母所对应两个家族的遗传信息,即使在我国现行法律规范的调整下其不可以代孕方式使该血脉继续得以延续,然其对冷冻胚胎所投注的情感价值及由相应遗传信息承载人格尊严并不因此消灭。其在为冷冻胚胎提供配子的夫妻双方死亡后,即成为与冷冻胚胎人格利益关联最为紧密的主体。

自身份利益而言,冷冻胚胎不仅代表着已故夫妻的个体传承,亦代表着双方父母两个家族的身份传递。提供配子的夫妻双方身亡后,已故夫妻双方的父母即成为与冷冻胚胎亲缘关系最为密切者,自然享有就冷冻胚胎最近最大的身份利益。

自财产利益而言,已故夫妻于冷冻胚胎上所享有的财产利益可依循继承法上的相关规定发生继承,双方父母作为第一顺位继承人可获得其子女相应份额的财产利益。但此处需注意的是,由于已故夫妻于冷冻胚胎上所具有的财产利益本身即存在相应的限制,故双方父母因此所获得的财产利益亦受到相应限制,不得实施冷冻胚胎的买卖、代孕及违法转赠等行为。

综上可知,为冷冻胚胎提供配子的夫妻双方死亡后,其双方父母对冷冻胚胎享有最大利益,可成为冷冻胚胎的权利主体;当经其一致同意后,可在法律允许的范围内对冷冻胚胎作出合理处分,如继续保存、抛弃销毁及要求返还等。

3. 医疗机构

医疗机构作为客观上与冷冻胚胎不具有任何生命伦理关联的主体,只

---

[1] 参见江苏省无锡市中级人民法院〔2014〕锡民终字第01235号民事判决书。

有可能因继受他人权利而成为冷冻胚胎的权利主体。

司法实践中，医疗机构通常基于提供配子夫妻双方与其签订协议时就特定条件下由医疗机构对冷冻胚胎进行处置的承诺主张对冷冻胚胎享有相应处置权。如在"张某、陈某与某医学中心医疗服务合同纠纷案"中，原告夫妻与被告医疗机构签署的《冷冻卵子、胚胎及囊胚后续处置意见书》中载明"若冷冻保存时限已到，我们将在壹个月内前续交纳相关费用，超过时间未交费，表明我们授权贵院生殖中心处置这些胚胎/囊胚"，后原告起诉要求被告返还案涉胚胎，被告以原告未按时交费其有权处置案涉胚胎为由提出抗辩。[①] 又如在"陈某某诉无锡市妇幼保健院医疗服务合同纠纷案"中，原告及其丈夫与被告签署的《胚胎冷冻、解冻及移植知情同意书》中载明"陈某某、李某某声明在妇幼保健院实施 IVF 即体外受精手术……其知道目前首次冷冻费用含 3 个月的胚胎保存费，逾期如需继续冷冻，需补交费用，否则不予保存。如果超过保存期，其同意将胚胎去标识后作为教学科研用"，后原告丈夫因故去世，原告诉请被告继续履行胚胎移植义务，被告以原告超期未补交冷冻费用属于主动放弃胚胎作为理由之一进行抗辩。[②]

上述两个案例分属"夫妻双方请求返还冷冻胚胎"及"丧偶女性主张继续移植冷冻胚胎"的处置纠纷类型，但当事人皆与案涉医疗机构签订了相应处置意见书/知情同意书，并约定了若未交纳冷冻胚胎保存费用则医疗机构有权就胚胎进行相应处置。此时欲判断医疗机构是否可基于当事人上述承诺取得就冷冻胚胎之处置权，需依次回答以下三个问题：第一，法律是否允许夫妻通过协议将冷冻胚胎之处置权让渡给医疗机构；第二，该处置意见书/知情同意书是否可反映当事人的真实意图；第三，当事人作出以上承诺时的意思表示是否具有最终性，即当事人作出以上承诺后是否可于

---

① 参见张某、陈某与某医学中心医疗服务合同纠纷案，重庆市渝中区人民法院〔2021〕渝 0103 民初 36543 号民事判决书。
② 参见陈某某诉无锡市妇幼保健院医疗服务合同纠纷案，江苏省无锡市梁溪区人民法院〔2019〕苏 0213 民初 10672 号民事判决书。

特定情形下反悔。

就以上第一个问题，本文认为，在不违反法律、行政法规及公序良俗的前提下，出于对当事人意思自治的尊重，应允许当事人通过协议将其对冷冻胚胎的处置权让渡给医疗机构，因其本质亦为当事人自由行使其对冷冻胚胎处置权的一种方式，法律不应该将该种情形排除在当事人合同自由的范围之外。

就以上第二个问题，本文认为应首先对上述处置意见书/知情同意书的性质进行界定。经过前文对类案的整理可知，在人工辅助生殖医疗领域，医疗机构以各式处置意见书/知情同意书替代规范医疗合同的现象非常常见，其通常由医疗机构单方面提供，具体包括保存方式、保存时限、保存费用、保存风险及特定情形的处置方式等各式内容，而当事人仅被允许在一系列选择中进行勾选。该处置意见书/知情同意书由医疗机构为重复使用而预先拟定，且于签署时并未给予当事人协商空间，属于典型的格式条款。由于医疗机构与患者夫妇间就人工辅助生育技术知识存在严重信息偏在，且二者间缔约地位亦存在较大差距，故医疗机构只有在严格履行了《民法典》第496条第2款[①]所规定的就相应重大利害关系条款的提示说明义务的前提下，方能一定程度上确保当事人作出之选择乃与医疗机构达成的真实合意。冷冻胚胎处置条款作为分配当事人间就冷冻胚胎处置权的条款，显然属于上述重大利害关系条款范畴，此即要求医疗机构采用通常足以引起患者注意的文字、符号、字体等明显标识对该条款予以提示，并以书面或者口头形式就患者夫妇所提出的疑问作出常人能够理解的解释说明。若医疗机构已按照上述要求履行提示说明义务，应认为患者夫妇所签署的处置意见书/知情同意书可反映其真实意图。

就以上第三个问题，由于对冷冻胚胎的处置决定涉及个人身份中的核

[①] 《民法典》第496条第2款：采用格式条款订立合同的，提供格式条款的一方应当遵循公平原则确定当事人之间的权利和义务，并采取合理的方式提示对方注意免除或者减轻其责任等与对方有重大利害关系的条款，按照对方的要求，对该条款予以说明。提供格式条款的一方未履行提示或者说明义务，致使对方没有注意或者理解与其有重大利害关系的条款的，对方可以主张该条款不成为合同的内容。

心权利,①且仅具有有限理性的夫妻双方在做出该决定时通常很难考虑到未来突发事件可能对其造成的不利影响,故应允许患者在特定情形下突破此前承诺的束缚。本文认为,可就该冷冻胚胎处置权决定的反悔机制可参照适用《民法典》第533条②情势变更的规则,当发生了患者对医疗机构作出该承诺时无法预见的重大变化且继续履行该承诺对其明显不公平时,其可要求与医疗机构重新协商,并于协商失败之时请求司法机构介入就该承诺予以相应调整。与此同时,为有效防止患者夫妇对该反悔机制的滥用,应将其可适用情形严格限制在若继续遵守该承诺会严重损害当事人生育权的情形,如夫妻双方与医疗机构约定一方死亡即由医疗结构销毁胚胎,但丈夫身故后妻子亦只能使用此前冷冻的胚胎成为生物学母亲的情形。

此外,医疗机构与患者夫妇还常就其冷冻胚胎保存部分的合同性质产生争议,患者多以该合同性质乃保管性质为由主张其可随时取回保存在医疗机构处的冷冻胚胎,而医疗机构则通常以该合同系医疗服务合同非保管合同为由对患者要求予以拒绝。本文认为,虽然实践中医疗机构通常会与患者签署《体外受精—胚胎移植知情同意书》《卵胞浆内单精子显微注射(ICSI)知情同意书》及《配子、受精卵、胚胎处理知情同意书》等多个文件,但其签署目的皆为确保整个人工辅助生殖治疗过程的顺利进行,应认为以上文件皆为人工辅助生殖治疗医疗服务合同中的组成部分;仅因该医疗服务合同学理上属于由数个典型(或非典型)合同部分而构成的混合合同,故就其各构成部分应分别适用各部分典型合同的规定。③ 患者与医疗机构就冷冻胚胎保存签订的知情同意书乃该人工辅助生殖医疗服务合同项下的组成部分,但应根据该部分给付义务为保管义务的本质,适用《民法典》

---

① 参见徐凤《冷冻胚胎处置纠纷案的裁判路径》,《法律适用》2023年第11期。
② 《民法典》第533条:合同成立后,合同的基础条件发生了当事人在订立合同时无法预见的、不属于商业风险的重大变化,继续履行合同对于当事人一方明显不公平的,受不利影响的当事人可以与对方重新协商;在合理期限内协商不成的,当事人可以请求人民法院或者仲裁机构变更或者解除合同。人民法院或者仲裁机构应当结合案件的实际情况,根据公平原则变更或者解除合同。
③ 参见韩世远《合同法总论》(第四版),法律出版社2018年版,第73—74页。

就保管合同的相关规定。因此，在患者并未将冷冻胚胎之处置权有效让与医疗机构时，其完全可依《民法典》第899条的规定要求医疗机构对冷冻胚胎予以返还。至于患者取回胚胎后客观存在的不当行使、处置胚胎的风险，本文认为，该风险属于社会整体把控的范畴，应由政府职能部门承担主要监督责任，法院不应将尚未发生的违法违规行为纳入考虑因素并因此阻碍患者正当权益的实现。

综上，医疗机构仅有经其他权利主体借助合同路径等方式有效让渡其就冷冻胚胎所享有的处置权时，方能成为冷冻胚胎的权利主体。而在处理该权利主体与医疗机构就冷冻胚胎处置权所产生的纠纷时，应重点审查医疗机构就相应条款提示说明义务的履行，并在患者履行该让渡处置权之承诺会严重损及其生育权时，整合利益衡量路径及情势变更规则对患者的合法权益予以相应保障。冷冻胚胎保存协议性质为人工辅助生殖医疗服务合同项下的组成部分，但应适用《民法典》有关保管合同的相关规定。在患者未将处置权让与给医疗机构的情形下，应允许其以《民法典》第899条为请求权基础要求冷冻胚胎之返还。

四 结语

冷冻胚胎作为人工辅助生殖技术应用过程中产生的重要产物，实践中就其权利归属及权利行使纠纷日益增多。欲一定程度上改善现有冷冻胚胎法律性质界定不明、法律规定适用混乱、裁判结果大相径庭的司法实践现状，需自立法与司法两个层面双管齐下。立法层面应及时更新我国包括《人类辅助生殖技术管理办法》《人类辅助生殖技术规范》及《人类辅助生殖技术和人类精子库伦理原则》在内的规范人工辅助生殖技术的规范性文件，司法层面应积极促进相关司法解释的出台并及时发布针对各类型冷冻胚胎处置纠纷的指导性案例，以共同助力于冷冻胚胎处置纠纷的依法高效化解。

保健品诈骗罪的司法分析

罗贯琛[*]

摘　要：本文以案例研究为主，分析近五年全国保健品诈骗罪的基本情况，以欺骗行为的类型为基准进行类案分析并总结不同类型诈骗集团的运作模式。本文通过对近五年保健品诈骗罪一审判决、二审判决的分类整理，梳理了案件的争议焦点，并对诈骗数额、非法占有目的、客观欺骗行为等核心问题进行分析。针对保健品诈骗案中虚假广告罪和诈骗罪适用不明确的问题，本文就两罪的区别进行分析，并提出以虚假广告的方式进行保健品诈骗的行为，两罪构成牵连犯，应当从一重罪以诈骗罪定罪处罚。最后本文基于保健品诈骗罪中存在的问题建议加强宣传引导，构建社会防范屏障，加强行政监管，堵截诈骗源头，加强公私合作增强治理能力以打击保健品诈骗与电信诈骗的结合，并应准确把握诈骗罪与虚假广告罪的适用，并加强虚假广告罪的刑法介入力度以前置预防诈骗行为。

关键词：保健品　诈骗罪　虚假广告罪　实证研究

一　基本案情

2023年江西省宜春市中级人民法院发布6个打击电信网络诈骗暨打击整治养老诈骗犯罪典型，其中一个案例涉及以发布虚假广告的形式诱骗被

---

[*] 罗贯琛，武汉大学大健康法制研究中心助理研究员。

害人购买无功效保健品的犯罪行为,该案最终以虚假广告罪定罪处罚。

(一) 案件事实

2021年3月左右,被告人谢某和张某某等人开设专门针对老年人销售保健品的"×××医疗器械营业部",通过定期宣传、发放小礼品、免费试用等方式取得老年人信任,向老年人推销按摩器械、蜂胶等产品。经营期间,谢某、张某某于2021年7月前后通过网络与宁波某公司工作人员取得联系,以3700元的进价购买稀土养生项链(声称内部含磁,磁的功效可以改善血液循环),再以每条6900元的价格售出。被告人荣某某经人介绍以某公司养生部经理身份向老年人作稀土养生项链销售宣传,并约定按销售额10%获得提成。销售过程中,谢某、张某某、荣某某明知该稀土养生项链只是一个饰品,没有治疗疾病的功效,仍向老年人宣称佩戴项链后可以促进人体血液循环,可以改善痛风等疾病。截至案发,先后35名老年人因听信虚假宣传而购买该养生项链,销售金额共计237150元。

(二) 判决要旨

法院认为,被告人谢某、张某某、荣某某的行为违反了国家规定,将没有治理疾病功效的稀土养生项链宣传为具有改善血液循环的保健品,并销售获利总计2万余元,情节严重,其行为构成虚假广告罪。

(三) 争议焦点

本罪构成虚假广告罪没有争议,但是,本罪实质是以虚假广告为手段实施保健品诈骗的行为。因此,不应忽视本罪亦构成诈骗罪,发布虚假广告是为了后续的诈骗目的,利用虚假广告在该案中属于方法行为,即行为人实施诈骗行为,而其利用虚假广告的方法行为又触犯虚假广告罪,属于牵连犯。[1]因此,该案中犯罪人应当以诈骗罪定罪处罚。

---

[1] 参见杨彩霞《虚假广告罪的认定》,《国家检察官学院学报》2001年第3期。

二 类案整理

(一) 案件的类型化分析

诈骗罪，是指以非法占有为目的，使用欺骗方法，骗取数额较大的公私财物的行为。诈骗罪的基本构造为：行为人实施欺骗行为→受骗人产生认识错误→受骗人基于认识错误处分财物→行为人取得财产→受骗人遭受财产损失。在保健品诈骗罪的场合，诈骗行为的关键在于获取老年人的信任，以更有效地实施欺骗行为进而非法占有老年人的财物。本文以欺骗行为的类型为基准对案件进行类型化分析。

1. 利用广播电视、互联网媒体进行虚假宣传

在最高人民法院发布电信网络诈骗犯罪十大典型案例之五——陈杰等9人诈骗案中，[1] 被告人在微信公众号等互联网媒体上发布治疗男女生理疾病或者治疗脱发的广告，受骗人浏览广告后通过电话或者微信号与诈骗集团取得联系，诈骗集团成员与受骗人取得联系后再进行后续的诈骗行为。本案中行为人散布的广告，虚假宣传了产品不具备的功效，虚构了产品能够治疗疾病、治疗脱发的事实，属于欺骗行为，并且导致了受骗人达成了购买该产品的初步意向进而与诈骗集团进行联系。本案中的虚假宣传的行为不仅使受骗人误认为其产品有治疗功效，并且该行为直接促进了后续诈骗行为（一对一由专门的话务人员实施精准诈骗）的发生，是该保健品诈骗行为的开端。

2. 冒充健康顾问、医学专家、医药代表的虚假身份

在河南省高级人民法院发布5起打击整治养老诈骗典型案例之三——被

---

[1] 《最高人民法院发布电信网络诈骗犯罪十大典型案例》，北大法宝网：https://pkulaw.com/pal/a3ecfd5d734f711d41c5a056e42ebed74bb96227bd59f172bdfb.html，2019年11月19日。

告人常某某等人诈骗案中,①诈骗集团冒充指导老师、专家助理、医生等身份,和受骗人进行电话联系,以虚假身份进行探寻问诊、分析病情进而引出产品,夸大药品疗效,宣称能根治受骗人的疾病。老年人群体重视身体健康,因此更容易轻信他人对保健品、药品的宣传。诈骗集团利用老年人容易轻信这一特性,因虚构的身份往往代表着医药领域的权威,诈骗集团利用虚假身份说出的诈骗话术将更易使受骗人相信,虚假身份在导致受骗人陷入错误认识的过程里发挥着重要作用。

3. 虚假检测、虚构健康报告

在最高人民检察院发布10件打击治理电信网络诈骗及关联犯罪典型案例之五——吴某强、吴某祥等60人诈骗案中,②犯罪团伙针对急于增高的青少年,将不具有增高效果的普通食品贴上"助高特效产品"的标示,以高价将上述产品卖出。犯罪团伙为了引诱受骗人购买上述产品,联系基因实验室的工作人员虚假解读基因检测报告,谎称受骗人具有基因缺陷,进而促使受骗人购买其增高产品。在〔2019〕苏0413刑初406号案中,③被告人通过虚假体检、虚假报告的形式虚构受骗人的病情,诱骗其高价购买被告人的免疫球蛋白产品。犯罪团伙虚构健康报告可以使得受骗人产生恐慌心理,此时受骗人因为陷入恐慌心理而辨认、判断能力减弱,犯罪团伙正是利用受骗人的恐慌心理,对受骗人心理施压,加剧其对疾病的恐慌并夸大保健品的治疗效果,受骗人此时的意思自由受到犯罪团伙极大的限制,最终基于恐慌心理而仓促购买产品。虚假报告的内容与受骗者的健康息息相关,虚假报告单的性质也易使受骗人轻信,虚假报告能使得受骗人对自身的健康状况产生错误认识,并且该错误认识能导致受骗人对"保健品"

---

① 《河南省高级人民法院发布5起打击整治养老诈骗典型案例》,北大法宝网:https://www.pkulaw.com/pal/a3ecfd5d734f711d87ded7baf71b74c5521735d1db2d005cbdfb.html,2022年9月6日。
② 《最高人民检察院发布10件打击治理电信网络诈骗及关联犯罪典型案例》,北大法宝网:https://www.pkulaw.com/pal/a3ecfd5d734f711db5cc304a0a73d6479f3aa98d75d61d75bdfb.html,2022年4月21日。
③ 余某诈骗案,江苏省常州市金坛区人民法院〔2019〕苏0413刑初406号刑事裁定书。

功效的错误认识。即，虚假报告本身即属于针对受骗人健康状况的欺骗行为，并且虚假报告能促进保健品诈骗的发生，是诸多保健品诈骗案中的重要一环。

4. 虚构产品不真实的成分、功效、荣誉等信息

在〔2019〕鄂 0107 刑初 487 号案中，① 被告人以廉价中成药、保健食品冒充名贵中药材，其谎称销售的产品为保健品"蛹虫草参杞片"，实则为廉价的药品颗粒"中药配方颗粒"，行为人虚构了产品的成分、诱骗受骗人购买高价保健品，骗取受骗人的财物。

在〔2020〕湘 1224 刑初 148 号案中，② 被告人将成本低廉的妖玥益菌粉、菁盈胶囊、乌梅混合果蔬饮品、千多颜益生菌固体饮料谎称为具有减肥功效的保健品，行为人虚构了产品的功效，使得有减肥需求的人群误信该产品的功效而高价购买该产品，行为人从中获利。

在〔2020〕吉 0183 刑初 68 号案中，③ 被告人虚构其产品"红外磁疗贴"为传承了 300 年国家保密配方的产品，并为其注册了"百年扁氏"的商标。被告人的商标中有"百年"字样、其投放的电视广告中也宣称其有 300 年的国家保密配方，此种虚假的描述具有极大的误导性，并且对意向购买者的购买决策起着支配性的作用，受骗人基于对其"荣誉"的信赖，进一步延伸出对其产品本身的信赖。行为人虚构了产品的荣誉，使得受骗人因误信荣誉而对产品质量产生了错误认识，行为人的行为造成了受骗人的错误认识，符合诈骗罪的构成要件。

在保健品诈骗案中，上述虚构的成分不是单独存在，而是结合在一起综合发挥作用进而误导受骗人。比如上述〔2020〕吉 0183 刑初 68 号案中，被告人不仅仅虚构了产品的荣誉，并且其对产品的成分以及功效均作了虚假描述。被告人宣称产品含有七虫七草名贵药材，此行为即为

---

① 郑某某、郑某诈骗案，湖北省武汉市青山区人民法院〔2019〕鄂 0107 刑初 487 号刑事判决书。
② 姜某某、张某某诈骗案，湖南省溆浦县人民法院〔2020〕湘 1224 刑初 148 号刑事判决书。
③ 仲某某、吴某、沈某某等 51 人诈骗案，吉林省德惠市（县）人民法院〔2020〕吉 0183 刑初 68 号刑事判决书。

对产品成分的虚假描述。被告人亦宣称产品有治疗风湿骨病疼痛的疗效,此行为即为对产品功效的虚假描述。综上所述,在保健品诈骗案中被告人通常实施了虚构成分、虚构荣誉、将无功效产品谎称为有功效产品、将非保健品谎称为保健品的行为,最终诈骗受骗人的财物。

5. 虚构客户反馈产品没有效果的原因

在〔2021〕鄂09刑终333号案中,① 被告针对患有男性生理疾病人群为目标,诱骗受骗人购买被告人提供的"一人一方纯中药熬制"的补肾壮阳产品,但该产品不具有药品功效。在销售过程中,有些客户觉得没有效果要求售后,被告人虚构上述问题的原因,以其他毫不相关的理由掩盖其产品为虚假保健品的事实。在本案中,被告人以受骗人自身原因为理由,例如没有按时吃药、没有禁食等,将产品没有疗效的责任推脱给顾客。被告人亦虚构了他人对于此产品的好评,被告人以客户的名义发布反馈此产品疗效好的朋友圈,通过这些虚构的朋友圈截图向那些申请售后的客户展示其产品并非没有效果。被告人还以疗程不够为借口,要求客户继续购买产品,加大疗程。行为人虚构上述理由,原因在于掩盖其产品为虚假保健品的事实,防止客户退款,以保全其诈骗所得。在某些案件中,行为人虚构上述理由,目的在于使客户购买更多的虚假保健品,以获得更多的诈骗所得,是欺骗行为的延续。

保健品诈骗罪呈组织化、集团化的特点,具有严密的组织分工。不同的保健品诈骗集团具有不同的运作模式,实施线下诈骗的诈骗集团与实施线上诈骗的诈骗集团的运作模式也不同,下文将以此为区分分别进行介绍。

线上:诈骗公司的实际控制人创建售卖保健品的公司,通过投放虚假广告的方式与受骗人取得联系,或者直接购买公民个人信息获取受骗人的联系方式,进而由公司的话务员参照公司内部制作的诈骗话术本对受骗人实施精准诈骗。公司内部的财务人员、人事专员、物流人员负责该诈骗公司的正常运转。

---

① 黄某某、周某某等诈骗案,湖北省孝感市中级人民法院〔2021〕鄂09刑终333号刑事裁定书。

线下：行为人开设药店、医疗器械店等线下店铺，通过发放传单、发放赠品、免费讲座、免费体检的方式获取受骗人的信任，进而在其组织的"健康讲座"或者"养身旅游"的过程中推销其虚假保健品。店铺的工作人员负责以诈骗话术欺骗受骗人购买其产品。

（二）本案及其典型同类案件判决情况整理

1. 一审案件判决情况

本文以北大法宝智能型法律数据库为检索工具，对裁判日期为 2019 年 1 月 1 日—2023 年 12 月 31 日近五年范围内，在"诈骗罪"刑事案下以"保健品"和"功效"两组关键词进行检索，共检索出 163 份以诈骗罪定罪处罚的一审刑事案件。

在检索出的 163 份法律文书中，经过统计，共有 161 份裁判文书于区（县）级人民法院审理，占比 98.77%，2 件于中级人民法院审理，占比 1.23%。案例分布于 2019 年 79 件、2020 年 69 件、2021 年 13 件、2022 年 1 件、2023 年 1 件（见表 1）。

表 1　审理法院层级情况　　单位：件

法院层级＼年份	2019 年	2020 年	2021 年	2022 年	2023 年	总和
区（县）级人民法院	78	68	13	1	1	161
中级人民法院	1	1	0	0	0	2
总计	79	69	13	1	1	163

近五年保健品诈骗案分布于 23 省、直辖市以及自治区，其中纠纷数量前五的省市包括江苏省、河南省、广东省、北京市、吉林省，数量分别为 31 件、22 件、18 件、13 件、12 件，总数为 96 件，而该五个省市涉及的案件总和占全国案件总数目的 58.90%（见图 1）。

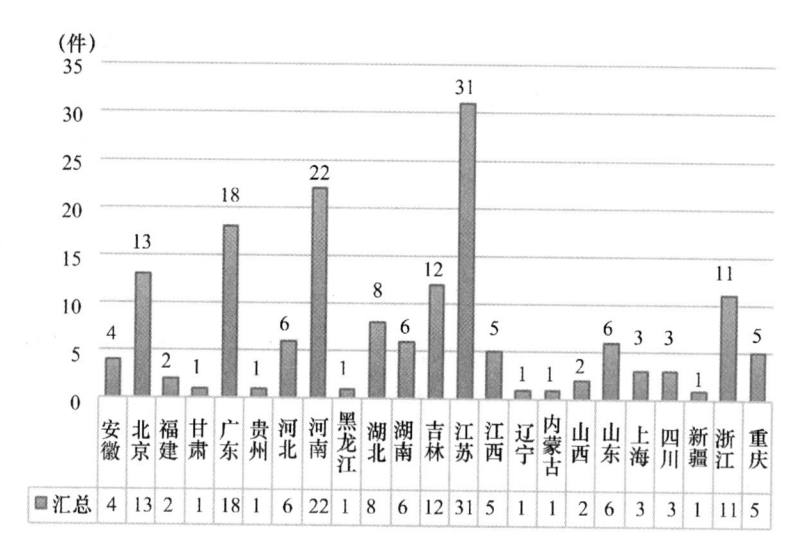

图 1　一审判决地域分布情况

近五年保健品诈骗罪涉案人数总共为 1070 人，其中 2019 年 576 人、2020 年 448 人、2021 年 37 人、2022 年 5 人、2023 年 4 人，呈逐级递减的趋势，其中既有公开的法律文书逐年减少的原因，亦归功于国家大力打击电信诈骗取得积极成效（见图 2）。

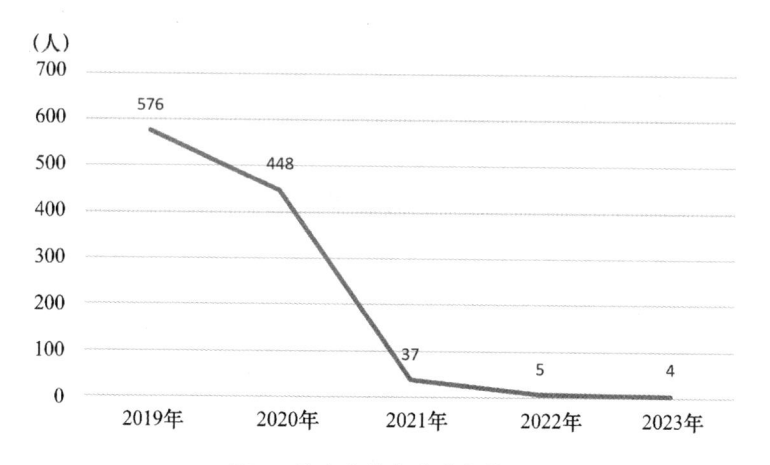

图 2　涉案人数年度分布情况

中国健康法治发展报告（2023）

通过对案例的研判分析，可以发现保健品诈骗罪呈集团化趋势。近五年涉案人数为1人的案例为40件，占比为25%、涉案人数为2人的案例为23件，占比为14%、涉案人数为3人的案例为13件，占比为8%、涉案人数为4人的案例为10件，占比为6%，而涉案人数为5人以上的案例为77件，占比高达47%（见图3）。同时，涉案为5人以上的77件保健品诈骗案中总计有905位犯罪人，占总涉案人数近85%（见表2）。由此可见保健品诈骗罪常常以犯罪集团的形式出现，具有严密的犯罪组织，有着细致的分工，对公民财产有着强烈的威胁，具有巨大的社会危害性。

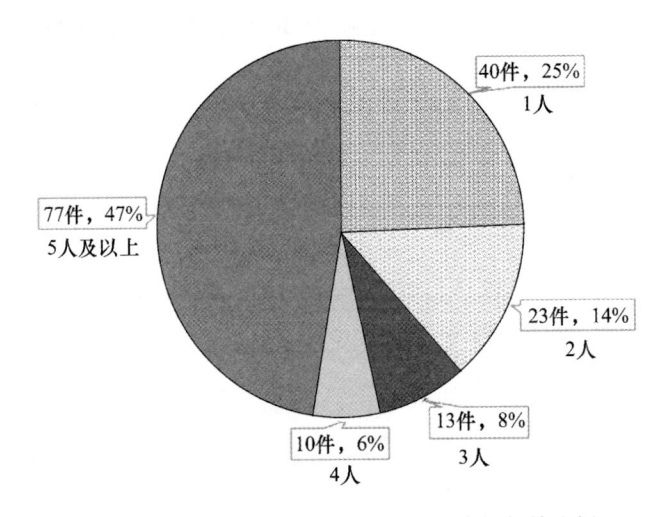

图3　不同涉案人数的案例数占总案例数的比例

表2　涉案人数案例情况　　　　　　　单位：件

年份 涉案人数	2019年	2020年	2021年	2022年	2023年	总和（人）
1人	14	20	6	0	0	40
2人	12	10	1	0	0	46
3人	4	5	4	0	0	39
4人	6	3	0	0	1	40
5人及以上	43	31	2	1	0	905
总计（人）	576	448	37	5	4	1070

在近五年保健品诈骗罪涉案人数 1070 人中有 612 人被判处有期徒刑，其中刑期小于一年的有 49 人，占比为 8.01%；刑期为 1—3 年的有 218 人，占比为 35.62%；刑期为 3—5 年的有 160 人，占比为 26.14%；刑期为 5—7 年的有 76 人，占比为 12.42%；刑期为 7—10 年的有 30 人，占比为 4.90%；刑期为 10—15 年的人有 78 人，占比为 12.75%，刑期为 15—20 年的有 1 人（见表3）。近五年，保健品诈骗罪的刑期主要集中于"1—3 年"以及"3—5 年"两个区间，此两个区间的涉案人数占据判处有期徒刑的涉案人数的 62%。

表 3　有期徒刑刑期占比情况　　　　　　　　　　　单位：人

刑期	小于 1 年	1—3 年	3—5 年	5—7 年	7—10 年	10—15 年	15—20 年
人数	49	218	160	76	30	78	1
占比	8.01%	35.62%	26.14%	12.42%	4.90%	12.75%	0.16%

据统计，近五年保健品诈骗罪涉案人数 1070 人中有 434 人被判处缓刑，缓刑率高达 40.56%。其中，2019 年 202 人被判处缓刑、2020 年 216 人被判处缓刑、2021 年 12 人被判处缓刑、2023 年 4 人被判处缓刑（见表4）。

表 4　判处缓刑情况　　　　　　　　　　　　　　　单位：人

人数＼年份	2019 年	2020 年	2021 年	2022 年	2023 年
缓刑人数	202	216	12	0	4
涉案人数	576	448	37	5	4
占比	35.07%	48.21%	32.43%	0	100.00%

据统计，近五年保健品诈骗罪涉案人数 1070 人中有 21 人被判单处罚金，被判单处罚金的人数占总人数 1.96%。其中 2020 年 6 人被判单处罚金、2019 年 15 人被判单处罚金（见表5）。

中国健康法治发展报告（2023）

表5　判处单处罚金情况　　　　　　　　　　　　　　单位：人

人数 \ 年份	2019年	2020年	2021年	2022年	2023年
单处罚金人数	15	6	0	0	0
涉案人数	576	448	37	5	4
占比	2.60%	1.34%	0	0	0

综合分析保健品诈骗罪的一审判决结果，涉案的1070人中，1人被判处无期徒刑、612人被判处有期徒刑、1人被判处拘役、434人被判处缓刑、21人被判单处罚金、1人被免于刑事处罚。

2. 二审案件判决情况

报告以北大法宝智能型法律数据库为检索工具，对裁判日期为2019年1月1日—2023年12月31日范围内，在"诈骗罪"刑事案下以"保健品"和"功效"两组关键词进行检索，共检索出60份以诈骗罪定罪处罚的二审刑事案件。

在检索出的60份法律文书中，经过统计，所有60份裁判文书全部由中级人民法院审理。

近五年二审保健品诈骗案分布于17省、直辖市以及自治区，其中纠纷数量最多为江苏省，近五年江苏省关于保健品诈骗罪的二审法律文书的数量为18件，占全国案件总数目的30.00%（见图4）。

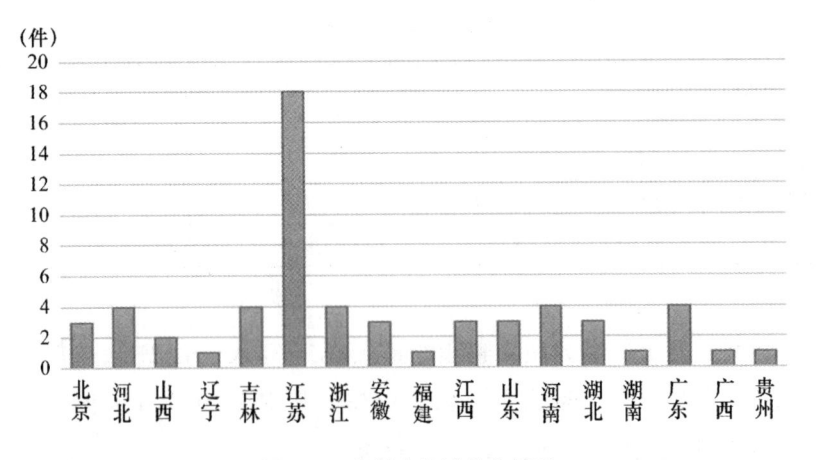

图4　二审判决地域分布情况

在60份二审裁判文书中，二审裁判结果为维持原判的案件有50件，部分维持、部分改判的案件有10件，占比16.67%（见表6）。

表6　二审判决结果　　　　　　　　　　　　　　　　　　　单位：件

结果 \ 年份	2019年	2020年	2021年	总和
维持原判	21	19	10	50
部分维持、部分改判	9	1	0	10
总计	30	20	10	60

三　案例剖析

（一）典型案例中行为人的行为构成诈骗罪

1. 谢某、张某某、荣某某具有非法占有目的

谢某和张某某在经营医疗器械营业部的时候与宁波某公司取得联系，由谢某和张某某从宁波某公司进货不具有治疗疾病功效的稀土手链进而进行销售，谢某和张某某在本案中可以视为宁波某公司虚假保健品销售网络中的重要一环，其作用可以类比于诈骗公司内部的销售人员，并且谢某和张某某因为拥有其独立的医疗器械营业部，因而较诈骗公司内部销售人员具有更强的独立性，能够不用遵循集团意志而以其独立意志实施销售虚假保健品的行为，其不用遵循集团提供的话术因而在销售过程中具有更高的行为自由度。此时，谢某和张某某明知稀土养生项链只是一个普通饰品，仍然谎称该项链具有疗效而向老年人售出，其目的在于通过欺骗老年人购买其饰品而取得其高额利润。因此，本案中被告人有非法占有目的。

2. 被告人采取了虚构事实、隐瞒真相的欺骗手段

被告人明知该稀土养生项链没有治疗疾病的功效，但是向老年人虚构了该项链可以促进血液循环、改善痛风等疾病，被告人虚构了其产品的功

效，并且被告人虚构的疗效足以使得老年人群体相信进而交付金钱购买其产品。被告人的行为属于虚构事实的欺骗行为，并且其欺骗行为直接导致了老年人群体误信其产品具有治疗的功效，其欺骗行为与受骗人陷入错误认识之间具有因果关系，符合诈骗罪的构成要件。

3. 被告人造成了被害人的财产损失

本案中，受骗人花费了6900元购买了没有治疗功效稀土养生项链，其向被告人交付的6900元即为其财产损失。即使被告人辩称其从宁波某公司进货价为3700元，与其售价6900元并未相差太多，其以略高价格卖出属于商业惯例。但是，在诈骗罪中的财产损失不仅仅应关注客观上的财产价值，还应关注交换价值。即，当受骗人的交易目的不能实现时，财产的交换目的就不能实现，此时应当视作财产损失已经造成。因此，在认定诈骗罪中的财产损失时，不能仅仅比较受骗人交付的金额与其取得的财物之间客观的金钱价值，还应当联系受骗人的交易目的进行主观判断。受骗人主观上的交易目的难以实现，就意味着存在财产损失，这也符合"目的失败说"的理论。在本案中，受骗人购买项链的目的是获得具有促进血液循环、治疗痛风症状功效的产品，但是受骗人实际购买的产品没有功效无法满足其购买目的，被告人为此目的而购买产品支出了6900元，此支出与其交易的目的完全不相干，此支出即为其财产损失。综上所述，将受骗人支出的6900元认定为其财产损失符合诈骗罪的定罪逻辑。

（二）保健品诈骗罪的争议焦点分析

经过对近五年保健品诈骗罪案件的上诉情况进行分析，上诉人对案件的上诉争议点主要集中于诈骗数额、主犯从犯、主观故意等方面。有关诈骗数额的认定排在争议焦点的首位，有42%的二审案件中都将其作为上诉理由；其次为有关主犯从犯的争议，有37%的二审案件中都将其作为上诉理由；主观故意的争议排行第三，有26%的二审案件中将其作为上诉理由。下文将逐一对争议焦点进行分析。

1. 诈骗数额的计算

保健品诈骗案第一个争议焦点为诈骗数额的认定问题，相关案件数占上诉案件总数的 42%。被告人针对诈骗数额的上诉理由主要有以下几种。

第一，已经退货退款的数额不应当计算在诈骗数额中。第二，未在职期间的数额不应当计算在诈骗数额中。第三，被害人主动购买的数额不应当计算在诈骗数额中。第四，从犯不应对全部犯罪数额承担责任。第五，被告人在诈骗集团中只获得了固定工资加少量提成，不应当对平台所有的诈骗数额负责。第六，保健品的成本不应当计算在诈骗数额中。

法院的二审判决认可了第一、第二种上诉理由。其中第二条理由主要涉及的情形是扣除上诉人加入诈骗集团前时诈骗集团已经获得的诈骗金额，此时上诉人并未参与其入职前的共同犯罪行为，所以扣除入职前的金额得到了法院判决的一致认可。

法院驳斥了第三种上诉理由，法院判决认为即使是客户自愿购买产品，但是其主动购买的行为亦是基于对销售人员虚构身份的错误认识或者基于对销售人员虚构身份错误认识进而对其销售涉案产品的错误认识而处分财产的行为，被害人产生"主动购买"的错误目的，正是因为行为人的欺骗行为，所以即使是被害人主动购买的数额也应计入诈骗数额中。

法院驳斥了第四种上诉理由，第四种上诉理由主要涉及两方面。一方面，上诉人认为其在诈骗集团工作的前期只是从事后勤工作，其前期的后勤工作不属于诈骗行为，而该时间段的诈骗数额不应当计算。但是，法院认为，上诉人在后勤工作中负责吃住、安排日程的行为是诈骗集团进行诈骗行为不可分割的一部分，该时间段的金额仍应作为诈骗数额予以计算。另一方面，上诉人以自己是从犯为由，认为自己不应当对整个诈骗集团的全部诈骗数额承担责任，而应只认定自己实施的诈骗数额。但是，根据"部分行为全部责任"原则，即使被告人被认定为从犯，也应当对其参与的全部犯罪承担责任。保健品诈骗罪很多也是以电信诈骗的形式实施，根据最高人民法院、最高人民检察院、公安部《关于办理电信网络诈骗等刑事案件适用法律若干问题的意见》第 4 条第 2 款的规定，多人共同实施电信网络诈骗犯罪，被告人应对其参与期间该诈骗集团实施的全部诈骗行为承担责任。法院的二审判决说明，上诉人在参与诈骗集团后，即使只是作为从犯、在犯罪行为中的作用即使不大，但仍应对参与期间犯罪集团的全部诈骗金额承担责任。

法院驳斥了第五种上诉理由，上诉人所称固定工资加少量提成只是其在犯罪组织中所获得的犯罪收益，并不是犯罪数额，诈骗数额指的是骗取财物的金额，因此，该上诉理由不成立。

法院驳斥了第六种上诉理由，法院认为保健品诈骗案中的保健品是诈骗集团用来实施诈骗的工具，保健品的成本应属于犯罪成本，而犯罪成本不应当在计算犯罪数额的过程中予以扣除。因此，诈骗数额应当包含保健品的固定成本。

2. 主犯从犯的认定

保健品诈骗案第二个争议焦点为主犯从犯的认定问题，相关案件数占上诉案件总数的37%。法院判决中显示出在认定主犯从犯的问题上应综合考虑行为人在诈骗集团中的职位高低以及行为人在诈骗行为中的作用大小。

第一，管理人员负责犯罪集团中的重要事务，对犯罪集团中的重要事项具有管理权限，在保健品诈骗案的集团作案中一般以主犯论处。即使该管理人员并未直接使用欺骗话术对接受骗人，未直接实施诈骗行为，但是，该管理人员在犯罪集团中承担人事、财务、物流等重要工作，是维系诈骗集团运转的重要人员，在犯罪集团的整个诈骗活动中发挥着重要作用，因此，应当以主犯论处。在二审判决中，法院亦将财务主管、人事主管、广告负责人认定为主犯，并且区别于普通员工进行处罚。

第二，在保健品诈骗中积极参与并发挥重要作用的员工亦应当以主犯论处。诈骗集团中的话务员直接对接受骗人，通过冒充教授、专家的方式向受骗人推销保健品，话务员直接实施了诈骗行为。如果话务员积极实施诈骗行为，其诈骗行为导致受骗人众多，给受骗人造成重大损失，并且分得巨额诈骗款项的，其在诈骗犯罪中并非只是起到次要或者辅助作用，其应当以主犯定罪处罚。

3. 是否具有诈骗故意

在70个上诉案件中，具有诈骗故意争议的案件有18件，相关案件占总上诉案件数的 26%。在司法实践中，需要根据证据即客观事实来认定行为人的非法占有目的，犯罪行为是在行为人的主观心理态度支配下实施的，因此，通过客观事实来认定主观目的是最基本的途径。[1] 因此，法院考察行为人是否具有非法占有目的主要考察以下事实。

第一，保健品是否具有功效。在诈骗罪中，如果交易一方故意虚构事实、隐瞒真相，在缺乏交易事实基础和对价情况下与对方交易，交易相对方将遭受财产损失，其能够反映出非法占有的目的。[2] 具体到保健品诈骗罪中，行为人的产品没有功效，但行为人虚构其功效与受骗人进行交易，受骗人进而遭受财产损失。产品没有功效即代表缺乏交易的事实基础，并且不能满足受骗人的交易目的，其产品对受骗人而言没有价值，因此，其产品不存在与受骗人支付款的对价。行为人在缺乏交易基础并且无对价的情况下，仍将其虚假保健品销售给受骗人，此种行为能够反映出其非法占有的目的。该事实能有效地辩驳上诉人称只是为了营利的理由，因为非法营利的目的必须出现在商品交易中，[3] 行为人确实为商品交易准备了合格的货物，但是在保健品诈骗案中，行为人准备的产品没有功效，其不能仅仅被视作货物瑕疵，而应当被视作完全没有准备符合交易目的的货物，因此，该行为的主观目的不是非法营利，而是非法占有。

第二，保健品的销售价格。在二审判决中，当保健品的销售价格与保健品实际的成本间的差值过于悬殊，销售价格是其成本价的好几倍甚至几十倍时，法院倾向于认定其具有非法占有目的。保健品诈骗罪的最终目的是通过欺骗行为取得受骗人的财物，当保健品的价格远远高于其成本价时，能够反映出行为人诈骗他人大额财物的目的，此时其可以作为推定行为人具有非法占有目的的依据。

第三，行为人的客观行为。行为人在保健品诈骗罪中虚构身份、虚假

---

[1] 参见高铭暄、孙道萃《论诈骗犯罪主观目的的认定》，《法治研究》2012 年第 2 期。
[2] 参见何荣功《民事欺诈与刑事诈骗的类型化区分》，《交大法学》2023 年第 1 期。
[3] 参见张琳、周治成《以销售为幌子的诈骗罪与销售伪劣产品罪的区分》，《中国检察官》2012 年第 2 期。

诊疗、虚构功效的行为可以作为推定其具有非法占有目的的依据之一。行为人的上述行为属于欺骗行为，行为人实施上述欺骗行为能反映出其诈骗的主观目的。保健品诈骗罪一般以共同犯罪的形式实施，在一些上诉的理由中，诈骗公司的员工辩称其只是职务行为，并非明知保健品不具有相应的功效，只是按照宣传内容进行宣传推广，没有非法占有的目的。但是，行为人作为完全行为能力人，具有完全行为能力，对明显虚构事实、隐瞒真相的违法销售手段应具备相应的自我觉察和甄别能力。诈骗公司的员工应当推定为对公司的销售模式属于诈骗的明知，行为人在诈骗集团中应当认识到其行为的性质以及危害结果，但仍然在管理人员的指示下接受相应的工作，与其他员工分工协作，参与实施保健品诈骗的行为，在此情况下员工也应当被推定为具有非法占有目的。

第四，是否存在话术本。话术本是诈骗集团实施诈骗行为的重要工具，是诈骗集团上下级任务分配的重要文本，是反映诈骗行为存在的重要凭证。诈骗集团内部的管理人员将诈骗的话术本提供给下级员工，下级员工再以自身叙述结合话术本对接受骗人实施精准诈骗。因此，行为人制作、利用、接触过话术本即可推定其明知诈骗集团的诈骗行为，亦可推定其在明知其行为的欺骗性的情况下仍然实施诈骗行为时具有非法占有他人财物的目的。

4. 是否为合格产品

在70个上诉案件中，有11件以合法、合格产品为由提出上诉，相关案件占总上诉案件数的16%。

上诉人辩称其产品为合格产品，具有国家保健品食品批号，因此，其推销保健品的行为属于正常的宣传促销行为，不属于虚构事实、隐瞒真相的行为，不构成诈骗罪。

针对上诉理由，法院以以下几种理由进行反驳。第一，上诉人销售的保健品虽然是合格的商品，具有国家批准的字号，但是上诉人的行为属于冒充专家、医生，虚构产品的功效，其目的并非提高产品的知名度和销量，而是为了骗取被害人的信任后以高价出售产品，其客观行为反映出非法占有被害人财物的主观目的，客观上属于欺骗行为，主观上具有非法占有目的，应当认定为诈骗罪。第二，被害人陷入错误认识是因为上诉人对产品性质、成分、功效的虚假宣传，上诉人的欺骗行为导致了被害人陷入错误认识进而处分其财物。产品是否合格不仅不能破坏行为人的欺骗行为与被害人陷入错误认识的因果链条，反而因为产品具有合格证明而加深了被害人对产品功效的错误认识。因此，保健品是否为合格产品不影响被害人陷入错误认识，与其行为是否构成诈骗罪无涉。第三，上诉理由中提及其保健品具有国家保健品食品批号，甚至有些上诉人只是以具备了食品生产许可证为由进行抗辩。但是，上述的有关证件只能证明其产品为食品或者保健食品，并且我国针对保健食品的定义也说明保健食品不具有治疗疾病的效果，在保健品广告中也不得有其能预防、治疗疾病的内容，上诉人在诈骗行为中将普通产品宣传为保健品，将保健品宣传为具有治疗功效的药品，其更加印证了上诉人虚构事实的行为。

5. 客观上是否构成虚假行为

在法院的二审裁判文书中，上诉人以其行为客观上不符合诈骗罪的构成要件为由提起上诉，其具体理由主要为以下几种。第一，上诉人称其为正常销售，不应认定为诈骗罪。第二，上诉人称其在诈骗集团中只是听从指挥做事，其行为只是服务工作，不是诈骗中规定的欺骗行为。第三，上诉人称诈骗集团销售的产品的价格能够被一般公众所接受，没有超过公众的认知水平，甚至有些销售价格低于其成本价，其行为属于正常的交易行为，符合商业惯例，不应当作为诈骗行为予以论处。

法院一般从行为人客观方面进行如下考察：

第一，行为人生产的产品是否具有功效。诈骗罪要求行为人虚构事实、隐瞒真相，而在保健品诈骗罪中体现为虚构保健品成分、性质、功效。在保健品诈骗案中，行为人往往向受骗人虚构其产品的功效，但其产品实际上并无其功效，其产品不能认定为保健品。因此，如果行为人的产品不具有功效，相当于其无中生有虚构了其产品的功效，实际并无真实的保健品，此种行为不属于正常销售的行为，认定为诈骗罪无异议。

第二，行为人是否实施虚构身份、虚假诊疗、虚构功效的行为。保健品诈骗罪中关键的一环就是骗取老年人群体的信任，行为人虚构专家、医生的身份骗取老年人的信任，进而以虚假诊疗、虚构功效的行为出售其虚假的保健品。上述行为的目的在于使得受骗人陷入错误认识进而处分财物，不仅客观上属于诈骗罪要求的欺骗行为，主观上也能够从侧面反映出其非法占有的目的。

保健品诈骗罪往往以共同犯罪的形式实施，因此，在诸多案件中，一部分管理人员以及员工并未直接实施虚构身份、虚假诊疗、虚构功效的行为，此时，应当从主客观两方面对其行为的性质进行认定。首先，主观上其是否明知犯罪集团的行为属于诈骗行为，例如，诈骗集团公司中的主管人员均明晰公司经营的业务、公司的性质，但是仍履行其管理职责；又如，在"会销"的现场，员工配合主持人的话术制造氛围，鼓掌附和主持人，此时，该员工对犯罪集团的行为属于诱骗老年人购买产品的诈骗行为亦是明知的。其次，客观上是否实施了帮助行为。还是以上述的例子进行分析。诈骗集团公司主管人员是诈骗集团公司运转的重要人员，其对诈骗集团实施诈骗行为有着巨大的帮助。"会销"现场的员工鼓掌附和，能够鼓动老年人群体相信主持人的诈骗话术，进而购买虚假的保健品，其对诈骗行为客观上亦实施了帮助行为。当行为人主观上明知其行为或诈骗集团的性质，客观上帮助了诈骗集团实施诈骗行为时，其行为应当认定为欺骗行为。

第三，是否存在诈骗话术本。《最高人民法院、最高人民检察院、公安部关于办理电信网络诈骗等刑事案件适用法律若干问题的意见》第 4 款第 4 项规定，制作、提供诈骗方案、术语清单、语音包、信息等的，以诈骗共同犯罪论处。由此可见，话术本在认定诈骗罪的共同犯罪中起到了重要的作用。如果行为人制作、利用、参考了诈骗话术本，话术本即可作为认定其构成诈骗行为的重要依据。

6. 公司是否依法设立

上诉人以涉案公司系合法的经营主体、具有法定的保健品销售资质为由进行抗辩。但是，涉案公司是否具有合法资质并不影响对涉案公司性质的认定。涉案公司虽然合法注册成立，但成立后的经营模式不合法，涉案公司通过虚构保健品的功效实施诈骗行为，公司的主要业务就是从事诈骗活动。公司内的话务员经过培训上岗后，以寄送书籍、组织旅游等形式获取老年人群体的信任，进而以诈骗话术推销虚假保健品，使受骗人陷入错误认识而购买价格虚高的产品，进而达到骗取他人钱财的目的，公司的合法成立不能掩盖公司属于诈骗集团的事实。同理，涉案公司是否具有合法资质亦不是认定犯罪行为人犯罪构成、作用大小、社会危害性程度的因素。

7. 单位犯罪还是共同犯罪

在某些上诉人的上诉理由中，上诉人辩称在犯罪集团中，员工只是履行职务行为，员工间不具有共同的犯罪故意，而且犯罪所得归公司所有，应当以单位犯罪论处。并且，员工不属于单位的直接负责的主管人员及其他直接责任人员，因此，不应当受到刑法处罚。

但是，《最高人民法院关于审理单位犯罪案件具体应用法律有关问题的解释》第2条规定，个人为进行违法犯罪活动而设立的公司、企业、事业单位实施犯罪的，或者公司、企业、事业单位设立后，以实施犯罪为主要活动的，不以单位犯罪论处。保健品诈骗罪中诈骗集团的设立之初就是以售卖保健品的形式诈骗老年人群体的财物，并且实施诈骗行为是该诈骗集团的主要活动。因此，保健品诈骗罪不应当作为单位犯罪论处，而应当以共同犯罪论处，针对诈骗集团中的个人，应当结合其在共同犯罪中的具体作用、直接参与的犯罪金额、犯罪手段、犯罪对象、认罪态度等各方面的因素定罪量刑。

（三）虚假广告罪与诈骗罪的区分

在70个上诉案件中，有7件案件的上诉理由是应当以虚假广告罪论处，而不应当构成诈骗罪，该上诉理由占总上诉案件高达10%，下文将对如何适用诈骗罪和虚假广告罪进行辨析。

1. 虚假广告罪和诈骗罪的区别

虚假广告罪和诈骗罪具有以下不同。第一，两罪保护的法益不同。虚假广告罪是指，广告主、广告经营者、广告发布者违反国家规定，利用广告对商品或服务作虚假宣传，情节严重的行为。虚假广告罪规定在《刑法》第三章第八节扰乱市场秩序罪中，根据体系解释的原则，虚假广告罪的法益为市场公平竞争秩序和消费者的财产权益，其中，市场公平竞争秩序属于主要法益，消费者的财产权益属于次要法益。而诈骗罪的法益是公私财产所有权。第二，两罪的主观方面不同。虚假广告罪的犯罪目的是非法牟利，即在市场竞争中获得不正当竞争优势以谋取超额利益。而诈骗罪的犯罪目的是非法占有，即非法占有他人公私财物。第三，虚假广告罪是行为犯，只要发生虚假广告的行为就存在着特定的危害市场秩序的结果。[1] 而诈骗罪是结果犯，需要造成较大财产损失才能构成诈骗罪。第四，两罪的主体不同。虚假广告罪的主体是广告主、广告经营者、广告发布者。而诈骗罪的主体是一般主体。

2. 利用广告虚构保健品功效进行的行为定性

利用广告虚假宣传是保健品诈骗罪的行为方式之一，对于造成了较大财产损失等危害结果的，应当认定为诈骗罪，因为其利用广告虚假宣传的行为属于方法行为同时构成了虚假广告罪，两罪构成牵连犯，一般从一重罪以诈骗罪定罪处罚。

在上述保健品诈骗罪中，散布广告的人属于诈骗集团，散布广告者根本没有提供真实商品的目的，其主要目的是诱骗被害人添加其联系方式，进而实施诈骗行为，散布虚假广告，属诈骗的牵连行为，其真正目的是骗取被害人钱财。其行为以非法占有为目的，以虚构事实、隐瞒真相的行为骗取受骗人钱财，完全符合诈骗罪的构成要件。散布虚假广告的行为属于诈骗的牵连行为，两罪构成牵连犯。应当从一重罪以诈骗罪定罪处罚。

3. 单独构成虚假广告罪的情形

第一，广告经营者、广告发布者明知广告主关于保健品的广告属于虚假广告，仍然制作、发布广告的，单独构成虚假广告罪。以我国首例虚假广告案为例，重庆市万州区电视台自2009—2011年因多次发布虚假广告，在2次被工商管理部门处罚后，仍然播放虚假广告，重庆市万州区电视台及

---

[1] 参见黎邦勇、张洪成《重新认识虚假广告罪的法益位阶及构成要件》，《中国刑事法杂志》2009年第7期。

其内部的广告部主任、业务员被指控虚假广告罪。① 在该案中，万州区电视台属于广告发布者，以虚假广告罪适格主体的身份，明知为虚假广告而发布广告，符合虚假广告罪的构成要件。并且，万州区电视台只是负责投放广告，与广告主之间没有诈骗的共同故意，不属于诈骗集团内部的一部分，不构成诈骗罪。

第二，广告主在投放的虚假广告中，虚构的事实属于辅助事实，虚构的事实属于抽象且非交易方面的事项，对消费者作出判断不构成决定性的影响，消费者知情后也不会放弃购买意图，② 此时，行为人虚构的事实为次要事实，不能认定为诈骗罪，而只能构成民事欺诈，此种情形可以认定为虚假广告罪。例如，保健品制造商在宣传中声称其每年销量十万件、但是实际上其每年销量仅为三万件，行为人虚构了产品的销量，产品的销量属于次要事实，是消费者购买商品时的参考事项，并不能直接支配消费者的购买目的，即使销量的宣传与实际不符合，消费者也不足以放弃其购买意图，虚构的销量并非导致消费者陷入错误认识并购买产品的原因，消费者的交易目的并未落空，不能构成诈骗罪。此种行为构成虚假广告罪，《广告法》第 28 条第 2 款明确规定对商品销售状况的虚构属于虚假广告，行为人在广告中虚构销量，并且扰乱了市场的竞争秩序，获得了不正当的竞争优势，符合虚假广告罪的构成要件，应单独认定为虚假广告罪。

四　对策思考与建议

（一）加强宣传引导，构建社会防范屏障

出于老年人对身体健康的关注以及对保健品的需求，老年人往往在保健食品的选择上呈现出易轻信的特点，针对老年人这一受骗高风险群体，需通过发放宣传手册、举办健康讲座等形式普及保健知识，传授健康知识，

---

① 参见杨曙光《对虚假广告罪适用难的理论思考》，《人民检察》2017 年第 13 期。
② 参见王立志《名人有意代言虚假广告可以构成诈骗罪》，《中州学刊》2011 年第 5 期。

教授老年人群体如何辨别虚假保健品，并分析保健品诈骗的案例普及犯罪预防知识，提高老年人的防骗意识以及警惕性，并告知其在遇到疑似保健品诈骗的行为时要及时报警处理，避免落入犯罪人的圈套。

要将反保健品诈骗的宣传落实到基层，保健品诈骗罪的相关知识不仅要在例如人民网这样的全国性媒体上推送，更要在基层的社区群中进行分享传播，在社区群中推送预警通报、典型案例等防诈骗宣传产品，做好常态化的预警宣传工作。①

（二）加强行政监管，堵截诈骗源头

《医疗机构管理条例》规定，卫生行政部门对医疗机构具有监督管理的职责。《食品安全法》也规定，卫生行政部门对食品安全具有监督管理的职责。由此可见，卫生行政部门在食品药品领域均具有重要的监督管理职责，因此应当明确卫生行政部门的监管职责，进一步落实主体责任，加大监管力度。建议对食品、药品、医疗器械经营点进行常态化检查，对违规贩卖虚假保健品的行为进行通报处置。净化食品药品行业市场，引导行业规范自律，对违规的经营者加大处罚力度，遏制其违法的空间。

基于近五年保健品诈骗罪的数据分析，诈骗集团为了实施保健品诈骗的行为通常会在电视广播、网络自媒体上进行虚假宣传。因此，遏制虚假保健品的广告行为能有效地从源头上堵截保健品诈骗的行为。卫生行政部门是医疗机构的监督管理机关和医疗广告的事前审查机关。《医疗广告管理办法》第3条规定，医疗机构发布医疗广告，应当在发布前申请医疗广告审查。未取得《医疗广告审查证明》，不得发布医疗广告。审查通过的医疗广告中必须按照证明中核定的内容和范围进行宣传，不得篡改批文或者超批文宣传。② 在大量保健品诈骗罪中，被告人利用中医药的模糊性，在电视台投放广告将普通食

---

① 参见申龙、曲源明、胡书萌《电信网络诈骗黑灰产业链剖析及应对》，《中国刑事警察》2021年第4期。
② 参见李明伟《中国广告的罪与罚——以首例虚假医疗广告案为例》，《法治研究》2008年第2期。

品谎称为中医药的传世配方，进而实施后续诈骗行为。针对伪造成中医药的保健品诈骗罪类型，《中医药法》第19条规定，医疗机构发布中医医疗广告，应当经所在地省、自治区、直辖市人民政府中医药主管部门审查批准；未经审查批准，不得发布。因此，卫生行政部门、中医药管理部门应落实好医疗广告审查的职责，加强对医疗广告的审核，防止在电视广播、互联网平台中出现虚假的医疗广告。并且，如果出现虚假医疗广告导致严重后果，应当落实卫生行政部门、中医药管理部门等行政部门的责任。《广告法》第72条规定，负责广告管理相关工作的有关部门的工作人员玩忽职守、滥用职权、徇私舞弊的，依法给予处分。只有规定相应的法律后果，才能倒逼行政部门加大审核力度，落实监督管理职责，切断保健品诈骗的传播渠道，进而从源头遏制保健品诈骗罪的产生。

（三）加强公私合作，增强治理能力

保健品诈骗常常和电信诈骗相结合，在保健品诈骗与电信诈骗结合的背景下，应当开展公权部门和私营部门的协同治理。私营部门，例如腾讯、阿里，拥有强大的数字资源和领先的信息技术，公权部门应当与私营部门进行协作，利用私营部门的技术能力预防诈骗。倡导私营部门为用户提供安全防护服务，如对诈骗电话的号码进行标注、对诈骗号码进行一键屏蔽、运用大数据精准分析诈骗源。[1] 法律亦应该为私营部门设置法律保护以及责任豁免的条款，并设立激励措施，降低私营部门的治理风险，增强其参与网络治理的积极性。同时，还应当建立合理的刑事调查取证合作机制，确立情报共享的公私合作机制，让公权部门和私企部门各自发挥所长，形成治理合力。[2]

（四）明确刑法适用，加大虚假广告罪的介入力度

在保健品诈骗案中应当准确把握相关犯罪的成立条件，根据个案进行

---

[1] 参见赵军、张建肖《网络黑灰产治理须多管齐下》，《中国信息安全》2017年第12期。
[2] 参见宁利昂《网络黑灰产业的刑法治理》，《青少年犯罪问题》2022年第2期。

具体化判断，使得行为人罪责刑相适应。保健品诈骗罪主要涉及诈骗罪，在保健品诈骗案中行为人发布虚假广告的行为可能构成虚假广告罪，此时，不应当因虚假广告的方法行为而忽视诈骗的目的行为，不应当只以虚假广告罪定罪处罚。虚假广告罪的法定刑最高为两年，并且在司法实践中绝大多数虚假广告罪最终被判处缓刑，其实际判处的刑罚与其行为的法益侵害性不相符合，违背了罪责刑相适应原则。因此，应当将两罪作为牵连犯处理，从一重罪以诈骗罪定罪量刑。

虚假广告罪设置的目的是刑法前置。因为利用广告虚假宣传的欺诈手段更有社会危害性，所以只要利用广告虚假宣传的手段达到"情节严重"的程度，刑法就有介入的必要。虚假广告罪为了预防后续可能的诈骗行为而设立，特别在如今网络化时代，信息传播速度快、范围广，虚假广告造成的刑事风险呈指数级上升，因此，应当加大虚假广告罪的介入力度，防止其为诈骗集团所利用。如今，虚假广告处置以行政处罚为主，刑事追诉比例过低，[①] 应当加大虚假广告罪的刑法介入力度，对符合虚假广告罪中"情节严重"追诉标准的情形应当交由公安机关以虚假广告罪处理。

---

① 参见孙道萃《虚假广告犯罪的网络化演变与立法修正思路》，《法治研究》2018年第2期。

违反告知说明义务的医疗损害责任认定

周玉洁[*]

摘　要： 实务中，违反告知说明义务医疗损害责任纠纷通常存在医疗损害责任成立和责任比例两个争议焦点。对于前者，法院在认定责任成立时应当完整且充分地论证医护人员违反告知说明义务、损害以及因果关系三个构成要件。此时需要注意以下三点：一是认定告知说明义务的内容和程度应以合理医生标准为原则，具体患者标准为例外；二是构成要件中的"损害"仅限于人身损害；三是因果关系的成立包括两方面内容，一方面，违反告知说明义务与患者改变选择之间存在因果关系，且该选择可能避免损害的发生；另一方面，医院基于患者的选择所实施的诊疗行为与患者人身损害之间存在因果关系。对于后者，鉴定意见仅是法官审判确定民事赔偿的参考依据之一，并不是定论证据，法院应在鉴定意见的基础上，结合全案其他证据综合认定医方责任比例。

关键词： 告知说明义务　知情同意权　责任成立　责任比例

一　基本案情

（一）案件事实

罗某孕期在南方医院及广州市妇女儿童医疗中心产检，其中广州市妇

---

[*] 周玉洁，武汉大学大健康法制研究中心助理研究员。

女儿童医疗中心 2020 年 3 月 9 日 MR 诊断报告明确诊断胎儿右侧腋窝、右前胸壁皮下多房囊×× 灶，考虑为淋巴管瘤，2020 年 3 月 19 日羊水穿刺行染色体基因检查提示染色体有异常。吴某 1（罗某的孩子）于 2020 年 6 月 25 日在南方医院钳产出生，出生后即在南方医院儿科住院治疗至 2020 年 7 月 2 日出院，出院诊断为右侧臂丛神经的产伤、局部肿物（囊性淋巴管瘤）等。后吴某 1 数次辗转多个医院进行治疗和康复。根据吴某 1 的申请，2022 年 10 月 31 日，北京法源司法科学证据鉴定中心作出（京）法源司鉴〔2022〕医鉴字第×××号《鉴定意见书》，鉴定意见为：南方医院对被鉴定人罗某、吴某 1 的诊疗过程存在医疗过错，与吴某 1 右侧臂丛神经损伤结果具有一定的因果关系，医疗过错与损害后果之间的原因力程度，从技术鉴定立场评价建议介于次要—同等原因程度范围。[1]

（二）判决要旨

根据鉴定意见，就本案患者而言，产钳助产具有进一步增加新生儿臂丛神经损伤的风险，实施剖宫产有可能会减少肩难产风险，但同样存在相应并发症的风险。从本案证据来看，南方医院在术前告知方面虽然给出剖宫产的替代方案，但并未具体告知有关替代性医疗方案的风险和说明各自的利弊，也没有家属签署的阴道分娩知情同意书。因此，南方医院的行为确实违反了法定的说明义务。南方医院未有依法履行说明义务，确有过错，对患方充分了解病情和选择相应治疗方案具有不利影响，侵害了罗某的知情权、自我决定权，导致其无法在不同的医疗措施中作出选择，从而有可能避免吴某 1 臂丛神经损伤，应承担医疗损害赔偿责任。

鉴定机构认为南方医院诊疗行为与吴某 1 臂丛神经受损的原因力大小介于次要—同等原因程度范围，由于南方医院存在两方面的过错，且在产前、产中两个诊疗阶段均存在不同程度的违反说明义务情形，本院在鉴定结论

---

[1] 参见吴某 1、南方医科大学南方医院医疗损害责任纠纷案，广东省广州市中级人民法院〔2023〕粤 01 民终 20705 号判决书。

的基础上,参照《人身损害与疾病因果关系判定指南》中的人身损害参与程度的等级确定同等因果关系幅度为45%—55%,认定南方医院的参与程度为同等因果关系,并确定过错比例大小为55%。

(三) 核心争点

本案存在两个争议焦点:一是南方医院是否应当承担违反告知说明义务的医疗损害赔偿责任;二是南方医院赔偿责任的比例应当如何认定。

二 类案整理

(一) 违反告知说明义务医疗损害纠纷案件的类型化整理

以"本院认为"包含"第一千二百一十九条"、案由为医疗损害责任纠纷、裁判时间为2021—2023年为条件在威科先行数据库中检索民事判决书,共检索到393个民事判决书。排除裁判理由与违反告知说明义务联系不密切的248个案例以及2个重复案例,最终整理出143个典型案例,作为本次案例分析的样本案例。

1. 裁判结果

根据图1、表1和表2可知,在2021—2023年违反告知说明义务医疗损害责任纠纷样本案例(143个)中,法院认定医疗机构不违反告知说明义务的案例仅17个,占比12%,相反,医疗机构违反告知说明义务的案例有126个,占比88%。在医疗机构违反告知说明义务的案例中,不承担赔偿责任的案例有7个,法院的认定理由为不存在实际损害或违反告知说明义务的行为与损害之间没有因果关系。此外,存在9个案例,即使医疗机构违反告知说明义务的行为与损害之间没有关系,法院也会根据医疗机构的过错或受害人所受损害,支持医疗机构承担一定比例的赔偿责任,该9个案例忽略了因果关系的构成要件,裁判有误。

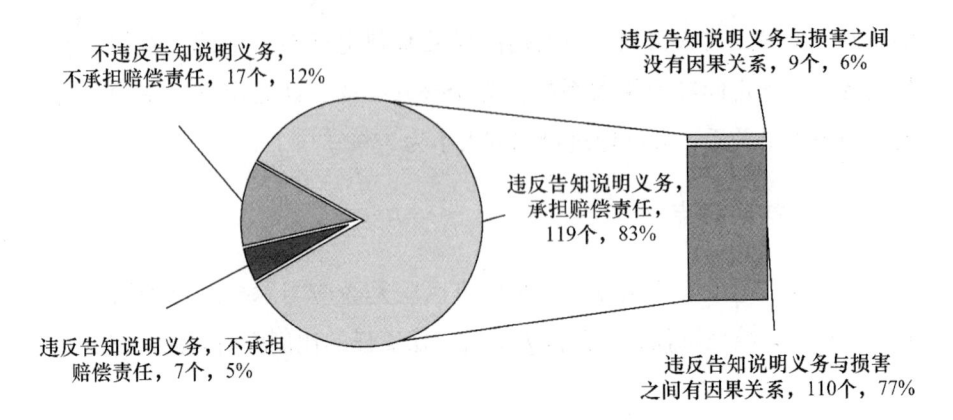

图 1　2021—2023 年法院对医疗机构是否违反告知说明义务以及是否承担医疗损害赔偿责任的判决情况

表 1　2021—2023 年法院在认定医疗机构违反告知说明义务与损害不存在因果关系后，仍支持承担赔偿责任的理由

裁判理由	案件数量（个）
因医疗机构未履行法定的告知说明义务，存在过错，认定承担一定比例的赔偿责任	5
患者受到损害，为抚慰患者，认定医疗机构需承担一定比例的赔偿责任	2
诊疗机构未履行法定的告知说明义务，患者受到损害，根据公平原则，认定诊疗机构需承担一定比例的赔偿责任	2

表 2　2021—2023 年医疗机构违反告知说明义务，但不承担赔偿责任的理由

裁判理由	案件数量（个）
不存在实际损害	2
违反告知说明义务与损害之间不存在因果关系	5

2. 构成要件

根据图 2 可知，在 143 个样本案例中，裁判理由中完整涵盖了违反告知义务行为、损害以及违反告知说明义务行为与损害之间有因果关系三个构成要件的案例有 98 个，占比 69%，其中仅 29 个案例充分论证了因果关系这一构成要件，在样本案例中占比48%。该数据反映出，在此类案件纠纷中，半数以上的法院存在论证构成要件不完整、不充分的情况。

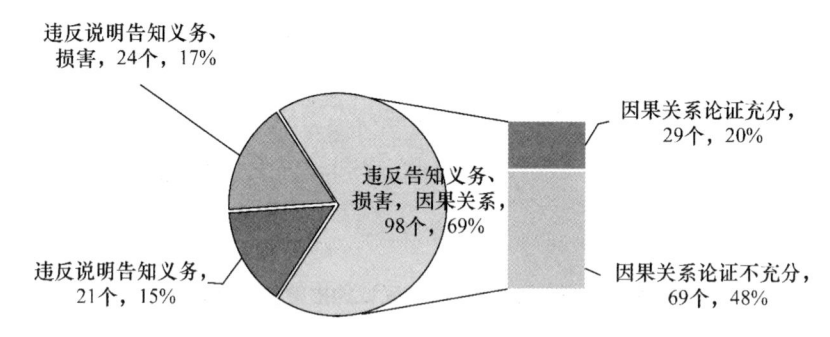

图2 2021—2023年法院裁判理由中构成要件的情况

根据图3可知，由于现行法未明确规定告知说明的标准，实务中对告知说明也尚未形成统一的认定标准。2021—2023年，法院通常是根据诊疗规范认定（43个，占比30%）或直接根据医院的行为认定（97个，占比68%），得出是否违反告知说明义务的结论，而鲜少根据具体患者的情况认定（3个，占比2%）。

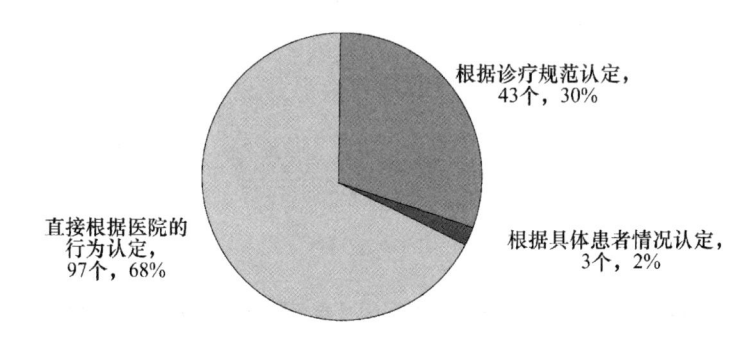

图3 2021—2023年告知说明认定标准的采用情况

根据图4可知，对于损害的认定，116个案例采取实际损害说，6个案例采取知情同意权受损说，其余案例的裁判理由未涉及损害的构成要件或未具体论证损害的具体内容而仅认为存在"损害"。

知情同意权受损说，
6个，5%

实际损害说，
116个，95%

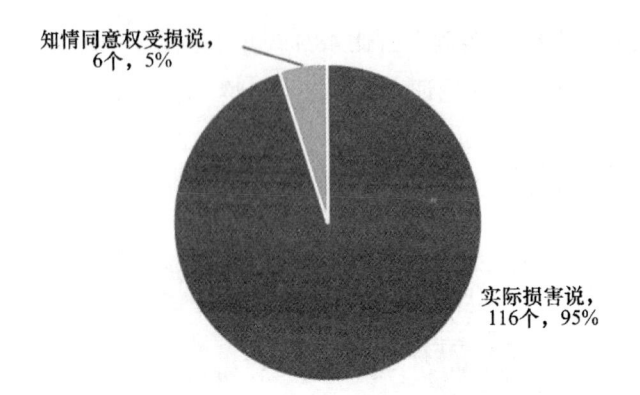

图 4　2021—2023 年法院采取的损害性质情况

3. 鉴定意见

根据图 5 可知，由于医疗领域具有高度的专业性，对于此类纠纷，当事人往往会申请鉴定，在进行鉴定的 120 个案例（样本案例为 143 个）中，仅 56 个案例（占比 47%）在判决书中被完整显示了鉴定意见的分析说明过程，其余判决书中仅显示结论性意见，此种现象可能会降低判决书的说服力。

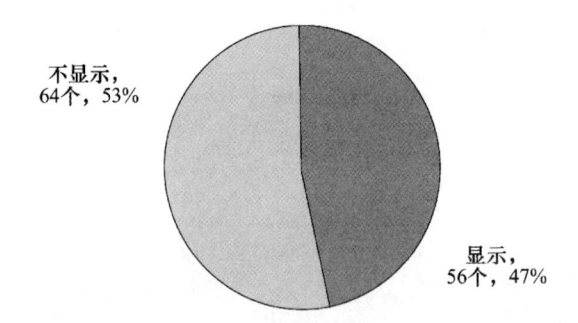

不显示，
64个，53%

显示，
56个，47%

**图 5　2021—2023 年违反告知说明义务医疗损害赔偿纠纷判决书中
是否显示鉴定意见的分析说明过程**

根据图 6 可知，实务中，在进行鉴定的 120 个案例中，法院通常会采信鉴定意见（117 个案例，占比 98%）。其中 46 个案例（占比 38%）的法院在采信鉴定意见后进行了额外论证，另外 71 个案例（占比 59%）的法院则直接根据鉴定意见得出裁判结果,不再进行额外论证,呈现出此类案件中以鉴代判的问题。

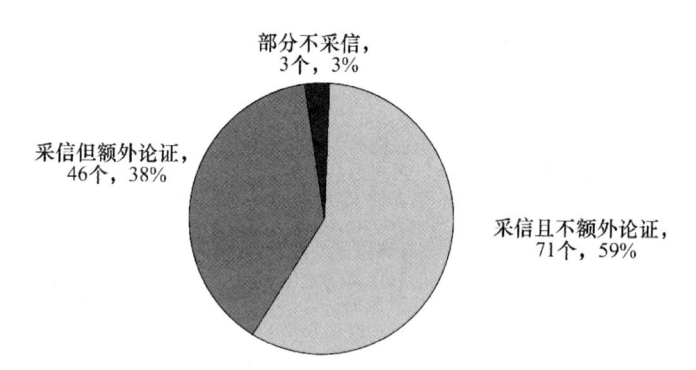

图6 2021—2023年法院在审理违反告知说明义务医疗损害赔偿纠纷中对鉴定意见的采信情况

（饼图数据：部分不采信,3个,3%；采信但额外论证,46个,38%；采信且不额外论证,71个,59%）

（二）本案及典型同类案件的判决情况整理

表3 典型同类案件判决情况

编号	案件名称	主要案件事实	法院观点
1	张某某与首都医科大学宣武医院等医疗损害责任纠纷案①	2018年4月12日,张某某主因"阴道分泌物增多一年,发现宫颈病变一周"在赤峰市医院住院治疗,后确诊输尿管瘘、子宫恶性肿瘤。2018年9月17日,张某某在宣武医院住院治疗,出院诊断：输尿管阴道瘘,宫颈癌根治术后,双侧输尿管双"J"管置入术后；贫血中度。2018年10月22日,张某某在友谊医院住院治疗,出院诊断：左侧输尿管支架置换,右侧输尿管支架取出,右侧输尿管结石术后；右肾积水,输尿管狭窄,输尿管膀胱吻合口瘘,宫颈癌术后。2020年8月1日,张某某主因"左侧输尿管支架置管入术后2年"再次至赤峰市医院住院治疗,出院诊断：左肾积水,左侧输尿管支架置管入术后,右侧输尿管膀胱再植术后,宫颈癌,子宫切除术后,阑尾切除术后	张某某至宣武医院就诊前虽存在双侧输尿管损伤（输尿管瘘）,但正是由于宣武医院术前替代手术方式等告知不足,使得张某某在并不知晓有覆膜支架术这种创伤较小的替代治疗方案的情况下,选择同意接受"腹腔镜输尿管膀胱再植术/右侧",宣武医院无疑侵犯了张某某的知情选择权。如果宣武医院进行了替代治疗方案的告知,张某某完全可以直接选择接受覆膜支架术。同时,不可否认的是,宣武医院的诊疗行为并未治愈张某某输尿管损伤,而是形成新的渗漏点,张某某的尿漏问题最终是经友谊医院行覆膜支架术后治愈。故宣武医院的告知不足已经给张某某造成一定损害,理应承担相应的侵权责任

① 参见张某某与首都医科大学宣武医院等医疗损害责任纠纷案,北京市第二中级人民法院〔2022〕京02民终10318号判决书。

续表

编号	案件名称	主要案件事实	法院观点
2	顾某某与复旦大学附属金山医院医疗损害责任纠纷案[①]	2021年1月26日，顾某某因头晕伴呕心、呕吐至金山医院急诊治疗，金山医院予以口服阿司匹林肠溶片（100mg）抗血小板聚集。2月21日至3月21日顾某某于金山医院处及外院门诊随访，医院继续予阿司匹林肠溶片等药物治疗。2021年3月25日22：25顾某某因呕血4小时，呕吐出咖啡色液体约700毫升，伴有解黑便1次、量较少，至金山医院处急诊就诊，出院诊断上消化道出血、胃溃疡、失血性休克、急性失血性贫血、凝血功能异常、低蛋白血症、肾功能不全、高血压、Ⅱ型糖尿病。2021年5月25日顾某某头晕4小时伴恶心、呕吐，至医院急诊，诊断为良性阵发性位置性眩晕、高血压、糖尿病，予止吐、醒脑等药物治疗	金山医院给予顾某某口服阿司匹林肠溶片的预防治疗，属于一般诊疗活动中的正常给药，且阿司匹林肠溶片属于基础性药物，不属于"需要实施手术、特殊检查、特殊治疗的，医护人员应当及时向患者具体说明医疗风险、替代医疗方案等情况，并取得其明确同意"的情况，故金山医院无须履行特殊告知义务
3	吴某、刘某某等医疗损害责任纠纷案[②]	吴某与刘某某系夫妻关系，2020年7月5日刘某某于孕17周+3，开始在宝岛医院做产前检查，后多次复诊。2020年10月14日，刘某某因分娩入住宝岛医院，2020年10月15日刘某某通过顺产的方式产一男取名吴天翊，出院诊断为：（1）G3P1宫内妊娠39+5周LOA单活婴平产；（2）肝功能受损；（3）足月新生儿。后多次住院诊断。2020年11月15日，吴某某被送往湖南省儿童医院就诊，湖南省儿童医院疾病诊断证明书显示，吴某某患有先天性心脏病等疾病	如果刘某某在被告知胎儿发育存在异常情况，且现代医学无法判断胎儿是否发育成先天性心疾的情况下，刘某某可以通过是否继续妊娠来选择是否承担医学风险的后果。宝岛医院因未告知刘某某腹中胎儿发育情况及对是否继续妊娠的诊疗情况而违反医疗××告知义务，导致患者刘某某的知情权、自决权被侵犯，使吴某某缺陷出生成为非刘某某自主选择的一种后果，故该后果与宝岛医院未尽告知义务的行为存在高度盖然性的因果关系，宝岛医院应当承担相应的民事法律责任，一审法院考虑到医院方的过错程度、损害的原因力酌情认定宝岛医院承担70%民事赔偿责任

① 参见顾某某与复旦大学附属金山医院医疗损害责任纠纷案，上海市第一中级人民法院〔2022〕沪01民终4479号判决书。
② 参见吴某、刘某某等医疗损害责任纠纷案，湖南省常德市中级人民法院〔2021〕湘07民终2775号判决书。

续表

编号	案件名称	主要案件事实	法院观点
4	何某、汤某某医疗损害责任纠纷案[①]	原告何某系患者何某某之父，原告汤某某系患者何某某之母，何某某因患有急性髓系白血病前往被告处进行治疗，治疗过程中，被告为何某某输注了间充质干细胞制剂用于治疗，后何某于2018年11月10日因病情严重前往燕达陆道培医院陆道培进行治疗，并于2018年11月30日死亡	虽无法确定燕达陆道培医院使用间充质干细胞与何某某死亡之间是否存在因果关系，但综合考虑何某某入院病情、住院期间的治疗情况、在燕达陆道培医院处治疗期间实际开销的医疗费数额、燕达陆道培医院在对患者进行输血等治疗时未经患者家属签署知情同意书及将未通过技术评估和伦理审查的"间充质干细胞"临床输注技术直接应用于临床等医疗过错等情况，酌定燕达陆道培医院给予何某、汤某某经济补偿1200000元。上诉人燕达陆道培医院主张何某、汤某某无证据证明其为何某某输注间充质干细胞与何某某死亡存在因果关系，何某、汤某某应承担举证不能的不利后果，但燕达陆道培医院主张该诊疗行为不会为患者带来其他医疗风险，现有证据不能得出明确结论，故对燕达陆道培医院的上诉主张无法支持
5	梁某某、抚顺市中心医院医疗损害责任纠纷案[②]	原告梁某某因"上腹痛1天"于2018年12月17日到被告处急诊科就诊，初步诊断为：腹痛原因待查，患者拒绝上腹部CT等检查，被告医院医生给予酮咯酸氨丁三醇60毫克肌内注射等治疗，原告在被告处肌肉注射后出现左臀部肌注部位疼痛、凹陷再次就诊，于2019年1月11日—6月10日在被告医院住院治疗，此后原告又到沈阳医大盛京医院及北京大学人民医院进行治疗	因药品使用说明书已记载"本品可能引起致命的、严重的皮肤不良反应，应告知患者严重皮肤不良反应的症状和体征"。但在被上诉人急诊病历中未见相关告知记载，即医方告知义务不到位。患者其个人体质因素并非医疗机构减轻诊疗护理期间的注意义务及赔偿责任的法定情形。医疗机构未向患者告知药物可能造成严重皮肤不良反应的症状和体征并取得其明确同意，对因此造成的损害应承担全部赔偿责任

---

① 参见何某、汤某某医疗损害责任纠纷案，河北省廊坊市中级人民法院〔2021〕冀10民终912号判决书。
② 参见梁某某、抚顺市中心医院医疗损害责任纠纷案，辽宁省抚顺市中级人民法院〔2022〕辽04民终1244号判决书。

续表

编号	案件名称	主要案件事实	法院观点
6	张某、营口方大医院有限公司等医疗损害责任纠纷案①	原告张某因发现盆腔包块2年于2018年10月22日入住被告方大医院，入院诊断为盆腔包块、卵巢畸胎瘤，被告方大医院于2018年10月23日行腹腔镜下右侧卵巢畸胎瘤剥除术、左侧卵巢剖视术、取环术等治疗。原告张某于2018年10月29日出院，出院诊断为右侧卵巢畸胎瘤、宫内置环	被告方大医院对原告张某实施左侧卵巢手术的过程中，不仅术前检查不完善、缺乏讨论，而且术中的关于实施左侧卵巢剖视术的告知内容存在缺陷，侵害了原告张某的知情同意权，存在主观过错，应当认定为给张某造成了较为严重的精神损害。视本案具体情况，被告方大医院应当赔偿原告张某精神抚慰金20000元
7	李某某、天津市中医药研究院附属医院医疗损害责任纠纷案②	2016年6月13日，原告因左肩疼痛至被告推拿科就医，被告门诊X线检查报告单显示：X线印象：颈椎退行性变、颈椎后缘序列欠佳、颈5水平韧带钙化、颈7棘突后方可见类固形纹密影，考虑为副骨、左肱骨大结节处密度增高。被告门诊病历诊断为：颈肩综合征，处理方式为：针刀治疗。2016年10月10日原告再次因左肩疼痛至被告推拿科就医，再次行针刀治疗。2018年5月8日原告至被告骨科就诊，经核磁检查，核磁报告出具日期系2018年5月15日，诊断意见：左肩关节退行性骨关节病、左肩冈上肌腱损伤2度、左肩肩袖间隔损伤、左肩肱二头肌长头腱鞘积液、左肩肩峰下、三角肌下及喙突下滑囊炎伴积液、左肩三角肌及冈下肌间积液、左肩肱骨大结节骨髓水肿、左肩盂肱关节滑膜炎。2018年5月21日，原告至天津市天津医院就诊，经核磁检查诊断为：左侧冈上肌腱肩袖部大部分损撕裂Ⅲ度。2018年6月4日至6月13日原告在天津市天津医院住院治疗	依现有的证据，无法证明损害后果与被告的针刀治疗存在关联，但被告存在医疗过错行为。而患者的损害后果系医方承担赔偿责任的前提。本院综合考量，原告庭审陈述在被告处诊疗过程及在天津市天津医院的诊疗，参考审判实践中的相关案例，借鉴现代医护人员应普遍遵守的相应诊疗义务，警示医务工作者审慎采取对患者的治疗方式，确认被告应针对存在的医疗过错行为，应当承担赔偿责任，酌定被告适当给予原告经济赔偿10000元

---

① 参见张某、营口方大医院有限公司等医疗损害责任纠纷案，辽宁省营口市老边区人民法院〔2021〕辽0811民初1860号判决书。
② 参见李某某、天津市中医药研究院附属医院医疗损害责任纠纷案，天津市红桥区人民法院〔2021〕津0106民初4837号判决书。

违反告知说明义务的医疗损害责任认定

续表

编号	案件名称	主要案件事实	法院观点
8	廖某某、南昌艾莱芙医疗美容医院有限公司医疗损害责任纠纷案①	原告廖某某于2019年6月15日在吉安市第二人民医院进行假体隆胸整形手术。原告自觉该假体型号过大胸部不美观，于2020年6月8日到南昌爱思特医疗美容医院有限公司（后更名为艾莱芙公司）就诊。2020年6月10日12时15分至13时20分，被告在原告局麻下行"双侧切开重睑成形术＋内眦赘皮矫正术"；同日16时至19时，被告在原告全麻下行"假体隆胸修复术"，术中将原有假体取出，将两只硅凝胶乳房假体置入原告体内。术后原告认为在不知情的情况下又换成200立方厘米的假体，自觉胸（乳房）大且肿痛，遂与被告沟通交涉，未果。2021年3月15日，原告在上海瑞格医疗美容门诊部行乳房假体取出术＋乳房下垂矫正术＋下睑袋矫正术（内切）。术后已完整取出假体	被告系在原告处于麻醉状态时更换植入的假体品牌及规格型号，且其未将假体品牌及型号变更的事实告知并取得原告或其家属的同意，故原告在被告处被植入的假体产品并非原告的自主选择，原告对此不知情。被告变更充填假体的品牌及型号的行为，侵犯了原告作为患者的知情同意权，违反了法定的医方告知义务，被告存在过错。 关于因果关系。本案中，原告在被告处行眼部手术花费8000元，现无证据证明原告所行眼部手术对其人身造成了损害，故原告要求赔偿眼部手术的医疗费8000元，本院不予支持。原告与被告交涉、向相关部门投诉无果的情况下，以自己身体为重，自行前往上海再行手术取出假体的行为，是出于自保的无奈选择，具有现实的正当性，若非被告的过错行为导致替换植入的假体与约定不符，原告不会遭受两次手术创伤却医美目的不达的后果。被告侵犯原告知情权的医疗行为与原告遭受的两次手术损害后果之间具有因果关系
9	武某某与营口市中心医院、中国人民财产保险股份有限公司营口市分公司医疗损害责任纠纷案②	2020年10月27日至2020年11月4日，郭某某入营口市中心医院住院治疗，出院诊断左肺结节。2021年2月27日到2021年3月6日，郭某某再次入营口市中心医院住院治疗。2021年3月6日15时30分患者经抢救无效死亡。2021年3月3日，科室为介入治疗科病房的《营口市中心医院告知书》中知情选择书有"郭某某"签名并按手印，内容为"上述告知书内容本人已充分了解，经慎重考虑，我选择本人作为在该医疗期间的病情、医疗措施、医疗风险等的被告知者，并签署各项医疗活动同意书"。2021年3月3日，科室为介入治疗科病房的《营口市中心医院手术（操作）知情同意书》患者签名处为武某某签名。未表明日期的《告知书、知情选择书、患者授权书》中，知情选择书项下患者签名处有"郭某某"签名，患者授权书项下授权人未签名，仅有被授权人武某某签名	《告知书、知情选择书、患者授权书》未表明日期，无法认定与科室为介入治疗科病房的《营口市中心医院告知书》书写先后顺序。如果科室为介入治疗科病房的《营口市中心医院告知书》在后，其知情选择书中患者本人已选择本人作为被告知者，并签署各项医疗活动同意书；如《告知书、知情选择书、患者授权书》书写在后，患者授权书项下授权人未签名，仅有被授权人武某某签名，也不能认定郭某某对武某某进行了授权。而在《营口市中心医院的手术（操作）知情同意书》中患者签字处却为其女儿武某某签字，该行为侵害了患者郭某某的知情选择权

---

① 参见廖某某、南昌艾莱芙医疗美容医院有限公司医疗损害责任纠纷案，江西省南昌市红谷滩区人民法院〔2021〕赣0113民初7246号判决书。

② 参见武某某与营口市中心医院、中国人民财产保险股份有限公司营口市分公司医疗损害责任纠纷案，辽宁省营口市西市区人民法院〔2021〕辽0803民初1434号判决书。

三 案例剖析

通过分析样本案例发现，实务中，违反告知说明义务医疗损害责任纠纷通常存在医疗损害责任成立和责任比例两个争议焦点。本文将根据现行法律规定，结合理论和司法实践，分析上述两个争议焦点在司法审判中的认定规则。

（一）争议焦点一：违反告知说明义务医疗损害责任成立的认定规则

根据《民法典》第1219条的规定，医护人员违反告知说明义务医疗损害责任成立，需满足以下三个构成要件：一是医护人员违反告知说明义务；二是造成患者损害；三是医护人员违反告知说明义务与患者损害之间存在因果关系。下文将从构成要件的角度出发，结合实务案例，分析违反告知说明义务医疗损害责任成立的认定规则。

1. 医护人员违反告知说明义务的认定

首先，需要区分涉案诊疗活动的类型。根据《民法典》第1219条第1款，医护人员负有对病情和医疗措施的一般告知说明义务以及特殊诊疗活动的特别告知说明义务。根据该规定可知，一般告知义务同样适用于特殊诊疗活动，但一般诊疗活动中医护人员并不承担特别告知说明义务。如顾某某案中，法院认为医院给予患者口服阿司匹林肠溶片的预防治疗，属于一般诊疗活动中的正常给药，且阿司匹林肠溶片属于基础性药物，因此，医院无须履行特殊告知义务。[①] 因此，法院在认定医护人员是否违反告知说明义务时，应先判断其行为是属于一般诊疗活动还是特殊诊疗活动，然后再确定其所需要承担的诊疗义务类型。

其次，需要根据告知说明标准，明确告知说明义务的具体内容和告知

---

① 参见顾某某与复旦大学附属金山医院医疗损害责任纠纷案，上海市第一中级人民法院〔2022〕沪01民终4479号判决书。

说明的程度。《民法典》第1219条在《侵权责任法》第55条的基础上对特别告知义务进行了两处修改：一是将"说明"修改为"具体说明"，反映出《民法典》对医护人员告知说明义务的强化，强调说明内容的具体、实在，也暗含告知说明义务的履行标准可能需要具体情况具体分析；二是将"书面同意"修改为"明确同意"，一方面，打破了"书面"这一告知形式的限制，使得在实务中，医方可以通过提供录音录像等材料证明其已经取得患者同意；另一方面也强调这项同意应当是患者在已知和理解相应医疗信息后作出的真实的意思表示。① 但由于"具体"和"明确"也具有模糊性，现行法仍未明确告知说明标准，实务中法院对告知说明义务的认定思路也各不相同。法院通常会根据医护人员的行为直接得出是否违反说明告知义务的结论，如张某案②；另一部分法院会根据相关的诊疗规范来认定医护人员的行为是否违反告知说明义务，如张某某案③；也存在极个别法院根据具体患者的情况进行认定，如吴某1、南方医科大学南方医院医疗损害责任纠纷案④。本文认为在认定告知说明义务时，原则上应采取合理医生标准，例外采取具体患者标准。原因在于此种标准有利于实现医疗机构和患者利益平衡：第一，说明告知义务的立法目的主要在于尊重病人对其身体自主的权利。⑤ 接受手术、特殊检查、特殊治疗的每位患者都有其个性，其基于不同的病史、经济条件、人格信仰等，面临相同情况需要作出选择时，其考虑因素也可能有所差异。而医护人员根据一般性的诊疗规范等专业知识来向患者说明内容，往往会忽略个体差异。采具体患者标准，最能照顾到每一位患者的个体差异，让患者做出符合自己情况的选择。第二，由于医疗

---

① 参见王蒲生《〈民法典〉视域下患者知情同意权的规则阐释与合同进路》，《求索》2021年第3期。
② 参见张某、营口方大医院有限公司等医疗损害责任纠纷案，辽宁省营口市老边区人民法院〔2021〕辽0811民初1860号判决书。
③ 参见张某某与首都医科大学宣武医院等医疗损害责任纠纷案，北京市第二中级人民法院〔2022〕京02民终10318号判决书。
④ 参见吴某1、南方医科大学南方医院医疗损害责任纠纷案，广东省广州市中级人民法院〔2023〕粤01民终20705号判决书。
⑤ 参见王泽鉴《侵权行为法》，中国政法大学出版社2001年版，第246页。

领域的问题具有高度的技术性和专业性,因此,医患双方对医疗信息所具备的理解能力具有"不对称性"。此外,患者一般欠缺医学知识,且每位患者基于不同的病史、职业、文化程度等背景,其理解能力也存在差异。因此,不能以医护人员的标准来要求患者,医护人员应当从具体患者角度出发,以患者能够理解的、清晰明确、浅显易懂的语言告知患者相关的诊疗信息,只有如此,患者才能在清楚理解供自己作出决定的诊疗信息的基础上,作出反映其真实意思的选择与决定;第三,虽然规定告知说明义务的目的是保护患者的身体自决权,但是如果要求医护人员针对每个患者的具体情况来判断说明义务是否达到,对于医护人员而言有些过于严苛。此外,如果不加条件地采取具体患者标准,患者很可能在医护人员进行医疗行为后主张其个体特殊性,伤害医护人员基于其尽到合理告知说明义务并且取得患者同意后的合理信赖。事实上,包括诊疗规范在内的合理医生标准已经从专业角度涵盖了一般情况下影响患者行使知情同意权的诊疗因素。因此,出于保护患者的身体自决权与医护人员对患者的信赖关系之间的平衡,说明告知应该以合理医生标准为原则,在患者举证证明医护人员在实施诊疗行为之前已经明确知晓其影响同意权的个体特征时,例外适用具体患者标准。如在吴某1、南方医科大学南方医院医疗损害责任纠纷案中,法院认为医护人员应当履行有针对性的、个体化的风险告知义务。患者阴道分娩存在肩难产等风险且患者产前检查发现胎儿伴有染色体异常,是否存在生长发育异常可能尚不确定,实施剖宫产存在减少肩难产的可能性,同样存在相应并发症的风险,因此顺产和剖宫产两种手术方案的优势和风险均对患方充分了解病情和选择相应治疗方案具有重要影响,南方医院在明知患者身体状况的前提下对上述诊疗信息均具有法定的说明义务。①

最后,在举证责任分配上,根据"谁主张,谁举证"的原则,由患方承担医护人员违反告知说明义务的举证责任,并承担举证不能的法律后果,实务中,医疗机构提供证据证明其已经履行告知说明义务属于诉讼中的反

---

① 参见吴某1、南方医科大学南方医院医疗损害责任纠纷案,广东省广州市中级人民法院〔2023〕粤01民终20705号判决书。

驳，并不是举证责任的转移。如刘某某、天津阿波罗医院医疗损害责任纠纷案[1]、辛某1、红河州滇南中心医院医疗损害责任纠纷案[2]中，法院即以患者不能举证证明医疗机构违反告知说明义务而驳回患者请求，判决医疗机构不承担医疗损害赔偿责任。

2. 造成损害的认定

实务中医护人员违反告知说明义务的情形包括以下两种：一是违反告知说明义务但未造成人身损害，如张某案[3]；二是违反告知说明义务并造成人身损害，如廖某某案[4]。[5] 针对第一种情形下医疗机构是否需要承担赔偿责任，实务中法院存在不同的处理结果，一种是认为患者不存在人身损害，判决医疗机构不承担赔偿责任，如刘某某案[6]；另一种则是认为医疗机构违反告知说明义务，侵害了患者的知情同意权，从而判决医疗机构承担精神损害赔偿，如张某案[7]、蓝某1与漳州市第二中医院医疗损害责任纠纷案[8]。上述矛盾反映了"损害"这一构成要件中的实际损害说与知情同意权受损说之争。

实际损害说认为医疗机构在违反告知说明义务的情况下，只有造成实际损害才应承担赔偿责任。而知情同意权受损说则认为医疗机构违反告知说明义务侵害了患者的知情同意权，无论是否造成实际损害，均需要承担

---

[1] 参见刘某某、天津阿波罗医院医疗损害责任纠纷案，天津市南开区人民法院〔2023〕津0104民初5982号判决书。

[2] 参见辛某1、红河州滇南中心医院医疗损害责任纠纷案，云南省个旧市人民法院〔2021〕云2501民初782号判决书。

[3] 参见张某、营口方大医院有限公司等医疗损害责任纠纷案，辽宁省营口市老边区人民法院〔2021〕辽0811民初1860号判决书。

[4] 参见廖某某、南昌艾莱芙医疗美容医院有限公司医疗损害责任纠纷案，江西省南昌市红谷滩区人民法院〔2021〕赣0113民初7246号判决书。

[5] 参见最高人民法院民法典贯彻实施工作领导小组主编《中华人民共和国民法典侵权责任编理解与适用》，人民法院出版社2020年版，第433页。

[6] 参见刘某某、新乡市中心医院医疗损害责任纠纷案，河南省新乡市卫滨区人民法院〔2021〕豫0703民初576号判决书。

[7] 参见张某、营口方大医院有限公司等医疗损害责任纠纷案，辽宁省营口市老边区人民法院〔2021〕辽0811民初1860号判决书。

[8] 参见蓝某1与漳州市第二中医院医疗损害责任纠纷案，福建省漳州市龙海区人民法院（原福建省龙海市人民法院）（2022）闽0681民初4666号判决书。

责任。为解决该争议,《最高人民法院关于审理医疗损害责任纠纷案件适用法律若干问题的解释》第17条明确规定,医护人员违反告知说明义务,但未造成人身损害的,不承担损害赔偿责任。该条将《民法典》第1219条的损害限定为人身损害,从立法上肯定了实际损害说。采取实际损害说有以下合理性:其一,有利于平衡患者损害救济和医疗卫生事业发展。一方面,我国现行医疗体系中社会福利性质的公立医院占主体,医院虽然基于医疗活动可以获得一定的报酬,但其本质上还是为了维护患者的生命健康;另一方面,医护人员未履行告知说明义务所造成的实际损害属于一种风险结果,本质上属于概率事件,医生是否履行告知义务对实际损害的发生并不起决定作用。因此,如果仅认为知情同意权受损医疗机构就需要承担赔偿责任,对于医方来说太过苛刻。其二,从体系层面讲,医疗机构诊疗行为的对象是患者的身体,其目的在于维护患者的生命、身体和健康,因而,在医疗损害赔偿责任中的"损害"的客体也应仅限于患者的生命权、身体权和健康权,[①] 不应包括患者的知情同意权。因此,只有当患者举证证明其因医疗机构违反告知说明义务而遭受人身损害时,医疗损害赔偿责任中"损害"的构成要件才足以成立,否则,患者应承担举证不能的法律后果,法院将据此认定医疗损害赔偿责任不成立,医疗机构无须承担赔偿责任。其三,《民法典》第1183条明确规定,只有造成严重精神损害,被侵权人才能请求精神损害赔偿。如果患者因知情同意权受损就能获得精神损害赔偿,将违反精神损害的一般规定,不当扩大精神损害赔偿的适用范围。[②]

但也需要注意,虽然现行立法规定医疗机构在违反说明告知义务的情况下,只有造成人身损害,才应当承担损害赔偿责任,但其并未否定精神损害赔偿,当患者基于人身损害而遭受严重精神损害时,仍有权根据《民法典》第1183条规定的精神损害的一般条款请求医疗机构承担精神损害赔偿。

[①] 参见程啸《侵权责任法》(第3版),法律出版社2015年版,第558页;邹海林、朱广新主编《民法典评注·侵权责任编》,中国法制出版社2020年版,第520页。
[②] 参见付一耀《〈民法典〉患者知情同意规则释论》,《民商法论丛》2021年第1期。

3. 违反告知说明义务与损害之间因果关系的认定

违反告知说明义务的诊疗行为与损害后果之间的因果关系是一种法律上的因果关系[1]，其成立应同时满足两个条件：一是违反告知说明义务与患者改变选择之间存在因果关系，且该选择能够避免损害的发生；二是医方基于患者的选择所实施的诊疗行为与患者人身损害之间存在因果关系。

此类案件中法院认定的重难点在于对违反告知说明义务与患者改变或选择之间因果关系的判断。法院对此种因果关系的判断思路通常为：若医护人员充分履行告知说明义务后，患者存在作出其他选择的可能性，且该选择将有可能避免损害的发生，则医方违反告知说明义务的行为与损害之间存在因果关系。相对应地，医方可以通过证明存在以下情形来进行抗辩，从而阻断因果关系的成立：一是其他选择将导致该损害的确定发生；二是即使医方完全履行了告知说明义务，患者仍会作出相同选择。需要注意，法院在对患者选择作出判断时原则上应采取合理患者标准，即一个理性人在患者处境下会作出何种选择，在例外情况下可采取具体患者标准。[2] 采取具体患者标准，需要患者举出充分的证据证明其个人情况的特殊性，且为保障医方对获得的患者信息的合理信赖，要求患者还需举证证明医方对其个人情况的特殊性明知。如当患者通过举证证明其已明确告知医生自己的宗教信仰并证明其宗教信仰不接受输血或其他特殊治疗时，医方不能以一般人在医方完全履行告知说明义务的情况下仍会作出同样选择进行抗辩。

损害因何种诊疗行为造成属于医疗领域的专业判断，是一种事实判断，因此，法院在认定医方基于患者选择所实施的诊疗行为与患者人身损害之间的因果关系时相对简单，其重点在于区分损害是属于医护人员不履行告知义务造成的损害，还是医护人员的诊疗过失造成的损害，当损害仅因医

---

[1] 参见宋宗宇、丁磊《侵害患者知情同意权的司法认定与裁判路径——基于 222 份民事裁判文书的分析》，《中南大学学报》（社会科学版）2020 年第 2 期。

[2] 参见谭晓莉《侵害患者知情同意权之损害赔偿研究》，《中国卫生事业管理》2021 年第 9 期。

护人员的诊疗过失造成时，违反告知说明义务的诊疗行为则与损害后果之间不存在因果关系。

（二）争议焦点二：医疗机构赔偿责任比例的认定规则

由于医疗领域问题具有高度专业性和技术性，在违反告知说明义务医疗损害责任纠纷案件中，当事人多会申请鉴定机构提供鉴定意见，鉴定机构将根据《人身损害与疾病因果关系判定指南》《医疗损害司法鉴定指南》等相关规定，对医方是否履行告知说明义务、该诊疗行为与损害后果之间是否存在因果关系以及原因力的大小、人身损害参与程度等专门性问题作出鉴定。法院在判决中普遍会采信鉴定意见，甚至有些法院直接根据鉴定意见作出判决，包括确定医疗机构损害赔偿比例，而不做额外论证，如白某案[1]、李某案[2]。上述法院的行为实际上混淆了法律上的因果关系和医疗行为上的因果关系。司法鉴定是从技术层面对因果关系原因力程度进行评定，而非对过错责任程度进行评定。原因力程度评定本质是建立在鉴定人学理性判断基础上的一种专业观点，不能与审判确定民事赔偿程度完全相同，其仅是供法官审判确定民事赔偿的参考依据之一，并不是定论依据，对法院并不必然具有约束力。[3] 因此，法院应在鉴定意见的基础上，结合全案其他证据，考虑医患双方的客观行为和主观状态，综合分析权衡，确定医疗机构的过错程度和赔偿责任比例。如王某某案中，法院鉴于患者的染色体微缺失为自身异常，受医学诊疗水平的制约，产前明确诊断存在一定困难，认为医方未履行告知说明义务对患者的知情选择影响程度较小，故酌定医方按照10%的责任比例承担赔偿责任。[4] 李某某案中，法院在司法鉴

---

[1] 参见白某、吴起县人民医院医疗损害责任纠纷案，陕西省吴起县人民法院（原陕西省吴旗县人民法院）〔2022〕陕0626民初485号判决书。
[2] 参见李某、谭某某等医疗损害责任纠纷案，湖南省衡阳市雁峰区人民法院〔2022〕湘0406民初399号判决书。
[3] 参见武某某与营口市中心医院、中国人民财产保险股份有限公司营口市分公司医疗损害责任纠纷案，辽宁省营口市西市区人民法院〔2021〕辽0803民初1434号判决书。
[4] 参见王某某等与北京和美妇儿医院有限公司医疗损害责任纠纷案，北京市朝阳区人民法院〔2020〕京0105民初24634号判决书。

定结论之外，还综合考虑原、被告的客观行为和主观状态。[1] 陈某某案中，法院认为医疗机构在诊疗过程中的过错责任认定，需在治疗效果、诊疗效率、风险防范、医护成本等因素之间进行综合权衡。[2] 另有法院还会考虑到患者后续的治疗情况，[3] 以及医疗机构的公益性质。[4]

四　结论和建议

医疗服务是维护人体健康的重要手段，其关乎患者身体、健康乃至生命。但由于医疗活动具有高度专业性，医患之间存在信息上的不对称，患者往往难以充分了解诊疗信息，作出最符合自身状况的诊疗选择。对此，《民法典》规定了医护人员的告知说明义务以保护患者对自己身体健康的自主决定权。厘清此类侵权责任的认定规则，有利于统一司法裁判，也有助于增强医护人员的告知意识和告知技巧，防范医疗风险，从而减少与告知有关的纠纷发生，增强医患双方的信赖，构建和谐的医患关系。针对司法实务中此类案件存在的说明告知义务标准不统一、构成要件论证不充分以及以鉴代判问题，本文有以下建议：

第一，应当统一我国医疗告知义务的认定标准，避免出现司法混乱的现象。医护人员告知说明义务的设立目的在于保障患者的身体自决权，充分维护患者生命权、身体权和健康权，并不在于加重医疗机构的负担或者扩大患者的权利。告知说明义务标准以合理医生标准为原则，以具体患者标准为例外，一方面可以保护医方对患者信息的合理信赖，另一方面可以充分考虑到患者个人的特殊情况，有助于平衡医患双方的利益，符合告知

---

[1] 参见李某某、遂溪县人民医院医疗损害责任纠纷案，广东省遂溪县人民法院〔2022〕粤0823民初1269号判决书。
[2] 参见陈某某、陈某某等医疗损害责任纠纷案，广东省中山市第一人民法院〔2022〕粤2071民初12310号判决书。
[3] 参见呀某与南昌某医院医疗损害责任纠纷案，江西省南昌市东湖区人民法院〔2023〕赣0102民初1743号判决书。
[4] 参见刘某某、宁阳县第一人民医院医疗损害责任纠纷案，山东省宁阳县人民法院〔2022〕鲁0921民初2964号判决书。

说明义务的设立目的。

  第二，应当明确告知说明义务医疗损害责任的裁判路径，加强法院说理，避免以鉴代判。医疗机构承担违反告知说明义务医疗损害责任需同时具备医护人员违反告知说明义务、患者遭受人身损害、违反告知说明义务的行为与损害之间存在因果关系三个构成要件。法院在审理此类案件时，应当按照以下裁判思路进行充分的说理论证：第一步，认定医护人员是否违反告知说明义务。此时，法院原则上应根据合理医生标准确定告知说明义务的内容和程度，当患者举证证明医护人员在实施诊疗行为之前已明知患者具有影响其同意权的特殊个体特征时，可例外适用具体患者标准。第二步，认定患者是否遭受人身损害。第三步，认定医护人员违反告知说明义务与患者人身损害之间是否存在因果关系。若医护人员完全履行告知说明义务，患者在获得充分的信息披露的情况下存在改变选择的可能性，且改变后的选择将可能避免损害结果的发生，则认为二者之间存在因果关系；反之，则不存在因果关系。此时，需要注意，法院在判断是否存在患者改变选择的可能性时，原则上应采取合理患者标准，但当患者能充分证明其个人情况的特殊性将影响其选择，且医方对其特殊性明知时，法院应例外适用具体患者标准。第四步，若上述三个构成要件均具备，则法院应当根据包括鉴定意见在内的全案证据，考虑医患双方的客观行为和主观状态等情况，综合分析权衡，确定医疗机构的过错程度和赔偿责任比例。